Theory and Practice of Modern Comprehensive Passenger Transportation Hub Planning and Design

现代客运交通枢纽规划设计理论与实践

晏克非（同济大学）　　陈　峻（东南大学）　　等　编著

人民交通出版社股份有限公司

北京

内 容 提 要

本书围绕交通强国战略对提升我国客运枢纽体系整体效能和服务水平的目标要求，阐述现代客运交通枢纽的基本概念与设计内涵；梳理国内外客运枢纽的形成机理、演绎进程和发展态势，阐明现代客运枢纽是推进交通与土地利用互动发展的动力与缩影；从国情出发，总结我国改革开放 40 余年来枢纽规划建设的理论研究与实践成果，论述了我国城乡客运交通采用"枢纽型、功能性、网络化"集约式交通主导发展的先进性与科学性。本书还介绍了多模式组合出行行为理论、客运枢纽供需分析、枢纽综合开发理论，以及枢纽交通组织设计、投融资与可持续发展相关理论等；结合团队成员的实践工作经历，汇集了上海虹桥、南京南站、北京大兴机场、深圳北站、香港西九龙等十个各具特点、特色的客运枢纽规划设计案例。

本书可供高等学校交通运输工程、城市规划与建筑、土木工程等学科专业的高年级本科生和研究生作为教材使用，亦可供从事城市规划与设计、交通运输规划及土木工程领域工作的技术人员和相关部门管理人员参考使用。

图书在版编目(CIP)数据

现代客运交通枢纽规划设计理论与实践/晏克非等编著.—北京：人民交通出版社股份有限公司，2023.10
ISBN 978-7-114-18885-5

Ⅰ.①现… Ⅱ.①晏… Ⅲ.①交通运输中心—规划②交通运输中心—设计 Ⅳ.①U115

中国国家版本馆 CIP 数据核字(2023)第 126453 号
审图号：GS 京(2023)1711 号

Xiandai Keyun Jiaotong Shuniu Guihua Sheji Lilun yu Shijian

书　名：	现代客运交通枢纽规划设计理论与实践
著 作 者：	晏克非　陈　峻　等
责任编辑：	李　晴
责任校对：	赵媛媛　魏佳宁　宋佳时
责任印制：	张　凯
出版发行：	人民交通出版社股份有限公司
地　　址：	(100011)北京市朝阳区安定门外外馆斜街 3 号
网　　址：	http://www.ccpcl.com.cn
销售电话：	(010)59757973
总 经 销：	人民交通出版社股份有限公司发行部
经　　销：	各地新华书店
印　　刷：	北京盛通印刷股份有限公司
开　　本：	787×1092　1/16
印　　张：	39
字　　数：	930 千
版　　次：	2023 年 10 月　第 1 版
印　　次：	2023 年 10 月　第 1 次印刷
书　　号：	ISBN 978-7-114-18885-5
定　　价：	235.00 元

(有印刷、装订质量问题的图书，由本公司负责调换)

作者简介
Authors

晏克非,1943年10月生,湖南浏阳人。同济大学二级教授,博士生导师,享受国务院政府特殊津贴,中国城市交通规划学术委员会资深委员。

1967年毕业于同济大学铁路、公路与桥隧系。1980年以来从事综合交通相关领域(如大城市综合交通体系模式、需求管理理论、停放车规划、道路立交和客运枢纽等)的教学、科研、规划设计工作。参与多项国家、省部级重大科技攻关项目研究,作为主要完成人获国家科技进步二等奖1项,省部级科技进步一、二等奖各1项,上海市科技进步三等奖8项,上海市优秀工程咨询成果一等奖1项。率团队完成各级政府委托的交通项目40余项。共培养研究生83名(博士生30名、硕士生53名),发表学术论文150余篇(其中核心刊物录用40余篇),获国家发明专利授权4项,主编、参编著作6部。

陈峻,1972年8月生,江苏南京人。东南大学博士,首席教授,交通学院院长,入选国家万人计划教学名师、教育部"新世纪优秀人才"、交通运输部"交通运输青年科技英才",兼任教育部高等学校交通运输类专业教学指导委员会委员、交通工程教学指导分委员会副主任委员、世界交通运输大会(WTC)交通工程学部主席、中国城市规划学会城市交通规划专业委员会副主任委员等。

主要研究方向为城市与区域综合交通系统优化、静态交通规划与管理,主持国家重点研发计划项目、国家自然科学基金重点项目等国家级科技项目12项,获国家科技进步二等奖1项、省部级和一级学会科学技术一等奖6项,国家教学成果二等奖5项。发表学术论文百余篇,获国家发明专利授权20余项,出版学术专著、教材7部。

序
Foreword

当前,在新时代《交通强国建设纲要》总方针推动下,我国迅猛增长的高速铁路、城际铁路、城市轨道交通、市郊铁路等轨道交通线网和枢纽车站的建设运营极大地改善了我国城市、区域间的客运服务水平,扭转了我国大城市和区域客运交通出行的困境。各类、各层次的客运交通枢纽正在成为支撑与锚固立体交通网络的关键节点,同时实施了基于 TOD(Transit Oriented Development)理念的综合开发,形成了产业、商业、居住功能的集聚地,枢纽成为承载交通出行和促进城市(区域)经济发展繁荣的新引擎。

纵观国外各大城市客运交通枢纽的形成机理与建设实践,都与城市土地空间利用和城市交通的演化进程休戚相关。越来越多的学者认为,城市乃至区域的演变是用地与交通互动的进程。用地和空间是客运枢纽形成的基础,而现代客运交通枢纽已成为推进交通与土地利用发展的动力与缩影。我国诸多大城市的客运交通枢纽亦经历了更新改造、新建规划的发展历程,最典型的是铁路车站在功能配置和构成要素(包括建筑、用地、交通、开发)上出现了五个历史性的"版本"变化:单一车站→城市入站→城站一体→人站城模式→人站智城模式。我国现代枢纽发展已进入体系优化、互联成网、提质升级的新阶段,通过枢纽带来出行活动的集聚、产业经济的集聚,从而提高社会经济集聚效益与促进效能升级已成为共识;"站城一体""换乘高效""场所体验""生态人本"等规划设计理念已经得到充分认同。

如何实现客运枢纽 TOD 开发的智慧赋能?在大数据、人工智能、物联网和移动通信技术大发展背景下,探索客运枢纽基础设施与区域资源共享运行,探索数字化、智能化、网联化、绿色化的产业与现代枢纽规划设计深度融合,推进规划建设与运营管理"全生命周期"可持续,这是我国现代客运交通枢纽规划设计面临的新课题、新挑战,值得关注。

本书凝聚了同济大学晏克非教授和东南大学陈峻教授两位著名教授及其团队将近20年关于客运枢纽的理论研究与实践应用成果。感谢作者为我国高等院校城乡规划与建筑、交通运输工程、土木工程等学科专业的高年级本科生和研究生提供了一本很有价值的书著。

中国工程院院士
德国科学与工程院院士
瑞典皇家工程科学院院士
2023 年夏

前　言
Preface

近年来,交通强国战略有力推进着我国枢纽型、网络化、功能性的现代客运交通枢纽体系建设,各类各层次客运交通枢纽规划建设日新月异,方兴未艾,正在成为支撑与锚固国家与地区(城市)综合立体交通体系的关键节点。随着国家高速铁路和城市轨道交通建设迅猛发展,高速铁路、城际铁路、市域铁路、城市轨道交通"四网融合"的客运枢纽(车站)不仅提升了城市(与区域)交通出行的便捷性、可达性和服务水平,而且增强了城市功能,促进了城市更新,成为引导城乡经济社会一体化发展的"引擎"。

当前,我国客运交通枢纽规划建设已经进入体系优化、互联成网、提质升级的新历史阶段。其主要特征表现在功能复合化、换乘集成化、站城一体化、环境生态化、管理智能化五个方面:一是枢纽功能已不仅是车站模式的交通集散与换乘,还体现在城市功能要素(如建筑、产业、居住、商业、娱乐、信息、生态、文化等)的综合设计方面;二是集散换乘交通组织已从单一道路设施向"多模式出行和多模式网络"供给转变,需考虑核心区、扩展区、外围区和建筑群(综合体)慢行交通、机动交通等多模式交通的集成设计;三是客运枢纽"站城一体化"发展特征日益显现,枢纽正成为城市(与区域)"空间·走廊·枢纽"发展中的重要一极,成为充满活力、具有地标属性和辐射力的城市功能节点,枢纽"站城融合"已成为当下客运交通枢纽规划建设的主流模式;四是客运枢纽建设日益重视节能减排、降噪减量、替代循环和重复使用,注重集约(节约)化的综合(整合)利用模式,共用市政设施,共享各方资源;五是客运枢纽运营管理各个环节日益集约化、数字化、智能化、精细化,全方位日益提升了客运枢纽的综合效能。

本书以"现代客运交通枢纽规划设计理论与实践"为核心内容,通过综述篇、理论篇、案例篇三篇,阐明现代客运交通枢纽的基本概念与规划设计工作内涵,介绍了两类客运枢纽(综合客运交通枢纽和城市公共交通枢纽)的分类分级标准,回顾总结了国内外大城市客运交通枢纽的形成机理、历史演绎与发展趋势;然后论述与客运枢纽规划建设相关的城市规划、交通运输、经济地理、人文管理和数学模型等相关学科理论方法;最后通过10个实际案例,阐述了我国现代客运交通枢纽的建设成就和机遇挑战。

本书凝聚着同济大学晏克非教授团队、东南大学陈峻教授团队近20年来关于客运枢纽的研究成果与实践积累。自2016年初在深圳讨论本书大纲至如今出版,前后竟跨八年。2002年8月,晏克非教授指导覃矞完成了《轨道交通枢纽规划与设计理论研究》博士论文答辩,同济大学徐循初教授和答辩委员会主席东南大学徐吉谦教授从立题、结构、理论方法、应用价值方面给出了高度评价,两位深谙国情的交通专家对团队开展轨道交通枢纽的理论研究给予了充分肯定和期待,使团队师生深受鼓舞和鞭策。2005年8月,晏克非教授指导崔叙完成了《城市综合客运枢纽规划与设计理论研究》博士论文答辩,论文于2006年被同济大学评为优秀博士论文。此后,晏克非教授团队有1/3研究生(83名中有26名博、硕士研究生)将客运交通枢纽作为选题内容。2008年,由东南大学陈峻教授主持、同济大学晏克非教授合作完成的国家高技术研究发展计划(863计划)课题"城市客运交通方式间的资源配置优化技术"(2008AA11Z201)为客运交通枢纽规划功能的拓展奠定了理论基础。2017年,陈峻教授主持的国家自然科学基金重点项目"基于广义交通枢纽的城市多模式交通网络协同规划理论与方法"(51638004)为综合客运枢纽多种出行方式转换和多模式网络衔接、客运枢纽资源配置集约化与整体效能提升提供了理论支持。同时,两位教授及团队成员还组织、参与了多项与客运枢纽相关的课题研究和规划设计项目,如同济大学团队于2004年3月完成的中国工程院咨询课题(专题六)"构建我国综合交通运输体系的研究分报告七:大都市综合交通枢纽构建的若干问题研究",于2006年8月完成的国家科技计划项目"上海世博会高强度客流集散交通战略与关键技术专题3:世博会多模式转换体系关键技术研究"(2004BA908B09),上海市政设计研究总院、同济大学于2009—2010年合作完成的"大型综合交通枢纽(虹桥)快速集散路网系统设计关键技术研究",上海申通地铁集团有限公司、同济大学于2009—2011年合作完成的"城市轨道交通高架车站与车辆基地(上海轨交11号线为例)的综合开发研究",此外还有2008年11月完成的"长沙客运西站综合枢纽交通总体规划方案"、2010年12月完成的"长沙市南站综合客运枢纽交通总体规划方案"和"长沙大河西TOD导向高强度开发地区规划设计指引"、2014年10月完成的"深圳国际低碳城新型公交系统"和"国际低碳城TOD理念的公交站点开发研究"等。团队丰富的成果积累、开阔的视野认知是本书著完成并颇具理实结合特色的根本原因。

  本书由同济大学晏克非教授团队、东南大学陈峻教授团队联合编著。晏克非教授和陈峻教授任主编,参加编校的主要成员还有谢辉博士(上海城市综合交通规划科技咨询有限公司高级工程师)、于晓桦博士(山东建筑大学副教授)、王卫博士(东南大学副教授)、黎冬平博士(深圳市城市交通规划设计研究中心股份有限公司教高工)等。全书的主要内容和编著分工如下:

上篇　综述篇

第1章　绪论(晏克非、黎冬平)

第2章　国外大城市客运交通枢纽规划建设概况(晏克非、谢辉)

第3章　我国香港客运枢纽规划建设经验(晏克非、于晓桦)

第4章　我国现代客运交通枢纽建设发展态势(晏克非、王卫)

中篇　理论篇

第5章　现代客运交通枢纽与城市发展的互动关系(晏克非、于晓桦)

第6章　现代客运交通枢纽供需分析(谢辉、晏克非)

第7章　多模式组合出行行为理论(陈峻、刘子健、王致远)

第8章　现代客运交通枢纽综合开发理论(于晓桦、晏克非)

第9章　现代客运枢纽交通组织设计方法(陈峻、王卫、罗寅杰)

第10章　现代客运交通枢纽规划设计综合评价方法(陈峻、王卫、罗寅杰)

第11章　现代客运交通枢纽投融资与运营管理可持续理论分析(欧心泉、王卫)

下篇　案例篇

第12章　上海虹桥综合交通枢纽(谢辉、晏克非等)

第13章　南京南站综合交通枢纽(陈峻、王卫、蔡逸飞、王致远等)

第14章　深圳前海综合交通枢纽(江玉、邓军)

第15章　郑州东站综合交通枢纽(郭东梁、卢青)

第16章　深圳北站与福田站综合交通枢纽(何建平、谭国威)

第17章　长沙大河西综合交通枢纽(黎冬平、晏克非)

第18章　香港西九龙综合交通枢纽(江玉、邓军、石克全)

第19章　北京大兴国际机场综合交通枢纽(欧心泉等)

第20章　重庆沙坪坝高铁综合客运枢纽(李雪、周涛、喻永辉)

衷心感谢中国工程院院士吴志强教授在百忙中审阅书稿并为本书作序。吴院士提出的对标全球城市优秀案例的"人站智城模式"5.0版,推进TOD开发的智慧赋能,精准打造枢纽"土地增值、动力永续、生活美好"的功能设计理念将对本书的作者和读者产生深远影响。

本书的完成还得益于很多单位和同行专家的支持与帮助。感谢同济大学、东南大学提供了开展研究工作的平台;感谢国家自然科学基金委、相关部委和地方政府委办给团队的重点课题与相关项目委托资助;感谢全体编著人员为书著出版而付出的努力;感谢多位规划设计经验丰富的高级专家(包括具有国家注册资质的城乡规划、建筑土木、交通规划与道路工程专业的教授、高级工程师、总工程师)对本书的案例与图纸进行了认真审查,他们有:付萃清(教高工)副总工(中铁第四勘察设计院集团有限公司),梁英慧主任(中国民航工程咨询有限公司研究中心审核部),谭国威(教高工)院长、崔效天(高工)副院长(深圳市城市交通规划设计研究中心股份有限公司轨道城规一院),於昊(教高工)副总工、郜俊成(教高工)分院长(南京市城市与交通规划设计研究院股份有限公司),杨立峰(教高工)副总工、余朝玮(高工)分院长[上海市政工程设计研究总院(集团)有限公司]等;感谢王炜教授、凌建明教授的关心与支持,感谢林涛、张胜、覃矞、樊钧教高工,张小宁、崔叙、孙剑、白玉教授和虞同文高级经济师等专家的关心和指导;感谢同济大学、东南大学交通学科同事们的帮助,以及各课题组成员岳一帆、郭昊旻、谭倩、徐凌、王丽雅、钟鸿明、吴佳路、胡航绮、高飒、刘丹、毕亚茹、焦正玺等的努力。

  本书参考、引用了诸多国内外文献资料(含网络公开发布的会议、论坛资料),除了注明来源外,谨向各类文献作者表示诚挚的感谢和敬意!

  由于作者水平有限,书中难免存在很多不足之处,敬请读者批评指正和交流。

  作者邮箱:晏克非,417509682@qq.com;陈峻,chenjun@seu.edu.cn。

晏克非 陈 峻
2023 年 9 月

目　录
Contents

上篇　综　述　篇

第1章　绪论 ··· 003
1.1　现代客运交通枢纽的概念 ··· 003
1.2　现代客运交通枢纽的分类分级与标准 ··· 008
1.3　现代客运交通枢纽规划设计工作内涵 ··· 012
1.4　本书的主要内容、特点和读者对象 ··· 015
本章参考文献 ··· 019

第2章　国外大城市客运交通枢纽规划建设概况 ··· 021
2.1　欧美各国大城市客运交通枢纽规划建设历史回顾 ··· 021
2.2　日本东京客运交通枢纽规划建设经验 ··· 036
本章参考文献 ··· 054

第3章　我国香港客运枢纽规划建设经验 ··· 057
3.1　香港地铁(枢纽)建设概况 ··· 057
3.2　香港以集约运输为主导的轨道交通发展政策研究 ··· 059
3.3　香港轨道交通枢纽建设典型案例 ··· 060
3.4　香港"港铁模式"的主要特点与成功经验 ··· 067
本章参考文献 ··· 072

第4章　我国现代客运交通枢纽建设发展态势 ··· 074
4.1　我国已进入轨道交通建设高峰期 ··· 074
4.2　我国客运枢纽规划建设日新月异 ··· 078
4.3　我国客运枢纽建设发展的新机遇 ··· 082
4.4　我国客运枢纽发展面临的若干问题 ··· 092
本章参考文献 ··· 096

中篇 理 论 篇

第5章 现代客运交通枢纽与城市发展的互动关系 ... 101
5.1 国土空间规划与交通发展互馈关系的历史演绎 ... 101
5.2 国家体制与政策对于城市规划与交通发展的影响 ... 126
5.3 "站城融合-协调发展"客运枢纽规划理念的诠释与应用 ... 133
本章参考文献 ... 142

第6章 现代客运交通枢纽供需分析 ... 145
6.1 现代客运枢纽交通需求特征 ... 145
6.2 现代客运枢纽交通需求预测 ... 151
6.3 现代客运枢纽交通模式平衡分析 ... 153
6.4 枢纽交通系统供需平衡分析 ... 160
6.5 案例分析 ... 163
本章参考文献 ... 172

第7章 多模式组合出行行为理论 ... 173
7.1 组合出行理论 ... 173
7.2 组合出行主要数据获取方法 ... 183
7.3 组合出行效用理论 ... 194
7.4 基于MNL的组合出行效用模型 ... 199
7.5 基于NL的组合出行效用模型 ... 202
7.6 基于ML的组合出行效用模型 ... 206
7.7 案例分析 ... 208
本章参考文献 ... 215

第8章 现代客运交通枢纽综合开发理论 ... 217
8.1 交通枢纽与土地利用的互动关系分析 ... 217
8.2 交通枢纽与土地利用的互动关系的定量化描述 ... 219
8.3 交通枢纽与土地利用协调发展模式 ... 221
8.4 考虑枢纽的交通与土地利用协调规划方法 ... 231
8.5 现代客运枢纽综合开发模式 ... 242
本章参考文献 ... 245

第9章 现代客运枢纽交通组织设计方法 ... 247
9.1 枢纽区域交通组织 ... 247
9.2 枢纽换乘交通设计要素 ... 255

9.3　换乘流线设计方法 ·············· 259
9.4　公共空间融合和慢行交通设计 ·············· 265
本章参考文献 ·············· 269

第10章　现代客运交通枢纽规划设计综合评价方法 ·············· 270
10.1　客运枢纽规划设计综合评价原则与层次 ·············· 270
10.2　客运枢纽规划设计综合评价指标 ·············· 274
10.3　客运枢纽规划设计综合评价分析方法 ·············· 284
本章参考文献 ·············· 300

第11章　现代客运交通枢纽投融资与运营管理可持续理论分析 ·············· 302
11.1　综合客运交通枢纽的生命周期 ·············· 302
11.2　经济属性及典型投融资模式 ·············· 304
11.3　可持续化运营管理体系构建 ·············· 309
11.4　综合开发对枢纽建设的反哺 ·············· 312
本章参考文献 ·············· 316

下篇　案　例　篇

第12章　上海虹桥综合交通枢纽——特大型空港、高铁与城市轨道交通客运枢纽 ·············· 321
12.1　建设背景 ·············· 321
12.2　规划方案 ·············· 325
12.3　交通组织 ·············· 336
12.4　综合开发 ·············· 341
12.5　投融资及运营管理 ·············· 344
12.6　未来发展机遇及要求 ·············· 351
本章参考文献 ·············· 356

第13章　南京南站综合交通枢纽——坚持规划引导的特大型铁路综合客运枢纽 ·············· 358
13.1　建设背景 ·············· 358
13.2　规划方案 ·············· 365
13.3　交通组织 ·············· 373
13.4　综合开发及投融资 ·············· 381
13.5　现状运营及优化 ·············· 384
13.6　经验总结 ·············· 387

本章参考文献 388

第14章 深圳前海综合交通枢纽——城市新中心"站城一体化"标杆 390
- 14.1 建设背景 390
- 14.2 选址及规模 392
- 14.3 "站城一体化"设计理念 394
- 14.4 枢纽区详细设计 396
- 14.5 枢纽核心区集散接驳设施设计 403
- 14.6 分期建设与运营管理 416
- 14.7 投融资模式 418
- 14.8 经验总结 418
- 本章参考文献 419

第15章 郑州东站综合交通枢纽——交通引领城市新区发展的特大型铁路综合客运枢纽 421
- 15.1 建设背景 421
- 15.2 规划方案 422
- 15.3 枢纽集散交通系统规划 426
- 15.4 枢纽区用地融合策略 435
- 15.5 枢纽区立体空间开发 439
- 15.6 枢纽区交通系统构建 441
- 15.7 运营管理 444
- 15.8 经验总结 446
- 本章参考文献 450

第16章 深圳北站与福田站综合交通枢纽——高度耦合城市中心体系的铁路综合交通枢纽 452
- 16.1 选址与功能定位 452
- 16.2 规模论证 460
- 16.3 交通接驳设施规模及布局 463
- 16.4 综合开发 478
- 16.5 建设运营管理及服务咨询模式 485
- 16.6 经验总结 488
- 本章参考文献 494

第17章 长沙大河西综合交通枢纽——零距离换乘的现代化公路综合客运枢纽 495
- 17.1 建设背景 495

17.2 选址方案ᆢ497
17.3 规模论证ᆢ499
17.4 规划方案ᆢ500
17.5 交通设计ᆢ505
17.6 综合开发ᆢ511
17.7 运营管理ᆢ513
17.8 经验总结ᆢ514
本章参考文献ᆢ515

第18章 香港西九龙综合交通枢纽——与城市融为一体的地下铁路综合客运枢纽ᆢ516
18.1 建设背景ᆢ516
18.2 选址及规模ᆢ517
18.3 枢纽站区详细规划设计ᆢ520
18.4 枢纽核心区集散接驳设施规划ᆢ529
18.5 枢纽周边交通规划ᆢ533
18.6 枢纽综合开发规划ᆢ535
18.7 投资发展模式分析ᆢ537
18.8 经验总结ᆢ539
本章参考文献ᆢ540

第19章 北京大兴国际机场综合交通枢纽——基于"凤凰展翅"空港构建综合、绿色、安全、智能的立体化现代化交通系统案例ᆢ542
19.1 建设背景ᆢ542
19.2 选址方案ᆢ544
19.3 建设方案与实施ᆢ545
19.4 "凤凰展翅"航空枢纽ᆢ548
19.5 立体化现代化综合交通系统ᆢ563
19.6 投融资概况ᆢ570
19.7 经验总结ᆢ571
本章参考文献ᆢ572

第20章 重庆沙坪坝高铁综合客运枢纽——全国首个特大城市核心商圈高铁枢纽站城融合TOD开发案例ᆢ574
20.1 建设背景ᆢ574
20.2 规模论证ᆢ576

20.3 枢纽区域综合交通规划设计 …………………………………………… 580
20.4 枢纽内部交通规划设计 ………………………………………………… 587
20.5 开发模式与运行机制 …………………………………………………… 600
20.6 经验总结 ………………………………………………………………… 603
本章参考文献 …………………………………………………………………… 605

上篇

PART ONE

综述篇

第1章

绪论

1.1 现代客运交通枢纽的概念

"枢纽"(hub)一词已经被广泛应用于不同类型、不同层次交通运输网络节点的定义,从不同专业、不同行业的视角出发,往往可以选用不同的文字诠释其含义,比较常见的有"运输枢纽""交通枢纽""综合枢纽""客运枢纽"等。

1.1.1 关于枢纽的概念与理论描述

人类从交通运输的历史进程早已认知,枢纽的形成是人类社会经济、土地开发活动与交通模式互动发展的结果(缩影)。枢纽在交通运输网络的主要功能是衔接(interchange)和换乘(transfer),即它不仅具有客(站)货(栈)运输"出发-到达"的功能,还具有客(人流)货(物流)换乘集聚的功能。客货集散换乘的场所(location)伴随着枢纽交通功能和土地开发活动的增强,日益成为人类择居就业、经济增长、科技进步、文化交流的首选之地。因此,枢纽是换乘集聚的产物,是换乘接驳和换乘设施"规模效应"的产物。

美国著名学者 M. L. 曼海姆在《运输系统分析基本原理》[1]一书中提出的系统分析框架,基于三个变量(经济活动 A、客货模式 F、运输系统 T)研究运输系统和社会活动之间的特征与平衡关系,描述了交通发展带来的城市形态、土地利用方式、人口移动、产业结构和布局变化(包括规划政策影响)。陆化普教授在《交通规划理论与方法(第2版)》中[2]曾对曼海姆的系统分析框架含义做出了很好的解释和数学表述(图1-1)。对于运输系统而言(从起点、终点到车站、枢纽等客货运输过程的组成要素),"枢纽场站"(子系统)无疑具有特别重要的地位。诸多学者特别关注枢纽客货转运"环节"的功能活动,将枢纽"环节"的不同客货源流、不同运输方式、不同设施模拟为一定特征的子系统,形成具有"枢纽场站"概念的网络拓扑节点。

关于枢纽的网络结构理论研究,可以基于图论和网络几何学,抽象出纯中枢网络结构设计问题(作为区位分析与空间相互作用理论之间的交叉问题[3-4])进行讨论,定义枢纽网络拓扑结构是由大量的非枢纽节点与少量的枢纽节点之中的一个直接相连,而枢纽节点之间均相互连接。纯中枢网络结构须满足三个基本条件:①枢纽之间相互连接;②站点只与枢纽节点中的一个直接相连;③没有站点(非枢纽节点)之间的直接连接。根据纯中枢网络结构理论(图1-2)分析,交通运输枢纽应具备较好的节点可达性,且具有中心性和中间性特征。枢纽的中心性可以理解为空间经济联系中心的客货集结性,枢纽的中间性可以理解为服务于客货需求的区域层次和交通方式的衔接(接驳)换乘能力。

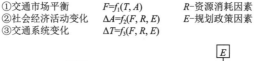

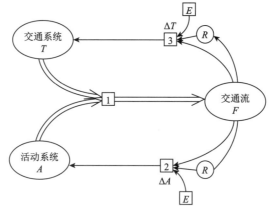

图1-1 曼海姆的运输系统分析框架含义图[2]

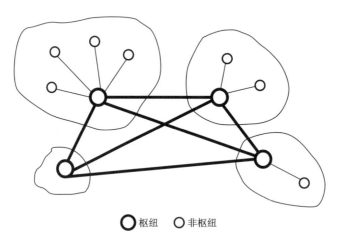

图1-2 纯中枢网络结构理论示意图[3-4]

关于枢纽与用地形态的理论描述,可以从枢纽与用地的关系上去理解,实际上就是研究交通与用地之间互动发展的演变。由于历史上经济、地理、社会、人文与交通等多种因素的影响,古今中外的城市用地开发活动呈现出向心聚集和离心扩散的特征[5-6]。这种演变过程的根本性驱动因素是经济,从落后的游牧时代——小农经济生产择居分散,到工业时代择居-就业聚集的变化(图1-3),都是枢纽功能活动产生的萌芽与缩影。经济效应与交通变革已成为现代枢纽形成的基础,而伴随着聚集-扩散的规模效益而来的"用地-交通"发展模式与形态,则赋予了枢纽规划的"触酶-集聚"和"点-轴辐射"空间结构布局理论很多新的内涵[7]。

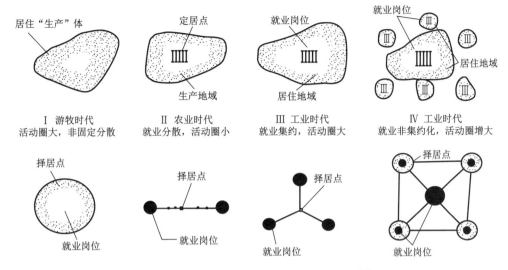

图1-3 城市用地择居-就业分布历史演变示意图[6]

1.1.2 运输枢纽与交通枢纽的含义界定

1)关于运输枢纽

沈志云[8]在《交通运输工程学》一书中界定了综合运输体系结构中运输枢纽的含义:运输枢纽是在两条或两条以上运输线路的交会、衔接处形成的,具有运输组织、中转、装卸、仓储、信息服务及其他辅助功能的综合性设施。综合运输枢纽是国家或区域交通运输大系统的重要组成部分,是运输网络相邻路径的交会点,是若干运输所连接的固定设备(构筑物)和移动设备(包括运载工具、装卸机械等)组成的整体,共同完成货物及旅客运输的中转和到发作业。

关于运输枢纽的功能,许多文献与相关规范、标准都阐明了枢纽多个方向、多个方式客货流集散、中转、衔接的基本模式,同时提出运输枢纽大都依托于城市[9-10],对城市的形成和发展有着很大的促进作用。枢纽也可以是特定区域组团的中心,像一个片区的服务中心、副中心一样,与城市耦合,成为联系城市内外交通的桥梁和纽带。

笔者认为,运输枢纽可按地理位置、客货运业务类型、交通组合方式等进行分类,综合运输枢纽是交通运输发展的高级阶段产物,其组成交通方式有公、铁、水、航、管道等,形成了依托大都市的多方式综合交通运输枢纽。铁路枢纽组成的综合性内涵是个很好的例证[10][参阅《铁路车站及枢纽设计规范》(TB 10099—2017)]。

2)关于交通枢纽

张国伍[11]将交通枢纽定义为一种或多种运输方式交通干线的交叉与衔接之处,共同办理旅客与货物中转、发送、到达所需的多种运输设施的综合体。交通枢纽的含义比运输枢纽更为宽泛,但从枢纽的交通功能、服务定位、设施设备等方面考量,它与运输枢纽又十分雷同,在许多文献报告中交通枢纽与运输枢纽常常被混用。从我国实际情况看,运输枢纽似乎更偏重于区域空间的物流运输组织与规划,包括运筹规划和经济分析,其业务管辖大多隶属于运输主管部门(如交通运输部、局、处);而交通枢纽似乎更偏重于城市(区域)

空间的以客货运出行为主导的设施规划及枢纽站场建设,包括工程设计、交通功能和融合开发,其业务管辖大多隶属于住建部门(如住建委、规划局等)。实际上,近年来我国大量规划建设的各类航空机场、铁路枢纽、长途客货运车站、航运码头口岸等枢纽设施(无论选址节点是在城市内外),行文中称其为国家级、区域级的运输枢纽、交通枢纽、交通运输枢纽都是能够接受的。

1.1.3 客运枢纽与综合客运枢纽的概念

1)客运枢纽的概念

从枢纽的客货集散功能特点上进行考量,一般而言,任何一类交通方式(移动载运工具)和固定站场设施(车站和枢纽)都承载着客货兼容的功能,客货枢纽的转换与衔接功能也不例外。由于客货运输需求不同和设施设备的差异,随着枢纽客、货运输量增大及引入线路增加,各种类型的枢纽(含线站)客货功能(集散与转运)分开,按照"客运枢纽"(passenger transportation hub)、"货运枢纽"概念分别进行规划设计,就是很自然的了。例如,《城市综合交通体系规划标准》(GB/T 51328—2018)[9]和《客运枢纽区域开发规划导则》(T/CSOTE 0002—2021)[12]对城市客运枢纽(规划和开发)均定义为"在客运系统中,为不同运输方式或同一运输方式不同方向、不同功能的线路提供客流集散和转换的场所"。我国的铁路枢纽(Railway Terminal)对客运枢纽则定义为"在铁路网点或网端,由两条及以上干线、若干个车站、各种为运输服务的设施及其联络线等所组成的整体[10]"。根据客货运量(分布)、线路多少(与走向)、城市建设条件(含城市规划客运衔接情况),可以在枢纽总体布置图上规划出铁路客运站(新建或改建)数量、分工、位置,并结合实际选用一站式枢纽(客货共用)、三角形枢纽(客货共用或分开设置)、十字形枢纽(新线跨越既有线)和大城市环形或半环形的铁路枢纽。而对于铁路枢纽内客运站选址,则要求与城市规划相协调,考虑地形条件、建筑拆迁、土地开发等综合因素比选确定[13]。

2)综合枢纽的概念

"综合"(comprehensive)的概念已经广泛应用于交通运输的方方面面,其内涵包括枢纽内外的多种交通模式的集散与转换,既包括服务区域客货交通的区位和等级分类,也包括枢纽建设与所在地区社会经济互动发展关系等。此外,还有一个"复合"(complex)的概念,与"综合"概念类似,意思都是指"合在一起,结合起来"(参见《现代汉语大词典》),都是将不同属性性质、功能的事物在一定空间、一定系统中实现形态上的交叠整合过程,且达到一种平衡状态的统一体。在交通领域,"复合"多应用于交通模式整合,而"综合"则应用的范围更广。

3)综合客运交通枢纽的定义

《综合客运枢纽术语》(JT/T 1065—2016)对综合客运交通枢纽(comprehensive passenger transportation hub)的定义为[14]:将两种及以上对外运输方式与城市交通的客流转换场所在同一空间或区域内集中布设,实现设施设备、运输组织、公共信息等有效衔接的客运基础设施。归纳而言,综合客运交通枢纽应该是综合性交通体系网络的关键节点,是各种客运交通方式高效衔接和一体化组织的主要载体。其综合性应体现在以下方面:一是多种方式(公、铁、水、航管道)运输以及其他各类客运交通方式的整合、协调发展;二是以客运为主的固定设备(场地设施)和移动设备(包括运载工具、装卸机械等)的设置与运行组织;三是基于枢纽与用地、空间、环境的融合的综合功能(如通勤、商办、娱乐、服务等)。枢纽的功能涵盖了客运系统的各种运输方式、各个单元、各类要素、各方行程。此外,我国综合客运交通枢纽还具备以下特征:

(1)从地理位置上来看,综合客运交通枢纽处于(城市或区域)干线交会处,通常由处于两种或两种以上运输方式的场站有机地整合形成,具备客流集散与转换设施或功能区。

(2)从客运网络体系上来看,综合客运交通枢纽重在内外衔接,要求对外运输方式与城市交通(如地铁、公交、出租车等公共交通方式)合理接驳。

(3)从客运组织上来看,综合客运交通枢纽强调换乘便捷,协调、组织不同客运方式的运行时间、运输能力、运营效率,减少换乘、等候时间,提高综合效益。

1.1.4 "现代客运交通枢纽"释义

1)本书对"现代客运交通枢纽"的定义

本书阐述的现代客运交通枢纽(modern comprehensive passenger transportation hub)概念,是笔者在学习相关规范文献基础上,对于交通枢纽的现状与发展的认知与凝练。笔者认为,现代客运交通枢纽不仅是指传统意义上的枢纽车站建筑设施本身,还包括枢纽在国家综合立体交通网络(枢纽集群、枢纽城市、枢纽港站)中的区位功能(分类分级)定位等内容。

本书涉及的现代客运交通枢纽港站规划设计内容包括:①城市(区域)对外客运交通枢纽港站,如高速铁路(简称"高铁")、空港、公路、水运、口岸的车站码头及其站区;②城市内公共交通客运交通枢纽车站,如城市轨道、公交集散站区等;③枢纽车站建筑综合体及其区域的城市设计;④基于公共交通引导和综合交通体系支撑理念的交通、用地、空间"站、城、人与生态融合"的可持续发展设计。

2)现代客运交通枢纽的主要特征

(1)功能复合化、综合化。客运枢纽设施不仅是站点模式的交通集散、接驳与换乘场所,还承载着城市规划(设计)要素(包括建筑、生态、服务、休闲、娱乐、信息交流等)的空间构架功能;其规划设计不仅是交通车站建筑设施,还体现在枢纽对其他公共服务设施(如电力、电信、供水、排污、管道、停车与综合管线)的工程规划等统筹处理,大大增加了工程建设的复杂性。

(2)换乘集成化、人性化。交通功能已从单一方式转向多模式、多功能方向发展,枢纽建筑及其区域(核心区、外围区)内外交通(包括公、铁、水、航与地铁、市郊铁路、市内公交、出租车等)的一体化组织,第一要务就是为"以乘客为中心"的出行提供方便、舒适的高品质服务。

(3)站城人一体化。国内外发展趋势表明,站城人一体化发展正逐步成为今后枢纽规划建设的主流形式,也成为城市规划和区域规划发展的重要依托点(如成为城市主/副中心、会展、商务、商业与公共活动的中心或增长极),形成城市功能与国土资源、产业服务业、交通与公共空间融为一体的新型城区。

(4)运行管理的智能化。运行管理的智能化是以网络化、信息化、大数据为基础,通过对运行与运营各个环节进行精细、规范、智慧的设计和组织,全方位提高客运枢纽资源的利用率和综合运营效益,让交通与城市更美好。

1.2 现代客运交通枢纽的分类分级与标准

1.2.1 我国相关规范标准(分类分级)的论述

近年来,我国对客运交通枢纽的分类分级与建设标准已经积累了许多经验,从中央到地方已发布诸多行业规范、标准、导则等文件,在推进高铁、空港和城市轨道交通枢纽的规划建设中起了很好的指导作用。许多成功的案例和创新作品,凝聚着交通、规划等多领域专家与实际工作者的经验与智慧,也显示了规范、标准(包括政策)对于各类建设项目的规范指引与科学管控。关于客运交通枢纽的分类分级与建设标准,本书选择若干出版文件阐述如下。

1)国家标准《城市综合交通体系规划标准》(GB/T 51328—2018)

《城市综合交通体系规划标准》(GB/T 51328—2018)[9]中将城市客运枢纽(urban passenger transfer hub)定义为:在城市客运交通系统中,为不同交通方式或同一交通方式不同方向、功能的线路提供的客流集散和转换的场所。同时,在第8章"客运枢纽"一般规定中阐明,城市客运枢纽按其承担的交通功能、客流特征和组织形式分为城市综合客运枢纽和城市公共交通枢纽两类。其中,城市综合客运枢纽服务于航空、铁路、公路、水运等对外客流集散与转换,可兼顾城市内部交通的转换功能。城市公共交通枢纽服务于以城市公共交通为主的多种城市客运交通之间的转换。该标准提出,应根据城市总体规划、城市综合交通体系规划确定的客运枢纽的区位特征、交通构成、服务范围及综合开发条件进行设计。同时,对两类客运枢纽的客流规模、布局选址、设施用地、衔接换乘、集疏指标等做出了若干规定,如:该标准提出高速铁路、城际铁路和市郊铁路应尽可能在城市中心城区设站,并同站建设换乘城市轨道交通、有轨电车、公共汽电车等城市公共交通方式的设施;视需要同站建设长途汽车站、城市航站楼等设施;特大城市的主要铁路客运站,应充分考虑中长途旅客中转换乘需求。

承担国家或区域性综合交通枢纽职能的城市,城市主要综合客运枢纽间交通连接转换时间不宜超过1h;规划人口规模为100万及以上的城市,应根据城市空间布局和对外联系方向均衡布局铁路客运站;其他城市的铁路客运站宜根据城市空间布局和铁路线网合理设置。高、快速铁路主要客运站应布置在中心城区内,并宜与普通铁路客运站结合设置。中心城区外规划人口规模为50万及以上的城市地区,宜设置高、快速铁路客运站;城际铁路客运站应靠近中心城镇和城市主要中心设置;城市综合客运枢纽(宜与城市公共交通枢纽结合)必须与城市公共交通衔接,与城市轨道交通衔接时出入口之间步行距离不宜超过200m。

2)行业标准《综合客运枢纽分类分级》(JT/T 1112—2017)[15]和《综合客运枢纽设计规范》(JT/T 1453—2023)[16]

交通运输部发布的《综合客运枢纽分类分级》(JT/T 1112—2017)[15]和《综合客运枢纽设计规范》(JT/T 1453—2023)对"综合客运枢纽"(multimodal passenger transportation hub)给出了明确定义[16]:将两种及以上对外运输方式与城市交通的客流转换场所在同一空间(或区域)内集中布设,实现设施设备、运输组织、公共信息等有效衔接的客运基础设施。(注:对外运输方式是指铁路、公路、水路、航空等方式。)

(1)若干重要定义

①对外运输方式总发送量:综合客运枢纽内对外运输方式发送的旅客数量之和。

②综合客运枢纽总发送量:综合客运枢纽内对外运输方式总发送量和城市交通方式总发送量之和。(注:城市交通方式总发送量是综合客运枢纽内城市交通方式发送的旅客数量之和,城市交通方式包括公共汽电车、城市轨道交通、出租车、社会车辆、步行、自行车等)。

③日客流量:枢纽内各种交通方式全日集结和疏散客流量之和(含接送客),不含枢纽过境客流量。

④换乘量:在一定时期内,综合客运枢纽内换乘的旅客数量。

⑤主导交通方式:在客运枢纽形成过程中,受特定工程建设条件及建设标准限制,辐射影响范围较广、对其他交通方式起主要约束影响作用的某一种交通方式。对于城市客运交通枢纽来讲,主导交通方式是指运输量较大的一种对外交通方式。

(2)分类分级

根据主导交通方式不同,综合客运枢纽划分为五种类型,见表1-1。

表1-1 综合客运枢纽类型

类型	说明
航空主导型综合客运枢纽	依托机场航站楼,与其他交通运输方式形成的综合客运枢纽
铁路主导型综合客运枢纽	依托铁路客运站,与其他交通运输方式形成的综合客运枢纽
市域铁路主导型综合客运枢纽	依托市域铁路站,与其他交通运输方式形成的综合客运枢纽
公路主导型综合客运枢纽	依托公路客运站,与其他交通运输方式形成的综合客运枢纽
水运主导型综合客运枢纽	依托港口客运站,与其他交通运输方式形成的综合客运枢纽

根据综合客运枢纽总发送量和对外运输方式总发送量,综合客运枢纽划分为四个等级,见表1-2。

表1-2 综合客运枢纽分级(单位:万人次/d)

类型	一级综合客运枢纽		二级综合客运枢纽		三级综合客运枢纽		四级综合客运枢纽	
	年度日均总发送量	年度日均对外运输方式发送量	年度日均总发送量	年度日均对外运输方式发送量	年度日均总发送量	年度日均对外运输方式发送量	年度日均总发送量	年度日均对外运输方式发送量
航空主导型综合客运枢纽	≥10	≥5	6~10	3~5	2~6	1~3	<2	<1
铁路主导型综合客运枢纽	≥20	≥10	10~20	5~10	5~10	2~5	<5	<2
市域铁路主导型综合客运枢纽	≥10	≥5	5~10	5~10	2~5	1~2	<2	<1
公路主导型综合客运枢纽	≥10	≥5	2~10	1~5	1~2	0.5~1	<1	<0.5
水运主导型综合客运枢纽	≥4	≥2	2~4	1~2	0.5~2	0.2~1	<0.5	<0.2

3)国家标准《城市客运交通枢纽设计标准》(GB/T 51402—2021)

住房和城乡建设部发布的《城市客运交通枢纽设计标准》(GB/T 51402—2021)[17]对城市客运交通枢纽进行了准确定义:在城市客运交通系统中,为不同交通方式或同一交通方式不同方向、功能的线路提供的客流集散和转换的场所。此外,还明确了如下分类:城市综合客运枢纽,包括航空枢纽、铁路枢纽、公路客运枢纽、客运港口枢纽;城市公共交通枢纽,包括城市轨道交通枢纽、公共汽(电)车枢纽。城市客运交通枢纽分级应根据规划年限的枢纽日客流量(按照不同人口规模)进行分级,级别划分应符合表1-3规定[17]。

表1-3 城市客运交通枢纽级别划分(单位:万人次/d)

级别	枢纽日客流量 P				
	超大城市 (常住人口≥ 1000万)	特大城市 (常住人口500万~ 1000万)	大城市 (常住人口100万~ 500万)	中等城市 (常住人口50万~ 100万)	小城市 (常住人口＜ 50万)
特级	$P \geq 80$	—	—	—	—
一级	$40 \leq P < 80$	$40 \leq P < 80$	$40 \leq P < 80$	$20 \leq P < 40$	$10 \leq P < 20$
二级	$20 \leq P < 40$	$20 \leq P < 40$	$20 \leq P < 40$	$10 \leq P < 20$	$3 \leq P < 10$
三级	$10 \leq P < 20$	$10 \leq P < 20$	$10 \leq P < 20$	$3 \leq P < 10$	$1 \leq P < 3$
四级	$3 \leq P < 10$	$3 \leq P < 10$	$3 \leq P < 10$	$P < 3$	$P < 1$

《城市客运交通枢纽设计标准》(GB/T 51402—2021)提出,城市客运交通枢纽不仅要按两大分类同步实施具有不同建设要求的信息化系统,还应建立完整的交通管理系统(TMS)、客流信息、安全防范、建筑智能系统等。

1.2.2 专家学者对枢纽的分类分级释义

如何从功能定位与构成要素方面对枢纽进行分类分级,我国诸多学者、专家从中国国情出发,有很多很好的总结。

覃矞[18-19]认为,站城融合发展是实现城市精明增长的必然选择。他于2016年以深圳建设为例,总结归纳了我国现代综合客运枢纽发展趋势"站城一体、城市主次中心与枢纽互动发展"的三代发展模式:

第一代枢纽为城市发展带动枢纽的建设,如深圳罗湖枢纽,建成首个集"国铁+地铁+口岸+长途+城市交通"于一体的枢纽;

第二代枢纽为枢纽先行带动城市发展,如深圳北站建设带动周边城市开发;

第三代枢纽为城市与枢纽同步推进,如深圳前海枢纽,枢纽与城市的融合一体化开发。

盛晖[20]通过梳理诸多铁路客运站与城市关系的案例,提出了从铁路客运站到现代客运枢纽的"有站无城""站城分置""依站建城""站城融合"4个版本(见第5章5.1.1节图5-6)的演变进程。盛晖从大量规划设计实践中发现,我国铁路枢纽客站的发展趋势是进一步与周边相邻的城市地区相融合,最终车站建筑将保留其交通集散换乘中心的功能,而其本身将会消隐在城市中,成为城市中心最富有活力的片区——城市活力中心(车站枢纽5.0版)。如同健康人体的血脉赋予生命无尽的活力,却隐身于美丽的容颜之下。人们注重的是城市生活中交通的便利,而不是枢纽建筑本身。

王昊[21]等总结了近20年枢纽规划建设开发理念与实践,提出以枢纽开发设计采用"基准指数"进行分类评估的方法,将国内外的铁路客运枢纽"基准指数"归纳为四类(表1-4)。

表1-4 枢纽开发基准指数(MODex)

序号	枢纽指数类别	枢纽指数特征
1	交通功能	换乘设施;与其他设施连通度;服务质量(乘客舒适性)
2	城市环境	可持续性;密度;混合度
3	场所营造	公共空间质量;公共设施配置
4	经济活力	繁荣度;经济活力;产业价值

王昊认为,当下现代客运枢纽已进入4.0时代,其发展特征是"建筑隐形化、空间场所化"。隐形化是指从外观上看不出这是个典型铁路枢纽车站(基本将铁路设施均置于地下空间);而场所化则更凸显其功能的复合。现代客运枢纽不仅是交通功能或单纯商业功能,更是一个可供市民24h开展公共活动的场所。例如,香港西九龙高铁枢纽车站就是一个突出的成功案例。

中国工程院院士吴志强教授认为[25],我国诸多大城市的客运交通枢纽亦经历了更新改造、新建规划的发展历程,最典型的是铁路车站在功能配置和构成要素(包括建筑、用地、交通、开发)上出现了的五个历史性的"版本"变化:单一车站→城市入站→城站一体→人站城模式→人站智城模式。

专家、学者基本达成以下共识:第一,枢纽分类应按交通功能和方式组合、交通网络与服务区域、用地性质及场所(改建或新建)区位特性等,根据不同特点进行分类;第二,需要加强从理论到实践的验证、借鉴与创新,统筹协调用地、空间、交通与环境的关系;第三,密切结合国家与地区落实交通运输部等多部门联合印发的《现代综合交通枢纽体系"十四五"发展规划》的目标指引,重视公、铁、水、航干线交通网络(特别是高铁网络)的多层次枢纽规划布局,重视城市群、都市圈以及地方城市基于客运枢纽的融合一体化发展,依据我国客运交通枢纽的规范与标准进行综合考量。

1.2.3 本书对客运枢纽的分类分级的认知

笔者认为,枢纽分类分级不仅应该遵循国家(部委)已经发布的相关规范与建设标准,还应该结合实际情况,关注专家对于枢纽分类分级的研究,特别是要以国家发展战略与一系列政策实施为引领进行综合论证。在当前及往后相当长的一个时期内,要按照中共中央、国务院印发的《国家综合立体交通网规划纲要》[22]中的规定,重视与国家发展战略布局的协调统一,分类分级首先要从国家、区域、城市三个层面进行考量:

(1)国家级——在国家层面规划布局的综合客运交通枢纽,应该按照国家综合立体交通网络主轴、走廊、通道主骨架要求,建设枢纽集群、枢纽城市及枢纽港站"三位一体"的国家综合交通枢纽系统要求,建设面向世界的京津冀、长三角、粤港澳大湾区、成渝双城经济圈四大国际性综合交通枢纽集群要求,加快建设20个左右国际性综合交通枢纽城市以及80个左右全国性综合交通枢纽城市,加快推进一批国际性枢纽港站、全国性枢纽港站建设。

(2)区域级——在区域层面规划布局的综合客运交通枢纽,以城市群、都市圈空间为载体,推进城市群内部交通运输一体化,打造轨道上的都市圈,是规划布局新型枢纽设施的首选项。推动国家干线铁路、城际铁路、市域(郊)快线铁路、城市轨道交通"四网融合",构建便捷高效的地区轨道交通网,加快城市群轨道交通网络化,实现城市群内部2h交通圈,打造都市圈内1h通勤圈,以此锚固客运枢纽分级分类的目标和基础。

(3)城市级——在城市(市镇)层面规划布局的综合客运交通枢纽,其功能目标是为对外交通在城市内集散,以及不同对外交通方式、方向之间的转换而分类设置。

1.3 现代客运交通枢纽规划设计工作内涵

中共中央、国务院发布的《交通强国建设纲要》[23]《国家综合立体交通网规划纲要》[22]和交通运输部等多部门联合印发的《现代综合交通枢纽体系"十四五"发展规划》[24]等文件中,均对建设多层级、一体化的综合交通枢纽体系进行了部署并提出一系列政策措施。这是我国"现代客运交通枢纽"规划与设计的根本方针与指引。

当下,无论是公、铁、水、航主导的综合交通枢纽还是城市客运交通枢纽(包括客运与物流),无论是新建枢纽还是改建枢纽,无论是哪一个区位层级的交通枢纽,都面临着规划设计的新问题、新挑战。近年来,各地结合高铁、城铁、空港或口岸建设,枢纽规划设计项目日新月异,新概念、新技术、新案例层出不穷,既积累了许多成功经验,也发现了不少问题与教训。现代客运枢纽规划建设是百年大计、千年大计,包括选址定位、用地空间、功能规模、"站城人融合"、环境生态一体化等,它是一个动态滚动发展的过程,必须有历史远见,要审视目标、近远结合,做到前瞻性与精细化相结合,统筹融合与协同发展相结合。

本书编著团队依靠多年来理论学习与实践积累的认知,通过对我国历年发布的方针、政策和相关标准、规范及导则的学习与思考,凝练团队成员多名博(硕)士生学位论文、课题研究实践,包括对于本书"案例篇"成果的借鉴与总结,期待围绕"现代客运交通枢纽"这个命题,更多地关注国情、了解世界,推进中国式交通现代化。本书将现代客运交通枢纽(枢纽港站)规划设计工作的内涵归纳为八个方面(包括建设背景、选址方案、规模论证、规划方案、交通设计、综合开发、投融资、新技术应用),提供给"枢纽"规划设计相关专业的高校高年级本科生、研究生和相关领域的规划师、工程师分享参考。

1.3.1 客运枢纽规划建设背景

客运枢纽规划建设背景包括国土规划、区域经济、交通系统三个方面"背景",重点是要将客运枢纽建设的背景"故事"讲清楚,阐明枢纽在区域和城市规划(经济与社会)发展中的定位、枢纽地区的国土资源空间规划分析以及枢纽在综合交通网络(包括铁路网、公路网及其他模式交通网络)的地位,结合人口分布与经济活动空间、产业布局与历史沿革对于枢纽功能、规模和结构特点,进行"SWOT"(优势、劣势、机遇、挑战)分析。

1.3.2 客运枢纽选址方案比选

(1)从国家、区域、城镇三个层面,以及交通干线(主轴、通道、走廊)线位走向、城市(城镇)

规划和自然地理控制条件出发,综合考量交通网络衔接和地区产业、人口分布,统筹考虑机场、铁路客运站、公路客运站、客运码头等场站规划,确定本枢纽(港站)的等级层次、类型与功能。

(2)遵循枢纽选址应契合城市发展方向并与城镇体系形态和城市空间结构相协调的原则,结合客运枢纽客流的综合性、集散性与转换性等特点,提出枢纽的选址方案且做出比选。

(3)关于枢纽功能如何与城市的中心耦合,枢纽功能如何服务于城市(区域)的特定组团(节点)的概念,枢纽如何体现一体化、集约化、人文化、复合化的导向等问题,结合建设背景和方案选址进行分析论证。

1.3.3 建设规模论证

建设规模论证包括两方面内容:

(1)综合分析枢纽港站建设主体功能要素,根据城市(区域)上位规划(如总体规划、综合交通体系规划)关于枢纽站场的区位功能特征、服务范围及综合开发条件,结合交通网络、集散功能、节点条件特点,拟定枢纽主体(组合)建筑、用地、设施的类型、等级及规模,并适度预留未来发展空间(如公共服务、产业开发、生态绿地等),包括枢纽衔接的各类交通设施的用地空间与规模。

(2)枢纽供需关系论证,以相关规划资料为依据,研究城市(区域)人口、用地、就业分布情况,进行客流集散区和客流集散点交通生成与分布(时间、空间)的预测研究,提出不同时期发展情景下,枢纽建筑综合体及周边(枢纽核心区、扩展区及影响区)设施配置供给和承载力平衡的分析评估。

1.3.4 规划方案

规划方案应根据客运枢纽(改建或者新建)性质,结合多模式交通功能的综合性、集散性与转换性特点,以站城一体化、功能复合化、用地集约化、环境生态化为目标导向,综合考虑选址和规模,编制因地制宜、近远结合的客运交通枢纽规划方案。规划方案的重点内容如下:

(1)论证枢纽建筑综合体的组成、布局、形态、容量(包括地上地下空间)方案,统筹协调枢纽基地内与其他公共设施设备(如电力、电信、供水、排污、管道、停车与综合管理等)的配置方案。

(2)枢纽区域(核心区、扩展区及影响区)的城市设计与交通设施配置方案。

(3)枢纽内集疏运体系规划,衔接内外交通组织方案设计,重点是对外交通干线与地方性轨道、公交、小汽车交通、慢行交通的衔接。

(4)"站城融合"一体化开发方案,交通与设施配置的适应性评价(容量承载力)。

(5)投融资与全生命周期的可持续规划与政策研究。

1.3.5 枢纽交通系统一体化组织设计

枢纽交通系统组织设计应保证枢纽内部交通与外部交通系统的完整性、高效性、优先性。其重点原则如下:

(1)枢纽综合体及核心区宜遵循"换乘空间联通共享、设施设备共用"原则,相对集中设置各类型交通方式的换乘空间,确保良好的集疏运环境;核心区宜构建安全、畅通、便捷的全天候慢行系统,并与城市慢行系统相衔接,提供便捷、高效的换乘路径;基于枢纽扩展区及影响区的内外交通组织设计应与城市道路网、轨道交通网、高速公路等有效、便捷衔接。

(2)枢纽内部交通组织应遵循"步行优先、人车分流、到发分离、分块循环"原则,规划方案按下列优先顺序进行组织设计:步行＞非机动车＞城市公共交通＞出租车＞网约车＞小汽车。

(3)枢纽对外交通组织应遵循"公交优先、客货分流、到发分离"原则,规划方案按下列优先顺序安排对外衔接交通组织:城市公共交通＞出租车＞网约车＞小汽车＞慢行交通＞步行。

1.3.6　客运枢纽地区(含地下空间、上盖物业)TOD综合开发方案

客运枢纽作为城乡区域综合交通体系的重要组成部分,是城市与区域规划发展的重要依托点(城市主/副中心、会展、商务、商业与公共活动的中心或增长极)。综合开发总体上应考虑枢纽功能的整体性、层次性、开放性特点,通过科学的评估与预测,确定客运枢纽适宜的空间利用范围、规模、结构、功能等,开发方案设计要点。

(1)根据所在地区经济发展、产业规划,分析各类业态开发的可行性(经济效益与社会效益),拟定综合开发类型与规模。

(2)按照"触媒理论"和相关规范,结合城市总体规划、周边用地开发功能,遵循"圈层"导向原则,统筹布置综合开发用地范围与枢纽开发主体功能结构,并合理确定开发类型及强度。

(3)按照以公共交通为导向的TOD理念开发,全面整合枢纽开发功能与城市交通系统,公共空间布置应以客流流线为主导,采用公交与慢行交通模式高效联系枢纽与各类功能开发空间。

(4)枢纽区域开发宜采用混合功能布局,形成以枢纽为中心的复合功能和集约型开发建设模式。

1.3.7　项目投融资模式和全生命周期保障机制

(1)从实际出发,探讨枢纽建设投融资模式(政府投资模式、商业投资模式、PPP投融资模式等)多样化的可行方案;探索以政府为主导(引导)、以企业为主体、以资本为纽带的投融资创新盈利模式。

(2)推动社会资本进入综合交通枢纽的建设和运营,形成多元化的投融资格局,建立稳定的枢纽投融资建设经营渠道,做到多业主协同合作、统一规划、统一设计、统一施工。

(3)探索全生命周期的规划设计、建设运营、运行管理保障机制的可持续性,包括枢纽建设财务可持续性,枢纽规划、设计与实施的可持续性,项目投资人和外部溢出正效应的可持续性等。

1.3.8　新技术应用

探索客运枢纽基础设施与区域资源功能共享运行、新型融合(传统升级)开发体系,推进规划建设与运营管理的变革与创新。在大数据、人工智能、物联网和手机App(应用程序)与移动性背景下,探索数字化、智能化、网联化、绿色化的产业与现代枢纽规划设计技术深度融合。新技术应用主要包括:5G或6G(第5代或第6代移动通信技术)主导的互联互通、现代客运枢纽的资源共享与融合设计——AL-TMaas;积极探索物联网、区块链、北斗卫星导航等新技术应用;推进数据资源赋能和地上地下资源的节约、集约利用;建设好现代客运枢纽的综合交

通大数据中心体系;促进枢纽设施运营管理模式变革,提升客运枢纽交通可达性和综合开发"引控性"水平。

(1)实现客运枢纽不同交通方式共享和公共换乘空间的一体化设计。不同运输方式信息化系统之间实现网络互联互通,信息共享与交换。

(2)推进交通生活数字化转型,以客运枢纽为基础背景的出行即服务(Mobility as a Service,MaaS)平台系统建设。从当下多码合一支付平台贯通到出行链路-枢纽内外交通支付链路-枢纽"衣食住购娱"-MaaS技术(移动式服务包)的区域级拓展。

(3)建立枢纽(区域)一体化信息交换平台,包含综合管理及应急处理中心;建设相应的枢纽综合交通管理、综合旅客服务、综合安保功能中心;实现客运枢纽信息分类、信息结构、信息交换功能的一体化[18]。具体基础共享信息包括:

①人员情况、人流状况、旅客信息、行李信息。
②车辆班次、航班信息、时钟信息、调度信息。
③运输工具情况、车流状况、物流状况、公共道路、通道管制与引导信息。
④公共设施设备运行情况、状态信息。
⑤公共安防预警、报警、图像信息。
⑥媒体发布的视频、音频、图片、资料信息。
⑦公共地理信息、环境信息。

1.4 本书的主要内容、特点和读者对象

1.4.1 本书主要内容安排

(1)综述篇(第1~4章)主要有四部分内容:

第一,阐明"枢纽"的基本概念及相关理论描述。包括枢纽交通集聚与换乘、网络拓扑结构分析及枢纽用地的集聚-扩散效应论述;"客运枢纽"分类分级及其相关规范、标准;现代客运交通枢纽规划设计工作内涵介绍。

第二,综述欧、美、日等国家交通模式和客运枢纽历史与现状,阐明现代客运枢纽的演化成因及影响因素(如自然、地理、经济以、社会变革与科技进步等),分析评估国外城市客运交通枢纽规划建设的经验、问题与启示。

第三,阐述我国香港枢纽站场规划建设特点与历史性成就,特别是轨道枢纽建设"港铁模式"(轨道+物业)的成功经验。

第四,盘点我国现代客运交通枢纽建设取得的巨大成就,阐明我国客运枢纽规划建设已进入体系优化、互联成网、提质升级的新历史阶段,现代枢纽已成为锚固、支撑与引领我国大都市圈与城市群发展,实现国土与交通体系科学布局(呈组团式、集约型、开敞式)的重要基础与驱动力。最后,归纳分析我国客运枢纽规划建设存在的若干问题及其解决办法。

(2)理论篇(第5~11章)。

第5章首先回顾国内外"城市形态与交通"的互动关系及其历史演变的阶段进程,探讨现代客运枢纽成长机理与发展规律,阐明现代客运交通枢纽已经成为推进交通规划与土地利用

发展的动力与缩影;其次,围绕客运交通枢纽规划设计理论问题,对传统城市规划与交通规划理论和我国改革开放40余年来的若干重要的研究成果进行梳理与总结;再次,从不同国情与环境条件出发展开"中美发展模式"的对比分析研究,阐述政治体制与政策导向对于国土(城乡)利用规划与交通模式抉择产生的深远影响,阐明我国"枢纽型、网络化、功能性"综合交通体系规划建设的合理性与先进性,阐明高铁、城市铁(包括城际通、市域快铁)集约化轨道交通枢纽为主导的客运交通发展模式符合我国国情,且具有强主导性、强吸引力、强集约性和强可达性的优势;最后,论述在我国推进"站城融合-协调发展"的客运枢纽(区域)TOD开发的重要意义。

第6章立足供需平衡原理,系统介绍现代客运交通枢纽的供需分析理论。首先,分析现代客运交通枢纽客流规模大、构成复杂、要求各异、目的多元等特征,以及基于客运枢纽的站区、核心区、周边区域不同圈层存在的多模式源流叠加特点,多模式客流集散、转换功能特征;其次,重点提出枢纽对外交通、枢纽集散交通、枢纽周边区域交通等不同层次交通的需求预测方法,结合各种交通方式效能综合比较,研讨客运枢纽三类不同集疏运交通模式(以轨道交通为主导、公共交通与个体机动化交通并重、以私人小汽车为主体)的特点,对应提出枢纽快速交通系统、枢纽集散交通系统、枢纽内部交通系统的供需平衡分析方法;最后,介绍上海虹桥枢纽道路集疏运供需分析及配置案例。

第7章以交通枢纽多模式组合出行为研究对象,首先,分析组合出行的分类和表征方式,包括城内部交通与对外交通的组合、城内部交通之间的组合和城市对外交通之间的组合,这是研究现代客运枢纽供需关系的基础;其次,描述获取组合出行多维度数据的方法,提出组合出行效用理论,构建基于非集计的多项Logit(Multinomial Logit,MNL)、巢式Logit(Nested Logit,NL)和混合Logit(Mixed Logit,ML)的组合出行效用模型。最后,以南京南站为算例(案例),借助问卷调查数据定量分析南京南站在多模式组合出行中表现出的客运功能特征和出行者的行为机理。

第8章从交通枢纽与土地利用的互动关系出发,首先,提出土地利用与交通系统相互影响作用机理,并建立数学模型定量化描述这种互动影响关系;其次,分别建立基于用地分区的枢纽客流需求预测模型和交通枢纽对周边土地价格的影响预测模型,定量描述交通枢纽与土地利用互动影响关系;再次,在介绍现代客运交通枢纽与土地利用协调发展模式的基础上,提出基于TOD理念的枢纽交通与土地利用的协调规划方法,为多模式交通体系建设背景下的用地与交通协调规划提供理论支撑(包括耦合关系模型、网络容量限制模型与社会效益最大化开发模型);最后,研究现代客运枢纽的综合开发模式,为现代客运枢纽的开发建设提供建议。

第9章将综合客运枢纽区域开发圈层由内向外划分为核心区、扩展区和影响区,核心区内的枢纽建筑主体以及为枢纽服务的集散交通设施是进行枢纽交通组织设计的主要对象。首先,介绍枢纽区域交通组织方法,研究客运枢纽综合开发空间形态,探讨多种交通方式的衔接模式及其适用场景,提出区域交通一体化组织设计原则;其次,分别从枢纽换乘交通功能、空间、流线和导向标志四个方面介绍枢纽换乘交通设计要素;最后,进一步聚焦乘客换乘流线设计方法,围绕网络、乘客个体和重要节点分别提出流线设计的原则和内容,并研究信息诱导系统设计方法;最后,以枢纽公共空间融合为载体,探索枢纽慢行设施形式以及相应设施设计方法。

第10章认为综合评价是决策分析的基础,在客运枢纽的规划建设的不同阶段(包括前期、在后期),针对不同规划与设计方案为决策者提供一个科学、公正、合理的推荐方案排序和评估是非常必要的。首先,从客运枢纽的选址、人流系统规划、车流系统规划和周边开发共四个角度阐明客运枢纽规划设计综合评价的原则和层次;其次,围绕各角度拥有不同侧重的评价原则提出多个量化评价指标构成指标体系(衡量比较备选方案的统一尺度);最后,介绍综合评价的流程和适用于不同情景的多种常用评价分析方法。

第11章论述投融资与运营管理是推动现代客运交通枢纽可持续发展需重点关注的两大领域。客运交通枢纽建设投资巨大,融资方式、产权利益、运营管理涉及面广,操作流程复杂。本章从枢纽"全生命周期"的认识着手,梳理客运交通枢纽从规划、设计、建设和运营四个阶段"生长过程",开展客运交通枢纽的经济属性及其投融资模式的研究,基于客运枢纽的准公益性特性,探讨客运枢纽运营管理体系,分析枢纽的业务构成(包括客流与用地开发),针对性提出对枢纽运营补贴的方式与原则,以及实施枢纽一体化开发反哺的建议。

(3)案例篇(第12~20章)。

本部分内容介绍10个客运枢纽规划建设典型案例。按照新建与改建的不同类型、不同建设背景条件,经过调研选择分析完成。大部分作者是从事与枢纽的规划、设计、运行管理相关的规划师、工程师(且过去就是本团队成员)。通过对客运枢纽案例前期规划选址、功能规模的论证研究,对枢纽建筑(及其区域)交通设计、综合开发与运营管理的经验总结,形成各具特色的成果借鉴,真实反映我国以"高铁上的中国、轨道上的城市"为特色的现代客运枢纽建设风貌,加深读者对现代客运交通枢纽规划与设计内涵的理解。

本书的内容安排和逻辑架构如图1-4所示。

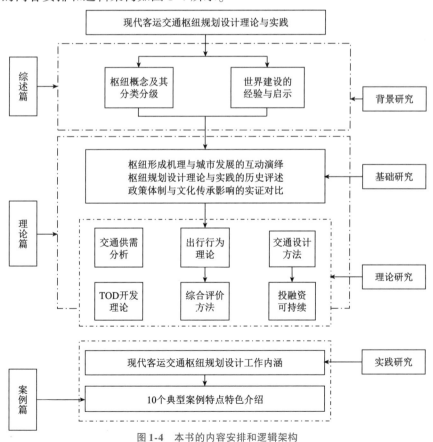

图1-4 本书的内容安排和逻辑架构

1.4.2 本书的主要特点

现代客运交通枢纽已成为锚固、支撑与引导大都市圈与城市群总体规划,实现国土空间与交通规划呈组团式、集约型、开敞式布局发展的重要基础与驱动力;发展以轨道交通为主体的公共交通,依托综合交通体系,建设具有强主导性、强吸引力、强集约性和强可达性特征的现代客运枢纽,适合我国国情;我国综合客运交通枢纽发展已进入体系优化、互联成网、提质升级的历史阶段。基于现代交通枢纽发展模式带来出行活动的集聚、产业经济的集聚,从而促进与提高了社会经济集聚的效益和效能,都已成为共识。"建枢纽就是建城市"的理念,枢纽的站城融合发展理念,交通设施、国土空间、生态环境相辅相成、互动发展理念,已成为城市交通枢纽规划建设的必选项,成为城乡规划师、建筑设计师、交通规划、土木工程师参与项目投标和实施项目详细设计的必修课程选项。本书顺应这种发展趋势,并且认为从我国国情条件(人口规模巨大、土地资源短缺)出发,以集约化的公共交通(包括高铁和城市公交)发展模式为主体、依托综合交通体系进行"站、城、人、环境融合"枢纽一体化开发,是我国经济社会发展与城市化进程的正确道路。本书通过对世界大城市枢纽的历史回顾、对比推演、借鉴剖析、经验总结,应用实际数据进行案例分析,对我国改革开放以来的枢纽现实情况和未来发展前景进行了比较深入的论证。

本书非常强调理论与实际结合,特别介绍了 10 个不同类型的规划设计案例,包括高铁、空港、公路客运枢纽和城市地铁、公交以及口岸等,多为我国近些年完成规划设计、建造投入运行的实践,以帮助读者了解本书的相关理论问题和规划设计工作的内涵。这些案例的主要特点有两个:一是客运交通枢纽(哪怕是一个轨道交通车站)的规划建设都涉及方方面面,不是单一的建筑设计,而是车站(综合体)的综合设计,客运枢纽不是传统领域某个专业理论知识与技术规范就能够完成;二是从枢纽建筑到地区城市设计、交通规划,从一般意义上的 TOD 开发到"站、城、人、环境融合"规划设计进程(包括产业、人口岗位、居住、商业、公共空间、交通、生态环境等)很难以归纳为一个综合性的模型进行分析评估。本书介绍了很多专业的理论分析和多个不同类型的案例,阐述其规划建设乃至运营管理中的实况,可以供读者思考与借鉴。

本书编著的规划设计理论部分包括论述世界大城市用地与交通发展的互动关系及影响因素,阐明现代客运交通枢纽形成的机理与进程,从交通规划、城市规划以及宏观经济的研究出发,结合同济大学、东南大学团队完成的国家重点科研项目(包括国家科技攻关、自然科学基金、863 计划等),以及团队成员(博士生、硕士生学位论文)完成(参与)的重大客运交通枢纽方案设计研究的相关成果,分别结合基于客运枢纽的出行行为理论、供需分析、综合开发、交通组织、投融资与运行管理等作出了有价值的探索。

1.4.3 本书的读者对象

本书结合多个专业本科生、研究生知识结构要求,介绍了客运交通枢纽主要概念与规划设计理论若干内容,尽力体现实用、新颖,力求跟上新时期中国式客运交通发展的步伐。

交通枢纽内涵涉及多因素、多专业、多学科领域的知识,本书作为专业性、针对性较强的教材,在内容上十分重视专业知识的实践性、相关性与综合性,在理论研究上不拘泥于传统的模型构建与算例求证,在写作上力求务实、图文数字易懂。

本书主要针对城市规划与建筑(城乡规划、城市设计、建筑学专业),交通规划与管理(含交通规划、交通工程类专业),土木工程(道路桥梁、轨道交通)的本科生(更适合高年级学生选修)和研究生编写;对于从事与城市规划、城市设计、交通运输规划及相关土木工程、交通规划与设计研究院(所)等研究与管理部门、项目咨询公司的人员均具有一定的参考价值。

本章参考文献

[1] MANHEIM M L. 运输系统分析基本原理[M]. 许绍林,译. 北京:人民交通出版社,1992.

[2] 陆化普. 交通规划理论与方法[M]. 2版. 北京:清华大学出版社,2006.

[3] O'KELLY M E, MILLER H J. The hub network design problem—a review and synthesis[J]. Journal of Transport Geography,1994,2(1):31-40.

[4] 崔叙. 城市综合客运枢纽规划与设计理论研究[D]. 上海:同济大学,2005.

[5] 俞泳,卢济威. 城市触媒与地铁车站综合开发[J]. 时代建筑,1998(4):53-56.

[6] 中国城市规划设计研究院. 大城市综合交通体系规划模式研究报告[R]. 北京:中国城市规划设计研究院,1990.

[7] 陆大道. 关于"点-轴"空间结构系统的形成机理分析[J]. 地理科学,2002(1):1-6.

[8] 沈志云,邓学钧. 交通运输工程学. 北京:人民交通出版社,2001.

[9] 中华人民共和国住房和城乡建设部. 城市综合交通体系规划标准:GB/T 51328—2018[S]. 北京:中国建筑工业出版社,2019.

[10] 中华人民共和国国家铁路局. 铁路车站及枢纽设计规范:TB 10099—2017[S]. 北京:中国铁道出版社,2018.

[11] 张国伍,张秀缓,罗雄飞. 综合交通枢纽的虚拟组织协同管理模式研究[J]. 系统工程,2000,18(4):43-48.

[12] 中国国土经济学会. 客运枢纽区域开发规划导则:T/CSOTE 0002—2021[S]. 北京:中国建筑工业出版社,2021.

[13] 中华人民共和国国家铁路局. 高速铁路设计规范:TB 10621—2014[S]. 北京:中国铁道出版社,2015.

[14] 中华人民共和国交通运输部. 综合客运枢纽术语:JT/T 1065—2016[S]. 北京:人民交通出版社股份有限公司,2016.

[15] 中华人民共和国交通运输部. 综合客运枢纽分类分级:JT/T 1112—2017[S]. 北京:人民交通出版社股份有限公司,2017.

[16] 中华人民共和国交通运输部. 综合客运枢纽设计规范:JT/T 1453—2023[S]. 北京:人民交通出版社股份有限公司,2023.

[17] 中华人民共和国住房和城乡建设部. 城市客运交通枢纽设计标准:GB/T 51402—2021[S]. 北京:中国建筑工业出版社,2021.

[18] 覃矞. 综合客运交通枢纽规划设计经验介绍[R]. 深圳:深圳市城市交通规划与设计研究中心,2016.

[19] 覃矞. TOD+PPP:如何从概念到实践[EB/OL]. (2020-06-18)[2021-03-15]. http://www.chinatod.com.cn/.

[20] 盛晖.站与城——第四代铁路客站设计创新与实践[J].建筑技艺,2019(7):18-25.
[21] 王昊,胡晶,赵杰.高铁时期铁路客运枢纽分类及典型形式[J].城市交通,2010,8(4):6-15.
[22] 中共中央,国务院.国家综合立体交通网规划纲要[M].北京:人民出版社,2021.
[23] 中共中央,国务院.交通强国建设纲要[M].北京:人民出版社,2019.
[24] 国务院.国务院关于印发"十四五"现代综合交通运输体系发展规划的通知[A/OL].(2022-01-18)[2022-05-10].http://www.gov.cn/zhengce/content/2022-01/18/content_5669049.htm.
[25] 吴志强.双碳目标下TOD创新与城市可持续发展论坛暨国土交通(TOD)委员会年会报告——TOD开发的智慧赋能[Z].北京,2023.

第2章
国外大城市客运交通枢纽规划建设概况

2.1 欧美各国大城市客运交通枢纽规划建设历史回顾

1863年1月10日,伦敦"大都会铁路"(Metropolitan Railway)投入运营,当天吸引了约4万名乘客感受地下交通与文化风景,这就是160年前世界上大城市轨道交通枢纽的雏形。随后欧洲国家较早从事铁路的提速研究,使欧洲的城市快速铁路与高铁较早达到世界先进水平。截至2018年,法国已建成运营高速铁路2658km,德国已建成运营高速铁路3038km,英国已建成运营高速铁路1377km。欧洲各国大城市的客运交通枢纽规划建设与发展日益繁荣,多种类型的客运车站枢纽和城市轨道交通枢纽不断建成。连接英国、法国和比利时的高速铁路"欧洲之星"(Eurostar)的建设,促使伦敦圣潘可拉斯车站(与国王十字车站)枢纽扩建与复兴,特别是法国高铁(TGV)里尔枢纽规划建设,采用了"建设一座新城,而不仅仅是一个火车站"理念,还有法国巴黎拉德芳斯枢纽、德国柏林中央火车站和美国旧金山枢纽车站等伴随着高速铁路的新建或改建,形成了欧美各国大城市的综合客运交通枢纽发展的新阶段。

2.1.1 英国伦敦中心区地下铁路快线建设和国王十字车站——城市铁路枢纽车站改造更新典型案例

1)伦敦中心区地下铁路快线

一个世纪以来,伦敦持之以恒地推动轨道交通网络建设(包括依托轨道快线形成中心城及各个机场的联系)。其中,伊丽莎白线(Elizabeth Line)轨道快线建设是一个典范(图2-1),其走向与19世纪80年代建设的地铁中央线(Central Line)平行[1]。1974年的"伦敦铁路研究"(London Rail Study)借鉴大巴黎都市区RER、德国大都市区S-Bahn经验,提出了进行了修建连接伦敦大都市区东西部的地下铁路快线计划。2009年,中央段9km以隧道形式开工(图2-2),盾构施工贯通了东西向伦敦中心区帕丁顿站、法灵顿站、利物浦街站、白教堂站以及托特纳姆法院路站、邦德街站(Bond Street)等6站。由于伊丽莎白线下穿整个西伦敦历史街区(牛津街商业区、伦敦金融城),邦德街站位于邦德街与南莫尔顿街(South Molton Street)大片历史建筑的下方,邦德街站厅与站台不能采用常规的大开挖方式施工。人们在这一片历史街区找了两块可以拆除的小地块,从地面向下构造施工竖井,再利用盾构机横向开挖隧道型站台。在地下隧道站台建设完成后,再对施工竖井进行上盖开发。上盖建筑的底部作为出入口与站厅,上部作为办公或商业物业,积聚了一批高品质的城市更新项目。该站改造难度巨大(地下站台250m长,可容纳10节编组列车),成为全线最后一个完成的站点。2022年5月24日,全线得以开通。

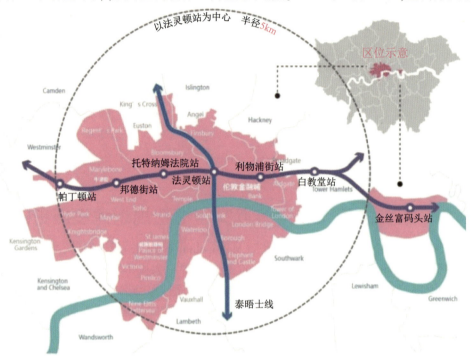

图2-1　伦敦中央活力区与伊丽莎白线中央段[1]

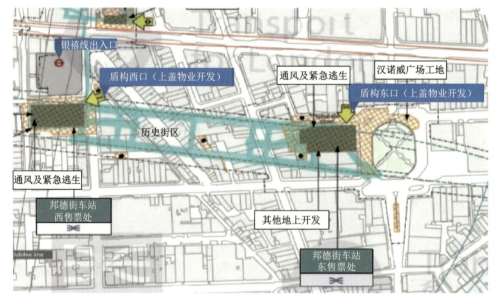

图2-2　伊丽莎白快线(邦德街站)盾构施工平面图[1]

注:蓝色为地下站台,黄色为地面施工区域,深绿色为东、西竖井及站厅。

2）国王十字车站

国王十字车站位于伦敦市主城区的北部，距伦敦市中心约3km（图2-3）。该地区很久以前是一个名为Battle Bridge 的古老河流渡口，名字源于国王乔治四世的纪念碑（建于1830—1845年）；随着运河的修通，该地区依靠便利的水运条件吸引了诸如煤气厂、油漆制造厂等多家工业企业，到19世纪中期，该地区已成为伦敦北部繁忙的仓储、物流批发市场与货场储存地。

国王十字车站始建于1852年[2-3]，曾是繁荣的工业中心和货物集散转运中心。然而，随着20世纪伦敦工业经济衰退，工厂纷纷倒闭，繁忙的工业物流区变成了几近废弃的工业棕地，成为低收入人群密集、失业、犯罪、环境差的典型代表（图2-4）。

图2-3　国王十字车站区位图[5]　　　　　图2-4　20世纪70年代的国王十字车站

20世纪末，伦敦掀起了城市更新的高潮，国王十字车站地区的更新成为伦敦主城复兴的标志性项目。以JMP（John McAslan Partners）为主创设计的建筑事务所耗费了约7年（1998—2005年）时间研究项目改造规划方案。2008年，国王十字车站地区改造工程启动[4]，涵盖了重新利用（re-use）、复原（re-use）和新建（new-build）三类工程。在规划方面，提高建筑密度，植入新业态，强化车站与其北侧中心区域、圣潘克拉斯车站、伦敦地铁和城市环境的联系；在交通方面，连通附近的圣潘克拉斯火车站，形成拥有多条地铁和火车线路的综合型交通枢纽（汇集6条地铁线和17条公交线），包括连接欧洲的欧洲之星（Eurostar）、通往肯特郡（Kent）的高速铁路、到苏格兰和英国东北部的铁路及横跨伦敦的泰晤士连线（Thameslink），如图2-5所示；在建筑方面，扩建西大厅，使新老建筑融为一体，增加公共活动和游客休息空间，四通八达的贯通衔接，让这里成为一个旅游胜地（图2-6）。2012年，改造工程完工，服务了伦敦奥林匹克运动会。

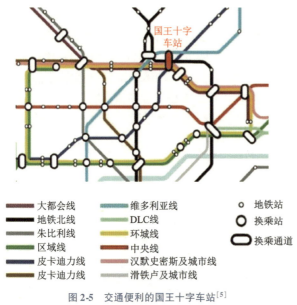

图 2-5 交通便利的国王十字车站[5]　　　　　图 2-6 改造后的国王十字车站

"国王十字"改造项目总投资 5.5 亿英镑,其最核心部分是现有车站西侧新建的半圆拱形大厅。JMP 为西大厅设计了一个跨度为 150m 的白色网格顶棚单体结构,由 16 个 20m 高的树形柱和一个锥形的中央树状结构支撑(顶棚单体结构),犹如"充满生命力量的大树"(图 2-7)。另外,改造扩建主列车棚的长为 250m、高为 22m、宽为 65m、横跨 8 个站台。工程立足于绿色环保目标,将 2500m² 节能光伏添加到修复后的主列车棚上,可替代 10% 的能源供应(图 2-8)。

图 2-7 西大厅"充满生命力量的大树"

2018 年,伦敦国王十字车站年客流量已达到 3391 万人。"国王十字"改造项目通过 TOD 驱动城市更新,实现了更合理的布局:南部靠近火车站的地块以商务办公、商旅功能为主,运河北部片区主要聚集商业娱乐、文化教育、高端居住等功能。项目以人为本、多元(社会、空间、交通)极致融合,打造出了世界级的枢纽典范。

图 2-8　节能光伏环保 8 站台主列车棚

2.1.2　法国里尔综合交通枢纽——法国枢纽新城的典范案例

里尔是法国北部最大的工业城市与重要的铁路交通枢纽。随着巴黎—里尔高速铁路的建成(1993 年建成),里尔高铁枢纽(TGV 车站)[6]成为一个大型的、集多种交通方式于一体的综合交通枢纽(包括高铁、高速公路、快速对外道路以及发达的内部公共交通系统);同时,里尔高铁枢纽地区成为极具竞争力的城市新城(图 2-9),其成功的因素主要有两点[7]:第一,得益于良好的区位条件,里尔成了联系法国与英国、比利时、荷兰等西欧邻国首都城市高铁的枢纽中心,高铁的通过改变了里尔同欧洲其他主要城市的时空距离,并由于其独特的地理区位优势,里尔成为高铁网络中连接重要城市的必经交通节点,提高了里尔城市发展的能级;第二,里尔高铁枢纽是考虑综合开发的全新设计的车站,建设了服务旅客的小型商场和横跨 TGV 车站正上方的两座金融办公大楼,将车站与邻近的大型综合商场相结合,进行一体化综合开发,用地综合开发情况见表 2-1。21 世纪初,"欧洲里尔"(Euralille)总共提供了 6500 个就业岗位,平均每年吸引 1400 万人次游客,会展中心每年接待 100 万人次以上的来访者。

图 2-9　里尔高铁枢纽综合开发[8]

表 2-1 里尔高铁枢纽用地综合开发类型

用地类型	出租办公	住宅	酒店	商业娱乐	会展	停车	共计
建筑面积(hm^2)	4.57	1.76	1.86	4.66	3.8	10.72	27.37

里尔高铁枢纽的成功带来的启示有两个方面：一方面，高铁站点的设置应与都市市区、节点地区、城市整体空间发展紧密协调；另一方面，高铁枢纽不仅仅是一个火车站，更应将其作为新城来打造。

2.1.3 法国巴黎拉德芳斯城市综合体——世界上首个城市综合体

巴黎是有着 2000 多年历史的著名的世界文化古城，而坐落在布劳涅森林以北、塞纳河畔的拉德芳斯枢纽新区（为纪念在 1870—1871 年普法战争中的阵亡将士的一组雕像而命名）是世界第一个诞生的城市综合体[9]，给巴黎带来了浓烈的现代气息（图 2-10、图 2-11），成为现代巴黎的象征之一。

图 2-10 拉德芳斯地区总体范围平面示意图[10]

注：图片来源于 https://doc.docsou.com/b561dd2234b82ffeefc50c2a0.html。

图 2-11 拉德芳斯区沿纵轴线鸟瞰图[10]

1983年,巴黎在世界征集的424个方案中选中了丹麦建筑师奥托·冯·施普雷克尔森的设计方案。1985年7月,拉德芳斯新区的建设工程正式启动。

拉德芳斯区的出现开创了基于TOD理念的全新城市发展模式——城市综合体(HOP-SCA),即Hotel(酒店)、Office(写字楼)、Parking(花园、停车场)、Shoppingmall(商业)、Convention(会议会展)、Apartment(公寓)的首字母连写。以上各项相互组合,并在各部分之间建立一种相互依存、相互推动的关系,形成了一个多功能、高效率、功能复杂而又统一的建筑群落,从而获得良好的经济效益、社会效益及环境效益。

拉德芳斯区在规划上的成功之处有三个[8]:一是充分利用城市空间,将多层和高层楼宇建筑建在离地面3~5层的平台上,并沿纵轴线向两侧延伸,建筑物的第3层或第5层通常是铺面、大堂,第1~4层是汽车通道、停车场,同时将小区绿化、林荫大道、园林景观、城市雕塑都布置在错落有致的平台上,并形成悠闲别致的步行区。拉德芳斯区虽然建筑密度高,但丝毫不感到压抑。二是交通畅达、人车分离,拉德芳斯区每天有10多万人次进出上下班。地下有地铁,地面1~3层是车行干道、立交桥和停车场,人行道一般在各平台上错落有致(图2-12)。三是新区建设的可持续发展,拉德芳斯区的标志性建筑是庆祝巴黎建市200周年的新凯旋门,新凯旋门、香榭丽舍大街、拿破仑凯旋门和卢浮宫路易十四凯旋门都在一条纵轴线上。拉德芳斯区的开发堪称世界一流的城区精品,是高效益、优环境、可持续土地开发的典范。

a) 广场上有多个通往轨道交通的入口

b) 区域快线(双层)的拉德芳斯站　　　　　　c) 地铁1号线拉德芳斯站

图 2-12

d) 拉德芳斯枢纽换乘大厅内部

图 2-12　巴黎及拉德芳斯的交通网络示意图[10]

注：图片来源于 http://pic.people.com.cn/n/2014/1217/c1016-26221816.html。

拉德芳斯的地下换乘枢纽采用了高架交通、地面交通和地下交通融为一体的设计思想[11]，大规模地开发利用了城市地下空间资源，在地下综合体中设置上下行 2 侧共 6 条车道地下高速道路、上下行 2 条隧道的区域快速铁路(RER)，以及停车库和 3 条公交线路的终末站(图 2-13)。穿过巴黎市区的 1 号地铁线已经延伸到大拱门广场，A 线深层快线地铁也从新区的地下通过。整个规划体现由斜坡(路面层次)、水池、树木、绿地、铺地、小品、雕塑、广场等所组成的街道空间的设计，各种设施都通过步行设施与中心广场相连接，相互之间距离仅有一二百米，是纯粹为行人打造的生活区。目前拉德芳斯区公交出行率达到 83%，每天完成 35 万人次以上的通勤，减少了停车位的配置，节约了社会资源和时间成本。

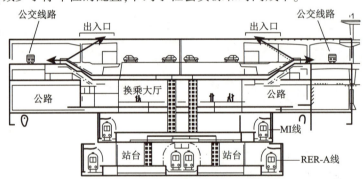

图 2-13　拉德芳斯的地下换乘枢纽示意图[10]

设计师把拉德芳斯广场和新区的代表建筑——大拱门建造在象征着古老巴黎的凯旋门、香榭丽舍大道和协和广场的同一条中轴线上，让现代巴黎和古老巴黎遥相呼应，相映生辉；既使得巴黎这座古老的大都市变得更加年轻、更有魅力，又使得新区建筑群融入巴黎深厚的文化底蕴。经过 16 年分阶段的建设，拉德芳斯区已是高楼林立，成为集办公、商务、购物、生活和休闲于一体的现代化城区(图 2-14)。众多欧美跨国公司、银行、大饭店纷纷在这里建起了自己的摩天大楼。新区大拱门西侧在兴建长为 3300m、宽为 120m 的林荫大道，还将建 25 万 m² 的办公用房和一万套住房，设在拉德芳斯区的巴黎第十大学的校园将扩大 25 万 m²。

图 2-14　拉德芳斯的地标建筑

2.1.4　德国柏林中央火车站——中央车站典型案例

2006 年 5 月 28 日,柏林中央火车站举行落成典礼,在世界杯足球赛开幕之前准时正式投入运营。这座宏伟建筑使柏林市中心成为欧洲高速铁路网的枢纽[12]。

回顾历史[8,13],柏林中央火车站是德国在第二次世界大战后最大的建筑工程,从规划、决策、施工到建成用了十多年时间(由冯格康、马克及合作者建筑师事务所设计),但柏林人从起初设想建一座中央车站到最终建成实际上已经历了近一个世纪。柏林中央火车站所在的位置是原来的莱尔特车站,位于柏林市中心的施普雷河河畔,毗邻德国重新定都柏林时新建的总理府和议会大厦建筑群。莱尔特车站建于 1871 年,是从 19 世纪 30 年代起柏林一系列伸入城区的干线铁路尽头车站中较晚修建的一个,也是最伸入市中心的一个。从德国各地修建到柏林的铁路都是"各自为站",且建在土地相对便宜的城郊,于是形成了一系列伸入城区的铁路尽头车站。当时人们换乘其他线路的火车,须坐马车从其中一个赶往其他车站换乘。换乘十分不便是柏林历史铁路系统中的一个重要缺陷。两德统一还都柏林,联邦政府、德国铁路和柏林市很快就制定了规划,决定通过建设铁路南北地下新线和综合性中央车站,同时改造一系列相关铁路线路和车站,其中柏林中央火车站是最典型、规模最大的综合性中央车站建设案例[14]。从管理体制上看,德国的干线铁路和地区铁路归德铁负责,城铁和地铁快线则分别由柏林都市区铁路公团和柏林市公交公团负责,但在柏林中央火车站的规划与建设上打破了这一惯例,解决了包括按比例筹集巨额资金在内的大城市中心综合交通枢纽规划建设中的一系列复杂问题。

柏林中央火车站是一个综合性的大型立体化换乘中心[14]。柏林中央火车站造价约 7 亿欧元,车站占地面积为 1.5 万 m^2,建筑面积 9 万 m^2。枢纽主体(图 2-15)是一个上下 5 层贯通的换乘大厅,最上面一层是东西方向的高架站台,最下面一层是南北方向的地下站台,中间 3 个换乘层(包括进出大厅的地面层)还分布着各类商铺和餐饮服务设施。车站两侧则有一对各 12 层、70m 高的双塔楼,成为柏林市中心最高的建筑物。该站包括 6 股道的高架站台以及 8 股道的地下站台。从东西方向来的列车从地面以上 12m 处的高架线路进出,高架站台长 450m,天棚长 320m、宽 27m;而从南北方向来的列车则在地下 15m 深处通过,地下月台长度为 450 米。新建的 9km 南北干线铁路包括 3.5km 的 8 线 4 洞隧道,一条 2.4km 的双向四车道公路隧道也可直通地下车场,如图 2-16 所示。

a) 夜晚柏林中央火车站外

b) 柏林中央火车站内部

c) 白天柏林中央火车站外

图 2-15　柏林中央火车站建筑综合体[13]

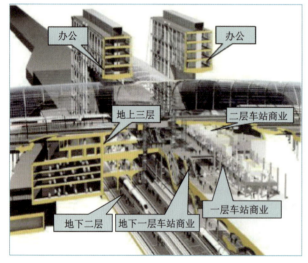

柏林中央火车站功能分布	
地上三层	东西向连通俄罗斯和法国的铁路、国内城际铁路、柏林轻轨(3号线、5号线、6号线、7号线、9号线)
地上二层	换乘大厅、车站商业
地上一层	短途公共交通、私人机动车停车、旅游大巴、自行车、车站大厅、车站商业
地下一层	车站商业
地下二层	能北向连通希腊和丹麦的铁路、国内城际铁路、柏林重轨5号线

图 2-16　柏林中央火车站功能分布情况示意图

注：图片来源于 http://www.gmp.de/cn/projects/463/berlin-central-station。

柏林中央火车站形成了柏林一个重要的购物及餐饮中心，其面积1.6万 m^2 的商业区集中了约80家商店，创造近900个工作岗位，多数是店家雇佣的服务人员。此外，柏林中央火车站两座各12层的塔楼包括总面积近1.5万 m^2 的办公和饭店设施。柏林中央火车站位于中心城区，所有的轨道交通都是通过高架桥与地下方式进出车站[15]，而各种汽车绝大多数也是通过隧道经停。公路客车在地下路侧有90个上下车位，地下停车场则有860个停车位。站内的电动扶梯多达54部,还有43部标准电梯和6部由玻璃环绕的透明升降梯,可以实现任何两层之间最短和最方便的通达。

柏林中央火车站建筑主体为钢结构,是根据最新绿色建筑设计标准建造的。由于采用了大面积玻璃自然采光,车站的玻璃天顶上安装了1700m²的太阳能电池,阳光可直射到40m以下的地下月台,大大节约了电能消耗。而那些特殊玻璃中的7.8万块太阳能电池板,还能提供该车站部分所需电力;站旁的大型水池则发挥着夏季降低空调能耗的功能。

2.1.5 美国旧金山主枢纽——美国首个高铁枢纽车站

旧金山主枢纽(Transbay Transit Center,TTC)是美国首个高铁枢纽车站。1939年,最初铁路客站的功能就是解决湾区东部的奥克兰与旧金山市中心间的出行。伴随着美国汽车化进程,这里大量的铁路设施被拆除,变成公交车服务的单一车站(图2-17)[16]。加州高速铁路方案于1996年提出,2001年旧金山市政府提出了建设新的TTC,并启动"Transbay Program"规划(图2-18),植入新的高铁枢纽,以引导旧金山市中心向Rincon Hill拓展,形成新的CBD(中央商务区)中心。2007年,西萨·佩里事务所中标(国际建筑招标),开启了包括TTC和附属超高层办公楼的规划设计;自2009年,从完成地区的更新规划(Transit Center District Plan)转向实施阶段,再到TTC一期工程和附属超高层办公楼(图2-19)竣工投入运营(2018年8月向公众开放),足足用了10年。

图2-17 旧金山原公共交通枢纽中心(1973年)[16]

图2-18 旧金山高铁枢纽(TTC)规划区位与范围示意图[16]
注:图片来源于https://www.sohu.com/a/314324587_99949100。

旧金山高铁枢纽车站未来主要承担两类功能[17]:一是连接整个旧金山湾区的通勤铁路(Caltrain),二是连接整个加州的高速铁路(图2-20)。车站地下两层均是铁路附属设施,布局相对简单。其中,地下一层为铁路站厅层,地下二层为铁路站台层,站台层的规模较小,仅为3台6线。

整个高铁枢纽规划"Transbay Program"包括两大类8个子项目,投资超过60亿美元。第一类围绕TTC展开,分两期工程8个子项目。其中,一期工程已于2018竣工;二期工程由于加州高铁延期(完全竣工可能要到2026—2030年);第二类围绕枢纽周边开发展开,包括161874m²(40英亩)的片区更新,以及Folsom Street改造提升(图2-21)。

图 2-19　枢纽 TTC 实景(最高的建筑为 Salesforce)[16]

a)旧金山湾区通勤铁路(Caltrain)

b)加州高速铁路

图 2-20　高铁枢纽未来将接入的通勤铁路示意图[16]

注:图片来源于 https://www.sohu.com/a/314324587_99949100。

(1)TTC 一期工程除地下铁路站台等工程未建外,其余地上主体均已竣工。
(2)临时公交枢纽,在 TTC 建成前过渡期使用,已竣工。
(3)枢纽二层与跨旧金山湾 Oakland Bay Bridge 直接连接的公交专用匝道,已竣工。
(4)Folsom Street 改造提升,局部竣工。
(5)片区总体更新项目,逐步推进,已竣工若干项目。
(6)旧金山湾区通勤铁路(Caltrain)、加州高速铁路接入枢纽工程,未竣工。
(7)新的公交停车场,距离枢纽约 700m,位于 I-80 快速路桥下,未竣工。
(8)结合高速铁路建设,改造现有的旧金山铁路中心站(Fourth/King),未竣工。

图 2-21　TTC 两期工程 8 个子项目分布示意图[16]

注：图片来源于 https://www.sohu.com/a/314324587_99949100。

TTC 定位为美国西部的中央车站（Grand Central Station of the West）和世界级的交通枢纽（与纽约中央车站、日本东京站齐名），而且特别强调规划理念：不仅是一个交通枢纽，更是一个市民的公共活动空间；不仅是单纯商业开发，更是一个 24h 公共活动的场所，通过独特的设计吸引着每一个经过此地的人。从功能布局上，整个枢纽设计非常简洁紧凑，上下分为 5 层（图 2-22）。

图 2-22　旧金山主枢纽"Transbay Transit Center"[16]

其中，地上三层的城市公园（City Park），可以说是枢纽最具亮点的设计。在枢纽顶层，建设了一个 5.4 英亩（≈21853m²）的城市公园，包括一个室外露天剧场、花园、健身步道、开放的草地区域、儿童游戏空间及餐厅和咖啡馆。按照设计构思，它不仅仅是枢纽的一个绿色屋顶[图 2-23a)]，同时通过吸收周边汽车尾气中的二氧化碳（如可直接吸收地上二层公交平台排出的尾气)、处理和循环利用水来改善周边街区的环境。城市公园还设计了可容纳700人的露天剧场[图2-23b)]和慢行步道[图2-23c)]。

a) 城市公园绿色屋顶

b) 城市公园可容纳700人的露天剧场

c) 城市公园慢行步道

图2-23　城市公园(City Park)实景

整个城市公园将通过行人天桥与周边区域直接连接,目前已建成与Salesforce大楼的连接通道(当然也可以通过枢纽一层大厅进入城市公园),与周边的环境完美融为一体,置身其中,给人一种还在地面的感受。另外,城市公园还有很多奇思妙想的设计,如公园周边的喷泉,可随着地上二层公交车进出流量而跃动,让人吃惊于旧金山的创新精神。

地上二层为公交上客落客平台,整个流线组织非常简洁,采用"回"字形组织,一侧先落客,车辆绕至另一侧上客。

地面层分为三部分:中间是一个集散大厅,其左侧为枢纽的候车区域(内部也有大量的商业开发),其右侧是一个综合开发的商场。集散大厅提供购票、查询车次等一系列服务。地面层的层高较高,还有一个夹层,主要是枢纽内部办公和商业开发。枢纽没有外围的集散广场,完全依靠集散大厅,围绕地面层一圈的有分段设置的车道边,提供出租车、私家车临时落客使用。

TTC没有配建小汽车停车场。小汽车出行指定的车道边(地面层)临时落客,或周边写字楼的停车设施。"Transbay Program"规划公共车位也是不鼓励的,并通过停车卡(parking cap)来限制区域的停车数量(至少比现状市中心的配建数量下降一半以上)。

旧金山市政府为何要建设新的TTC,为何要花费高昂的代价在城市最中心的位置选址?实际上,旧金山市中心周边有大量的低密度用地可供建设新的高铁枢纽。原因是TTC项目代表了美国当前规划的主流价值取向,即如何创造更具活力的街道空间,如何鼓励更多的慢行交通出行,如何尽可能减少小汽车出行,更多地鼓励公交、慢行等集约方式出行。在美国,尽管小汽车主导的低密度蔓延已经木已成舟、积重难返,但是人们对新的规划理念越发认同,加上气候变暖、社会公平、生态健康等因素影响,TTC 将给出一些新的启示[18]。

2.1.6 欧美各国大城市客运交通枢纽发展启示

1)重金投入,持续规划研究与建设

欧美各国在轨道交通节点和枢纽的规划建设上,有两个显著特点:一是资金重点投入,二是持续研究与建设。例如,伦敦国王十字车站更新改造项目总投资 5.5 亿英镑,耗费了约 7 年时间研究方案。伦敦贯穿东西向都市中心(9km)的地铁快线(地下平行复线)经过 142 年才得以完成(2022 年 5 月 24 日开通),光是快线规划就反复研究 30 多年,隧道盾构施工历经 13 年[1]。美国旧金山 TTC 招标设计(2007 年)到一期工程竣工投入运营,历时 11 年,投资已超过 60 亿美元。柏林中央火车站从建筑前卫设计,到形成一个基于中央火车站空间的"蘑菇"状颈帽相连的铁路综合改建项目,整个系统投入 130 亿欧元(其间曾因市政财政资金不足停工),从规划方案、决策建造历时 12 年精心打造,成就了德国人百年梦想。欧美各国大城市运输业发展的重点正逐渐从以城市和地区之间的线路或通道建设为主,转变为以在节点上解决方式之间的连接问题为主。更多规划和设计的重点、更多技术和资金的使用已经转移到节点(特别是枢纽)的建设上。世界上很多城市的实践还告诉我们,枢纽车站建设费用正大幅度增加,特别是建设总费用中车站自身以外的投资比重已上升到 90% 以上。

2)干线铁路枢纽车站选址(城郊)的历史性变化

历史上欧洲干线铁路规划建设的特点是将铁路从各地修建到大城市的郊区(土地便宜),大都形成"尽端车站",且在土地便宜的城郊各自建设车站。当人们换乘其他方向线路的火车,就必须坐马车或用其他慢行方式换乘到其他城郊车站,伦敦、柏林等市区的铁路车站十分典型。后来,环线铁路、市郊铁路和城市轨道修建,逐步形成的城市公共交通系统,将那些原来分离的长途铁路尽头站连接到了一起,但换乘耗时费力,仍旧十分不便。这成为铁路系统中的一个重要缺陷,对城市生活和经济发展产生了制约。因此,欧洲大都市期待在市区重建聚集型综合交通枢纽,诸如"中央车站",具有垂直换乘、提高效率、方便乘客等特点,如柏林中央火车站的建设、伦敦国王十字车站的更新都是很好的典范。北美大城市中心的中央车站(Central Station)或联合车站(Union Station),如纽约曼哈顿占地面积 19 万 m^2 中央车站,早期是世界上最大的火车站,且是最典型的"城中之站"和"站中之城";旧金山市政府提出建设新 TTC(美国西部的中央车站 Grand Central Station of the West),通过植入新的高铁枢纽,引导旧金山市中心向 Rincon Hill 拓展。这些都说明在大城市中心规划建设客运枢纽具有区位的优势,也是从源头上使城市内部交通和对外交通相结合的最好途径。经验对比表明,大城市的铁路主导的中央枢纽车站大型化、综合化和立体化是很好的选择。

3)客运交通枢纽兴衰与交通模式选择密切相关

欧美国家的城市客运交通枢纽(城市内外)的形成和兴衰与交通模式选择密切相关。20 世纪中叶以来,由于欧美国情(国土资源、人口分布)的差异,欧洲国家的交通模式与美国的交通模式发生了一些明显的变化。近代百年来,欧美发明了火车,并建设了发达的铁路网络,后来随着工业化进程,客运交通迅速被小汽车取代。相比于美国小汽车长期蔓延发展与土地充分使用的环境,聪明的欧洲人发现"此路不通",应该尽快调头。20世纪50年代初,法国总统曾提出"要使每个职工拥有一辆小汽车"的口号,结果导致日益严重的交通拥堵。经过反思,基于人口与用地条件,欧洲各国转而发展公共交通,致力于高铁、快速轨道和地铁,特别是以高铁为代表的集约型客运交通体系(客运枢纽)的规划建设。例如,联邦德国在20世纪60年代(人均收入超过1300美元)时,着手对20多个城市的轨道交通系统进行全面改造,70年代(人均收入超过2500美元)后,又大规模修建铁路,这些轨道交通构成了市区内、市区与郊区间的客运骨架线网,并通过轨道换乘站点紧密衔接公共汽车和长途汽车,联通全国各地。德国柏林的公交线网十分发达,人们只要步行200m就能到达1个公交站,1000m以内就能到达1座地铁站或者是城际铁路火车站。柏林中央火车站枢纽规划,充分显示了德国人客运交通建设新的跨越。法国巴黎1976年总体规划就确定了在距中心区15~40km外范围5个新城规划,形成9个基于客运枢纽规划的郊区中心的发展格局,从而成功地遏制了城市"摊大饼"式扩展,大力推进多种形式(包括RER快线)发达的轨道交通网络建设,大大提高了客运交通的运行效率与效益,法国高铁和公交优先、"站城融合"的客运枢纽以及在欧洲实施的移动性管理(mobility management)均受到了世界公认与赞誉。

4) 客运枢纽的规划建设与铁路、轨道系统建设息息相关

现代客运交通枢纽的规划建设与世界各国的高铁、城市轨道交通以及空港的大规模建设息息相关。自1863年英国开通世界上第一条地铁之后,160多年来,地铁建设已在全球范围内迅猛发展。1896年布达佩斯地铁开通,1900年巴黎首条地铁通车运行,美国波士顿于1897年开通地铁,1904年纽约建成了当时最为庞大的地铁系统,同时衍生出了更加多样的"地下车站文化"。截至2019年底,全世界有520个城市开通城市轨道交通(包括敷设地铁),运营里程超过28100km。其中,东京、巴黎、纽约、伦敦等国际性大都市都已经建立起四通八达的城市轨道交通网。随着城市轨道交通、高铁干线枢纽车站、航空运输与空港、海运与游轮港口的发展,世界大城市的客运交通枢纽日益成为现代交通运输事业建设的"宠儿"。

2.2 日本东京客运交通枢纽规划建设经验

日本历史上建造枢纽车站的理念与欧美国家有很大的不同。日本国土面积(37.8万km^2)狭小、人口(1.2亿)密度超高,战后经济复苏几十年来发展的基本特征有:依靠高铁客运枢纽和城市轨道交通发展,由地铁、私铁、山手线JR(Japan Railway)、新干线等构成的轨道交通网四通八达,已经贯通到城市的每一个角落,其轨道交通的分担率高达74%,形成了日本全面的"轨道上生活"理念与"站-城-人融合"模式。日本客运交通枢纽规划建设的经验,比较突出地表现在以下三个方面:一是以枢纽车站为核心的聚集式规模建设与综合开发;二是沿轨道交通线"点-轴"式("枢纽+走廊")同步发展;三是日本枢纽(车站)投融资建设与运营"以地养铁"(民营化)的经验。

2.2.1 以枢纽车站为核心的聚集式建设与综合开发——东京副中心新宿站

1) 东京山手线概貌

具有历史渊源的铁路环状山手线 JR 即山手环线(东京都内环线)[19],从建设初期至今(在建设过程中逐渐成环)已有约百年历史(1925 年才开始环状运营,如图 2-24 所示)。作为在东京都内运营轨道线路,包括山手线、东北本线(田端站—东京站)、东海道本线(东京站—品川站)等多条运营线路,全长为 34.5km,共 29 站[图 2-25a)]。山手线串联起了东京几乎所有的非常重要的地区,包括日本铁道的心脏东京站、进发东北的第一站上野站、日暮里地区的大门日暮里站、练马的门户池袋站、中央本线的守门人——新宿站、湘南的窗口——大崎站。中心六区成就了体量极为庞大的东京都 CBD 的聚集功能,任何进入这个 CBD 的人都不得不与山手线有所交集。

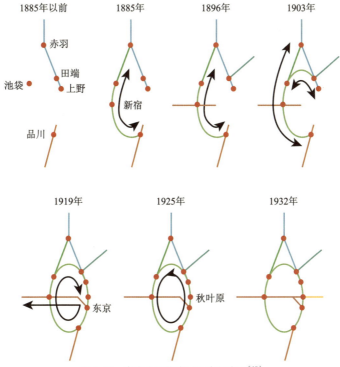

图 2-24 东京山手线成环历史示意图[19]

20 世纪初,工业化快速发展推动了日本城市化(城市化率从 1920 年的 20% 增长至 1955 年的 56.1%),东京等大城市十分重视运用近代城市规划的理论和方法解决城市工业发展与人口集中的各种问题[20-21]。1915 年东京制定的《都市计划法》和 1923 年关东大地震后制定的《震灾复兴计划》,对后来的东京城市规划建设都有重大影响。例如,东京都中心区的空间半径为 5~10km,城市用地开发高度集结在铁路环线(山手环线)以内,特别是东京商业、办公等业态设施。同样,东京多中心的城市结构体系和轨道交通的发展是密不可分的。20 世纪 60 年代,东京都心内商务办公用房出现短缺,政府就开始意识到要向外分散,以实现工作和居住就地平衡,提出通过建设副中心引导城市由单中心结构向多中心结构转变。于是东京开始鼓励由山手线 JR 向外修建放射民营私铁线(包括其他市郊铁路),形成了"环放式"的国铁(国家企业)运营网络,私铁民营在城市中心外围与国铁环线形成线站衔接换乘,以引导外围新城的开发。同时,借山手线上车站客流聚集与换乘功能,加强车站周边用地的综合开发,引入了大量的商业及配套服务设施,进一步推动商务及人流的聚集,最终在山手线与主要放射线的交会处,形成了七个著名副中心——池袋、新宿、涩谷、大崎、临海、上野—浅草、锦系町[图2-25b)]。

图 2-25　东京山手线及其沿线副中心示意图

注:图片来源于 http://news.skykiwi.com。

2)基于轨道枢纽为核心的新宿站聚集式开发典型

成功的轨道交通系统可以造就一座座有活力的城市。1958 年下半年,东京都政府提出建设三大副都心(池袋、新宿、涩谷)的设想。新宿铁路枢纽站(新宿站),坐落在东京西边的商务、娱乐区新宿,位于银座以西约 8km。在新宿铁路枢纽站停靠多条运营线路,包括 JR 山手线东日本、小田急电铁、京王电铁、东京地下铁以及都营地下铁等(图2-26)。统计数据显示,新宿站有超过 200 个出入口(图2-27),山手线 JR 一条线路的日客流量可达到 79 万人次,加上其他铁路线,新宿站平均每日客流量高达 326 万人次,曾被吉尼斯世界纪录认证为世界上使用人次最多的车站。在新宿站周边区域,还有 9 个车站的名字包含"新宿",足足形成一个"大新宿"客运交通枢纽。

新宿站附近仅有 27 万居民,但它所处的位置决定了每天有约 400 万人次经过——3000 万东京人中有很大一部分生活在大东京区的南部、西部。新宿站也是环绕东京山手环线在西部最大的车站,来往于东京市中心和东京西部的人流在新宿站分流。新宿站及周边地区作为东京三大副都心之一,经过数十年的聚集式开发,周边大部分土地已经建设完毕。东京都厅以及许多大型企业总社所的摩天大楼都设在此处。21 世纪以来,人口、产业、服务密度急剧增长,土地资源稀缺,存量建筑改造难度不断加大。小田急民铁公司和东京政府的都营地铁已拟定在新宿站西口的再开发计划纲要。该改造方案的开发目标是改造以小田急百货（图2-28）14层车站大楼为中心的1.6万 m^2 的地段区域，计划将新宿站和小田急百货改造建成高约260m的(48层)高楼建筑，预计新大楼总建筑面积为28万 m^2，届时将容纳多个商业设施和办公室等（图2-29）。按照规划目标，项目工期为2022—2029年。

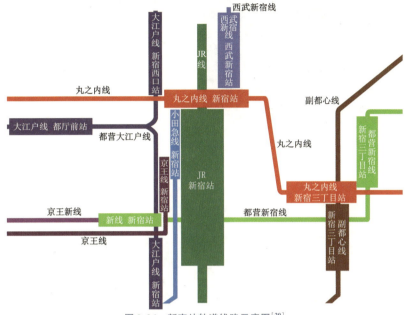

图2-26 新宿站轨道线路示意图[20]

注：图片来源于http://www2.zhihu.com/question/39846770/answer/104861710。

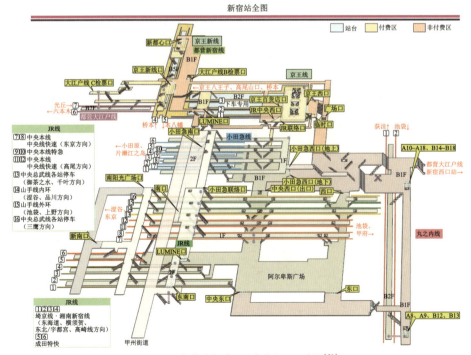

图2-27 新宿站超过200个出入口示意图[20]

注：图片来源于http://www.lpzine.com/post/419619487865049088。

图 2-28 新宿小田急百货店原地址

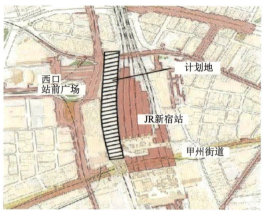

图 2-29 新宿规划开发范围示意图[20]

注：图片来源于 https://www.163.com/dy/article/H0972HHA05359JWY.html。

2.2.2 沿轨道交通线"点-轴"式（"枢纽＋走廊"）同步发展

为了解决东京都人口和就业的过度集中导致的一系列问题，历史上围绕东京都半径 20～40km 的地区(郊区)进行了长期"以车站为中心"的新城开发。东急田园都市线建设提出了沿线同步规划开发"多摩田园都市"的构想，遵循离东京都核心区的距离越近开发密度越高的原则，实施建设了涩谷站(高密度)、二子玉川站(中密度)和多摩广场站(低密度)三个实例，如图 2-30 所示，东急田园都市线沿线 TOD 开发类型见表 2-2。

图 2-30 涩谷站、二子玉川站、多摩广场站距东京都核心区距离示意图

注：图片来源于 https://www.sohu.com/a/368465897_260595。

表 2-2　东急田园都市线沿线 TOD 开发类型

站点	类型	规模	容积率	开发模式
涩谷站	城市中心区	高	≥10	办公、商业、娱乐等
二子玉川站	城市近郊区	中	3~5	办公、商业、住宅
多摩广场站	城市远郊区	低	2~3	住宅、商业

1) 多摩广场站——低密度开发案例

多摩广场站是东急田园都市线沿线主要站点之一,是多摩田园都市的中心,位于神奈川县横滨市青叶区(图 2-31)。铁路多摩广场站为老站改造项目,主要解决南北地区发展不均衡的问题。东急开发建设项目实现了车站和商业设施一体化,通过检票层使商业设施和广场无缝对接。地铁带来的人流进入商业设施消费,商业设施带来的人流利用地铁出行,商业和车站实现双赢。通过一体化商业项目成功实现南北区域的连通。车站商业综合设施占地面积为 87819m^2,开发规模为地上 3 层、地下 3 层,建筑面积达到 112500m^2,站点日均客流量达到 76000 人次。该项目获得了日本 2010 年铁道建筑协会最高奖。

a) 1988年

b) 2013年

图 2-31　多摩广场站区位

多摩广场站用时 25 年实现了车站地区的改造开发。1966 年,多摩广场站建成使用。1986 年,成立一体化商业项目开发委员会;2005 年,开始分期开发建设;2010 年 10 月 7 日,盛大开业。2007 年 3 月 1 日,和多摩广场站通过天桥连接的站南商业开业(图 2-32),实现人车分流。2013 年 3 月中旬,和多摩广场站一体化开发的"东急公寓"上市后迅速售空。多摩广场站一体化商业项目建成后,每年销售额超过 500 亿日元(超过 30 亿元人民币)。东急在开发强度较高的多摩广场站建设商业设施承担地区核心功能,同时经营由住宅开发衍生的商业(图 2-33)。

图 2-32　多摩广场站通过天桥与站南商业综合体连接

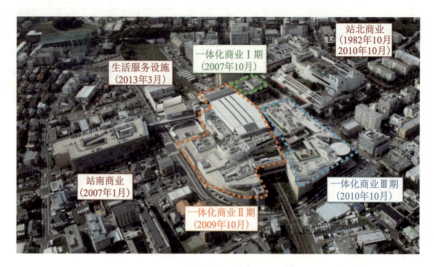

图 2-33　多摩广场站商业开发

注：图中时间为建设年代与更新年代。

2）二子玉川站——中密度开发案例

二子玉川站位于东京都世田谷区[22]，为东急田园都市线和大井町线站点，历史上曾为铁路货站，其在 1909 年、1965 年、1977 年的建设开发状况如图 2-34 所示。1986 年，一体化商业项目开发委员会成立，经过 30 年的分期更新建设，2015 年建成为车站、商业、住宅综合体（站区），开发面积达到 42.3 万 m^2，站点日均客流量 12.1 万人次。随着两期公寓、商业、办公、酒店开业，日本最大电商乐酷天总部入驻，东急开发的二子玉川房地产销售额激增。2015 年车站客流量比上一年增加了 126%，周边不动产上涨到开发 30 年来的最高值。

a) 1909 年　　　　　　　　b) 1965 年　　　　　　　　c) 1977 年

图 2-34　二子玉川站近 70 年前后对比[23]

二子玉川站区坚持"建筑与交通、自然的融合"开发理念[24]，规划强调，从车站枢纽核心区到外围地区依次布局商业和办公、住宅和公园，根据业态营造活力动感、休闲娱乐、平稳舒适、自然放松为主题的环境。二子玉川站综合开发情况如图 2-35 所示，其综合开发平面图如图 2-36 所示。

图 2-35 二子玉川站综合开发情况[23]

图 2-36 二子玉川站综合开发平面图[23]

实施开发带来的直接效益和附加效益情况见表 2-3,特别是二子玉川站点日均客流量增长约 50%,1km 范围内居住人口增加了 16%,土地价值上升 4.3%。

表 2-3 二子玉川站再开发带来的直接效益和附加效益

项目	2010 年	2016 年	增长率(%)	备注
二子玉川站点半径 1km 区域的居住人口	37947 (2010 年 4 月)	43969 (2016 年 4 月)	15.9	增长率是世田谷区地区增长率的 3 倍
二子玉川站点 200m 范围内地价(元/m²)	100 (2010 年 1 月)	104.3 (2016 年 1 月)	4.3	增长率是世田谷区地区增长率的 2 倍
办公面积(万 m²)	2	8	300	—
商业收入(亿日元)	250	385	54	—
日客流(万人次)	10.3	15.2	47.6	—

3) 涩谷站——高密度开发案例(站城复兴规划)

涩谷"站城复兴规划"——田园都市线涩谷站及周边开发(高密度开发)建设案例也是东京地铁践行"以枢纽站为中心的集聚式开发"的典型[23]。

(1) 涩谷站概况

涩谷站是东急田园都市线、东急东横线等 9 线换乘的世界第二大客运交通枢纽[25](图 2-37),其日均客流量超过 300 万人次,仅次于新宿站(326 万人次)。其中,东急东横线在涩谷站的日均客流量为 43.5 万人次,东急田园都市线日均客流量为 65.6 万人次。涩谷站周边经历了大规模的开发建设。截至 2016 年,东急在涩谷站点周边 500m 范围内的物业达到 24 个,其中已建成的物业有 21 个。2016 年后东急规划新建开发三大片区:涩谷站街区、涩谷站南街区、涩谷宫下町。除新建的建筑外,部分地块采取了城市更新策略:2000 年,东急蓝塔大厦于东急电铁本部原址建成;2012 年,涩谷未来之光于东急文化会馆原址建成。

图 2-37　涩谷站枢纽 9 条轨道位置示意图[26]

(2) TOD 高密度开发

2013 年,涩谷站完成"站点地下化改造",推进 TOD 地上空间高密度开发。

①实施东急涩谷车站站点地下化改造(图 2-38、图 2-39)。2013 年 3 月经历最后 7h 连夜施工,完成了涩谷站的交通枢纽功能从地上转到地下,释放了地上空间,解决了站点、线位与周边空间的割裂问题。(注:旧涩谷站 2008 年建成,地下 5 层、地上 1 层,建筑面积为 27700m²。)

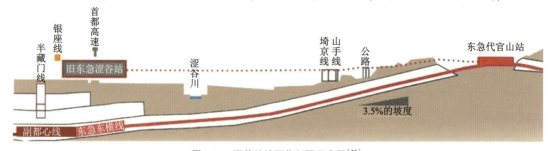

图 2-38　涩谷站地下化剖面示意图[23]

图 2-39　涩谷站地下化改造流程[23]

注:图片来源于 https://www.sohu.com/a/368465897_260595。

释放的地上空间用于高密度开发(表 2-4)。其中,上盖涩谷站综合大厦(Shibuya Scramble Square,"涩谷 SKY")预计于 2027 年完工。现阶段周边已开发完成的代表性高层建筑包括

2000年建成的涩谷标记大厦及东急蓝塔大厦、2012年建成的涩谷未来之光[27]、2018年建成的涩谷谷歌总部大厦等(图2-40)。

表2-4 涩谷站周边建筑开发建设情况

建筑名称	完工时间	开发量(m²)	建筑层分布
涩谷标记大厦	2000年	139520	地下2层~地上25层
东急蓝塔大厦	2000年	139520	地下2层~地上25层
涩谷未来之光	2012年	144000	地下4层~地上34层
涩谷谷歌总部大厦	2018年	113000	地下4层~地上35层
涩谷站上盖超高层"SKY"	预计2027年	270000	地下7层~地上46层

a) 涩谷站周边鸟瞰示意图

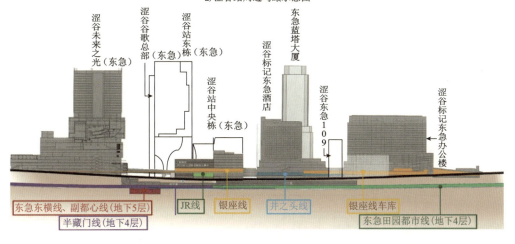

b) 涩谷站与周边建筑的垂直空间关系

图2-40 经涩谷站的轨道线及涩谷站周边建筑的垂直空间关系[23]

注:图片来源于 https://www.sohu.com/a/368465897_260595。

②涩谷站综合大厦开发。涩谷站综合大厦是涩谷复兴计划的重点实施项目之一,拥有230m展望台,可360°环绕观景,当天气极佳时能一览富士山、晴空塔、东京塔等地标。大厦下

方是大型换乘立体广场，低楼层直接通往涩谷车站的各条线路，这个项目与车站一体化的天然地段优势，为其带来了巨大的客流量，而涩谷站综合大厦展望空间对外开放后，涩谷站综合大厦更是成了一个能够无死角俯瞰东京风景的新地标。

③垂直交通核及通风井建设。涩谷站的地上、地下一体化开发中的两大亮点是垂直交通核建设及通风井建设。

a. 在周边开发建筑中设置垂直交通核（垂直通道），通往与地铁站台同层的地下空间，大大提高了涩谷站与周边建筑群体的联系。涩谷站周边现设有多处垂直交通核（图 2-41），分别通往涩谷标志大厦、涩谷樱丘口大厦、涩谷未来之光等建筑。

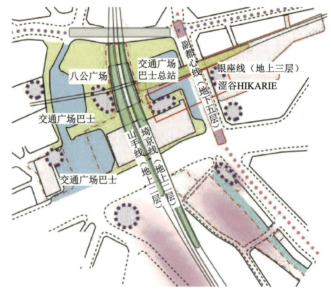

图 2-41　涩谷站周边的垂直交通核分布示意图[23]

注：图片来源于https://www.sohu.com/a/368465897_260595。

b. 涩谷站的地下自然通风工程则根据站内气流特点，通过垂直空间设计，形成完善的自然通风体系。该体系包括自然换气开口、换气结构以及排烟设备。室外通风天井为自然换气开口，其工作原理是利用列车运营时产生的风压形成外界空气进入站台的推动力，换气结构则帮助站台内空气排出室外，由此实现站点地下自然通风的效果（图 2-42）。

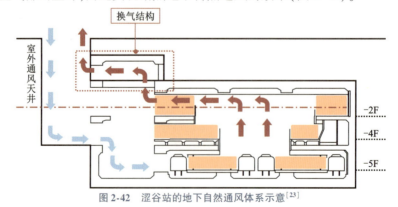

图 2-42　涩谷站的地下自然通风体系示意[23]

注：图片来源于https://www.sohu.com/a/368465897_260595。

④政策支持。涩谷站开发始终得到容积率奖励政策的支持[28],其周边地区一直是重要的城市更新片区。从2005年12月开始,涩谷站周边被划定为"城市再生紧急整备区域",后来又陆续划定了"涩谷东街区规划"及"城市再生特别地区"等涩谷地区不动产开发容积率奖励(图2-43)。城市再生特别地区的建设规划要围绕两个目标:一是要形成先进的生活文化等信息发源地,二是要形成安全、安心且洄游型的舒适的城市空间。例如,涩谷未来之光、涩谷标志大厦等建筑的容积率奖励就得益于城市再生特别地区的政策支持。

图2-43 日本涩谷地区不动产开发容积率奖励案例[23]

其中,涩谷未来之光的容积率奖励通过5个方面展现[27]:

a. 形成了连接多层的步行者网络(如2层贯通道路,垂直交通核等);
b. 丰富了涩谷的文化产业,形成了市民交流空间(如剧场、文化展厅等);
c. 自然能源的利用等,降低环境负荷(如自然换气、采用LED等);
d. 推进安全安心的城市建设(如大地震时的临时收容所,防灾功能等);
e. 开发形成的连锁效应(发光二极管)推进了城市建设和基础设施改良(车站周边的无障碍化步行系统的重构)。

⑤涩谷未来之光的亮点围绕着地上、地下一体化开发体现,包括建筑设计的构想及功能布局(图2-44)、垂直交通核的设计、安全空间的功能布局、文娱展览及商业空间的设计及完善的立体步行流线组织。

在垂直交通核的设计方面,涩谷未来之光内部的垂直交通核直径为27m,高度约为36m,从地下3层连通到地上4层,形成了7层的贯通空间,不仅连接了建筑内部和地铁站空间,还形成了自然通风体系的重要空间(图2-45)。环状的LED显示屏不仅提升了垂直交通核空间的亮度,还能配合商业活动进行广告宣传,提供最新的商品信息,将垂直交通核变成了积极的活力空间。

在安全空间方面,涩谷未来之光的地震避难层位于11层,与空中大堂合设,作为办公室和剧场的换乘大堂。除了基本的防灾物资之外,避难层还提供了良好的景观视野,成了受大家欢迎的观光平台。

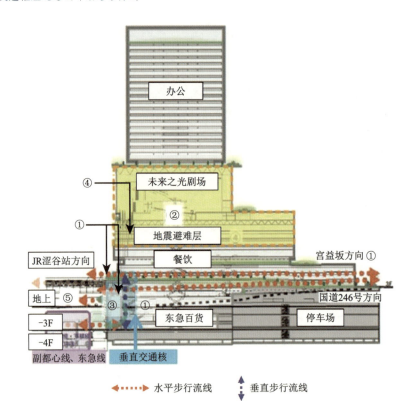

图 2-44 涩谷未来之光的垂直功能布局示意图[26]

①-多层的步行者通道；②-市民文化交流空间；③-垂直交通核与换气空间；④-地震庇护所；⑤-地面无障碍步行系统

注：图片来源于 https://www.sohu.com/a/368465897_260595。

a) 交通核内部　　　　　　b) 连接楼层

图 2-45　垂直交通核内部及连接楼层[23]

注：图片来源于 https://www.sohu.com/a/368465897_260595。

⑥完善的立体步行流线组织。步行流线网络由建筑体连接 4 处的玄关、与城市外部空间相连的动线，以及垂直交通核空间等部分构成。其设计的重点是在节点空间应对流线进行诱导，并形成洄游型的步行系统。例如，涩谷未来之光东急地铁车站带来的人流成功转换为进入东急商业设施的客流（图 2-46）。

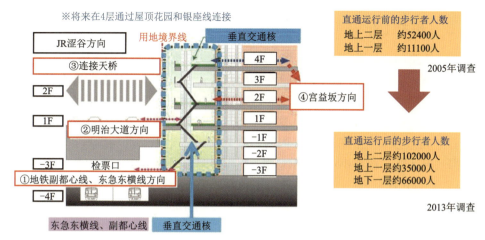

图 2-46　未来之光的立体步行流线组织示意图以及地铁直通后的人流变化[23]

注：图中箭头为步行通道，圈码为步行方向说明；图片来源于 https://www.sohu.com/a/368465897_260595。

再如，涩谷标记大厦的机场大巴涩谷始发站位于酒店和办公楼之间的裙楼顶层。机场大巴涩谷始发站与铁路涩谷站之间设有换乘大厅，连接2层的步行者网络（贯通垂直交通核等），加强大厦建筑与换乘站点之间的步行联系，车站上盖与地下空间的功能分布，如图 2-47、图 2-48 所示。

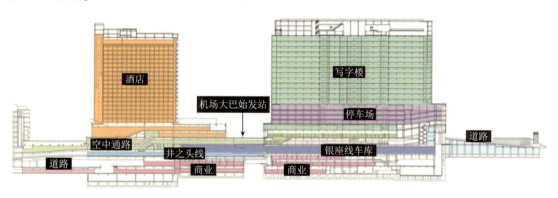

图 2-47　涩谷标记大厦与站点剖面图关系[26]

注：图中空中通路为空中连接的通道与沿建筑道路。

图 2-48　涩谷标记大厦换乘大厅与地下商业街

2.2.3 枢纽(车站)投融资建设与"以地养铁"的运营经验

日本民营铁路(私营)集团(公司)作为轨道建设与土地开发经营的主体之一,是日本国家经济体制的产物。实际上,日本历史上始终存在着国营、都营、私营及混营等多种经济主体模式(至今仍然存在)。1986年出台的《日本国有铁路改革法案》,确认16家民营铁路公司已经控制了日本主要的铁道(含地铁)线路,这被视为日本铁路发展的转折点。从相关文献资料与案例情况看,包括上文介绍的东京都心内的新宿火车站客运枢纽的持续改造更新(小田急电铁加东京都政府运营)、涩谷枢纽站(东急电铁)和多摩田园都市沿线不同类站区的一体化开发(东急电铁),都是民营铁路公司(或者与国营联手)主导实施的。日本民营(私营)铁路公司[如东急集团(Tokyu Corporation)]对站点及其沿线物业进行开发运营,在土地整备、区域建设、销售租赁、物业经营上形成了全产业链覆盖等,成就了日本铁路多元化经营的商业模式。这是日本"TOD理念下"的"站城一体化"建设开发的重要成功要素。

20世纪60年代,东京都人口和就业的过度集中产生的一系列问题,促使日本政府和民营企业开始大规模的新城建设。日本东急设计原社长下永田洋(Shimonagata Hiroshi)等于2019年参加第三届中国"轨道交通+物业"国际研讨会上发表演讲和接受采访[23],认为1968年以来日本"城市规划法"全面修改,"土地区划整备"等法规颁布的制度性保障,以法律约束的"地域地区"所有权、使用权出让的确定,取得必要的公建设施用地奖励(包括城市用地、建筑种类、容积率等土地利用方式的转变),促进了土地的有效集约设计使用。东急集团等民铁(私营)公司同时获得铁路建设与车站开发的运营商主体地位,这是成就日本铁路多元化经营模式成功的重要原因。

日本民营轨道公司从政府手中取得在郊区新城的自主开发权,先低价购买规划地铁沿线的地产,兴建地铁线路,待部分基础设施建成及地铁开通后,再以房产的高价卖出或出租,获取差价。早在20世纪20年代,东京就已经出现了"以地养铁(站城一体)"建设发展模式。在这里,城市居民愿意迁到较远地方(铁路沿线)去生活居住,采用轨道交通通勤,只用30~60min就能到东京上班。这种模式使轨道沿线车站附近2km范围内地产价格上涨达100%,500m范围内价格则可上涨175%。这样的建设生活方式在东京周边得到了持续发展。几十年来,多摩田园都市的发展和东急田园都市线相互依存,是日本民营铁路公司践行这种商业模式成功的典范。即使在20世纪70—80年代,日本与美国的贸易摩擦激化,因为产品出口难,很多制造业工厂迁移海外时期,日本民营铁路公司将废弃的工厂旧址变成城市化开发的对象,也非常成功。

另外,由同一职权主体同时承担轨道交通建设和城市开发,日本民营轨道公司并不只是单纯地建设、运营轨道交通,还自主在房地产、商贸等领域稳步发展,这是历史上日本"TOD模式"开发成功的关键所在。

2.2.4 日本东京铁路与车站枢纽建设经验归纳

1)"站城一体化"向"站、城、人一体化"高级阶段发展

日本在国土面积狭小、人口密集、资源短缺环境下,将城市化进程和大众出行的轨道交通紧密结合起来,日本轨道交通系统建设的成功在很大程度上得益于其线网(车站)布局与城市

结构形态的相辅相成:一方面,轨道交通的建设促进都市中心集聚并带动沿线城市用地开发;另一方面,城市用地的"点-轴"式开发可以为轨道交通提供稳定的客流支撑。20世纪50年代后日本《城市规划法》全面修订(1968年),建立了法律约束的"土地区划整理"实施政策保障[29],正是由于以东京枢纽车站为核心的聚集式城市更新发展,都市圈外围类似多摩田园都市线发展轴线上"站城融合"发展的经验,不仅造就了日本一套成功的轨道交通网络系统,更是打造了一座座成功的、有活力的城市,取得了日本经济社会发展的巨大成功。当下的"东京都市圈模式",已经不再是"以地养铁"开发的初级阶段了,也不再是停留在1300万人口的东京都(以带状沿轨道交通沿线展开)步行10min就有地铁口的期望了,日本当下的"站城一体化"理念已经是惠顾市民的"全生命周期":从出生到死都可以满足,衣、食、住、行,甚至学校、购物、消费、便利店超市百货、旅游、公交、酒店、金融、保险、医院医疗、保健美容、养老院、殡仪馆等一应俱全;在建筑与城市规划上,期望做到"让车站消失",推进从"车站、站-楼、站-城"的规划设计迈入"站城人一体化"发展高级阶段[28]。

2)特别重视铁路车站与客运枢纽的融合互动发展

从20世纪至今的百余年的历史来看,与欧美国家的交通发展模式选择情况不同,日本始终没有放弃对于铁路的依赖,即使在小汽车机动化初期(第二次世界大战前),日本在机动化浪潮到来时,并没有看好小汽车,也没有去撤除铁路,而是在东京都市圈外围形成基本的轨道(JR+私铁)网络建设。20世纪后半叶,世界进入新的城市化快速发展阶段,日本仍然致力于支撑城市化沿着第二次世界大战前形成的轨道网络外延式发展,强化网运输能力的提升,不断抑制小汽车交通的发展,即使进入小汽车产销量全盛时期,如1980年,日本汽车年产量达到1104万辆(第一次超过美国的801万辆),拥有量为3333万辆(美国当年拥有量为1.59亿辆),日本产量更多是出口(包括进入美国市场)[30]。

在日本三大都市圈坚持两类"集聚+点轴"模式,承载人口与产业的城市化进程,不是去普及小汽车,而是不断出台政策限制小汽车拥有与使用,不断加强改造更新铁路客运系统,特别看重铁路车站与客运枢纽的融合互动发展,从工程改造到运营管理,几十年精益求精。值得一提的是,日本不是由于城市无序蔓延后,出于对生态环境的考量才开始推广该模式,而是从20世纪20年代就开始了城市建设与轨道交通发展结合的探索。

3)关于对TOD发展理念的认知

日本对于TOD发展理念,其实在20世纪中叶已经践行有加。日本人似乎更懂得结合国情采用轨道交通引导土地开发,即"以车站为中心"建设发展模式;其早在20世纪初已经关注到英国埃比尼泽·霍华德(Ebenezer Howard)在《明日的田园城市》(*Garden City of Tomorrow*)中提出的规划理念(倡导人类社区位于田地或花园的区域之中,平衡住宅、工业和农业用地的比例实现自给自足)。早在1910年左右,为了应对东京人口密度过大导致的一系列问题,日本就发明了"以地养铁(站城一体)"方式去兴建地铁,吸引城市居民迁移到较远地方生活,及寻求城市改造更新途径[23]。基于此,1918年日本成立"阪急电铁",两年后在梅田车站附近建起一座5层百货商店楼。阪急电铁创始人认为,只要交通便利,没有品牌也可吸引乘客,门外汉也会看到商机。同年,东急就创立了开发"田园都市"的株式会社,相应的铁道子公司(东京急行电铁前身)也随之于1922年创设。而多摩田园都市作为这一开发理念的实践,在实现形式上却与霍华德的构想有所不同:一是多摩田园都市的性质(定位)是附属于大都市的住宅区;

二是多摩田园都市的交通设施能在 1h 内将居民送至都市中心,推进铁路建设和都市用地开发紧密结合。多摩田园都市始终保持铁路建设与城市开发同驱并进模式。这也就推进着日本的轨道交通 TOD 理念的认知,历史悠久,硕果累累。

4) 节点聚集开发与轨道沿线同步开发是日本轨道建设普遍特征

东京都市圈采用"以车站为中心"的建设发展形态和沿轨道交通线"点-轴"式("枢纽+走廊"式)一体化 Integrated Station-City 融合发展模式。东京地处面向着太平洋的北部湾,1868 年后成为日本的首都,经过上百年的发展变迁,东京地区从内到外已经塑造出"以车站(含枢纽)为中心"的集聚-轴向型城市发展格局形态。既有老城更新带来经济活力集聚的城市中心枢纽(站)点,也有站城一体化新建的枢纽型站点,以及充满活力的 TOD 开发居住区、商办金融、历史文化、旅游服务的轨道站点。

东京都区部、东京都、东京都市圈的面积和人口规模的基本情况见表 2-5,东京都市圈范围示意图及其人口发展特点如图 2-49、图 2-50 所示。

表 2-5　东京都区部、东京都、东京都市圈的面积和人口规模的基本情况

行政地理概念	面积(km²)	人口(万)	备注
东京都区部(东京 23 区)	621.97	924.1	2015 年 10 月份数据
东京都(23 个区+26 个市 5 个町 8 个村)	2191(占全国 0.6%)	1349(占全国 11%)	2015 年 10 月份数据
东京都市圈(一都三县)	13562	3584(占全国 30%)	2014 年数据

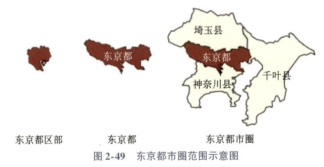

图 2-49　东京都市圈范围示意图

注:图片来源于 https://baijiahao.baidu.com/s?id=1643265133142370036&wfr=spider&for=pc。

图 2-50　东京都市圈地域人口发展特点

我国著名经济学者陆铭对于大都市圈的集聚与辐射概念有过深入浅出的论述[31];都市圈的概念是以核心大都市为中心,半径为30～50km范围内的通勤圈,城市群的空间形态是多中心,而都市圈内部更集聚、更极化。针对东京都市圈蔓延的发展特点,他认为是东京内部人口密度梯度影响的结果,可以用两句话总结:第一,从中心向外围梯度下降;第二,沿轨道交通呈"八爪鱼"的状态分布(图2-51)。东京都就是一个强大的中心城市,面积只有上海的1/3,通过轨道把中心和边缘连接起来,沿轨道建设东京都市圈的蔓延区。

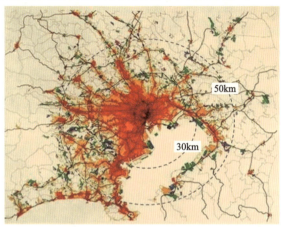

图2-51　东京都市圈人口密度从中心向外围沿轨道交通呈现"八爪鱼"状态分布

东京都市圈轨道交通"站城融合"开发有A、B两种模式(图2-52)、四种建设类型。每个都市圈的火车站,形成不同类型层次、规模与特点的"站城融合"的规划空间单元。随着东京都区部核心向外人口、产业、服务密度分布情况,形成的枢纽站点大致分为以下四类:

第一类,东京都区部东京火车站(图2-53),是日本铁道的心脏,政治、经济、文化、商业的中心。东京火车站周边有多条地铁线的车站,附近高楼林立、高密度集聚,是世界人口密度数一数二的地方。

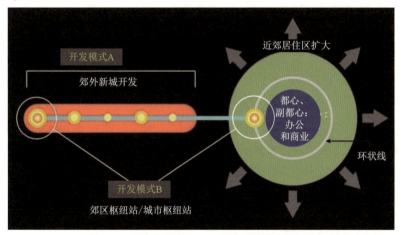

图2-52　日本轨道建设TOD开发常见模式示意图

第二类,涩谷站、新宿站(图2-54)和池袋站等7个城市副中心,东京都开发了数个副都心起到分担首都中心功能的作用,这些副中心站点离东京中心区不远,大多属于城市更新的类型,在原有的低密度地压基础上进行垂直开发,形成不同密度的商业、经济、文化中心。

图 2-53　东京火车站

图 2-54　东京新宿车站

第三类,重要城市枢纽站点,其多样化的接驳功能(多条线路、多种交通方式的交会),方便乘客换乘逗留,并且具备特色产业环境配套设施,开发强度较大。例如,品川站附近大量的酒店、高端住宅,秋叶原站附近著名的动漫、游戏文化圈,天王寺站周边大量的公园、寺庙等历史文化遗产,上野站附近有动物园、大学、特色购物街等。

第四类,城市区域性站点、居住型站点、近郊新都心站点、新城型站点、旅游地、社区型站点。依托站点的开发带动城市经济发展,融合商业功能,提供丰富的工作、生活、休闲设施和各种生活、购物、娱乐服务,如大手町车地铁站以及港未来、幕张、埼玉等多个重要站点。

本章参考文献

[1] 李建智,武虹园. 伦敦伊丽莎白线站点综合开发——邦德街站与托特纳姆法院路站[EB/OL]. (2022-09-23)[2022-11-05]. https://zhuanlan.zhihu.com/p/569623070.

[2] 韩林飞,王博."站城一体化"趋势下的车站与城市改造——以英国国王十字车站、帕丁顿车站为例[J]. 华中建筑,2021,39(4):33-36.

[3] ARUP,O'ROURKE L,CARILLION C,et al. 国王十字火车站　英国伦敦[J]. 世界建筑导报,2017,32(1):84-89.

[4] 邓艳,常嘉欣,赵蕊. 基于可持续更新视角下的"轨道微中心"再开发——以伦敦国王十字车站地区为例[J]. 城乡规划,2021(3):101-110.

[5] 魏贺,张晓东,冯雅薇,等.大伦敦市长交通战略述评[J].交通工程,2018,18(5):53-64.

[6] 李先臣,路洁静,张勇.欧洲里尔高速列车火车站[J].城市建设理论研究(电子版),2011(22):1-7.

[7] 于晓桦,郑建,钟平.站点综合开发(SID)案例分析——访里昂高铁枢纽口[J].交通与运输,2012,28(1):40-42.

[8] 晏克非,于晓桦.基于SID开发高铁枢纽车站建设条件及其影响[J].现代城市研究,2010,25(7):13-19.

[9] 佚名.拉德芳斯:世界首个城市综合体[J].城市交通,2010(4):F4.

[10] 张开琳.巴黎拉德芳斯Sub-CBD建设及其经验借鉴[J].城市开发,2004(18):60-62.

[11] 邱丽丽,顾保南.国外典型综合交通枢纽布局设计实例剖析[J].城市轨道交通研究,2006,9(3):55-59.

[12] 荣朝和.德国柏林中央车站的建设理念与启示[J].综合运输,2007(3):82-86.

[13] 佚名.柏林中央火车站[J].世界建筑,2018(4):48-55.

[14] 麦哈德·冯·格康,于尔根·希尔默.柏林中央火车站[J].建筑学报,2009(4):46-51.

[15] 丁若亭,BREDT M.柏林中央火车站:欧洲铁路交通的心脏[J].旅游时代,2006(10):52-55.

[16] 康浩.旧金山Downtown振兴的新引擎——美国第一个高铁车站Transbay Transit Center[R].北京:中国城市规划设计研究院交通院,2019.

[17] 项琳斐.跨海湾交通枢纽中心,旧金山,加利福尼亚,美国[J].世界建筑,2011(6):96-101.

[18] 张介诚.中心城区综合交通枢纽发展研究——以美国西海岸旧金山跨海湾交通枢纽为例[J].交通与运输,2021,34(z1):174-180.

[19] 胡春斌.山手线的前世今生(上)[EB/OL].(2020-05-18)[2022-03-15].https://www.jreast.co.jp/passenger/2017.html.

[20] 曹庆锋,常文军.日本轨道交通发展历程及经验启示[J].交通运输研究,2019,5(3):10-17.

[21] 张帅.轨道交通更新改造,东京怎么做[R].北京:北京交通发展研究院,2021.

[22] 佚名.东急二子玉川综合开发[J].建筑技艺,2015(11):36-39.

[23] 下永田洋.东急站城一体化开发案例综述与实施路径[EB/OL].(2020-01-22)[2022-04-18].https://www.sohu.com/a/368465897_260595.

[24] 姚栋,杨挺.公交导向型开发推动大型居住社区更新——以东京二子玉川为例[J].上海城市规划,2022,4(4):149-154.

[25] 唐祖君.日本东京涩谷站"站城一体"开发实践经验及其启示概述[J].建筑与装饰,2019(9):135-136.

[26] 日本国土交通省.日本涩谷站交通枢纽(TOD八大标准)[EB/OL].(2021-01-31)[2022-11-10].https://www.mlit.go.jp/statistics/index.html.

[27] 走出直道,吉野繁,西冈理郎,等.涩谷站·涩谷未来之光·涩谷SCRAMBLE SQUARE[J].世界建筑导报,2019,34(3):28-33.

[28] 欧心泉.TOD发展机遇与挑战[EB/OL].(2020-06-18)[2022-03-15].http://www.chinatod.com.cn/.

[29] 麦为明.中国当代轨道交通系统投资建设[EB/OL].(2020-05-07)[2022-03-15].http://www.chinatod.com.cn/.

[30] 晏克非.交通工程学讲义[Z].上海:同济大学,1987.

[31] 陆铭."十四五":在集聚中走向平衡[EB/OL].(2020-11-10)[2022-03-15].http://mobile.rmzxb.com.cn/tranm/index/url/www.rmzxb.com.cn/c/2020-11-10/2710449.shtml.

第3章

我国香港客运枢纽规划建设经验

3.1 香港地铁(枢纽)建设概况

香港人口约748万(2020年数据),陆地面积1106.34km²,海域面积1648.69km²,由香港岛、九龙、新界和周围262个岛屿组成。香港地少人多,是世界上人口密度极高的城市之一。香港的交通基础设施(包括道路)的用地十分有限,不可能适应以私人小汽车为主的交通方式。香港1904年投入使用的电车线路横亘于岛北部奠定了香港岛后来的带状发展模式。20世纪70年代之后,新开辟的九龙和新界的交通连接线路很好地将新城与中心城联系起来,并由于快速轨道交通站点和支线交通的合理布局控制了新城的规模,保护了开放空间。香港特区政府充分意识到发展公共交通,特别是大容量轨道交通的重要性,长期进行香港铁路运输发展策略的规划研究,坚持以公共交通线网为依托引导城市形态的可持续发展,坚持对轨道交通沿线进行基于TOD理念的廊道开发[1-2]。

目前,香港的港铁网络全长约271km,包括9条本地铁路线、机场快线、广深港高铁(香港段)及轻铁。港铁、高铁及机场快线这三个网络共设置99个车站,在2021年,每日平均客流量约为390万人次。2019年港铁线路图如图3-1所示,未来(2030年)港铁线路图如图3-2所示。香港铁路位于市区的车站大多设于地底,建于距离地面12~37m之处,而位于新界的车站,很多都以地面或高架形式建造。根据20世纪末的分区人口统计分析,全香港约有45%的人口居住在距离地铁站500m范围内[3]。如果仅统计居住在九龙、新九龙以及香港岛的居民,这一比例更高达65%。香港市民90%以上依靠公交出行,其中大部分是地铁乘客(大部分中产阶级都是港铁的乘客),他们为港铁组织的通勤出行及消费生活奠定良好的盈利基础。

香港轨道交通是大型集体运输系统,像一条重要的城市生活及经济流动的主动脉血管,整个城市大部分人每天都在地铁管道及车站内外移动,如同流淌着的血液。香港以高超的融合组织(城市+社区+车站+乘客+开发)和人性化、无缝化的接驳衔接,通过从宏观到微观的精细化设计,把每个轨道交通车站的人流变成客流,甚至是消费流。香港的城市发展以轨道交通为支撑,这就是香港成为世界上轨道交通运营效率最高、盈利情况最好的城市的重要原因。香港以740余万人口支撑了香港地铁高强度日均客运量475万人次(2021年),最高超过556万人次(2018年),因此,香港被称为"轨道上的城市"一点都不为过。

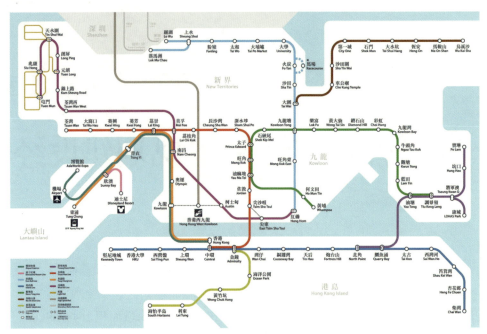

图 3-1　2019 年港铁线路图
注：图片来源于港铁公司。

图 3-2　未来（2030 年）港铁线路图[2]
注：图片来源于港铁公司。

3.2 香港以集约运输为主导的轨道交通发展政策研究

很多人对香港的第一印象都是"国际超级大都会",根据全球建筑咨询机构 Emporis 的排名[4],香港的摩天大楼(高于 100m)有 1294 栋,位居全球第一,远超列在第二名的纽约(695 栋)和第三名的东京(427 栋)。但是易被很多人忽视的是,香港建成区面积只占 24%,香港 3/4 面积还是自然郊野。它虽然比深圳还小,土地相当稀缺,但是香港特区政府只允许用 16.7%的用地建设城市,超过 80%区域是山地、海岸和绿野。大片"黄金地段"不允许开发房地产,而是规划成 24 个郊野公园供市民郊游。100 多年来,香港经历多次移山填海,增加了 67km² 的面积,新增面积容纳了 27%的香港人口,创造了 70%的商业财富[5]。香港特殊的地理环境和土地政策决定它的发展无法像内地城市那样宽松,只能一点点地在海边滩涂或山间谷地精耕细作。没有充足的空间修路,就修地铁,以公共交通为导向的城市设计非常高效(香港的公交出行率达到 92%,居全球城市之首),绝大部分香港上班族都不用忍受堵车,出行反而方便。

20 世纪 60 代以来,以城市发展为重点,不断完善与香港人口、经济、用地、交通相关的城市规划条例、土地政策与价格、发展密度分区制度、香港铁路运输策略、综合交通运输系统等规划建设及配套的政策法规研究[1](表 3-1)。香港每十年左右颁布一次的综合运输研究(1976 年、1989 年、1999 年)。港铁也积极参与政策研究,制定香港都会区发展策略,已颁布 3 次铁路发展策略研究(1994 年、2000 年、2014 年),2017 年发布的《公共交通策略研究》,2020 年发布了《香港 2030+:跨越 2030 年的规划远景与策略》,这些政策研究的重点都把地铁结合到城市各板块发展的考虑当中。总的来说,香港从城市发展战略上已把地铁外溢功能效应捆绑一起,推进可持续发展。

表 3-1 20 世纪 60 年代以来香港综合运输发展规划与政策研究

年份	主要内容
1964	邀请英国道路研究部门对香港交通的未来发展进行研究
1964—1966	《乘客交通调查》建议建设大运量公共交通运输系统
1965—1967	考虑社会发展及规划因素后,《香港集体运输研究》(第一次公共交通发展研究报告)建议:建设 4 条(共 64.36km)或 50 个站的大运量快速地铁运输系统及其线路,投资共 34.05 亿港元(1967 年价值),即每公里 5289 万港元;同时,对 30 年的运营维护成本及车票收入做出评估,提出收支平衡融资方式、社会好处分析及规划发展建议
1966—1968	制定《道路长远发展研究》《香港集体运输研究》
1969—1970	考虑最新社会发展及规划因素后,《集体运输计划总报告书》建议建设 3 条(共 52.61km)或 48 个车站的大运量快速地铁运输系统,投资共 43.91 亿港元(当年价值),每公里 8346 万港元,车票为 0.2 港元/3.2km(过海额外多收 0.2 港元); 整个轨道交通系统的构思首先以疏导港岛北岸、南九龙、东九龙等市区交通为重点,进而加强新界的荃湾及沙田与市区的联系,配合 1967 年完成的《香港集体运输研究》中对各区人口分布的预测,各阶段的发展均从城市的实际出发,以解决城市核心区的交通为首要任务,再推广至新市镇
1972—1975	1972 年,决定投资 56 亿港元建设地铁官塘线(含 4 个开发地块、4992 个住宅及面积为 15.69m² 办公及商业区);1973 年决定成立公营机构地铁公司进行融资、建设及运营;1974 年成立集体运输临时管理局;1975 年,根据《地下铁路公司条例》以"商业原则"成立地下铁路公司,建设及运营地铁,并可发展其持有的土地

续上表

年份	主要内容
1973—1976	《第一次整体运输研究》提出香港首个规划蓝图(1970 Colony Outline Plan)应将土地利用和交通紧密融合;香港特区政府其后以优化基础建设放开更多土地空间以解决社会发展及存在问题。因九龙湾车辆段及其他站点物业开发成功,于1977年决定提前投资39亿港元建设第二条线路荃湾线(含车辆段上盖建筑及2个站点物业发展5864户住宅及5.67万 m²商业区)
1979—1980	首条地铁开通。1979—1980年分阶段开通官塘至中环段。地铁以4节列车行走,最低票价为1港元(巴士最低票价为0.2港元)。1980年,决定投资104亿港元建设第三条线路港岛线(含8个开发地块的超过2万个住宅及17万 m²商业区)
1983—1989	1980年,通过东区海底隧道完成连接官塘站至港岛东区鲗鱼涌站线路建设;1989年,《第二次整体运输研究》提出机场迁往大屿山,并提出机场核心计划兴建机场铁路,但因造价分歧,线路延至1994年11月才开始兴建
1991—1994	1991年,完成《都会计划研究(含交通及铁路发展)》,即《第一次铁路发展策略》;1994年决定投资340亿港元建设地铁机场及东涌线(含5个开发地块,2.4万个住宅、57.76万 m²办公区、38.31万 m²商业区、5160个酒店房间共约326.89万 m²建筑面积),1998年中通车
1997—1999	1999年,完成《都会计划检讨研究》;1998年,决定投资350亿港元建设地铁将军澳线(含4个开发地块,2.8万个住宅、10万 m²办公区、13.2万 m²商业区,共约230万 m²建筑面积),2001年通车
1998—2000	2007年,完成《香港2030:规划远景与策略》(含运输与土地用途评估),即《第二次铁路发展策略》
2011—2014	重申铁路作为公共交通系统骨干的政策,并勾画了直至2031年铁路网络的发展和规划蓝图,即《第二次铁路发展策略(更新)》
2014—2017	在发展铁路服务的同时,开展《公共交通策略研究》,继续推进其他公共交通服务的多元和稳健发展
2020	2020年,完成《香港2030+:跨越2030年的规划运输与策略》(含运输基建与交通检讨)

3.3 香港轨道交通枢纽建设典型案例

3.3.1 中环站—香港站 CBD

中环(又称中区)位于香港的中西区,是香港的核心地带,是港岛开埠后最早开发的地区,也是香港的政治、商业中心。20世纪70—80年代是中环的全盛时期,当时中环不断兴建多层式摩天大厦[6]。

中环站是荃湾线、港岛线的重要车站,日客流量约25万人次。中环站设有13个车站出口,出口主要连接中环建筑物及购物中心的地库或大堂,乘客可直接在车站通道穿梭中区主要建筑物及购物中心及车站大厅[7]。

香港站位于香港中环港景街一号,是机场快线与东涌线的总站,整个车站结构与香港国际金融中心相连。该站在环球大厦、干诺道中及交易广场地底收费区内转乘通道连接中环站。

中环行人天桥网络系统(图3-3)由香港特区政府及中环各大地产发展商分期互联建成。

部分地方设有楼梯及电动扶梯,部分连接大厦的天桥还设有空调。行人天桥系统是吸引人流的有利设施,实行人车分隔,使行人有一个安全及舒适的交通环境,同时可以观赏城市景观,有利于吸引游客及市民消费。中环站—香港站的直线距离约350m,通过中环的人行天桥网络系统将中间相隔的干诺道中(道路)、国际交易广场、怡和大厦等主要高密度建筑进行了很好的平面衔接,形成了以行人为重点,但不完全排除汽车的交通模式(图3-4)。

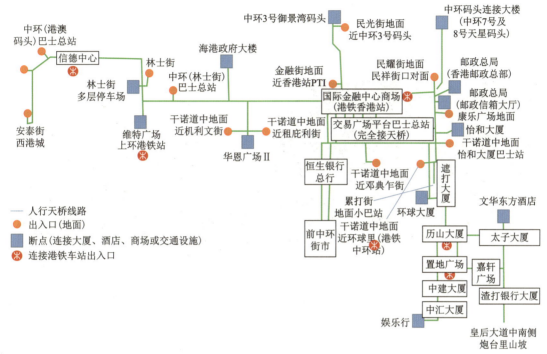

图3-3 中环行人天桥网络系统简图

图3-4 中环行人天桥系统与地面层(干诺道中)人车完全分离

中环站—香港站内外融合发展的特点主要包括:通过多条高架人行连桥及隧道把香港站商务CBD延伸区全部无缝连接,实现商业与交通设施的综合开发;实现行人路径的连续性,实现人车的完全分离,促进交通组成相对单一,道路集散高效运转;对于站内交通衔接设施(包括公交首末站、出租车接驳设施以及机动车停车场)等都有完备、细致的考虑。

3.3.2 青衣站——香港"轨道+物业"模式的缩影

青衣城(盈翠半岛)是脱离香港岛和九龙的岛屿,是东涌线与机场快线换乘的主要站点(图3-5)。青衣站作为半岛上唯一的大规模交通枢纽,是青衣城经济中心和重要交通中心,是一个结构复杂的换乘高架枢纽站[8](需要对接机场快线通过的青马大桥)(图3-6)。青衣站占地约5.4万 m^2,车站上盖开发量约29万 m^2,1999年正式运行。业态以商业和居住为主,其中居住占比为84%,商业占比为16%。主要的住宅开发为盈翠半岛的12栋住宅楼(住宅34~38层)约3500户住宅单元,商业部分为4层。

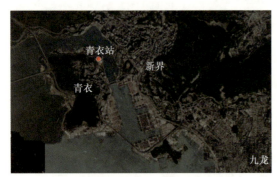

图3-5 香港青衣城枢纽站的位置示意[9]

图3-6 香港青衣城站的立体结构外观[9]

青衣站的开发模式成为香港TOD节点枢纽一体化开发的缩影(图3-7)。青衣枢纽站交通建筑共6层(图3-8),地面层(GF)是私家车上客区,一层是东涌线票务大堂,二层是往香港站方向的月台,三层是阁楼层,四层是往东涌及机场/博览馆方向的月台。公交车换乘枢纽位于地上二层大厅和地面层,出租车站位于地面层,轨道出站客流从二层大厅可以直接到发位于同一平面的公交枢纽,也可以通过人行天桥和楼梯到达一层的公交站,全过程实现人车分行。

图3-7 青衣城枢纽站综合开发的建筑外观[5]

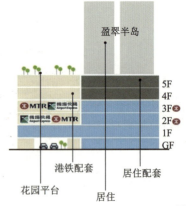

图3-8 青衣城枢纽站交通建筑示意图[5]

3.3.3 九龙站与西九龙高铁站的可持续衔接规划

九龙站是港铁东涌线和机场快线上的一个车站(图3-9),位于油尖旺区的西九龙填海区雅翔道[10]。这个占地13.5万 m^2 的交通城总建筑面积109万 m^2,容积率高达8.14,拥有5866套住宅及 2230 个公寓,包括面积超过 32 万 m² 的办公楼、酒店及商场等建筑。车站上盖部分有 18 幢住宅、2 幢办公楼、1 幢综合大厦、1 座酒店共 22 幢大厦(图 3-10)。作为东涌线及机场快线换乘地铁站,九龙站设有机场快线市区预办登机处,可以方便旅客办理登机手续和行李托运。九龙站上盖物业有高档住宅楼(如君临天下和凯旋门等),环球贸易广场与对岸的国际金融中心二期相映生辉,形成一道宏伟的维港门廊。大楼一期已经建成,取代国际金融中心二期成为香港最高的建筑物。另外,香港著名综合体的活力磁极——圆方商场的总建筑面积 11 万 m²,其功能集合了名店购物、休闲、饮食、娱乐及文化体验,是香港首个横向式的大型购物中心。九龙站综合开发示意图如图 3-11 所示。

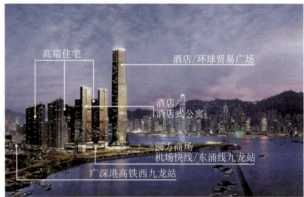

图 3-9　九龙站鸟瞰图[11]

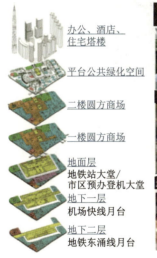

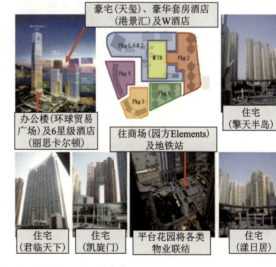

图 3-10　九龙站与上盖物业竖向联系分布示意[11]

西九龙枢纽站为广深港高速铁路(客运专线香港段全长 26km)的终点站。香港段高铁全线采用双洞地下隧道设计建造,不设中途站(详见"案例篇")。2018 年,西九龙枢纽站开通后,可让高铁乘客方便、快捷地换乘各种交通工具,来往于珠三角各城市、香港国际机场和香港各大商业、旅游及住宅区。枢纽与规划中的西九文化区融合,打造"城市功能"属性发展的重要商业中心[12]。西九龙枢纽站周边毗邻用地规划示意图如图 3-12 所示。

图 3-11 九龙站综合开发示意图

图 3-12 西九龙枢纽站周边毗邻用地规划示意图[2]

注:图片来源于 https://www.163.com/dy/article/EFNRHPCP0521C7DD.html。

西九龙枢纽站毗邻 3 条现有铁路线和多条公路干线,分别是港铁机场快线、东涌线的九龙站和西铁线的柯士甸站(图 3-13、图 3-14)。按照西九龙交通枢纽地区规划上可持续性、可扩展性、可建造性和可维护性的总体目标,规划设计过程中由香港铁路有限公司(简称"港铁公司")与多家专业设计单位组成联合体,整合了交通工程、岩土工程、智慧城市、地下空间、环境工程、能源工程等多类专项规划内容,编制了西九龙交通枢纽地区总体设计方案(2009 年 11 月通过了香港规划署审定)。

该项衔接规划综合考虑包括西九龙枢纽站(占地 11 万 m^2,总建筑面积约 43 万 m^2)与周边九龙站(已建成,占地约 13.5 万 m^2)、柯士甸站(已建成,占地约 6 万 m^2)、西九文化区(在建,约 36 万 m^2)以及城市建成区的协调关系[13-14],包括西九龙枢纽用地功能分区(北区、中区和南区),其中所有重要功能、上盖物业的 6 栋建筑的面积 29 万 m^2。

该项衔接规划以多模式交通便捷联系与集散为目标,在前期建设环境许可下规划交通衔接体系。其实施内容包括:①高架人行连桥(和地道)无缝连接地铁站及各综合体,并与公交枢纽站点共存互补,实现人车分流;②建设下沉式衔接车行通道以及轨道交通与巴士的无缝衔接;③实施道路街景可观赏性,减少红绿灯行人过街设施,鼓励绿色步行[11];④形成该地区可持续发展的规划精细完善、物业管理独特的模式。

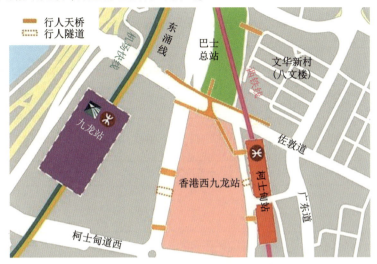

图 3-13 西九龙枢纽站的轨道交通线路

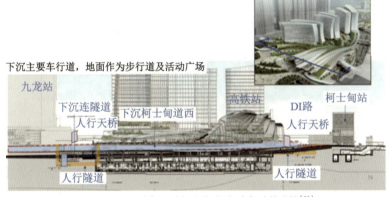

图 3-14 西九龙枢纽站与九龙站、柯士甸站的连接[11]

3.3.4 港铁车辆基地土地空间的多元化使用

香港所有轨道交通车辆基地都结合城市规划进行了物业开发。将建设用地单一功能的车辆基地转变成为多功能综合性用地[3](表3-2),如香港港岛线、观塘线、荃湾线、将军澳线、西铁线等的建设开发对于我国内地的轨道交通规划与城市化发展模式具有十分重要的借鉴意义。例如,将军澳线车辆段康城站,围绕地铁站进行房地产开发的"日出康城"社区是港铁公司大规划的上盖物业发展项目之一。该社区楼层高度为42~59层,楼层底部(一层)设置为停车库,居民住宅从楼盘二层开始,通过人行天桥与地铁站相连,居民可以从地铁站出口通过天桥直接进入楼盘居民层;社区下层(人行天桥底部)为社区花园、景观、休闲娱乐场所(表3-3)。

表 3-2 香港轨道车辆基地综合开发案例

项目	占地面积(m^2)	总楼面面积(m^2)	住宅座数（座）	住宅面积(m^2)	住宅数目（套）	住宅户型面积(m^2)	商业面积(m^2)	写字楼面积(m^2)	小区配套(m^2)
港岛线									
杏花邨及杏花新城	203368	—	48	—	6504	52~114	26742	—	19563
观塘线									
德福广场港铁总部大楼	167254	—	41	—	4992	44~62	83201	620000	909
荃湾线									
绿杨新村及绿杨坊	83591	—	17	—	4000	43~63	15548	—	13562
轻铁									
新屯门中心	58928	214000	10	200000	3500	平均57	14000	—	—
东铁线									
骏景园		281656	10	271656	2504	平均108	10000	—	—
银禧花园	167146	—	8	—	2260	42~104	15000	—	—
御龙山		122900	10	120900	1375	平均89	2000	—	—
将军澳线									
日出康城	326800	1652800	50	1602800	21500	一期：63~104	40000	—	—
西铁线									
八乡维修中心	240000	—	—	—	—	—	—	—	—
马鞍山线									
大围维修中心	70597	313955	12	313955	4328	平均72.5	—	—	—

表 3-3 将军澳线车辆段康城站上盖物业——"日出康城"社区建设部分数据

项目	数据	项目	数据
地块面积	348000m^2	商场	约50000m^2
总楼面面积	1652800m^2	社区配套设施	中学、小学、幼儿园、社区会堂等
住宅楼	50座,20000~21500个单位	开放空间	中央公园、车站广场、平台休憩空间等
楼宇高度	42~59层	发展年期	2004—2019年

3.4 香港"港铁模式"的主要特点与成功经验

3.4.1 香港地铁的发展背景

香港地铁,原称地下铁路,是香港的通勤铁路线,自1979年起为乘客提供市区列车服务,由香港铁路有限公司(前地铁有限公司 MTR Corporation Limited)营运。2007年12月2日,地铁与九龙铁路的车务运作正式合并(九铁铁路公司营运告终),地铁公司也易名为港铁公司(Mass Transit Railway,MTR)。

香港特区政府是港铁公司的主要所有人,拥有77%的股份,香港特区政府可以决定港铁公司董事会成员,可在港铁公司的全体大会上通过特殊决议。港铁公司帮助香港特区政府对预留土地进行详细的"轨道+社区"TOD综合开发的前期策划,包括规划方案、投融资及合作形式研究,并根据成果及市场的判断进行相关包装处理。香港特区政府则从建设方案、社区/产业综合开发,以及开发强度、地价评估等政策方面给予合理的支持。

港铁公司作为香港车站(枢纽)TOD开发的"总规划师和设计师",将"轨道+物业"(R+P)模式视其为主体开发形式[16],担当香港特区政府与开发商之间的联络员,并监督开发质量和制订项目竣工、物业出售情况等开发计划,解决所有地铁站点建设相关的交接问题;港铁取得土地,再经过招标程序充分竞争(基于公平、公正、统一的合作条件)处理拍卖的地块;通过精致策划"轨道+物业"(R+P)的开发模式,实现增值收益(反馈社会)的最大化。

3.4.2 港铁公司"轨道+物业"模式的特点

1)建设理念与主导目标

在香港地铁建设进程中,香港特区政府就秉承"量入为出"的财政理念,拒绝使地铁设施成为政府长期的财政负担。因此,港铁公司秉持如此的建设理念与主导目标,创造出"轨道+物业"(R+P)模式(表3-4)。港铁公司成为世界上唯一能盈利的地铁公司,深深得益于该模式。从20世纪80年代起,高密度人口和"地铁+物业"(R+P)模式的蓬勃发展,港铁公司在港铁"地铁+物业"的实践中,不断摸索与挖掘到"地铁+物业"(R+P)模式联合开发蕴藏的巨大价值,同时带动城市发展与轨道运营效益的增长,推进物业管理成为主要的利润收入来源,始终保持稳定增长的盈利[17](表3-5)。

表3-4 香港特区政府主导的"轨道+物业"(R+P)模式

香港特区政府	市民	港铁	开发商
获得土地出让金; 在股票市值、股息上受益; 获得轨道交通运营收益; 减少财政补贴	拥有效率高、服务好、票价合理的轨道交通; 居住和就业位于最方便处	提高建设融资能力; 增加轨道交通客流; 轨道交通运营和物业开发全面盈利	获得地铁上盖开发资源; 提升地铁站点周边物业价值

表 3-5　香港地铁 2017 年、2018 年的物业管理收入占比(单位:%)

物业管理收入类型	2017 年	2018 年
住宅	66.0	68.6
商场	18.6	16.8
写字楼	10.2	9.9
停车场	5.2	4.7
合计	100	100

香港特区政府主导的港铁"轨道+物业"(R+P)模式是将土地开发和轨道车站建设营运整合实现一体化,推进规划建设的升值空间,将轨道交通建设和其他城市元素、市场元素叠加起来,产生乘数效应,逐渐形成以串-珠式公共交通发展走廊为导向的城市发展战略目标。香港地铁建设不是单独的交通规划,也不是单独的交通项目投资规划,而是从整个经济社会、城市建设、出行等叠加交互影响的一个可持续规划进程。

2)建设模式

(1)联通模式。联通模式是指车站旁边的地块与车站通道连起来,而无须走到地面,中间部分是车站,然后通过天桥连廊将周围的地块拼接起来,进行写字楼、住宅区等不同土地利用形式的综合开发。

(2)上盖模式。上盖模式是香港早期就发展的一种模式,如比较著名的九龙站。由于车站与上盖综合发展项目(Union Square)结合成同一建筑物,所以车站大部分位置均与上盖物业相连。在公交带动、整体规划、综合效益三大动力的促进下,九龙站成功完成了区域整合,实现了轨道交通带来的综合城市功能的提升。

(3)车辆段模式。车辆段模式是利用车辆段地块选址的特点,基于 TOD 发展出规模比较大的综合开发。香港将军澳线车辆段康城站是现在最大规模的综合开发典型,整个项目发展计划的住宅分为 13 期兴建,预计于 2025 年全部完成,届时将建有 50 座楼高为 46~76 层的大厦,提供 2.55 万个住宅单位,可供 6.3 万名居民居住。

3.4.3　"港铁模式"的职能与运作机制

港铁公司同时扮演着铁路系统的建设者、所有者和经营者角色。世界上很多城市是分类管理这些职能的,政府负责建设铁路系统,地铁公司担任运营者。而港铁公司则是承担了介于香港特区政府与市场之间的角色,在商业原则之内,既要满足公共利益的需求,又要在没有直接补贴的条件下(不通过政府直接拨款购买车辆、不依靠政府补贴进行运营和维护工作),获得的收入足以支付建设和运营的开销。

港铁公司作为一个有效的平台,引入市场的力量改善轨道交通项目风险管理和资产管理,并通过市场资金满足轨道和其他社会公共利益的需求,有效地实现了轨道交通行业的外部效益内延化。"港铁模式"的核心在于,把轨道交通的投资建设和沿线土地的开发升值紧密联结起来,利用物业开发回收的增值部分填补轨道项目的资金缺口,实现合理回报。兴建轨道交通的同时与开发商合作开发沿线物业,使物业价值因轨道交通发展而得到提升,然后将物业升值回收的利润反哺轨道交通的建设运营和维护。

港铁"轨道+物业"（R+P）模式一般地铁项目的操作流程如图3-15所示。

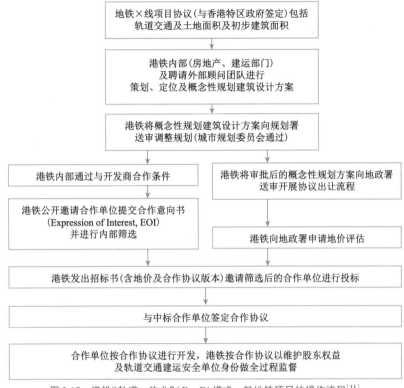

图3-15 港铁"轨道+物业"（R+P）模式一般地铁项目的操作流程[11]

3.4.4 港铁公司"全生命周期管理"的运营模式

1）物业开发、商业经营和物业管理

（1）物业开发。在已开通的93个轨道站点中，47个站点有上盖物业开发，已完成的总建筑面积约1300万 m^2，未来6年将开发约20000套住宅，总建筑面积超过122万 m^2。

（2）商业经营。在47个项目中，现时持有其中13个项目的商场作为长期经营，目前市值约700亿港元。

（3）物业管理。作为物业管理者，管理约99000个住宅单位及约77200m^2的商用面积（包括商场、写字楼、停车场等），其中住宅管理的物业收入约占70%，成为物业管理收入的主要来源。

2）规划期、建设期和运营期

"全生命周期管理"运营模式的演变历程大致可分为早期地产补贴基建模式、中期地铁引导新市镇建设模式、后期精细化土地经营模式三个阶段。在2000年港铁公司上市后，市场化的运营策略在城市规划和土地开发中起核心作用。

（1）规划期。规划期是轨道交通全生命周期的开始，其重点是枢纽规划前期论证，以相关规划为依据，研究城市人口、用地、就业分布特征，以及大型客流集散区和规划客流集散点的空间分布,提出建筑综合体以及周边开发情况分析论证。

(2)建设期。建设期是轨道交通全生命周期成本中最直接且最容易预估的部分。轨道交通建设期的投资大致分为工程费用和其他费用两大部分。

(3)运营期。运营期是实现"全生命周期管理"的重点和难点时期。轨道交通企业必须对各种财务风险有足够的认识和应对策略,许多轨道交通企业往往把注意力集中于建设期的3~5年内的财务平衡,而对后续的运营期的成本增加、追加投资、更新改造等其他支出缺乏合理的计划和估算,从而导致运营期现金流不足,资金缺口增大,影响轨道交通的可持续发展。

3.4.5 港铁公司"轨道+物业"模式成功经验总结

港铁"轨道+物业"模式是在香港特定的政治、经济、文化制度之下孕育而生,是在不同历史阶段发展中获得成功的,其成功经验简要总结如下。

1)港铁"轨道+物业"模式演变大致分为三个阶段

(1)早期

早期,该模式主要是为了满足基建的资金需求,土地开发权补偿仅限于资金层面的平衡。

地产补贴基建。1950年后,由于美国对中国的禁运封锁,香港的中转贸易停滞,被迫转型。自此,香港大力发展劳动密集型产业,推行出口导向型政策,制造业比重在20世纪70年代一度达到30%,香港人口从20世纪50年代206万人,到20世纪80年代500万人。经济腾飞和人口增长给城市交通带来了巨大压力,香港特区政府、地铁公司的使命是为香港建造及经营一个铁路系统,采取审慎商业原则运作,荃湾线、观塘线、港岛线等覆盖市区地铁线线路,在共约260亿港元的建设资金构成中,香港特区政府投资只占两成,作为对地铁建设的补贴,港铁公司得到枢纽站点周边的住宅楼盘的开发权,形成典型的地产补贴基建案例。

(2)中期

中期,该模式与同时期公屋政策共同支撑了香港新市镇的发展。

地铁引导新市镇建设。20世纪70年代,香港经济繁荣和人口增长,香港特区政府规划了9个新市镇疏解中心城区的人口,地铁和公屋是引导人口向新市镇疏解的重要支撑。新市镇的整体人口约327万,约占香港740万总人口的44%。为此,从整体来看,香港新市镇的规划开发体现出以下的特点:

①对车站周边地块进行高密度开发,新近建成的机场铁路、将军澳支线的车站地区物业开发容积率都在5以上。

②局部地区实现居住和就业之间的平衡,如港岛北城市发展带面积为22.5km^2,居住人口为94.7万,2/3的就业人口居住其中。

③创造良好的步行环境和公共空间,绝大多数办公建筑到地铁站的距离是200m左右,通过人行天桥和地下步道的精心设计,减少步行距离感。

(3)后期

后期,该模式在精细化的土地经营中得到进一步优化,2000年港铁公司上市后,逐步实践更加市场化的运营策略,在城市规划和土地开发中起到核心枢纽的作用。

精细化土地经营。港铁公司作为土地开发过程的中枢,积极推进土地与交通的整合,随着轨道线网的逐步成型,沿线的客流量增大,土地市场逐渐成熟,港铁公司遵循商业化运营的原则,在10~20年间,通过人流和商机的培育,让沿线的土地价值达到最大化。逐步对预留土地制订长期分项开发计划。土地与交通的整合实现了综合收益最大化,这也体现在港铁自身的盈利之中,在2018年的经营利润构成分析中,直接与物业的开发和租赁管理相关的部分合计比例达到35.5%,如果考虑到香港车站商务中的绝大部分来自车站内部的零售物业,则与物业的开发和租赁管理相关的利润超过50%。新的开发项目采用公共交通导向的开发设计概念,土地价值捕获的方式从通过有限土地上的小型简易塔楼获取补贴,转向了大规模且用途复杂地块的可持续融资和城市化,这对公共交通的乘客量提升和整个车站服务区的物业价格溢价带来了更大的协同效益。

2)体制保障成为港铁"轨道+物业"模式实施的关键

(1)发挥政府主导职能

如前所述,香港特区政府是港铁公司的主要所有人,港铁公司受到香港财政司的管辖。香港特区政府可以在港铁公司的全体大会上通过特殊决议,香港特区政府还可以决定董事会成员。而香港证券交易所授予港铁公司特殊豁免权利,不需要严格遵守商业实体与香港特区政府交易的规则,以此来协调港铁公司与香港特区政府之间可能存在的利益冲突。

(2)采取规划协同机制

在城市规划体系中,要在轨道交通站点周边划定特定的发展控制区,明确控制区内的规划指标,包括土地使用性质、容积率和建筑覆盖率等指标,通过强制性法律,保障控制区的有效开发(图3-16)。

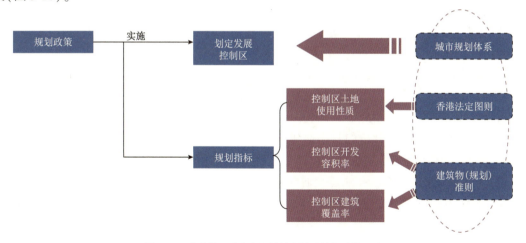

图3-16 香港特区政府主导的控制性法律与政策保障

(3)完善投融资发展机制

香港特区政府选择具有一定交通服务职能、综合开发经验、融资开发能力的公司作为综合开发主体,建立较为完善的交通投融资发展机制,明确综合开发的操作流程、前期规划到后期物业经营管理的操作主体及工作,做到权利清晰、责任分明(图3-17)。

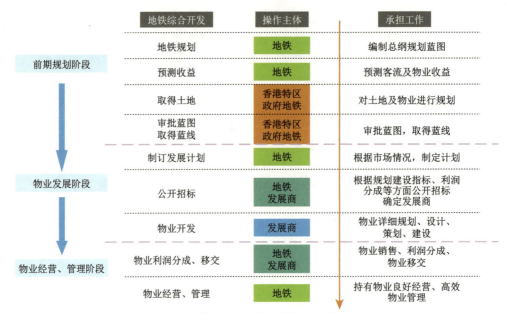

图3-17 香港特区政府主导的完善的投融资机制保障

本章参考文献

[1] 郑兰英.TOD,为轨道交通可持续发展注入生命力——访资深轨道TOD专家麦为明[J].轨道交通,2019(1):13-16.

[2] 胡昂.TOD全球城市实践——香港轨道交通及城市发展[EB/OL].(2022-04-26)[2022-10-15].https://3g.k.sohu.com/t/n600259557.

[3] 晏克非,等.城市轨道交通高架车站与车辆基地的综合开发研究(总报告)[R].上海:上海申通地铁集团有限公司,同济大学,2009.

[4] 佚名.Chinese tower wins emporis award[J].ASHRAE Journal,2015,57(11):10.

[5] 晏克非,黎冬平.大型综合交通枢纽快速集散系统设计关键技术研究报告[R].上海:上海申虹投资有限公司,同济大学,2010.

[6] 袁铭.香港中环CBD评价[J].山西建筑,2005,31(18):25-27.

[7] 马靖宇.香港中环步行系统空间设计手法研究[D].哈尔滨:哈尔滨工业大学,2007.

[8] 沈岚,杨天瑞,姚敏峰,等.轨道交通导向下市郊新城开发模式的比较分析——以伦敦、东京、香港为例[J].南方建筑,2021(1):83-88.

[9] 晏克非,于晓桦.基于SID开发高铁枢纽车站建设条件及其影响[J].现代城市研究,2010,7(13):13-19.

[10] 薛求理,翟海林,陈贝盈.地铁站上的漂浮城岛——香港九龙站发展案例研究[J].建筑学报,2010(7):82-86.

[11] 麦为明.中国当代轨道交通系统投资建设[EB/OL].(2020-05-07)[2022-03-15].http://www.chinatod.com.cn/.

[12] WARCHOL P,BERTRAND V.香港西九龙站 中国香港[J].世界建筑导报,2022,37(2):

90-93.
- [13] 陈国欣,赵洁.站城融合中的公共空间营造——以香港西九龙高铁站片区为例[J].世界建筑,2021(11):33-37.
- [14] 曾如思,沈中伟.多维视角下的现代轨道交通综合体——以香港西九龙站为例[J].新建筑,2020(1):88-92.
- [15] 佚名.香港TOD模式发展历程——以香港九龙站为例[EB/OL].(2022-07-04)[2022-12-10]. https://www.163.com/dy/article/HBETS95V05389P8K.html.
- [16] 陈怡璇.港铁公司:轨道加物业的综合开发模式[J].上海国资,2015(10):84-85.
- [17] 李超.港铁"铁路+物业"模式对城市轨道交通可持续发展的启示[J].现代城市轨道交通,2022(11):100-104.

第4章
我国现代客运交通枢纽建设发展态势

我国现代客运交通枢纽规划建设的惊人发展与两个方面的因素紧密相关：一方面，近20年来，我国综合交通运输网络体系规划建设日臻完善，特别是高铁、空港、城市轨道以及公路、水运、口岸客运枢纽(站区)建设日新月异；另一方面，这与我国新型城市化(人口、产业、消费向大城市和城镇密集地区集中)快速进程密切相关。对比欧美国家的大城市和日本客运交通枢纽的历史及现状(如国土人口、经济地理、文化传承与交通结构)，我国客运交通枢纽的建设模式有着很多自身的特点与优势。"高铁上的中国，轨道上的城市"，我国现代客运枢纽规划建设已经站上了世界的前列，硕果累累。

4.1 我国已进入轨道交通建设高峰期

4.1.1 高速铁路建设成为中国名片[1-2]

中国铁路高速化的探索始于20世纪90年代。1990年，铁道部完成了《京沪高速铁路线路方案构想报告》并提交全国人大会议讨论，这是中国首次正式提出兴建高速铁路方案。1998年，通过广深铁路电气化改造和租借国外X2型高速列车，中国铁路首次实现了200km/h的商业运营。1999年，中国第一条新建200km/h及以上客运专线——秦沈客运专线开工，根据国际铁路联盟(UIC)定义，新建铁路运营速度在250km/h及以上，改建铁路运营速度在200km/h及以上即可称为高速铁路。2007年4月18日中国铁路实施第六次大面积提速，包括秦沈客运专线在内的京哈、京沪、京广、沪昆等既有铁路干线使用动车组列车全面实现200km/h及以上的商业运营，200km/h及以上线路里程达到6003km。自2008年8月1日中国第一条350km/h的高速铁路——京津城际铁路开通运营，中国高速铁路的建设和发展从此开启了新的篇章。2011年，中国高速铁路的扛鼎之作——京沪高速铁路建成；2012年，京广高速铁路全线通车，一条条高速铁路，从无到有，从线到网，在中国大地上画出了一幅宏伟的版图。截至2019年底，我国高铁已建、在建和运营里程数已在全球遥遥领先(图4-1)。按照国家中长期铁路网实施规划(2016)，我国高速铁路网规划主要通道已由"四纵四横"扩充为"八纵八横"高速铁路网主骨架网。截至2020年底,我国已建成高速铁路通车里程3.79万km,如图4-2所示。

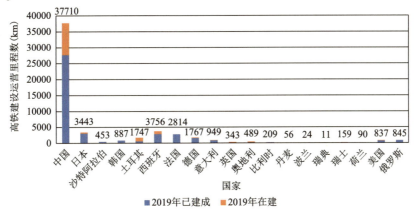

图4-1 2019年全球各国高铁建设运营里程数[1]

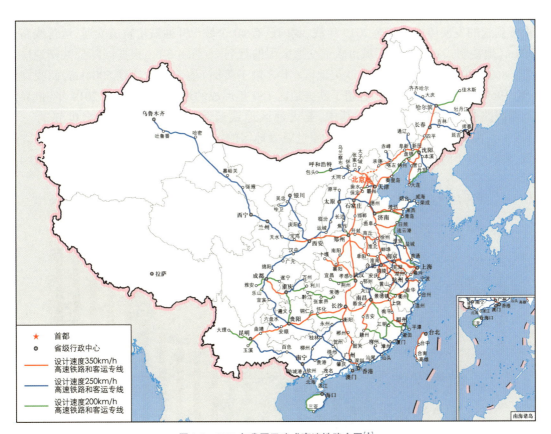

图4-2 2020年我国已建成高速铁路全图[1]

注:未包含设计速度160～200km/h的干线铁路和既有提速铁路。

截至2022年底,我国铁路网规模已达15.5万km,其中高速铁路4.2万km[2],占世界高铁总里程的71%,是世界上运营里程最长、在建规模最大、运营场景最丰富、商业运行速度最高的高速铁路网。高铁客站枢纽是高铁网络的重要组成部分,经过十余年的创新发展,截至2022年,全国已建成客站1841座,全国已建成其中高铁客站1188座,普速客站653座,在建设理念、规划设计、工程建造、运营管理等方面的总体水平已进入世界前列。

根据《新时代交通强国铁路先行规划纲要》,截至2025年,全国铁路网规模将达到17万km,其中高铁里程达到5万km;预计新建客站654座,其中高铁客站566座;铁路基本覆盖20万人口以上城市,高铁覆盖98%的50万人口以上城市。截至2035年,全国铁路网规模将达到20万km,其中高铁里程达到7万km,预计再新建客站623座,其中高铁客站418座,实现都市圈1h通勤,城市群2h通达,相邻城市3h畅行。

高铁车站(含枢纽)的建设将使得城市的层次、城乡结构得以更新,大大增强沿线城市群的交通和经济联系,促进人口流动和区域经济的提升,形成新建或改建规划的新兴产业和商业集聚中心。

4.1.2 城市轨道交通快速发展

在1969年10月1日北京第一条地铁线路开通至今的50多年里,我国城市轨道交通经历了由慢到快的发展历程。截至2019年底,我国已有40个城市开通城市轨道交通,运营线路长6730km(地铁制式),已步入了城市轨道交通大国的行列[1](图4-3)。根据国际公共交通协会报告,1863—2013年的150年里,欧美地区(不含拉丁美洲)地铁运营达到5004km,而我国用50年(1969—2019年)的时间,赶超了欧美地区150年形成的地铁运营规模。2019年,世界地铁运营线路长度达到13903km。其中,亚太地区地铁运营线路长度已超过全世界的一半(51.9%),而我国地铁运营线路长度已超过亚太地区的一半(53.8%)。2019年,全球各大洲地铁、轻轨、电车的拥有里程见表4-1。2019年世界大城市轨道交通建设运营里程数如图4-4所示。

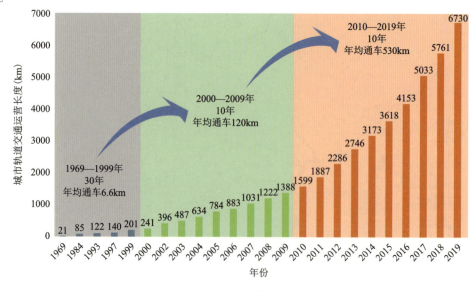

图4-3 中国城市轨道交通历年运营长度[1]

注:数据来源于城市轨道交通协会。

表 4-1　2019 年全球各大洲地铁、轻轨、有轨电车的拥有里程（单位：km）

地区	总里程	地铁	轻轨
北美洲	1532.20	1410.20	122.00
南美洲	1017.15	1005.95	11.20
非洲	119.60	96.40	23.20
欧洲	14146.94	3569.46	324.23（有轨电车 10253.25）
亚洲	9306.20	8137.35	836.25（有轨电车 332.60）

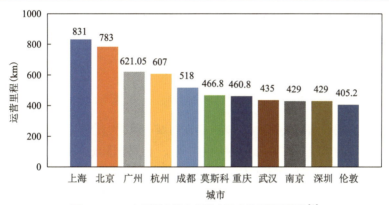

图 4-4　2019 年世界大城市轨道交通建设运营里程数[1]

截至 2021 年底,我国共有 50 个城市开通城市轨道交通运营线路 283 条,运营线路总长度为 9207km(其中地铁运营线路长度为 7210km,占比 78.3%);全国城市轨道交通投运车站 5343 座,投运车辆段和停车场共计 440 个(图 4-5)(全国统计数据未包括港澳台)。

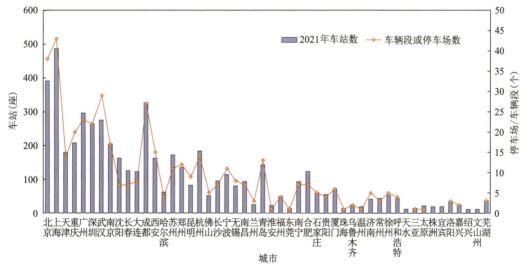

图 4-5　2021 年我国各城市(不含港澳台)轨道交通投运站场[1]

注:线网车站数量含换乘站,每车站只计一次。

4.2 我国客运枢纽规划建设日新月异

进入21世纪,随着我国枢纽型、网络化、功能性的综合交通网络体系扩展与完善,各类各层次客运交通枢纽正在成为支撑与锚固立体交通网络的关键节点,迅猛增长的城市轨道交通、城际铁路、高速铁路的枢纽车站建设与运营,极大地改善了我国区域间的客运服务水平,缓解了我国大城市交通出行的拥挤。特别是许多高铁车站枢纽和城市地铁换乘车站基于TOD理念的综合开发,形成了产业、商业、居住功能集聚地,成为承载交通出行和促进城市(区域)经济发展与繁荣的新引擎。"建枢纽就是建城市"的理念,枢纽的"站城融合"发展理念,交通设施、国土空间、生态环境相辅相成、互动发展的理念,已成为城市交通枢纽规划建设的必选项,也成为城乡规划师、建筑设计师、交通规划、土木工程师参与项目投标和实施项目详细设计的必修课程选项。本书案例篇介绍的已建和在建中的诸多不同类型、不同特点的客运交通枢纽规划建设案例情况可见一斑。

4.2.1 注重枢纽建设规划引领

上海虹桥综合交通枢纽作为特大型空港、高铁与城市轨道综合客运枢纽,日益凸显出联通国际和服务长三角区域的功能。在国家战略发展背景下,虹桥国际开放枢纽建设已经从一般意义上的TOD理念开发,走向2035年全面建成国际开放枢纽(国际性枢纽港站)引领的HOD(Hub Oriented Development)开发历程,充分体现了"举国体制办大事"的中国精神和智慧;南京南站始终坚持都市圈一体化发展高站位的空间布局,依据科学论证推进枢纽规划选线选址工作,使得高铁枢纽功能与城市发展规划实现双赢;北京大兴国际机场在不到5年的时间里完成了预定建设任务,顺利投入运营,充分展现了中国工程建筑的雄厚实力;香港西九龙综合枢纽以强化地区的"城市功能"属性为目标,采用地下空间车站建筑综合体的设计,集时尚、生态、功能和建筑美感于一身,实现了周密、精整规划九龙站、柯士甸站、西九文化区等城市建成区的一体化可持续发展。

4.2.2 凸显枢纽交通功能

郑州东站特大型铁路综合枢纽成为我国高铁"四纵四横"骨架中心的特大型铁路综合交通枢纽,形成了城市对外交通、区域交通多层次、多类型功能集散与转换的客运中心,推进了城市群中心城市的新区发展和老城区更新改造的新篇章;北京最大的综合客运枢纽丰台站[3]将形成高速铁路、普速铁路、区域快线、地铁普线(及地铁快线)"四网融合"枢纽典型,汇聚京广客专高速铁路、丰沙普速铁路、市郊京原线快线、地铁普线(10号线以及地铁快线R6线),实现轨道交通同台换乘、垂直换乘,大大提升接驳换乘的便捷性和舒适性。到2035年,丰台站将形成"站城融合"的城南区域活力中心、首都发展的新极点。长沙大河西综合交通枢纽通过交通规划设计优化,调整东西向轨道交通2号线线位走向与车站位置,综合统筹枢纽站场地块功能配置(包括精细调整原规划控制的干线立交功能选型方案),实现了地铁、公路客运、城市公交集散、换乘功能高效整合的一体化设计;协调多家主体共建投融资平台,整合各方利益,促进财务平衡,实现了建设效益的最大化。

4.2.3 采用"站城融合"开发建设模式

深圳前海综合客运枢纽已建成为集城际铁路、城市轨道交通、出入境口岸、常规公交、出租车、旅游客车等交通设施及上盖物业(包括商业、办公、酒店、公寓等)业态于一体的城市综合体。其地下空间厘清边界、分层确权的开发模式,形成了我国轨道交通空间开发的典型经验;重庆沙坪坝高铁综合客运枢纽是一个典型的老城铁路车站改造更新的样板,契合了大都市商圈区域城际铁路、城市客流集散的换乘需求,巨大规模的枢纽综合体(地上一层至地下八层)采用分层交通组织和纵横布局的"交通核"规划设计;"部市合作、地方主导""土地分层供给""平衡路地投资收益"等开发理念与实施机制,显示出了大城市核心商圈更新、高铁枢纽上盖 TOD 开发的新成果。

杭州西站枢纽(杭州第三大综合交通门户枢纽)历时 3 年建设,于 2022 年 9 月建成运营,采用了高铁、高速公路互通,综合机场、港口、码头重要节点功能,以高密度混合多元开发为显著特征的新型 TOD 模式——"大 TOD 模式"。其站城联结的特点包括:一是创新采用"高架站场",弱化了交通设施建设对城市造成的割裂,平衡铁路客站"交通-场所"关系,有效释放了城市空间,增加了公共交通的承载能力和容量;二是将两大站场拉开,通过"中央进站、两端候车",大大提升进站效率,同时释放了南北两端空间用于城市综合开发。杭州西站枢纽"站城融合"功能设置空间示意图如图 4-6 所示。

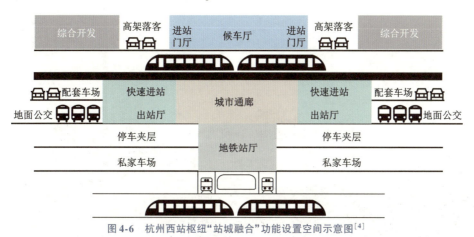

图 4-6 杭州西站枢纽"站城融合"功能设置空间示意图[4]

4.2.4 客运枢纽改造或新建模式层出不穷

广州东站枢纽是一个以存量视角下进行综合改造的案例,通过轨面空间和交通模式改造重组与极致更新的立体化布局,综合解决交通和土地开发的问题,打破现状广州东站的"孤岛效应",优化了资源配置,通过引城入站,实施东站与周边的城市功能开发,高度集聚办公、商业、住宅、文化、娱乐、公服等多样化的业态和城市功能,推进"城"与"站"在尺度上集聚和耦合,通过建设立体慢行网络满足市民的出行、生活、工作、娱乐等多种服务需求,实现"站城融合"一体化发展。

深圳北站和福田综合交通枢纽是两个耦合深圳市城市中心体系功能的铁路综合交通

枢纽,高度契合了城际商务客流的出行需求和城市中心轨道交通线网建设,两个枢纽的选址与功能定位、规划、设计、建设、运营的全程技术咨询服务模式,日臻完善的多模式交通组织与直面问题反思及挑战,值得阅读思考。山西下元地铁站作为太原河西副中心,通过地铁与公交枢纽的便捷换乘、枢纽与商业的无缝融合、交通枢纽立体上盖,提高站点的综合服务能力,打造成为城市文化生活体验目的地。上海市松江南站枢纽通过增强轨道交通资源配置,强化市域轨道交通网络服务,支撑、容纳公交、长途客运、出租车等交通站点的大型综合交通枢纽,成为上海松江新城的独立、综合节点发展的引擎。

备受关注的深圳市西丽综合交通枢纽[5](简称"西丽枢纽")已经列入深圳市"十四五"期间最重要的铁路主枢纽(2026年建成),西丽枢纽是深铁集团将按照世界眼光、国际标准,打造符合"高效便捷的综合交通枢纽、站城高度融合的示范工程、城市未来生活城区"的目标要求,建成中国TOD(4.0版)的高铁"站城融合"示范工程。西丽枢纽高铁站场总规模为13台25线,引入赣深、深茂、深汕、深珠4条铁路,同时引入4条地铁线、2条城际线,都在此集中设站。其中,地铁13号线、15号线、27号线呈南北走向,下穿国铁站场;地铁29号线、深惠、深莞城际呈东西走向。建成后,西丽枢纽高铁站场将成为国内最大的高铁、城际与城市轨道交通换乘站,亦将成为一座生态绿化公园,可实现"站-城-人-自然"高度融合的复合空间(图4-7)。

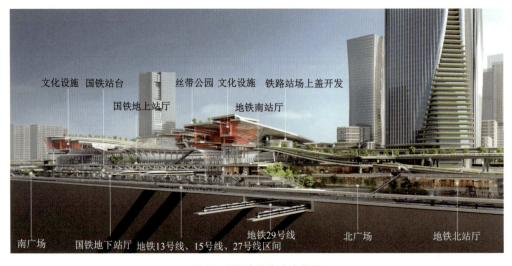

图4-7 西丽枢纽竖向布局图

广州白云站(棠溪站)正以"木棉花开、云山株水"的规划理念,打造具有岭南特色的现代客运枢纽(图4-8),其多维度、多层次的站城融合一体设计,体现了交通枢纽"路地合作"建设创新机制。广州白云站采用"腰部落客、四角进站"(以及交通核)的客流流线组织,通过大规模、高强度的雨棚上盖开发,以"宜步性"方针建设全天候的步行环境和城市活动空间,利用空中连廊、地下通道打造"万屋相连"的立体化"呼吸广场"。枢纽将于2023年底建成投运,被寄予了体现我国枢纽建设新水平的诸多期待。

图 4-8　广州白云站立面、剖面图

浙江海宁观潮胜地空铁(杭州机场高铁与杭海城际铁路)交通枢纽[6]将成为全新的"站城融合"特色功能项目的典范。其枢纽综合体由站房建筑、站城综合体两大主要功能体组成,各混合功能因地制宜地分类、分层布局,串联枢纽与旅游胜地,将形成多元复合(包括商旅、游客、居住等)共享的城市客厅,成为激发城市活力的新引擎。Farrells 设计事务所、杭州市规划设计研究院等联合体中标成果图如图 4-9～图 4-11 所示。

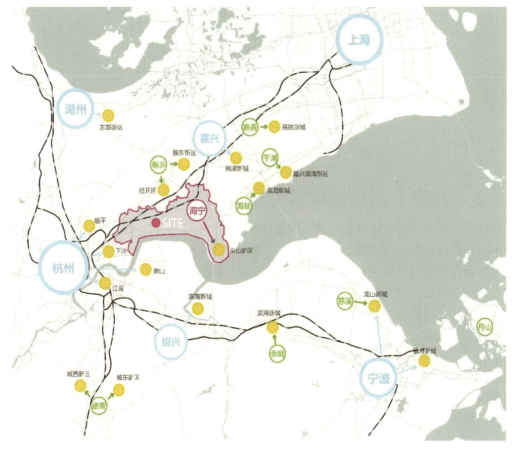

图 4-9　国铁与杭海城际铁交会点至观潮胜地交通示意图[6]

图 4-10　雨棚形态的观"潮"意向及雨棚下的半开敞换乘空间[6]

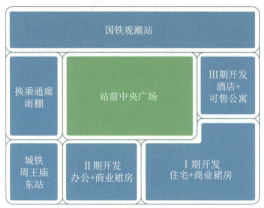

图 4-11　站城综合体综合开发的分期策略[6]

4.3　我国客运枢纽建设发展的新机遇

我国综合客运交通枢纽发展已进入体系优化、互联成网、提质升级的历史阶段,还需要在优化不同运输方式衔接的基础上,提升客运交通枢纽的一体化、集约化、人文化、复合化水平,促进枢纽服务供给与满足需求,实现更高水平的动态平衡。当前,在国家层面上已经确立了加快建设交通强国总方针,确认交通是中国式现代化的开路先锋,不断出台并落实推进我国现代化综合交通体系建设政策,为推进我国综合交通枢纽集群、枢纽城市、枢纽港站建设赋予了更多新的内涵与机遇。

4.3.1　国家战略发力

我国人均用地少、人口(城镇)密度高,发展存在不充分、不平衡的矛盾,为了解决困扰经济社会与城市发展交通难题,特别是交通网络建设与交通模式选择,改革开放以来举国上下探索求证,认准发展以轨道为主体的公共交通,具有强主导性、强吸引力、强集约性和强可达性的特征,适合我国国情;中国交通发展模式应该坚持以国家与区域(地区)发展高速铁路、大城市内发展公交地铁为主导的方针。

《交通强国建设纲要》[7]明确提出,依托京津冀、长三角、粤港澳大湾区等世界级城市群,打造具有全球竞争力的国际海港枢纽、航空枢纽和邮政快递核心枢纽,建设一批全国性、区域性交通枢纽,推进综合交通枢纽一体化规划建设,提高换乘换装水平。

《国家综合立体交通网规划纲要》[8]提出,到2035年,国家综合立体交通网实体线网总规模合计70万km左右(不含国际陆路通道境外段、空中及海上航路、邮路里程)目标,部署了建设综合交通枢纽集群、枢纽城市及枢纽港站"三位一体"的国家综合交通枢纽系统,包括建设面向世界的京津冀、长三角、粤港澳大湾区、成渝地区双城经济圈四大国际性综合交通枢纽集群,加快建设20个左右国际性综合交通枢纽城市以及80个左右全国性综合交通枢纽城市,推进一批国际性枢纽港站、全国性枢纽港站建设(图4-12)。

专栏四:国际性综合交通枢纽

1. 国际性综合交通枢纽集群

形成以北京、天津为中心联动石家庄、雄安等城市的京津冀枢纽集群,以上海、杭州、南京为中心联动合肥、宁波等城市的长三角枢纽集群,以广州、深圳、香港为核心联动珠海、澳门等城市的粤港澳大湾区枢纽集群,以成都、重庆为中心的成渝地区双城经济圈枢纽集群。

2. 国际性综合交通枢纽城市

建设北京、天津、上海、南京、杭州、广州、深圳、成都、重庆、沈阳、大连、哈尔滨、青岛、厦门、郑州、武汉、海口、昆明、西安、乌鲁木齐等20个左右国际性综合交通枢纽城市。

3. 国际性综合交通枢纽港站

——国际铁路枢纽和场站:在北京、上海、广州、重庆、成都、西安、郑州、武汉、长沙、乌鲁木齐、义乌、苏州、哈尔滨等城市以及满洲里、绥芬河、二连浩特、阿拉山口、霍尔果斯等口岸建设具有较强国际运输服务功能的铁路枢纽场站。

——国际枢纽海港:发挥上海港、大连港、天津港、青岛港、连云港港、宁波舟山港、厦门港、深圳港、广州港、北部湾港、洋浦港等国际枢纽海港作用,巩固提升上海国际航运中心地位,加快建设辐射全球的航运枢纽,推进天津北方、厦门东南、大连东北亚等国际航运中心建设。

——国际航空(货运)枢纽:巩固北京、上海、广州、成都、昆明、深圳、重庆、西安、乌鲁木齐、哈尔滨等国际航空枢纽地位,推进郑州、天津、合肥、鄂州等国际航空货运枢纽建设。

——国际邮政快递处理中心:在国际邮政快递枢纽城市和口岸城市,依托国际航空枢纽、国际铁路枢纽、国际枢纽海港、公路口岸等建设40个左右国际邮政快递处理中心。

图4-12 国家枢纽集群、城市、港站规划[8]

交通运输部等多部门联合印发的《现代综合交通枢纽体系"十四五"发展规划》[9]进一步要求,以满足人民日益增长的美好生活需要为根本目的,推进综合交通枢纽集群、枢纽城市、枢纽港站"三位一体"建设;当前要从区域、城市整体视角及战略定位出发,统筹考虑设施布局、线网衔接、功能配套、运输组织、服务供给等,加快优化整个枢纽体系,提升枢纽体系的整体效能,提供更高品质的服务。干线铁路、城际铁路、市域快轨、城市地铁"四网融合"的关键点在枢纽。

党的二十大报告强调加快建设交通强国,为我国交通事业发展擘画了宏伟蓝图、注入了强大动力。交通是中国式现代化的开路先锋,而交通现代化首先要加快重点交通项目建设,全力打造现代客运交通骨干线网与枢纽站场,为高质量发展"以人民为中心"的客运交通提供坚实支撑。

为加快建设交通强国,近5年来,我国各个主管部门(发改委、交通运输部、住建部以及地方省市)及时编制推进实施交通强国的条例、规定与办法。特别是围绕"高铁网""城铁网"以及现代客运交通枢纽规划建设,出台了诸多相关规范、标准以及指南、导则,如综合客运枢纽"工可编制指南""设计指南"等,特别是《城市综合交通体系规划标准》(GB/T 51328—2018)、《城市客运交通枢纽设计标准》(GB/T 51402—2021)、《综合客运枢纽设计规范》(JT/T 1453—2023)、《客运枢纽区域开发规划导则》(T/CSOTE 0002—2021)、《客运枢纽区域开发适应性评价标准》(T/CSOTE 0001—2021)等,这些文件对于科学规划综合客运交通枢纽的一体设计、同步建设、协同管理,以及不同层次、不同类型客运枢纽设计参数和标准选择(如枢纽站场土地利用、布置形式、换乘方式、换乘时间等)具有重要的指导意义,切实提升了枢纽港站项目的前期工作水准。

4.3.2 我国新型城镇化主体形态——城市群、都市圈发展趋势

1)城市群、都市圈的高度集聚与辐射态势

2019年2月,国家发展改革委发布了《关于培育发展现代化都市圈的指导意见》(发改规划[2019]328号)[10],指出要统筹考虑都市圈轨道交通网络布局,构建以轨道交通为骨干的通勤圈。城市群是区域经济的未来形态,都市圈是现实的突破口和最有力的抓手,城市群的空间形态是多中心,都市圈则是以核心大都市为中心(通勤圈的半径为50km左右),内部更集聚更极化。这种中国式城市发展的"大都市主义"已经在经济社会发展规划中亦步亦趋地付诸实施(图4-13)。

著名学者陆铭教授[11]提出,中国正在大规模步入都市圈时代,在中国最大的几个城市,可能都会往50km、60km,甚至80km的半径轴线蔓延。中国将以超大城市带动都市圈和城市群发展,国家战略正转向"在集聚中走向平衡"的过程。从宏观经济学的研究角度来看,经济向核心地区的集聚是经济规律使然;综合客运枢纽空间布局正在由"行政区"向"服务域"方向转变。一般的趋势是:经济发展水平越高,城市化水平就越高;全世界城市(或区域)人口的分布趋势,不论在发达国家(包括欧美日),还是在发展中国家,都是从小城市向大城市集中(或者是重新在向大都市集中),我国多年来的情况也是如此。长期以来的实践告诉我们,让市场成为配置资源的决定性因素,追求区域间的发展分工和人均收入均等化是一种比政策调控更加有效的办法,这是中国未来区域经济发展的趋势。

在我国人口不断向城市群和都市圈集聚的趋势下,综合立体交通网络使得城市群、都市圈各类要素在大都市、城市间频繁流动,客运交通枢纽的存在改变了生产要素的组织效率,具有高聚合效应和辐射效应。枢纽具有更大的时空压缩效应和特殊的触媒效应。现代客运交通枢纽作为城市、城市群发展的引控性节点,更是引导都市圈、城市群一体化发展的支撑和关键。

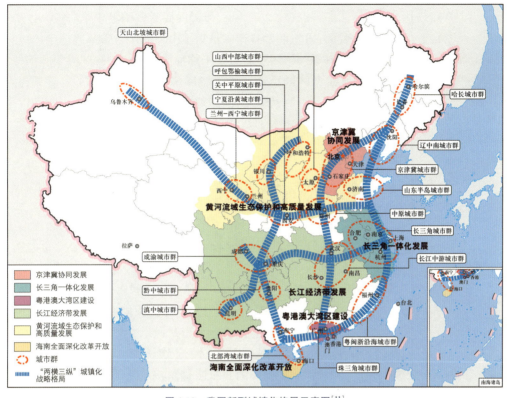

图 4-13 我国新型城镇化格局示意图[11]

2) 我国城市群与都市圈均在推进多层次轨道交通建设

我国四大城市群(京津冀、长三角、粤港澳大湾区、成渝地区双城经济圈)与大都市圈依托轨道交通和客运枢纽的"点-轴"式发展规划,形成基于枢纽的"轴辐开敞式"空间发展形态并日益完善。而各区域通过锚固各级客运交通枢纽的规划,加速综合交通体系"四网融合"建设(图 4-14),支撑和引领城市空间结构调整、提升城市群与都市圈的集聚和辐射效能,这已成为客运枢纽集群和港站规划建设发展的最好机遇。

3) 典型案例

(1) 长江三角洲地区多层次轨道交通规划

2021 年 6 月 7 日国家发展和改革委员会发布《长江三角洲地区多层次轨道交通规划》(发改基础〔2021〕811 号)[12],提出了近期(2025 年)基本建成"轨道上的长三角"目标:形成干线铁路、城际铁路、市域(郊)铁路、城市轨道交通多层次、优衔接、高品质的轨道交通系统。轨道交通总里程达到 2.2 万 km 以上,新增里程超过 8000km;干线铁路营业里程约 1.7 万 km,其中高速铁路约 8000km,城际铁路营业里程约 1500km,市域(郊)铁路营业里程约 1000km,城市轨道交通营业里程约 3000km。建成一批多种轨道交通一体衔接、高效换乘的综合交通枢纽,部分枢纽实现多种轨道交通方式贯通运营,新建枢纽基本实现同台或立体换乘,轨道交通站场与大型机场、公路客运站实现同站布局或快速直达;到 2035 年,建成高质量现代化的"轨道上的长三角",实现干线铁路、城际铁路、市域(郊)铁路、城市轨道交通设施布局一张网。

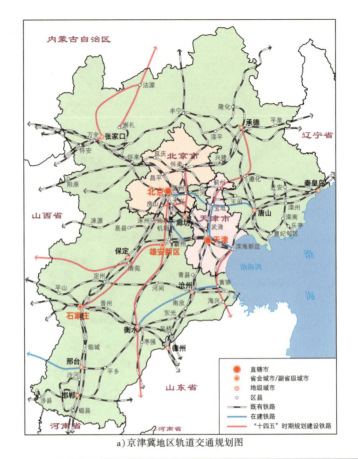

a) 京津冀地区轨道交通规划图

b) 粤港澳大湾区轨道交通规划图

图 4-14

c) 长三角地区轨道交通规划图

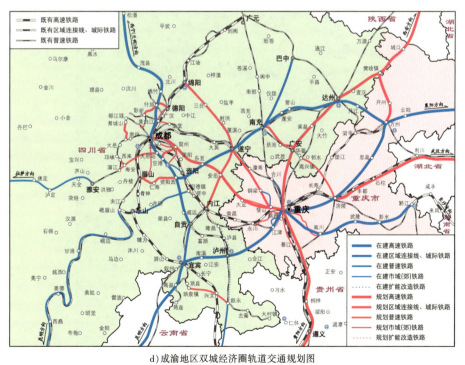

d) 成渝地区双城经济圈轨道交通规划图

图 4-14 我国四大城市群(都市圈)轨道交通规划网络

长三角洲地区各级交通枢纽分类型建设及其指标一览:

Ⅰ型枢纽,以重点大型铁路客运站和枢纽机场等城市内外交通集散的场站为载体,推动干线铁路、城际铁路、市域(郊)铁路、城市轨道交通至少"三网"及多条骨干轨道交通线路高效衔接换乘,力促枢纽内任意方式间换乘最长行走时间不超过5min。

Ⅱ型枢纽,依托铁路主客运站或城际客运站等,紧密衔接干线铁路、城际铁路、市域(郊)铁路、城市轨道交通中的"三网"或多条骨干轨道交通线路,力促枢纽内任意方式间换乘最长行走时间不超过3min。

Ⅲ型枢纽,以地级市铁路客站和中心城市重要公交场站为重点,高效衔接干线铁路、城际铁路、市域(郊)铁路、城市轨道交通中的"两网",力促两种交通方式间行走2min内可完成换乘。

(2)上海大都市圈空间协同规划

《上海大都市圈空间协同规划》[13]是沪苏浙两省一市为深入落实长三角一体化发展国家战略,"构建上海大都市圈,打造具有全球影响力的世界级城市群"制定的纲领性文件。该规划将上海大都市圈的规划范围确定为上海市以及周边苏州市、无锡市、常州市、南通市、嘉兴市、湖州市、宁波市、舟山市在内的"1+8"城市市域行政范围,总面积约5.6万 km^2,海域面积4.7万 km^2,分别约占长三角的15%和34%,2020年常住人口约7742万人。

上海大都市圈建立涵盖顶级全球城市、综合性全球城市、专业性全球城市和全球功能性节点、全球支撑性节点等多层次、多中心、多节点功能体系,形成"1-3-6-12-19"的功能结构(图4-15)和7条区域廊道构建紧凑开放的网络型空间结构(图4-16)。

图4-15 上海大都市圈功能体系规划图[13]

图 4-16 上海大都市圈总体空间结构图[13]

上海大都市圈构建城际轨道交通"一张网",是针对上海大都市圈现阶段轨道系统层级缺失、服务水平不高、规划缺乏衔接等问题,对接构建高品质快速轨道交通网络,重点推进轨道上的都市圈建设。其重点包括以下方面:

①提升网络覆盖。构建扁平化的轨道网络,到2050年,基本实现县级单元和乡镇轨道全覆盖(覆盖率达到95%)。构建与全球城市功能体系相匹配的枢纽布局结构。其中,顶级全球城市布局5个两线以上轨道枢纽,综合性全球城市和专业性全球城市布局3~4个两线以上轨道枢纽,全球功能性节点和全球功能支撑性节点布局1~2处两线轨道枢纽。加强虹桥国际开放枢纽与苏浙周边站点协同发展,扩大虹桥高铁枢纽辐射范围,加快推进松江枢纽、苏州高铁北站、嘉兴高铁南站扩容提升工程建设。

②促进都市圈各功能节点间高效畅达互联。到2035年,实现上海至近沪地区1h可达,全球城市之间90min可达;到2050年,实现都市圈全球城市之间1h可达、县级单元至上海市区90min可达。

③保障直连直通。以"新建城际线路站点必须进入城市中心地区"为原则,完善上海大都市圈轨道网络布局,确保上海—苏州—无锡—常州、常州—江阴—张家港—常熟—昆山、如东—南通—常熟—苏州—湖州—长兴、上海—嘉兴以及上海—前湾新区—宁波通道内的新建线路进入板块中心。

④推进都市圈内多层级轨道网络功能融合。上海大都市圈内将形成约7500km的轨道网络,线网密度达到13km/百 km²。重点建设都市圈层级的轨道网络,与既有普铁共同作为服务都市圈内城际出行的轨道主体,将用国铁干线和跨区地铁作为都市圈内城际出行的补充,推动

都市圈轨道实现公交化运营,提升服务品质,促进大都市圈内轨道设施共建共享。

借鉴国际大都市轨道交通系统的历史经验(如伦敦中央贯通快线、巴黎 RER 快线等),上海相关部门正积极展开新的市域铁路线网规划的研究,从网络的覆盖面、线网结构层次、站城融合发展上,加快完善中心城区和都市圈多层次轨道交通网络体系,增强五大新城与中心区的通达性,提高轨道交通站点的人口、岗位覆盖率和线站体系的效能、效益;开展规划建设五大新城的市域直达快线(临港、心港快线、嘉定快线、安亭快线松江快线和崇明线)和东西、南北向的穿心直通快线,以及更大范围串联重要功能区(如虹桥、桃浦、张江、金桥等)的轨道新环线(或同等功能外围切向线)研究。相关文章提出[14-15],上海规划建设的穿心直通快线,包括东西向(自虹桥商务区至浦东国际航空港)穿心快线、南北向(自宝山至奉贤)穿心快线分别可与安亭快线和心港快线、嘉定快线互联互通。东西快线的线位规划约 70km,平均站距 4.4km(图 4-17),北京西路、北京东路段线位将面临与伦敦伊丽莎白中央贯通快线同样的用地与施工难题,专家认为应对规划通道进行严格预控,并推进分期实施可行方案研究。此外,还有关于《上海轨道交通规划 2035》的诸多讨论,提出了上海轨道交通网络要构建"内中外郊四大环线""若干放射快线切向成环"新格局[16]。

图 4-17　上海轨道交通快线线网规划示意[16]

4.3.3　我国两个"高速网络"并驾齐驱的发展驱动

我国日益发达的两个"高速网络":一个是干线铁路、城际铁路、市域(郊)铁路、城市轨道交通"四网融合"的轨道交通网络(一般简称"铁路网"),另一个是由高速公路、快速道路、郊区公路、城市支路组成的"汽车交通"网络(一般简称"道路网"),这两个高速网络模式并驾齐驱发展,凸显了我国多功能、复合型综合交通体系规划建设新发展的基础性特征。特别是在国家层面、区域层面和城乡层面的客货交通运输,包括各类、各层次的城市(区域)的枢纽港站、高铁(与城铁)、空港、水运、口岸的公共客运交通与小汽车交通的便捷的出行与换乘,已经越来越显示出世界先进水平的交通规划建设的国家风貌。中国的城市化是伴随着交通集约化与机动出行高速增长而相辅相成、迅猛发展的,这两个"高速网络"已经成为推动我国国民经济发展的引擎,也是推进现代客运交通枢纽发展的原动力。

4.3.4 我国客运枢纽规划建设"站-城-人融合"的新内涵

现代客运枢纽突破了传统 TOD 的发展理念与模式,强调多模式交通引领下的城市与区域一体化发展新模式。在我国诸多规划与交通领域,TOD 中的公共交通(transport)引领概念已拓展到更多元、更广泛意义上的综合交通(transportation)。随着城市与区域一体化战略推进及多模式客运交通运输的演变,我国对于 TOD 概念与"站城融合"内涵的理解也在迭代升级,对于客运交通枢纽的功能、定位、资源配置、站城关系等要素应用也赋予了新的认知。当下,枢纽"站城一体化"规划设计的新挑战和新机遇表现在以下方面:

(1)我国四大都市圈的多层次轨道建设正在推进"站-城-人融合"发生新的变化。根据中国城市规划设计研究院李晓江的大数据平台研究[28],近年来我国城际出行规模不断增大,人的活动从"城市"走向"区域"十分频繁。粤港澳大湾区日均城际客流量为 974 万人次,节假日增幅超 50%,跨城联系超过 100 万人次;上海大都市圈日均客流量为 456 万人次,节假日为平日的 1.4 倍;成都、重庆都市圈双城间日均客流量达到 17.4 万人次。此外,都市圈城际轨道交通客流具有"中短距、高频次、高时间价值"出行特征,铁路平均运距持续下降,人们对城际铁路的依赖不断提升,特别是北、上、广、深比其他城市铁路平均运距下降明显,平均乘次提高显著。人们在都市圈内追求更高品质的生活与服务,多元出行目的和多方式共存已经成为城际生活与工作的新方式。根据粤港澳大湾区和上海大都市圈的出行目的数据统计,都市圈内的城际商务出行占比最高,约为 30% 左右,其次为探亲和通勤,均在 15% 左右,还有就医、住宿、休闲购物以及其他目的的城际出行,也占有相当的比例。

在区域一体化背景下,"站城融合"不仅要关注 TOD 理念下低碳、紧凑的发展模式,步行友好、高品质的公共空间等,在城市群和都市圈,要更加关注区域与城市的关系、铁路车站与城市功能的结合。

(2)高铁新城发展背景下的现代客运交通枢纽开发模式(High Speed Rail-hub Oriented Development,HSROD)是围绕高铁枢纽及其关联的城市规划建立起来的一种城市土地开发模式,也是高铁枢纽规划可持续发展评价的基础。高铁站建设涉及经济集约发展、土地混合利用、交通高效快捷、结构优化调整、生态环境保护等内容;以高铁、地铁站等综合交通枢纽为核心,根据枢纽综合体核心层、拓展层、外围辐射层的交通规划理论,可以更好地优化调整城市产业结构和空间结构布局。到 2030 年,我国的高铁车站将超过 2000 座[2]。针对不同的高铁枢纽规划建设与开发模式(新建或改建),如何在选址、规模确定、方案与规划构建与设计中体现现代客运交通枢纽具有的强主导性、强吸引力、强集约性和强可达性特征,是我国规划设计工作者持续研究和探讨的热点与难点。

（3）进入21世纪以来，以高铁站、高速公路互通、机场、港口、码头为重要节点，依托轨道交通枢纽集聚人流、物流、信息流、资金流优势，形成站场经济圈，创建更便捷、更宜居、更和谐的美丽城市，在我国已形成基本共识。综合枢纽地区更加关注大运量主导的综合交通出行服务并实施城市型集约高效的多元开发模式，这种模式一般称为"大TOD模式"，诸多高铁组团、空港新城、滨海新区等都是大TOD模式的实践应用。中国工程院院士程泰宁践行"站城融合发展"新理念主创设计的杭州西站"城市中心的引擎项目"，就是一个典型。当下，基于大TOD模式，以"畅通融合、绿色温馨、经济艺术、智慧便捷"为特点的"中国第四代铁路客站"不断涌现，各地持续开展相关新型枢纽规划导则、指引的编制与实施工作，为现代客运枢纽升级创造了条件与机遇。我国现代客运交通枢纽规划建设的格局与水准，必将迈上新的台阶。

4.4 我国客运枢纽发展面临的若干问题

4.4.1 行业规范、标准、导则等还有待于应用学习与实践检验

关于客运交通枢纽建设标准和设计规范的学习与应用，如前所述，《城市客运交通枢纽设计标准》（GB/T 51402—2021）、《综合客运枢纽设计规范》（JT/T 1453—2023）、《客运枢纽区域开发规划导则》（T/CSOTE 0002—2021）、《客运枢纽区域开发适应性评价标准》（T/CSOTE 0001—2021）等国家标准、行业标准及规范、导则都是近年来发布实施的，许多内容和规划设计参数还有待于在应用中学习理解、在实践中检验，交通枢纽功能的多样性、组成要素的综合性以及参数选择的合理性还有待应用与验证。枢纽的规划设计涉及方方面面，过往的条块管理现状、行业部门的分割，使许多规范、条例与标准中难免存在不契合之处；枢纽投融资涉及多个部门和多方利益等，往往不是技术层面的条文（规范、标准）能够约束的。近年来，中国国土经济学会国土交通综合规划与开发（TOD）专业委员会以会议、论坛、交流、讲课等形式，在线上、线下围绕TOD理念开发的各类交通枢纽的规划理论与实践案例开展了互动交流，效果显著，值得借鉴与推广。

我国实现轨道交通"四网融合"建设发展，还普遍存在顶层设计滞后、前期规划预判与论证不足等问题，影响到各类、各级客运交通枢纽的统筹协调、科学布局、功能定位。当下，由于干线铁路、城际铁路、市域（郊）快铁、城市轨道交通等的规划主管、审批部门不同，从定位、功能、体系、供需平衡、资源整合等角度等都有各自的边界条件、服务范围和供需体系，存在线路走向、站位选址协调、资源配置整合难的困境，"四网"体系总体上还存在两端强、中间弱的问题，规划建设层面存在重工程设施轻系统优化情况，也存在人文融入程度低，智慧化、精细化不足等问题。

另外，还有一个重要的问题是与客运枢纽综合规划密切相关的土地空间的协同规划，枢纽涉及多元主体的规划建设活动，其关键是要厘清多元主体之间的关系，到底是垂直的隶属关系，还是水平的并列关系。若多元主体中有一个主体高于其他主体的决定权，那么这仍然属于传统的自上而下的垂直管理，但是对于两个以上主体具有并重的话语权和决定权，强调主体之间如何平等协商解决问题，这就是治理（governance）问题了[17]。基于客运枢纽规划与城市发展一体化问题，除了各级人民政府在职权范围内（垂直的隶属关系）可以决定的，枢纽规划编制主体仍然需要依据国家、地方发布的规范、规定、标准、导则及相关的横向单位进行协调、协商，形成总体"治理方案"。

4.4.2 客运枢纽与城市耦合改造更新问题

1) 客运枢纽与城市耦合发展任重道远

无论是线网规划、枢纽选址、线站(四网)扩容,还是上盖物业开发等,都不可能做到"未卜先知",无法准确预测几十年甚至上百年以后的事情。除了技术论证,社会经济、科技进步乃至政治因素等都会施加各种影响。本章前面在介绍欧洲国家及美国、日本的发展历史案例("启示"与"经验")时都提到了这个问题。例如,伦敦贯穿东西向都市中心(9km)的地铁快线(城铁平行复线)经过142年才得以完成(2022年5月24日开通);日本东京都内换乘车站改造遇到的诸多难题[18](JR线和多条私铁线衔接、轨距、车辆、供电、通信设备制式差异、标准不一等),一条小田急线10.4km的双复线综合性改造工程前后耗时50年;美国旧金山新建的TTC从21世纪之初提出到2018一期竣工,投资超过60亿美元,二期由于美国加州高铁延期(可能要到2026—2030年),竣工还没有明确时间表。尽管TTC的规划设计理念代表了当今规划的主流价值取向,但是在美国小汽车主导的低密度蔓延已经积重难返的情况下,试图改造更新80年前已被拆除的铁路与站点设施谈何容易?

2) 我国客运枢纽建设与城市的耦合发展的类似问题

我国大城市的轨道交通网络结构大多存在城市铁快线(L线)短缺的问题,当初的规划往往把"城市地铁"作为"大容量"客运的唯一首选,缺少"快线""市郊铁"规划,更谈不上用地与施工的"预留"。例如,上海市东西向地铁2号线(M线)(联通浦东、虹桥两大机场,全长约60km),运营20多年来,始终存在中心区段线路站距短、速度慢,客流拥挤不堪的问题。2018年7月的调查显示,2号线(客流量全市排名第一)每天早高峰约有2万人次"白领族"要挤2号线至虹桥商务区上班。当年上海地铁已开通673km(395座场站),客流量为1235万人次;但是轨道网络最早结构规划明显滞后,市区内轨道网络补短板难度很大(建设中的"机场联络线"相距还甚远)。

另外,国内高铁选线、车站(枢纽)选址耦合城市也出现过诸多难题。以国内已建成的高铁线路枢纽为例,不少枢纽车站看似是一个巨大的建筑体,周边被高架桥环绕,从航片上一眼就能辨识出来,很是雄伟壮观。但实际上对于出行换乘、土地利用和经济发展来说并不是很有利,特别是枢纽选址位于城市新区的情况,本书"案例篇"中的郑州东站作者最后介绍了几点反思也说明了问题所在。京沪高铁[20]从沿线车站与城市区位(距离)的关系(表4-2)上看,不少车站距离城市中心偏远,宿州东站离建城区达24km,这样的规划当然难以吸引客流,开通时可能有班车接驳,后期的发展可能性就很难预料了。

表4-2 京沪高铁沿线车站与城市的区位关系[19]

站名	车站所处区位	与城市中心距离(km)	与既有站距离(km)	集散交通设施
天津南站	建成区外围	13	—	—
德州东站	建成区外围	16	—	—
徐州东站	外围新区中心、远离老城	11	9	规划1条轨道,高速公路、快速路

续上表

站名	车站所处区位	与城市中心距离(km)	与既有站距离(km)	集散交通设施
宿州东站	建成区外围	24	—	—
定远站	建成区外围	14.5	—	—
滁州站	建成区外围	11	—	—
南京南站	主城副城之间、市级中心	8.5	13	现状3条轨道,规划5条轨道,高速公路、快速路
镇江南站	城市新区中心、靠近老城	6.5	5	规划共1条轨道,高速公路、快速路
丹阳北站	外围新区、远离老城	10	7.5	规划快速公交、城市干道
常州北站	外围新区中心、远离老城	9	8	规划2条轨道,高速公路、快速路
无锡东站	外围新区中心、远离老城	16	15	1条轨道(已建)、快速路
苏州北站	外围新区中心、远离老城	15	11	现状1条轨道,规划2条轨道,快速路
昆山南站	城市新区中心、靠近老城	16	2.5	快速路,规划轨道

4.4.3 轨道建设、运营可持续以及综合开发反哺问题

1) 我国轨道交通建设投融资面临严峻挑战[21-22]

据前港铁资深专家麦为明的粗略统计分析,截至2019年我国轨道交通系统共投资约69万亿元,其中83%以上主要是支付后续运营维护更新重置(每年平均要投入2万亿元),其成本分析具体见表4-3、表4-4。

表4-3 我国轨道交通建设成本分析

类型	里程(km)	建设成本	总金额(亿元)
高铁	38000	1亿元/km	38000
城际铁路	10000	1亿元/km	10000
城市轨道交通	13372	5亿元/km	66860
合计			114860
30年运维更新重置费用	61372	建安成本的5倍	574300
总计			689160

注:我国高铁的加权平均单位成本是时速350km的项目为1.29亿元/km;时速250km的项目是0.87亿元/km;而国际上,高铁建设的成本多为3亿元/km以上,没有计入普通铁路10万km。

表4-4 轨道交通建设投资大、周期长、审批难、拆迁难、道路资源紧张

类别		大运量(地铁/轻轨)	中运量跨座式单轨	中小运量有轨电车
建设成本	桥隧工程成本	高	中	低
	工期(年)	4~6	2~2.5	1~2
	系统造价(亿元/km)	5~10	2.5~3.5	1~2(不含道路改扩建及拆迁)

续上表

类别		大运量(地铁/轻轨)	中运量跨座式单轨	中小运量有轨电车
运营成本	人员配置(人/站)	50~100	50~60	30~50
	能耗	高	中	中
	资产更新成本	高	中高	中
	综合成本	高	中	中

轨道交通运营期需持续资金投入,补亏压力大。全生命周期30年总运营维护补亏成本约是建设成本的4~6倍。由于轨道交通的公益性,短期内票务收入难以弥补全生命周期运营成本。

据统计,深圳地铁运营期全生命周期成本和票务收入对比,年均补亏超过30亿元。2021年,上海市市级财政共完成公共交通补贴115.1亿元[23],其中公共汽电车补贴77.79亿元,占比67.6%;轨道交通补贴34.32亿元。

据统计,2018年全国城市轨道交通车公里运营收入为17.2元,亏损6.6元(2017年车公里运营收入13.2元,亏损14.9元),全国城市轨道交通平均单位人公里运营收入为0.48元(2017年为0.33元),占运营成本57%。平均单位票款收入为0.27元/人公里(2017年为0.14元/人公里),运营收支比超过100%的4个城市分别是北京、青岛、杭州、深圳。

2)国铁集团面临财政压力

据中国国家铁路集团公司(简称"国铁集团")披露的2022年上半年财务决算显示[24],上半年实现营业总收入4857亿元,同比减少271亿元,净利润亏损804亿元,较上一年同期507亿元的亏损额扩大58.5%。截至2022年上半年,国铁集团负债合计6.00万亿元,二季度末,国铁集团负债率为66.81%,较上一年底增长0.48%。

3)轨道交通外延效益内延化,需考虑综合开发反哺问题

当前全球轨道交通发达的城市,轨道运营主要还是依靠政府补贴,其建设、运营成本均难以实现可持续发展。我国如何深入做好沿线土地综合开发,包括加大轨道交通上盖(TOD)开发力度等,当下除香港、深圳已经迈出了港铁、深铁的路子,其他城市还有很长的一段路要走[22]。

城市轨道交通建设对GDP(国内生产总值)的直接贡献率为2.6%,包括对上、中、下游产业间接带动作用在内的综合贡献率为8.2%(中国城市轨道交通协会)。中国土木工程学会秘书长张雁曾对媒体测算,地铁项目每投资1亿元,将带动GDP增至2.63亿元,以"十二五"期间地铁建设投资一万多亿元计算,将带动3万亿元以上的GDP增长。例如,城际铁路对城市群发展意义重大,各种要素通过它自由流动,效率远高于其他交通方式。尤其产业向高级化发展之后,生产性、商业服务业发展,促进人员交流、拉近人员距离尤为重要。

4.4.4 数字赋能,以人工智能技术推进规划设计、运行管理转型新问题

中国式现代化的客运枢纽必须在枢纽基础设施资源共享、复杂功能空间优化、站城一体化开发、运营管理的变革等方面探索创新之路,推进数字化、智能化、网联化与现代客运枢纽深度融合。深圳、上海等地院校、企业研究(所)在致力于科技开发和专业积累的基础上,在推进规

划设计与数字孪生技术融合、自主开发数字化平台、赋能轨道网络与枢纽升级方面已有一定的成果,但是后续发展还面临很多挑战。具体包括:

(1)如何将大数据分析和模型仿真技术应用于建设与服务过程,支撑枢纽规划设计及管理运营更加专业化、精细化、智能化。

(2)客运枢纽运营(运行)过程信息化系统一体化设计,如何实现不同运输系统之间网络互联互通,不同交通方式共享资源。

(3)如何推进以客运枢纽为背景的MaaS平台系统建设[25],促进客运枢纽交通生活(衣、食、住、购、娱)数字化MaaS(移动式服务包)的区域的功能技术拓展。

本章参考文献

[1] 罗春晓.中国高速铁路网2020[EB/OL].(2021-01-15)[2023-01-15].https://www.sohu.com/a/444803247_180330.

[2] 郑建.站城深度融合,助力城市高质量发展[Z/OL].(2023-02-27)[2023-03-10].http://news.sohu.com/a/647280729_121123909.

[3] 佚名.轨道上的都市圈,北京新一轮轨道交通建设亮点[N].北京日报,2022-08-17.

[4] 杭州城研中心.大TOD模式引领城市高质量发展的探索与实践[R].杭州:杭州城研中心,2022.

[5] 深圳市城市交通规划设计研究中心,中铁四院,等."共赢的纽带"——深圳市西丽综合交通枢纽设计方案[R].北京:国土交通综合规划与开发(TOD)专业委员会,深圳:深圳市城市交通规划设计研究中心,2022.

[6] 筑境设计,TFP FARRELLS LIMITED,杭州市规划设计研究院.海宁观潮枢纽站城综合体建筑设计竞赛方案[Z/OL].(2022-10-17)[2023-03-10].https://3g.k.sohu.com/t/n640997802.

[7] 中共中央,国务院.交通强国建设纲要[M].北京:人民出版社,2019.

[8] 中共中央,国务院.国家综合立体交通网规划纲要[M].北京:人民出版社,2021.

[9] 国务院.关于印发"十四五"现代综合交通运输体系发展规划的通知[A/OL].(2022-01-18)[2022-05-10].http://www.gov.cn/zhengce/content/2022/01/18/content_5669049.htm.

[10] 国家发展改革委.关于培育发展现代化都市圈的指导意见[J].城市轨道交通,2019(3):10.

[11] 陆铭."十四五":在集聚中走向平衡[EB/OL].(2020-11-10)[2022-03-15].http://mobile.rmzxb.com.cn/tranm/index/url/www.rmzxb.com.cn/c/2020-11-10/2710449.shtml.

[12] 国家发展改革委.国家发展改革委关于印发《长江三角洲地区多层次轨道交通规划》的通知[A/OL].(2021-07-02)[2022-10-15].https://www.ndrc.gov.cn/xxgk/zcfb/ghwb/202107/t20210702_1285346_ext.html.

[13] 上海大都市圈空间规划协同工作领导小组办公室.上海大都市圈空间协同规划[R].上海:上海大都市圈空间规划协同工作领导小组办公室,2022.

[14] 陈望桂.区域一体化背景下的上海市域铁路线网规划建议[J].现代城市轨道交通,2021(8):7-11.

［15］毕湘利.加快建设上海轨道交通多层次线网的思考［J］.城市轨道交通研究,2022,25(8):1-6.

［16］贵道蕉通.上海市域铁路2035年规划图首度曝光［EB/OL］.（2022-07-08）［2023-02-11］.https://www.toutiao.com/article/7117944689654759974/.

［17］上海规划资源.上海大都市圈与空间治理创新［EB/OL］.（2022-04-13）［2022-06-11］.https://mp.weixin.qq.com/s?__biz=MzI5NjAzMzU0Mw==&mid=2651042982&idx=2&sn=a889129953f3c1d973aaa61b168edd73&chksm=f7bd98cec0ca11d86a71f2052fd1aa621085b1f758fb77310fd5426e94938cd71e82f3d2cc1f&scene=27.

［18］胡春斌,金炜,王峰,等.东京都市圈市域轨道交通线路换乘体系发展与启示［C］//中国城市规划协会.2016年中国城市交通规划年会论文集.北京:中国建筑工业出版社,2016.

［19］上海市政工程设计研究院.交通枢纽与城市空间发展关系研究——以京沪高铁为例［R］.上海:上海市政工程设计研究院,2014.

［20］麦为明."轨道+社区"TOD综合发展黄金15年正在开启［EB/OL］.（2019-03-04）［2022-03-15］.https://www.sohu.com/a/298997940_682294.

［21］麦为明.中国当代轨道交通系统投资建设［EB/OL］.（2020-05-07）［2022-03-15］.http://www.chinatod.com.cn/.

［22］上海市交通发展研究中心.上海市交通行业发展报告2022［R］.上海:上海市交通发展研究中心,2022.

［23］中国国家铁路集团有限公司.2022年上半年财务决算［EB/OL］.（2022-08-31）［2022-10-11］.https://finance.sina.com.cn/chanjing/gsnews/2022-08-31/doc-imizmscv8525947.shtml.

［24］中华人民共和国交通运输部.综合客运枢纽设计规范:JT/T 1453—2023［S］.北京:人民交通出版社股份有限公司,2023.

［25］佚名.上海市域轨道交通"东西快线"曝光［EB/OL］.（2022-12-11）［2022-12-20］.https://www.toutiao.com/article/7175825253405311540/?app=news_article&timestamp=1674994949&upstream_biz=toutiao_pc&source=m_redirect.

［26］唐皓,王鑫凯.伦敦伊丽莎白线（Crossrail 1）——中央段站点［EB/OL］.（2022-09-30）［2022-12-20］.https://www.sohu.com/a/589349671_121123909.

［27］胡昂.TOD全球城市实践——香港轨道交通及城市发展［EB/OL］.（2022-04-26）［2022-06-11］.https://www.sohu.com/a/541478976_121123909.

［28］李晓江.密集地区绿色交通——城际轨道与站城融合,基于四大城市群的研究［R］.深圳:深圳市城市交通规划设计研究中心股份有限公司,2023.

中篇

PART TWO

理论篇

第5章
现代客运交通枢纽与城市发展的互动关系

历史是一面镜子,纵观世界大城市客运交通枢纽的形成机理与实践,都与城市土地空间利用和城市交通的演化休戚相关。越来越多的学者认为,城市的演变是用地与交通一体化的演变进程,城市特定的某种用地发展模式可以导致某种相应的交通模式,反之亦然。而现代客运交通枢纽已经成为推进交通与土地利用互动发展的动力与缩影,用地空间则是客运交通枢纽形成的基础和源泉。当今世界各类型的客运交通(如公路、铁路、水运、航空等)枢纽的规划建设方兴未艾,成为引领、支撑国土资源规划和锚固国家、区域和城市各层次交通网络的重要载体。特别是在我国,以高铁为代表的综合交通枢纽已经成为国家干线铁路网的锚固节点和地区多模式交通体系构建的主体[1],成为推进我国新型城镇化、城市(地区)发展中的催化剂与动力引擎。组成客运枢纽的核心要素(包括交通设施、城市用地和产业经济等)的内涵都在拓展,已成为规划、建筑、交通、生态、智能、开发与管理等诸多科技领域与诸多专业方向关注的热点和难点。客运枢纽是怎么形成的?枢纽的规划建设的理论与实践有哪些特点?现代客运枢纽将如何与城市融合协调可持续发展?这些都离不开交通发展与土地空间利用关系的研究。本章在学习总结前人经验和作者团队参与相关研究课题与项目案例工作的基础上,采用历史回顾、对比推演的方法,以枢纽为背景,探讨大城市交通与土地利用发展的进程及互动关系。

5.1 国土空间规划与交通发展互馈关系的历史演绎

世界上几乎所有的城市都是在农业发达、水陆交通方便的地区兴起,如伦敦、东京、上海、深圳等,历史上都是沿江靠海的小渔村。地理学上的伦敦盆地(London Basin)[1],河流湿地遍布其间,泰晤士河宽广且水浅,适宜人类集聚居住(图5-1)。上海城市的形成离不开黄浦江、吴淞江的哺育,据有关历史记载,南宋末年(1267年)已在这里设立上海县治。19世纪中叶,上海的城市面积非常有限(图5-2),但已成为农、盐、渔、钟表洋货及手工业商贸基地[2]。历经古代、近代社会与经济发展和交通技术的进步,伦敦、上海已从小渔村逐步演绎成为当今世界公认的大枢纽大通道布局的大都市(都市圈)。

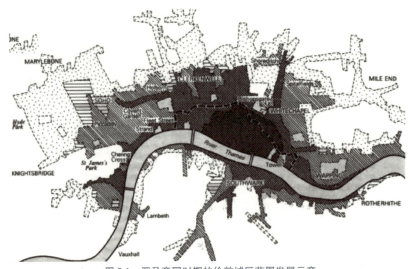

图 5-1 罗马帝国时期的伦敦城区范围发展示意

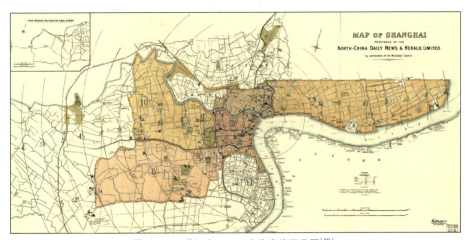

图 5-2 19 世纪中(1855)上海商埠区范围[58]

由于用地形态是城市环境实体在地域空间上的投影,它的拓展进程凝聚着城市土地开发活动中诸如经济结构、人口结构、交通结构、地域结构等多种结构要素的变化。实际上,客运枢纽正是城市交通和用地要素等互动、影响、促进、发展的缩影。总结国内外大城市在不同历史阶段用地形态与交通模式的演化,对于认识现代客运交通枢纽的成因、定位、功能、规划具有重要现实意义。

5.1.1 世界大城市交通与用地发展阶段综述

关于城市交通与城市空间演化过程研究,到目前为止还没有统一的、普遍被人接受的阶段划分方式[3]。亚当斯(J. S. Adams)提出北美城市交通与城市空间演化四个阶段过程,即步行+马车、电车时代、机动车以及高速公路时代。B. Gallion 和 S. Eisner 在其 *Urban Pattern* 一书中提出城市空间演化的过程分为五个阶段,即城市化黎明、古典城市、中世纪城市、新古典城市和工业城市。埃里肯(Erickon)把城市空间演化分为三个阶段,即包括聚集专门化阶段、分散与多样化阶段、填充多核化阶段。我国"七五"科技攻关项目《大城市综合交通体系规划模式》在总结国内外历史基础上,将城市用地与交通发展演化历程以19世纪中叶和第二次世界大战这两个时间节点为界划分为三个阶段[4]。许多学者在研究我国城市的发展演化时,把我国城市空间的演化过程分为四个阶段,即封建时期、半封建半殖民地时期、计划经济时期和改革开放后时期。例如,曹钟勇则提出三个阶段:原始生成阶段——18世纪前,成长成熟阶段——18世纪至20世纪后期,成熟平衡阶段——21世纪至今。又如,马林(中国城市规划学会城市交通规划学术委员会主任)总结我国城市交通与空间规划的形成发展历史,提出了改革开放以来"四个阶段":1979—1990年的探索起步期,1990—2000年的成长期,2000—2010年的成熟期和2010年以来的转型期[4]。

1)西方国家大城市的用地形态与交通发展的历史演变

从世界城市形成与交通发展的经济影响和社会变革主导因素考量,诸多学者比较倾向于按时间或按交通方式的更替来划分城市空间与交通发展的演化阶段。笔者综合相关文献按照工业革命前、近代工业社会和现代城市发展三大阶段论述如下。

(1)第一个阶段:工业革命前——步行+马车时代

在工业革命前这个被称为古代和中古代的城市阶段,经历了从奴隶社会到封建社会的漫长历史时期。城市的出现已有很长的历史。据考证,最早的城市大约有5000~6000年的历史,即在公元前4000—前3000年,是在由原始社会向奴隶社会转化的过程中产生的,从奴隶社会一直到封建社会,也有人称之为前工业社会。在古代经济社会中,农业占主导地位,手工业生产封闭,极低的生产力发展水平限制了城市的规模,城市经济活动大多以家庭小作坊的形式存在,工匠、小商贩及低层次服务人员成为最主要的经济参与者,其日常活动只能依赖并局限在步行、肩扛、木轮车和马车等有限的交通方式内,其城市空间与结构模式长期没有太大的变化,演化速度极为缓慢。在工业革命前的历史阶段,城市用地形态与交通发展历史沿革表现出如下特点:

①城市兴起,人类社会与生活的集聚,交通出行活动形成。无论西方国家还是中国古代城市的形成,其交易、文化庆典、餐饮住宿、道路交通等活动的功能要素已经日益显现城市枢纽的雏形。不规则的街道和广场,街道空间随地形多变,建筑群落功能多样,广场往往设置在城市中心,成为各种活动的中心,典型的模式如肖伯格的前工业化城市的一般模式(图5-3),已经可以看到最早的古代城市经济活动与交通模式相互关联的"枢纽功能"活动的雏形。

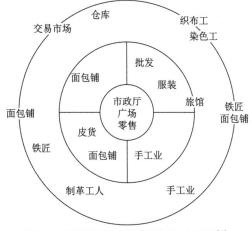

图5-3 肖伯格的前工业化城市的一般模式[5]

②交通工具落后,交通模式阻碍城市发展。16世纪英国、法国的城市就出现了带篷的轻便马车、两轮车、轿式马车、驿车等。但是,当时的马车主要供有较高地位或享有王室特权的人享用,属于私人交通工具。1658年,法国巴黎只有310辆四轮马车,到18世纪已达到几千辆,1850年已达到10000辆。就城市公共交通而言,英国伦敦于1829年正式开始使用马车作为城市的公共交通工具;1832年"斯提哥"四轮马车公司成立,公共汽车开始使用许可证;1850年,顶部安有座位的新型公共马车在伦敦开始使用。而美国城市中最早出现的公共交通工具是1830年开始使用的公共马车。这种马车通常沿固定的线路行驶,可运载12~20位乘客,由两匹马牵引。1850年左右,许多大城市采用了这种马拉车的交通方式,但步行方式仍占很大的比重。19世纪中期,美国的300个城市共拥有525条有轨马车运营线路,有轨马车成为美国城市中最重要的公共交通工具。显然,以步行和马车(轮子)为主的交通方式决定了城市规模不可能很大,城市空间的演化速度也不会很快。

③城市空间封闭,受限于交通体系发展。由于城市功能简单,经济活动规模不大,加上人们的宗教信仰和文化倾向性,城市空间表现出典型的封闭型,其中有不规则的街道和广场体系,街道系统主要是依靠步行和小型运输工具建设的。城市街道空间狭窄,建筑群体连续、多变,城市中心的市政、教堂或其他公共建筑前面的广场,成为城市活动的中心。人们的出行通勤主要以步行和马拉车为主,一般以人的尺度为基础。欧洲国家的一些近海城市则形成以城市为主的单元联合体,推动着中世纪城市地域中心的兴起,显示出城市与交通相互促进、依赖共生的影子。

(2)第二个阶段:近代工业社会发展时期——"动力+轮子"革命

1784年英国人瓦特改良了蒸汽机,催动了第一次工业革命兴起,以蒸汽机和铁路为代表的技术创新推动着工业向城市大规模集中。传统的封闭手工业生产被机器大工业取代,社会化大生产促进城市经济发展,导致资本和人口的集聚,工业化给城市用地形态和交通模式带来了巨大的"动力+轮子"的变化:

①城市用地形态出现了地域上相对集中且呈集中式与幅式向外扩展的模式,科技进步为城市公用设施及近代市政工程提供了发展条件。

②在资本利润和产业竞争的环境下,出现了城市人口和工业企业的稠密地区,呈现工厂与居住用地相间混杂与延绵扩散的布局形态。

③城市中铁路、火车与轮船集散换乘,港口、码头、仓库区等设施建设的突破,改变了城市沿同心圆扩大地域范围的单一形式,部分城市沿铁路线或海岸线发展,城市形态产生了自由扩散的巨大变化。19世纪末,汽车交通的产生开创了交通模式变革新纪元。

典型案例是英国伦敦的兴起。1863年后,伦敦逐步建立了经济有效的公共交通系统,蒸汽火车、有轨马车、有轨电车和公共汽车开始作为通勤工具;到20世纪30年代,伦敦人口从650万人增加到860万人,建成区面积扩大了3倍,形成了从城市中心起直径达到12~15英里(1英里≈1.6km)的团块状城市(图5-4),这时的交通等时线已经呈平缓圆形。城市的商业中心人口增长已经导致机动车交通的严重堵塞;经济与科技发展迅猛的世界大城市客货运输枢纽已经初具雏形。

(3)第三个阶段:现代城市发展阶段——枢纽体系形成与完善

第二次世界大战后,世界城市发展进入了一个最重要的历史阶段,城市的发展形态与交通模式的关系格外密切。许多工业化国家将科技革命的大量发明制造应用于生产实践,航空、铁路、公路、水路等交通模式创新和基础设施更新的深度与广度大大超过第二次世界大战前的水平。城市对外交通的构成和运输效率发生重大变化,机场、火车站和汽车客运站成为城市枢纽"大门"。

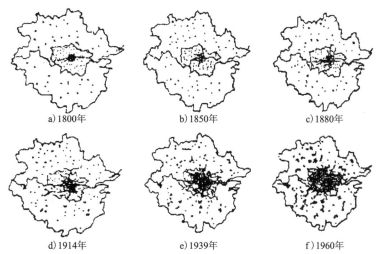

图5-4 伦敦城市用地与交通发展沿革示意图[4]

先进的交通运输方式促使城市跳出了传统圈层式发展的模式,进入区域城市发展阶段。交通工具的革命性变化(特别是铁路与公路交通),推进大城市的用地形态从单中心团状扩散型转向开放式的多中心或者延绵分散型的布局形态。

伦敦和巴黎这两个世界性大城市通过规划,把大城市的职能分布到较小的、专门化的、紧密相连的卫星城。20世纪40年代以后,伦敦开始了现代城市的发展规划的实践。"大伦敦规划"将半径为48km的地区规划成市中心内环、郊区环、绿化带和外环,开始了卫星城镇规划,用15年时间建设了8个卫星城镇及与之适应的大容量运输系统。1965年,巴黎确定了沿塞纳河平行的轴向发展模式,5个卫星城和9个郊区副中心整合巴黎地区的经济及人口分布,卫星城作为巴黎城市的一部分,在形态和职能上与中心城是一个整体。与这种模式相适应的是快速地铁交通体系和高速环形辐射干道的建设。

1988年,伦敦地铁线路从北到南约长32km,从东到西约长56km,有9条线路(500辆),总运营里程达385.8km;而市内公共汽车已经有700辆,公共汽车线路长度达4345km;另外,还有15000辆出租车。伦敦完善的城市公交系统,特别是四通八达的地铁网络,极大地促进了城市空间快速演化,城市中心15英里(24km)半径区域内已出现了非常方便快捷的交通系统,城市的用地形态呈现触须式发展,每个车站周围发展起一片新区。工业化和交通机动化,带来城市布局和城市人口的巨大变化。

2)我国大城市的用地形态与交通发展的历史演变

我国现代发展阶段起步较晚,但同样可以划分为三个演变阶段。

(1)第一个阶段——从封建社会到半殖民地半封建社会(1949年前)

相比之下,我国古代城市经济与交通模式互动关联的活动曾经比较活跃,一些城市历史规模要比西方的古代城市大。但是由于交通方式的落后,城市空间的演化也相当缓慢。例如,北京城市的演化,自公元前226年周朝一直到明清时期,1500年间其城市格局与用地形态几乎没有发生根本性的变化。

旧中国处于半殖民地半封建社会,使城市发展分成两类:一类是传统封建格局的内陆城市,发展仍较缓慢;另一类是由于外国资本介入,城市产生巨大变化,特别是沿海的一些城市,如上海、天津、大连、青岛等。这些城市的用地形态和交通发展的特征包括:

①城市用地布局沿商埠或租界开辟而畸形发展。

②铁路线站端延伸入城内,分隔城市,增加了用地布局和市内交通系统的混乱程度。

③城市形态多为单中心团状,市中心畸形繁荣,商业中心与交通枢纽交织融合。

一个畸形发展的例子是上海城市形态与交通模式变化的沿革进程。上海自唐代中叶至鸦片战争时期,从一个小渔村经过几百年才形成 25km² 的老城区[图 5-5a)]。鸦片战争前,东门外沿黄浦江外滩已形成繁盛的商业贸易区。那时的上海是典型的以步行为主的小镇,是我国封建社会后期长达几百年江南水乡人力、马车、船舶水运与城市商贸一体的"枢纽码头"缩影的标配。鸦片战争后,上海浦西区域经过 80 年逐步完成了由农村到城市的转化,于 1843 年因《南京条约》的签订开辟商埠,外国开始了"租界线"(租界)的扩张过程。城市范围与封闭式的旧市镇脱离,沿黄浦江向东北伸展[图 5-5b)、c)]。城市形态有两个特点:一是租界扩展,最早的英租界面积 55hm²(1845 年),1893 年公共租界扩展到 767hm²,1915 年公共租界已达 36km²,1914 年法租界扩展到 10km²。1937 年后,日本侵占了租界以外的全部市区。二是向西延伸,吴淞江南岸的集镇连片,沿着纵横交错的浜河发展建筑。随着各国在租界兴建道路、铁路,上海的城市形态也随着工厂、码头、道路、铁路延伸发展,1947 年建成区超过 80km²[图 5-5d)],而租界面积达 46km²,租界道路总长 460km,占全市道路。

a)上海城市化形态变化沿革图(1840前)

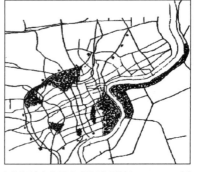

b)上海城市化形态变化沿革图(1841—1949年)

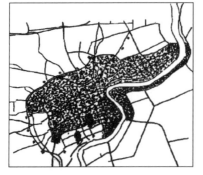

c)上海城市化形态变化沿革图(1850—1946年)

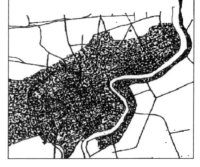

d)上海城市化形态变化沿革图(1947—1984年)

图 5-5　上海的用地与交通发展的阶段变化示意图

浦西凭借优越的地位与交通条件,迅速成了金融、贸易和商业发达的中心。浦东则由于跨越黄浦江的交通障碍,加上帝国主义列强侵略,发展十分缓慢。这个时期的城市形态是上海畸形发展的结果,单中心组团用地布局形成,城市结构混乱,道路功能不清,南北不通,东西不畅,外白渡桥"蜂腰",铁路线包围与分割城市;交通方式多样化,从"单轮到多轮",从"人力到动力",肩挑背扛、三轮车、黄包车、马车与20世纪初出现的汽车、电车并存。据记载,自1910年后,上海就出现了电车和无轨电车。1936年,上海的租界电车路线就有18条,无轨电车12条。20世纪30年代,上海出租自行车行就有46家(外商6家),客运黄包车3.15万辆,出租车也开始盛行。

(2)第二个阶段:中华人民共和国成立后30年至改革开放初期(1949—1990年)

从中华人民共和国成立初期到20世纪80年代,我国由于经济基础薄弱,交通设施与交通工具落后,尚处于工业化初步发展阶段,经济实力和交通发展水平低(道路系统和交通结构与发达国家相差甚远),加上采取了严格控制城市发展规模和限制农民转变为城市居民的政策,我国的城市化进程一直处在相对缓慢的发展阶段。改革开放初期,城市交通基础设施严重不足,路网密度低、道路面积率低、道路设施服务水平低是这一阶段我国城市交通普遍存在的问题。这个时期的交通建设被称为"历史还账"。以混合交通为主的道路交通面临"出行难"的挑战,城市普遍存在行车难、停车难、行路难问题,地面交通拥堵成为交通综合治理的重点。

由于对城市道路交通,特别是对满足城市居民出行需求作用突出的公共汽车投资不是很大,因此,大部分城市都是首先发展城市道路公共交通。20世纪80年代初,全国城市道路总长约2.9万km;1994年全国城市道路总长约11万km,年均增加5826km。同期,道路面积由2.56万m^2增加到11.8万m^2,人均道路面积由2.8m^2上升到6.6m^2,道路面积的年均增长率为11.6%。此时,北京市中心区的道路面积率只有6.3%,上海为5.1%,仍不及欧美国家的1/2。以道路为主的城市交通体系在逐渐形成。1978年后,上海首先加快城市道路建设,大量增加地面公交线路,使城市公共交通得到了快速发展。截至1988年底,上海共有公交线路368条,比1949年增加324条;线路长度增加了17091km,达到17443km;运营车辆5988辆,增加了5054辆;全年客运量55.99亿人次,增长了23倍;运营出租汽车达10696辆。

(3)第三个阶段:20世纪90年代至今

随着我国改革开放的深入,经济的快速增长与人民生活水平的提高,从20世纪90年代至今,中国城市化进程和机动化交通得到了前所未有的发展。中国政府从国家战略上实施对交通建设的高强度投入,特别是在高速公路网络和轨道交通设施方面。前十余年的时间内,我国高速公路建设里程从1991年的574km上升为2010年的74100km,翻了近130倍。1995年,我国的私人小汽车拥有量不足250万辆;截至2010年,我国的私人小汽车拥有量已增加到6539万辆,平均年增长率达到24.3%。进入21世纪,小汽车出行比例大幅度增加,很快就暴露出了其严重的问题,土地资源透支使用,拥堵、能耗、污染、事故与经济损失等负面效应已经凸显。面对已经出现的严峻的交通问题的挑战,我国大中城市越来越重视贯彻"全面规划、近远结合、标本兼治、综合治理"十六字方针的交通规划与治理。一方面,加强对小汽车拥有与使用的需求管理;另一方面,从国家层面实施城市(区域)可持续发展(包括人口、国土、资源、环境等)与交通模式转型一体化战略,大力推进高速铁路和大城市轨道交通系统建设。

2005年7月开工建设的京津客运专线被正式认为是中国第一条完全新建的高速铁路。

当京津线于2008年8月1日投入运营时,郑西高铁(徐州—兰州高速铁路的郑州—西安段)、武广高铁(京广高铁的武汉—广州段)和京沪高铁也已经开工建设。国家发展和改革委员会于2008年10月批准的《中长期铁路网规划(2008年调整)》调高了建设指标,确定到2020年全国铁路营业里程达到12万km以上,其中客运专线达到1.6万km以上,复线率和电化率分别达到50%和60%以上。这个规划规定的到2020年达到1.6万km以上的高铁营业里程,实际上在2014年已经达到,而2014年动车组客运量占全国铁路客运量的39%。

轨道交通的兴建符合我国人口密度高、土地资源短缺的国情,是城市多元化与交通快速化发展的产物,它改变了传统的地面交通模式,是我国工业化创新在亿万人口出行应用上的革命。高速铁路、城市轨道交通是适应城市人口、经济规模集聚、用地空间不足的现状与未来发展要求的。在轨道交通的引导下,城市中心以大容量公共交通联系起来,"多中心""点-轴式"辐射城市结构发展形态在大城市中被采纳。

随着我国大城市发展的趋势由单中心团状密集型向开放的多中心布局模式的都市圈过渡,我国的诸多大城市客运交通枢纽也经历了更新改造、新建规划的迅速发展历程;最典型的是火车站建筑,从功能定位到构成要素(包括交通功能、布局、用地、接驳与开发)都出现了历史性的变化[6]。我国铁路枢纽车站发展大致可分为四代,其发展历程及代表性车站案例见表5-1。

表5-1 中国四代铁路枢纽的发展历程及代表性车站案例

类别	第一代枢纽	第二代枢纽	第三代枢纽	第四代枢纽
代表性车站	北京站	上海站	广州南站	深圳北站
发展阶段	1959年迁至现址的车站	1987年建成的车站	2000年后,大中型城市新建高铁车站	2010年后,高铁枢纽综合体车站
场站设计	单一交通功能,由铁路场站、旅客站房、交通广场三要素构成	单一交通向复合化转变,通过多种接驳方式,提高换乘效率	城市内外交通无缝衔接、交通零距离换乘、城市与铁路联合建设和管理、理念转变和技术进步进入新的阶段	交通一体化、"站城融合"、综合开发、可持续发展
商业经营	零星商业	本地品牌集群商业	适量枢纽写字楼和商业、酒店	大体量物业开发及大规模商业综合体经营

根据专家梳理总结[7],四代铁路客运站设计的创新进程与实践特点(图5-6)可以归纳为:

第一代"有站无城":车站以自身为重,较少考虑其他城市功能的植入和统筹,往往先有站,后有城,出现"依站建城"的现象,如北京站、广州站、长沙站等。

第二代"站城分置":广场集结了市内主要交通的接驳换乘功能,火车站成为城市对内、对外重要的交通枢纽,如上海站、北京西站、郑州站、天津站等。

第三代"依站建城":各地纷纷开始围绕着新建的铁路客运站打造"高铁新城",由于巨大的建设、运营成本难以平衡,铁路部门也开始关注客运站本身的经济效益问题,认识到功能复合、一体开发的重要意义,如北京南站、武汉站、广州南站等。

第四代"站城融合":城市与车站没有明确的界限,更没有割裂的阻碍。铁路客运站引入城市其他功能,成为以交通为中心的城市综合体,如北京城市副中心通州站、广州白云站、杭州西站等一批客运站创新方案。

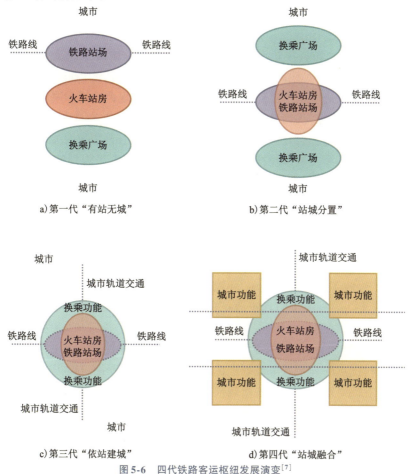

图 5-6 四代铁路客运枢纽发展演变[7]

枢纽与城市的关系日益受到业界关注重视,随着我国香港西九龙、重庆沙坪坝等新一代枢纽地区的实践,"站城一体""换乘高效""场所体验""生态人本"等理念已得到充分认同。

5.1.2 城市用地与交通规划理论发展的历史评述

城市空间演化不仅仅是城市地理学范畴的研究,更包含城市规划、城市经济以及城市社会等多方面的内容。因此,研究城市交通与城市空间演化的关联性、阶段性以及相互作用机制和规律,必然涉及多学科的相关理论,如交通运输理论、经济学理论、城市规划理论、交通规划理论等。例如,交通运输理论是探讨如何通过各种运输工具在交通运输网络上的有效移动,将人和货物安全、迅速、高效、经济地运送到目的地,以创造空间效用、时间效用和经济效用的科学理论。在过去的一个多世纪里,城市规划与交通规划从理念到实践、从认知到理论,不断演绎发展、充实完善。国内外诸多领域的学者对于城市用地与交通互动的规划模式和发展规律进行了诸多交叉学科研究,包括现代交通枢纽规划设计的理论研究。下面就过去的一个多世纪里几次重大转折时期的代表性理论与观念进行分析与梳理。

1) 20世纪上半叶——三个重要城市规划理论的产生

城市规划是指根据城市经济社会发展的目标和生产力布局的要求,对城市各种物质和非物质要素在空间布局与时间序列上作出前瞻性、综合性的部署[9]。城市规划的"黄金规则"是解决城市问题,理论原则的提出是为了指导规划实践解决城市问题[1]。其内容包括城市发展目标、土地使用、空间布局和各项建设的具体安排,其核心是城市土地及空间的布局和利用。城市规划理论是对城市规划实践的规律性总结,凯文·林奇(Kevin Lynch)在《城市形态》一书中指出,城市规划理论系统应当由三部分组成,即功能理论、规范理论和决策理论。其中,功能理论侧重于城市的物质环境,认为城市空间结构由不同的功能组成,规划布局的目的是充分发挥功能作用;规范理论侧重于研究人的价值取向与城市空间形态之间的关系,包括城市规划目标的整体协调平衡、可持续发展以及社会公平等;决策理论侧重于规划的决策过程,分析城市发展社会、经济、自然等各类要素的标准,确定城市空间结构、功能规模及发展方向。在城市规划历史进程中,最有影响的三种理论思想分别是霍华德的分散城市论、勒·柯布西耶的城市集中论和伊利尔·沙里宁的有机疏散论。这三种理论对城市空间的布局和演化产生过重要的影响,具体如下。

(1) 分散城市论

英国的霍华德吸收了公共卫生运动、环境保护运动和城市美化运动正反两方面的教训,在1898年出版了《明天——一条引向真正改革的和平道路》(Tomorrow—A Peaceful Way to Real Reform)。1902年他又以《明日的田园城市了》(Garden City of Tomorrow)为名再版该书,迅速引起了欧美各国的普遍注意,影响极为广泛[3]。霍华德在书中提出了一个能够解决城市问题、具有城市和乡村优点的理想城市规划理论,即"田园城市"理论。霍华德认为,应当通过控制居住密度、人口规模等措施来限制城市规模。通过城市功能分区,达到城市内部各项活动功能的相互平衡。例如,通过建设足够的公共设施、娱乐场所、公园和保持大量的绿地等创造优美的环境,实现城市与乡村的完美结合;公共建筑、娱乐场所、商店设在城市中心,工厂建在城市边缘,而住宅则位于容易到达商店、工厂、学校、文化中心及乡村的地方,实现城市功能分区,使工业、商业和行政职能等协调发展。当城市人口规模增长到规划水平时,不是让城市向外扩张,而是以同样的原则另建一个新城,通过区域性城市组合的方式解决单个大城市的"城市病"问题。霍华德强调,城市的人口分散、协调和适当规模,提倡将人类社区被包围在田地或花园的区域之中,平衡住宅、工业和农业用地的比例,并且认为田园都市应做到自给自足。

霍华德把城市当作一个整体来研究,联系城乡的关系,提出适应现代工业的城市规划问题,对人口密度、城市经济、城市绿化的重要性问题等都提出了独特的见解,对城市规划学科的建立起着重要的作用。今天的规划界一般把霍华德的"田园城市"方案的提出作为现代城市规划的开端。

(2) 城市集中论

法国的勒·柯布西耶在1925年出版了《城市规划设计》一书,将工业化思想大胆地带入城市规划领域。他在1920—1930年提出了城市集中论,对城市问题进行了深入的研究,提出了"明日的城市""光辉城市"模型[3]。

城市集中论即城市集中布局,将整个城市分为多个功能区,包括商业区、轻工业区、工业区、交通区、旅馆和使馆区、仓库和铁路货运区等。柯布西耶认为,城市必须集中,只有通过集中才能增强城市活力。集中所产生的城市问题,完全可以通过技术得到解决,其中包括建设高效的城市交通系统等。柯布西耶认为,交通问题的产生是由于车辆增多,而道路面积有限,交通越近市中心越集中,而城市因为是由内向外发展的,越近市中心道路越窄。他主张市中心空地、绿化要多,并增加道路宽度和停车场,以及车辆与住宅的直接联系,减少街道交叉口或组织分层的立体交通。柯布西耶认为,应从规划着眼,以技术为手段,改善城市的有限空间。他主张提高城市中心区的建筑高度,向高层发展,增加人口密度。

柯布西耶的城市集中论,已经开始注意到城市交通设施的功能,即理性主义城市规划思想,其在1933年《雅典宪章》中得到体现。他从建筑美学的角度出发,向旧的建筑和规划理论发起了冲击。这意味着20世纪初期"新建筑运动"从学院派及古典主义的冲击扩大到城市规划的领域,这一理论为第二次世界大战后欧洲及世界城市的发展特别是城市高层建筑的发展奠定了基础。

(3)有机疏散论

芬兰建筑师伊利尔·沙里宁在1934年出版了《城市——它的成长、衰败与未来》(*The City: Its Growth, Its Decay, Its Future*)一书,提出了有机疏散的思想。有机疏散的思想,不是一个能具体实施或以技术性为指导的方案,而是对城市的发展带有哲理性的思考,是在汲取了前期和同时代城市规划学者的理论及实践经验的基础上,在对欧洲国家以及美国一些城市发展中所产生的问题进行调查研究与思考后得出的结果。早在1918年,沙里宁为芬兰大赫尔辛基地区制定的规划方案就与其有机疏散的思想一脉相承。

有机疏散论认为,在解决大城市出现的问题时,卫星城具有一定的效果,但并不一定非要通过建设新的城市来达到这一目的。大城市通过向某一方向的发展,同样可以解决城市中的问题,因为通过"对日常生活进行功能性的集中"和"对这些集中点进行有机的分散"两种方法可以使原来比较拥挤的城市实现有机疏散。前一种方法可以给城市的各个部分带来适宜生活和安静的居住条件,后一种方法能给整个城市带来功能秩序和工作效率,实现功能的协调。沙里宁认为,城市是一个有机的集合体,城市发展的原则,可以从自然界的生物演化中推导出来,而有机疏散符合这样的原则。

有机疏散论既不赞成城市连绵扩展,也不主张城市功能的过度集中,而是提倡将功能组织重新分化,使高度集中的单中心变成一个个相对独立、功能相对完整的组团结构。所以,有机疏散理论介于分散与集中之间,属于折中的理论。

总体而言,霍华德的"田园城市"思想强调城市与乡村的自然和谐。他指出,城市环境的恶化是由城市膨胀引起的,城市的无限扩展和土地投机引起了城市的灾难。但从交通的角度来看,分散城市论追求的是利于城市居民步行的、较为均匀的城市需求模式,以单一的步行为主的交通方式、均匀的出行需求来达到城市形态、城市用地和城市道路之间的布局平衡。沙里宁提出的有机疏散理论,对交通系统、工作与居住、建筑自然等关系较为重视,不提倡城市功能过分集中,反对城市连续扩展,而应当通过对集中点的有机疏散,实现城市功能协调和工作效率的提高。这种有机疏散实际上通过功能的重组使单中心的城市空间结构转化为功能相对独立、空间相对分散的多中心分散型结构,对后来世界城市的卫星城建设起到了巨大的推动作用。柯布西耶提出的城市集中规划思想,不仅重视城市交通设施的作用,还使其功能分区概念在《雅典宪章》中也得到了体现。城市集中思想提倡城市土地的混合使用,而土地混合使用和用地功能的合理布局可以减少出行距离,对城市交通的发展具有一定的影响,为城市交通规划理论的发展奠定了基础。以上三个重要城市规划理论对于世界城市规划发展模式选择产生了潜在的影响,重温将近一个世纪以来的城市与交通发展经典理念与理论,对于思考当今交通枢纽的规划设计命题是十分有益的。

2) 20世纪下半叶——城市规划与交通发展的互动研究

(1) 城市设计理论研究

"城市设计"作为一个专用名词,最早来自美国建筑师协会(AIA)成立的"城市设计委员会",1960年哈佛大学首开"城市设计"课程。20世纪60年代后,随着欧美国家城市功能的多样化与结构复杂化,城市设计作为一种对于城市物质环境进行综合设计的思想开始贯穿到城市规划各领域,对于"城市设计"的诠释已经不仅仅局限在城市设计的产品与结果的探讨,更加关注的是城市设计的过程与实践。城市设计作为指导建筑、交通、景观等工程设计的二次设计,可以针对不同工程项目之间的合作展开一系列的工作,将本属于不同系统的工程项目通过城市设计范围内管理机构的组织协调展开地上地下一体化设计[13]。

我国从20世纪80年代开始引入西方国家的城市设计概念,提出了在城市建设中运用问题。按照我国对于城市设计的定义,它是对城市形态环境所进行的设计,是研究城市形态实体与空间的学科。正因为城市形态是城市活动在空间上的投影,因此单纯地将城市设计理解为对于建筑周围、建筑与建筑之间的城市空间设计的话,会将城市空间形态与城市职能相隔离。事实上,功能体系(要素)演变是空间体系变化的直接动因,功能多元化与功能集聚化是现代城市的一个重要特征,必须运用系统论的原理来理解城市结构变化的过程。因此,城市设计所建立的是城市活动与城市空间之间的联结机制,起到整合城市不同功能要素的作用。我国大城市地铁建设是城市功能与城市结构发展演变的重要因素,是交通科技进步与城市形态重塑的重要内容,特别是车站枢纽综合体及其用地区域规划更新,应用城市设计理论指导车站的设计与开发(包括分类工程设计)具有重要的意义。

(2)《城镇交通》提出的理论

《城镇交通》杂志作为空间政策型交通规划的起源,在整个英国空间规划体系近120年发展进程中起到了至关重要的作用,开创性地探索了城市地区道路与机动车交通的长期发展及其对环境的影响,探讨了如何与机动车和谐共存[14]。其以广阔的"政策-社会-技术融合"视野和"朝气活力、宜居宜业之方式"重建城市环境目标,从"社会-技术"视角探索有别于美国城市交通规划模式的英国路径。《城镇交通》以布坎南环境哲学观为理论基础,以环境分区与道路网的关系及街道环境承载力为切入点,通过解析4个不同尺度的本土案例以及欧美国家的实践经验教训,就空间结构、城市形态、历史文化保护、综合再开发、停车政策、干路网规模和投资保障等方面创造性地提出了25条建议。

《城镇交通》探讨了需要何种城市形态、交通模式以及实现途径,提出了一种环境哲学观或者原则,并试图将其核心"将就原则"(rough and ready law)应用于现实。"将就原则"由机动车可达性、人居环境标准与物理改造投资成本三个指标组成。其中,机动车可达性指标代表机动车使用程度的承载水平(包括车辆安全、流线布置、停放分布和布局形式四方面权重);人居环境标准指标度量交通负外部性影响的承载水平(包括安全性、舒适性、便捷性和外观性四方面权重),两者相互作用形成环境承载力,任何地区都要有符合一定环境标准的交通承载力上限。伦敦大学学院迈克尔·巴蒂(Michael Batty)教授认为,《城镇交通》研究报告的发布标志着英国规划由技术工具型规划向社会科学型规划的转变。《城镇交通》作为空间政策型交通规划的起源,已经深刻地影响了英国《城乡规划法1968》中关于一级形态规划体系的修编,将促进土地利用与交通规划整合提升到了交通发展战略与空间发展战略的全新高度。

魏贺[15](北京市城市规划设计研究院)在2019中国城市规划年会宣讲论文:重新审视中国城市交通规划发展路径:溯源、演进与展望。他将上述以《城镇交通》为代表英国路径的规划模式及其推动土地利用与交通一体化融合的进程研究,提升到学术、政策与政治三重属性规划高度认识上,整理汇总了我国改革开放40年来城市交通规划(探索期、成长期、成熟期、转型期)代表性学术观点,认为交通规划应从传统建筑和城市建设需要的被动从属模式转变为实现目的移动的主动驱动模式;应该充分认识曾经难以测度和低可达性的个人(群体)行为数据,已经变得可度量、可调控(依赖于信息和计算技术的变革)的现实;应该看到欧盟(EH)可持续移动性规划和人工智能变革正在对城市交通规划产生巨大的影响,并重新定义人本价值、空间环境承载力等更高级约束。此外,他还提出了今后四层架构的城市交通规划出行活动内涵(图5-7),这种归纳总结对于我国综合交通理论的引导,对于不同层面的交通枢纽规划设计(包括TOD理念的融合开发)都具有重要意义。

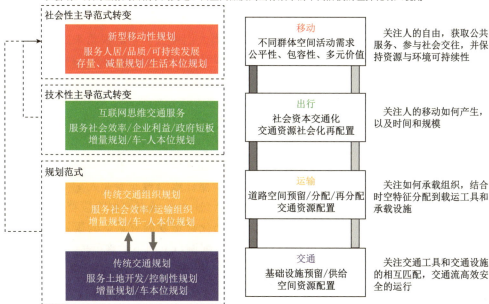

图5-7 下一阶段城市交通规划功能架构示意图[15]

(3)《美国大城市的死与生》提出的规划观点论述

简·雅各布斯(Jane Jacobs)[16]所著的颇具影响力的《美国大城市的死与生》(*The Death and Life of Great American Cities*)一书,改变了美国城市规划的专业实践和学科发展方向,该书于1961年出版,曾经被称为美国20世纪三大城市规划畅销书之一。对美国传统的城市规划(含交通)发展理念提出了批判与挑战。

雅各布斯认为,"多样性是城市的天性",城市是人类聚居的产物。成千上万的人聚集在城市里,而这些人的兴趣、能力、需求、财富甚至口味又都千差万别。无论是从经济角度还是从社会角度来看,城市都需要尽可能错综复杂且相互支持的多样性功能来满足人们的生活需求。她批评现代主义城市规划创造了许多钢筋混凝土森林,使城市容纳了更多的人口,但却没能提供一个温馨的家园,反而造成了各种消极后果,如社会结构被肢解、人际关系被割裂、种族隔离、贫富差异、犯罪率上升、小汽车肆虐、社会动荡等,并且这些问题正变得越来越尖锐。

她在该著作中批评了20世纪50—60年代美国城市大规模改造计划(如公共住房建设、城市更新、高速路计划等)对城市的多样性产生破坏,由于改造计划缺少弹性和选择性,排斥中小商业,导致耗费了巨资却贡献不大,未能真正减少贫民窟,而是将贫民窟移动到别处,导致产生了更多新的贫民窟;使更多资金更容易地流失到投机市场中,给城市经济带来了不良的影响。

另外,该著作中一个重要内容是雅各布斯用社会学的方法研究街道空间的安全感。她观察到,传统街坊有一种"自我防卫"的机制,邻居(包括孩子)之间可以通过相互的经常照面来区分熟人和陌生人,从而获得安全感,而潜在的"要做坏事的人"则会受到来自邻居的目光监督。据此雅各布斯发展了所谓"街道眼"的概念,主张保持小尺度的街区(block)和街道上的各种小店铺,用以增加街道生活中人们相互见面的机会,从而增强街道的安全感。该著作中还曾提到惊人的实践,书中为曼哈顿南端所提出的全面规划设想,后来就被当局采用并加以实施。

改革开放至今多年,当《美国大城市的死与生》一书的中译本(译林出版社2016年出版)出版后,曾经在我国社会(业界)上引起不小反响。当人们用社会学的视角来观察城市及其城市规划时,就发现半个世纪前美国发生的一些故事似乎在我们身边上演,并且很容易与书中的事例相互印证。

同济大学建筑与城市规划学院特聘教授朱介鸣在《城乡规划》[18]发表文章《城市规划的专业核心竞争力:教条主义还是实事求是?》,提示人们不应盲目迷信和崇拜西方城市规划理念,中国的城市规划者有大量的规划实践机会,解决中国的城市规划问题应当立足于自己脚下的土地上。朱介鸣教授认为,雅各布斯是一位卓越的、值得纪念的城市规划批评家,但是城市规划学者也应该反思:为什么城市规划不能像经济学那样难以被非专业人士颠覆理念?这是否意味着城市规划专业的核心竞争力很薄弱?该文综述美国城市规划阶段特点,城市化增量发展背景下的规划重点在于空间规划与设计,而城市化存量发展背景下的规划更关注空间形态背后的社会、经济、生态、文化等塑造性因素。前者强调自上而下的规范理念,后者重视自下而上的科学精神。美国当时的城市化发展水平(1970年城市化率达到73.6%,大规模的城市化增量发展已经结束)已经使得按照现代主义规划原则大尺度地改造城市旧区非常不合时宜,美国的社会制度是大市场、小政府,主流社会文化不认同城市更新建设应该受自上而下、由政府主导的城市规划的控制,而城市规划专业还没有为城市化进入存量发展阶段做好充分准备。

朱介鸣教授认为,城市规划的"黄金规则"是为了解决城市问题,理论原则的提出是为了指导规划实践解决城市问题。只强调某一理念而不知如何实施,或不知实施后会给城市带来哪些问题,不仅不能显示出城市规划的专业性,反而会削弱城市规划专业的核心竞争力。城市建设实施是验证规划理念的最佳手段,如果不推动规划理念的深入和实施,规划理念就是教条,而教条不是城市规划的专业核心竞争力。他还认为,规划理念是城市规划的专业创造性思维,但是理念不是理论。理念也需要经过实践验证才能知道是否符合城市客观规律。20世纪初霍华德提出"田园城市"理念,随后他成立公司开发建设两个田园城市,没有预料到的是,实施结果并没有达到预设的规划目标,所以不能认为田园城市是成功的规划理念。在田园城市实践基础上,英国政府在第二次世界大战后开展的新城建设运动在实践中不断总结修正,最终经过三代新城规划建设过程后的新城密尔顿·凯恩斯才成为相对成功的规划模式。由此可见,规划理念固然重要,但规划实践更重要。

(4) 英国学者 J. M. 汤姆逊"城市布局与交通规划"研究提出的发展模式[17]

英国学者 J. M. 汤姆逊从战略规划高度,调查研究了30个世界大城市交通方面的问题、政策和规划,并在20世纪80年代初发表了《城市布局与交通规划》,其目的是想客观、全面地认识世界大城市的交通问题,并研究如何处理这些问题,包括各类大城市面临的问题、根源以及战略对策分析三大部分。其主要内容与结论包括城市的结构、交通系统、机构体制和城市规划与前景四个方面。

J. M. 汤姆逊在《城市布局与交通规划》一书中分析了城市交通问题的七个方面,即交通运行速度、车祸、高峰时间公共交通的拥挤、非高峰时间公共交通的质量、步行者的境况、环境问题和停车困难。此外,书中提到了处理城市交通问题的战略方针,把30个城市分成5组来说明5种不同的处理城市交通问题的战略方针:充分发展小汽车、限制市中心战略、保持市中心强大战略、少花钱战略和限制交通战略。5个战略中有一个是少花钱的解决办法,其他4种战略都需要在道路和其他设施方面花大量资金。

世界上许多城市自觉或不自觉地想在"充分发展小汽车"与"保持市中心强大"这两种战略之中寻找出一种折中的战略,即在保持市中心优点的同时,又能限制使用私人小汽车。这个战略的关键在于吸引相当大的一部分人乘公共交通来中心上班或进行其他活动,同时使私人小汽车出行保持适当的方便程度。

这些战略各有优缺点,但至今还没有一种办法能创造完美的城市。选择交通战略不是简单地考虑经济性,而是选择生活方式,这种选择对城市中不同阶层的人们有着不同的影响。所以,选择哪一种交通战略是一个高度政治性的问题。大多数城市是在现有城市结构和交通系统的基础上选择交通战略,而不是在一无所有的空地上开始,重要的是要了解一个城市的真正处境,并采取与它的历史、地理环境和经济情况相适应的战略。

(5) "点-轴线系统"理论与城市触媒理论

"点-轴线系统"理论是建立在德国地理学家"中心地理论"的基础上,由我国地理学会理事长陆大道先生在1984年提出。这是关于社会经济空间结构的理论之一,是生产力布局、国土开发和区域发展的理论模式。其理论的基本要点是"社会经济客体在区域或空间的范畴总是处于相互作用之中"。这也类似于物体空间相互作用的基本原理,存在空间集聚和空间扩散的两种倾向。在国家和区域发展过程中,大部分社会经济要素在"点"上集聚,并由现状基础设施联系在一起而形成"轴"。"点"指各级居民点和各类城市;"轴"指由交通、通信干线和能源、水源通道连接起来的"基础设施束"。"轴"对附近区域有很强的经济吸引力和凝聚力,而在轴线上集中的经济设施对附近区域有扩散作用。扩散的物质要素与非物质要素与区域生产力要素相结合,形成新的生产力,推动经济发展。而随着区域社会经济的进一步发展,"点-轴线"必然发展为"点-轴线-集聚区"。这里的集聚区将成为规模(内外作用力)更大的"点"。

美国学者韦恩·奥图和唐·洛干在《美国都市建筑》(王劭方译)一书中提出了"城市触媒"的概念。他们首先分析了欧美国家城市的优点,并且在这个基础上,他们对近几十年来欧美国家的城市设计所存在的问题进行了分析。他们认为,20世纪以来影响世界城市建设的城市设计理论可以分为功能主义、人文主义、系统主义与形式主义。但是随着城市的发展与变化,过去的城市设计理论逐渐遭遇了质疑,进而他们提出了被称为"城市触媒"的概念。它描述了一项独立的城市建筑或者计划方案对相继而来的计划方案所带来的正面影响以及最终的城市形式。它鼓励建筑师、规划师以及决策者去考虑个别开发项目在市政成长与城市改革中所具有的连锁反应潜力,同时提倡将设计管制作为城市设计策略的一部分。一个具有良性触媒作用的城市设计将会给城市发展带来积极的推动作用。概括来说,城市触媒的作用是"带动和激发城市的建设与复兴,促使城市结构进行持续、渐进的改革",其焦点是"新元素与旧元素之间的相互作用及各元素对城市发展的影响,以及在各元素相互作用中的体现"。城市枢纽能够带动土地开发,引导城市发展,起到地区发展的"触媒"作用,主要体现在:①触媒效应,城市综合体的形成;②价值效应,具有集聚效应的功能综合出行优化与土地升值;③催化效应,以城市综合体的开发来催化周边区域开发,使优秀价值得到推广。

(6)城市用地和交通模式变化相互影响的实践论证

关于城市用地和交通模式变化的相互影响,近40年来国外也有过不少研究,主要有两类:一类是偏重于理论模型研究,因其影响因素多而复杂,导致论说不清、进展缓慢;另一类是城市规划师和政府从实际出发,重视城市土地利用和交通是如何互动一体化发展的,这方面国外的实践(城市建设和交通规划)似乎比理论模型研究有更多的成功案例。美国学者塞维诺鉴于美国许多城市对私人小汽车的严重依赖,希望从世界不同城市成功地结合土地利用和城市形态发展公共交通的案例中寻求通向可持续发展的道路。他把城市格局演变和公共交通结合比较成功的12个城市(包括新加坡市、斯德哥尔摩、哥本哈根、苏黎世、东京、库里蒂巴、慕尼黑、渥太华等)做了个案分析和分类归纳[20]。他的主要结论是:实现城市土地利用和交通体系的和谐发展进程需要用几十年的时间去推进,因此必须有具备远见卓识和战略眼光的城市规划工作者,并有高瞻远瞩和积极进取的行政体系。早在20世纪60—70年代,新加坡市和库里蒂巴提出的建设世界一流城市的规划远景及其不懈努力是成功的典范。

(7)"大城市土地利用和交通发展模式"研究[4]课题的理论研究

1987年,国家科委立项"大城市综合交通体系规划模式"研究课题,由中国城市规划设计研究院承担主持(朱俭松教授领衔),组织全国21个科研、设计单位和高校100多位专家、学者与研究人员参加。1991年经对完成的总报告[图5-8a)]和18个子项[图5-8b)]研究报告的评审鉴定,该项成果在20世纪90年代初荣获建设部科技进步一等奖和国家科技进步二等奖。该项研究在"大城市土地利用和交通发展模式"方面提出了诸多重要论述,突出表现在以下三个方面:

①对我国大城市土地利用与交通模式内涵及其互动关系给出了清晰定义[4]。

a. 大城市土地利用是指城市功能(包括居住、工作、游憩和交通等)活动的用地开发程度及其地域分布,用地规模、用地形态、用地功能布局的定义如下:

(a)用地规模,即城市地域与城市化区域的范围。

(b)用地形态,即城市空间布局形态。城市用地形态是城市的物质(如人口、资源、经济实体等)和环境在地域空间上的投影(演变方向与扩展趋势)。

（c）用地功能布局，包括不同产业用地和住宅、文娱、商业服务等的分布及其密度。

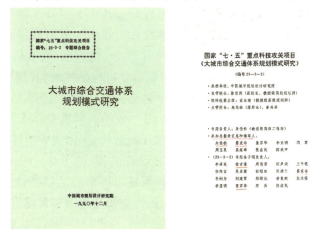

a) 总报告

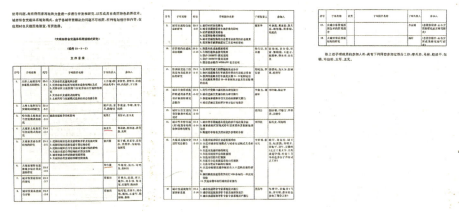

b) 子项报告

图 5-8 国家"七·五"重点科技攻关项目研究报告[4]

b. 大城市交通模式是指与城市土地利用、布局形态发展相适应的交通网络结构形式和城市交通体系。其内涵包括如下：

（a）大城市交通结构，包括客货运、公共交通与个体交通的方式和比重。

（b）交通网形式，包括与城市用地布局相适应的客货运输网络、公共交通、机动车与慢行交通、步行网络）和停车设施系统。

（c）城市交通规划建设的投资战略和交通政策，这是推进交通网络设施建设和不同交通方式组成特定模式的"灵魂"。正确的交通建设投资战略和交通政策，是促进土地利用与交通模式相互适应和协调发展，提高城市经济发展、生态环境水平的中心环节。

c. 大城市土地利用与交通模式发展的历史进程，其实质就是城市用地空间发展与交通相互依赖、互动发展的过程。城市一切生产、生活、交换、分配等经济和社会活动都是以便利的交通条件为依存的，城市的经济结构、人口结构、交通结构、地域结构变化与交通模式的选择演化休戚相关，研究城市用地形态与交通模式的相互支持与制约及它们与经济发展关系，乃是大城市交通规划的核心内容。

②对我国百万人口以上大城市用地形态分类比重现状进行了调研分析。

20世纪80年代初,我国大部分城市现状的用地形态基本上还处于单中心团块状的结构模式,而百万人口以上大城市占比达到73%,这种模式与我国的经济发展水平和历史沿革是密切相关的。近百年来,帝国主义侵略和上千年的封建社会的禁锢,城市长期处于封闭、落后、放任发展的格局中。20世纪80年代后,随着世界城市化进程的加快,我国大城市工业化产业快速发展,经济的增长、交通工具的进步,城市的辐射与吸引力增大,使得大多数城市扩展不断加剧,居住工作出行距离呈现增大的趋势,为此约有75%的大城市总体布局规划提出结合自然地理条件、突破封建格局、居住就业平衡的多中心(或带状)组团式发展模式。

③提出了我国百万人口以上大城市交通模式的战略选择。

大城市应朝着多中心分散布局的模式转化,特别是以城市的港口、山岭、铁路、江河、地貌条件等为依托(约束),形成多中心开敞式布局形态,建立快速道路和常规道路相结合的道路系统,形成地面、高架相结合的网络构架,按近期(5~10年)、中期(15~20年)、长期(25~30年)三种时期提出以轨道交通为骨干和常规公共交通相结合的多层次综合客运交通体系。研究报告特别以上海为例,深入剖析中华人民共和国成立后40余年来中心城用地空间"摊大饼"团状扩展(从几十平方公里到几百平方公里)的历史沿革,人口岗位集聚、结构畸形混乱、交通环境拥堵困境,如从内到外4~5个圈层密集同心圆发展恶化状况,阐明了继续单中心团块状、封闭式发展的弊病;极力推进以"面向世界、面向21世纪、面向现代化"为指导,提出建设"交通伸展轴"为骨干、与环境相协调的现代化先进的综合交通体系,推进了20世纪80年代"上海市城市总体规划"城市布局"东进""南下""北上"方案即(即中心城、两翼加浦东)的实施。其中一个基本的规划原则就是要贯彻以公共交通为主的建设方针,以地铁及其他有轨、快速公交为客运骨干,以常规公交为辅,将自行车作为区内短途客运方式。

该项目研究成果在诸多方面得到了充分印证。回顾上海改革开放后30年的发展历程,研究成果对包括城市总体规划修编的(城市空间与交通轴向发展)论证、浦东开发的越江大桥、中心城交通"空中扩容"的高架快速路、上海地铁网络的快速推进以及内外客运交通枢纽的布局等都起到重要的指引作用,特别是虹桥枢纽的城市功能、交通功能国际化、区域化、复合化"站城融合""互动发展"的巨大成功,成为我国举国体制"创新理论与实践"的典范。

(8)"发展我国大城市交通"课题提出的理论研究

周干峙院士领衔1994—1996年中国科学院咨询项目,开展"发展我国大城市交通的研究"[22],由组织8家科研机构和高校参加研究。

该研究报告对我国大城市面临的交通问题、原因、发展前景和应制定的交通政策进行了科学的全面总结与分析。对大城市交通规划与疏解、调整用地功能、路网建设、优先发展公共交通、私人小汽车发展的合理引导、自行车交通的地位、特大城市轨道交通等进行了深入的、前瞻性的研讨。

(9)《北京宣言:中国城市交通发展战略》[21]可持续发展研究论述

1994—1997年,建设部、世界银行、亚洲开发银行、财政部、中国人民银行联合组织"中国城市交通发展战略研究",中外专家对与城市交通发展相关的9个重点领域进行了系统研究,形成了具有深远影响的成果《北京宣言:中国城市交通发展战略》。研究报告的重点是缓解城市交通问题的途径和城市交通发展战略,归纳五项原则、四项标准和八项行动。特别强调"五项原则"用于指导与中国当前社会经济发展相适应的城市交通的规划、建设和运行;确保交通发展的政策和规划应当符合经济的可行性、财政的可承受性、社会的可接受性、环境的可持续性四项标准。五项原则如下：

①交通的目的是实现人和物的移动,而不是车辆的移动。

②交通收费和价格应当反映全部社会成本。

③交通体制改革应该在社会主义市场经济原则指导下进一步深化,以提高效率。

④政府的职能应该是指导交通的发展。

⑤应当鼓励私营部门参与提供交通运输服务。

其中,原则①即应当根据各种交通方式运送人和货的效率来分配道路资源的优先使用权。确切地说,原则①是为公共交通、自行车和行人提供优先。

(10)马林总工在《新中国城市交通规划40年的发展络脉之二》规划模型的论述

马林总工在《新中国城市交通规划40年的发展络脉之二》[9]中总结了北京、上海、广州等城市先后开展的多种形式的国际合作,利用国外咨询公司的技术和经验,进行城市交通分析模型研究和模型体系构建。1987—1990年,上海与美国巴顿·阿希曼公司合作,以引进的分析工具EMME/Ⅱ为平台,建立了上海市交通模型;1990年,北京与香港拓展署合作进行了LOTU模型的移植和开发,之后在执行中英政府科技合作协议时,又与英国的MVA集团公司合作,引进了TRIPS交通规划软件包,开发并建立了北京市城市交通规划战略模型;1993年,广州市政府与世界银行指定的MVA集团公司合作,开展了"广州市交通规划研究",建立了广州交通规划分析模型。

3)20世纪末至今——现代客运交通枢纽规划设计理论与实践研究

(1)新城市主义运动发展

20世纪80年代以后,美国兴起的新城市主义运动为解决城市蔓延、中心城区空心化及社区冷漠等问题提供了重要的思考范式,城市交通枢纽在城市规划设计中也开始发挥重要的引导作用。新城市主义运动是城市动态发展过程的阶段性平衡策略研究。历经多年探索,1993年第一届"新城市主义代表大会"(the Congress for the New Urbanism,CNU)的召开,标志着新城市主义理论正式诞生。

新城市主义实践尺度分为区域、城镇、城区三个层次。其中,区域层面可以分为大都会(metropolis)、市(city)和镇(town);城镇层面分为邻里(neighborhood)、分区(district)和走廊(corridor);城区层面分为街区(block)、街道(street)和建筑物(building)。第一层次重视大都会中小单元的环境、经济和文化联系,并设置发展边界;第二层次作为发展和复兴城市的重要空间元素,以紧凑、适宜步行和功能混合的设计为核心;第三个层次强调保证环境安全、鼓励步行、借助邻里关系,从而保护社区。

新城市主义[19]实践项目的实施影响了美国人对城市和郊区的辩证思考,诸多评判对功能混合、鼓励紧凑和高密度城市、富有活力的居住环境认为是21世纪的不二标准;而新城市主义的若干实践项目也遭受各界抨击,如公共建筑混合的安全问题、城市运行的"趋同"效应等。新城市主义构架主要包括传统邻里社区开发(TND)和使用公交的邻里社区开发两方面。传统邻里社区开发模式注重建筑细节、街区设计及社会、经济和环境,偏向城市设计层面;使用公交的邻里社区开发模式关注居住、商业单元间的紧凑开发,重视区域间的交通联系。

新城市主义有传统街区设计、公交导向设计、城市村庄、精明增长四种实施方式,见表5-2。

表 5-2 新城市主义实施的方式

实施方式	传统街区设计	公交导向设计	城市村庄	精明增长
侧重点或重点要素	地方或古典建筑	区域相连的公交枢纽	自给自足和土地的再开发	推进变革时增加政府政策和各类优惠政策
社区设计层面的共同元素	混合使用、住宅类型的混合、紧凑的形式、可步行的环境(400m半径)、可供选择的交通模式、有吸引力的公共场所、高质量的城市设计、中心区用于商业和市政服务、明确的边界、较窄的街道、设计专业会议			

(2) 以公共交通为导向的发展(Transit Oriented Development, TOD)理念

"新城市主义"构筑的紧凑的、功能混合的、适宜步行的未来社区邻里的理想模式指导了城市规划实践发展。"新城市主义"主张建立多中心的有机的城镇体系结构,不同的城镇之间则存在互补的关系,中心城市、普通城镇和郊区共同构建一个完整的城市生态体系。20 世纪 90 年代初,美国规划学者彼得·卡尔索普(Peter Calthorpe)所著的《下一代美国大都市地区:生态、社区和美国之梦》(*The Next American Metropolis-Ecology, Community, and the Ameican Dream*)一书是新城市主义的杰出代表作之一。该书在分析郊区蔓延所导致的一系列问题及其根源的基础上,结合保护生态环境和营造宜人社区的理念,构建了大都市地区的新发展模式——以公共交通为导向的发展(Transit Oriented Development, TOD)。1992 年,人们提出 TOD 概念是以城市规划手法解决当时美国以小汽车为导向的城市郊区蔓延的发展模式问题的一套准则工具,提出将单一中心的同心圆扩张的城市发展模式改变为多中心的网络化发展模式,有预见性地把城市发展方向和交通干线建设结合起来,依托大容量、快速交通系统,发展组团式新城,这种模式强调每个社区内部的步行(非机动车)第一位,强调公共空间第一位,社区内部的多样性环境的包容性,社区生活设施的完善,以及社区与社区之间留有大片的生态区。

TOD 模式的城市路网建设与传统的城市路网建设最根本的区别在于:传统的城市路网建设是"追随型",而 TOD 模式的城市路网建设是超前"引导型",即 TOD 城市发展通常都率先确定和建设能够引导城市空间演化的主要交通模式(线路),各"城市 TOD"单元再沿主要交通线路发展,"社区 TOD"建设单元沿交通支线发展。在不同路网的引导下,最终演化为布局紧凑、功能混合、具有良好步行环境、能促使人们更多使用公交方式的城市土地开发模式,达到城市交通与城市空间演化的协调统一。

TOD 的理念与多种模式对于我国交通枢纽与城市融合规划建设(无论是新建或更新改建)都具有重要的指导意义。

(3) 21 世纪中国工程院咨询项目

2001 年,中国工程院重大决策研究项目"构建我国综合交通运输体系的研究"专题六"城市及都市带的综合交通研究"启动,由同济大学承担[23]。其中,分报告七《大都市综合交通枢纽构建的若干问题研究》由同济大学晏克非教授团队(其中包括博士研究生崔叙、周和平等)于 2003 年完成,对我国大都市综合交通枢纽的规划设计理念与关键技术研究作出了界定。首先,从国情出发阐明了综合交通枢纽"节点"和"场所"两个基本特性。节点是指多模式交通网络的换乘点(移动需求);场所是指基础设施集中,建筑物和多元化的城市开敞空间(停留需求)。其次,从我国交通枢纽系统构成、发展趋势、存在问题出发,对枢纽的集散、换乘客流分

析方法、模型选择、技术路线以及综合交通枢纽布局评价体系等关键技术进行了研究。

(4) 国家重点基础研究计划"973计划"项目和国家自然科学基金重点项目

①2006年,我国交通领域第一个国家重点基础研究计划"973计划"项目"大城市交通拥堵瓶颈的基础科学问题研究"立项研究[26],北京交通大学高自友教授任首席科学家。"城市交通网络优化与管理"(同济大学杨晓光、张红军、李克平、陈建阳)获批国家自然科学基金重点项目。"城市交通治理现代化理论研究"(汪光焘、陈小鸿、杨东援等教授领衔)获批国家自然科学基金重点项目(2017年)。

②国家自然科学基金重点项目"基于广义交通枢纽的城市多模式交通网络协同规划"(51638004),由东南大学陈峻教授团队于2017—2021年完成[24]。

本项目将服务城市多种出行方式转换和多模式网络衔接的交通节点定义为广义枢纽,重点围绕城市综合交通"多模式网络衔接、多方式出行转换"相关基础科学问题,开展了基于广义枢纽的"多模式网络一体化供给性能、组合出行需求分析、多网融合交通分配、交通资源协同配置"的研究,提出了一体化的规划理论及方法,为应对未来的多模式网络融合及协调发展提供了系列理论方法和关键技术。课题的主要成果概述如下:

a. 在广义交通枢纽衔接多模式网络的技术特征与一体化性能分析理论方面,提出了多模式交通网络拓扑结构模型以及分级方法,在多模式网络基础上对其一体化服务性能进行了分析。

b. 在广义交通枢纽与多模式交通网络环境下的组合出行需求分析理论方面,提出了基于多源数据的组合出行获取方法及分析手段,对组合出行的转移机理进行了分析。

c. 在多方式出行需求和多模式网络供给的互动机理与一体化交通分配方面,为评估网络客流分布情况,针对多模式网络的应用环境,提出了动态和静态的两类交通模型分配模型,以及相关的模型应用技术实现方法。

d. 在城市多模式交通网络协同的资源配置优化方法方面,从面、线、点三个层面研究了广义枢纽与多模式网络资源协同规划以及枢纽及周边设施的配套设计方法。

e. 在城市交通网络协同规划的技术流程设计与典型城市实证研究方面,提出了城市多模式交通网络数据库标准化体系,完成了广义枢纽和多模式网络分配算法设计及功能研发依托项目组自主知识产权仿真软件"交运之星-TranStar",升级开发了城市多模式交通网络协同仿真分析软件,并在南京、重庆等城市进行仿真测试。

③国家自然科学基金区域创新发展联合基金重点项目"交通综合体与城市关联效应及效能优化方法研究"由西南交通大学崔叙教授团队于2017年立项研究。该项目面向国家战略和城市群高质量发展要求,以高铁网络的交通综合体节点为一体化发展的支撑和关键,针对站城关联效应及效能优化的复杂性,从"交通、空间、经济"多维度要素和"交通综合体与站区、城市、城市群"的多层次作用规律出发,定量刻画站城关联效应,建立效能测度因子和模型,探索"站城结构效能""站区集聚效能""站体综合效能"的多尺度、体系化的效能优化方法及相关技术措施。

(5) 科技支撑计划重点项目

2006—2010年,国家在城镇化与城市发展领域立项开展了科技支撑计划重点项目"城市综合交通系统功能提升与设施关键技术"研究[27],在城市综合交通系统功能整合与规划设计、城市交通规划建设信息支撑系统、城市道路通行能力与交通实验系统、城市交叉口功能提升与设计等方面取得了理论、模型和技术方法的重大进展。2012年,我国重点基础研究计划"973

计划"再次立项"大城市综合交通系统的基础理论与实证研究",寻求在基础理论层面取得新的突破。这一时期,城市交通信息化、智能化技术发展很快。北京、上海、广州、深圳等城市开发建设了城市综合交通信息平台,通过车载设备、广播、短信、网站、信息发布屏等多种形式向公众提供实时交通信息;城市交通监控指挥系统得到普及,500多个城市建成了现代交通管理指挥中心,城市交通科学管理水平大幅度提升;城市交通规划在调查方法、数据分析、模型精度、预测技术、战略研究、规划理论、交通设计等方面进行了广泛的探索研究。城市交通规划面对的不再是静态不变的网络和设施,而是以人和物流动为核心的综合交通大系统,交通与城市空间结构、土地使用、交通行为、智能服务、生态环境、运行控制等方面的耦合机理和协同关系,都已成为城市交通研究的重点和方向。这些研究为我国现代客运交通枢纽的规划建设提供了科技支撑。

(6)笔者团队相关博士论文和重要项目研究——关于客运交通枢纽的理论研究与实践

①城市综合客运枢纽规划与设计理论研究[29]。博士论文《城市综合客运枢纽规划设计理论研究》于2005年完成,研究提出了枢纽对外客运方式客流量、枢纽集散客流量和枢纽换乘客流量的预测模型。首先,在建立对外出行OD分布和PA分布矩阵的基础上,提出了城市对外客运出行需求量预测的分析方法;其次,通过对对外客运出行枢纽选择行为和市内接驳出行方式选择行为的分析,建立了用于枢纽对外客运方式客流需求量预测的基于市内接驳出行方式划分的枢纽选择Logit模型;最后,在界定了枢纽集散客流量和换乘客流量及其相互关系的基础上,提出了枢纽集散客流量和换乘客流量预测的理论、方法与模型。

城市综合客运枢纽布局规划的最终目的是引导使用者的微观行为,使之符合城市系统社会效益最大化的宏观目标。研究提出分两个阶段进行城市综合客运枢纽布局规划的方法和模型(图5-9);第一个阶段是城市综合客运枢纽区位分析方法和模型——"寻址"过程,在各影响因

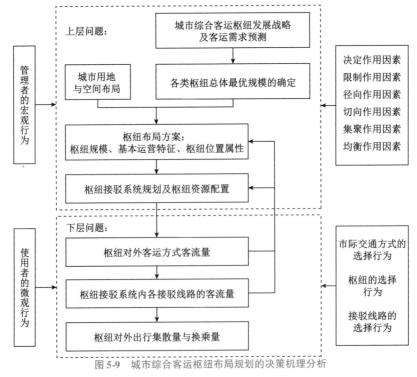

图5-9 城市综合客运枢纽布局规划的决策机理分析

素作用下对枢纽区位进行多目标综合评判,其目的是选择枢纽备选方案(备选区域集)。第二个阶段的是通过最优化理论和交通供需理论建立枢纽布局模型——"选址"过程,其目的是对备选枢纽的布局组合方案进行优选,找出最优解。相关研究以区位理论为基础,建立了枢纽区位分析的评判指标体系,提出了基于灰色聚类和主客观权重的枢纽区位评判方法和模型,建立了基于公、航、铁、水四种客运枢纽布局的城市综合客运枢纽布局模型,包括枢纽布局模型求解的遗传算法设计。

②轨道交通枢纽规划与设计理论研究[30]。博士论文《轨道交通枢纽规划与设计理论研究》以1999—2000年同济大学"广州市公共交通改善方案"项目("站场规划"和"交通衔接"专题)为基础,以大城市轨道交通枢纽规划设计理论与方法为命题,全面、深入且针对性地(薄弱点、空白点)进行系统性研究,于2002年完成。该论文重点对城市轨道交通枢纽的规划布局进行研究,提出了交通区位理论和枢纽理论在城市公共交通规划设计的应用思路,提出了通过轨道枢纽锁定轨道线路的路网规划方法及其程序和主要内容,建立了轨道线网和枢纽同时优化布局的数学规划模型及枢纽选址和轨道车站间距优化的数学模型。另外,第一次进行单体轨道枢纽优化设计方法以及轨道交通与其他客运方式衔接优化布局的研究,提出单体枢纽设计程序内容,提出了基于以人为本理念指导下的设计原则与技术方法,建立了枢纽系统内常规公交站场选址(与其线网)优化设计的数学模型,包括轨道枢纽客流组织服务水平评价模型。

③城市交通网络系统容量模型研究[31]。博士论文《城市交通网络系统容量模型研究》于2011年完成,分别建立了城市道路网络和轨道交通网络系统容量的双层数学规划模型。其中,轨道模型下层是反映乘客的出行行为选择的出行分布与平衡配流组合模型,轨道模型上层是反映轨道交通网络设施服务能力以及区域开发潜力的新增容量最大化模型。该研究完成了规划模型的对偶算法与单纯形组合求解算法;从我国"两网"发展实情,根据出行者目的、路径选择和出行方式、换乘节点选择两层次、四层次不同决策行为;提出了复合交通网络系统容量的超级网络分析法和多级网络分析法并且建立两种网络分析模型(含算法)。这是现代枢纽客流理论分析的基础。

④城市多模式复合交通体系规划的若干理论与方法[32]。博士论文《城市多模式复合交通体系规划的若干理论与方法》依托国家高技术研究发展863计划课题(东南大学陈峻主持)"城市客运交通方式间的资源配置优化技术",对城市多模式复合交通体系规划的若干理论与方法开展研究,于2012年完成。其重要成果为现代客运交通枢纽的综合规划设计提供理论支撑:提出了城市多模式复合交通与用地的协调规划的三阶段流程,包括基于TOD的轨道交通与城市用地空间耦合的定性分析、基于网络容量限制的用地与复合交通协调控制以及基于社会效益最大化的交通与车站用地互动规划。该模型是基于用地开发的控制条件,提出社会效益最大化的车站用地规划模型。该模型是以开发效益最大化与轨道交通客流分担最大化为目标的多目标规划模型;同时,该模型还考虑了最大交通生成量限制、梯度开发限制、绿地比例约束、既有需求约束以及站点供给约束等条件,从而为轨道交通建设下的用地再次开发提供操作性较强的规划方法与理论指导。

⑤公路口岸规划设计关键技术研究[34]。博士论文《公路口岸规划设计关键技术研究》于2009年完成,基于公路口岸的系统功能、特征、环境等组成要素分析,提出了"公路口岸"这一特殊交通枢纽与其系统环境的相互作用关系研究。该论文依靠长期规划设计的业绩积累,从

口岸联检模式、总图布置方法入手进行了系统研究。论文重点包括：一是针对各国海关制度、关税区不同，阐明了不同的口岸联检模式的特点和成因，以及适宜我国的"两地两检"和"一地两检"的发展模式选择与优化研究，设计通行能力研究，论述了在"一地两检"发展模式中，采用旅客模块、车辆模块进行了节地、省时、监管等多角度分析，以港珠澳大桥口岸的联检模式变化模拟为实施对象，阐明政策因素对于口岸联检模式的影响；二是针对公路口岸的总图布置展开了研究，阐述分为中层次功能单元和低层次业务模块两个阶段，提出了公路口岸总图布置方案的形成和选择方法；三是以国家重点工程深圳湾口岸为案例进行实证。2017年4月，以同济大学邓军博士论文为基础，紧密联系几十个口岸、综合保税区和通关中心的规划设计经验的《公路口岸规划设计》(邓军、江玉著)一书由武汉大学出版社公开出版。该书提供了公路口岸各类设施有序优化、持续更新的方法和标准，分析了历代陆路口岸的典型特征及新一代口岸的发展需求，总结形成了公路口岸规划设计的五大关键技术，即口岸"两层次"交通需求预测技术、口岸新型查验模式迭代更新技术、口岸设计参数及通行能力设置技术、口岸枢纽规划设计关键技术，研究成果均填补国内外研究的空白点及薄弱点。本研究成果已应用到大湾区陆路口岸的持续更新行动中，包括珠澳新横琴口岸、深港新皇岗口岸及其临时口岸、沙头角口岸重建等，诸多口岸已通过深港或珠澳联席会议得到了大力推进。

⑥城市群背景下交通规划若干问题研究[35]。博士论文《城市群背景下交通规划若干问题研究》于2011年完成，分析了城市群的形成与交通互动机理，总结了城市群发展变化的主要特点，包括区域交通城市化、区域交通向心化、区域交通多元化和城市对外交通一体化。本论文基于交通区位理论与协同学原理，以资源配置优化与协同发展为目标，以珠三角诸城市为例，研究城市群中不同区位城市的交通发展战略，提出差异化的骨干交通设施网布局模式和方案，包括单核心模式中心城交通发展策略、双核心模式中心城交通发展策略、中心城外围区交通发展策略以及主要辐射地区交通发展策略。

⑦综合客运枢纽交通规划与设计的关键技术[36]。《综合客运枢纽交通规划与设计的关键技术》为博士后出站报告(科研项目)，于2008年完成。该研究在上海四大综合客运枢纽(浦东机场、虹桥机场、上海火车站、上海铁路南站)规划设计课题背景下，依据交通流(车流、行人流)实测数据基础上，采用Vissim交通仿真手段，分析试验了标准形式的车道边通行能力，包括双车道单通道、双车道双通道、三车道双通道、三车道三通道通行能力，研究了枢纽设施通行能力、服务水平等设计参数，为枢纽交通衔接设施与交通组织提供技术支撑；完成了面向综合客运枢纽交通规划设计(作为详细规划的深化)的《道路及交通配套工程规划设计工作指南》(包括设计思路与总则、工作阶段及流程、前期规划方案协调、枢纽布局与交通组织、交通预测与设施规模、交通详细设计、投资估算七部分)，为客运枢纽项目预可行性、可行性研究提供技术参数，为方案审批提供管理依据。

5.1.3 大城市城市与交通发展关系的几点结论

以上历史性回顾说明，现代客运交通枢纽不是"无源之水"，其形成是城市进化和交通要素互动影响与演变的结果；古今中外城市用地空间与交通发展演化始终是交织融合、相互影响、互动发展的。我国与西方国家城市发展阶段不尽相同，但交通都是从步行开始，然后经过步行、人力车、兽力车、机动化(火车、汽车、航空、水运)的演进过程。各类现代客运交通枢纽的形成及其功能、环境、规模发展的变化完全是现代城市(区域)用地空间和交通要素(设施、设备、载运工具)耦合创新式发展的结果。

另外,交通与城市空间的演化不仅是一个自然的过程,而且包含着社会变革过程。除了自然地理环境、经济发展水平、交通运载工具进步等因素的影响之外,还有诸如社会变革、法律环境、政府政策等外部因素施加的影响。关于城市空间和交通演化(包括交通枢纽)趋势与特点,笔者归纳以下几点给从事规划领域的同行参考:

(1)经济因素是影响大城市布局形态和交通枢纽建设最重要的基础。

城市用地形态实际上就是各种经济因素在地理上集聚的结果。之所以向城市集聚,完全是生产和消费(交易)的驱动。因为集聚能够产生经济利益(或者节约成本),交通目的是实现人与货物的空间流动,其每一个出行单元(trip)的产生、分布、方式、路径选择,均与社会和经济有关。落后的封建小农经济时代的城市形态只能适应封闭的城垣和简单的人力、马车交通模式;诸多发展中国家城市发展缓慢或不平衡,经济落后是最重要的原因。现代大城市开敞式用地布局和汽车交通、高速公路、轨道交通(四网)体系(包括现代客运枢纽)建设都必须以强大的经济实力作为支撑。

(2)交通要素是影响城市用地形态与客运枢纽发展的基本条件。

纵观世界各国与我国大城市交通枢纽形成,除了几乎所有大城市都靠近海湾和江河等有利自然地理条件,工业革命以后城市发展方向、用地规模、人口与土地集聚,无不得益于交通进步对于城市发展的重要作用。航空、水运、铁路和道路等交通设施建设,为城市人口、产业集聚和交通枢纽发展创造了前提条件,特别是近代的汽车交通和高铁、城市快速轨道交通对城市的布局形态和交通枢纽构架起了决定性作用。

(3)大城市的城市空间布局结构与交通模式(交通线路与枢纽站场布局)相互影响。

大城市用地布局结构与交通模式(交通线路与枢纽站场布局)选择相辅相成,城市交通与土地使用存在着循环互馈的关系。用地形态是选择交通模式的依据,而交通要素是推动城市用地结构形态发展的动力。城市交通所涉及的设施网络建设(包括线路与站场)、交通运载工具变革(如创新发明、结构、种类、运行速度等)都会对城市空间演化产生重要的影响。前述很多大城市的成功案例都是如此,包括伦敦和上海的城市演变历史,从小渔村到团状式,到多中心、多轴,再到都市圈,形成以轨道为主体的公共交通模式(线路与枢纽站场布局),引导城市布局发展。

(4)世界大城市的发展进程(用地形态向心聚集和离心扩散)与交通枢纽的发展成因息息相关。

一方面,城市社会经济活动的聚集效应,要求城市用地结构的向心内聚;另一方面,随着城市经济作用加强,交通可达性的提高,城市功能的辐射范围增大,城市用地发展产生离心扩散特征。这就是借助于不同交通类型(方式)和不同层次交通枢纽(港站)聚集发展和轴线辐射发展的原因,这种经济、用地和交通模式互动发展的结果,就是导致当今大城市用地布局总体趋势是由单中心向多中心演变,大城市用地形态由单中心结构发展到多中心、多轴开敞式结构布局的根本原因。

(5)国家体制、法律环境和政策对于城市空间演化与交通发展的影响。

大城市(包括都市圈)在一定的土地资源与一定的交通模式状态下,能够承载一定的经济总量。如果采取科学的城市与交通规划发展的政策和策略,依靠创新与科技进步,规划建设先进的综合交通体系,往往不但能够支撑更大的经济发展规模,而且能够集约节约用地资源,进而促进城市空间结构与环境生态可持续发展。我国改革开放以来,从国情出发,依靠举国体制和制度的优势,依靠日益增长的经济实力,不断推进城市发展与交通模式的大转变——从20世纪90年代开始建设的全国高速公路网到21世纪实施的"高铁上的中国",建设起全球第一的高速公路网、高速铁路网,从20世纪80年代以来我国大城市从"交通困境→解决瓶颈→初步缓解→基本适应"到建设交通大国、强国的中国式之路就是最生动的例子。

(6)关于如何判断城市规划(与交通)的理念与理论的检验标准。

由于城市规划与交通发展模式受历史、社会、经济、政治乃至文化、习俗等多因素的影响,如何判断检验综合交通体系(枢纽集群、枢纽城市、枢纽港站等)建设实施的科学性、可行性,建议遵循两点原则:一是把握好"实践是检验真理的唯一标准",不论是"理论"还是"理论",不论是研究成果或是建设项目,重要的是考察预期的目标,看解决问题的实际情况;二是要提高本专业领域的核心竞争力,其关键是提高科学理念和理论的认知度。诸多社会科学的理念、理论与学说,是受到具体时间(历史阶段)、地域环境局限的,我们应有"包容理解"之心。但是提高本专业领域的核心竞争力是根本。例如,尽管雅各布斯对现代主义规划的两位大师霍华德和勒柯布西耶都给予了无情的批判,并且言之成理,但她并不能因此得出比他们更正确或者更高明的结论,因为他们当时面对的城市问题完全不同于雅各布斯时代的城市问题,解决问题的方案自然不会相同。即使在大师之间,观点有时也大相径庭,要想去伪存真,就必须厘清城市规划发展演变的脉络,才能准确地把握住不同时期、不同学说之中的精髓,不至于落入"非此即彼"的"陷阱"中。

5.2 国家体制与政策对于城市规划与交通发展的影响

"鞋子合不合脚,自己穿了才知道",世界各国的历史进程说明,尽管国土空间与交通发展进程受到自然地理、经济发展、科技进步等多方面的影响,但是国家体制、实施政策与历史文化往往起到决定性因素,中美发展模式泾渭分明。

5.2.1 中美人口、国土用地、经济、能耗基本情况比较[38-55]

1)人口与国土:我国人口是美国的4.3倍

根据国家统计局、美国经济局的数据,2017年我国总人口为13.9亿人,美国总人口为3.2亿人;中国国土面积、人口数量分别为美国的1.05倍和4.3倍,美国城市化率比我国高24.5%,失业率比我国高0.3%,美国老龄化率比我国高2.6%。

2)人均耕地:美国是我国的7倍

2016年美国可耕地面积为19745万hm^2,占世界耕地总面积(150151万hm^2)的13.15%,是世界上耕地面积最大的国家,人均耕地面积为$0.7hm^2$。《2017中国土地矿产海洋资源统计公报》数据显示,2016年末,我国耕地面积为13492.1万hm^2(20.24亿亩),人均$0.1hm^2$,美国人均耕地面积是我国的7倍。

3) GDP：我国是美国的 63%

根据美国经济分析局和国家统计局的数据，2017 年美国 GDP 为 19.39 万亿美元，我国 GDP 为 12.25 万亿美元，我国 GDP 是美国的 63%。

4) 人均 GDP：美国是我国的 6.8 倍

根据世界银行数据，2017 年我国人均 GDP 为 8836 美元，美国人均 GDP 为 60014.9 美元，美国人均 GDP 为我国的 6.8 倍。我国人均 GDP 于 1995 年才开始真正意义上的快速提高（曾经排名负增长为常态）。2008—2017 年，我国人均 GDP 从世界第 111 名提高到第 70 名。

5) 人均收入：美国是我国的 15 倍

2017 年我国居民人均可支配收入为 25974 元人民币，实际增长 7.3%，其中城镇、农村居民人均可支配收入分别实际增长 6.5% 和 7.3%，美国人均收入约为 5.7 万美元，折合为 38.2 万元人民币，美国人均收入是中国的 15 倍。

6) 人均住房面积：美国是我国的 2.2 倍

据国家统计局数据，2016 年我国居民人均住房建筑面积为 40.8m^2，而美国人均住房面积为 90.2m^2，美国人均住房面积是我国的 2.2 倍。

7) 人均能源消耗：美国是我国的 3.3 倍

根据世界能源统计年鉴的数据，2015 年美国一次能源消费量达到 2275.9 百万吨油当量，我国为 3005.9 百万吨油当量，美国人均能源消耗为 7248.1 石油当量，我国人均能源消耗是 2178.2 石油当量，美国人均能源消耗是我国的 3.3 倍。

5.2.2　美国交通发展模式

1) 历史发展

美国是随美洲新大陆开发和欧洲移民而兴起的国家，自然地理环境十分优越。其历史不长，近代城市与交通的发展阶段与欧洲颇似。其最大的特点是得益于工业革命后的大量发明制造与新技术的应用，特别是火车、汽车等交通工具的开发和应用在城市与交通发展上大致可以归纳为三个阶段[22]：第一个阶段，早期发展的城市，道路路网密度大，有轨电车是市民普遍使用的交通工具，曾在 19 世纪末占统治地位；第二个阶段，随着汽车工业的崛起，公共汽车以快速灵活、初期费用低、不受轨道线路限制，与有轨电车竞争优势明显，到 20 世纪 20 年代末，有轨电车几乎被公共汽车所取代；第三个阶段，20 世纪 30 年代后，私人小汽车已经迅速发展，特别是第二次世界大战以后，在美国特定的历史地理环境（城市布局形态松散平坦）下，加上有中东的价廉石油，美国实行分期付款的"赊购"汽车政策，大量复员军人安置在条件较好的郊区居住，需要快速交通工具进城工作，军工技术转为民用，以及制造技术的改进和驾驶技术日趋简单等，使小汽车的增长与普及势不可挡，同时导致公共汽车的全面萧条。美国小汽车交通发展带来以下五个方面的变化：

(1) 在运输方式方面，客运交通走向个体化，小汽车大量增加，公共交通运量下降。1993 年达到人均拥有小汽车 0.63 辆的水平。

(2) 在出行方式方面，工作出行由乘车变为驾车，购物由市区商业中心转到郊区购物中心，无车或无能力驾车者出行极为不便。

(3) 在时空观念方面，高速公路的完善，使人们在 1h 内的活动半径达到了 50～85km，对出行300~400km的行程习以为常,活动范围增大。

(4)在城市布局方面,向郊区发展,择居用地分散,甚至形成蛙跳式开发,城市人口不断迁往郊外,市中心衰落;为适应汽车交通的需求,在郊区出现了许多以汽车活动为中心的公共建筑,如汽车可驶入的银行、快餐店、露天电影场和免费停车的超级市场等。

(5)在能源消耗加大方面,交通公害严重,消耗了全球近1/3的能源,交通的噪声、废气、水污染、震动、用地形态分隔等日趋严重。

"车轮上的生活,郊区化布局"从此四处蔓延。第二次世界大战后30年,美国郊区人口增长275%,住在郊区的人们必须开车上下班,必须去购买第二辆车、第三辆车。直到20世纪80年代末,美国小汽车千人拥有量超过570辆,小汽车已占汽车总量的77%。

研究表明[38],20世纪20年代以后,美国的城市用地空间一直是为汽车而设计和建造的。这种传统的规划观念付出了巨大代价:生态破坏、社会疏远、与交通有关的疾病和伤亡、经济损失,以及不受欢迎的城市环境。从洛杉矶到水牛城,城市曾经是可步行的,并且拥有四通八达的有轨电车线路,但20世纪中叶,应汽车、石油和化工行业说客的要求,除了少数几个城市外,所有城市都拆除了有轨电车线路。截至1950年,仅通用汽车公司一家就收购了100多条地方有轨电车线路。

美国在大力发展汽车工业的同时,又经历了以国家州际高速公路建设为核心的公路交通大发展时期。20世纪初的30年里,美国全国已建有高速公路6.1万km,联系着各州42个首府及95%的5万人口以上规模的城镇,截至1993年,高速公路里程已超出8.5万km,占全世界高速公路总长度的50%。1950年,美国城市地区的公路为32.3万英里;1970年为56.1万英里,增长率为73.7%;截至2000年,美国公路又增长到85.9万英里,比1970年增长了53.1%。

美国借助良好的自然地理条件与汽车工业支柱的经济优势,实施了高速公路与小汽车并驾齐驱的交通模式,推进着自由惬意的小汽车生活方式。这就是美国社会发展模式的基础。

美国以小汽车为主导的发展模式,导致美国的城市空间和基础设施呈现两个显著特征:一是低效的土地利用模式,除了占用农田和开放空间之外,无序扩张的土地利用模式导致交通拥挤、财产税、高房价以及能源消耗、污染的增加,影响居民生活质量;二是公共交通服务职能普遍下降,大都市区的基础设施存量提前趋于饱和,随着交通公害的增加和能源危机的出现,20世纪60—70年代,美国各地都发生了反对高速公路建设的抗议活动,这导致美国政府于60年代颁布了《公共交通法》,70年代通过了《国家环境保护法》(NEPA)和《清洁空气法》,要求相应发展公共交通代替小汽车出行,但是代价极其巨大,每年投入60亿美元以上用于公共交通建设,也只能减少1.5%~2.0%的小汽车出行量,收效甚微。洛杉矶、休斯敦等都是以高速公路而闻名的城市,高速公路和城市里的各种建筑与生态景观一样,都已成为城市的"标配"特征。

2)美国模式的典型代表——洛杉矶

洛杉矶位于美国西海岸的加利福尼亚州南部,是美国第二大城市。洛杉矶大都市是指洛杉矶县域行政区,市域面积为$10571km^2$。洛杉矶城市用地是典型的弱中心、低密度分散布局形态的代表,由88个城市组成。集中城市化地区面积近$3700km^2$(占土地面积的35%),其余6800多km^2是分散的非集中城市化地区。

洛杉矶集中城市化地区的人口密度也较低,反映了其城市用地布局的分散性。2000年,洛杉矶市域人口达988万人,年均增长9万人。洛杉矶大都市近90%(880万人)的人口分布在集中城市化地区的88个城市,这一地区的人口密度为2378人/km²,而整个洛杉矶市域人口密度仅为935人/km²,是一个人口密度比较低的大都市。中心城洛杉矶市人口为382.3万人(2002年),市内有10个左右次中心,除了市中心和次中心有高层建筑外,大部分地区为5层以下的低层建筑,这样的弱中心、低密度城市空间的布局形态对交通方式的影响最为突出,使得其必须拥有一个高标准、高密度的道路网络来支持。自1940年第一条高速公路建成通车后,至20世纪80年代,洛杉矶市区拥有世界上规模最大的城市道路系统,城市道路总长10240km,高速公路256km,整个洛杉矶都会区的高速公路达854km。洛杉矶公共交通系统由交通局(MetroPolitom Transit Authority,MTA)运营管理,有12个固定铁路的运营公司。平均每日运送乘客130万乘次,人均乘公共交通仅为0.13次,是世界上公交出行强度最低的大都市。

2000年,洛杉矶家庭平均拥有小汽车1.68辆,平均每3个人拥有2辆车,是世界上机动车拥有水平最高的大都市。道路设施与机动车相互刺激的增长使得小汽车交通成为城市出行主导方式。

1938年,洛杉矶南加利福尼亚发布了兴建"城市汽车路"的报告,从此洛杉矶在空中、地面、地下都新建了更大规模的道路交通基础设施,道路交通用地占城区面积的56%,成为一座名副其实的汽车城。几十年来,洛杉矶一直以小汽车为中心而发展起来的;然而,修路并没有给洛杉矶的交通带来好转,存在通勤距离增大、拥堵时间延长等问题。1970年,洛杉矶中心城的280万人口中,有429人因车祸死亡,52823人受伤;2009年,通勤者人均年出行延误为63h,成为全美交通最为拥堵的城市。以小汽车为中心的发展模式显现的负面问题是:汽车发展与道路建设刺激了汽车交通需求过度增长,出现了"小汽车增长—交通拥堵、环境恶化—修建道路—小汽车继续增长—再恶化"的无休止的交通拥堵怪圈。

3)美国模式的制度与政策影响

美国是联邦制国家,实行国家和地方的分级管理制度。美国国会关于交通运输部的法令明确指出,设立交通运输部代表联邦政府统一管理对水、陆、空交通的职能,统一规划、组织、协调、制订交通运输政策和扶持计划的实施。然而各州政府有很大的权力,尤其是立法权。州、县、市地方交通主管部门享有充分的自主权,它们可以根据本地的实际情况制定相应的政策。联邦政府和各州政府按法律赋予的权利履行职责,交通运输部门上下级之间没有隶属关系,出现矛盾时通过对话协商解决。

美国崇尚自由市场经济,政企分开行使行业管理职能。交通管理部门不能直接管理交通运输企业或干预交通运输企业的经营行为。其职能主要是起到对行业的引导、协调和监督作用等。

美国是个地广、人稀、钱多、车多的国家,小汽车是城市客运交通的主体,美国的城市布局和生活方式已决定了把整个国家建在"四个汽车轮子"上,这种发展模式是符合美国国情的,包括国家体制(两级政府,市场经济)、经济水平和社会文化。早有"新城市主义"研究显示,美国现实生活中的文化、习俗、观念背景使人们更加向往独栋住房和低密度的生活方式,这与"新城市主义"实施项目的理念是相悖的,人们不习惯于"轨道枢纽""站城融合"的集聚型生活方式,人们更青睐私密的后院空间,而不是公共的空间,小汽车相比公共交通提供了更多自由的选择,人在不同的生命阶段有相异的生活需求倾向,中青年更倾向于选择便捷的汽车出行。洛杉矶大都市区低密度、小汽车化的负面效应木已成舟,但要求改变 100 个小城市的"自主权"是不现实的。洛杉矶的情况在美国是普遍的。美国近期发布了《一个纽约 2050:建立一个强大且公平的城市》(One NYC 2050:Building a Strong and Fair City)报告[40],纽约作为重要的全球城市之一,具有完善的交通体系。交通上的"强大"体现为注重地区和国际的联系、完善洲际交通、增强航线网络的通达性、强化对全球其他城市的辐射。针对城市交通,该报告提出出行更加可靠、安全以及可持续规划目标:让纽约人不再依赖汽车,实施 CBD 拥堵收费;打造现代化的公共交通网,提升地铁性能,提高公共汽车效率;保障街道安全和高可达性,实现道路安全"零死亡愿景",我们期望着纽约人的愿景能够实现。

5.2.3　中国发展模式

1)历史发展

我国是历史悠久的文明古国,关于城市结构形态演变发展的各阶段特点前文已做说明。长期封闭落后的封建社会和近代半殖民地半封建社会,经济落后使城市发展缓慢,直至中华人民共和国成立前留下的大多是传统封建格局的内陆城市和另一类沿海沿商埠或租界畸形发展的城市;用地布局和市内交通系统混乱,码头、车站的到发与集市交易繁忙,扁挑背扛、三轮、黄包车、马车与 20 世纪初出现的汽车、电车并存,路网畸形发展、建筑设施简陋……改革开放之初,与欧美国家大城市的小汽车交通相比,自行车是人们的主要交通工具,常规公共交通萎缩,以"混合"为主的道路交通普遍存在"出行难"的挑战。改革开放大大推进了城镇化进程,其特点是向大城市集中趋势非常明显,而诸多城市布局趋向单一的道路网结构状态延伸,常常与欧美城市的道路密度、面积率、人均面积对比,也对我国道路交通发展产生过不小的影响;进入 90 年代以后,我国小汽车工业生产迅速增长,1994 年国务院颁布《汽车工业产业政策》并实施推进两个战略转变,我国汽车工业成为国民经济支柱的重点产业。进入 21 世纪,我国汽车保有量从上千万辆增加到 2011 年的 1 亿辆(其中,私人汽车保有量达 6539 万辆),年平均增长率超过 20%。汽车的爆炸式增长与过度使用,带来"三高(高速度增长、高强度使用、高密度聚集)"。北京市 2009 年机动车的量级为 400 万辆,年净增量还是高达 51.5 万辆,在世界范围内实属罕见。据调查,在中国 655 个城市中,约有 2/3 的城市在早晚出行高峰时段经受交通拥堵压力,而交通带来的能源消耗、环境污染、交通事故等负外部效应也是十分严重的。

我国面临城市土地与能源的约束。如前所述,我国人口多,耕地少,耕地面积不足世界人均水平的 1/3[39]。而城市用地资源更是短缺,据 2013 年 12 月第二次全国土地调查,13 年间增加的城镇用地大多是优质耕地,形势严峻。我国的土地资源可利用空间仅为发达国家的 50%~60%。在国家"18 亿亩耕地"不可突破的宏观控制下,我国城乡规划用地指标也作出了严格的"红线"约束:城市规划人均用地指标不得超过 100m²,城市道路面积率不得超过 15%。而 2008 年,我国城市道路面积率已经达到 11.3%,进一步提升的空间已经不大,城市难以释放更多的土地修建道路。

我国能源不足。1993 年,我国已是成品油的净进口国,1996 年又成为原油的净进口国。

近10年来,我国石油消费量年平均增长率达到7%以上,而国内石油供应年增长率仅有1.7%。据统计,交通运输业已经成为继工业和生活之后的第三大能源消耗行业,其能源消耗占到总消耗量的20%,我国汽车运输每年消耗的汽油占其生产品的90%。2010年,我国机动车的燃油消耗量达到1.38亿t,据估测,我国的机动车能源消耗量很快将超过2.5亿t。

面对我国人均用地少、能源不足、人口(城镇)密度高、发展不充分不平衡的现实,跨入21世纪以来,举国上下探索求证,"摸着石头过河",从国内外正反两方面历史的经验总结中,认准了发展以轨道交通为主体的公共交通,因为它具有强主导性、强吸引力、强集约性和强可达性的优势。要想解决好14亿人民的出行,就不能走欧美国家发展的老路,不能依赖小汽车,中国客运交通发展模式应该坚持国家与区域(城市)重点发展高速铁路、城际铁路,大城市内发展公交地铁为主的方针。

2)中国模式的典型代表——上海

(1)基本共识

20世纪90年代初,实施"振兴上海,开发浦东"国家战略,进行城市总体规划调整。高强度的投入、快节奏的建设是上海发展面临的最好机遇;上海的领导与专家不断借鉴国内外正反两方面的经验与教训,充分认识到,城市发展规划应该紧密结合交通规划互动思考,交通体系的模式选择是个方向性大事,美国模式不符合我国国情[39],并日益达成几点重要共识:

①上海的人均道路面积只有2.29m^2,这是上海交通规划供需关系上的根本性问题,在世界上是少有的。城市交通发展规划必须从"人均占有道路面积极少"这一基本事实出发,制定一个用最少的道路面积完成最大交通运输承载量的交通体系和政策导向。

②上海交通调查数据表明,同样完成一次出行,如果使用公共交通需要的道路面积为1m^2,则骑自行车要5m^2,坐小汽车要13~25m^2,甚至步行也要3m^2,所以城市结构与交通政策中最重要的是要调节好城市客运结构,以步行、自行车、公共交通和小汽车四种方式为主,针对不同的出行距离、出行目的、不同人群,都有不同的适应范围,以上海人口密度之高、交通活动强度之大,交通方式不能任其自由发展。上海优先发展公共交通特别是有轨交通,是解决城市交通唯一可行的途径。

③什么是上海城市现代化?首先要有一个与城市发展布局相适应的现代化的公共交通系统,而不是考虑有多少小汽车。20世纪80年代后期,上海就提出的交通发展战略是优先发展包括有轨交通在内的公共交通,逐步缩小自行车的使用范围,控制小汽车的发展速度和规模,在市区严格限制摩托车发展。

上述几点共识在我国大城市具有普遍性。本书前面第5.1.2部分阐明的国家"七·五"重点科技攻关项目[4]提出的"以轨道交通为骨干和常规公共交通相结合多层次的综合客运交通体系"作为我国大城市交通模式抉择,就是深入调研上海后得到的结论。

(2)三轮《上海市城市交通白皮书》发布实施推进上海模式

如何在上海面对控制小汽车的拥有和使用一直是上海从上到下关注的焦点问题,随着改革开放的推进,上海开始编制《上海市城市交通白皮书》(2002版)一书的工作。该书从实际出发,坚持发展小汽车要具备三个基本条件(经济水平、廉价小汽车、道路承载力)的政策导向;道路是一种社会性准公共品,是具有排他性的,政府的作用就是要将占用道路资源高的私人小汽车的保有量、使用量降下来,而这其中的重要政策就是要开车的人付出更高的牌照成本和使用成本。随着《上海市交通发展白皮书》(2013版)发布,提出了如何努力转变中心城的出行结构(公交分担达60%,高峰小时速度大于40km/h),如何使新能源和清洁能源的公交比重超过50%,如何使交通污染排放有效控制阶段性的任务和指标分解量化;2022年10月13日发布的《上海市交通发展白皮书》(2022版),提出要以构筑"人本、高效、智慧、绿色、韧性"的国际大都市高质量一体化交通的目标,建成融入国家交通网络主骨架(重点以"四网"融合的轨道交通为主体)多层次、多模式综合交通体系。

(3)谋划未来上海模式规划新发展

《上海城市总体规划2017—2035》规划蓝图制定了要持续完善以"枢纽型、功能性、网络化、智能化、绿色化"为特征,打造"立体融合、人本生态、智慧高效"的高质量、现代化综合交通体系;支撑独立的综合性节点城市功能;按照"新城发力"要求,加强市域(郊)铁路的规划建设,形成新城独立的多种交通方式综合交通枢纽。另外,探索适应新城空间格局的新型公共交通系统,加强市域快线、局域线、中运量公共交通等规划研究,形成多元化、多层次的公共交通体系。根植于上海的土壤,以更宽广与前瞻性的视野展望未来,依托国家体制的自信与优势充分体现上海大都市本地化、先进性、示范性的特点,这就是中国上海发展模式的精髓所在。

3)中国模式的制度与政策影响

(1)我国的城市规划演化的历史回顾

近代中国的都市发展计划具有多个范式渊源,形成了一种多样化的理论谱系,无不浸透着城市(交通)规划与政治体制的"相互依附"关系。1949年以前,随着"西学东渐"潮流移植而来,英、美、德、日等国的模式均不同程度地影响着中国近代城市规划的理论与实践。中国的国情与西方国家的不同,规划师的职能始终在政府内部的行政院所。城市规划属于"上层建筑"依附于政治体制的设定,决定了从业者必然要对国家政策目标的高度敏感与充分理解,国家成为规划设计活动的主导者。三个阶段"政治体制"内涵简述如下:

①中华人民共和国成立初期至改革开放以前。城市规划"体制"受国际政治环境所迫,全面倒向苏联,停止引用西方国家的规划理论,将"以苏为师"的国家政策贯彻到位;后来"三年困难时期",出现"三年不搞城市规划"的历史;20世纪60年代后,西方城市规划思潮的多元化渗透,并呈现出人本主义规划特点;"文化大革命"十年间,城市建设基本呈现停滞状态。

②改革开放后,我国确立了解放思想、实事求是,党和国家工作重心转移到经济建设上方针政策,基于国家工业计划发展的"建设意志",中国特色社会主义市场经济体制的逐步确立,城市规划也突出了对经济与效率的追求,诸多"政绩型、增长型的规划"均与管理体制密切相关。而规划建设中出现了土地征收超标与"占补平衡"问题,忽视了公共利益问题等。

③21世纪以来,国家交通建设项目推进依托新型城镇化快速进程,顺应"一带一路"经济全球化新形势,提速建设高速公路、高速铁路和城市轨道交通体系,不断加快建设从国家、区域到城镇的骨架体系,20多年来从瓶颈制约到缓解适应,从交通大国走向交通强国,建设举世瞩目的"高铁上的中国""轨道上的长三角",等等;这些都是改革开放以来我国制度优势能力(institutional capacity)的集中表现。尽管还存在国家规划统筹、高速增长与高质转向、粗放式与精细化、技术作为与职业操守等问题,但笔者相信,相较美国体制机制上的弊端,后来居上的中国新型城市化与交通现代化的发展(特别是现代综合交通体系与综合交通枢纽集群、城市、

港航场站建设)具有明显的制度优势和强大的自我完善能力。

(2)我国高速铁路建设之关键——举国之力办大事

截至2022年,我国高铁里程已达4.2万km,占世界高速铁路通车总里程的71%;全国铁路营业里程15.5万km,全国铁路路网密度超过156.7km/万km²,成为世界上运营里程最长、在建规模最大、运营场景最丰富、商业运行速度最高的高速铁路网。至今,我国高铁网络线路扩建(包括"四网融合"——高铁、城际铁路、市郊铁路、城市铁路)以及客运枢纽规划论证、城市设计、交通组织、"站城融合"、功能开发方案已取得成效,硕果累累,这是其他发展模式的国家无法复制的。

回顾我国高铁建设背景,离不开3次《中长期铁路网规划》的调整:第一次是2004年1月,国务院批准铁道部提出的《中长期铁路网规划》,2008年调高了建设指标,直到2016年公布第三次《中长期铁路网规划》,我国高铁建设经历的高潮、受挫后的低潮和再入高潮的曲折,十多年来的实践表明,高铁是14亿人的民生工程,也是与承载"一带一路"的国际性希望工程,民生加政治集中体现了中国大地客运交通与城市化发展模式的科学选择,更加考验着国家决策层的智慧能力和政治远见。

我国是世界上第一个也是迄今唯一展示出以高铁替代传统铁路趋势的国家,而且替代的规模和速度无与伦比[43]。相比19世纪中叶的工业革命带来的火车交通文明,一直延伸一个多世纪的传统铁路运输,包括欧美国家及日本等发达国家的机动化载运工具,中国高速铁路网的规模能力伴随高铁网络扩充延伸,能够最大限度地让区域的人流、物流、资金流和信息流实现便捷的流通,特别是我国高铁装备制造和自主创新能力的输出。中国正在引领着世界轨道交通领域的一次革命。

城市化和机动化是国民经济发展的两个发动机。我国新型城镇化主体形态呈现城市群都市圈人口、产业的新的集聚趋势。高度集聚的城市群和都市圈是经济增长、人口集聚、产业升级的主要载体和推动方式。高铁也具备公共客运交通强主导性、强吸引力、强集约性和强可达性功能特性,以高铁枢纽为代表的现代客运交通枢纽具有高聚合效应和扩散效应,具有更大的时空压缩效应和特殊的触媒效应。中国体制下,国家体制与制度能力始终在资源配置上发挥着主导和支配的优势,其他模式难以借鉴。

5.3 "站城融合-协调发展"客运枢纽规划理念的诠释与应用

5.3.1 TOD综合开发概述

1)TOD的内涵

多年以来,先后出现了几种近似于"TOD"的概念的理解,例如"公交社区(transit village)""以公共交通为支撑的发展(transit-supportive development)"以及"公交友好的设计(transit-friendly design)",相比之下,TOD是使用最为广泛的术语,也最能准确表达现代化公共交通系统支持下的城市土地开发模式的内在含义。关于TOD更广泛的定义,比较典型的表述有以下几种[44]。

Bernickand Cervero于1997年提出,TOD是一个布局紧凑、功能混合的社区,以一个公共交通站点为社区中心,通过合理的设计,鼓励人们较少地使用汽车,更多地乘坐公共交通。这样的一个公交社区以公交站点为中心向外延伸大约1/4英里(约400m),相当于步行5min的距离,位于社区中心的是公交站点及环绕在其周围的公共设施和公众空间。公交站点充当与周围其他区域联系的枢纽,而公共设施则是本区域最为重要的核心,相当于一个用于人们聚集、庆典以及特殊事件的"现代版的古希腊广场"。

Peter Calthorpe 于1993年提出了对TOD的定义,他认为TOD是一种土地混合使用的社区,社区边界距离中心的公交站点和商业设施大约1/4英里,适合步行交通。社区的设计、布局强调创造良好的步行环境,同时客观上起到鼓励公共交通出行的作用。

加利福尼亚交通局对TOD的定义是:适中或更高密度的土地利用,将居住、就业、商业混合布置于一个大型的公交站点周围适于步行的范围之内,鼓励步行交通,同时不排斥汽车交通。TOD以有利于公共交通的使用为原则。

许多学者认为,TOD是一种需求诱导型的交通供给和土地开发策略,其内涵主要包含以下几个基本要素:①布局紧凑、功能混合的土地利用形态;②靠近具有良好服务的公交设施;③有利于增加公共交通乘客量;④具有步行、自行车友好的环境设计;⑤公共空间靠近车站;⑥公交站点成为社区枢纽。

1997年,Cervero和Kockelman提出了关于TOD的"3D"原则,即密度(density)、多样性(diversity)、合理的设计(design),提出要通过合理的设计保证在相对高密度发展条件下为不同的人群提供多层次的选择。

TOD被提出以来,得到世界各国的支持,尤其在人口密度较高、经济发展水平较好的亚洲城市,得到了很好实践并取得了显著效果。TOD的理念仍在不断地丰富与发展中,其内涵主要体现在:①城市规划布局紧凑,土地开发强度较高,鼓励和支持更多地使用公共交通;②住宅、商店、公园、办公机构、公共设施集中分布在公交站点周围的步行范围内,土地混合使用;③步行街道友好,并与出行起止点直接相连;④提供不同类型、不同价格、不同容积率的混合居住区,使居民拥有多样性的居住选择;⑤保护自然环境,根据地形特征建设高质量的公共空间,并使之成为建筑朝向和公共活动的中心;⑥鼓励在建成区内沿公交走廊进行新建和改建等。

2) TOD的开发层面

通常情况下,"TOD"模式对交通方式的影响体现在节点层面、城市层面和区域层面:

节点层面,即在公交站点周围提供多种价格、密度的住宅类型。以高效率的公共交通系统(特别是大容量快速公交系统)为引导,落实公交优先的理念,以提高公共交通系统可达性作为城市土地利用规划与管理的核心,提升城市机能、改善城市交通环境、提高大容量快速公交系统的使用效率并促进土地的有效利用。围绕公共交通站点设置商业、商务、公建、公共空间以形成核心区,在核心区外侧布置居住用地。实施公共交通站点周围高强度、综合性土地利用,形成步行友好的设计,减少人们对小汽车交通的依赖。

城市层面,实施TOD开发的城市都有一条到数条主要的交通干线,如地铁、轻轨或大容量公交线路等,在城市区域内又有发达的公共交通线网。各TOD项目沿着主要的公交干线(城市TOD)和支线(社区TOD)展开,这在整体层面上体现了交通对城市空间演化的引导作用。城市型TOD强调以公共交通走廊为纽带、公共交通为导向、综合用地组团为节点的城市空间布局方式。

区域层面,Peter Calthorpe 认为,应当在已有的或规划的区域快速公共交通干线周围开展建设,这样的区域快速公共交通干线包括轻轨线路、地铁线路、常规公交快线(express bus service),应保证至少 15min 一班的发车频率以及专有的路权(right-of-way)。远离区域快速公交线路的地区必须提供公交支线服务(feeder bus),保证到达区域快速公交站点的行驶时间不超过 10min(距离约 3~5km)。区域型 TOD 强调公共交通与土地利用规划紧密结合,主张集约化、高效率的土地利用模式,以形成紧凑、生态化的区域空间形态。

结合我国实际情况,基于 TOD 理念的开发模式在三个层面上均已赋予诸多新的内涵。

5.3.2 我国客运枢纽"站城融合-协调发展"的特点

1)结合中国国情的 TOD 发展特色

TOD 成为一种有效的城市开发模式,是解决大城市病的"一剂良药",已形成广泛的共识。随着我国新型城镇化、区域一体化战略的推进,以及交通运输方式的演变,TOD 在我国的实践以及内涵也在不断迭代与升级。TOD 与城市更新改造相结合(如北京结合城市更新需求,提出"轨道微中心")以及 TOD 与城市发展特色相结合(如成都提出"TOD+公园城市"新概念)陆续出现,基于 TOD 的城市发展已上升为"站城人融合"发展战略,更注重人的需求;在低碳城市和智慧城市的建设背景下,TOD 成为城市空间低碳发展的抓手;TOD 可持续发展理念日益深入人心,并且与我国城市化发展特点密切结合,逐步形成适合我国国情的若干 TOD 理论,其中具有典型性的经验与特色有:

(1)发挥 TOD 集聚效能,扩大综合枢纽价值空间[48]。

我国的"站城融合"是在 TOD 模式的开发下形成的,或者说,是 TOD 发展到一定程度所呈现的一种城市与枢纽融合的空间形态。首先,TOD 是公共交通引导城市发展,必须要有经济的可行性、驱动力才能成功。一个不创造价值或者创造的价值远小于付出的成本的项目,无法称作引领城市可持续发展的 TOD 项目。TOD 的价值来源于公共交通带来的人流(与活动)聚集,这些人流活动的集聚会使城市空间产生出额外的增值空间,进而能推动城市发展。TOD 开发的一个基本前提就是公共交通能带来远远超过私人交通的人流活动聚集。因此,只有在以公共交通为主导出行方式的城市,才能创造出有价值的 TOD 项目;其次,在人流最密集的区域,要有足够的承载价值的空间,人员聚集产生的价值,必须通过空间才能释放出来。没有功能空间,仅有交通的集散,难以创造出附加增值,增值空间是一个与聚集人口正相关的函数;而聚集人口密度与车站的距离负相关(触媒-集聚理论),要想创造最大的 TOD 价值,就需要在乘客可最便捷到达车站的位置创造出最大的价值空间,空间(容量)的大小与用地类型、开发强度密切关联。因此,我国大量成功的 TOD 项目,都是选择价值最高的土地,在车站及步行 15min 可达车站的用地上进行高容积率项目开发,诸多大型综合客运枢纽都具备有这样的效应。此外,TOD 产业不能简单地归类到传统产业门类,它的组成要素包括 TOD 空间资源、TOD 产品和 TOD 产业链,如图 5-10 所示;政府是 TOD 项目的主导者,企业是 TOD 项目强有力的推动者。

图 5-10　TOD 空间资源支撑要素

（2）以生态谋特色，融入文化元素，提升 TOD 引流能力。

传统 TOD 建设面临同质化竞争和引流能力不足等问题，难以快速吸引产业入驻和集聚人气。提炼项目特色和供给优质空间产品是 TOD 规划面临的难题。TOD 应走出房地产开发、商务写字楼开发的单一模式，结合所在地文化禀赋，从优质生态条件入手，将生态资源转化为高品质生态产品，同时布局相关文化产业，彰显 TOD 片区特色，提升 TOD 的引流能力。例如一个以自然山水、生态景观作为 TOD 新城特色资源的开发项目，可以通过"生态+"引导魅力"园站城生活"，通过"绿环+绿色触角+翡翠项链"促进绿地与站场、城市功能充分连接，创造高质量公园休闲系统；制定"生态导向"的精明开发策略，基于交通承载力分析评估，论证 TOD 片区开发建设总量；在此基础上，结合公园城市建设理论，把城市敏感度高、土地价值相对偏低的地块作为刚性的蓝绿空间控制下来，将对应的建设量转移到周边地块，保持片区内开发总量不变，实现"生态导向"的精明增长。

（3）聚焦用户和体验，探索未来城市的 TOD 与站城融合发展

预想一下未来的站城融合将会是什么样子，综合客运枢纽或许会进一步与周边相邻的城市（地区）相融合，也许最终只会保留其交通换乘中心的功能，其本身则消隐在城市中，而这里将成为城市（地区）最富有活力的片区。客运枢纽或将作为公共产品成为承载更多个性化公共活动的特色城市客厅，以满足公众对基础设施实现公共利益和社会价值的期望，并且更富有弹性以适应动态变化的用户需求。2023 年底将建成运营的广州白云站枢纽，采用了多维度、多层次的站城一体规划设计，大规模、高强度的雨棚上盖开发与生态相结合，利用"光谷"空间、自然采光、生态植被、光伏发电等技术打造绿色低碳枢纽，将成为城市交通、城市功能、城市空间高度融合衔接的最新发展样板。

随着我国预约出行等新型移动共享服务形式的出现，MaaS（Mobility as a Service）时代正在到来。公共交通服务也将在传统的移动功能之外挖掘新的价值，诸如移动便利性创造资产价值；站场建筑空间周边的多余空间，包括高架桥下、附属设施周边空间的利用越来越受到关注。交通枢纽拥有更好的区位条件与 24h 开放的服务设施，可容纳办公、运动、创客、物流、休闲等更多元的服务功能空间（图 5-11）。

图 5-11　未来 TOD 周边空间提升探索

2)"大 TOD 模式"下的站城融合发展特点

随着高铁时代的到来,我国高铁枢纽将成为引领城市发展的重要引擎,在城市群、都市圈建设中发挥日益重要的作用。

(1)高铁综合枢纽促进都市圈区域经济与社会发展

高铁的建设拉近了城市之间的距离,促使我国区域空间(城市群、都市圈)结构形态发生了巨大变化。到 2022 年,我国高速铁路规模已达到 4.2 万 km,建成高铁客站 1188 座。根据我国《中长期铁路网规划》提出的目标,到 2025 年,我国高铁里程将达到 5.0 万 km 左右,高铁将覆盖 98% 的 50 万人口以上城市。到 2030 年,我国高铁线路骨架将形成"八纵八横"格局,高铁客站将超过 2000 座,我国将形成以特大城市为中心覆盖全国、以省会城市为支点覆盖周边的高速铁路网,实现都市圈 1h 通勤、城市群 2h 通达、相邻城市 3h 畅行目标。高铁促使人口与经济的聚集,典型的例子如武汉、长沙、郑州等,高铁通车后,周边城市基本纳入了其 2h 通达范围内,三市在中部地区中心城市的地位进一步加强。高铁枢纽成为城市人口与经济聚集的重要片区,例如,南京南站位于南京市雨花台区,该区人口超过 60 万,2022 年 GDP 总量 1040 亿元,已成为千亿级区县;济南东站片区借助高铁枢纽优势,已成为吸引了 3.9 万常住人口和 22.4 万人就业的城市新区。

(2)高铁综合枢纽推进城市中心、副中心及发展轴线形成

毋庸置疑,我国高铁车站已成为城市更新与地区发展的重要动力,枢纽中心更容易发展为城市副中心。例如,定位国家(区域)层面综合交通枢纽的郑州东站,已经成为郑州市东部城市副中心,并进行了综合开发,提出了"聚心"和"扩展"规划策略,强化了现代物流与高端服务业的集聚,完成了"复合功能-客货物业(业态)-结构形态"三方面的整合,从三个层面(核心区 2.7km^2、基地周边 7.3km^2、枢纽规划区 35.1km^2)进行开发,充分体现了大聚大散、高效便捷打造副中心的新模式。

(3)高铁综合枢纽促进商务、商业和房地产等现代服务业发展

高铁枢纽对周边地区开发的影响可以用"三个发展区"结构模型表示,这是 Schutz(1998 年)、Pol(2002 年)等结合高铁站点周边地区开发的案例研究提出的(图 5-12)。他们将枢纽周

边划分为三个圈层：第一圈层为核心地区，步行5~10min距离，主要布置交通枢纽、商业、商务、贸易、办公设施等城市公共设施，建筑密度和建筑高度都非常高；第二圈层为基地拓展区，距离车站约10~15min步行距离，主要布置居住和公共服务用地混合功能，建筑密度和高度相对较高；第三圈层为枢纽车站外围影响区，布置对外服务功能以及主体功能配套设施。我国目前所进行的高铁地区综合规划与设计，基本上都是借鉴沿用了这一体系模式。将"建设一座新城，而不仅仅是一个火车站"作为发展目标，构筑面向区域的多功能、综合性的城市副中心（图5-13）。

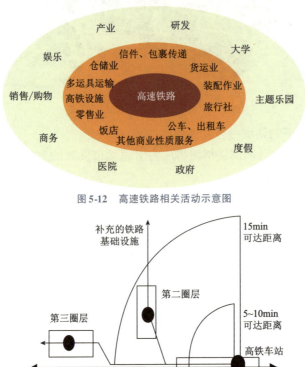

图5-12 高速铁路相关活动示意图

图5-13 "三个发展区"的结构模型

随着区域一体化进程加快和高铁发展，经济发达地区中短距离城际交通需求增长很快，商务、科研、新经济行业的差旅人群出行高度依赖高铁，利用高铁实现区域内核心功能区、战略性地区直连直通的潜在需求很大。为充分发挥高铁对区域一体化的支撑作用，一方面，应尽量将高铁站引入城市内服务区域的核心功能区；另一方面，可以将车站周边地区培育成区域性功能集聚地区。例如，雄安新区坚持将城际铁路车站布置在雄安新区核心区，并建议京雄城际铁路延伸到北京市区内的中关村，可实现北京、雄安新区核心区直连直通[50]。

进入21世纪，在传统公共交通（主要是地铁、轻轨等）为导向的TOD模式基础上，以高铁站、高速公路互通、机场、港口、码头等重要的交通枢纽为节点，以高密度混合多元开发为显著特征的新型TOD模式开始出现，我们称之为"大TOD模式"。高铁组团、空港新城、滨海新区等都是大TOD模式的实践应用。它既是一种综合交通规划模式，也是一种土地开发利用模式,更是一种城市精明增长模式。

"大TOD"发展对应于城市对外综合客运枢纽的站城融合,利用车站周边区域开发改变城市与区域的关系、按照区域发展战略配置站城地区的空间资源、服务区域性出行活动需求具有重要意义。近年来,国家逐步出台和完善支持鼓励大TOD模式下"站城融合"发展的配套政策,越来越多的铁路客站枢纽和城市建设规划在前期就开始密切筹划。随着北京城市副中心通州站、广州白云站、杭州西站、西丽枢纽等一批创新形式客站方案的付诸实施,基于大TOD模式规划理念的客运枢纽建设进入了"站城融合"新时代。未来,车站将引入城市功能,城市与车站没有界限,更没有割裂的阻碍。中国客运枢纽将完成美丽的蜕变,建设理念、智能运用与时代同步,加之他国难以比肩的建设需求和政策体制,我们将在枢纽设计建造技术上实现引领世界,并不断创新发展。

3)都市圈背景下的"站城融合-协调发展"辨析

我国新型城镇化的主体形态日益呈现出城市群、都市圈人口、产业的集聚态势。我国《现代综合交通枢纽体系"十四五"发展规划》提出"一体化、集约化、人文化、复合化"的发展导向,如何推进"交通节点价值、城市功能价值、产业效益价值"三者之间的效能互动,已成为我国城市和区域各类客运枢纽实施"站城融合"开发新理念的基本出发点。

中规院李晓江大师团队大数据平台研究分析表明,我国四大城市群多层次铁路网络在结构匹配、满足铁路客流多样性出行需求、低碳客运的时效性与经济性方面还有许多问题和差距[56]。例如:

(1)与欧洲国家和日本相比,我国城市群与都市圈铁路(轨道)网络总密度普遍较低,整体铁路网密度仅为德国、日本的25%~60%,对于短距离、高频次出行的有效覆盖是一个短板,大大降低了轨道交通的可达性。都市圈地区轨道交通车站数量比较见表5-3。

表5-3 都市圈地区轨道交通车站数量比较

国家或地区	面积(万 km^2)	火车站数量(个)	行政区划
长三角	约35	约200	县级区划304个
德国	约35	约5400	人口>2.5万的城市约500个
日本	约38	约3400	都道府县47个、市町村约1700个

(2)我国三大城市群地区的铁路平均运距和人均乘次与其他国家相比还存在不小差距,以法国、德国、西班牙为例,铁路平均运距为46~70km,人均乘次12~25次/年;日本平均运距仅为28.9km,人均乘次达74.3次/年;而我国三大城市群铁路平均运距为300~400km,人均乘次不足3次/年。2019年我国主要城市铁路出行平均运距和人均乘次如图5-14所示。

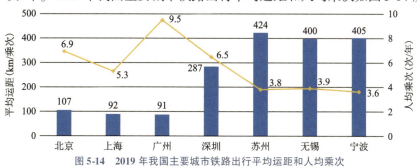

图5-14 2019年我国主要城市铁路出行平均运距和人均乘次

(3) 研究表明(图 5-15、图 5-16),100 ~ 250km 是城际小汽车交通与轨道交通的出行方式竞争距离(区间),大于 100km 时,高铁、城际铁路具有一定的时效性和经济性优势。

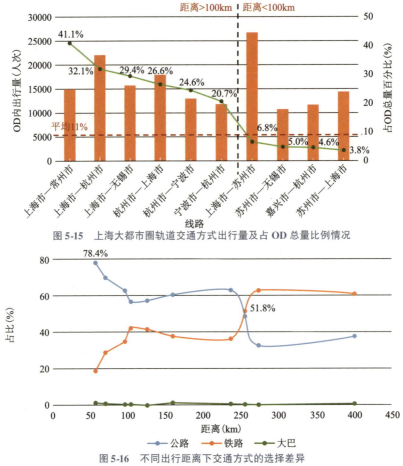

图 5-15　上海大都市圈轨道交通方式出行量及占 OD 总量比例情况

图 5-16　不同出行距离下交通方式的选择差异

以上三个方面的问题是我国城市群与都市圈"集聚式"和"点-轴式"发展空间形态(强核+多中心)的短板,也是落实我国《现代综合交通枢纽体系"十四五"发展规划》多层次"一体化、集约化、人文化、复合化"发展的薄弱环节。

关于"站城融合"与 TOD 理念,李晓江勘察设计大师认为[50],站城融合不是 TOD。以公共交通为导向的 TOD 发展概念源于日本城市火车站地区的开发经验,这很容易使人产生 TOD 概念适用于中国高铁站地区的想法。

关于"站城融合",李晓江还认为首先要明确其概念和内涵。站城融合和 TOD 均为低碳紧凑的发展模式,具有步行友好、公共空间品质高等特征。但两者解决的问题不同,TOD 发展是针对解决城市低密度蔓延提出的紧凑式增长模式;而站城融合是在区域一体化背景下,更加关注区域与城市的关系、关注铁路车站与城市功能中心结合的发展模式。另外,TOD 和站城融合都会吸引人群、活动和功能聚集,但对象和目标差异很大。在对象上,TOD 关注的是城市通勤客流及其带来的生活性服务业在车站周边的聚集;站城融合关注的是城市间商务差旅、消费、休闲客群及其带来的经济生活和服务功能的聚集。在目标上,TOD 关注的是通勤交通优势地区的城市集约高效开发,鼓励出行者使用大运量公共交通服务;站城融合关注的是利用车站周边区域开发改变城市与区域的关系,按照区域发展战略配置站城地区的空间资源,服务区域性需求。站城融合在阶段、定位、人群、功能和可达性方面存在其演进和变化,如图 5-17 所示。站城融合与 TOD 规划设计在方法上也存在差异,如图 5-18 所示。

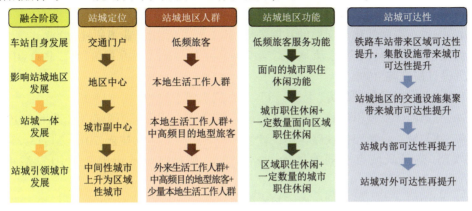

图 5-17 站城融合的内涵与核心特征

图 5-18 站城融合与 TOD 规划设计方法上的差异性

李晓江还指出[56],不建议站城地区功能过度聚集、开发强度过高,尤其不能因开发效益而伤害车站的铁路旅客服务水平,毕竟铁路门户功能是站城地区的核心功能和存在的理由。

因此,我国都市圈的"站城融合"协调发展,还应关注以下方面问题:

(1)以高铁枢纽为代表的现代客运交通枢纽具有高聚合效应和扩散效应,高铁、城际铁路出行更加要求压缩两端出行接驳时间、简化流程,要关注旅客高峰出行分布、出行频率、集散方式,关注季节性和节假日高峰流量,合理设计站城融合交通组织。例如,铁路车站需明确换乘指引,为常态旅客定制自主出行路径,缩短公交接驳换乘距离等等。这是实现"站城融合-协调发展"的基础。

(2)要突出"人本需求"导向的规划视角(理念),要关注铁路客群的出行特征,例如,旅客对出行时间价值、出行便捷、多元功能、舒适体验等的要求正在不断提高;要关注城际客流的多样化出行目的,如城际商务、休闲旅游、探亲访友、跨城通勤等。

(3)要认识到城际商务客群的时间敏感性相比于休闲旅游人群更高;经济发达地区中短距离城际交通需求增长很快;商务、科研、新经济行业的差旅人群对高铁出行的依赖度正在提高;高铁区域内核心功能区、战略性地区直连直通的潜在需求增长很快。

本章参考文献

[1] 王如昀. 伦敦·北京双城记之一:伦敦两千年[EB/OL]. (2019-07-22) [2022-03-05]. https://www.sohu.com/a/328520710_651721.

[2] 唐振常. 近代上海繁华录[M]. 上海:商务印书馆,1993.

[3] 王春才. 城市空间演化与交通的互馈解析[M]. 北京:冶金工业出版社,2008.

[4] 中国城市规划设计研究院. 大城市综合交通体系规划模式研究报告[R]. 北京:中国城市规划设计研究院,1990.

[5] 吴良镛. 北京旧城保护研究(上篇)[J]. 北京规划建设,2005(1):18-28.

[6] 朱逸云. 第四代高铁枢纽综合体开发与运营实践[M]. 北京:中国邮电出版社,2019.

[7] 盛晖. 站与城——第四代铁路客站设计创新与实践[J]. 建筑技艺,2019(7):18-25.

[8] 陈雪明. 洛杉矶城市交通发展的战略转变以及对中国城市的启示[J]. 城市交通,2003(1):36-39.

[9] 马林. 新中国城市交通规划的探索与发展[J]. 国际城市规划,2019,34(4):49-53.

[10] 仇保兴. 19世纪以来西方城市规划理论演变的六次转折[J]. 规划师,2003,19(11):5-10.

[11] 晏克非,于晓桦. 基于SID开发高铁枢纽车站建设条件及其影响[J]. 现代城市研究,2010,25(7):13-19.

[12] 黄建中,蔡军. 对我国城市混合交通问题的思考[J]. 城市规划学刊,2006(2):87-90.

[13] VARKKIGEORGE R,金广君. 当代城市设计诠释[J]. 规划师,2000(6):98-103.

[14] BUCHANAN C D. Traffic in towns:a study of the long term problems of traffic in urban area[R]. London:HMSO,1963.

[15] 魏贺. 重新审视中国城市交通规划发展路径:溯源、演进与展望[C]//中国城市规划学会. 2019年中国城市规划年会论文集. 北京:中国建筑工业出版社,2019.

[16] JACOBS J. The death and life of great American cities[M]. New York:Random House,1961.

[17] 汤姆逊 J M. 城市布局与交通规划[M]. 北京:中国建筑工业出版社,1982.

[18] 朱介鸣. 城市规划的专业核心竞争力:教条主义还是实事求是?[J]. 城乡规划,2020(2):87-92.

[19] 张衔春,胡国华. 美国新城市主义运动:发展,批判与反思[J]. 国际城市规划,2016,31(3):40-48.

[20] 王辑宪. 国外城市土地利用与交通一体规划的方法与实践[J]. 国外城市规划,2009,24(S1):205-209.

[21] 建设部城市交通工程技术中心. 中国城市交通发展战略[M]. 北京:中国建筑工业出版社,1997.

[22] 周干峙. 发展我国大城市交通的研究[M]. 北京:中国建筑工业出版社,1997.

[23] 晏克非. "构建我国综合交通运输体系的研究"专题六分报告七"大都市综合交通枢纽构建的若干问题研究"报告[R]. 北京:中国工程院,2003.

[24] 陈峻,刘志远,裴玉龙. 城市广义枢纽与多模式交通网络协同规划理论与方法[M]. 北京:人民交通出版社股份有限公司,2022.

[25] 崔叙."交通综合体与城市关联效应及效能优化方法研究"报告[R].成都:西南交通大学,2020.
[26] 高自友."大城市交通拥堵瓶颈的基础科学问题研究"报告[R].北京:北京交通大学,2006.
[27] 项目组."城市综合交通系统功能提升与设施建设关键技术研究"报告[R].北京:住房和城乡建设部,2011.
[28] 迈克尔·迈耶.城市交通规划[M].杨孝宽,译.北京:中国建筑工业出版社,2008.
[29] 崔叙.城市综合客运枢纽布局规划理论与方法[D].上海:同济大学,2005.
[30] 覃矞.轨道交通枢纽规划与设计理论研究[D].上海:同济大学,2002.
[31] 谢辉.城市交通网络系统容量模型研究[D].上海:同济大学,2011.
[32] 于晓桦.城市多模式复合交通体系规划的若干理论与方法[D].上海:同济大学,2011.
[33] 夏海山,韩宝明,王琳妍.中国城市轨道交通TOD建设发展30年回顾与思考[J].都市快轨交通,2022(4):2-11.
[34] 邓军.公路口岸规划设计关键技术研究[D].上海:同济大学,2009.
[35] 林涛.城市群背景下交通规划若干问题研究[D].上海:同济大学,2011.
[36] 文雅.综合客运枢纽交通规划与设计的关键技术[D].上海:同济大学,2008.
[37] 陆大道.关于"点-轴"空间结构系统的形成机理分析[J].地理科学,2002,22(1):1-6.
[38] 王宏广,由雷,尹志欣,等.40个指标全面透析中美差距[J].科技中国,2018,252(9):5-9.
[39] 晏克非.交通需求管理理论与方法[M].上海:同济大学出版社,2012.
[40] 顾煜,薛美根,陈必壮,等."十四五"时期上海市综合交通发展新格局[J].城市交通,2022,20(1):25-31.
[41] 上海市人民政府.虹桥国际开放枢纽中央商务区"十四五"规划[A/OL].(2021-09-07)[2022-09-10].https://www.shanghai.gov.cn/nw12344/20210907/3bfef25ad241463bab42c22e1e5ad269.html.
[42] 王敏洁.地铁站综合开发与城市设计研究[D].上海:同济大学,2006.
[43] 路风.新火走向自主创新[M].北京:中国人民大学出版社,2020.
[44] 马强.近年来北美关于"TOD"的研究进展[J].国际城市规划,2009(S1):227-232.
[45] 俞泳,卢济威.城市触媒与地铁车站综合开发[J].时代建筑,1998(4):53-56.
[46] 日建设计.站城一体开发[M].北京:中国建筑工业出版社,2014.
[47] 毛燕武.大TOD模式与城市群可持续发展互动机制研究——以长三角城市群为例[J].智能城市,2016(7):1-2.
[48] 刘雨菡,鲍梓婷,田文豪.TOD站城融合发展路径与广州实践:多层级空间治理与协作式规划设计[J].规划师,2022,38(2):5-15.
[49] 张晓明.新高地!新标杆!新动力源!"双子星"TOD激活区域"财富密码"[J].房地产导刊,2021(11):40-43.
[50] 李晓江.站城融合之思考与认识[J].城市交通,2022,20(3):5-7.
[51] O'NEIL H.美国人为啥想要抛弃高速公路?且看高速公路是如何摧毁美国城市的[EB/OL].张浩然,欧阳倩倩,黄欣宜,译.(2022-12-05)[2022-12-10]. https://mp.weix-

[52] 伊德翁·舍贝里.前工业城市:过去与现在[M].高乾,译.北京:社会科学文献出版社,2013.

[53] 麦为明."轨道+社区"TOD综合发展黄金15年正在开启[EB/OL].(2019-03-04)[2021-03-15].https://www.sohu.com/a/298997940_682294.

[54] 李建智,武虹园.伦敦伊丽莎白线站点综合开发——邦德街站与托特纳姆法院路站[EB/OL].(2022-09-23)[2022-11-05].https://zhuanlan.zhihu.com/p/569623070.

[55] 中华人民共和国国家统计局.中国统计年鉴[M].北京:中国统计出版社,2018.

[56] 李晓江.密集地区绿色交通——城际轨道与站城融合,基于四大城市群的研究[R].深圳:深圳市城市交通规划设计研究中心股份有限公司,2023.

第6章

现代客运交通枢纽供需分析

本章首先阐述现代客运枢纽的交通需求特征,并对客运枢纽的不同交通需求的预测方法进行分析;其次,对客运交通枢纽的交通模式平衡关系进行分析,对枢纽交通内的子系统的供需平衡关系进行分析;最后,介绍上海虹桥交通枢纽的集疏运供需特征及配置情况。

6.1 现代客运枢纽交通需求特征

6.1.1 现代客运枢纽的客流特征

1)客流规模大

客运枢纽客流高度集聚。无论是以铁路火车站为中心的铁路对外枢纽,还是以机场为主中心的航空对外枢纽,以及以城市轨道交通站点为中心的城市公交枢纽,都具有客流密度大、客流来往密切的特征。例如,广州南站客流在 2017 年 10 月就达到 31.17 万人次,虹桥火车站枢纽以及北京站枢纽、北京南站枢纽、北京西站枢纽、杭州东站枢纽、郑州站枢纽等的客流达到 20 万人次/d 以上。全国范围大概有 28 个铁路火车站枢纽客流在 10 万人次/d 以上(表 6-1)。再如,北京/首都机场枢纽 2019 年年旅客吞吐量达到 10001 万人次,平均折算至日客运量达到 27.4 万人次/d。2019 年旅客吞吐量超过 1000 万人次的机场枢纽全国有 39 个(表 6-2)。以城市轨道交通为中心的城市公交枢纽是城市交通客流最为密集的区域。2019 年国内主要城市地铁日均客流量如图 6-1 所示。

表 6-1 国内主要火车站枢纽客流统计

排序	火车站枢纽	日客运量 (万人次/d)	日期	站台面	路局	属性
1	广州南站	31.17	2017 年 10 月 1 日	28	广铁集团	高铁站
2	上海虹桥站	29.50	2017 年 4 月 2 日	30	上海铁路局	高铁站
3	北京西站	24.50	2016 年 2 月 5 日	18	北京铁路局	普高同站

续上表

排序	火车站枢纽	日客运量（万人次/d）	日期	站台面	路局	属性
4	杭州东站	23.35	2017年5月28日	28	上海铁路局	普高同站
5	郑州站	21.50	2016年4月30日	13	郑州铁路局	普高同站
6	北京站	21.00	2016年2月6日	14	北京铁路局	普高同站
7	北京南站	21.0	2016年10月1日	20	北京铁路局	高铁站
8	天津站	18.70	2017年10月1日	18	北京铁路局	普高同站
9	广州站	18.60	2013年2月6日	7	广铁集团	普高同站
10	深圳北站	18.50	2017年10月1日	20	广铁集团	高铁站
11	南京南站	17.00	2017年4月2日	28	上海铁路局	高铁站
12	汉口站	16.90	2017年10月2日	18	武汉铁路局	普高同站
13	重庆北站	15.70	2016年10月1日	26	成都铁路局	普高同站
14	上海站	15.50	2017年五一期间	13	上海铁路局	普高同站
15	南昌站	14.25	2015年10月1日	13	南昌铁路局	普高同站
16	成都东站	13.70	2017年4月2日	26	成都铁路局	普高同站
17	长沙南站	13.60	2017年4月1日	24	广铁集团	高铁站
18	哈尔滨站	13.50	2010年10月1日	13	哈尔滨铁路局	普高同站
19	武昌站	13.50	2017年10月1日	9	武汉铁路局	普高同站
20	武汉站	13.00	2017年10月1日	20	武汉铁路局	高铁站
21	合肥站	12.70	2013年4月29日	9	上海铁路局	普高同站
22	西安北站	12.59	2017年10月1日	34	西安铁路局	高铁站
23	长春站	12.00	2016年10月1日	16	沈阳铁路局	普高同站
24	济南站	11.70	2014年10月1日	7	济南铁路局	普高同站
25	昆明站	11.30	2017年10月1日	14	昆明铁路局	普铁站
26	沈阳北站	11.00	2017年1月26日	14	沈阳铁路局	普高同站
27	郑州东站	10.15	2017年4月2日	30	郑州铁路局	高铁站
28	苏州站	10.10	2016年5月1日	12	上海铁路局	普高同站

表6-2　2019年国内典型机场枢纽客流统计[1]

排名	机场	年吞吐量（万人次）	同比增长（%）
1	北京/首都	10001	−1.00
2	上海/浦东	7615	2.90
3	广州/白云	7338	5.20
4	成都/双流	5586	5.50
5	深圳/宝安	5293	7.30
6	昆明/长水	4808	2.10

续上表

排名	机场	年吞吐量(万人次)	同比增长(%)
7	西安/咸阳	4722	5.70
8	上海/虹桥	4564	4.60
9	重庆/江北	4479	7.70
10	杭州/萧山	4011	4.90
11	南京/禄口	3058	7.00
12	郑州/新郑	2913	6.60
13	厦门/高崎	2741	3.20
14	武汉/天河	2715	10.80
15	长沙/黄花	2691	6.50
16	青岛/流亭	2556	4.20
17	海口/美兰	2422	0.40
18	乌鲁木齐/地窝堡	2396	4.10
19	天津/滨海	2381	0.90
20	贵阳/龙洞堡	2191	9.00
21	哈尔滨/太平	2078	1.70
22	沈阳/桃仙	2054	8.00
23	三亚/凤凰	2016	0.60
24	大连/周水子	2008	7.00
25	济南/遥墙	1756	5.70
26	南宁/吴圩	1576	4.40
27	兰州/中川	1530	10.40
28	福州/长乐	1476	2.50
29	太原/武宿	1400	3.00
30	长春/龙嘉	1393	7.40
31	南昌/昌北	1364	0.80
32	呼和浩特/白塔	1315	8.20
33	宁波/栎社	1241	5.90
34	温州/龙湾	1229	9.60
35	珠海/金湾	1228	9.50
36	合肥/新桥	1228	10.50
37	石家庄/正定	1192	5.20
38	银川/河东	1058	18.20
39	烟台/蓬莱	1005	19.20

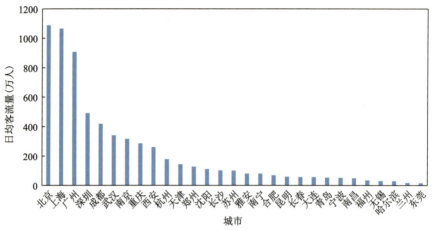

图6-1 2019年国内主要城市地铁日均客流量[2]

2)客流构成复杂

客运枢纽客流中既有乘坐枢纽对外交通工具的旅客,也有迎送旅客的接送亲友人员,还有枢纽内部工作人员。其中,航空枢纽工作人员与航空枢纽乘客规模有一个恰当比例关系,根据国际经验,机场员工占机场进出旅客总量的18%[3]。国内上海虹桥枢纽中机场枢纽工作人员占客流比例在14%(表6-3),略低于国际典型机场枢纽水平(表6-4)。铁路和长途客运站枢纽的工作人员占客运量的比例很少,不到1%。在接送亲友的人员中,与乘客的出行距离有关,国际乘客,接送亲友的人员比例,会高于国内乘客的接送亲友人员比例;国内乘客的接送亲友人员比例也会高于邻近周边的乘客的接送亲友人员比例。比如,上海浦东国际机场枢纽,以国际乘客为主,其接送亲友人员的比例约34%;上海虹桥国际机场枢纽,以国内乘客为主,其接送亲友人员的比例在22%。但根据国情也有例外,如德国法兰克福国际机场枢纽接送亲友人员比例只有6%。

表6-3 上海典型枢纽客流构成统计(单位:%)

枢纽	旅客	接送客	员工
上海浦东国际机场	50	34	16.00
上海火车站	86	14	0.30
虹桥火车站	90	10	0.10
上海南站	93	7	0.05
长途客运总站	88	12	0.06
长途客运南站	95	5	0.07
长途客运沪太路站	90	10	0.06
长途客运西站	91	9	0.02
吴淞客运码头	89	11	0.03

表 6-4 国际典型机场枢纽客流构成统计[3]（单位：%）

机场	旅客	迎送人员	机场员工	其他
德国法兰克福国际机场	60	6	29	5
奥地利维也纳国际机场	51	22	19	8
法国巴黎奥利机场	62	7	23	8
荷兰阿姆斯特丹国际机场	41	23	28	8
美国亚特兰大机场	39	26	9	26
均值	49	25	18	8

3）换乘客流大

换乘是枢纽的主要功能之一。由于枢纽集结多种交通方式，各种交通方式间的换乘客流按照城市内外可以分为三类：第一类是对外交通换乘对外交通的换乘客流；第二类是市内交通与对外交通往返城市间的换乘客流；第三类是市内交通与市内交通的换乘客流。对于对外交通中转换乘功能强的枢纽，其枢纽客流中第一类中转换乘客流也比较高（图6-2）。

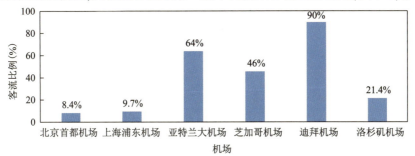

图 6-2 国际国内典型机场中转客流比例

4）时间要求各异

城际列车的设计速度一般为200km/h左右，主要满足朝发夕至的城际出行，通常早高峰时间为6:00—9:00，晚高峰则集中在18:00—21:00。这两个时间段的客流量达到全日的70%之多。设计速度为250～350km/h的高速列车是长距离高速铁路出行的主体，高峰时段通常在10:00—11:00和14:00—15:00。而设计速度在200km/h以下的普速列车的客流有很强的随机性，其客流高峰时段在14:00—16:00[4]。根据李建斌对国家干线铁路武广高速铁路的旅客集散特征调查显示[5]，武汉站高峰时段主要集中在10:00—11:00客流量最大，高峰小时系数达到13.4%；下午出行高峰不明显，同时选择完善17:00之后出行的旅客相对较少；长沙南站在9:00—10:00、14:00—15:00分别出现2个明显的上午、下午高峰时段，高峰小时系数达到10%；衡阳东站在9:00—10:00、14:00—15:00和18:00—19:00出行高峰；广州南站在11:00—12:00和14:00—15:00分别出现2个高峰时段，高峰系数达到10.9%。

5）客流目的多元

高铁出行的旅客主要出行目的分为公务、探亲、旅游，这部分旅客流量占高铁客流量的60%，这部分客流在出发和到达时多以私人交通供给作为换乘工具。除此之外，还有部分阶段性的学生流和外出务工或返乡占客流量的20%，以及其他客流占20%，这两部分旅客多选择城市公交作为换乘工具。

城市公交系统是否完善是客运枢纽换乘方式选择的直接影响因素,包括公交系统的水平、规模、构成、能力等。大城市公交系统发展较为完善,轨道交通也几乎覆盖整个中心城区,再加上其快捷的速度以及鲜明的标志能够直接引导旅客快速找到换乘工具,较快到达目的地。比如,北京、上海、广州等大城市的铁路客运枢纽,50%选址换乘轨道交通,30%选择换乘公交,20%选择私家车或换乘出租车。

6.1.2 现代客运枢纽交通特征

现在客运枢纽存在服务范围多层、多源交通相互叠加、服务要求各异等基本特征。

1)空间服务多圈层

客运枢纽的客流根据其服务范围可分为以下三个层面[6]:

(1)城市群及都市区范围的长距离交通层。随着城镇化进程加快,区域一体化要求更加突出,区域交通网络也在不断完善。客运枢纽的客流不仅来自所在城市地区,还来自城市群及都市圈范围的区域客流比例也在不断提高。例如,虹桥枢纽2014年有近12%的客流来自长江三角洲地区。

(2)连绵发展区域交通层。客运枢纽周边地区势必会成为城市发展的一个中心,其商业和就业岗位吸引大量周边城镇居民,客运枢纽的许多配套同时,也是周边地区发展的支撑。因此,客流枢纽将与周边城镇地区形成区域一体化,在交通上需要进行联动规划。

(3)枢纽周边开发区交通层。围绕综合交通枢纽在周边5~10km半径范围内形成开发区,依托枢纽交通节点功能集聚大量人流,布置商业、商务、会展等功能。对于周边开发区与枢纽之间的交通联系,开发区内部交通组织需要同步考虑。

2)多源交通需求相互叠加

客运枢纽本身既要服务城市对外交通的到发需求,也要服务城市内部的集散交通需求,且城市集散交通需求随着城市对外交通的到发特征不同呈现不同的时空特点:

(1)客运枢纽周边区域的开发也带来大量的交通需求。为了促使客运枢纽功能与其他商务、产业功能的融合发展,一般在开发区布局多种类型功能,从生活服务与零售区、企业总部与会展、会议产业等商务活动,到物流、研发、教育与金融部门等。

(2)依据不同的开发类型,交通需求特征也各异。例如,大型会展将产生大量的展会交通,集中短时到达与离开特征明显;商务集聚区将吸引大量通勤和商务交通,早晚高峰特征明显;娱乐在双休日及休闲时产生较大交通量等。

3)对快捷性、可靠性及通达性要求高

交通枢纽集中的交通方式种类越多,对集疏运交通要求越高。

(1)对外交通与城市交通的衔接要快捷,城市集散方式要求快速交通方式,集散通道要求专用通道。

(2)对外交通方式间的中转要保持高度的可靠,对外交通与城市交通的衔接要协调,城市集散交通要可靠。

(3)周边开发区是其主要影响区,要求以枢纽为中心形成高度通达的内部微循环系统。

6.2 现代客运枢纽交通需求预测

现代客运枢纽交通需求包括枢纽对外交通需求量的预测和枢纽集散交通的需求预测两方面。对于客运枢纽集散量,既包括对外交通方式客流的到离由城市交通进行集散的需求,也包括枢纽承担周边区域综合开发带来的城市交通集散需求。

6.2.1 枢纽对外交通需求预测

在对外交通方式中,铁路、长途一般以旅客年发送量衡量,机场一般以旅客年吞吐量来衡量。一般会将需求年发送量或年吞吐量转换为每日客流量。

为了计算方便,一般假定到达量等于发送量。将年发送量、吞吐量换算为每日客流时采用计算公式为

$$平均每日客流量 = 年发送量 \times 2 \div 365 \tag{6-1}$$

$$平均每日客流量 = 年吞吐量 \div 365 \tag{6-2}$$

如果枢纽包括铁路、长途、机场等多种对外交通方式,则对外交通集散需求量为各种对外交通方式的平均每日客流量之和。

对于枢纽内对外交通方式的设计能力,一般以枢纽工可设计为准。有关对外交通的设计能力请参考相关书籍资料,本书不涉及此部分内容的分析与预测。

6.2.2 枢纽城市集散交通需求预测

对外交通方式集散需求不一定全部由城市交通集散,有一部分是由对外交通方式本身集散,称为对外交通方式间的内部中转。

对外交通到离由城市交通进行集散的需求为对外交通方式集散总需求,扣除对外交通方式间的中转需求,剩余部分为城市交通集散的客流。

一般对外交通集散需求还会产生接送客的需求,这产生的接送客需求与对外交通到离由城市交通进行集散的需求成正比关系。根据国内大型枢纽客流的调查显示,接送客比例一般为15%~20%。

$$对外交通到离由城市交通进行集散的需求 = (对外交通总需求 - 对外交通内部中转需求) \times (1 + 接送客比例) \tag{6-3}$$

对外交通内部中转需求的比例大小,根据枢纽的功能定位不同。对于一般中转枢纽,如国际航空中转枢纽,其内部换乘比例一般超过30%,甚至到达50%;对于到发为主的枢纽,如国家铁路枢纽站,其内部换乘比例在10%以内。

6.2.3 枢纽周边区域交通需求预测

围绕枢纽的便捷性,在枢纽周边一般会形成综合开发或商业核心区等。此部分综合开发带来的需求为周边区域城市交通需求。它一般按照城市交通需求进行计算,其步骤如下:

(1)结合该周边地区的控制性详细规划进行细化分析,根据地块开发性质、开发规模细分交通小区。在全市平均出行产生率的基础上,根据该地区的可达性、土地使用强度对该地区出

行产生率进行调整,根据同类型同区位地区的吸引率对该地区的出行吸引率进行修正。对于具有较强吸引力的地区,需要进行独立需求分析。

(2) 按其使用性质分类,可将枢纽周边用地按其功能性质分为两大类型:第一类是居住功能,如居住小区、公寓等;第二类是具有商业、商务功能,如商场、餐饮、酒店、写字楼以及行政管理机关或会展娱乐等功能公共岗位。这两类功能用地具备明显不同的交通出行特征,第一类以居民本身的出行为主,加上少量的探亲访友出行,在时间分布上体现"早出晚归"的特征;第二类出行由两部分构成,即包括公共建筑职员本身的上下班出行和其诱发的商务出行,如商场的购物人流、写字楼的商务洽谈人流等,具有"早到晚出"的特征。

枢纽周边用地的客流按上述分类可采用原单位法进行计算。对于第一类(居住类)主要依据居民人口数及不同的出行生成系数计算,对于第二类(商业、办公类)则可根据其建筑物的建筑面积和不同类型建筑的出行吸引系数进行计算[7]。

居住高峰小时的出行量的计算公式为

$$PA = F \times p \times \alpha \times \beta \tag{6-4}$$

式中:PA——居住类高峰小时出行量,人次/高峰小时;
$\quad F$——居住建筑户数,户;
$\quad p$——平均每户居民人口数,人/户;
$\quad \alpha$——每个居民每日进出出行次数,次/d;
$\quad \beta$——高峰小时系数。

公共岗位高峰小时出行量的计算公式为

$$PB = \sum S \times M \times (C + 2D) \times \beta \tag{6-5}$$

式中:PB——公共岗位高峰小时吸引量,人次/高峰小时;
$\quad S$——公共岗位建筑面积,m^2;
$\quad M$——公共岗位单位建筑面积岗位数,个/m^2;
$\quad C$——公共岗位的职员日均进出的次数,次/d;
$\quad 2D$——公共岗位吸引的访客日均进出的次数,次/d;
$\quad \beta$——高峰小时系数[8]。

不论是居住类还是公共类建筑都有不同的参数取值。在实际分析中,需要通过项目设施的出行特征调查确定参数的取值,表6-5列示了公共类建筑高峰及全日的产生率与吸引率的系数值。

表6-5 公共类建筑高峰及全日的产生率与吸引率

用地性质	代码	类型	单位	晚高峰		全日	
				产生率	吸引率	产生率	吸引率
YD_R1	R1	一类居住	人次/户	0.55	0.88	6.03	6.04
YD_R2	R2	二类居住	人次/户	0.55	0.88	6.03	6.04
YD_R2(H14)	R2(H14)	村镇建设(居住)	人次/户	0.39	0.80	3.98	3.99

续上表

用地性质	代码	类型	单位	晚高峰		全日	
				产生率	吸引率	产生率	吸引率
YD_R22	R22	公建配套	人次/百m² 建筑面积	0.39	0.80	3.98	3.99
YD_B1	B1	商业设施	人次/百m² 建筑面积	3.05	3.21	49.91	49.91
YD_B2	B2	商务金融	人次/百m² 建筑面积	1.30	0.49	8.79	8.79
YD_B1(H14)	B1(H14)	村镇建设(商业)	人次/百m² 建筑面积	1.26	1.43	7.81	7.81
YD_B2(H14)	B2(H14)	村镇建设(商务)	人次/百m² 建筑面积	1.26	1.43	7.81	7.81
YD_B14	B14	旅馆用地	人次/百m² 建筑面积	0.66	0.65	10.15	10.16
YD_B29	B29	其他商务用地	人次/百m² 建筑面积	1.30	0.49	8.79	8.79
YD_B4	B4	公用设施营业网点	人次/百m² 建筑面积	0.39	0.80	3.98	3.99
YD_B41	B41	加油加气站	人次/百m² 建筑面积	0.39	0.80	3.98	3.99
YD_A1	A1	行政办公	人次/百m² 建筑面积	0.59	0.34	3.17	3.17
YD_A2	A2	文化设施用地	人次/百m² 建筑面积	1.39	0.52	12.26	12.26
YD_A3	A3	教育科研用地	人次/百m² 建筑面积	2.18	2.01	28.90	28.90
YD_A31	A31	高等院校、中等专业学校	人次/百m² 建筑面积	2.18	2.01	28.90	28.90
YD_A33	A33	中小学	人次/百m² 建筑面积	0.91	0.23	2.84	2.84
YD_A4	A4	体育	人次/百m² 建筑面积	1.48	1.20	11.30	11.30
YD_A5	A5	医疗卫生	人次/百m² 建筑面积	2.78	2.06	22.78	22.81
YD_A6	A6	社会福利	人次/百m² 建筑面积	1.39	1.03	11.39	11.40
YD_A7	A7	文物古迹	人次/百m² 建筑面积	0.46	0.36	4.20	4.20
YD_G1	G1	公园	人次/百m² 建筑面积	0.07	0.10	1.78	1.78

6.3 现代客运枢纽交通模式平衡分析

6.3.1 交通方式分类

交通方式是指从出发地到目的地完成出行目的所采取的交通手段。通常,交通可分为轨道交通、公共汽(电)车、出租车、小客车、电动自行车、自行车和步行,以及缆车和索道等,在大型交通枢纽还有步行传送带。按照类别分类,交通可分为个体交通方式、公共交通方式和辅助交通方式。其中,个体交通方式是指个体所有的交通方式,包括私人小汽车、自行车和步行等。个体交通方式的优点在于灵活自由,能够实现"门到门"的出行服务。公共交通方式是指由获得许可的营运单位或个人为城市集中建成区内公众或特定人群提供的具有确定费率的客运交通方式。公共交通方式的优点是运输效率高,为大众提供低成本的出行服务。辅助交通是指城市中满足特定人群个性化出行需求的城市公共交通方式,如出租车、班车、校车、定制公交以及特定的轮渡、索道、缆车等。

1)步行交通

步行交通是人们最基本的出行方式,不可替代。影响步行方式的因素主要是出行目的和出行距离等内在因素。尤其是出行距离,步行方式的比例随出行距离而变化的规律非常明显,一般步行速度为4km/h,步行出行范围集中在1.5km范围内。

2)自行车交通

自行车交通是一种依靠体力运行的交通方式,其特点是具有自主灵活、可达性好、运行经济、环境效益好等,但由于受地理气候环境条件影响较为突出。自行车交通一般速度为8~10km/h,通常骑行的时间在30min以内,即自行车出行范围集中在4~5km范围内。

3)机动化交通

机动化交通主要是指依靠动力实现位移的交通方式,包括公交车、小汽车、出租车、摩托车以及地铁、轻轨等交通方式。

公交车又称为常规的公交车辆,其主要特点是运量适中,一条常规公交线路的单向客运能力一般为8000~12000人次/h;速度较慢,理想条件下可达25km/h,一般条件下为15km/h。

由于客流的增大,常规公交线路不能完全满足人们乘车的需要,快速轨道交通逐渐进入人们的生活,快速轨道交通包括地铁、轻轨等交通方式,它具有运能大、速度快两大特点。地铁单向运输能力一般为30000~70000人次/h,轻轨单向运输能力为10000~30000人次/h,地铁的行驶速度可以达到40~60km/h。

小汽车、出租车与摩托车等交通方式,又称个体交通方式。其特点是具有门到门的服务特征,运输速度快于常规公共交通,在城市内部道路上一般是30~40km/h,在郊区或高速公路上一般可以达到100km/h以上。但运输能力有限,一条单向3车道的主干道路,其单向运输能力一般在5000人次/h。

6.3.2 交通方式效能综合比较

各种交通方式在便捷性、能耗、环境影响、时空消耗、使用费用等方面存在差异。

1)便捷性

(1)个体交通

就个体交通(如小客车,摩托车,自行车等)方式而言,其特点是交通可达性和可自由支配性强,出行范围广,活动半径大,可实现门到门的服务;花费的时间主要是车上的运送时间,步行和候车时间很少。但运送速度往往不能自由控制,深受道路和交通条件的影响。

(2)公共交通

就公共交通方式而言,轨道交通和常规公交一般是按固定的线路、固定的时间表运行,交通服务只能做到固定空间和时间的服务。其特点是运送速度快,运送效率高,但建设费用较高,初期投资成本大。出行者仍需要两端的步行或其他方式接驳,由于服务范围有限,接驳或换乘时间一般较长。

(3)辅助交通

就辅助交通方式而言,如出租车或定制公交,具有个体交通和公共交通的共同特征,相比公共交通具有相对高可达性和可自由支配性,相比个体交通不需要拥有自己的交通工具,但只有在服务密度较高的区域具有一定的竞争性,在需求不大的郊野地区一般很少有辅助交通方式提供服务。

2)能耗

不同交通方式运输一个单位的人公里所消耗的能源从0.06MJ变化到1.45MJ。步行和自行车方式是能源消耗最经济的运输方式。在其他交通方式中,轨道交通和公共汽(电)车消耗的能源最少。因此,在运输效率不降低的条件下,步行和自行车,公共交通是最佳的枢纽运输方式[9]。不同交通方式单位运量能源消耗见表6-6。

表6-6 不同交通方式单位运量能源消耗(单位:MJ/人公里)

交通方式		满载率(%)			
		25	50	75	100
汽油汽车	<1.4L	2.61	1.31	0.87	0.62
	>2.0L	4.65	2.33	1.55	1.16
柴油汽车	<1.4L	2.26	1.13	0.75	0.57
	>2.0L	3.65	1.83	1.22	0.91
轨道	市内	1.14	0.57	0.38	0.29
	郊区	1.05	0.59	0.35	0.26
公共汽车	大型	0.7	0.35	0.23	0.17
	中小型	1.42	0.71	0.47	0.35
自行车		—	—	—	0.06
步行		—	—	—	0.16

3)环境影响比较

不同交通方式运输一个单位的人公里所排放的污染物总量是不同的。自行车、纯电动小客车和轨道交通运输一个单位的人公里没有污染(直接污染),汽油小汽车为0.5~0.7g/km,公共汽车为4.7~5g/km。在运输效率不下降的条件下,自行车和轨道交通是对城市空气污染较小的方式。不同交通方式环境污染比较见表6-7。

表6-7 不同交通方式环境污染比较(单位:g/km)

交通工具	标准	CO	HC	NO_x	PM
小汽车	国4	0.68	0.075	0.032	0.003
	国5	0.46	0.056	0.017	0.003
出租车	国4	2.45	0.277	0.135	0.003
	国5	2.25	0.257	0.095	0.003
公交车	国4	3.77	0.418	0.775	0.044
	国5	3.77	0.418	0.582	0.044
自行车		0	0	0	0
轨道交通		0	0	0	0

注:资料来源于《道路机动车排放清单编制技术指南(试行)》(征求意见稿)。

4)时空消耗(运能)

在城市土地利用和城市空间是城市有限资源的重要组成部分,不同交通方式完成单位运量对于城市道路交通设施的占用是不同的。小客车出行的城市时空消耗比公共交通大得多。在正常畅通条件下各种交通方式时空消耗见表6-8。

表6-8 在正常畅通条件下各种交通方式时空消耗(单位:$m^2 \cdot h/5km$)

交通方式		停车时	行车时	总体
私家车	上班(8h)	72	18	90
	休闲(3h)	24	18	42
	购物(1.5h)	12	18	30
自行车(摩托车)	上班(8h)	13.5	7.5	21
	休闲(3h)	4.8	7.5	12
	购物(1.5h)	2.3	7.5	10
公共汽车(50人/辆)	专用道(60辆/h)	0	6	6
	专用道(30辆/h)	0	12	12
	无专用道	0	3	3
轻轨	3000人次/h	0	6	6
地铁	30000人次/h	0	1	1
郊区铁路	30000人次/h	0	1.5	1.5

5)投资费用

不同交通方式的投资费用是不同的。城市轨道交通是初期建设投资最大的交通方式,公共汽车和小客车的基础都是道路基础设施。不同轨道交通方式投资费用比较见表6-9。

表6-9 不同轨道交通方式投资费用比较

费用		有轨电车	轻轨	地铁	市郊铁路
轨道(百万美元/km)	地面	0.2~0.9	0.2~0.9	1.9~6.0	0.3~1.3
	高架	—	3.1~7.5	4.5~9.4	—
	地下	—	10.0~20.0	10.0~20.0	1.2~31.3
车站(百万美元/站)	地面	—	—	0.5~2.0	0.5~2.0
	高架	—	0.5~2.0	1.0~3.0	—
	地下	—	4.0~5.0	4.0~6.0	5.0~15.0
车辆(百万美元/辆)		110~200	250~400	160~400	250~400
运费(百万美元/运行公里)		0.75~1.06	0.94~1.44	1.0~3.0	1.5~4.5

例如,常规公交、长途公交、地铁、轻轨、私家车、出租车等,它们都具有各自的交通特性,如适合于大量旅客集中定向移动的公共交通工具(如公共汽车、地下轨道等),适合于少数人特殊需要的交通工具(如出租车、私人小汽车、摩托车等),不同交通方式的适宜出行距离见表6-10,不同交

通方式的出行距离如图 6-3 所示,各种交通方式在建设投资、资源消耗、使用范围、运输效益以及环境污染等方面存在各自优势和劣势。各种交通方式单通道宽度、容量、占地面积等见表 6-11。

表 6-10 不同交通方式的适宜出行距离

交通方式	运送速度(km/h)	适宜出行距离(km)	适宜出行时间(min)
地铁	35~40	5~50	10~60
有轨电车	25~35	3~30	10~50
公共汽车	12~20	1~10	8~30
小客车	20~60	10~60	20~30
自行车	8~12	1~5	10~30
步行	4	0.5~1.5	5~20

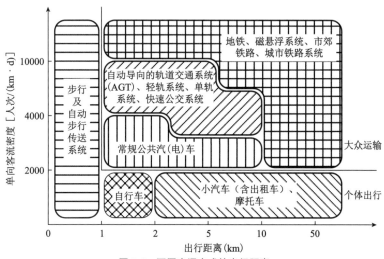

图 6-3 不同交通方式的出行距离

表 6-11 各种交通方式单通道宽度、容量、占地面积等比较[10]

交通方式	单通道宽度(m)	容量[万人/(通道·h)]	单位动态占地面积(m²/人)
步行	0.8	0.1	1.2
自行车	1.0	0.1	2.0
摩托车	2.0	0.1	22
小汽车	3.25	0.15	32
公交车	3.5	1.0~1.2	1.0
轻轨(高架)	2.0	1.0~1.3	0.2
轻轨(地面)	3.5	1.0~1.3	0.2
地铁(地下)	0	3.0~7.0	0~0.2
地铁(地面)	3.5	3.0~7.0	0~0.2
市郊铁路	3.5	4.0~8.0	0.2

6.3.3 枢纽交通模式特征

枢纽人流主要是由乘坐飞机、高铁等旅客构成的。进出枢纽的人员不仅包括旅客,还包括在枢纽工作的工作人员及乘客迎送人员等。因此,进出枢纽的交通流可以分为三个主要的组成部分:一是旅客,主要包括始发旅客和终到旅客,是枢纽最直接、最重要的顾客。对于中转旅客和经停旅客来说,由于其仅仅停留在枢纽内部,而不需要进出枢纽;二是工作人员,包括航空公司、铁路、机场、政府以及其他一些枢纽驻场单位(包括海关、动植物检疫、移民及边防等口岸单位、货代仓储等物流单位、贸易及金融等单位)的工作人员;三是接送客人员,主要包括接人、送客的人员和到枢纽观光及办理商务人员等。

旅客流作为进出场交通流的一部分,它是处理整个进出场交通问题的关键环节。旅客流具有不均衡性、瞬时性、延续时间长等特征。其中,不均衡性主要表现在空间上和时间上的不均衡。客流来自城市(区域)的四面八方,要求在短时间内集中到机场或者从机场疏散,这就给枢纽的地面道路和轨道交通系统提出了较高的要求。现代大型枢纽要求具备网络式的道路交通系统,并且需要将各种交通方式的换乘一体化。瞬时性是指运送旅客是瞬时发生的,随机性大,既有高峰值也有低谷值。在高峰时刻必须将旅客安全快速地集中、疏散,减少在机场停留时间,以便迎接下一个高峰的到来。日客流延续时间长,一般来说,只要有航班、列车等,就会有进出枢纽的旅客流。这就要求承担枢纽与市内客流运送任务的交通工具有一定的发车频率,并且除了大容量的交通工具之外,还应该有其他类型的交通工具配合使用,以满足随时进行疏散的要求。因此,枢纽集散交通需要有高质量的衔接系统。通常,枢纽集散交通模式特征包括如下几种。

1) 以汽车为主要道路交通方式,门到门特征显著

在一般枢纽,进出枢纽采用的是道路交通方式。由于枢纽与城市之间是点与面的联系,旅客广泛分布在城市和郊区,枢纽的服务区域可以达数百平方千米,枢纽与如此大区域的联系,汽车是最具机动性和最方便的运输方式。因此,道路交通成为枢纽主要的进出交通方式之一。道路交通方式存在一定的限制性,它要利用城市道路系统,因此受非枢纽交通干扰和道路拥挤程度的影响,行程时间往往难以控制和得到可靠的保证。私人小汽车的不断发展会加剧道路拥挤的状况。

2) 采用轻轨或地铁为交通方式,集约高效特征明显。

由于停车场、道路系统已经超负荷,在有限的枢纽区域里扩展小汽车的通道,在很多枢纽是不现实的。如果要满足日益增长的空中旅客的要求,就应当改进枢纽的抵达方式。因此,地铁或轻轨等轨道交通便是最受青睐的。为满足需要,轨道交通的经营者只需增加地铁运行的次数或更多的车厢,把车厢从 4 节增长为 8 节,每小时开通的列车增至 10 趟,这样每年可以多运输 4000 万人次的枢纽旅客。与高速公路的拥挤相比,轻轨或地铁体现了轨道交通大运量、经济性和安全的优势,轨道交通更能帮助枢纽旅客快速到离以及枢纽工作人员上下班,作为一个轨道交通系统可以提供其他交通方式所难以保证的出行时间。

3) 地面交通综合一体化发展受到前所未有的重视。

枢纽常常汇聚了汽车站、轻轨或地铁车站等,使得枢纽交通组织进一步复杂化。有鉴于此,一些新建的枢纽创造了地面交通中心的模式。小汽车、公共交通、轻轨交通等多种交通工

具在交通中心汇合,枢纽换乘变得简单清晰,旅客在交通中心可以方便地实现各种交通方式的换乘。事实上,这种在一些枢纽的交通体系多样化,会使很多经过和换乘的旅客根本意识不到他们是在使用枢纽。枢纽不再仅限于枢纽的功能,而是提供各种交通服务,在区域和国际枢纽的综合交通给旅客带来了很多好处,这使得地面交通综合一体化发展受到前所未有的重视。

4) 枢纽集散方式

根据枢纽的功能特性,其交通衔接优化应遵循连通性、畅通性、可靠性和方便性原则(表6-12)。

表6-12 枢纽集散方式遵循的主要原则

原则	特征	内涵说明
连通性原则	机动线路最短	枢纽与旅客起点集聚中心之间的机动距离为最短
		枢纽与其他衔接交通线路之间的机动距离为最短
畅通性原则	等待时间最短	枢纽线路衔接站点换乘等待时间最短
		枢纽线路衔接站点的停车等待时间最短
		枢纽内停留时间最短
	在途时间最短	枢纽与旅客起点之间的在途时间满足旅客合理期望
	公路等级	单车道交通大于1000辆次/h的普通公路和高速公路
	公共交通	需求大于1000人次/h需枢纽专用公交,需求量大于9000人次/h需轻轨,需求量大于18000人次/h需地铁与轻轨
可靠性原则	时间可靠性	在途交通时间的随机延长不超过畅通时间的30%
方便性原则	搬运行李方便	有携带行李的空间和搬运行李的工具
	旅行方便	换乘次数最少,有座位及休息空间

(1) 连通性原则主要考虑枢纽与旅客出发地或到达地之间的空间的机动性连接要求,其中旅客起点或终点的聚集中心必须依据旅客出行的空间分布来确定。

(2) 畅通性原则主要考虑枢纽与旅客出发地或到达地之间的时间的机动性连接要求。在分析畅通性时,必须站在整个交通运输网络的全局来分析问题,避免枢纽交通聚集与其他交通运输网络拥堵之间形成系统性交互延误。

(3) 可靠性原则主要体现枢纽旅客对周边交通方式衔接时间的准时性要求。

(4) 方便性原则主要考虑枢纽旅客外出的便利和舒适条件。

6.3.4 交通模式平衡分析

根据国内外枢纽主要集疏运方式的构成情况,将枢纽集疏运模式分为以轨道交通为主导、公共交通与个体机动化交通并重、以个体机动化交通为主导三类[11]。

1) 以轨道交通为主导的集疏运模式

在该模式下,轨道交通在枢纽集疏运方式结构中占主导地位,其分担率一般达到50%甚至80%以上。同时,轨道交通系统本身也呈现多元化、多层次的特征,且与枢纽衔接良好。而机动车道路集疏运系统不发达甚至与周边普通街区的道路系统区别不大。日本许多大城市轨道交通十分发达,因此,许多大型高铁枢纽集疏运模式都属于此类,如日本京都站、新大阪站以及新神户站的集疏运方式结构中轨道交通分别高达77%、82%和56%。

采用该集疏运模式的枢纽,一般城市轨道交通、公共汽车和连接周边区域的城际轨道交通系统均十分发达,已形成覆盖能力强、服务水平高的多模式、多层次的公共交通网络,城市内外枢纽客流均可方便地利用轨道交通到达或离开枢纽。如果枢纽处在城市中心位置,机动车交通增长受到交通需求管理措施的严格控制。特大城市拥有中长期铁路网规划中规模庞大的城际铁路网,同时拥有财力建设城市轨道交通系统。因此,应将以轨道交通为主导的模式作为其枢纽集疏运的发展目标,并逐步实现。

2)公共交通与个体机动化交通并重的集疏运模式

该模式下,公共交通与私人小汽车在枢纽集疏运方式结构中的比例较为均衡,两者彼此合作与竞争,集疏运向多模式、多元化发展,公共交通体系一般包括1~2条大中运输骨干线路和多条常规公交线路,公共交通与小汽车分担率大致相当,为30%~40%,枢纽布局注重乘客换乘系统的规划设计,特别是大、中运量快速公共交通系统的车站多设在枢纽内部并与其衔接良好。

枢纽采用该集疏运模式主要有两类:一类是枢纽所在城市属于中小城市,城市开发强度适中,且注重公共交通发展,形成以大中运量公共交通为骨架、公共交通与小汽车交通协调发展的城市交通发展模式,而枢纽集疏运交通延续了此类模式;另一类是枢纽所在城市属于大中城市,城市交通形成了以公共交通为主体的交通发展模式,但由于枢纽位于城市边缘地区,且城市中心地区仅1条大运量轨道交通或1~2条中运量公共交通与之相连,同时枢纽周边道路系统较发达,因此,小汽车交通的服务水平相对较高。

3)以个体机动化交通为主导的集疏运模式

该模式下,私人小汽车及租赁小汽车在枢纽集疏运方式结构中占主导地位,枢纽内和周边停车设施及租车设施十分发达,没有或极少有大运量公共交通与枢纽衔接,公共交通设施缺乏,公共交通方式分担率较低(一般低于20%)。例如,美国旧金山等高铁车站,其私人小汽车及租赁汽车总分担率均达到80%以上,公共汽车均低于20%,部分枢纽甚至低于5%。采用这种集疏运模式的一般为高度机动化的城市或地区,且城市道路网络十分发达,而城市公共交通发展较为滞后。

对于一些高铁沿线经济较发达、机动化水平较高的中小城市和一些大城市来讲,由于当前政策和经济的限制,城市无法建设轨道交通等大运量公共交通系统,而且常规公交运营速度慢、舒适度差,无法满足现阶段以中高收入阶层为主体的枢纽客流需求。这种情况下可以阶段性地采用该模式,并通过完善枢纽的道路集疏运设施,提供较高服务水平的小汽车通行条件。

部分枢纽的选址距离中心城区较远,公共交通接驳线路少,使得枢纽乘客必须采用个体机动化交通方式到达枢纽。需要说明的是,城市采用该模式发展后,仍应大力发展公共交通,逐步降低个体机动化交通方式在枢纽集疏运中的分担率。

该模式在北美地区较为常见,由于美国汽车工业非常发达,小汽车千人拥有量较高,同时拥有发达的公路网体系,小汽车已成为居民主要出行方式。

6.4 枢纽交通系统供需平衡分析

6.4.1 快速交通系统供需分析

快速交通系统主要服务城际交通需求及城市交通需求中长距离交通需求。快速交通系统主要包括城际铁路、城市轨道交通、城市高快速路等交通系统。利用综合交通供需平衡方法判断区域综合交通网络的配置规模，对城市群及都市区范围的服务主通道供需能力进行评估，提出优化调整方案。对于区域腹地的客流需求通过城际交通或高速公路予以满足。在区域综合交通网络基础上选择合适的城际轨道交通（高速铁路线或城际铁路）进入综合交通枢纽，依托高速公路网络建立独立的高速公路或快速路进入综合交通枢纽。对于腹地客流联系强的方向，根据区域交通需求配置一定规模的集散系统直达综合交通枢纽。

1）城际铁路

与以往铁路建设项目中的名称和叫法不尽相同，城际铁路是指连接相邻城市或城市群的客运专线铁路，包含了距离的概念，从已建成及规划建设的城际铁路来看，其线路长度一般介于 50~200km 范围内。在此距离范围以外的铁路，短距离的一般属于市域或市郊铁路，长距离的则一般属于干线铁路，其建设标准和运输组织模式等与城际铁路不同。

城际铁路是城市综合交通运输系统的重要组成部分，主要承担区域内相邻城市间或城市群内的通勤客流，车站间距一般为 5~20km。从列车最高运行速度与站间距的匹配关系分析，其合理速度目标值不宜高于 200km/h。

2）城市轨道交通

对于城市轨道交通系统，一般配置 1 条。对于联系特别强的区域，可配置多条直达综合交通枢纽，应注重与城市发展轴相吻合；对于联系较弱的区域，可以通过衔接该直达线路到离交通枢纽。

城市轨道交通的规模主要是根据车站设计客流量（容量）确定的。一般可以参照日均乘降量和高峰小时客流乘降量来综合确定（表6-13）。

表6-13 不同类型车站客流量

车站规模	日均乘降量	高峰小时乘降量
小型站	5 万人次/d 以下	0.5 万人次/h 以下
中型站	5~20 万人次/d	0.5~2 万人次/h
大型站	20~100 万人次/d	2~10 万人次/h
特大型站	100 万人次/d 以上	10 万人次/h 以上

轨道运能不仅与站台的规模有关，还与线路的运能有关。轨道交通线路的运能一般与车厢舒适度有关。在地铁设计规范中，一般采用 6 人/m^2 甚至 9 人/m^2 的站立标准，这个标准是我国地铁建设初期制定的，当时主要矛盾是解决群众乘车难的问题，舒适度处于次要地位。上海地铁运营公司对 1 号线的调查表明，高峰小时一节车厢的载客量最多是 270 人左右，无法达到 310 人的设计标准。按照此计算，上海地铁车厢内在高峰期拥挤不堪的状况下，也仅能达到 5 人/m^2 左右的站立密度。目前，发达国家的轨道交通站立密度标准均较小，日本该制式车厢内站立标准为 3.3 人/m^2，欧洲各国地铁车厢定员标准为 4 人/m^2，俄罗斯地铁为 4.5 人/m^2。随着生活水平的提高和社会的发展，乘客对出行舒适度要求更高。

城市轨道的配置需求需要从枢纽所在城市统筹考虑。

3) 城市高快速路

对于高速公路系统，根据区域小客车出行量对高速公路的服务水平、运输能力提出明确要求，与相邻高速公路网络互通衔接，到达枢纽的出入口位置要分散布置，规模与各个方向集散规模一致。

$$G_i = \frac{CAR_i + CAR_{i背景}}{T_{高速}} \quad (6\text{-}6)$$

式中：G_i——第 i 个方向出入口的车道规模（条车道）；

CAR_i——第 i 个方向出入口的小客车需求量；

$CAR_{i背景}$——第 i 个方向出入口的背景小客车需求量；

$T_{高速}$——单条高速公路车道及出入口匝道的通行能力，一般取 1500pcu/h。

6.4.2 集散交通系统供需分析

集散交通系统主要是支撑枢纽与城市中心通道连绵区域的用地开发需求，密切联系周边连绵区域，主要包括地面干道和多模式公交（如轨道局域线、中运量、常规公交等），形成与用地拓展态势相匹配的交通体系。枢纽与城市中心之间连绵通达区域的联系，一般不应与中心城的联系通道重叠。

1) 常规公交

对于轨道局域线或中运量，可设置平行轨道交通，且连绵通达层的轨道交通站间距或中运量站间距要根据连绵区域的发展相适应，不宜为大站式联系。

常规公交运能应最大限度地满足高峰小时最高断面客运量的需求。满足了高峰小时最高断面客运量的需求，全日就不成问题了；同样，满足了最高峰断面的需求，全线路各断面就能满足了。公交运能一般以客位需求量来衡量。在知道年客运量和日平均客运量后，客位需求量可以采用以下公式计算，即

$$客位需求量 = 日平均客运量 \times \frac{\frac{高峰小时总人次}{全日总人次}}{\frac{最高峰断面总车容量}{总车容量} \times 最高断面满载率} \quad (6\text{-}7)$$

$$客位需求增量 = 客位需求量 - 上年年末客位数 \quad (6\text{-}8)$$

根据历史资料，选择服务质量较高、满载率适中的年份，求出每年或每客位全年客运量，然后除以预测年的客运总量，就可得出所需配备的车辆数或客位数。

2) 城市干道

城市干道应避免承担与城市中心城的沟通以及城市主要对外交通的功能，应保证枢纽通达层集散交通至少修建若干条干道系统相连，建议通过设置平行通达的方式分离同一方向的其他交通流量。若为快速干道系统，则需要注意出入口密度、车道数、设计能力与设计时速与长距离快速干道有所区别。

6.4.3 内部交通系统供需分析

枢纽内部交通系统主要是支撑枢纽周边开发区域与枢纽之间、与开发区其他组团区域之间的便捷联系。将周边开发区域与枢纽作为一个整体进行考虑，既要考虑开发区与枢纽之间

的联系,又要考虑开发区对枢纽交通带来的干扰。在与枢纽的联系上,避开过境交通的干扰。在避免对枢纽的干扰上,需要与枢纽的快速通道各成系统,相互独立。

1) 城市次支道路

在道路方面,在开发区核心范围内截断过境干道系统,在核心范围外,加强干道道路的贯通与等级提升,提高外围道路过境交通功能,形成内部交通保护系统。

2) 城市公交

在公共交通方面,因地制宜地采取适当的中运量或骨干公交等方式串联开发区内的主要吸引点与枢纽,也可以利用市域轨道交通的延伸服务开发区地区,注重与枢纽的衔接。

3) 内部循环系统

在开发区内部形成开发区内部组团间的循环交通系统,内部道路以干道为主,内部公交以独立枢纽之外的个性化公共交通为主,避免开发区居民的对外出行对枢纽产生过大压力。

6.5 案例分析

6.5.1 虹桥枢纽交通需求分析

1) 枢纽本体交通需求分析

(1) 对外交通依据

虹桥枢纽大交通系统换乘主要依据专业部门提供的各种大交通方式的年发送量,以及结构规划中对每种交通方式相互关系的定性分析和部分定量分析。

虹桥综合交通枢纽主要包括航空、铁路、磁悬浮、高速长途客车等四大对外客运交通,为了承担虹桥枢纽每日 60 万人次的大交通吞吐量,配套城市集疏运系统每日要承担客运进出量达 50 万人次左右,其中旅客客运量 40 万人次/d,接送客与上下班人流量 10 万人次/d。虹桥综合交通枢纽对外交通方式客运规模见表 6-14,各交通方式年发送量见表 6-15。

表 6-14 虹桥综合交通枢纽对外交通方式客运规模[12]

对外方式	年发送量 (万人次/年)	日发送量 (万人次/d)	说明
虹桥机场西楼	2000	5.5	结构规划吞吐量 3000 万~4000 万人次/年
高速铁路	3100	8.5	结构规划发送量 6000 万~7000 万人次/年
城际铁路	3000	8.2	
沪杭磁悬浮	1000	2.7	—
至浦东机场磁悬浮	700	1.9	—
高速长途客车	450	1.2	结构规划发送量 500 万人次/年
高速公路小客车	630	1.7	—
合计	10880	29.7	—

表 6-15 虹桥综合交通枢纽各交通方式年发送量(单位:万人次/年)[12]

交通方式		2010 年	2020 年	2030 年
机场	东航站楼	0	480	500
	西航站楼	1050	1000	1500
铁路		2547	5272	7837
磁悬浮	沪杭磁悬浮	589	1000	1200
	两场磁悬浮	618	774	1135
高速长途客车		230	400	500
高速公路小客车		—	9665	—

(2) 城市集散交通基本思路

首先,得到依据中各种交通方式高峰日运量,将其作为每种交通方式发送运量的约束;其次,参考结构规划对方式间关系定位进行定量分析;最后,根据假定的接送系数得到接送客的量,并依据高峰日系数和高峰小时系数获得高峰小时各大交通方式之间的运量。

通过换乘矩阵的绘制,获得虹桥枢纽的高峰日换乘示意图(图 6-4)。2020 年虹桥枢纽高峰日集散量达到 110 万人次。

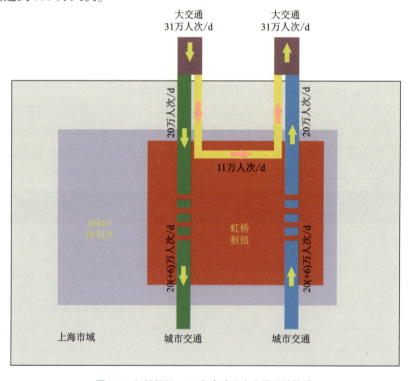

图 6-4 虹桥枢纽 2020 年高峰日大交通系统换乘
注:包括来自高速公路小客车客运量,但不包括东航站楼客运量;括号内为接送客。

根据虹桥枢纽的总体规划及城际交通需求模型,虹桥枢纽客流规模在 110 万人次/d,其中与对外交通在 50 万人次/d,城市集散交通在 60 万人次/d;吸引长三角城市群大约 30% 的客流。

2）枢纽周边交通需求分析

虹桥商务区最初原型是虹桥机场。2005年上海机场集团对虹桥机场功能和发展规模进行了重新定位，提出建设面向全国，服务长三角的"虹桥综合交通枢纽"，是一个包括高速、城际铁路、机场、磁悬浮、高速长途客车等各种大交通主枢纽在内的巨型综合枢纽。后来，经过多次变迁，新一轮用地开发，形成了面积为86km²的虹桥商务区。

根据用地规划，虹桥商务区是围绕虹桥枢纽进行周边开发形成的地区，主要包括虹桥枢纽、商务开发核心区、国家会展中心；在交通特征方面，虹桥枢纽以长距离到发交通为主；国家会展中心以展会交通为主，波动性大；商务开发核心区以通勤和商务交通为主，早晚高峰明显[13]。

在虹桥综合交通枢纽地区周边形成四个重点片区，即由东西南北四个配套功能区，分别承担不同的功能。其中，北片区为嘉定区部分开发地区，以居住商业行政办公用地为主；南片区为闵行区部分开发地区，以医疗和高等居住区为主；西片区为青浦区部分开发地区，以高科技产业和商业行政办公延伸产业为主；东片区为长宁区部分开发地区，以机场空港配套服务区。四个重点片区呈现新兴城市开发的交通特征。虹桥商务区演变历程如图6-5所示。

图6-5 虹桥商务区演变历程

（1）国家会展中心客流需求

大型博览会举办期间参展客流日吸引率可达到0.5人次/m²，展出面积将达到50万m²，参展客流将达到25万人次/d。博览会期间，客流到达及离去高峰小时系数高达40%~50%，高峰客流达到10万~12.5万人次/h。

大型消费展工作日参展客流吸引率达到0.5人次/m²，参展客流将达到20万人次/d；周末两天为高峰日，高峰日吸引率达到1人次/m²，参展客流将达到40万人次/d。大型消费展期间，客流到达及离去高峰小时系数高达25%~30%，平日高峰客流达到5万~6万人次/d，高峰日高峰客流达到10万~12万人次/d。

各类中小型展会参展客流吸引率达到 0.5 万人次/m² 以下,同时举办 2~3 个展会,总展出面积在 20 万/m² 左右,参展客流将达到 10 万人次/d。中小型展会,客流到达及离去高峰小时系数高达 25% 左右,高峰客流达到 2.5 万人次/d。

综合以上三种类型展会的规模和展出时间比例,预测会展综合体的全日客流规模分为三个等级:①40 万人次/d,出现在大型消费展节假日期间,占全年展出时间比例为 5%;②20 万~25 万人次/d,出现在大型消费展平日、大型专业展期间,占全年展出时间比例为 25%;③10 万人次/d,出现在各类中小型普通展会期间,时间比例为 70%。不同类型展览会展示规模情况见表 6-16。

表 6-16 不同类型展览会展示规模情况

会展类型	展示面积 (万 m²)	全年比例 (%)	预计客流	
			全日客流(万人次/d)	高峰客流(万人次/h)
大型博览会	50	5	40	12.5
大型消费展	40	25	20~25	5~10
普通展会	20	70	<10	<5

20 万人次/d 客流规模和 10 万人次/h 的高峰客流规模能够覆盖会展综合体 95% 展会时间,因此,将 20 万人次/d 客流规模和 10 万人次/h 的高峰客流作为设施保障供给水平的要求。

(2) 商务核心区客流需求

根据商务核心区的用地开发性质,大部分为商业办公等用地,3.7km² 约开发 550 万 m² 的建筑量,是高强度交通吸引区域,结合市域交通需求分析,预测商务核心区客流需求量在 50 万人次/d 左右。

(3) 拓展片区客流需求

拓展区的居民出行发生量达到 154 万人次/d,岗位吸引量达到 168 万人次/d,出行总量为 244 万人次/d。

虹桥商务区开发发生总量为 188.6 万人次,吸引总量为 296.1 万人次,商务区(不含会展综合体与虹桥枢纽)出行总量为 358 万人次,(其中内部出行量为 121 万人次/d,对外出行量为 236 万人次/d)。

虹桥商务区各交通小区的出行量分布如图 6-6、表 6-17 所示。

表 6-17 虹桥商务区出行量表

范围	人口 (万人)	岗位 (万个)	发生量 (万人次/d)	吸引量 (万人次/d)	出行总量 (万人次/d)
主功能区	8	24.5	35	131	142
拓展区	47.6	39.1	154	165	244
商务区	55.6	63.6	189	296	358

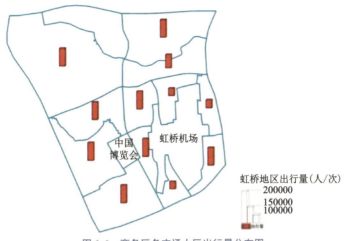

图 6-6　商务区各交通小区出行量分布图

6.5.2　虹桥枢纽集散模式平衡分析

1) 虹桥枢纽交通模式要求

(1) 虹桥枢纽高层次旅客的高品质集疏运服务要求。高速铁路、机场作为虹桥枢纽两大对外交通,旅客层次显然要较高,这些高层次旅客对集疏运系统票价敏感性并不强烈,反而对舒适、快捷、便利的高品质服务水平追求是其首选。因此,在提供较高水平的公共交通服务的同时,也需要提供大量的门到门、便捷舒适的小客车交通。

(2) 道路交通与公共交通共存。各种小客车属于门到门、便利舒适的交通方式。在道路系统的规模不可能无限制增加的情况下,大力提升轨道等高效率公共交通的在集疏运方式中的比重,已经成为国内外枢纽的共同发展趋势。公共交通集疏运要比小客车集疏运更具有吸引力,因此,需要采取各种交通优先措施,使得公共交通在可靠性、畅达性、经济性等方面形成竞争优势,同时,不断改进提高集疏运过程中高规格交通一体化服务水平。

2) 虹桥枢纽交通模式选择

参考高铁、航空等大型国际枢纽集疏运经验,虹桥枢纽集疏运模式可能存在三种选择:一是轨道主体模式,轨道交通比重可达到45%~55%,是虹桥枢纽集疏运系统中最重要的方式;二是小客车主体模式,出租车、小客车等各类小客车比重高达70%左右,轨道交通、公交比重仅达到30%左右,枢纽需要发达的高速公路和快速路集疏运系统;三是多方式均衡模式,轨道、公交等可持续公共交通比重达到50%以上,其中轨道比重可达45%,出租车、私人小客车等各类小客车比重控制在50%以内。三种集散模式比较见表6-18。

表 6-18　三种集散模式比较

交通模式	集散人流 (万人次/d)	可持续公共 交通比重(%)	小客车比重 (%)	进出车流量 (万 pcu/d)	需要车道规模 (条)
轨道主体模式	50	60	40	15~17	10~15
小客车主体模式	50	30	70	22~24	20~25
多方式均衡模式	50	50	50	18~20	15~20

在三种可能的集疏运模式中,轨道主体模式对道路的交通压力最轻,经预估进枢纽集散车辆15万~17万pcu/d,比小客车主体模式产生的集散车流量低30%左右。从保障道路交通畅通角度来看,轨道主体模式是最应发展的模式。然而,虹桥枢纽集疏运中片面追求轨道等公共交通比重并不符合虹桥枢纽集疏运服务要求。

旅客对集疏运高品质要求、虹桥枢纽远离城市地铁网络中心等多方面因素,使得未来虹桥枢纽轨道交通比重很难到达类似日本高速铁路枢纽的公共交通集疏运比重。规划阶段过高的公共交通比重,既不利于道路系统的规划控制,也不利于未来避免现如今很多大型枢纽需要花费很大代价扩建集疏运道路系统的现实。

另外,国内外机场普遍出现约70%小客车集疏运比重也不应成为虹桥枢纽的集疏运目标,虹桥枢纽巨大客运规模很难构建一个满足小客车集疏运比重达70%的道路网络。需要保证畅通的车流量多达20万pcu/d,虹桥枢纽周边道路网最多4个对外主通道,很难满足要求。

综上,多方式均衡模式为基础形成虹桥枢纽集疏运模式,基于适当富余考虑,枢纽轨道、公交远期规模按照60%进行规划控制,出租车小客车不应超过50%,按照小客车50%集疏运比重进行规划控制。

6.5.3 虹桥枢纽道路集散设施平衡分析

1)客流空间服务圈层分析

将虹桥商务区的交通需求放入全市域交通需求基础上进行分析,考虑城际腹地经济条件以及市域功能中心产业结构,分析虹桥综合交通枢纽地区的出行空间,主要包括三大类[6](图6-7):

(1)以上海中心城和长三角方向客流,占全部出行的65%,是虹桥综合交通枢纽地区的主要出行部分,是虹桥综合交通枢纽地区的第一服务圈层,城际及都市区客流服务圈层。

(2)虹桥综合交通枢纽地区的周边连绵开发区域客流,约占全部出行的20%,是虹桥综合交通枢纽地区的第二服务圈层,连绵开发区客流服务圈层。

(3)虹桥综合交通枢纽地区内部客流,约占15%,是虹桥综合交通枢纽地区的第三服务圈层,内部循环客流服务圈层。

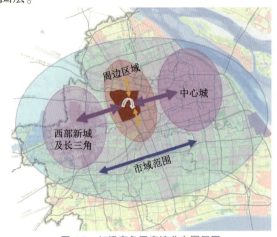

图6-7 虹桥商务区客流分布圈层图
注:红色块处的弯箭头为商务区内部出行。

2）集散功能层次系统

根据对外集散系统配置方法，虹桥综合交通枢纽地区的三个空间服务圈层，需要设计三个集散功能层次系统：①快速到发系统，以服务枢纽、会展、核心区的长距离到发交通功能为主；②连绵通达系统，沟通组团，联系周边连绵开发区，同时具有地区快速集散功能；③内部循环系统（组团内部循环道路系统），是满足地区内部出行的循环系统。

(1) 快速到发系统

根据虹桥商务区交通需求分析，每日产生集散车流总量达到 40 万 pcu/d，其中长三角车流量达到 8 万 pcu/d，上海市车流量达到 32 万 pcu/d。

虹桥综合交通枢纽地区至少需要 36 条快速路进出车道满足每日 40 万 pcu 车流进出。其中，长三角方向双向需要 8 条快速车道，中心城方向双向需要 16 条快速车道，上海郊区双向需要 12 条快速车道。

现状虹桥综合交通枢纽地区主要快速到发系统为 4 条双向六车道的围合高速公路，扣除背景过境交通需要占用一半的容量，则长三角方向需要新增一条快速通道，南北方向需要增加一条快速通道，向东与中心城方向需要增加 2 条通道。根据上述原则，以新增辅快、北翟路、北清路、漕宝路"一纵三横"快速路为基础，结合市域高速公路、快速路网络，分别构建虹桥综合交通枢纽地区与长三角、虹桥综合交通枢纽地区与上海市的道路集疏运系统。虹桥商务区对外道路快速到发层规划布局如图 6-8 所示。

图 6-8　虹桥商务区对外道路快速到发层规划布局图

(2) 连绵通达系统

在现状干道路网的基础上，新增若干条道路，形成"五横六纵"地面干道网络（图 6-9）。其中，东西向新增 3 条干道：纪鹤公路—金沙江路，缓解北清—北翟高架路交通压力；天山西路、临虹路—朱建路,向东联系普陀、长宁区,向西联系青浦区。南北向新增5条干道:纪潭路—金光路—蟠龙路(高泾路)、联友路—金丰路—诸光路,贯通南虹桥与西虹桥联系;华江公路、金园一路—申长路、临虹路—朱建路,加强北虹桥与主功能区联系。此外,推动铁路外环线两侧地面道路系统连接,保证区域内部枢纽、核心区、会展中心三大板块间相互连通。

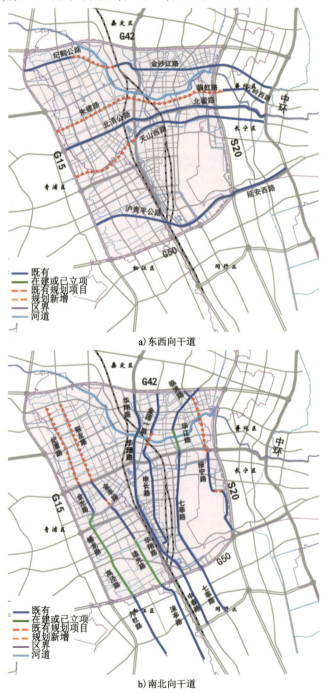

a) 东西向干道

b) 南北向干道

图6-9 虹桥商务区连绵集散系统规划布局

(3) 组团内部循环道路系统

加强拓展区内各组团重要道路建设。其中,闵行南虹桥拓展区,提升纪宏路、纪翟路等级,加快推进纪谭路(北青公路—纪鹤路)、华志路—纪高路—翔江公路、繁兴路等道路建设;青浦西虹桥拓展区,加快推进龙联路、蟠中路、徐民路等道路建设;长宁东虹桥拓展区,研究推进S20外环辅道等道路建设。

3) 道路快速集散效果分析

借助上海市综合交通模型分析平台,对虹桥商务区道路快速集散系统进行仿真分析。根据仿真结果(图6-10、表6-19),虹桥商务区的道路交通集散更加均衡化,避免了大量交通集中在一条通道,从而有利于避免产生交通拥堵。

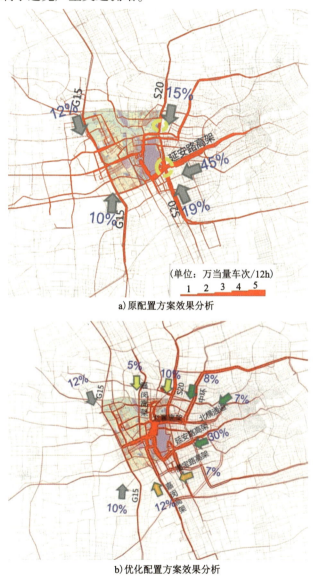

a) 原配置方案效果分析

b) 优化配置方案效果分析

图6-10 虹桥商务区道路快速集散系统效果分析

注:图中数字表示承担到达商务区道路交通的比例。

表 6-19 虹桥商务区道路快速集散效果分析

道路	原配置	优化配置	备注
(1)中心城方向			
延安高架	45%	30%	下降30%
北横通道	—	7%	新增通道
中环—北翟通道	—	8%	新增通道
(2)中心城北方向			
S20 外环北	15%	10%	下降30%
嘉闵高架北	—	5%	新增通道
(3)中心城南方向			
S20 外环南	19%	—	交通量转移
嘉闵高架南	—	12%	新增通道
漕宝路高架	—	7%	新增通道
(4)长三角及西部新城方向			
G15 北通道	12%	12%	—
G15 南通道	10%	10%	—

本章参考文献

[1] 中国民用航空局.2019 年民航机场生产统计公报[R].北京:中国民用航空局,2020.

[2] 中国城市轨道交通协会.城市轨道交通 2019 年度统计和分析报告[R].北京:中国城市轨道交通协会,2020.

[3] 李德芬.空港综合交通枢纽客流需求预测研究——以广州白云国际机场为例[J].城市交通,2014,12(3):59-65.

[4] 张业.高铁客运枢纽换乘问题的研究[D].大连:大连海事大学,2012.

[5] 李建斌.武广高速铁路旅客出行特征和集散特性调查与分析[J].铁道标准设计,2011,596(11):1-4.

[6] 朱洪,谢辉,晏克非.综合交通枢纽地区对外集疏运体系配置方法[J].城市交通,2017,15(2):10-17.

[7] 夏胜国.市内公共交通枢纽的客流分析预测[C]//中国土木工程学会.中国同舟交通论坛——公共交通与城市发展学术研讨会会议文集.上海:同济大学,2006.

[8] 黄伟.综合交通枢纽的客流预测分析[J].城市交通,2004(3):35-38.

[9] 李朝阳.特大城市轨交综合体系的高效集约及管理优化[J].上海城市管理,2014,23(1):48-53.

[10] 韦英娜.城市轨道交通对周边住宅价格的影响研究[D].成都:西南交通大学,2008.

[11] 何小洲,过秀成,张小辉.高铁枢纽集疏运模式及发展策略[J].城市交通,2014,12(1):41-47.

[12] 王忠强,陈必壮,杨立峰.虹桥枢纽交通需求预测模型[C]//上海市城市综合交通规划研究所.城市交通模型研讨会:城市交通模型技术与应用(2007 上海).上海:同济大学出版社,2007.

[13] 谢辉,谢恩怡.多源需求持续增长背景下虹桥枢纽集散系统优化研究[C]//中国城市规划协会.2016 年中国城市交通规划年会论文集.北京:中国建筑工业出版社,2016.

第 7 章
多模式组合出行行为理论

随着城市之间的联系日益密切,组合出行模式不再局限于城市内部交通方式的组合,而是扩展为城市对内交通与对外交通的组合、城市对内交通之间的组合和城市对外交通之间的组合,从而满足出行者不同类型的出行需求。综合客运枢纽场站作为连接城市对内和对外多种交通方式的换乘节点,广泛出现于组合出行的出行链中。本章首先以多模式组合出行为研究对象,分析组合出行的类型和表征方式,描述获取组合出行多维度数据的方法,提出组合出行效用理论,基于非集计的多项Logit(Multinomial Logit,MNL)、巢式Logit(Nested Logit,NL)和混合Logit(Mixed Logit,ML)构建组合出行效用模型。其次,以南京南站为算例,借助问卷调查数据构建了组合出行效用模型,定量分析了南京南站在多模式组合出行中表现出的客运功能特征。最后,借助多模式组合出行行为理论,分析不同类型出行者在多模式组合出行中的行为机理,获取综合客运枢纽的多种客流分布特征,为枢纽的规划设计和运营管理提供理论支撑,使交通设施的供给能力与客流需求更加匹配。

7.1 组合出行理论

出行模式可以分为单一出行模式和组合出行模式。单一出行模式是指出行者从起点到目的地只使用一种交通方式。组合出行模式是指出行者从起点到目的地使用两种或两种以上的交通方式。组合出行模式具有灵活性、多样化等特点,能够较好地满足出行者的不同出行需求。典型组合出行模式按交通方式的不同可以分为对外交通组合出行、城市内部交通组合出行和对外交通与城市内部交通组合出行三类。

7.1.1 对外交通组合出行

随着我国交通基础设施的日益完善,长途出行越来越便利。单一对外交通方式的网络覆盖范围有限,长途出行者有时候难以采用一种交通方式实现从起点到终点的出行,出行者需要在中转城市换乘一种或多种对外客运交通方式。不同对外交通方式之间的相互组合,形成了多种出行模式。

1)定义

对外交通组合出行模式,是指长途出行者从起点到目的地的出行活动中,采用两种或两种以上城市对外客运交通方式。

2）典型组合类型

通过分析长途出行者常规换乘的交通方式,在最多换乘一次的假设下,可以总结出以下三种常见的组合出行模式。

(1)公路铁路组合出行模式

公路铁路组合出行模式是指长途出行者采用公路交通驶抵中转城市,在铁路客运枢纽换乘铁路交通抵达目的地。(注意,铁路换乘公路则反之,后文此类表述均略去)在单一的铁路交通无法直达出行者起、终点时,长途出行者经常采用这种出行模式。若高铁网络无法覆盖部分中小城市,则出行者可以选择长途汽车客运组合抵达目的地。

公路铁路组合出行模式的换乘常见于高铁与公路的综合客运枢纽,建设城市综合客运枢纽可以有效提高组合出行的衔接换乘效率。综合客运枢纽便利的站内换乘免去了铁路、公路客运枢纽在城市内需要接驳的额外出行需求,可以缓解城市交通拥堵,减少出行者的出行时间。例如,南京南站就是公路铁路组合出行模式换乘的典型枢纽。南京南站枢纽铁路站房与长途汽车站房一体化布局,10min 之内步行可实现铁路与长途汽车的无缝换乘。南京南站示意图如图 7-1 所示。

图 7-1　南京南站示意图

(2)铁路航空组合出行模式

铁路航空组合出行模式是指长途出行者采用铁路抵达中转城市,在航空枢纽换乘飞机抵达目的地。由于航空运输基础设施的修建费用较高,机场往往选址于大中型城市,通常无法直达中小城市。铁路有可靠的安全行车设施和运行规章制度,作为航空运输的延伸可以有效解决覆盖范围不足的问题。此外,铁路运输基本上不受气候条件的影响,几乎可以一年四季不分昼夜地进行运输。长途出行者可能用铁路规避航空运输受恶劣天气影响的问题,进而选取折中的路线,抵达目的地。

与公路铁路组合出行类似,航空综合交通枢纽有助于提升铁路换乘航空出行的便利性,提高铁路航空组合模式的换乘服务水平。以上海虹桥机场为例,上海虹桥机场被称为世界上最复杂的综合交通枢纽(图7-2)。枢纽内最大限度地方便出行者换乘,轨道交通与航站楼之间的换乘距离控制在 200m 左右,出航站楼步行 10 多分钟即可到高铁车站,铁路换乘航空出行模式得到了最大限度的支持保障。

图7-2　上海虹桥机场示意图

(3) 航空公路组合出行模式

航空公路组合出行模式是指长途出行者搭乘航班驶至中转城市,再采用公路交通抵达目的地。随着我国公路网络覆盖的完善,发达的公路网络可以作为航空出行的补充。运营公路比大运量的轨道交通更加简单易行,而且造价低廉,养护方便,可以伸展到全国各地。此外,机场内提供的汽车租赁服务也一定程度上促进了航空公路组合出行模式,出行者通过租赁可以驾车抵达目的地。

法国巴黎戴高乐国际机场(图7-3)连接法国干线公路网,方便出行者通达欧洲的各个主要城市[1]。相当一部分的长途出行者采用航空公路组合出行模式。

图7-3　巴黎戴高乐机场

7.1.2　城市内部交通组合出行

随着城市经济社会活动需求的提升和交通基础设施的完善,出行者出行空间范围越来越大。单一交通方式(如公交、地铁等)的网络覆盖范围有限,无法满足城市出行者的直达需求。因此,城市出行者可以选择换乘一种或多种交通方式,间接抵达目的地。不同城市内部交通方式之间的相互组合,形成了多种出行模式。

1) 定义

城市内部交通组合出行模式,是指起讫点都在城市内部的出行者,使用两种或两种以上的城市客运交通方式完成出行。

2)典型组合类型

通过分析城市出行者的日常出行行为,在最多换乘一次的假设下,可以总结出以下三种常见的组合出行模式[2]。

(1)小汽车公共交通组合出行模式

目前常见的小汽车公共交通组合出行模式包含小汽车地铁换乘出行模式和小汽车公交车换乘出行模式。以小汽车换乘地铁出行模式为例,该模式是指出行者从起点驾车行驶至地铁站,停车步行至车站换乘地铁抵达目的地。在城市郊区居住却在城市中心工作的出行者经常采用这种出行模式。城市郊区的交通流量小,小汽车出行方便快捷,在郊区停车换乘地铁前往市中心可以避免交通拥堵,减少出行时间的同时,还降低了出行成本。

小汽车换乘公共交通的实例比比皆是,国外典型的代表为P+R设施。英国的牛津城在城市郊区临近公交或铁路车站的位置建设停车场,以方便小汽车用户停车转乘公交或铁路,吸引小汽车用户换乘公共交通进入市中心区。目前,我国也在建设停车换乘停车场。这种公益性停车场按次收费,收费价格低,适合郊区上班族的出行需要。该类基础设施的建设能有效提升小汽车换乘公共交通出行模式的竞争力。我国的P+R社会停车场如图7-4所示。

图7-4 我国的P+R社会停车场

(2)公共交通组合出行模式

目前常见的公共交通组合出行模式是地铁公交车换乘出行。城市公共交通主要包括地铁和公交车两种交通方式。出行者在日常出行中一般会选择长距离地铁换乘短距离公交车,或者短距离公交车换乘地铁两种出行模式。公交车通达地区多,对道路条件要求不高,是城市出行地铁运输网络有效的补充。

发达的公共交通系统有助于城市交通的健康发展,便捷的公交换乘也会刺激更多的出行者选择公交出行。日本东京作为一个人口高度密集的城市,城市交通的高效性与布局合理、设计人性化的换乘枢纽是密不可分的。东京密集的城市地铁与地铁枢纽附近设置了便利的公交枢纽站,为居民实现轨道交通换乘公交车提供设施保障。公共交通的组合出行是居民出行不可或缺的一部分。我国香港的地铁、轻轨、有轨电车、公交车的紧密接驳换乘,是值得借鉴的公共交通换乘公共交通的模式。香港公交车与有轨电车换乘站点如图7-5所示。

图7-5　香港有轨电车与公交车换乘站点

(3)自行车公共交通组合出行模式

目前常见的自行车公共交通组合出行模式有自行车换乘地铁出行模式和自行车换乘公交车出行模式两种。其中,自行车换乘公共交通出行模式是短距离自行车行驶至公共交通换乘枢纽,停车步行至车站换乘。自行车是绿色出行工具,适合短距离代步出行。自行车换乘公共交通模式能够有效解决城市出行"最后一公里"问题。

共享单车在轨道交通站点出入口处安排统一停放,方便市民接驳换乘,如图7-6所示。此外,我国许多大中城市正在推行自行车租赁政策,这使得自行车出行更加方便。例如,山东试点推行公里范围内外出办公使用公务自行车出行;北京、杭州、西安等城市均已推行自行车租赁服务,在轨道交通站点设立自行车租赁点,投入大量租赁自行车,便于换乘出行。

图7-6　共享单车接驳轨道交通

7.1.3　对外交通与城市交通组合出行

城市对外综合客运枢纽是实现城市内部交通和外部交通有效衔接,实现长途客运与城市内部交通的转换,保证客运连续性的功能体。对外交通与城市交通组合出行以城市综合客运枢纽为出行活动中间节点,不同的对外交通方式与城市内部交通之间的相互组合,形成了多种出行模式。

1）定义

对外交通与城市交通组合出行模式是指城市出行者在跨城市出行活动中,借助客运交通枢纽实现城市对外与城市内部两种客运交通方式的换乘衔接。

2）典型组合类型

一般来说,乘坐对外交通的出行者在完成以铁路、航空、公路为主要运输方式的旅行后,会在综合客运枢纽进行集散,选择换乘其他运输方式前往目的地[3]。通常情况下,与综合客运枢纽换乘衔接的其他运输方式有地铁、公交车、小汽车、自行车等。如前文所述,同时考虑城市内部小汽车、地铁、公交车、自行车四种交通方式,与公路、铁路、航空三种对外交通方式,可以总结出共计 12 种常见的组合出行模式,如图 7-7 所示。

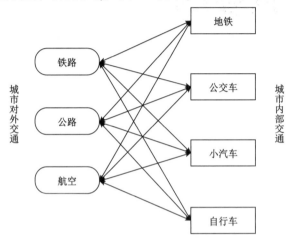

图 7-7　对外交通与城市交通组合出行模式图

以铁路与城市交通的组合出行模式在综合客运枢纽的换乘为例,分别说明对外交通与城市交通的组合出行。

(1)铁路与地铁组合出行模式

对于客运枢纽的规划者和城市管理者来说,将大多数的铁路集散客流转移到地铁等城市轨道交通是他们最希望看到的情况。但是这也对轨道交通线路的覆盖面提出了更高的要求,如需要覆盖面更广、更多地深入居民区等。地铁在运能上需要满足铁路运输高峰时段大量出行者的换乘要求。

用地省、运能大、运行时间稳定、安全环保等是地铁所具有的突出优势。对于普通乘客来说,地铁是一种非常合适的换乘方式,铁路与地铁组合出行模式具备很强的潜在吸引力。因此,随着新型铁路客运枢纽的建设和各大城市轨道交通的快速发展,这种经济环保的换乘方式的潜在运行能力将被更为彻底地挖掘。

(2)铁路与常规公交组合出行模式

虽然地铁在一些大中型城市快速建设和发展,但地铁网络覆盖有限仍是较为突出的问题。此外,大多数中小城市目前还没有建设轨道交通。因此,在今后的较长一段时间内,铁路与常规公交组合出行模式仍然是铁路客运枢纽重要的公共换乘方式。这种出行模式具有辐射面积广、费用较低、机动性较好等优点,在客运枢纽的集疏运体系中有着不可替代的地位和作用。

(3) 铁路与小汽车组合出行模式

小汽车可以划分为出租车与私人小汽车两种。与地铁和公交车相比,出租车具备作为私人交通方式的优势,如没有发车间隔、随到随走、便捷舒适,机动性强等。相较于公共交通方式,这种运输方式能够减少铁路出行者的换乘时间,舒适性较好,但价格较高,且管理难度较大。因此,尽管铁路与出租车组合模式必不可少,但是要将其限定在一定水平之下。私人小汽车换乘的经济性和集中性均较低,并不是一种规模经济的换乘方式。

7.1.4 组合出行表征方法

单一方式出行的表征手段已有相当成熟的技术。为更直观地展现交通出行分布特征(特别是单一方式出行),通常绘制期望线或 OD 图表征。以直线连接各交通小区中心,其长度表示区间最短出行距离,宽度表示交通区之间出行的次数。

在传统的四阶段法中,通过方式分担率曲线或概率选择法将 OD 对的全方式客流划分成各单一方式客流见表 7-1。

表 7-1　单一方式客流划分矩阵示意表

起点	出行方式	终点 1	终点 2
起点 1	小汽车	30	110
	公交	15	108
	轨道交通	18	52
	自行车	15	8
起点 2	小汽车	21	40
	公交	19	37
	轨道交通	27	25
	自行车	10	20

图 7-8 以网络中的一个 OD 对为例,通过增加坐标轴以及经、纬度数值,量化给出位置和距离空间信息。为可视化表征各单一方式的客流,类似于图 7-8,假设网络中包含 4 种出行方式,即小汽车、公交、轨道交通以及自行车,OD 对的各方式客流通过弧线表示,其中长度代表距离,宽度代表客流大小。

不同于单一方式,组合出行由两种或两种以上的出行方式相互衔接构成。相比单一方式,在表征组合出行期望线时,本章引入了换乘点的概念,它起到了衔接前后两种出行方式的作用,同时表征前后两种出行方式的出行距离。如图 7-9 所示,从上至下分别为小汽车换乘轨道、公交换乘轨道以及自行车换乘公交三种组合出行方式。对于自行车换乘公交,自行车换乘点代表了自行车换乘公交的整个过程,位置代表了两种出行方式的距离。

换乘点的组合出行方式期望线能够帮助决策者快速了解网络的组合出行宏观分布情况。组合出行的衔接是通过两种出行方式的枢纽进行的,换乘点实际上是该组合出行所有配对的换乘枢纽集合,仅用一个点涵盖所有枢纽对间的客流难以直观地分析各子网间的客流交互状态。

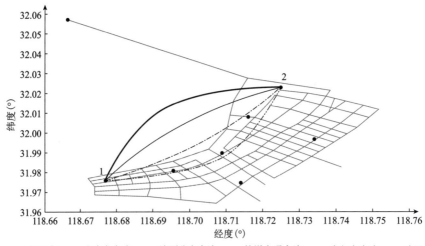

图 7-8 单一方式出行期望线坐标系表征示意图(含空间结构)

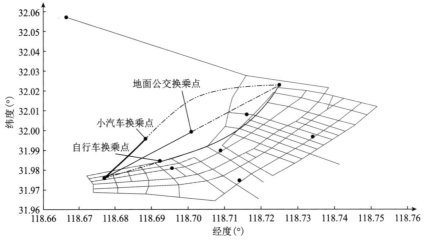

图 7-9 组合出行期望线坐标表征方式示意图

仍以图 7-9 的自行车换乘公交出行为例,用户可以通过不同的自行车桩换乘至不同的公交站完成这一组合出行,自行车换乘点则包含了所有配对的自行车桩和公交站。为了更好地评估两个子网的客流转移情况,需要从枢纽的角度进行分析,这已难以用二维图进行表征。因此,本书提出了基于枢纽的三维组合出行微观表征方法,如图 7-10 所示。

多模式网络由上下网弧、各子网路段以及换乘弧构成。按照此方法构建了包含 4 种出行方式的多模式网络,从上至下分别为公交、轨道、小汽车以及自行车子网,每个子网包含了对应的枢纽。

(1)对于单方式出行,仅需在单一子网进行表征,即坐标系的层内表达。从起点 1 至终点 2,以机动车出行为例,用户经由起点 1 至停车场 7,采用单一小汽车出行至停车场 8,并最后到达终点 2。若忽略步行到站的环节,则出行通过弧 7-8 进行表达。

(2)对于组合出行,需要考虑不同子网之间的交互过程,即坐标系的层间表达。从起点 1

至终点 2，以自行车、公交车换乘为例，其包含两段出行，分别为由起点 1 至自行车桩 3，由 3 至 4 的自行车出行，由 4 至公交站 5 的步行出行，由 5 至 6 的公交出行，以及由 6 至终点 2 的出行过程。若忽略步行到站的环节，则换乘出行通过换乘弧 8-5 进行表达。

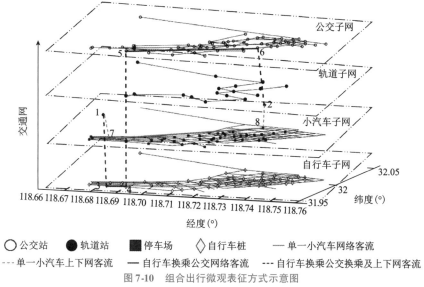

图 7-10　组合出行微观表征方式示意图

组合出行不仅弥补了子网缺乏直达线路的不足，提升了公共交通的覆盖度和使用率，还为规划者提供了通过合理的网络布局引导客流从拥堵子网向低利用率的子网转移的条件。合理的客流转移很大程度上与各子网枢纽的位置、规模、换乘方便程度有关。由图 7-10 可见，用户会更倾向于距离起点 1 最近的自行车桩 3，并骑行至距离公交站 5 最近的自行车桩 4 实现这一组合出行。因此，除了采用期望线描述宏观的组合出行客流分布外，了解具体的换乘枢纽位置以及客流能够更好地判断当前网络的衔接情况，为多模式网络一体化优化提供理论基础。

由于当前城市综合交通设计通常集中于单方式交通，忽视了组合出行，这不仅将使网络整体客流分布预测的精度大幅度降低，还将多模式网络割裂成缺乏衔接的不同子网络。

如图 7-11 所示，图中包含 5 种基础出行方式，分别为自行车（b）、小汽车（c）、网约车（h）、轨道交通（m）以及公交车（B），并按照各自的 OD 对直线距离进行划分。当只考虑单一方式出行时，客流分布基本服从方式分担曲线。分担率也受到网络结构的影响，由于缺少长距离的直达轨道交通和公交线路，使得 8~11km 的出行多数使用小汽车或网约车完成。

当考虑组合出行后，5 种基础出行方式衍生出的不同组合出行会大幅度地改变网络的出行结构，

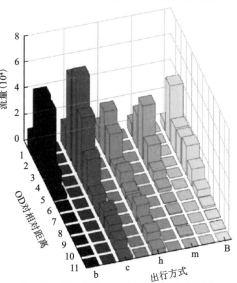

图 7-11　只考虑单一出行方式的客流分布图

如图 7-12 所示。组合出行按照衔接的出行方式顺序表示，如小汽车换乘轨道交通记为 cm，自行车换乘轨道交通换乘公交记为 bmB。

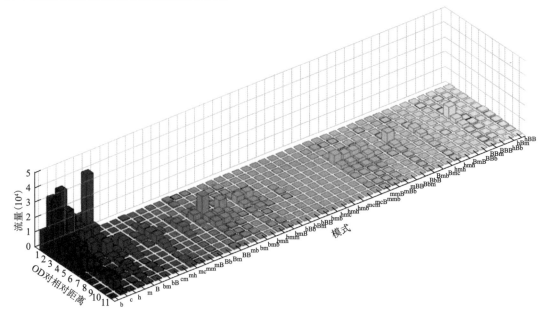

图 7-12　考虑组合出行的客流分布图

相比只考虑单一方式出行，考虑组合出行后原本只集中于单一方式的客流会分摊至不同种类的组合出行中，如图 7-13 所示。这部分客流是当前网络难以通过直达服务所满足的客流，是实现子网络客流转换，从而达到网络拥堵转移的关键。若忽视其存在并简单地归入单一方式出行中，不仅会错误地评估当前网络的使用情况，而且会忽视多模式网络各出行方式的协调，难以实现各出行方式的一体化。

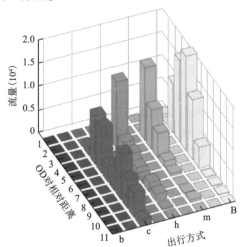

图 7-13　考虑组合出行方式后的单一方式客流改变

由于多模式网络的整体客流是由不同 OD 对客流叠加形成，每个 OD 对由于距离以及网络结构的不同，可能采用的组合出行方式截然不同，与实际的三类出行情境相结合，已难以采用传统的出行距离分担曲线进行出行方式的客流预测。为科学地描述这种组合出行特性，需要更为多样化的出行需求数据的获取和分析方法。为此,将在下文介绍依据问卷调查和多源数据的两种组合出行数据获取方法。

7.2 组合出行主要数据获取方法

7.2.1 组合出行数据获取方法分类

当前常用的组合出行数据获取方法大致分为两类:一类为基于 RP 调查和 SP 调查的数据获取方法,主要用以获取不同个人属性的用户对不同组合出行方式的偏好;另一类为根据车辆自动定位(Automatic Vehicle Location,AVL)数据、公交 IC 卡数据、全球定位系统(Global Positioning System,GPS)数据、自动售检票(Automatic Fare Collection,AFC)系统数据等组成的多源交通数据,用以直接分析当前网络环境下组合出行方式的客流、路径和特点。

1)RP 和 SP 调查数据

RP 调查(Revealed Preference Survey)是对各种可能影响通勤出行选择的因素以及出行者的实际选择进行的调查。RP 调查的目的是获得出行者的性别、年龄、收入水平、实际通勤距离、实际出行方式等数据,根据出行者的实际通勤情况给予相近的调查情景,以得到更加符合实际的调查数据。

SP 调查(Stated Preference Survey),又称意向调查,其目的是获得意向偏好数据,通过设计合理情景,给出假想出行方式选择集,获得出行者在假定条件下对各出行方式的主观偏好。

在组合出行需求分析中,RP 和 SP 调查数据的主要内容包括被调查者的个人属性(如性别、年龄、工作收入等)、日常通勤基本情况(如通勤距离、通勤时间、通勤方式等)、被调查者选择出行方式时关心的因素(如车内时间、等待时间、步行时间、出行费用等)。

2)多源交通数据

在大数据背景下,传统的人工调查数据通常难以满足实际需求,对多源交通数据中的时空信息进行挖掘分析逐渐成为新的主流。在组合出行需求分析中涉及的多源交通数据主要包括 AVL 数据、GPS 数据、公交 IC 卡数据、AFC 数据等单出行方式数据,通过推导得到组合出行数据。

7.2.2 基于 RP 和 SP 调查的组合出行需求数据获取的主要步骤

通过 RP 调查主要获取已经发生的或者被调查者观察到的行为特征,如实际出行方式的选择,以及会潜在影响出行方式选择的出行者社会经济属性,包括交通出行者的性别、年龄、收入水平、职业、居住位置、小汽车拥有情况等。简而言之,RP 调查有助于获得客观存在数据和被调查者实际选择的结果数据。由于 RP 数据的变量间存在一定程度的关联性,使得问卷调查产生过多的冗余信息,并且一些被调查者感兴趣的特征属性、选择项和服务项目在现实中并不存在。

针对以上缺陷,SP 调查被提出并逐步应用到各领域的问卷调查中。SP 调查是面向获取被调查者对假定条件下选择方案表现的主观偏好,属于意愿性调查的范畴。由于是在假定条件的前提下进行,SP 调查可以虚拟更加广泛的选择方案供被调查者选择。通过正交设计、均匀设计等特殊数学方法设计交通出行 SP 调查表，可以降低调查问卷中选择方案之间的相关性，从而解决问卷调查产生过多冗余信息的问题。

将 SP 数据融入 RP 数据中，不仅能消除单独使用 SP 数据产生的偏差，还有助于增强模型对出行条件变化下出行者潜在方式选择行为的解释和预测能力[10-11]。因此，本节采用 SP 调查和 RP 调查相结合的方法，选取可能影响出行者出行方式选择的影响因素。

本节主要研究基于 RP 和 SP 调查的组合出行需求数据获取方法主要包括设置假想出行情境、确定变量及其属性值、确定问卷设计方法、开展面向组合出行方式选择的问卷调查四个步骤。

问卷调查的内容包括以下三个方面：

（1）出行者基本信息。出行者基本信息包括性别、年龄、职业、月收入以及家庭拥有小汽车的数量等。

（2）出行者的出行行为。出行者的出行行为包括通勤出行采用的出行方式、对应的行程时间、可供备选的出行方式以及对各出行方式满意程度的评价等。

（3）出行者的意向选择。出行者的意向选择是指在对应不同出行距离的出行情境条件下，出行者对地铁、小汽车、常规公交、自行车、自行车换乘公交、自行车换乘地铁、小汽车换乘地铁和公交换乘地铁等若干种出行方式的选择偏好。

1）设置假想出行情景

每种出行方式由于行驶速度、出行费用和出行体力消耗等因素的差异，往往具有不同的优势出行距离。因此，对不同距离的出行，出行者选择的出行方式也有所不同。同时，不同城市，各种交通方式的特点、居民出行行为特点也存在差异，也会影响出行者对出行方式的选择。

因此，在进行调查问卷设计前应当综合考虑各种出行方式及组合出行方式的特点、所调查城市的交通特点、调查目的设置不同的出行情境，作为设计调查问卷的基础。

2）确定变量及其属性值

假设在同一次出行试验中，各出行方式的出行距离相等，组合出行方式的出行距离为换乘前后两种出行方式的行程距离之和。在设置公交车（地铁）出行与自行车与换乘公交车（自行车换乘地铁）出行两种方式时，默认乘坐公交车（地铁）的站点位置相同，自行车的行驶距离即公交车（地铁）的步行接驳距离。同一次出行试验中，默认地铁出行（公交车出行）所需的步行接驳时间、等车时间、换乘步行时间均为一个统一的定值。

对于出行者而言，在日常交通出行的过程中时间长短比距离因素更易于感知。因此，考虑行程速度因素，将行程距离和换乘步行距离变量统一换算为消耗的行程时间与换乘步行时间变量。一次完整交通出行所消耗的总时间等于各单项时间之和。

对于每一种情境下的变量值设置，首先选取出所有的独立变量，然后为每一变量分别确定一组属性值水平，各变量取值均参照实际的通勤出行情况确定。

3）确定问卷设计方法

在明确各出行情境包含的变量后，可以构建假想的情境试验。此时根据变量取值后的组合情况不同，问卷设计可以分为全面设计、正交设计和均匀设计三种方法。下面具体介绍各方法的原理和适用性。

(1)全面设计

全面设计是指将所有变量的各属性水平做全组合,然后让被调查者对每一个组合进行判断选择。若一项调查中包含 n 个变量,各有 $I_1, I_2, \cdots, I_n$ 个水平,在全面设计条件下被调查者需要做 $I_1 \times I_2 \times \cdots \times I_n$ 次选择。全面设计的优点在于通过调查能够获取全面的数据结果,基于此分析得到更为准确的结论;全面设计的缺点是伴随过多而无意义的重复选择。通常而言,交通 SP 调查问卷并不采用全面设计的方法。

(2)正交设计

正交设计是指利用正交表来设计与分析多因素试验的一种方法。该方法的原理是在试验因素的全部水平组合中,根据正交性准则挑选部分有代表性的组合进行试验,通过分析部分试验的结果了解全面试验的情况[12]。正交设计被广泛应用于交通 SP 调查中,但随着变量水平数(q)的增加,试验次数(q^2)呈指数倍扩充,因此正交设计往往适用于变量包含 2~3 个水平的 SP 调查。

(3)均匀设计

均匀设计是指利用均匀设计表进行多因素试验安排的一种方法。与正交设计相类似,均匀设计使试验点均匀地分布在试验范围内,并要求试验点的选取具有典型性和代表性。为了实现试验点均匀分布,要求每个因素的每个水平出现且仅出现在一次试验中,并且任意两个因素的试验点出现在平面格子点上,每行每列有且仅有一个试验点[13]。每个均匀表均附带一个设计使用表,标明供选用的列数据及对应的偏差值。随着变量水平数(q)的增加,均匀设计的试验次数($nq, n=1$ 或 $n=2$)呈缓慢地线性增加,能最大限度地受到控制。因此,均匀设计往往在多变量、多水平的交通 SP 调查中使用。

根据不同问卷设计方法的实用性,结合出行方式调查的目的选择适当的调查问卷设计方法。

4)开展问卷调查及数据分析

根据所设计的调查问卷,结合线上、线下的方式开展问卷调查,并回收问卷进行选择,剔除无效问卷,整理有效问卷。统计有效问卷的数据,对出行者基本特性和出行方式特性进行分析,分析影响出行方式选择的主要因素,进而通过构建模型对出行者出行行为进行预测。

7.2.3 基于多源数据的组合出行特征获取方法

相比于 RP 调查和 SP 调查获取的不同用户个人属性对不同组合出行的偏好,基于多源数据的组合出行生成方法,直接对大量真实的出行信息进行处理,可以对当前交通网络中各组合出行方式的客流分布情况进行研究。受限于当前的数据收集手段,仍没有直接获取组合出行数据的方式,需要根据单一方式数据对组合出行数据进行推导。

多源数据的获取可以划分为交通网络数据获取、单一交通方式数据获取和组合出行数据获取三个层次(图7-14)。出行者无论采用步行、公共交通、小汽车、共享单车等任何一种出行方式,都是在已有的交通路网上进行的。交通路网数据是进行出行轨迹获取、出行行为分析的基础。在获取交通网络数据基础上,可以根据公交刷卡数据、轨道交通刷卡数据、小汽车定位数据进行处理,获取单一交通方式的出行数据。组合出行方式则是通过结合各单一方式数据以及交通网络数据,推导上下站位置以及换乘地点,从而得到具体的组合出行客流以及分布。

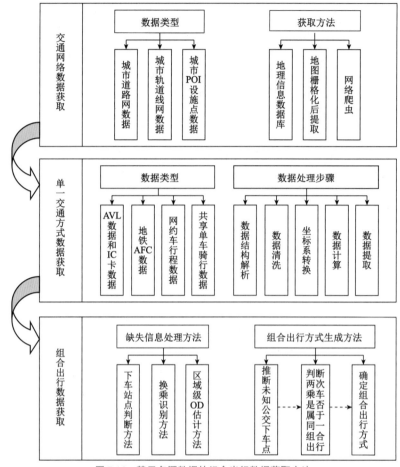

图 7-14 基于多源数据的组合出行数据获取方法

7.2.4 交通网络数据获取

交通网络数据主要包含道路网数据、轨道线网数据、城市 POI 兴趣设施点(Point of Interest，POI)数据等能够真实反映现有交通网络现状的数据类型。交通网络数据获取的方法包括：①从现有的较为精确和完善的地理信息数据库中直接获取；②通过对地图的栅格化处理提取相关路网信息；③通过网络爬虫获取建筑信息。

1）城市道路网数据

OpenStreetMap(简称 OSM)数据库是众源地理信息数据的代表之一。OSM 数据是当前全球范围内最为精确和完善的矢量地理数据集。OSM 数据包括点、线、面等诸多要素，其内容涵盖了交通道路网、土地利用类型等多种类型[15]。

以南京市道路网络为例，通过 Python 包 OSMnx 从 OSM 数据库获取[16]。导入 ArcGIS 最终路网包含 31169 个节点和 45774 个路段，如图 7-15 所示。

2）城市轨道线网数据

高德地图开发平台支持包含高速、城市主路、轨道交通等常见的线路类型地图元素的编辑。通过使用地图编辑工具对轨道交通图层元素进行编辑，获取所需要交通线路的底图。

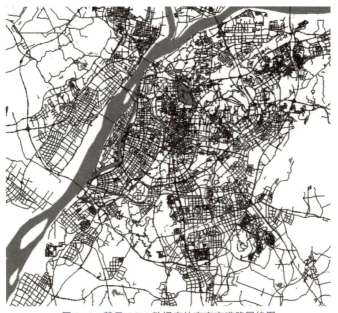

图 7-15 基于 OSM 数据库的南京市道路网络图

以南京市轨道线网为例。首先,通过地图编辑工具从高德地图获取;其次,将轨道线路栅格图片数据在地理信息平台中矢量化轨道线网栅格图片,构建网络数据集;最后,参考南京地铁官网完成地理配准等操作,得到南京市地铁线路的空间数据,共获得 9 条地铁线路 139 个不同站点。南京市轨道交通车站分布图如图 7-16 所示。

图 7-16 南京市轨道交通车站分布图

3)城市 POI 数据

POI 数据是表示真实存在地理实体的点状数据,区域内的 POI 类型和数量能在很大程度上反映该区域的土地利用性质[17]。在地理信息系统(GIS)中,POI 通常被认为是城市旅行的起点或目的地。高德开放平台提供应用程序编程接口（Application Programming Interface，API），为用户获取 POI 数据提供便利。

运用 Python 编程语言编写网络爬取工具，通过高德 API 开放接口爬取所使用的 POI 数据。数据包括 name（名称）、type（类型）、address（地址）、latitude（纬度）和 longitude（经度）信息见表 7-2。

表 7-2 POI 数据结构说明表

字段名称	字段说明	字段名称	字段说明
name	POI 名称	address	POI 地址
type	POI 类型	longitude	POI 经度
latitude	POI 纬度	—	—

7.2.5 城市单一交通方式数据及获取方法

城市单一交通方式主要包括公交、轨道交通、小汽车、共享单车等交通方式。由于各交通方式当前主要的数据采集方式不同，各主要交通方式的出行数据获取方法分别介绍如下。

1）公交出行数据

当前常用的数据主要包括 AVL 数据和公交 IC 卡数据。其中，AVL 数据基于 AVL 技术获取的数据，AVL 技术目前已经非常成熟并在公交车辆中逐渐普及，在公交车的到站预测、上车站点识别、下车站点推导等研究领域得到了广泛应用。公交 IC 卡数据主要指公交刷卡数据，包含用户信息、上车点、下车点等。这两种数据结合处理能够有效推导出公交客流的 OD 分布、客流量大小等特征。

典型的公交 IC 卡数据主要包含卡号（ID）、刷卡日期（date）、上车刷卡时间（get on time）、下车刷卡时间（get off time）、车辆编号（bus number）以及线路编号（line number）等字段（图 7-17）。

ID	date	get off time	card munber	card class	facility	get off station	get on time	get on station
6	2017-01-09	9:23:14	0000993172268098	030	29070118	0000101	20170109084151	0000053
7	2017-01-09	17:26:25	0000993172268098	030	22035317	0000053	20170109163940	0000009
8	2017-01-09	13:11:17	0000993172268098	030	22022501	0000025	20170109124842	0000101
9	2017-01-09	10:42:25	0000993172254333	030	22023204	0000032	20170109102748	0000026
10	2017-01-09	12:30:54	0000993172254333	030	22022606	0000026	20170109121237	0000032
11	2017-01-09	7:19:22	0000993172254333	030	22022606	0000026	20170109070153	0000032
12	2017-01-09	14:04:35	0000993172254350	030	29070119	0000101	20170109134834	0000098
13	2017-01-09	7:11:36	0000997169194745	007	22034447	0000044	20170109070014	0000047
14	2017-01-09	13:41:46	0000997169253379	007	22035508	0000055	20170109132828	0000052
15	2017-01-09	12:32:55	0000997169253379	007	22035205	0000052	20170109122418	0000054
16	2017-01-09	12:02:16	0000997169253379	007	22035408	0000054	20170109115606	0000055

图 7-17 公交 IC 卡数据示意图

2）轨道交通出行数据

轨道交通出行数据主要基于轨道交通刷卡数据。轨道交通刷卡数据通常来自城市轨道交通的 AFC 系统，该系统实现了轨道交通售票、检票、计费、收费、清分结算和运行管理等全过程的自动化，并记录了乘客的刷卡进出站时刻、进出站点名称或编号、刷卡类型等信息。

典型的轨道交通刷卡数据主要包含卡号（ID）、刷卡日期（date）、进站刷卡时间（get on time）、出站刷卡时间（get off time）、出发站点编号（get on station）、到达站点编号（get off station）等字段，如图 7-18 所示。

3）小汽车出行数据

小汽车出行主要包含了出租车出行、网约车出行、私家车出行。由于私家车出行的数据主要通过 GPS 数据获取,而多数城市出租车已经成为网约车出行服务的一部分。因此,相关数据可以由网约车运营公司提供,主要包含车辆的 ID、运行时间、订单 ID、实时经(纬)度等。

ID	date	get off time	card number	card class	facility	get off station	get on time	get on station
20	2017-01-09	10:24:16	0000993172255132	020	31067332	0001039	20170109101321	0001003
21	2017-01-09	12:45:21	0000993172255132	020	31025436	0001023	20170109121728	0001039
22	2017-01-09	13:11:17	0000993172268103	020	31025367	0001012	20170109125743	0001025
23	2017-01-09	9:22:31	0000993167254231	020	31023156	0001019	20170109085629	0001041
24	2017-01-09	10:20:26	0000993167254231	020	31045242	0001037	20170109100534	0001019
25	2017-01-09	17:29:14	0000993167254231	020	31036782	0001034	20170109171537	0001037
26	2017-01-09	10:14:25	0000993143568901	020	31042468	0001018	20170109093422	0001052
27	2017-01-09	11:16:36	0000993143568901	020	31054277	0001025	20170109105725	0001018
28	2017-01-09	13:24:16	0000993143568901	020	31024189	0001022	20170109131638	0001025
29	2017-01-09	14:32:36	0000993143568901	020	31026436	0001031	20170109140235	0001022
30	2017-01-09	14:34:18	0000995443658769	020	31011374	0001009	20170109140344	0001034

图 7-18　轨道交通刷卡数据示意图

4)共享单车数据

共享单车数据主要来源于共享单车运营企业的单车骑行数据。一般情况下共享单车主要包含订单编号、车辆编号、用户编号、订单的起始和终止时间、骑行的起点和终点经纬度,以及骑行过程中的轨迹点集合。

由于轨道交通、公交及共享单车的刷卡数据结构大致相似,本节以共享单车的数据处理过程为例进行详细的说明。其工作大致可以分为数据结构解析、数据清洗、坐标系转换、数据提取及分析四个部分。

(1)共享单车数据结构解析

本例的共享单车原始数据时间跨度为 2017 年 9 月 18—24 日,地理范围是南京市域,其中有效的单车出行数据总 3618994 条,原始订单数据经(纬)度采用 GCJ-02 高德火星坐标系。共享单车骑行数据结构说明表见表 7-3,共享单车订单部分原始数据表见表 7-4。

表 7-3　共享单车骑行数据结构说明表

字段名称	字段说明	字段名称	字段说明
Order_ID	订单编号	Start_location_y	起点纬度
User_ID	用户编号	End_time	还车时间
Bike_ID	车辆编号	End_location_x	终点经度
Start_time	借车时间	End_location_y	终点纬度
Start_location_x	起点经度	Date	日期

表 7-4　共享单车订单部分原始数据表

订单编号	车辆编号	借车时间	起点经度	起点纬度	还车时间	终点经度	终点纬度
MBK0200021＊＊＊＊＊05690903775	200021552	2017-09-18 07:28:35	118.867007	31.9525406	2017-09-18 07:36:55	118.871392	31.9421487
MBK0200021＊＊＊＊＊05733298952	200021552	2017-09-18 19:15:11	118.871392	31.9421487	2017-09-18 19:18:00	118.870768	31.9429941
……	……	……	……	……	……	……	……
MBK0200037＊＊＊＊＊05718149712	200037808	2017-09-18 15:02:34	118.707891	31.7227853	2017-09-18 15:06:30	118.709543	31.7261972
MBK0200037＊＊＊＊＊05725336101	200037808	2017-09-18 17:02:20	118.709543	31.7261972	2017-09-18 17:58:14	118.709840	31.7261814
……	……	……	……	……	……	……	……

(2) 共享单车数据清洗

数据清洗是进行数据分析的前期必要准备,对数据质量控制的好坏有直接影响。由于信号屏蔽、操作失误、定位故障等原因引起共享单车与服务器的通信定位出现异常,进而影响后台骑行数据统计的精确度。因此,有必要对数据进行预处理减少误差带来的影响。数据清洗主要从以下六个方面着手:

①剔除骑行空值数据。针对由于 GPS 设备记录及后台数据传输等系统原因造成的异常数据,表现为订单开始时间、用车与地理位置信息出现空值或者不匹配,剔除空值数据。

②剔除重复字段数据。订单编号必须是唯一值,对于订单数据出现重复字段的异常数据,需要进行剔除。

③剔除越界经纬度数据。南京市域范围坐标为 N31°14′~32°37′,E118°22′~119°14′,剔除位于坐标范围外的数据。

④剔除租借不在同一天的数据。剔除租车日期和还车日期不在同一天的记录。

⑤剔除骑行时间异常数据。原始骑行数据的 98% 分位数为 40min,可将 40min 作为时间维度的清洗标准,剔除骑行时间超过 40min 的数据。考虑用户取车、还车的操作时间,一次出行的借还车时长阈值为 60s,可以剔除用车时长小于 60s 的记录。

⑥剔除骑行距离异常数据。共享单车前期的红包奖励用户用车活动,存在部分使用者产生多个非正常订单,可以剔除骑行距离小于 150m 的记录。

(3) 坐标系转换

目前地图坐标系主要有以下三大类:

①地球坐标系(WGS-84)。地球坐标系为国际通用坐标系,即由北斗芯片或 GPS 芯片获取的经(纬)度。

②火星坐标系(GCJ-02)。地球坐标系经过国家测绘局进行加密后形成火星坐标系。腾讯地图、搜狗地图、阿里云地图、高德地图、谷歌地图中都应用火星坐标系。

③百度坐标系(BD-09)。在火星坐标的基础上再进行一次加密,即形成了百度地图上的坐标。因此,直接将标准地球坐标显示在百度地图上是会有几百米的偏差。按照此原理,标准地球坐标经过两步的转换可得到百度坐标。

目前已有的 GIS 地理信息均为 WGS-84 标准地球坐标,本例共享单车订单数据经(纬)度采用 GCJ-02 高德火星坐标系,须将高德火星经(纬)度坐标转化至 WGS-84 标准地球坐标。

(4) 数据提取及分析

①骑行总量分布。

根据以上步骤对南京市 2017 年 9 月共享单车骑行特征进行统计,见表 7-5。

表 7-5 骑行订单总体分布及天气情况表

时间 (2017 年)	9月18日 周一	9月19日 周二	9月20日 周三	9月21日 周四	9月22日 周五	9月23日 周六	9月24日 周日
订单数量 (人次)	622025	610611	498838	538737	649531	554205	145047
天气情况	晴	阴	中雨	阵雨	多云	阵雨	大到暴雨

由表 7-5 可知,2017 年 9 月 18—24 日南京共享单车日均骑行量约为 50 万人次,周五达到最大值,接近 65 万人次。由此可以看出,共享单车已经成为公共交通方式的重要组成部分。不同天气状况下的每日共享单车订单出行量存在差异,晴天和多云时的出行量都较高,阴天和阵雨时的出行需求会略有减少,大雨等恶劣天气下的出行量很少。结果表明,天气对共享单车出行有着明显影响,良好天气下用户的骑行意愿更强。对共享单车平均每日使用次数进行统计分析,如图 7-19 所示。

由图 7-19 可知,大部分车辆都处于低效使用的状况,超过 1/3 的共享单车每天使用次数不超过 1 次。这与公共自行车每日周转 5 次左右的盈亏点相比仍有较大差距。由此可见,企业如果盲目投放共享单车吸引用户群以占领市场,将造成供给远远大于实际需求。共享单车的日均使用效率还有待提升,大部分车辆低频周转的情况对停放设施的布局以及容量精细化配置提出了更高要求。

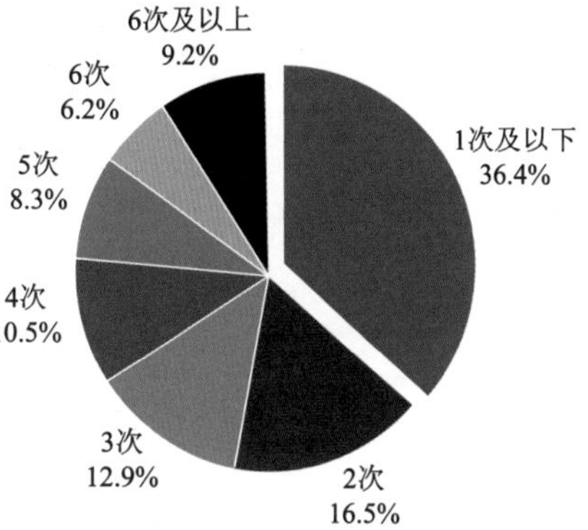

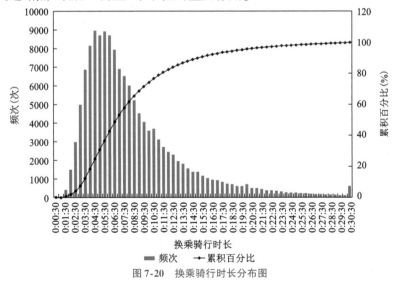

图 7-19 共享单车平均每日使用次数占比图

②骑行时长分布特征。

对轨道交通站点换乘骑行的时长数据进行统计分析,如图 7-20 所示。由图 7-20 可知,在骑行时间的分布上,各个站点出站口周边共享单车的骑行时长主要在 4~8min。由此可见,76.6% 的出行者使用共享单车的时长均在 10min 之内,进一步验证了共享单车在短途换乘衔接城市轨道交通站点"最后一公里"中承担的重要作用。

图 7-20 换乘骑行时长分布图

③借还时间分布特征。

对轨道交通站点换乘骑行的借还时间数据进行统计分析,如图 7-21 所示。由图 7-21 可知,工作日站点周边共享单车骑行时段有两个明显高峰期,其中 7:00—9:00 定义为换乘骑行的"早高峰",17:00—19:00 定义为换乘骑行的"晚高峰",其他时段的出行量明显低于高峰时段的出行量,定义为"平峰"。工作日共享单车换乘骑行的早晚高峰特性基本同城市轨道交通早晚高峰特性保持一致。因此,共享单车早晚高峰时段骑行量占全日骑行总量的比重远高于平峰时段,具有一定的波动性和不平衡性。

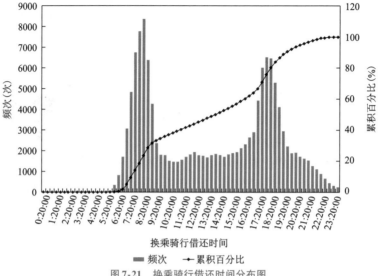

图 7-21　换乘骑行借还时间分布图

7.2.6　组合出行信息生成方法

当获取单一交通方式数据之后,由于出行者在一次出行中可能使用多种交通方式,存在多个上车点以及下车点。下车点的具体信息位置在下车不刷卡的公交系统中没有信息储存,从而难以直接获取。同时,只记录上下车位置导致难以判断用户是否采用组合出行以及换乘的站点。因此,需要进一步根据各单一交通方式出行数据,推导出完整的组合出行信息。

对由刷卡数据组成的公交、轨道交通及共享单车数据来说,由单一交通方式出行数据推导组合出行信息存在两个关键步骤,即推导上下车站点以及判断换乘站点。

1) 上下车站点推断

(1) 上车站点推断

对上车站点的推断常见于仅记录进站/上车信息的刷卡系统。这类系统可按所记录的信息进一步分为以下三类,同时记录进站时间和站点信息、仅记录进站时间信息、不记录进站时间和站点信息。其中,第一类系统记录了完整的数据,无须做推断;第二类系统通常会结合AFC 系统和 AVL 数据或 GPS 数据,基于其时间戳和线路编号或车辆编号进行关联,进而进行上车站点的推断;第三类系统同样需要结合其他数据进行推断,不过这类系统非常少见。考虑到目前大部分公交系统都会记录完整的进站/上车信息,因此这里对上车站点的推断不作为重点讨论。

(2) 下车站点推断

对下车站点的推断方法主要基于组合出行(trip chain)分析方法[19]。假定出行者一天的组合出行是一个闭环,大部分出行者每一次出行的下车站点就是下一次出行的上车站点或在其一定范围内(连续性假设),且大部分出行者会回到当天最早一次出行的上车站点或在其一定范围内(日组合出行对称假设)。数学上可以表达如下:

$$S_i = k \rightarrow \begin{cases} \min d(E_{i+1}, \cdots, k) & (i < n) \\ \min d(E_1, \cdots, k) & (i = n) \end{cases}$$
$$k \in K_i^r \text{ 满足 } \begin{cases} d(E_{i+1}, \cdots, k) \leq d_{\max} & (i < n) \\ d(E_1, \cdots, k) \leq d_{\max} & (i = n) \end{cases} \tag{7-1}$$

式中:S_i、E_i——第 i 次出行的上车和下车站点;

n——出行者一天中的总出行次数;

K_i^r——线路 r 上站点 i 对应的下游站点的集合;

$d(x,y)$——两点间的欧氏距离或步行距离;

$d_{\max}$——距离阈值(最大步行距离)。

图 7-22 给出了一例典型的组合出行。该出行者首先从家经线路 R_1 到达工作单位,再经 R_2 到达购物中心,最后由购物中心经 R_3 回家。根据式(7-11),下车站点 E_1 必须在距离上车站点 S_2 一定距离范围内,即 $d(E_1, S_2) < d_{\max}$,并选择距离 S_2 最近的站点 k。随后,E_2 的位置可以利用 S_3 进行推断,最后一次出行的下车站点 E_3 的位置可以利用一天中第一次出行的上车站点位置 S_1 进行推断。不过组合出行分析方法在只有一天刷卡数据的情况下无法对当天仅有一条信息出行的终点进行推断。因此,在实际应用过程中,应获取尽可能长期的数据,利用其他天的出行数据进行终点推断。

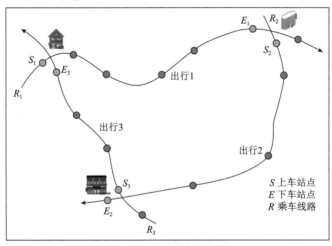

图 7-22 组合出行示意图

对于连续性假设,需要注意的是设定合理的距离阈值,研究人员应综合考虑数据自身属性、居民换乘习惯(自行车或步行)、公共交通方式(常规公交或轨道交通)等因素,或者从数据出发,选择推断准确度最高的距离阈值。对于日组合出行对称假设,地铁出行者因其出行距离较长通常能够满足该假设。公交出行者有时无法满足该假设,因为他们更可能在下班途中进行购物或访友并选择其他交通方式作为每天最后一次出行的选择,如步行、网约车和出租车等[20]。

2)换乘识别

对于公交车来说,每当乘客换乘一辆公交车都需要在上车时刷卡,系统都会记录一条数据,但在乘坐地铁时并不需要在换乘站刷卡。因此,公交车系统的每条记录对应一次上下车,而地铁系统的一条记录可能对应一次或多次上下车。图 7-23 描述了 5 种需要区分换乘(transfer)与活动(activity)的情形,区分两者的方法主要基于时空约束和线路约束。

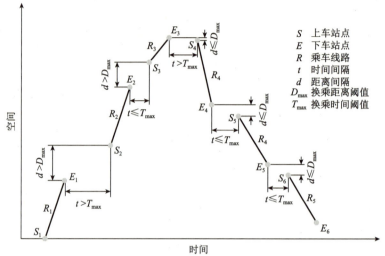

图 7-23 换乘识别示意图

时间上的约束被称为"换乘时间阈值",记作 T_{max},即一天当中公交卡用户两次连续下车和上车之间的最大时间间隔;距离上的约束被称为"换乘距离阈值",记作 D_{max},即一天当中公交卡用户两次连续下车和上车之间的最大步行距离。在假定步行速度的情况下,距离和时间可以相互转换。若 $t>T_{max}$ 或 $d>D_{max}$,则这段记录便会被识别为活动。在已有研究中,T_{max} 取值为 18~90min,而 D_{max} 为 400~1500m。因此,在实际应用过程中,研究人员应根据实际情况合理设定阈值。

线路约束是基于当前线路与上一条线路,如果连续两次出行对应的线路相同,那么无论时间上的约束和距离上的约束是否满足或两次的出行乘坐方向是否相同,它们之间的这段时间都会被识别为活动。时空约束与线路约束下的识别规则可以表达为

$$\Delta(E_i, S_{i+1}) = \begin{cases} \text{transfer} & (t \leq T_{max}, d \leq D_{max}, R_i \neq R_{i+1}) \\ \text{activity} & (\text{其他}) \end{cases} \tag{7-2}$$

7.3 组合出行效用理论

组合出行模式的种类多样,影响因素各有不同,进行选择效用的研究对于优化综合客运枢纽设计具有重要的作用。目前,关于组合出行方式选择函数表达主要有出行效用函数和广义费用函数,出行方式选择模型的理论方法有集计模型和非集计模型。

7.3.1 组合出行效用函数

效用(Utility)是来自微观经济学的概念,指商品满足消费者需要的能力和程度,且这种程度是消费者的主观心理感受。如果消费者从消费某种物品中得到了满足,则是正效用,满足程度越高,则效用越高;如果消费者从消费某种物品中感受到不舒适或困苦,则是负效用。

与经济学中的效用概念相对应,在交通出行中也有效用的概念。组合出行效用是指时间、费用、舒适性、安全性等人们对于组合出行方式的价值观念在方式选择决策活动中的综合度量,它可以综合地表明出行者对风险所持有的态度,即出行者花费一定的时间和费用成本购买某种由几个阶段多种方式组合而成的运输服务,以获得空间位置转移的满足。根据效用最大化理论,在组合出行过程中,每个人都会选择自己认为效用高的方式进行出行。因此,出行效用高的出行方式,被选择的概率大;出行效用低的出行方式,被选择的概率小[4]。由于组合出行通常是分阶段进行的,因此,组合出行效用具有分阶段影响综合决策的特点。

效用函数是对效用的计量表达,其通常由多个影响因素变量 X_{in} 和参数 θ 组成,较常用的描述变量和效用函数之间关系的函数通常有线性关系、对数线性关系(cobb-douglas type)和常数替代弹性(Constant Elasticity of Substitution,CES)三种,如图 7-24 所示。由于组合出行方式选择是具有边际效用递减的函数变量,采取对数变换的效用函数形式更加适合,其表达式为

$$V_{in} = \sum_{k} \theta_k \ln X_{ink} \tag{7-3}$$

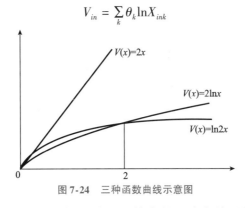

图 7-24 三种函数曲线示意图

在很多情况下,广义费用函数能够对效用函数中的不确定效用部分进行量化,弥补效用函数的不足。按照经济学理论,广义费用是指企业因生产经营活动和其他活动而发生的全部经济利益的总流出[5]。在交通运输领域,出行者出行的广义费用是指在其出行的全过程中所付出的总成本。在组合出行过程中,其体现为包括不同阶段选用不同交通方式实际支付的运输费用、出行时间成本、由于运输工具的服务质量所带来的额外费用,以及换乘的过程中消耗的费用和时间成本。组合出行中一个阶段的出行广义费用的一般形式如下:

$$C_{ij} = \text{Cost}_{ij} + \text{VOT} \times T_{ij} \tag{7-4}$$

式中:Cost_{ij}——从 i 到 j 所实际花费的费用;

T_{ij}——从 i 到 j 所实际花费的时间;

VOT——时间价值(Value Of Time)[6]。

时间价值是出行广义费用函数中的重要组成部分。根据西方经济学的影子价格原理,时间价值的定义是指如果将进行一项活动所消耗的时间用于生产活动,所产生的效益增值量用货币的形式表示,则货币的价值是这项活动时间的价值。对于出行者来说,时间价值就是单位出行时间的货币化表现,它在组合出行的广义出行费用中是将从起点到目的地出行全过程采用不同交通方式所消耗的出行时间与所产生的实际出行费用相关联的重要参数。组合出行中一个阶段的时间价值是可以由出行效用推导得出的。例如,假设个体 n 对选择 i 的效用函数,即

$$V_{in} = \lambda C_{in} + \mu T_{in} + \varepsilon \tag{7-5}$$

式中：C_{in}——个体 n 选择 i 的出行货币费用；

T_{in}——个体 n 选择 i 的出行时间。

时间价值是时间的边际效用与费用的边际效用之比值，即

$$\mathrm{VOT}_{in} = \frac{\frac{\partial V_{in}}{\partial T_{in}}}{\frac{\partial V_{in}}{\partial C_{in}}} = \frac{\mu}{\lambda} \tag{7-6}$$

7.3.2 组合出行效用的影响因素分析

对于城市出行来说，可选出行方式组成较为复杂，影响出行者进行交通方式选择的因素也比较多。出行选用哪一种方式不是随机任意确定的，而是基于一定的规律进行决策得到。在建立方式选择模型时，不管选用何种模型，模型变量的选择都是至关重要的，它直接影响到模型对实际问题的拟合精度，以及对分析实际问题的有效程度。一般认为，影响居民出行方式选择的因素可分为出行者特性、出行特性和交通工具特性（主要用出行时间来体现）三个方面[7]。

居民出行特性通常包括出行目的和出行距离两个方面。出行者特性可分为两类：一类是出行者个人特性，如年龄、性别、有无驾照等；另一类是出行者家庭特性，如家庭收入、车辆的拥有情况等。交通设施的服务质量主要体现在出行费用、出行时间、舒适性、便利性、安全性等方面。出行者在出行前一般都会在潜意识下，根据以上全部因素或部分因素衡量选择哪种方式出行。根据最大效用理论，认为出行者总是选择对出行者个人效用最大的方式出行，即出行者最满意的方式出行。为了使出行方式选择模型能够尽可能准确地模拟出行者的判断过程，就必须尽可能考虑到所有影响出行者方式选择的因素。对于不同的人和出行目的，各种因素的重要性是不同的。例如，收入低的人偏向的是总出行费用最少，工作出行的人偏向的是出行时间最短，探亲访友、旅游的人偏向的是天气和安全性，收入高的人和老弱病人偏向的是舒服性。不同的交通方式，由于技术性能、运行条件及营运形式不同，在时间、费用、安全、方便与舒适等方面也具有不同的运输服务属性。通常出行者总是试图选择能最大限度地满足其愿望的交通方式[8]。

影响组合出行效用的因素既包括随出行者自身变化的属性——出行者特性，也包括随出行方式变化的属性——出行特性和出行方式特性。组合出行影响因素示例见表7-6。

表7-6 组合出行影响因素示例[7]

影响因素类别		影响因素
出行者特性	个人属性	性别
		年龄
		职业
		收入
	家庭属性	家庭月收入
		小汽车拥有情况

续上表

影响因素类别	影响因素
出行特性	出发时段
	出行距离
	一阶活动
	二阶活动
	中间停驻
	是否有子往返
交通工具特性	上车前步行时间
	候车时间
	乘车时间
	总行程时间
	出行费用

7.3.3 组合出行方式选择模型

在交通出行行为研究的发展过程中,对于出行者的出行选择行为的预测经历了两个阶段[9]:第一个阶段是集计模型阶段,第二个阶段是非集计模型阶段。集计模型通常的做法:首先,将研究的对象或者群体划分成若干个小区或群体等特定对象的集,将其作为研究的基本单位;其次,将调查所获取的数据进行集计处理,获得集计数据;最后,建立交通模型进行模拟和预测。非集计模型则不需要划分交通小区,直接使用调查所得数据建立模型,而不进行数据的集计处理。

1)集计模型

在出行方式的选择预测中,常用的集计模型包括转移曲线法、回归模型法和重力模型的转移模型三种。

(1)转移曲线法

运用转移曲线法进行交通方式预测,首先进行大量的调查工作,对获得的统计资料进行分析,将不同交通方式的分担率与其影响因素之间的关系曲线绘制出来,就可以直接通过转移曲线查出各种交通方式的分担率。转移曲线法的缺点有:①曲线的绘制需要大量的调查统计工作;②转移曲线是根据现状调查资料绘制的,因此,只能反映分担率相关因素变化相对较小的情况;③如果分担率相关因素变化较大,则转移曲线不能准确反映该种交通方式的分担率。

(2)回归模型法

回归模型法是通过建立交通方式分担率与各相关因素之间的回归公式,将其作为预测交通方式的模型。其计算公式如下:

$$P_i^k = b_0^k + b_i^k x_{ij} + \cdots + b_j^k x_{in} \tag{7-7}$$

式中:P_i^k——交通区 i 的第 k 种运输方式的出行量;

x_{ij}——交通区 i 在规划年的 j 因素预测值;

b_j^k——第 k 种运输方式的 j 因素回归系数,其确定可运用 x_{ij} 现状调查数据或回归分析获得。

回归模型法的缺点有:回归模型法是建立在大量现状调查资料的基础上,各种方式的分担率与模型中的影响因素的关系不一定是线性的,但非线性回归模型只能描述各种方式与单个影响因素之间的关系。出行者完成一次组合出行,要经历多个阶段,采用多种交通方式,显然回归模型法的缺陷使其无法在组合出行方式划分中得到更好的应用。

(3)重力模型的转移模型

如将重力模型中表示各交通区间交通便利程度的交通阻抗转变为表示各交通区间各种方式便利程度的交通方式阻抗,则可得出如下形式的交通分布与方式组合重力模型,即

$$T_{ijm} = P_i \frac{A_j I_{ijm}^{-b}}{\sum_j \sum_m A_j I_{ijm}^{-b}} \tag{7-8}$$

式中:T_{ijm}——交通区 i 到交通区 j,第 m 种运输方式的交通量;

I_{ijm}——交通区 i 到交通区 j,第 m 种运输方式的阻抗;

P_i——交通区 i 的交通产生量;

A_j——交通区 j 的交通吸引量;

b——待定系数。

2)非集计模型

当前,最能适应组合出行方式划分理论的是非集计模型。非集计模型分析是指不将调查所得到的数据按照小区或者群体进行集计处理或扩大处理,而是直接使用这些数据,因此,使用这种数据处理方式建立的模型称为非集计模型。目前,在交通分布和方式划分中主要使用的非集计模型有 Logit 模型和 Probit 模型。

假设旅客之所以选择某种交通运输方式出行,是因为其认为选择该种交通运输方式所获得的效用大于其他运输方式,即旅客根据效用最大化理论进行出行方式的选择。出行者从选择方案 A_n 中选择 i 的概率如下:

$$P_{in} = \text{Prob}[U_{in} \geq U_{jn}] = \text{Prob}[V_{in} + \varepsilon_{in} \geq V_{jn} + \varepsilon_{jn}] \quad (i \neq j, j \in A_n) \tag{7-9}$$

式中:U——出行者所获得的效用;

V——出行者所获得的效用的确定部分;

ε——出行者所获得的效用的随机部分。

假设效用函数的随机项服从正态分布,即可推导出 Probit 模型。Probit 模型的缺点有:在参数标定过程中采用定性分析的方法,导致难以估计的误差;参数标定过程和选择概率计算过程复杂等。Probit 模型的这些缺陷都阻碍了它的实用化。

假设效用函数的随机项服从相互独立的 Gumbel 分布则得到 Logit 模型,即

$$P_{in} = \frac{\exp(\lambda V_{in})}{\sum_j \exp(\lambda V_{jn})} \tag{7-10}$$

我国现阶段组合出行过程中涉及交通方式众多、影响因素复杂且变化迅速。通过研究出行方式选择模型的相关理论,可以发现转移曲线法对于我国当前的组合出行现状而言,存在明显的不适应性。回归模型法以及重力模型的转移模型的缺陷都使其无法在组合出行方式划分中得到很好的应用。非集计 Probit 模型因其复杂性特点难以实用化,因此 Logit 模型适用于组合出行方式选择。Logit 模型中运用较广泛的是多项 Logit(Multinomial Logit,MNL)模型和 Nested Logit(NL)模型。

MNL模型能有效解释在出行过程中出行者对每种出行方案表现出的不可准确测量的随机效用值,非常符合决策者的实际选择行为,并且具有模型形式简洁,易于标定参数,变量易于解释分析的优点,但是依然存在一定缺陷,包括:

(1)具有 IIA 特性(Independence of Irrelevant Alternatives)。

IIA 特性缺陷源于 MNL 模型假定各选择项的效用随机项 ε_{ij} 服从独立同分布的 Gumbel 分布。当选择项间存在相似性并不独立时,会出现"红蓝巴士悖论",在这种情况下依然使用多项 Logit 模型,会过高估计相似选择肢的效用值,错误地标定参数,导致模型预测偏差[11]。

$$\frac{P(y=j)}{P(y=i)} = \frac{e^{\mu V_j}}{e^{\mu V_i}} = \frac{\exp(x'_j\beta + z'\gamma)}{\exp(x'_i\beta + z'\gamma)} \tag{7-11}$$

显然在多模式交通网络环境下典型多方式组合出行的研究中,单一出行方式的出行过程中均不存在换乘阶段,因此,选择项之间包含一定联系,并不完全符合彼此相互独立的基本假设。

(2)随机性偏好限制(limitation of random taste variation)[12]。

决策者对每个选项的态度和偏好随着决策者的不同而不同。决策者的选择除了与可观测的行为主体的特征相关外,还与一些不可观测的随机因素有关。有同样收入、受同样教育水平等其他相同因素的两个决策者可能会根据自身偏好作出不同选择,随着不可观测变量的变化或者纯随机变化的个体选择差异无法被 MNL 模型处理。向描述出行者喜好差异的方程中额外引入不可观测的随机项,当方程存在多个不同的随机项时,将会违背了模型随机项独立同分布,相同均值和方差的前提假设。

7.4 基于 MNL 的组合出行效用模型

7.4.1 模型建立

当出行效用的随机项 $\varepsilon_{jn}(j=1,2,\cdots,J_n)$ 服从具有同一参数的、独立的二重指数分布时,为了方便,将二重指数分布的参数$(\eta,\bar{\omega})$数值设为$(0,1)$,则 $U_{jn} = V_{jn} + \varepsilon_{jn}$ 服从参数为$(V_{jn},1)$的二重指数分布[10]。方案 1 被选择的概率如下所示:

$$\begin{aligned}P_{1n} &= \text{Prob}(U_{1n} \geq U_{jn}, j=2,3,\cdots,J_n) \\ &= \text{Prob}(V_{1n} + \varepsilon_{1n} \geq V_{jn} + \varepsilon_{jn}, j=2,3,\cdots,J_n) \\ &= \text{Prob}[V_{1n} + \varepsilon_{1n} \geq \max_{j=2,3,\cdots,J_n}(V_{jn} + \varepsilon_{jn})]\end{aligned} \tag{7-12}$$

U_n^* 的定义为

$$U_n^* = \max_{j=2,\cdots,J_n}(V_{jn} + \varepsilon_{jn}) \tag{7-13}$$

U_n^* 服从参数为 $(\ln\sum_{j=2}^{J_n}e^{V_{jn}},1)$ 的二重指数分布,令 $U_n^* = V_n^* + \varepsilon_n^*$,$V_n^* = \ln\sum_{j=2}^{J_n}e^{V_{jn}}$,由二重指数分布的性质,$\varepsilon_n^*$ 服从参数$(0,1)$的二重指数分布,则

$$\begin{aligned}P_{in} &= \text{Prob}(V_{1n} + \varepsilon_{1n} \geq V_n^* + \varepsilon_n^*) \\ &= \text{Prob}[(V_n^* + \varepsilon_n^*) - (V_{1n} + \varepsilon_{1n}) \leq 0]\end{aligned} \tag{7-14}$$

利用两个独立的二重指数分布的概率变量的差服从后勤分布的性质,有

$$P_{1n} = \frac{1}{1+\mathrm{e}^{(V_n^*-V_{1n})}} = \frac{\mathrm{e}^{V_{1n}}}{\mathrm{e}^{V_{1n}}+\mathrm{e}^{V_n^*}} = \frac{\mathrm{e}^{V_{1n}}}{\mathrm{e}^{V_{1n}}+\exp\left[\ln\sum_{j=2}^{J_n}(\mathrm{e}^{V_{jn}})\right]} = \frac{\mathrm{e}^{V_{1n}}}{\sum_{j=2}^{J_n}\mathrm{e}^{V_{jn}}} \tag{7-15}$$

式(7-15)是 Multinomial Logit 模型,它的一般式如下:

$$P_{in} = \frac{\mathrm{e}^{V_{in}}}{\sum_{j=1}^{J_n}\mathrm{e}^{V_{jn}}} \tag{7-16}$$

7.4.2 模型标定

MNL 模型通过极大似然估计法标定。如果出行者 n 选择 i 的概率为 P_{in},选择结果 δ_{in},则 $\delta_{1n},\cdots,\delta_{in},\cdots,\delta_{jn}$ 同时实现的概率为

$$P_{1n}^{\delta_{1n}} P_{2n}^{\delta_{2n}} \cdots P_{in}^{\delta_{in}} \cdots P_{jn}^{\delta_{jn}} = \prod_{i \in A_n} P_{in}^{\delta_{in}} \tag{7-17}$$

其中,$\delta_{in} = \begin{cases} 1 & \text{(选择结果与 } i \text{ 相同)} \\ 0 & \text{(其他)} \end{cases}$。因此,出行者 $1,\cdots,n,\cdots,N$ 的同时概率 L^* 可由下式求出:

$$L^* = \prod_{n=1}^{N} \prod_{i \in A_n} P_{in}^{\delta_{in}} \tag{7-18}$$

式(7-18)为 MNL 模型的似然函数,其对数似然函数 L 为

$$L = \ln L^* = \sum_{n=1}^{N} \sum_{i \in A_n} \delta_{in} \ln P_{in} = \sum_{n=1}^{N} \sum_{i \in A_n} \delta_{in} \left(\theta X_{in} - \ln \sum_{i \in A_n} \mathrm{e}^{\theta X_{in}} \right) \tag{7-19}$$

L 是关于 θ 的凸函数,因此,L 最大的极大似然估计值 $\hat{\theta}$ 可以通过 θ_k 对式(7-19)求导后设其为 0 求得,即通过求解满足下式的 $\hat{\theta} = (\theta_1,\cdots,\theta_k)$ 的值 $\hat{\theta}$ 求得:

$$\frac{\partial L}{\partial \theta_k} = \sum_{n=1}^{N} \sum_{i \in A_n} \delta_{in} \left(X_{ink} - \frac{\sum_{j \in A_n} X_{ink} \mathrm{e}^{\theta X_{jn}}}{\sum_{j \in A_n} \mathrm{e}^{\theta X_{jn}}} \right) = 0 \tag{7-20}$$

为了简化式(7-20),利用 P_{in} 的定义及 $\sum_{i=1}^{I_n} \delta_{in} = 1$,式(7-20)可以表示为

$$\sum_{n=1}^{N} \sum_{i \in A_n} (\delta_{in} - P_{in}) X_{ink} = 0 \tag{7-21}$$

梯度向量 ∇L 的各个元素可由式(7-21)的左边项给出。用 θ_i 对式(7-21)的左边微分后置 0。可以得到荷塞(Hessian)矩阵 $\nabla^2 L$ 的各个元素,则 MNL 模型的 ∇L 和 $\nabla^2 L$ 为

$$\nabla L = \begin{pmatrix} \frac{\partial L}{\partial \theta_1} \\ \cdots \\ \frac{\partial L}{\partial \theta_k} \\ \cdots \\ \frac{\partial L}{\partial \theta_K} \end{pmatrix} = \begin{pmatrix} \sum_{n=1}^{N} \sum_{i \in A_n} (\delta_{in} - P_{in}) X_{in1} \\ \cdots \\ \sum_{n=1}^{N} \sum_{i \in A_n} (\delta_{in} - P_{in}) X_{ink} \\ \cdots \\ \sum_{n=1}^{N} \sum_{i \in A_n} (\delta_{in} - P_{in}) X_{inK} \end{pmatrix} \tag{7-22}$$

$$\nabla^2 L = \begin{pmatrix} \dfrac{\partial^2 L}{\partial \theta_1^2} & \cdots & \cdots & \cdots & \dfrac{\partial^2 L}{\partial \theta_1 \partial \theta_K} \\ \cdots & \cdots & \cdots & \cdots & \cdots \\ \cdots & \cdots & \dfrac{\partial^2 L}{\partial \theta_k \partial \theta_i} & \cdots & \cdots \\ \cdots & \cdots & \cdots & \cdots & \cdots \\ \dfrac{\partial^2 L}{\partial \theta_K \partial \theta_1} & \cdots & \cdots & \cdots & \dfrac{\partial^2 L}{\partial \theta_K^2} \end{pmatrix} = \begin{pmatrix} \wedge_{11} & \cdots & \cdots & \cdots & \wedge_{11} \\ \cdots & \cdots & \cdots & \cdots & \cdots \\ \cdots & \cdots & \wedge_{kl} & \cdots & \cdots \\ \cdots & \cdots & \cdots & \cdots & \cdots \\ \wedge_{K1} & \cdots & \cdots & \cdots & \wedge_{KK} \end{pmatrix} \qquad (7\text{-}23)$$

其中：

$$\wedge_{11} = -\sum_{n=1}^{N} \sum_{i \in A_n} P_{in} \left(X_{in1} - \sum_{j \in A_n} X_{jn1} P_{jn} \right)^2 \qquad (7\text{-}24)$$

$$\wedge_{1K} = \wedge_{K1} = -\sum_{n=1}^{N} \sum_{i \in A_n} P_{in} \left(X_{in1} - \sum_{j \in A_n} X_{jn1} P_{jn} \right)\left(X_{inK} - \sum_{j \in A_n} X_{jnK} P_{jn} \right) \qquad (7\text{-}25)$$

$$\wedge_{kl} = -\sum_{n=1}^{N} \sum_{i \in A_n} P_{in} \left(X_{ink} - \sum_{j \in A_n} X_{jnk} P_{jn} \right)\left(X_{inl} - \sum_{j \in A_n} X_{jnl} P_{jn} \right) \qquad (7\text{-}26)$$

$$\wedge_{KK} = -\sum_{n=1}^{N} \sum_{i \in A_n} P_{in} \left(X_{inK} - \sum_{j \in A_n} X_{jnK} P_{jn} \right)^2 \qquad (7\text{-}27)$$

计算最优估计值 $\hat{\theta}$ 采用牛顿-拉普松（Newton-Raphson，NR）迭代法，与 BL 模型相同。该方法是在曲线 ∇L 上先找任意一点，通过该点建立 ∇L 的切线方程，并找到该方程与横轴的交点，以此交点上的 θ 值作为曲线的 ∇L 解近似结果。重复上述过程，直到达到满意的 θ 估计值 $\hat{\theta}$ 为止。

7.4.3 模型检验

由极大似然估计法得到参数近似值之后的问题就是利用统计量分析这些近似值的精度。下面介绍常用统计量的计算。

虽然在样本确定之后，θ 值也可以通过寻优计算确定，但换一批样本 θ 的估计值 $\hat{\theta}$ 又会不同，所以 $\hat{\theta}$ 也是个随机变数。对于随机变量 $\hat{\theta}$ 我们可以证明当样本数 N 趋于无穷时，$\hat{\theta}$ 越来越趋近于真值 θ。即 $\hat{\theta}$ 是 θ 的一致估计量。在后面统计量计算中，特别有用的是，当 N 足够大时，$\hat{\theta}$ 服从正态分布，其期望 $E(\hat{\theta})$ 是参数的真值，协方差矩阵 $V(\hat{\theta}) = [-\nabla^2 L(\theta)]^{-1}$，且 θ 在的一切一致估计量中，$\hat{\theta}$ 对应的协方差阵是最小的，这样我们可以用 L 的荷塞矩阵的负逆矩阵来估计 $V(\hat{\theta})$，$\hat{V} = [-\nabla^2 L(\theta)]^{-1}$。

统计量的计算方法如下。

1）t 值的计算和 t 检验

$$t_k = \frac{\theta_k}{\sqrt{v_k}} \qquad (7\text{-}28)$$

式中：v_k——方差协方差矩阵中的第 k 个对角元素，当 t 的绝对值大于 1.65，在 10% 的显著性水平上，可以拒绝假设，即有 90% 的把握认为相应的变量是对选择概率产生影响的因素。

2）$L(0)$

$L(0)$ 为 θ_k 的值为 0 时的 L 的值，它可以由下式得到：

$$L(0) = \sum_{n=1}^{N} \sum_{i \in A_n} \delta_{in} \ln\left(\frac{1}{J_n}\right) \tag{7-29}$$

3)$L(c)$

$L(c)$是选择肢固有常量以外的$\dot{\theta}_k$的值为0时的L的值。

4)$L(\dot{\theta})$

$L(\dot{\theta})$为L的最大值。

5)$-2[L(0)-L(\dot{\theta})]$($=x_0^2$值)

这是检验所有的参数的值是否为零的假说的统计量。可以证明。该值在假设$H_0:\theta_1=\theta_2=\cdots=\theta_k=0$之下,当样本量$N$足够大时,$-2[L(0)-L(\dot{\theta})]$($=x_0^2$值)服从自由度为$K$的$\chi^2$分布。为了检验,需要确定显著性水平$\alpha$,通过$\chi^2$分布表确定超过自由度$K$的$\alpha$的$\chi^2$的值和$\chi_\alpha^2$的值的概率。如果$-2[L(0)-L(\dot{\theta})]>\chi_\alpha^2$,将放弃假说$H_0$,由此得到了未必所有的$\theta_k$都为0的结论;如果$-2[L(0)-L(\dot{\theta})]\leqslant\chi_\alpha^2$,则不能放弃假说$H_0$,即由此得到了所有的$\theta_k$等于0的可能性很大的结论。这时,需要对特性变量及效用函数的形式进行全面的考虑。

6)$-2[L(c)-L(\dot{\theta})]$($=x_c^2$值)

这是检验选择方案固有哑元的参数θ_1以外的参数值是否均为零的假说的统计量。该值在假设$H_0:\theta_2=\cdots=\theta_k=0$之下。当样本量$N$足够大时,$-2[L(c)-L(\dot{\theta})]$服从自由度为$K+I$的$\chi^2$分布,$H_0$的检验方法同5)。

7)似然比

$$\rho^2 = 1 - \frac{L(\dot{\theta})}{L(0)} \tag{7-30}$$

式中:$L(0)$——全部θ_k值为0的L的值;

ρ^2——似然比或McFadden决定系数,和相关系数的平方相同,ρ^2值在0~1范围。

当ρ^2值越接近1,模型的吻合度越好。但是,和回归分析的相关系数不同,ρ^2值在0.2~0.4范围时,可以认为吻合度很好。

8)修正McFadden决定系数

$$\bar{\rho}^2 = 1 - \frac{\dfrac{L(\dot{\theta})}{c-K}}{\dfrac{L(0)}{c}} \tag{7-31}$$

这个指标越接近于1越好,可以看成是用自由度修正后的相关系数。

实践中最常用的指标是t值,以及ρ^2和$\bar{\rho}^2$。其中,t值用于对单个变量进行t检验,以判断单个变量是否显著地影响最终的选择结果;ρ^2和$\bar{\rho}^2$用来判断模型整体与优越程度。

7.5 基于NL的组合出行效用模型

由于枢纽内部的客流的复杂性,且枢纽内的换乘方式分为对内枢纽与对外枢纽,所以简单的MNL模型不适用于枢纽的客流分布分配,NL模型更合适。本节重点介绍NL模型。

7.5.1 模型建立

在组合出行方式选择中应用 NL 模型的基本思想是将具有相似性的选择项分为不同的巢作为模型的第一层,各个巢之间彼此独立没有相似性;对于每个巢内部的各个选择项,如果除该巢所具有的共同特征外彼此独立,则直接作为模型的下层;如果彼此之间还存在相似性,则继续分成各个巢作为模型下层[13]。以常用的双层 NL 模型为例,具体的层级结构图如图 7-25 所示。

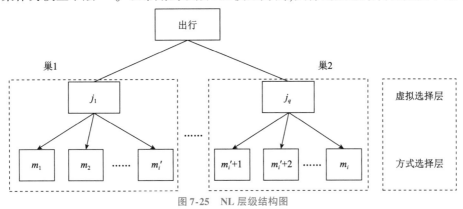

图 7-25　NL 层级结构图

上层为虚拟选择层,共有 q 个选择方案 $J = (j_1, j_2, \cdots, j_q)$;下层为方式选择层,共有 n 个选择方式 $M = (m_1, m_2, \cdots, m_n)$,那么换乘出行者的总出行方式选择集合 T 可以表示如下:

$$T = J \times M = \{(j_1, m_1), \cdots, (j_1, m_{i'}), \cdots, (j_q, m_{i'+1}), \cdots, (j_q, m_i)\} \tag{7-32}$$

出行方式对应的效用函数 U_{mj} 可以表示如下:

$$U_{mj} = V_m + V_j + V_{mj} + \varepsilon_j + \varepsilon_{mj} \tag{7-33}$$

式中:V_m——选择出行方式 m 的系统效用;

V_j——选择虚拟选择项 j 的系统效用;

V_{mj}——特定于 (j,m) 出行方案的剩余系统效用;

ε_j、ε_{mj}——相互独立的随机效用。

根据条件概率公式,出行者 n 选择出行方式 m 的概率 $P_n(m)$ 可以表示如下:

$$P_n(m) = P_n(j) P_n(m|j) \tag{7-34}$$

假设 ε_j、ε_{mj} 联合分布函数服从尺度参数为 μ^j 和 μ^m 的二重指数分布,那么出行者 n 选择虚拟选择项 j 的边际选择概率如下:

$$\begin{aligned}
P_n(j) &= \text{Prob}(\max U_{mj} \geq \max U_{mj'}) \quad (\forall j' \in J, j' \neq j) \\
&= \text{Prob}[V_j + \varepsilon_j + \max_{m \in M}(V_m + V_{mj} + \varepsilon_{mj}) \geq V_{j'} + \varepsilon_{j'} + \max_{m \in M}(V_m + V_{mj'} + \varepsilon_{mj'})] \\
&= \frac{e^{(V_j + V'_j)\mu^j}}{\sum_{j' \in J} e^{(V_{j'} + V'_{j'})\mu^j}}
\end{aligned} \tag{7-35}$$

令 $V'_j = \dfrac{1}{\mu^m} \ln \sum_{m \in M} e^{(V_m + V_{mj})\mu^m}$,则已知虚拟选择肢 j 被选取的前提下,出行者 n 选择出行方式 m 的条件概率 $P_n(m|j)$ 可以表示如下:

$$\begin{aligned}
P_n(m|j) &= \text{Prob}(U_{mj} \geq U_{m'j}) \quad (\forall m' \in M, m' \neq m) \\
&= \text{Prob}(V_{mj} + V_m + \varepsilon_{mj} \geq V_{m'j} + V_{m'} + \varepsilon_{m'j})
\end{aligned}$$

$$= \frac{e^{(V_{mj}+V_m)\mu^m}}{\sum_{m' \in M} e^{(V_{m'j}+V_{m'})\mu^{m'}}} \tag{7-36}$$

通常令 $\mu^m = 1$，则 $\frac{\mu^j}{\mu^m} \leq 1$，则出行者选择出行方式 m 的概率如下：

$$P_n(m) = P_n(j)P_n(m|j) = \frac{e^{(V_j+V_{j'})\mu^j}}{\sum_{j' \in J} e^{(V_j+V_{j'})\mu^{j'}}} \cdot \frac{e^{(V_{mj}+V_m)\mu^m}}{\sum_{m' \in M} e^{(V_{m'j}+V_{m'})\mu^{m'}}} \tag{7-37}$$

NL 模型的构建主要包含如下几个步骤：

(1) 根据研究对象明确虚拟选择层与方式选择层的内容,确定 NL 模型分层结构。

(2) 分析自变量的内在关联,合理设置虚拟选择层与方式选择层的影响变量。

(3) 利用极大似然法(MLE)估计方式选择层中条件概率包含的参数,确定 V'_m 项。

(4) 利用极大似然法估计虚拟选择层中边际选择概率包含参数,计算尺度参数 μ^j。

(5) 利用模型整体拟合度,变量拟合度以及对 NL 模型进行检验。如果未通过检验,则返回步骤(1)调整模型 NL 结构后重新估计参数。

(6) 分析 NL 模型结果,必要时利用选择概率公式进行模型预测。

NL 模型的构建过程如图 7-26 所示。

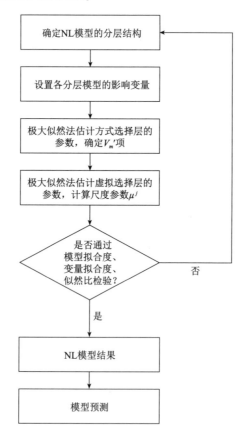

图 7-26　NL 模型的建模流程图

7.5.2 模型标定

NL 模型依然通过极大似然法估计模型参数,首先构造辅助变量 y_{mn}。

$$y_{mn} = \begin{cases} 1 & (出行者\ n\ 选择方式\ i\ 出行) \\ 0 & (其他) \end{cases} \tag{7-38}$$

然后,构造似然函数 L:

$$L = \prod_{n=1}^{N}\prod_{m \in M}[P_n(m)]^{y_{mn}} = \prod_{n=1}^{N}\prod_{(j,m) \in T}[P_n(j)P_n(m|j)]^{y_{mn}} \tag{7-39}$$

对似然函数的等式两边取对数,得

$$\begin{aligned}\ln(L) &= \sum_{n=1}^{N}\sum_{(j,m) \in T} y_{mn}\ln[P_n(j)P_n(m|j)] \\ &= \sum_{n=1}^{N}\sum_{(j,m) \in T} y_{mn}\ln P_n(j) + \sum_{n=1}^{N}\sum_{(j,m) \in T} y_{mn} P_n(m|j)\end{aligned} \tag{7-40}$$

基于对数似然函数取最大值的原理,分别对待估计的参数求偏导,偏导数为 0,从而构建非线性方程组,最终通过求解方程组估计模型参数。值得注意的是,NL 模型依然无法同时识别所有系数 γ_i,在参数估计时需要将某个方案设为"参照方案",然后令个体属性的变量系数 $\gamma_i = 0$。

7.5.3 模型检验

运用 Logit 模型进行组合出行效用建模时,需要对模型整体和各变量参数的拟合度进行检验,以保证模型的准确性与适用性。

1) 模型整体拟合度

模型的整体拟合度可以采用 ρ^2 检验,其计算表达式如下:

$$\text{Adj.}\rho^2 = 1 - \frac{\text{LL}(\beta) - K}{\text{LL}(0)} \tag{7-41}$$

式中:$\text{LL}(\beta)$——预测模型的极大似然估计值;

$\text{LL}(0)$——只包含常数项时模型的极大似然估计值;

$\text{Adj.}\rho^2$——根据自由度调整后的 ρ^2,数值越大意味着模型整体拟合水平越高。

2) 各变量参数的拟合度

Stata 要求变量参数的拟合度需通过 Z 值检验,Z 检验法是当 σ^2 已知或样本容量充分大时,通过计算两个平均数之间差的 z^* 分数来与规定的理论 Z 值相比较,看是否大于规定的理论 Z 值,从而判定两平均数的差异是否显著的一种差异显著性检验方法。当满足以下关系时,变量通过拟合度检验:

$$|z^*| = \left|\frac{\hat{\beta}_2 - \beta_2}{\text{SE}(\hat{\beta}_2)}\right| > |z(\alpha)| \tag{7-42}$$

3) 不同模型优劣度比较

利用 $\chi^2 = -2(\text{LL}_R - \text{LL}_U)$ 来分析假设检验结果,对比不同模型之间的优劣程度,LL_R 和 LL_U 分别为参照模型和目标模型的极大似然函数值。

7.6 基于 ML 的组合出行效用模型

7.6.1 模型建立

考虑到 Mixed Logit(ML)模型的参数服从某种分布,因此出行者 i 对出行方式 j 选择概率模型,可以看作 Logit 模型选择概率的加权平均值,权重由分布密度函数决定,具体表示如下:

$$P_{ij} = \int L_{ij}(\beta_j) f(\beta_j | \theta) d\beta_j \tag{7-43}$$

式中:$f(\beta_i | \theta)$——某种分布密度函数,可以是正态分布、对数正态分布、均匀分布、三角分布等,可依据逻辑、经验、具体数据对分布函数的形式作出选择;

θ——密度函数的未知参数,如正态分布的均值、方差等;

$L_{ij}(\beta_i)$——在参数 β 下的 Logit 概率:

$$L_{ij}(\beta_i) = \frac{e^{V_{ij}(\beta_j, x_i)}}{\sum_{j=1}^{J} e^{V_{ij}(\beta_j, x_{ij})}} \tag{7-44}$$

所以有:

$$P_{ij} = \int \frac{e^{V_{ij}(\beta_j, x_i)}}{\sum_{j=1}^{J} e^{V_{ij}(\beta_j, x_{ij})}} f(\beta_j | \theta) d\beta_j \tag{7-45}$$

式中:V_{ij}——效用函数。

7.6.2 模型标定

式(7-45)从数学上来讲没有封闭的解析解,因此,需要通过计算机模拟,按照对模型中各个参数设定的分布,生成随机系数值,带入函数中,从而求出 P_{ij} 的模拟解。所以,ML 采用极大模拟似然法的求解过程如下。

1)求模拟概率 P_{ij}

(1)在给定待估参数某种分布的参数 θ 的前提下,从密度函数 $f(\beta_j | \theta)$ 中随机抽取 R 个互不相关的随机向量 $\beta^r (r=1,2,\cdots,R)$;在本文中,抽取随机向量 β^r 主要运用 Halton 序列法。Halton 序列法是一种获得拟随机序列的常用方法,主要通过计算机产生(0,1)分布随机数从而获得其他非均匀分布的随机数。

(2)根据式(7-44),计算 $L_{ij}(\beta^r)$ 的值。

(3)计算 $L_{ij}(\beta^r)(r=1,2,\cdots,R)$ 的均值。

(4)根据步骤(3)的均值计算概率仿真值 $\hat{P}_{ij} = \frac{1}{R}\sum_{r=1}^{R} S_{ij}(\beta^r)$。

2)构造仿真似然函数和极大似然算子

(1)定义辅助变量:

$$y_{ij} = \begin{cases} 1 & (出行者 i 选择第 j 种出行方式) \\ 0 & (其他) \end{cases}$$

(2)样本容量为 I,选择项个数为 J,构造仿真似然函数:

$$\mathrm{SL}(\beta) = \prod_{i=1}^{I}\prod_{j=1}^{J}\hat{P}_{ij}^{y_{ij}} \tag{7-46}$$

(3)取式(7-46)的对数形式,即得到仿真极大似然算子为

$$\mathrm{SSL}(\beta) = \sum_{i=1}^{I}\sum_{j=1}^{J}y_{ij}\ln\hat{P}_{ij} \tag{7-47}$$

3)求解 θ

改变 θ 的值,直到仿真极大似然算子取得最大值,求解方法有 NR 法、梯度法等。

7.6.3 模型检验

采用贝叶斯估计算法进行模型检验。其基本思路:首先,根据积累的经验知识给出待估参数 Θ 的先验分布信息 $\varphi(\Theta)$;其次,将先验分布信息与观测样本信息 $Y = \{\gamma_1, \gamma_2, \cdots, \gamma_n\}$ 相结合,并根据贝叶斯定理得出参数的后验分布信息 $\varphi(\Theta|Y)$;最后,对后验分布进行抽样,确定待估参数的各种后验统计量。

1)给出参数先验分布信息

为使参数估计更具稳健性,参数的先验分布可以按照两个层次来确定:

第一层次先验分布:假设模型参数服从参数为 (μ,σ) 的对数正态分布,密度函数记为 $\varphi(\Theta|\mu,\sigma)$;其中 μ,σ 表示对数正态分布的均值和方差,称为超参数。

第二层次先验分布(也称超验分布):假设超参数 μ,σ 服从发散的先验分布,μ 的密度函数记为 $\pi(\mu)$,σ 的密度函数记为 $\pi(\sigma)$。

2)得出参数后验分布信息

根据贝叶斯定理,结合观测样本信息 $Y = \{\gamma_1, \gamma_2, \cdots, \gamma_n\}$,得到参数后验分布密度函数如下:

$$\varphi(\Theta|Y) = \frac{L(Y|\Theta)\varphi(\Theta|\mu,\sigma)}{\int L(Y|\Theta)\varphi(\Theta|\mu,\sigma)} \propto L(Y|\Theta)\varphi(\Theta|\mu,\sigma) \tag{7-48}$$

式中:$L(Y|\Theta)\varphi(\Theta|\mu,\sigma)$——观测样本的似然函数。

3)抽样并获得后验统计量

贝叶斯估计中最常用的马尔可夫(Markov)链方法(MCMC)是 Gibbs 抽样。MCMC 的基本思想是构造一条 Markov 链使其平稳分布为待估参数的后验分布,通过这条 Markov 链产生后验分布的样本,并基于这些样本进行蒙特卡罗积分。Gibbs 抽样通过迭代程序对满条件后验分布进行反复抽样(每个变量从给定剩余变量的后验分布中抽取),构造出一条平稳分布的 Markov 链来实现对目标分布的模拟。满条件后验分布如下:

$$\varphi(\Theta_r|\Theta_{-r},\mu,\sigma,Y) \propto L(Y|\Theta)\varphi(\Theta_r|\Theta_{-r},\mu,\sigma) \tag{7-49}$$

$$\pi(\mu_r|\mu_{-r},\Theta,\sigma) \propto \varphi(\Theta|\mu,\sigma)\pi(\mu) \tag{7-50}$$

$$\pi(\sigma_r|\sigma_{-r},\Theta,\mu) \propto \varphi(\Theta|\mu,\sigma)\pi(\sigma) \tag{7-51}$$

式中:Θ_r——参数向量 Θ 中第 r 个分量;

Θ_{-r}——参数向量 Θ 中去掉 Θ_r 后剩余的向量;

μ_r,μ_{-r},σ_r 和 σ_{-r} 的含义类同。

利用 Gibbs 抽样方法反复进行迭代抽样,经过一段时间的迭代后可以得到 Markov 链的实

现值;当它收敛时,获得的平稳分布就是参数的后验分布;这时可以利用第 m 次(m 表示预抽样期)迭代以后的样本实现值来计算参数的后验均值和方差。

7.7 案例分析

南京南站是连接 6 条高等级铁路的国家铁道枢纽站。南京南站建有 3 个场站,15 个站台,经过的高铁线路包括京沪铁路、宁杭城际铁路、宁安城际铁路等。南京南站地面层为换乘广场,广场中心区域有南京地铁 1 号线、南京地铁 3 号线、南京地铁 S1 号线和南京地铁 S3 号线的进出站口;南北两侧为公交上客区,东西两侧各设出租车、社会车的上客区;站房北部建有南京长途客运南站;此外,还设有一个机场快客停靠带,旅客可直接去禄口机场。因此,乘客可在南京南站实现铁路、长途汽车、公交车、出租车、地铁、社会车辆、机场大巴的无缝换乘。

根据现有的南京南站客流分布规律,南京南站的客流主要包括三部分:①铁路换乘其他交通方式客流;②其他交通方式换乘铁路客流;③城市内部交通方式换乘客流。这三部分构成 NL 模型的上层即虚拟层。

铁路换乘其他交通方式下层包含地铁、公交、长途汽车、小汽车、出租车、社会客车(旅游客车及机场大巴)、租车、其他 8 种交通方式;其他交通方式换乘铁路下层的交通方式与铁路换乘其他交通方式下层的交通方式一样;城市内部交通方式换乘下层换乘方式根据现有的城市内部交通方式换乘的客流量可分为地铁换乘地铁、公交换乘地铁、地铁换乘公交、长途汽车换乘地铁、地铁换乘长途汽车、长途汽车换乘出租车、出租车换乘长途汽车、长途汽车换乘公交车、公交车换乘长途汽车、公交车换乘公交车、小汽车换乘长途汽车 11 种换乘方式。这些交通方式构成了 NL 模型的下层。南京南站客流分布 NL 模型结构图如图 7-27 所示。

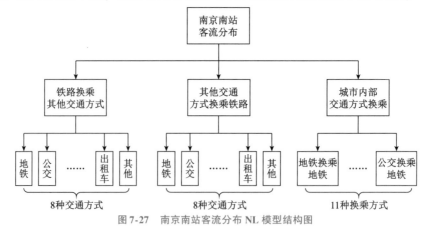

图 7-27 南京南站客流分布 NL 模型结构图

7.7.1 组合出行行为调查问卷设计

组合出行的交通行为调查主要有两种基本方法,即 RP 调查和 SP 调查。对于围绕南京南站的组合出行调查,采用 SP 调查和 RP 调查相结合的方法。在南京南站铁路出入口发放调查问卷,现场填写并回收问卷,同时网上发放问卷,增加样本量。南京南站客流衔接方式调查问卷如下。

南京南站客流衔接方式调查问卷

一、基本信息调查

(1) 您的性别:_____
　　A. 男　　　　　　B. 女
(2) 您的年龄:_____
　　A. <20　　　B. 20～30　　　C. 31～40　　　D. 41～50　　　E. >50
(3) 您家庭拥有的小汽车数量:_____
　　A. 0　　　　　B. 1　　　　　C. ≥2
(4) 您的职业:_____
　　A 企业职员　　B. 服务人员　　C. 公务员　　　D. 事业编人员
　　E. 自主创业　　F. 学生　　　　G. 离退休人员　H. 其他
(5) 您的月收入(元):_____
　　A. 3000 以下　B. 3000～6000　C. 6001～10000　D. 10001～20000
　　E. 20001 以上

二、出行行为调查

关于您本次出行过程或者最近一次出行过程:
(1) 客流属性:_____
　　A. 进入铁路客流　　B. 离开铁路客流　　C. 其他客流
(2) 出行的目的:_____
　　A. 回家　　　B. 购物　　　　C. 出差　　　　D. 旅游
　　E. 探亲访友　F. 其他
(3) 出行的距离大约_____km。
(4) 携带行李的个数:_____
　　A. 0　　　　　B. 1　　　　　C. 2　　　　　D. 2 以上
(5) 如果客流属性选择是 AB 选项的乘客,请做 a 题;否则请做 b 题。
　　a. 衔接交通方式:_____
　　A. 地铁　　　B. 长途汽车　　C. 公交车　　　D. 出租车
　　E. 小汽车　　F. 社会大车　　G. 租车　　　　H. 其他
　　b. 到达南京南站的交通方式_____,离开南京南站的交通方式_____
　　A. 地铁　　　B. 长途汽车　　C. 公交车　　　D. 出租车
　　E. 小汽车　　F. 社会大车　　G. 租车　　　　H. 其他

三、情景调查

换乘时间是指从一种交通方式离开到乘坐另一种交通方式的时间,包括换乘步行时间、买票时间、候车时间等。将换乘时间分别设置为 4min、8min、12min、16min,南京南站客流选择的衔接交通方式。

情景 1:换乘时间 =4min,选择的衔接交通方式是
□地铁　□长途汽车　□公交车　□出租车　□小汽车　□社会大车　□租车　□其他
情景 2:换乘时间 =8min,选择的衔接交通方式是

☐地铁 ☐长途汽车 ☐公交车 ☐出租车 ☐小汽车 ☐社会大车 ☐租车 ☐其他

情景3:换乘时间=12min,选择的衔接交通方式是

☐地铁 ☐长途汽车 ☐公交车 ☐出租车 ☐小汽车 ☐社会大车 ☐租车 ☐其他

情景4:换乘时间=16min,选择的衔接交通方式是

☐地铁 ☐长途汽车 ☐公交车 ☐出租车 ☐小汽车 ☐社会大车 ☐租车 ☐其他

7.7.2 对变量进行哑元变量处理

将sex(性别)、age(年龄)、nveh(小汽车拥有数量)、income(收入)、job(工作类型)、aim(出行目的)等分类变量做哑元处理。因此,利用age1、age2、age3、age4、age5共5个哑元变量代替age变量,利用nveh1、nveh2、nveh3共3个哑元变量代替nveh变量,利用income1至income5共5个哑元变量代替income变量,利用job1至job8共8个哑元变量代替job变量,利用aim1至aim6共6个哑元变量代替aim。每个哑元变量只有0、1两种数值结果。各属性的具体分组及系数含义表如表7-7所示。

表7-7 各属性的具体分级及系数含义表

属性	类别	系数含义
sex(性别)	男,女	sex=0,表示男;sex=1,表示女
age(年龄)	按小于20岁、20~30岁、31~40岁、41~50岁、大于50岁分为5组,分别取age1至age5	age(i)=1,表示第i组
nveh(小汽车拥有数量)	按小汽车拥有量数0、1、大于2分为3组,分别取nveh1至nveh3	nveh(i)=1,表示第i组
income(月收入)	按月收入小于3000元、3000~6000元、6001~10000元、10001~20000元、大于20000元分为5组,分别取income1至income5	income(i)=1,表示第i组
job(职业)	按企业职员、服务人员、公务员、事业编人员、自主创业、学生、离退休人员、其他分为8组,前7组分别取job1至job8	job(i)=1,表示第i组
aim(出行目的)	按回家、购物、出差、旅游、探亲访友、其他分为6组,前5组分别取aim1至aim6	aim(i)=1,表示第i组
bag(携带行李数)	按携带行李数0、1、2、大于2分为四组,前3组分别取bag1至bag4	bag(i)=1,表示第i组
d(出行距离)	单位为km	—
t(换乘时间)	单位为min	—

7.7.3 特征变量参数标定

运用Stata软件的条件Logistic回归(Conditional Logistic Regression)功能,结合RP调查中

出行者特性数据和 SP 情景的出行方式选择数据,基于 NL 出行效用模型进行参数标定和模型检验。先对下一层进行参数标定及模型检验,对下层进行分别标定,得到三个下层的标定结果。现在列出铁路换乘其他交通方式下层特征变量参数标定结果,见表 7-8。

表 7-8　铁路换乘其他交通方式下层特征变量参数标定结果

参数标定结果 模型似然估计值:LL(β) = -2324 截距模型似然估计值:LL(0) = -2673			样本总量 = 7424 Wald 卡方(24) = 696 Prob > 卡方 = 0.000	
分散客流交通	变量	系数	概率比	$P>\lvert z\rvert$
地铁	常数项	3.120	2.93	0.002
	age3	0.124	1.92	0.003
	income1	-0.367	0.94	0.001
	aim3	-0.485	0.84	0.002
	bag2	-0.373	0.72	0.003
	d	0.111	1.23	0.006
	t	-0.043	0.49	0.010
长途客运	常数项	1.510	2.54	0.005
	age4	0.165	1.11	0.007
	income4	-0.273	0.68	0.009
	aim1	0.218	1.86	0.004
	aim3	-0.341	0.73	0.003
	bag1	0.267	1.45	0.002
	d	0.143	1.75	0.004
	t	-0.132	0.54	0.007
公交车	常数项	2.510	3.91	0.001
	age4	0.121	1.37	0.008
	income4	-0.335	0.83	0.002
	aim3	-0.626	0.92	0.006
	bag2	-0.524	0.85	0.011
	d	0.132	1.72	0.015
	t	-0.022	0.79	0.013
出租车	常数项	2.230	3.58	0.002
	income4	0.439	2.21	0.002
	aim3	0.272	1.52	0.005
	bag2	0.356	1.29	0.003
	d	-0.145	0.48	0.001
	t	-0.118	0.95	0.002

续上表

分散客流交通	变量	系数	概率比	$P>\|z\|$
小汽车	常数项	1.510	2.39	0.001
	nveh2	0.970	5.22	0.000
	income1	-0.428	0.72	0.008
	aim1	0.027	1.38	0.006
	d	-0.087	0.59	0.008
	t	-0.193	0.68	0.006
社会大车	常数项	1.010	2.63	0.009
	income4	0.329	1.24	0.006
	aim4	0.923	4.92	0.000
	d	0.049	1.01	0.009
	t	-0.029	0.39	0.015
租车	常数项	0.920	2.21	0.008
	income4	0.239	2.47	0.002
	aim4	0.723	5.42	0.001
	d	0.012	1.01	0.019
其他	常数项	1.670	2.01	0.005
	d	-0.137	0.93	0.002
	t	-0.058	0.73	0.013

通过模型计算可知模型的对数似然估计值为 $LL(\beta)=-2324$,只含常数项的截距模型的对数似然估计值 $LL(0)=-2673$,自由度差值为 $K=24$。

模型的整体拟合度 ρ^2 如下:

$$\text{Adj.} \rho^2 = 1 - \frac{LL(\beta)-K}{LL(0)} = 0.122 \tag{7-52}$$

似然比检验如下:

$$\chi^2 - \text{test} = -2 \times [LL(0)-LL(\beta)] = -2 \times (-2673+2324)$$
$$= 698 > \chi^2(24,0.05) = 36.415 \tag{7-53}$$

结果说明最终标定模型比空模型有效。经标定的分散客流交通方式效用函数表达如下:

$$U_{11} = 3.12 + 0.124\text{age3} - 0.367\text{income1} - 0.485\text{aim3} - 0.373\text{bag2} + 0.111d - 0.013t \tag{7-54}$$

$$U_{12} = 1.51 + 0.165\text{age4} + 0.218\text{aim1} - 0.341\text{aim3} + 0.373\text{bag1} + 0.143d - 0.132t \tag{7-55}$$

$$U_{13} = 2.51 + 0.121\text{age8} - 0.335\text{income8} - 0.626\text{aim3} - 0.524\text{bag2} + 0.132d - 0.022t \tag{7-56}$$

$$U_{14} = 2.23 + 0.439\text{income4} + 0.272\text{aim3} + 0.356\text{bag2} - 0.145d - 0.015t \tag{7-57}$$

$$U_{15} = 1.51 + 0.97\text{nveh2} - 0.428\text{income1} + 0.027\text{aim1} + 0.089d - 0.193t \tag{7-58}$$

$$U_{16} = 1.01 + 0.329\text{income4} + 0.923\text{aim8} - 0.047d - 0.029t \tag{7-59}$$

$$U_{17} = 0.92 + 0.239\text{income}4 + 0.723\text{aim}4 + 0.012d \tag{7-60}$$
$$U_{18} = 1.67 - 0.137d - 0.058t \tag{7-61}$$

式中：U_{11}——地铁；

U_{12}——长途客运；

U_{13}——公交；

U_{14}——出租车；

U_{15}——小汽车；

U_{16}——社会大车；

U_{17}——租车；

U_{18}——其他衔接交通的效用。

7.7.4 NL 模型构建

根据下层模型的参数估计，把下层模型的总的效用值作为一个变量，加入上层的模型。变量用 logsum 表示。铁路换乘其他交通方式下层的总效用值为 logsum1，其他交通方式换乘铁路下层的总效用值为 logsum2，城市内部交通换乘方式下层的总效用值为 logsum3。将其作为特征变量放入上层模型的标定。NL 模型上层特征变量参数标定结果见表 7-9。

表 7-9 NL 模型上层特征变量参数标定结果

参数标定结果 模型似然估计值：LL(β) = -589 截距模型似然估计值：LL(0) = -856		样本总量 = 7424 Wald 卡方(21) = 150 Prob > 卡方 = 0.000		
分散客流交通	变量	系数	概率比	$P > \|z\|$
铁路换乘其他交通方式	常数项	2.270	2.68	0.006
	age3	0.324	1.82	0.002
	income1	-0.657	0.94	0.001
	aim4	0.384	2.48	0.005
	bag2	0.373	0.72	0.003
	logsum1	0.226	1.54	0.007
其他交通方式换乘铁路	常数项	3.080	3.38	0.003
	age3	0.301	1.71	0.005
	income1	-0.589	0.74	0.008
	aim3	0.318	1.76	0.004
	aim4	0.341	2.33	0.002
	bag2	0.298	1.45	0.002
	logsum2	0.258	1.75	0.005
城市内部交通方式换乘	常数项	3.120	3.71	0.003
	income4	-0.105	0.48	0.002
	aim1	0.426	2.92	0.003
	bag2	-0.524	0.85	0.011
	logsum3	0.283	1.52	0.005

通过模型计算可知模型的对数似然估计值为 $LL(\beta) = -589$，只含常数项的截距模型的对数似然估计值 $LL(0) = -856$，自由度差值为 $K=21$，模型的整体拟合度 ρ^2 如下：

$$\text{Adj} \cdot \rho^2 = 1 - \frac{LL(\beta) - K}{LL(0)} = 0.287 \tag{7-62}$$

ρ^2 大于 0.2 表明该模型精度尚可，具有不错的拟合性。

似然比检验如下：

$$\begin{aligned}\chi^2 - \text{test} &= -2 \times [LL(0) - LL(\beta)] = -2 \times (-856 + 589) \\ &= 534 > \chi^2(21, 0.05) = 32.671\end{aligned} \tag{7-63}$$

说明 NL 模型上层比空模型具有更有效的预测能力。

$$U_1 = 2.27 + 0.324\text{age3} - 0.657\text{income1} + 0.384\text{aim4} + 0.373\text{bag2} + 0.226\text{logsum1} \tag{7-64}$$

$$U_2 = 3.08 + 0.301\text{age3} - 0.589\text{income1} + 0.318\text{aim3} + 0.341\text{aim4} + 0.298\text{bag2} + 0.258\text{logsum1} \tag{7-65}$$

$$U_3 = 3.12 - 0.105\text{income4} + 426\text{aim1} - 0.524\text{bag2} + 0.283\text{logsum1} \tag{7-66}$$

式中：U_1——乘客选择铁路换乘其他交通方式的效用值；
U_2——乘客选择其他交通方式换乘铁路的效用值；
U_3——乘客选择城市内部交通方式换乘的效用值。

7.7.5 计算结果分析

根据以往的居民信息和出行信息，将其代入上下层的各效用公式求出各自的效用值，并在此基础上求出客流分布。铁路换乘其他交通方式客流分布见表 7-10，其他交通方式换乘铁路客流分布见表 7-11，城市内部交通方式换乘客流分布见表 7-12。

表 7-10 铁路换乘其他交通方式客流分布表

交通方式	地铁	长途汽车	公交车	出租车	小汽车	社会大车	租车	其他	总计
比例(%)	12.73	0.51	4.65	3.18	2.69	0.25	0.20	0.98	25.19
客流(人)	8060	325	2945	2015	1705	155	120	620	15945

表 7-11 其他交通方式换乘铁路客流分布表

交通方式	地铁	长途汽车	公交车	出租车	小汽车	社会大车	租车	其他	总计
比例(%)	20.79	0.51	5.20	4.08	5.20	0.37	0.19	1.49	37.83
客流(人)	13160	325	3290	2585	3290	235	120	940	23945

表 7-12 城市内部交通方式换乘客流分布表

交通方式	比例(%)	客流量(人)	交通方式	比例(%)	客流量(人)
地铁换乘地铁	26.51	16778	地铁换乘长途汽车	2.12	1344
长途汽车换乘地铁	1.31	832	地铁换乘公交车	1.58	1000
公交换乘地铁车	1.58	1000	长途汽车换乘公交	0.48	304

续上表

交通方式	比例(%)	客流量(人)	交通方式	比例(%)	客流量(人)
长途汽车换乘出租	0.34	208	出租车换乘长途汽车	0.42	264
汽车换乘长途汽车	0.53	336	公交换乘公交	1.58	1000
公交换乘长途汽车	0.53	336	总计	36.98	23402

根据上述三个客流分布表可知：

(1) 到2030年,南京南站高峰期的铁路进站客流量远超出站客流量,说明进站客流较集中且客流量大。

(2) 南京南站的铁路客流量远超城市内部交通客流量,说明南京南站是以铁路衔接为主、以城市内部交通换乘为辅的枢纽站。

(3) 铁路进站客流各衔接交通方式比例与出站客流各衔接交通方式比例几乎没有差异,都是地铁衔接占据主导,这符合城市交通发展的趋势,但铁路的衔接交通方式呈现多样化,包括了租车这种新型方式。

(4) 城市内部交通换乘中,地铁与地铁的换乘占据了主体,这得力于南京南站共有4条地铁线路在这换乘。因此,南京南站也承担地铁之间客流换乘的重要功能。

本章参考文献

[1] 翟栋栋,张斌.世界综合客运枢纽的发展趋势分析[J].交通企业管理,2014,29(8):1-4.

[2] 李铁军.基于地铁网络和车站的客运交通换乘枢纽体系研究[D].西安:长安大学,2016.

[3] 李子龙,邱勇哲.城市综合交通枢纽一体化和无缝衔接[J].广西城镇建设,2016(6):10-23.

[4] 周国梅,傅小兰.决策的期望效用理论的发展[J].心理科学,2001(2):219-220.

[5] 张力,贾俊芳.旅客出行广义费用及客运产品分担率研究[J].北京交通大学学报,2011,35(3):68-71.

[6] 王方,陈金川,张德欣.SP调查在交通方式选择模型中的应用[J].交通运输系统工程与信息,2007(5):90-95.

[7] 宗芳,隽志才.基于活动的出行方式选择模型与交通需求管理策略[J].吉林大学学报(工学版),2007(1):48-53.

[8] 刘炳恩,隽志才,李艳玲.居民出行方式选择非集计模型的建立[J].公路交通科技,2008(5):116-120.

[9] AMEMIYA T. On a two-step estimation of a multivariate logit model[J]. Journal of Econometrics, 1978,8(1):13-21.

[10] 杨敏.基于活动的出行链特征与出行需求分析方法研究[D].南京:东南大学,2007.

[11] 方怡沁,常云涛,彭仲仁.基于SP/RP调查的停车设施规划及收费政策研究[J].交通标准化,2013(9):27-31.

[12] 李新友,陈五一,韩先国.基于正交设计的3-RPS并联机构精度分析与综合[J].北京航空航天大学学报,2011,37(8):979-984.

[13] 方开泰,马长兴.正交与均匀试验设计[M].北京:科学出版社,2001.

[14] 卢冶飞,孙忠宝.应用统计学[M].北京:清华大学出版社,2017.

[15] 丁浩洋.城市多模式公交网络快速构建与客流分配研究[D].南京:东南大学,2018.

[16] BOEING G. OSMnx: new methods for acquiring, constructing, analyzing, and visualizing complex street networks[J]. Computers, Environment and Urban Systems, 2017(65):126-139.

[17] 曹芳洁.基于POI和OSM数据的城市意象要素识别[D].济南:山东师范大学,2019.

[18] 樊东卫,何勃亮,李长华,等.球面距离计算方法及精度比较[J].天文研究与技术,2019,16(1):69-76.

[19] BARRY J J, NEWHOUSER R, RAHBEE A, et al. Origin and destination estimation in new york city with automated fare system data[J]. Transportation Research Record, 2002, 1817(1): 183-187.

[20] HUSSAIN E, BHASKAR A, CHUNG E. Transit OD matrix estimation using smartcard data: recent developments and future research challenges[J]. Transportation Research Part C: Emerging Technologies, 2021, 125:103044.

[21] 王莉莎.Nested Logit模型参数标定方法的改进研究[D].成都:西南交通大学,2018.

[22] 王树盛,黄卫,陆振波.Mixed Logit模型及其在交通方式分担中的应用研究[J].公路交通科技,2006(5):88-91.

[23] WEN C H, KOPPELMAN F S. The generalized nested logit model[J]. Transportation Research Part B, 2001, 35(7):627-641.

[24] 赵鹏,藤原章正,杉惠赖宁.SP调查方法在交通预测中的应用[J].北方交通大学学报,2000(6):29-32.

第8章
现代客运交通枢纽综合开发理论

近年来,随着城市化进程的加快,生态环境保护与资源合理利用成为基础设施建设过程中的首要大事。习近平总书记也多次强调城市建设中的资源保护问题,强调土地的集约高效利用。在城市化的进程中,城市空间不断扩张,城市土地资源日益紧缺,利用客运交通枢纽进行综合开发在城市空间资源与交通规划管理中发挥着越来越重要的作用。在复合交通体系的推进下,基于交通设施建设与空间用地互动发展背景,枢纽综合开发面临着三个主要趋势:

(1)站城关系规律认识。在城市空间发展模式下,交通枢纽建设,尤其是客运综合交通枢纽,将导向城市空间呈现出"集聚"和"轴向"的多层联动作用特征,站城关系由单一的交通关系向交通、空间、经济等多维关系转变。

(2)功能需求变化态势。站城多层次、多维度的关联作用促使发交通综合体功能需求改变,要求交通综合体具有高时效、多元化、服务型的综合链接能力,以及满足多样化、多态势的出行与服务需求的能力。

(3)实际问题解决思路。审视我国交通枢纽综合开发存在的现实问题,包括规划与建设分离、交通与用地分离、枢纽与城市分离、供给与需求分离等。面对现实问题的多尺度及相互影响特征,需要提出多方协调发展模式与实践方法。

本章分析与量化了交通枢纽与土地利用的互动关系,介绍了现代客运交通枢纽与土地利用的协调发展模式,提出了考虑枢纽的交通与土地利用的协调规划方法及客运枢纽综合开发模式。

8.1 交通枢纽与土地利用的互动关系分析

普什卡尔夫和朱潘[1]在研究中指出,土地利用密度越高,交通需求量就越大。土地的开发,或是带来以该区为起点的新的交通出行,或是产生以该区为目的地的新的交通需求,或者二者兼而有之。由此产生对客运换乘枢纽的需求,或是建设新的交通基础设施,或是改造现有设施以提高其运营效率。交通系统的改善,有助于提高土地可达性,进而增加土地的市场价值;可达性的提高和土地价值的增加,反过来又影响个人和投资者的决定,再一次刺激新的土地开发。这种循环将不断进行下去,直至达到相对平衡或某个外部因素介入为止。

从这个循环可以看出,土地开发利用与交通枢纽之间可以概括为"源"和"流"的关系。土地利用性质的改变产生了交通源,交通枢纽把无数个交通源汇集在一起,形成新的交通流,通过大的流通渠道,再疏散到各个交通源。新的交通流的集散必须通过合理建设交通枢纽来实现,以使各种交通方式的运输能力得到有效的协调。轨道交通与土地利用的源流机理如图 8-1 所示。

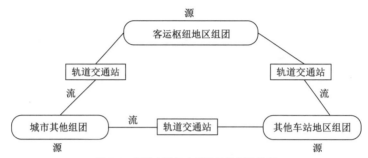

图 8-1　轨道交通与土地利用的源流机理

交通枢纽的规划建设在提高所在地区可达性的同时,也提高了该地区的土地开发强度。因为合理规模的交通枢纽的建设将大大提高枢纽地区的可达性,使人们更方便地到达这一地区,或者说增加这一地区的商业和就业机会,从而引起新的交通出行和吸引。图 8-2 所示的循环机理解释了这一现象,交通系统与土地利用相互作用力体现在可达性与交通系统容量两个概念上:一方面,交通系统使可达性发生变化,对用地开发产生影响。交通系统的供给改善,使地区可达性提高,激发土地利用在高可达性地区的再次开发,但随着用地开发,交通需求的增加,使地区可达性降低,又出现交通供给无法满足交通需求的现象。另一方面,交通系统的容量对枢纽用地开发产生影响,当用地产生的交通需求达到或接近交通系统容量时,导致地区可达性降低,交通拥堵与环境恶化迫使土地开发受到限制。交通系统对枢纽土地利用的影响可以看作是土地利用对交通系统的反作用力。

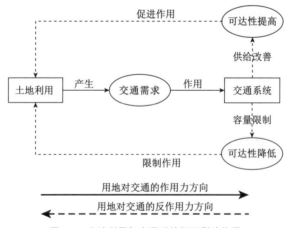

图 8-2　土地利用与交通系统相互影响作用

因此,城市交通系统及枢纽建设与其周边的土地利用是一体化发展的。城市结构的优化,客观上要求枢纽地区土地利用与交通系统相适应。特别是以政府为主导的公共设施、市政公用设施的建设与轨道交通站的建设之间要形成良好的配合,协调发展,只有两者互相促进,才能更好地带动周边土地开发,推动城市的发展。由于城市枢纽的建设成本都相当高,同时要考虑到社会效益的最大化,其直接的收益与利润较低。二者的协调,可平衡城市枢纽车站建设成本。交通系统与枢纽地区土地利用的协调是二者建设与发展的内在要求,也是其合理存在根本。

随着城市多模式交通体系的完善,枢纽的规划建设问题逐渐凸显,主要表现在以下方面:

(1)由于对枢纽定位分析不足,忽视周边用地对枢纽客流的带动作用,客流缺少前瞻性的预测,导致很多城市枢纽规模偏小、功能单一,从而限制枢纽功能的进一步发挥。

(2)枢纽周边用地二次开发滞后。由于缺少枢纽对土地价格影响的论证,导致枢纽用地二次开发积极性不高,开发滞后阻碍了枢纽对城市发展的触媒-集聚效应的显现。

(3)由于枢纽规划建设编制单位众多,各单位的认知和数据有所差别,在没有统一规划指导的情况下,各主导单位之间合作难度大,建设时序不统一,无法与周边用地相协调,给枢纽的综合开发带来困难。

8.2 交通枢纽与土地利用的互动关系的定量化描述

在交通枢纽与土地利用互动关系的分析过程中可以发现,一方面土地开发利用会影响交通需求,从而对交通枢纽的建设提出要求;另一方面交通枢纽的建设会影响枢纽地区的可达性,从而影响周边土地价格。因此,定量化地描述两者之间的关系是研究交通枢纽与土地利用协调发展的基础。

8.2.1 基于用地分区的枢纽客流需求预测模型

要计算各用地分区的枢纽客流产生量,首先必须得到各种类型用地的客流产生强度。通过调查现状各类用地的规模,统计客流出行量,抽样获得现状各类用地产生的客流比重,可综合计算出各类用地的客流强度,即

$$P_{ik} = \frac{Q_{ik}}{s_i r_i} \tag{8-1}$$

$$\bar{p}_k = \frac{Q_k}{\sum_i s_i} = \frac{Q_k}{S} \tag{8-2}$$

$$q_{ik} = \frac{Q_{ik}}{Q_k} \tag{8-3}$$

$$p_i = \frac{s_i}{\sum_i s_i} = \frac{s_i}{S} \tag{8-4}$$

由式(8-1)~式(8-4)可得:

$$p_i = \frac{q_{ik}}{p_i} \times \frac{1}{r_i} \times \bar{p}_k \tag{8-5}$$

式中:P_{ik}——i 类用地的第 k 类客流的产生强度;

q_{ik}——i 类用地产生的第 k 类客流的比重;

r_i——i 类用地的容积率;

s_i——i 类用地的面积;

$\bar{p}_k$——第 k 类客流的平均出行强度;

Q——客流总量;

Q_{ik}——i 类用地产生的第 k 类客流总量;

p_i——i 类用地占总用地的百分比;

i——用地类型,$i=1,2,3,4$,分别代表商业、办公、居住和绿地;

k——第 k 类出行者,$k=0,1$;当 $k=0$ 时,表示不经过该枢纽的出行者;当 $k=1$ 时,表示经过该枢纽的出行者。

利用基于用地分区的枢纽客流需求预测方法,根据城市规划年限的土地利用的规划情况,确定模型中的参数,可以得到规划年限各种类型用地单位建筑面积的客流产生强度,为得到枢纽客流分布情况提供可靠的依据。

8.2.2 交通枢纽对周边土地价格的影响预测模型

定量分析交通枢纽对土地价格影响的常用模型包括交通成本模型(Travel Cost Model,TCM)和特征价格模型(Hedonic Price Model,HPM)两种。这两种模型各有其特点和适用性,在应用过程中应结合实际发展情况选择相应的模型。

1)交通成本模型

交通成本模型是针对枢纽特点,根据交通成本和土地价格之间的关系,构建土地价格与交通成本函数关系的一种理论模型。交通成本的概念是从广义上描述居民到中心区的可达性。广义的交通成本费用概念,不是简单地以金钱衡量的费用,除了交通费用和交通时间等机会成本外,还包括身体疲劳和精神心理压力的效果作用。

如果出行依赖于公共交通方式与路线,则交通成本是指以时空距离为函数的费用。假定从家到最近的枢纽的出行时间和距离经过折算为 x,从最近的枢纽到市中心的出行时间和距离经过折算为 y,根据广义土地价格公式可以得到土地价格的计算公式如下:

$$P = \beta_0 + \beta_1 \ln x + \beta_2 \ln y \tag{8-6}$$

其中,β_0,β_1 和 β_2 分别为常系数、微观可达性的系数和宏观可达性的系数,可以通过基于最小二乘法的多元回归分析方法估计得到。

2)特征价格模型

特征价格模型认为商品由众多不同的特征组成,因此对于某种特定的商品完全可以描述为该商品内含的特征数量以及所贡献的隐含价格的组合。商品的差异实际上是商品中隐含特征的不同组合,其基本模型如下:

$$P(X) = f(X_1, X_2, X_3, \cdots, X_n) \tag{8-7}$$

$$P_i = \frac{\partial P}{\partial X_i} \tag{8-8}$$

式中:X_i——商品的第 i 个隐含特征;

P_i——第 i 个特征的隐含价格,且 P_i 不受个别消费者的影响。

特征价格模型并没有一个统一的函数形式,在实际运用中,往往会根据研究对象的特征采

用不同的表现形式,可以取线性形式,如下:

$$P = \alpha + \beta_1 X_1 + \beta_2 X_2 + \cdots + \beta_n X_n \tag{8-9}$$

因为线性形式没有考虑边际效用递减规律,即随着某个特征数量的增加,商品价格效用增加速率会减慢,所以可采用指数形式,如下:

$$P = \alpha X_1^{\beta_1} X_2^{\beta_2} \cdots X_n^{\beta_n} \tag{8-10}$$

两边取对数则为对数形式:

$$\ln P = \alpha + \sum_{i=1}^{n} \beta_i \ln X_i \tag{8-11}$$

在实际应用中,常常会碰到虚拟变量,特征变量取值很可能出现零值,那么指数形式右边就无意义。所以,在实际运用中建立的特征价格模型常采用非虚拟变量取对数,而虚拟变量不变的形式,即半对数形式:

$$\ln P = \alpha + \sum_{i=1}^{k} \beta_i X_i + \sum_{j=k+1}^{n} \beta_j \ln X_j \tag{8-12}$$

特征价格理论其实基于两个重要假设,即商品的异质性和市场的隐含性。根据研究对象的特征,采集一系列特征变量的样本数据,可通过基于最小二乘法的多元回归分析方法估计参数 β_i,即各特征的边际隐含价格,进而代入式得到商品价格的估计值。

土地在市场中也被认为是一种商品,因此根据特征价格理论也可建立特征价格模型。一般情况下,土地的特征价格模型都会选用线性形式。由众多文献资料可知,影响交通枢纽周边的土地价格的特征因素主要包括用地特性、区位特性和邻里特性。其中,用地特性指的是该地块的用地类型,如商业用地、居住用地和工业用地等;区位特性通常指土地的区位,如到城市中心的距离以及到枢纽的距离等;邻里特征主要指那些用来衡量周边环境的指标,如周边公共设施的便利程度。因此,交通枢纽周边土地特征价格基本模型如下:

$$P = f(B, L, N) = \alpha + \beta_1 B + \beta_2 L + \beta_2 N + \varepsilon \tag{8-13}$$

式中:B——用地特性向量;

L——区位特性向量;

N——邻里特性向量;

ε——误差项。

8.3 交通枢纽与土地利用协调发展模式

8.3.1 TOD、SID 与 MPD 理念

1)TOD 理念

1992 年,美国新城市主义学派的代表人物——加利福尼亚州城市规划设计师彼得·卡尔索普(Peter Calthorp)在《未来美国大都市:生态社区美国梦》[2]一书中提出了 TOD 发展战略和操作准则,以公共交通,尤其是大容量公共交通为导向的综合交通规划[3],其核心是通过倡导 TOD 模式来帮助城市实现紧凑发展、职住平衡、集约利用土地和能源等。从字面意思上解释,TOD 就是大容量公共交通引导下的城市发展。狭义地讲,TOD 指的是围绕大容量公共交通节

点开发利用土地,这种开发会增加公交车站附近的人口密度,有利于组织公共交通。广义地讲,TOD 包括各种各样依赖公交设施的城市开发或住宅建设,是城市交通需求管理措施的一种。从交通的角度来看,TOD 是交通需求管理指向的城市土地利用与经济发展和有共同的目标,即通过增加公交车等公共交通方式,以及步行和自行车等环保方式的出行数量,减少人均占用车辆的出行比例。TOD 民间投资增加了公共投资的有效性,扩大了公共交通在城市交通系统中的影响,公共交通节点周边也成了人口密集区域。

该理论的核心思想是创造一个以快速、便捷的城市公共交通系统网络为基础的城市社区[4],每个城市社区内部有满足人们日常生活所需的基本功能,在每个社区之间能创造慢行交通步行网络,衍生城市绿化景观脉络,营造舒适的步行空间。为了退让更多的城市公共空间和绿化廊道,每个社区必须实现土地的高效集约利用,建设高密度和高复合度的建筑群落。

TOD 理论的提出促进了交通核心体功能的开发,将主要经济实体吸引其中,建立高效集约的土地利用机制;同时,将居住生活等配套功能与核心区形成空间距离,创造舒适的景观环境和公共空间,满足交通核心体周边社区的人们的舒适环境需求,倡导公交出行,既提高城市运作的效率,也节约城市环境成本。

2) SID 理念

站点综合开发(Station Integrated Development,SID):在满足交通功能的前提下,商业、办公等多种物业形式的一体化开发;注重综合效益,采用立体化布局,以水平和垂直交通将功能联系为一体;综合解决绿地、开放空间等,实现布局合理、人车分流。SID 有别于单纯站点开发,强化规模效应,提高土地开发利用的集约化程度,强调优化资源配置,形成区域中心,注重综合效益。SID 要求在站点周边步行范围内实施高密度、高质量、多功能的开发。市域中心站点更应考虑与周围建筑结合进行商业开发,将车站与建筑物各自的功能系统结合,开发为集输送旅客、办公、商务、购物、娱乐、居住等功能于一身的大型综合设施(图 8-3)。同时,对站点周围 300～500m 的用地范围实施较高强度的开发,并以良好的行人设施和其他接驳服务相配合,使站点周围形成集公共交通枢纽、住宅、综合性商业和娱乐、办公等设施于一体的综合功能区。将居民的生活起居、休闲和工作各功能单元联合成统一的整体,既完成了居民的出行目的,又减轻了地面交通的负担。

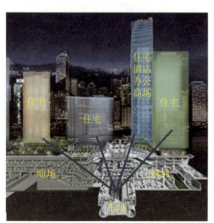

图 8-3 香港 SID 示意

3) MPD 理念

地铁+物业(Metro Property Development,MPD)是指以地铁为核心,沿线开发新的社区,相互配合,形成一种良性循环。地铁建设方便了出行,缩短了通勤时间,创造了大量客流,由此蕴藏的巨大商机对房地产开发形成吸引;同时,开发后的房地产又能积聚更多的客流,对地铁运营的票务收入起到支撑作用。也就是说,地铁的建设能带来周边物业价值的迅速提升,地铁建设与周边物业开发同步进行,形成地铁建设催生物业升值,物业收益反哺地铁投资。图 8-4 为香港将军澳车站(MPD)建设示意图。

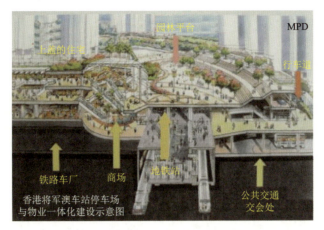

图 8-4　香港将军澳车站（MPD）建设示意图

TOD、SID 与 MPD 在内涵与研究范围等方面各有侧重，相互联系，具体如下：

（1）在内涵方面，三个概念侧重点不同。TOD 理念侧重于从用地规划的层面，合理布局与配置开发用地（性质、强度）以及交通设施（公共交通、道路网），形成以公交为主导的发展模式，强调交通在用地规划与开发中的作用。SID 理念更多地侧重于城市设计层面，强调各功能结构（包括车站、商业、办公、居住等）形成一体化的建筑综合体，强调平面和竖向设计，集约用地，开发强度比较大，是客流集中点。MPD 理念侧重于用地管理的层面，提倡充分利用地铁的交通导向作用，沿线进行用地开发，同时强调用地开发的控制、权属以及收益等方面，以达到地铁与沿线物业的互利。

（2）在研究范围方面存在差异。TOD 研究的范围最广。宏观上从公共交通线路的走向构建整个区域的 TOD 模式，中观上可选择重要节点构建城市型 TOD，微观上能够形成普通的社区型 TOD 模式。TOD 强调围绕公共交通走向进行用地开发，而公共交通线路可以是道路也可以是轨道线路。SID 研究的范围最小，重点是在结合车站的核心区域，通过高强度的开发，集约用地形成区域中心，强调综合效益。MPD 研究的范围包含整个 TOD 范围，但它强调的是依托轨道交通进行沿线物业开发，更多的侧重点还是在核心区范围。

（3）这三个理念一个思想，互相支撑。TOD 是实行 SID 与 MPD 的前提，用地规划是上层的控制要素；城市型 TOD 与 SID 有着相同的性质，而社区型 TOD 又是 MPD 发展的一种结果。SID 是 TOD 在核心区（公交节点）的落实，也是 TOD 成功与否关键区域。MPD 是 TOD 与 SID 效益最大化和可持续发展的保障。

近几年，我国鼓励 CBD 转变发展思路，向符合多元经济发展、满足以人为本需求的中央活动区（Central Activity Zone，CAZ）转变，这正是顺应了 TOD 的发展理念。与 CBD 相比，CAZ 的概念是 CBD 的延伸，强化文化、休闲、旅游以及商务酒店、高品质住宅等其他功能，成为全天 24h 的城市活力中心，避免传统 CBD 活力不足并导致出现"钟摆式通勤"和夜晚"空城"现象。构建 CAZ 这样富有活力的中心区是多要素的集聚，包括多元的经济、多元的功能、多元的人口，支撑这样的 CAZ 的建设，不仅要有合理的功能组织、适宜的空间形态，还要有多元的交通，尤其是大容量公共交通的支撑。因此，TOD"串珠"式节点与 SID 多功能开发枢纽地区是 CAZ 构建的最佳首选；而 CAZ 的开发理念也使 TOD 与 SID 规划更符合"中国特色"的发展。

8.3.2 触媒-集聚效应与点-轴空间理论

城市触媒理论是美国城市设计者韦恩·奥图(Wayne Attone)和唐·洛干(Donn Logan)在《美国都市建筑——城市设计的触酶》(*American urban architecture catalysts*)[5]一书中提出的。其基本观念是:城市中新元素的进入促使城市持续发展,以一项开发引起更多开发。交通枢纽车站是多功能的建筑群体和开放空间的区域,往往成为城市发展新的增长点,对周边用地开发、资源配置及社会经济等因素都具有很强的集聚作用和催化作用。作为具有导向功能的城市元素和引爆剂,交通枢纽的建设开发将激发和引导所在城市(区域)一系列的连锁反应。因此,交通枢纽地区将成为城市的"触媒"和"集聚"的集中体现。

在城市触媒理论中,首先需要激发的是城市内部的某个因素,然后通过该因素的诱导和激发,带动周边城市中的因素一起发展,再通过激活越来越多的因素,陆续形成城市增长的触媒点,这些因素形成相当大的城市增长网络,而触媒点就是这些网络的交叉和汇聚点,通过整个网络的带动和联系,最终形成整个城市的增长兴趣点的共振和能量的传递。

交通枢纽车站产生的"触媒-集聚"效应的强度随着枢纽地区用地开发功能、规模和与枢纽的距离而不断变化,越接近枢纽站点,效应越大,相应的用地开发强度越大。"触媒-集聚"效应产生的实质在于围绕枢纽一定范围内存在效益梯度场。"触媒-集聚"效应由中心向外逐步衰减,理论上可以用对数衰减函数表示:

$$d = f(e) = a\ln\left(\frac{a \pm \sqrt{a^2 - e^2}}{e}\right) \pm \sqrt{a^2 - e^2} \tag{8-14}$$

式中:d——离开枢纽的距离;

e——枢纽的梯度场效益,根据研究目的不同具有不同含义,也就可以采用不同的度量方法;

a——常数,表示最大的"触媒-集聚"效应。

枢纽的"触媒-集聚"效应理论决定着枢纽辐射区域综合开发模式的优化,枢纽地区集聚整合有助于混合功能的开发,将使尽可能多的出行空间分布的OD点安排在步行范围内;而用地的梯度分布对实现高效组织不同方式客流集散十分有利。另外,交通沿线枢纽附近的高密度集聚将催化城市形态和土地使用格局向多中心过渡,对城市功能的开发起到导向作用。

我国高速铁路、城际铁路等交通基础设施大力建设,高铁车站引导的交通综合体逐渐形成。交通综合体是指以高铁等交通为导向,运用并置串联、垂直重叠、功能复合等空间布置方式,实现多模式交通转换,并将商业、商务、休闲等城市功能空间有机融合的建筑群和城市综合交通枢纽。基于"点-轴"空间理论,我们发现,随着交通综合体的集聚作用增强,逐渐引导城市空间的变化,"站城融合"更为显著。基于我国高铁与城市互动发展背景,交通综合体正面临三个相互联系、层层递进的问题:

(1)站城关系规律性增强:①作用层次增加。城市群发展导向促使站城相互作用关系在空间上呈现出"交通综合体与站区、城市、城市群"多层次联动的作用特征;②作用维度拓展。随着城市、城市群发展,站城关系由单一的交通关系向交通、空间、经济等多维的交通关系转变;③作用能级提升。高铁客流量激增、城际出行比例和频次增加、出行目的多元化和城市复合功能接入使"站城融合"作用能级提升。

(2)功能需求发生变化:①城际功能性活动增强及异城化的"周末通勤等常态通勤"现象、

内外客流比例等交通需求特征变化,要求交通综合体具有高时效、多元化、服务型的综合链接能力;②交通综合体客流结构、服务范围、区位特征、使用人群、站城关系的变化,推动其类型和等级的分化。

(3)站城融合要求提升:①目前我国交通综合体类型和布局以服务铁路网络为主,总体结构与城市的耦合能力不强、作用能级和匹配程度不高;②交通综合体站城融合水平低,互动协调能力弱;③交通综合体用地及建筑面积大、地铁至高铁换乘距离长、空间布局和设施配置简单、功能组合差。

现代客运枢纽在城市中的地位与作用越来越显著,成为城市规划、交通规划、建筑设计领域的重要课题。

8.3.3 基于TOD与"集聚效应"的枢纽地区用地特征

基于TOD理念与枢纽"集聚效应"的土地开发模式具有以下几个核心特征:①以公共交通为主体,采用结构紧凑、混合使用的土地利用模式;②选择有利于提高公共交通使用率的土地开发模式,公交站点成为区域内的交通枢纽和公共活动中心;③强调"站城融合"、职住平衡;④重视城市生态走廊的完整;⑤公共设施和公共空间临近公交站点;⑥通过营造良好的步行和自行车交通环境,鼓励步行和自行车交通出行方式。本节将结合各地案例,从用地的利用类型、布局模式和开发强度等方面介绍枢纽地区土地利用与开发特征。

1)土地利用类型

从国外成功的轨道交通车站地区开发情况(表8-1)来看,车站周边地块至少规划三种高效益用地类型(如居住、商业、办公、零售、旅馆)并相互穿插才能最大限度地发挥土地效能,且车站周边用地功能的多样性、丰富性、复杂性带来了该地区的活力。

表8-1　国外轨道车站地区用地功能分布

地区	项目名称	用地功能
池袋	阳光城60	商务办公、高级旅馆、百货店、餐饮设施、健身设施、城市俱乐部、住宅等
华盛顿	国际广场	商业、办公、服务业
蒙特利尔	波纳文图尔广场	旅馆、展览、办公、商场
池袋	大都会广场	百货商场、美术馆、餐厅、商务办公
多伦多	谢泼德中心	办公、零售、住宅、娱乐、餐饮
六本木	Ark Hills	高级酒店、展示厅、音乐厅、商务办公楼、住宅、零售店、饮食店
惠比寿	公园广场	商务办公、零售店、饮食店、美术馆、健身设施、博物馆、住宅
田町	站前地区	百货商场、餐饮设施、零售店

我国站点周围用地开发类型差异较大,根据其特点可以进行"集聚效应"分析,下文以上海和香港几个典型综合开发站点为例,说明站点周边地区用地开发特点。

(1)上海人民广场与徐家汇站点地区用地开发

上海地铁1号线人民广场站位于城市中心,在100m范围内主要是交通和绿地,在200~500m范围内商业用地比例逐步上升为比例最高的用地,而居住用地则主要从500m圈层范围向外分布(图8-5)。上海地铁2号线徐家汇站商业用地比例占绝大部分,在站点地区500m范围内所占比例都超过40%,交通用地依其与车站距离渐次减少,而居住用地渐次增加(图8-6)。

由此可以看出,这两个站点地区,紧挨车站,以商业、交通和绿地为主,向外依次分布商业、办公、公建和居住用地。

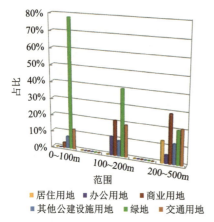

图8-5　上海地铁1号线人民广场站点地区用地构成图

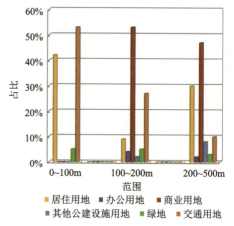

图8-6　上海地铁2号线徐家汇站点地区用地构成图

(2)上海锦江乐园地区用地开发

上海锦江乐园站点地区中心以绿地、商业、交通和公建用地为主,居住用地集中分布在200~500m范围内(图8-7)。在500m影响圈内以居住用地为主,并分布在100m核心圈层之外,核心区域为绿地、商业、公建用地。该站0~100m范围内绿地高达68%,其次为交通和商业用地,分别为17.4%与11.5%;100~200m范围内绿地比例为44.7%,居住比例为15.4%,商业比例为15.1%,公建比例为13.3%;200~500m范围居住用地比例最高,为46.3%,绿地比例为26.1%。

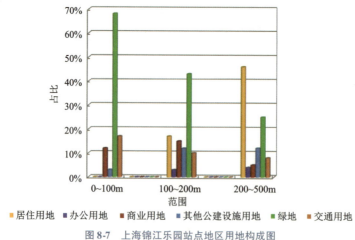

图8-7　上海锦江乐园站点地区用地构成图

(3)香港青衣站地区用地开发

香港青衣站周边用地高强度开发主要集中在以青衣站为中心的5.4hm² 范围内(图8-8)。此范围内,中心位置即是车站本身,紧挨车站布置的是商业用地,即与车站连通的青衣城。在离车站约100~150m的范围内布置一圈高层住宅,高层住宅与车站之间布置交通衔接换乘设施,由于青衣站东面临水,所以在距离车站150m的东面临海处设临水开放空间并布置绿地公园,方便周围居民和乘客日常休闲。在距离车站150~500m范围内,布置中等密度的高档住宅,各住宅小区间有大量的绿地公园设施和运动休闲场所散落其间,错落有致,使青衣站每日大量人流带来的拥挤和嘈杂得到一定的缓解。距离车站 500m 开外的地区,呈小组团式布置居住、商业、教育用地,这些社区都有短途接驳巴士线路到达青衣站,或者快速道路通向青荃路,进出青衣岛。工业用地布置在离车站 2km 以外,并通过大量林地与居民活动区隔开。

图 8-8　香港青衣站站点地区用地布局图

（4）香港九龙站地区用地开发

九龙站是香港机场铁路沿线规模最大的地铁车站,是机场快速铁路、地铁和其他交通工具之间的交汇点,是混合了交通、居住以及商业等功能的城市枢纽（图 8-9）。九龙站 200m 范围内以酒店、写字楼、商场为主,并配有少量开放空间;200～500m 范围内以高密度住宅和休憩空间为主。九龙以港铁开发的车站综合体为区域核心,其综合体采用三维立体化城市设计,车行系统分三个主要公共楼层,各类建筑建在交通枢纽核心之上,分类布局;住宅、写字楼、酒店、社区服务设施等由同楼层的商业购物街、公共空间、平台公园、广场、汽车站以及人行步道系统连为一体。九龙站是集约用地的典范,将设施完整的融合,做到协调环境、效益最优,是一座自成体系的交通城。

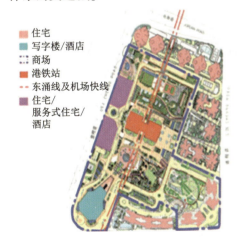

图 8-9　香港九龙站地区用地布局

此外,还可根据枢纽用地开发的经验数据与统计资料,从节点功能及用地类型对枢纽区域进行分类界定:①对外综合枢纽型。与航空、铁路或长途客运站等对外交通枢纽相结合进行综合开发,开发容积率较高,对公益设施和市政设施的需求量较大,是区域、城市交通方式转换的重要节点。②商业商务型。与城市枢纽站点结合进行综合开发,是城市公共活动中心,商业、办公等公共服务功能集中,有较大人流集散,附有适量的居住用地。③社区居住型。以城市一般站点作为中心进行开发,周围建设城市高强度开发居住区,以居住功能为主、以商业办公用地开发为辅是具有公共服务功能的社区中心。

2) 用地布局模式

TOD强调土地利用与公共交通的空间耦合,从而实现公共交通引导城市发展的有利局面。土地利用与公共交通的耦合范围,即站点与城市功能活动中心相互重合的范围,它与站点的客流集聚作用有关,而站点对客流的集聚作用又与站点区位、交通网络、居住就业分布等因素有关。

(1) 从出行者心理层面来看,不同出行目的的出行者对到站点步行距离敏感程度不同,从而决定不同功能用地相对适宜的空间位置[6]。一般来说,办公人员的步行交通行为目的十分明确,抵达办公地点的效率要求非常高,因此办公场所的位置对站点最敏感,办公物业的位置越靠近站点越好。购物者的步行交通行为介于明确和模糊之间,抵达效率要求一般,因此商业物业离站点的距离比办公物业的敏感性要弱。但商业对于人流聚集作用效果显著,因此,商业开发可作为站点的上盖物业开发。站点附近的居住者要求住宅有相对安静的环境,避免人流的嘈杂与轨道运行的噪声,而且对地铁周围环境比较熟悉,从而对距离的敏感性感知降低。因此,住宅的开发可以位于站点范围的外圈层。

(2) 从用地功能的特征分析层面来看,站点的用地开发必然与开发效益挂钩。可达性的提高会引起在同一地点的地租上升,这一变化会导致能够支付较高地租的土地使用向可达性条件优越地区集聚,呈现一种由区位可达性所决定的功能结构梯度变化。轨道交通站点地区,距离站点越近其可达性越高,市场导向的土地配置会按照土地所在位置所取的最高租金确定其用途。因此,在区位和土地成本的综合作用下,商业和办公等开发利润较高的用地便向站点集聚,而住宅则退居其次。在开发高利润的追求下,土地利用性质的分布呈现出对站点集中的趋势:在靠近站点地区尽可能布置商贸、办公等设施,在稍远地区可综合布置中、高密度居住区,在站点地区的边缘,宜布置中、低密度的居住区。此外,基于对站点地区环境方面的要求,在高强度开发的站点地区必须留有一部分土地作为绿地与广场。有学者对站点地区的用地布局进行研究,提出一种典型TOD站点用地开发布局(图8-10)。不同类型、不同级别的站点应根据其具体情况,对开发面积、强度与布局进行合理的调整。

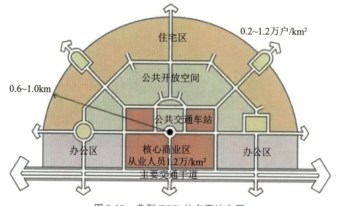

图8-10　典型TOD站点用地布局

3）用地开发强度

（1）不同城市对于轨道车站周边用地的开发强度不同。对亚洲主要大城市的调查显示，轨道车站周边500m范围内最低人口数量（包括居住及就业人口）约为5万人。表8-2为国际大城市轨道交通沿线与一般地区容积率情况。

表8-2 国际大城市轨道交通沿线与一般地区容积率情况

城市	商业办公用地容积率		居住用地容积率	
	车站地区	一般地区	车站地区	一般地区
东京	10～15	5～8	5～8	3～4
香港	8～15	5～8	5～9	3～4
深圳	6	3～4	4	2～3
杭州	6	3～4	4	2
广州	6	3～4	4	2～3

（2）不同区位的车站地区，其功能结构和空间组织形式不同，土地利用强度的合理界限也不同。根据中心地理论，在城市发展到一定阶段和一定规模时，将形成一个完整的中心地等级序列，即CBD-一级中心-次中心-区级中心-一般商业区。在不同等级中心地轨道车站地域开发时，土地利用强度也依次递减。日本东京和我国香港城市节点等级与地铁车站周边开发容积率关系表明，一级中心商业用地最高容积率可达10～15，居住用地最高容积率可达8～10（表8-3、表8-4）。

表8-3 日本东京城市节点等级与地铁车站周边开发容积率关系

地段	地区	建筑用途	容积率
一级中心	银座	娱乐、零售、商业为主	10～15
	新宿	商业、饮食、文化娱乐为主	10～15
	涩谷	商业、饮食、文化娱乐为主	9.9～12
	池袋	商业、饮食、文化娱乐为主	10.9～12
二级中心	上野	商业、饮食为主	8～10
	浅草	商业、饮食为主	8～10
三级中心	中野	商业、饮食为主	9～8

表8-4 我国香港城市节点等级与地铁车站周边开发容积率关系

地段		C 商业C	CDA 非住宅/住宅 无	CR 商住	R(A) 非住宅/住宅 住宅R2	R(B) 住宅R2	R(C) 住宅R21	R(D) 住宅R21	R(E) 非住宅/住宅 住宅R21/R11	工业M1
一级商务中心	中环	12～15	10～15	—	8～10	6～10	—	—	—	—
二级商务中心	尖沙咀	12	—	—	6～7.5	5	—	—	—	—
	湾仔	10～12	—	10	8	6～8	—	—	—	—

续上表

地段		C	CDA 非住宅/住宅	CR	R(A) 非住宅/住宅	R(B)	R(C)	R(D)	R(E) 非住宅/住宅	—
		商业C	无	商住	住宅R2	住宅R2	住宅R21	住宅R21	住宅R21/R11	工业M1
零售商业中心	铜锣湾	—		时代广场		—	—	—	—	—
新市镇中心	荃湾	9.5	9.5/5	7	6~6.5	5	—	—	9.5/5	9.5
住宅区中心	九龙湾	12	—	6~7.5	5					
一般住宅区	奥运/九龙	8	9/6.5	—	1/6.9~7.5					2.5
	西湾河	—	5	6	5					5
	荔枝角	—	5	—	6/7.5					
无地铁线路地区										
中心附近	坚尼地城	5	—	—	—	—	2.5	1.5	1	—
新市镇	新界/西贡	3	—	—	—	—	0.5	0.5	0.5	—

注:表头第一行为香港的土地用途(用地性质)分类标准,第二行为对应的深圳分类标准。CR 表示 5F 以下为商业,R(A)表示3F 以下为商业,R(B)表示1F 可为商业办公。

(3)车站用地开发强度应服从梯度分布。梯度分布是指越靠近车站,土地开发强度应越高;越远离车站,土地开发强度越低。开发强度遵从梯度分布的优势包括:①可使尽可能多的人选择公共交通出行;②可使开发效益趋于最大化,节约土地资源;③避免"摊大饼"的形成。土地开发强度的梯度分布在很多城市的站点开发中,已经得到应用。例如,瑞典斯德哥尔摩的轨道站点的用地开发被称为"婚礼蛋糕"形式(图 8-11);德国汉堡通过规定车站地区的土地利用强度分配模型,是土地利用强度与距车站的距离相协调(图 8-12)。从公共交通轴线角度来看,轨道站点的梯度分布使TOD"串珠式"空间结构得到形象的演绎(图 8-13)。

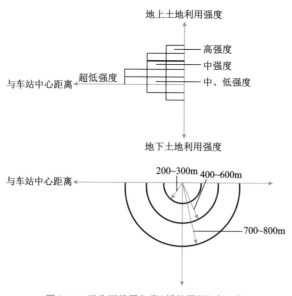

图 8-11 瑞典斯德哥尔摩"婚礼蛋糕"式开发

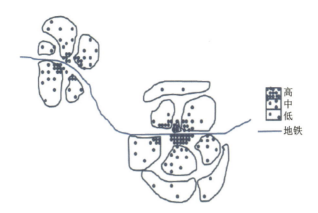

图 8-12 德国汉堡轨道站点的开发强度分布

图 8-13 TOD 廊道"串珠式"空间开发模式

考虑车站地区范围内的用地开发强度的梯度分布,可将车站区域开发强度进行圈层式划分[7]。通常以3个圈层为例,以步行距离为半径界定,以调查数据为制定依据。借鉴国际通常的经验,站点半径0~500m范围内土地利用强度分布的理想模式为:第一圈层0~300m范围,用地功能上包括轨道交通站点、公共广场和公共设施用地,提倡较高强度开发;第二圈层300~500m范围,为中强度开发,土地使用功能主要为商办、住宅开发以及配套公建用地;第三圈层500m以外范围,为低强度开发或城市绿肺区域。

车站开发范围和开发强度,应视各地具体情况而确定,西方发达国家强调的高强度发展远低于中国及其他亚洲国家大城市的标准。在我国,对于车站地区的核心地带,容积率应大于3;中强度开发地带,容积率应为1~3;超低强度开发地带,容积率小于0.5。当然,在实践中,需根据具体的用地条件,选定容积率。

8.4 考虑枢纽的交通与土地利用协调规划方法

8.4.1 用地与交通协调规划三步骤流程

为了克服现有的基于单一网络和传统"四阶段"法的交通与用地整合模型的不足及局限,研究学者提出了用地与交通协调规划方法[9],它不是一个单纯的数学模型,而是一种规划的流程和思路,其中体现了在规划方案的制定过程中考虑用地与交通的相互影响、相互作用。该规划流程主要分为三个步骤(图8-14):第一步,轨道交通与土地利用的空间耦合规划;第二步,受交通容量限制的土地再次开发控制;第三步,基于社会效益最大化的枢纽地区用地再次开发规划。

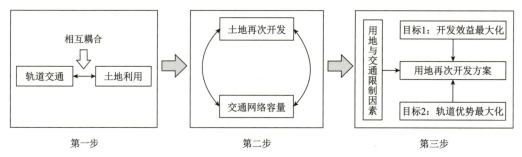

图 8-14 协调规划流程图

第一步是用地与交通协调规划的宏观定性分析层面,是交通与城市用地的耦合。交通枢纽具有巨大的"触媒-集聚"效应,能够引导高强度用地开发。基于 TOD 理念,公共交通线、站必须与交通需求分布、用地空间耦合,才能充分发挥多模式交通网络的优势,有序引导土地再次开发,使土地开发社会效益最大化。在多模式交通体系逐步构建的城市中,交通枢纽是规划建设的关键节点。土地资源的再次开发,要根据交通枢纽的类型、区位等特征进行统筹规划。潘海啸等[10]将交通枢纽与城市空间的相互耦合表述为四个阶段,即枢纽与城市中心不耦合-枢纽地区人流集聚、商业开发逐渐形成-枢纽商业快速增长、城市中心向枢纽地区转移-枢纽内部开发趋于立体化和综合化、引导周围用地再次开发。科学合理的规划可以导向交通枢纽与城市空间的相互耦合,并能有效地避免在耦合过程中出现的混乱交通组织,形成枢纽与城市活动中心相互支撑的和谐状态。

第二步是用地与交通协调规划的宏观定量分析层面,是交通系统对土地开发的控制环节。土地利用产生的交通需求,在多模式交通网络中进行分配,而交通网络的容量限制了用地开发产生的最大交通需求。该环节提出多模式交通体系与土地利用的联合模型,以求得在交通网络容量限制下,枢纽地区的用地再次开发所能产生的最大交通生成量。交通系统容量是对用地开发最主要的限制条件,用地开发产生的交通需求必须在交通网络所能承担的最大交通出行限制内,因此采用交通生成量作为用地开发的间接控制指标。交通出行是人的活动,网络中的交通流量是所有出行者出行选择集计化的结果。用地开发带来的交通出行在满足网络均衡条件的前提下,其形成的交通流量应在交通网络容量控制之内,这是模型构建的主要思路。

第三步是交通与枢纽用地互动规划设计层面。在宏观控制模型基础上,进一步针对局域地区(车站地区)提出微观规划模型,制订车站地区用地再次开发方案。轨道交通的建设,主要是影响车站地区的土地利用,它使车站地区可达性提高,带来土地升值。在宏观模型的控制条件下,为使车站地区用地规划达到最大化社会利益,充分发挥了复合交通体系的优势,提出基于社会效益最大化的车站地区用地开发模型,得到车站地区关于土地类型、布局与开发强度的用地再次开发规划方案。

该规划流程可根据实际情况进行调整、灵活性较大,为多模式交通体系建设背景下的用地与交通协调规划提供一定的理论支撑与方法指导。本节主要介绍第二步的宏观控制模型与第三步的微观规划模型。

8.4.2 基于多模式交通网络容量的用地与交通协调控制模型

多模式交通网络容量指多模式交通网络达到稳定状态时,单位时间内网络所能服务的总客流量。在该定义下,多模式交通网络容量模型是将 OD 需求划分成若干等份,逐一有规律地分配到相应的网络上;当网络中有路段的通行能力达到饱和时,停止叠加分配,所分配的OD需求即该网络的容量。该模型体现了交通系统与土地利用的关系。OD需求是土地利用与交通网络相互作用的中间量,它既由土地利用产生,又是促进和限制交通网络作用的产物。一些学者建立数学模型描述这种交通系统对用地的限制与促进作用。例如,Hai Yang[11]提出基于双层规划的道路网络容量模型,上层为最大化用地再开发产生的交通发生量,下层为基于用户均衡(UE)的道路网络模型;Qiang Meng[12]提出考虑早晚通勤的土地利用与交通系统的联合模型,通过环形出行同时对交通发生量和吸引量进行约束。

对于多模式交通网络下的均衡条件,其解释为出行者同时面临出行目的地、出行方式、出行路径的选择,以及从一个网络换乘到另一个网络的换乘节点的选择。为建立模型首先借鉴SAM网络,即多模式状态拓展网络,State Augmented Multimodal,构建一个四级的多模式交通网络,将目的地选择置于方式选择之上,以Logit形式解释用户在多级网络每一层的选择行为。

此外,基于多模式交通网络容量的用地与交通协调控制模型还有以下几个前提条件需要说明。

1)用地开发的调整

研究区域分为枢纽小区和非枢纽小区。枢纽的直接影响范围(也称耦合范围)是若干个枢纽小区的组合。复合交通体系带来的用地再次开发,主要是在以枢纽为中心的直接影响范围内进行。因此,新增的交通生成量主要发生在枢纽小区范围内。

2)多模式交通网络容量约束

多模式交通网络容量是限制用地再次开发的主要约束条件。多模式交通网络包括道路网络和轨道网络两种。由于网络的互补关系及交通方式的自身特性,一般来说,在道路交通分担的交通量达到道路通行能力限制之前,轨道网络容量可以较充分地满足轨道交通分担的交通量。用"短板效应"来解释,在只考虑线路容量的条件下,道路网络容量就是复合网络容量的"短板",应该作为复合交通网络中线路容量的主要约束条件。同时,考虑复合网络设施容量,由于设施规划与交通组织的原因,在轨道网络中,某些设施的通行能力不足,将成为网络的瓶颈与"短板"。因此,根据具体情况,应将某些通行能力受限的设施容量与道路网络容量的最小值,作为复合网络容量的约束条件。

3)新增交通发生量与原有交通发生量的出行选择假设

用地开发产生的交通出行分为原有交通出行和用地再开发带来的新增交通出行。对于原有交通出行,多模式交通体系建成后,出行目的地一般不会变化,但出行方式与出行路径可能会发生变化;对于新增出行,出行者会根据交通体系与城市空间结构调整居住与就业的位置,即出行者会根据出行成本与地区吸引度选择出行终点。也就是说,新增交通需求既有对目的地的选择,也有对出行方式和出行路径的选择。

4)模型其他基本假设

数学模型是以数学的方法来描述实际的现象,但实际中很多的复杂性很难用数学语言表达。因此,在模型构建前对其进行一定的假设,可以使模型合理简化,并具有更好的解释性。模型的基本假设如下:①枢纽地区再次开发而新增的交通生成对目的地的选择服从Logit概率分布;②出行目的地的选择、交通方式的选择、换乘点的选择、道路路径的选择服从四级巢式

Logit 模型;③其他假设与随机交通分配模型假设相同,不再赘述。

模型的目的是获得用地再次开发的控制指标,这里选用最大化枢纽的交通发生量作为用地开发控制指标,并以双层规划模型来描述交通与用地开发相互作用。

为了获得交通网络可以承受的最大用地开发量,本双层规划模型的模型上层以最大化交通生成量为目标;模型下层以多模式交通网络中路径阻抗最小为目标,表示用地开发产生的交通需求服从交通均衡模型,包括出行者按最大效用对出行目的地选择、出行方式选择、最佳换乘选择以及出行路径的选择。模型具体构建如下。

(1)模型上层

最大化枢纽地区的交通发生量为目标,即

$$\max_o \sum_{i \in I} o_i \tag{8-15}$$

其中,$o = (\cdots, o_i, \cdots)$ 表示交通发生量。

(2)约束条件

①道路路段通行能力约束,即路段的流量不能超过路段的通行能力:

$$v_a(o) \leq C_a \quad (a \in A) \tag{8-16}$$

②交通发生量区间约束,即枢纽小区的交通发生量都应在枢纽小区现有交通发生量和该小区最大交通发生量之间:

$$o_i^0 \leq o_i \leq o_i^{\max} \tag{8-17}$$

式中:o_i^0——枢纽小区现有的交通发生量;

$o_i^{\max}$——对交通发生量的最大设定值。

③交通吸引量区间约束,小区的交通吸引量由交通分布决定,即小区的交通吸引量应在现有小区现有吸引量和最大交通吸引量之间:

$$d_s^0 \leq \left(d_s = \sum_r d_{rs}\right) \leq d_s^{\max} \quad (s \in S) \tag{8-18}$$

式中:d_s^0——交通小区现有的交通吸引量;

$d_s^{\max}$——对交通吸引量的最大设定值。

(3)模型下层

模型下层是多模式交通网络流量均衡模型。基于 Logit 的随机用户均衡(SUE)可以转化为等价的极小值规划模型。因此,基于多级网络的流量均衡的等价规划模型目标函数为

$$\begin{aligned} \min Z(v) = & \sum_{a \in A} \int_0^{v_a} t_a(x) \mathrm{d}x + \sum_{rs} q_{rs}^B u_{rs}^B + \sum_{rs} q_{rs,\lambda}^R u_{rs,\lambda}^R + \\ & \frac{1}{\theta_3} \sum_{rsm} \left[q_{rs}^m \left(\ln \frac{q_{rs}^m}{q_{rs}} - 1 \right) \right] + \frac{1}{\theta_2} \sum_{rs\lambda} \left[q_{rs,\lambda}^m \left(\ln \frac{q_{rs,\lambda}^m}{q_{rs}^m} - 1 \right) \right] + \\ & \frac{1}{\theta_1} \sum_{rsk} \left[q_{rs,\lambda}^{mk} \left(\ln \frac{q_{rs,\lambda}^{mk}}{q_{rs}^m} - 1 \right) \right] \end{aligned} \tag{8-19}$$

其中,前3项分别表示小汽车、公交车、轨道交通流量分配准则(最小化出行阻抗);后3项分别表示多级网络中对出行方式、换乘点与道路路径选择的熵函数,$\frac{1}{\theta_1}$、$\frac{1}{\theta_2}$、$\frac{1}{\theta_3}$ 分别为路径选择、换乘点选择和出行方式选择的权重。

结合"运量分布/方式分担/交通分配"的层次组合模型基本形式,构建复合交通网络的联合方式划分/出行分布/交通分配模型,其目标函数为

$$\min Z(v,q) = \sum_{a \in A}\int_0^{v_a} t_a(x)\,\mathrm{d}x + \sum_{rs} q_{rs}^B u_{rs}^B + \sum_{rs} q_{rs}^R u_{rs,\lambda}^R +$$

$$\frac{1}{\theta_3}\sum_{rsm}\left[q_{rs}^m\left(\ln\frac{q_{rs}^m}{q_{rs}} - 1\right)\right] + \frac{1}{\theta_2}\sum_{rs\lambda}\left[q_{rs,\lambda}^m\left(\ln\frac{q_{rs,\lambda}^m}{q_{rs}^m} - 1\right)\right] +$$

$$\frac{1}{\theta_1}\sum_{rsk}\left[q_{rs,\lambda}^{mk}\left(\ln\frac{q_{rs,\lambda}^{mk}}{q_{rs,\lambda}^m} - 1\right)\right] +$$

$$\frac{1}{\eta}\sum_{rs} q_{rs}\ln q_{rs} - \sum_{s \in S}\int_0^{\sum_r q_{rs}} c_s(x)\,\mathrm{d}x \tag{8-20}$$

其中,第1、8项分别表示复合交通网络的出行成本与目的地吸引度的 Beckmann 变换,第2、3项分别为公交车和轨道交通的"最短路径"选择;第4、5、6项分别为多级网络中对出行方式、换乘点与道路路径选择的熵函数;第7项为需求分布的熵函数。从该模型中可以较为容易地得到出行终点、出行方式、换乘点与路径的选择均服从基于 Logit 的概率分布。将均衡状态下的交通分布与路段流量反馈给模型上层。

(4)约束条件

①出行起始点约束:
$$\sum_{s \in S} q_{rs}^+ = o_i \quad (r \in R) \tag{8-21}$$

②流量守恒约束:
$$\sum_m q_{rs}^m = q_{rs} \tag{8-22}$$

$$\sum_\lambda q_{rs,\lambda}^m = q_{rs}^m \tag{8-23}$$

$$\sum_{k \in K} f_{rs,\lambda}^{mk} = q_{rs,\lambda}^m \tag{8-24}$$

③路段(线段)与路径(线路)流量关系:

$$v_a = \sum_r\sum_s\sum_k f_{rsk}^{au}\delta_{a,k}^{rs} + \sum_r\sum_s\sum_k f_{rsk}^{au\text{-}R}\delta_{a,k}^{rs} \tag{8-25}$$

$$v_a^B = \sum_r\sum_s\sum_p f_{rs,p}^B\delta_{a,p}^{rs} + \sum_r\sum_s\sum_p f_{rs,p}^{R\text{-}B}\delta_{a,p}^{rs} \tag{8-26}$$

$$v_a^R = \sum_r\sum_s\sum_p f_{rs,p}^{au\text{-}R}\delta_{a,p}^{rs} + \sum_r\sum_s\sum_p f_{rs,p}^R\delta_{a,p}^{rs} + \sum_r\sum_s\sum_p f_{rs,p}^{R\text{-}B}\delta_{a,p}^{rs} \tag{8-27}$$

式中:f_{rsk}^{au}、$f_{rsk}^{au\text{-}R}$——小汽车、小汽车-轨道出行方式在路径 k 的流量;

$\delta_{a,k}^{rs}$——当路段 a 在路径 k 上,$\delta_{a,k}^{rs}=1$,否则 $\delta_{a,k}^{rs}=0$;

p——SAM 网络中不同换乘点的路径。

④非负约束:

小汽车方式网络中路段流量与路径流量的关系(单位:pcu):
$$q_{rs}^m \geq 0 \tag{8-28}$$

SAM 网络中公交方式路段流量与路径流量的关系(单位:人次):
$$q_{rs,\lambda}^m \geq 0 \tag{8-29}$$

SAM 网络中轨道线段与线路流量的关系(单位:人次):
$$f_{rs,\lambda}^{mk} \geq 0 \tag{8-30}$$

8.4.3 基于社会效益最大化的交通与车站用地互动规划模型

基于多模式交通网络容量限制的用地开发控制模型是一个宏观规划模型,在此基础上提出针对局域地区(车站地区)的微观规划模型——基于社会效益最大化的枢纽区用地规划模型。根据用地开发控制模型,可以得到枢纽小区的最大交通发生量(O_s)和由出行分布决定的枢纽小区交通吸引量(d_s),但这只是反映土地利用的间接因素。在相同的交通发生量和吸引量控制下,用地方案会因用地功能、布局及混合程度、开发强度的不同而不同。因此,该模型的主要目的是在一定约束条件下,获得枢纽地区最佳用地方案,包括用地类型的开发比例、布局及用地开发强度等。

根据现有研究中对枢纽用地布局规律的分析,以半径600m枢纽范围为例,本模型将车站地区按照距站点距离划分为三个圈层(图8-15):第一圈层(0~200m)、第二圈层(200~400m)、第三圈层(400~600m)。模型采用多目标最优化方法,以土地开发价值和轨道交通优势最大化为目标,结合枢纽的功能定位,求出各圈层不同用地的比例与开发强度,从而得到枢纽地区的用地类型、布局及开发强度的规划方案。该模型结果是以各圈层为单位给出,介于规划方案过细和过粗之间,具有一定的实用性。

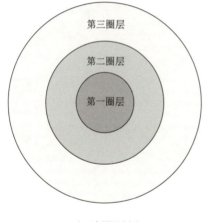
a)三个圈层划分

b)车站呈现的圈层分布形态

图8-15 车站范围的圈层分布

1)模型的前提条件

(1)模型决策变量

枢纽地区的用地根据枢纽区位、功能划分,包括商业、办公、居住和绿地等四种类型。根据设定的用地类型,模型决策变量包括:

① 用地类型比例:d_i^k 为圈层 i 采用 k 种用地类型所占的比例。

② 开发强度:r_i^k 为圈层 i 采用 k 种用地类型的容积率。

(2)模型的已知条件

① 各圈层 i 的面积 S_i。

根据枢纽的圈层划分与规划用地求得,假设枢纽区的规划半径为600m,每200m划分一个圈层,假设枢纽区面积全部用于规划用地,则各圈层面积分别为

$$S_1 = \pi R_1^2 = 3.14 \times 200^2 = 125600(\mathrm{m}^2)$$
$$S_2 = \pi(R_2^2 - R_1^2) = 3.14 \times (400^2 - 200^2) = 376800(\mathrm{m}^2)$$
$$S_3 = \pi(R_3^2 - R_2^2) = 3.14 \times (600^2 - 400^2) = 628000(\mathrm{m}^2)$$

②各圈层 i 距站点的平均距离 L_i。

以影响范围半径 600m 为例,考虑道路的非直线系数,各圈层距站点平均距离设为 $L_1 = 150\mathrm{m}$, $L_2 = 350\mathrm{m}$, $L_3 = 550\mathrm{m}$。

③圈层 i 的客流吸引强度函数 E_i。

轨道车站的步行客流的吸引强度与距车站距离有关,并呈现指数衰减趋势:

$$E_i = E_0 \mathrm{e}^{\alpha L_i} \tag{8-31}$$

式中:E_0——轨道车站的最大吸引强度;

α——函数参数。

④圈层 i 用地类型 k 的开发效益函数 B_i^k。

用地开发效益是多影响因素函数,通常采用 Hedonic 模型来描述,即开发效益与区位、类型、环境有关。由于环境因素很难量化,模型仅考虑距车站距离与用地类型的差异。因此,每平方米的开发效益计算表达式为

$$B_i^k = B_0^k \cdot \exp(-\beta_k L_i) \tag{8-32}$$

式中:B^k——k 类用地每平方米的最大开发效益;

β——与用地类型有关的函数参数。

⑤各类用地 k 的吸引发生率 P^k、A^k。

设居住用地为发生类用地,只考虑其交通发生量,商业与办公用地为吸引类用地,只考虑其交通吸引量,则高峰小时各类型用地的吸发率见表 8-5。

表 8-5 高峰小时各类型用地的吸发率(单位:人次/百 m^2)

指标	商业用地	办公用地	居住用地	绿地与开敞空间
发生率 P^k	0	0	2.5	0
吸引率 A^k	5.0	2.0	0	0

⑥内部出行比例 R。

当发生类用地与吸引类用地混合规划时,部分出行者的出行选择会遵从"就近原则"(如就近工作、就近购物等),这部分出行不参与枢纽地区的对外出行,基本为慢行交通方式出行;换句话说,枢纽地区出行总量的一部分是枢纽地区内部消化。内部出行比例定义为枢纽地区内部出行量占交通发生量和交通吸引量中最小值的比值,即

$$R = \frac{\text{内部出行量}}{\min(\text{交通发生量},\text{交通吸引量})} \tag{8-33}$$

(3)枢纽用地功能定位

枢纽功能定位是模型设置约束条件的重要依据。不同的枢纽类型,不能千篇一律地采用同一种模式开发。复合开发的交通枢纽有多种分类方法:按照区位与交通特征,枢纽可分为市级换乘枢纽、社区级换乘枢纽以及对外枢纽三种,从而区分不同类型枢纽的客流吸引强度及空间耦合范围;按照枢纽地区用地开发功能的不同,交通枢纽可分为商办主导型、居住主导型、科

教文化型、产业引导型和对外枢纽型五种。这种分类方法与枢纽用地开发密切相关,可用于确定用地开发的规划方案。不同类型的枢纽在用地开发时应具有一定的特点,并以约束条件的形式反映在模型中。

①商办主导型:在枢纽影响范围内,商业、办公的建筑面积应大于居住功能的建筑面积;交通生成量以用地开发的吸引量为主要约束;开发强度较高;在第二圈层内要达到一定比例的商业、办公用地面积。

②居住主导型:在枢纽影响范围内,居住功能的建筑面积应大于商业办公的建筑面积;交通生成量以用地开发的发生量为主要约束;开发强度低于商办主导型;在第二圈层外要达到一定比例得居住用地面积。

③对外枢纽型:在枢纽影响范围内,由于交通设施对土地的要求,可用开发的用地面积有限;商业与办公的建筑面积一般要大于居住功能的建筑面积。

④科教文化型与产业引导型:这两类枢纽在网络中的设置主要为已有功能用地开发而服务,枢纽周边一般有很大比例的科教文化及某类产业的用地功能开发。开发强度较低,且需要较高比例的绿化用地,以保证枢纽高质量的环境要求。

模型目标是使社会效益最大化。所谓社会效益最大化,不仅是用地开发效益最大化,更是面向社会全体居民,使枢纽地区出行者能最大限度地享受轨道交通的优势。因此,基于社会效益最大化的车站地区规划模型是一个多目标优化问题。

土地开发价值最大化是由用地面积、开发强度以及开发效益函数表示,即

$$\max Z_1 = \sum_i \sum_k S_i \times d_i^k \times r_i^k \times B_i^k \tag{8-34}$$

轨道交通优势的最大化就是使尽可能多的人方便乘坐轨道交通出行,表示为

$$\max Z_2 = \sum_i \sum_k S_i \times d_i^k \times r_i^k \times (P_i^k + A_i^k) \times E_i \tag{8-35}$$

2)模型的约束条件

模型受到交通发生总量的控制、用地开发强度梯度分布的控制、绿地面积的约束、枢纽既有开发与特点约束以及变量自身约束等限制条件,并根据枢纽用地功能定位,枢纽开发特点反映在上述5个方面约束条件中。

①交通生成总量的控制。

上节模型中得出对枢纽地区最大交通发生量与交通吸引量,将此作为该模型用地开发的限制条件,并考虑枢纽地区内部出行不占最大交通发生量或吸引量份额,根据枢纽类型,居住主导型以发生量为主约束、内部出行为吸引量的比例;商办主导型则以吸引量为主约束、内部出行为发生量的比例。约束表示为

$$\sum_i \sum_k S_i \times d_i^k \times r_i^k \times P_i^k -$$
$$R \cdot \min\left(\sum_i \sum_k S_i \times d_i^k \times r_i^k \times P_i^k, \sum_i \sum_k S_i \times d_i^k \times r_i^k \times A_i^k\right) \leq \sum_r o_r \tag{8-36}$$

$$\sum_i \sum_k S_i \times d_i^k \times r_i^k \times P_i^k -$$
$$R \cdot \min\left(\sum_i \sum_k S_i \times d_i^k \times r_i^k \times P_i^k, \sum_i \sum_k S_i \times d_i^k \times r_i^k \times A_i^k\right) \leq \sum_s d_s \tag{8-37}$$

②梯度开发限制。

为使枢纽地区开发有序合理,用地的开发强度应呈现梯度分布,即各圈层从内到外开发强度呈现递减趋势(绿地规划不受该约束限制),即

$$\min_k r_1^k > \max_k r_2^k, \min_k r_2^k > \max_k r_3^k \tag{8-38}$$

③绿地的比例。

绿地属于公益用地开发,既不产生出行量,也没有巨额开发利益,但绿地及开敞空间规划的利益可以遍布整个地区,使地区土地升值,有利于创造"环境友好"规划。因此,枢纽范围内要保证每个圈层一定比例的绿地及开敞空间的规划:

$$d_i^4 \geqslant \beta_{\min} \quad (0 < \beta_{\min} < 1) \tag{8-39}$$

式中:$\beta_{\min}$——各圈层的最小绿化比例。

④既有需求与枢纽特征约束。

这项约束是根据不同枢纽自身情况制定的,包括两方面:一方面,枢纽地区原来开发就存在办公、居住等方面的开发需求,枢纽的再开发应满足枢纽的原有需求;另一方面,枢纽用地功能的不同,要求枢纽在不同圈层内有代表枢纽特色的用地开发比例。既有需求与枢纽特征约束可以用建筑面积表示,即

$$S_i \cdot d_i^k \cdot r_i^k \geqslant \widehat{S}_i^k \tag{8-40}$$

$$d_1^1 r_1^1 + d_1^2 r_1^2 + d_2^1 r_2^1 + d_2^2 r_2^2 + d_3^1 r_3^1 + d_3^2 r_3^2 \leqslant (\geqslant) d_1^3 r_1^3 + d_2^3 r_2^3 + d_3^3 r_3^3 \tag{8-41}$$

式中:$\widehat{S}_i^k$——各圈层不同类型用地的建筑面积约束。

⑤变量可行域约束。

$$\sum_k d_i^k = 1 \tag{8-42}$$

$$d_i^k \geqslant 0 \tag{8-43}$$

$$0 \leqslant r_i^k \leqslant r_{\max}^k \tag{8-44}$$

3)算例分析

长沙滨江新城有 5 个轨道车站,其中站点 1 位于大河西的 CBD 地区,有 1 条城市轨道线路,属于市级单线车站。以站点 1 为例,分圈层研究其社会效益最大化的用地规划方案(图 8-16)。

站点 1 以商业办公开发为主,辅以少量居住用地。车站影响范围半径为 400m,第一圈层半径为 150m,第二圈层半径为 300m,第三圈层半径为 400m。经测算,区域交通网络可以承受的最大高峰小时交通发生量为 19110 人次,最大交通吸引量为 79151 人次。区域内部出行比例为 15%,道路及其他公共设施用地占总面积的 10%,最小绿地及开敞空间比例为 20%。要求在距车站 150m 外至少有 251200m² 建筑面积的办公用地开发,在第三圈层有至少 43960m² 的住宅开发。开发利润与轨道交通吸引强度函数的相关参数值拟定见表 8-6。

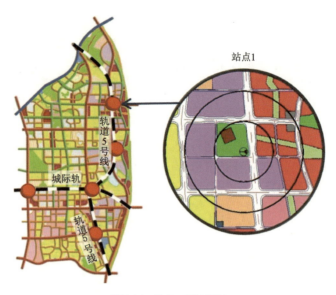

图 8-16 站点 1 用地规划

表 8-6 开发利润与轨道交通吸引强度函数的相关参数值拟定

E_0		0.7746			发生率	吸引率
α		0.0043			（人次/百 m^2）	（人次/百 m^2）
商业用地	B_0^1	9000	β_1	0.001	0	5
办公用地	B_0^2	8000	β_2	0.0015	0	2
居住用地	B_0^3	6000	β_3	0.0008	2.5	0

根据上述数据，车站地区的用地优化模型表示为

目标函数 1——开发效益最大化：

$$\max Z_1 = \sum_i \sum_k S_i \times d_i^k \times r_i^k \times B_i^k$$
$$= (0.605 d_1^1 r_1^1 + 0.532 d_1^2 r_1^2 + 0.407 d_1^3 r_1^3 + 1.562 d_2^1 r_2^1 + 1.388 d_2^2 r_2^2 +$$
$$1.041 d_2^3 r_2^3 + 1.3946 d_3^1 r_3^1 + 1.239 d_3^2 r_3^2 + 0.929 d_3^3 r_3^3) \times 10^9 \qquad (8\text{-}45)$$

目标函数 2——轨道交通客流最大化：

$$\max Z_2 = \sum_i \sum_k S_i \times d_i^k \times r_i^k \times (P_i^k + A_i^k) \times E_i$$
$$= (2.207 d_1^1 r_1^1 + 0.883 d_1^2 r_1^2 + 1.103 d_1^3 r_1^3 + 3.474 d_2^1 r_2^1 + 1.389 d_2^2 r_2^2 +$$
$$1.737 d_2^3 r_2^3 + 1.890 d_3^1 r_3^1 + 0.756 d_3^2 r_3^2 + 0.945 d_3^3 r_3^3) \times 10^3 \qquad (8\text{-}46)$$

（1）交通发生总量的控制

$$(2.30 d_1^1 r_1^1 + 0.92 d_1^2 r_1^2 + 6.88 d_2^1 r_2^2 + 2.76 d_2^2 r_2^2 + 7.14 d_3^1 r_3^1 +$$
$$2.86 d_3^2 r_3^2) - 0.15(1.15 d_1^3 r_1^3 + 3.44 d_2^3 r_2^3 + 3.57 d_3^3 r_3^3) \leq 79.151 \qquad (8\text{-}47)$$

$$(1.15 d_1^3 r_1^3 + 3.44 d_2^3 r_2^3 + 3.57 d_3^3 r_3^3) -$$
$$0.15(1.15 d_1^3 r_1^3 + 3.44 d_2^3 r_2^3 + 3.57 d_3^3 r_3^3) \leq 19.11 \qquad (8\text{-}48)$$

(2) 开发梯度分布与开发面积比例的要求

$$\sum_{k \leqslant 3}(d_1^k r_1^k) \leqslant 70\% \times 10 \quad (8\text{-}49)$$

$$\sum_{k \leqslant 3}(d_2^k r_2^k) \leqslant 70\% \times 7.5 \quad (8\text{-}50)$$

$$\sum_{k \leqslant 3}(d_3^k r_3^k) \leqslant 70\% \times 6.0 \quad (8\text{-}51)$$

(3) 办公开发面积约束

$$S_2 d_2^2 r_2^2 + S_3 d_3^2 r_3^2 \geqslant 251200 \quad (8\text{-}52)$$

(4) 住宅开发面积约束

$$S_3 d_3^3 r_3^3 \geqslant 43960 \quad (8\text{-}53)$$

(5) 可行域约束

$$d_i^k \geqslant 0 \quad (8\text{-}54)$$

$$r_i^k \geqslant 0 \quad (8\text{-}55)$$

模型影响因素通过一致性检验(检验过程略)。模型分别以开发效益最大化、轨道交通乘坐率最大化为目标,可得到两组优化解。根据两组模型的解,以 0.5 为多目标权重,求得妥协解作为上述多目标优化模型的最终解,见表 8-7。

表 8-7 模型的最终解

以开发效益最大化为目标		以轨道交通乘坐率最大化为目标		妥协解	
目标 1	目标 2	目标 1	目标 2	目标 1	目标 2
17.847×10^9	38.954×10^3	17.812×10^9	40.148×10^3	17.826×10^9	39.701×10^3

在妥协解目标函数下,站点的用地规划方案见表 8-8。根据模型的妥协解,对该站点的用地规划进行局部调整,使其接近最优规划解。

表 8-8 妥协解用地规划方案

圈层划分		以加权目标值最大化			
		商业	办公	居住	绿地及公共设施
第一圈层	$d_1^k r_1^k$	7.0	0	0	—
	容积率	10	0	0	0
	比例(%)	70	0	0	30
第二圈层	$d_2^k r_2^k$	4.8	0.45	0	—
	容积率	7.5	7.5	0	30
	比例(%)	64	6	0	0
第三圈层	$d_3^k r_3^k$	3.29	0.71	0.2	—
	容积率	6.0	6.0	5.0	0
	比例(%)	55	11	4	30

通过模型测算,对比原有规划,在周边交通容量限制下,各圈层的用地性质和开发强度都有所调整,如商业用地面积增加约 20%,在 3 个圈层的用地比例分别为 70%、64%、55%,容积

率分别可达到 10、7.5、6.0。此结果与实际中滨江新城在规划阶段的用地调整相符合,如图 8-17 所示。

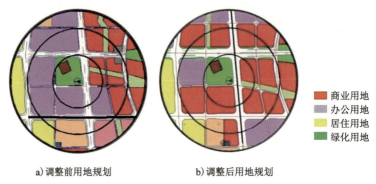

a) 调整前用地规划　　　　　　b) 调整后用地规划

图 8-17　调整前后用地规划对比

8.5　现代客运枢纽综合开发模式

随着城市轨道交通的大力发展,客运枢纽车站的设计与开发得到越来越多的关注。车站及其地区建设的好坏,不仅关系着城市轨道交通的运行效率,更关系着整个城市出行效率,体现城市的整体形象。城市客运枢纽的综合开发可以通过多种模式得以实现。以下分别从枢纽所整合的城市功能、站点的空间形态和空间发展方向角度进行分类分析。

8.5.1　按整合城市功能分类

将多种站点综合开发模式按照其所整合的不同城市功能进行分类,有以下几种开发模式。

1) 以城市交通功能整合为主

德国法兰克福机场是集航空港、铁路客站、地铁枢纽于一体的大型城市交通综合体[13],实现一票制等高度自动化立体换乘,其枢纽综合开发主要以航空、铁路、地铁三种交通功能的整合为主,周边公共设施及土地开发主要为换乘客流服务。

2) 以城市商业娱乐功能为主

法国巴黎拉德芳斯枢纽综合开发的典型枢纽是拉德芳斯东区西端的四季商业中心[14](图 8-18)。整个商业中心用地 6 万 m^2,总建筑面积为 27 万 m^2。商业中心内的各类商业、文化娱乐、服务等设施沿室内 100 多米长的"拱廊大街"和"大广场"由东向西分层布置,在关键节点上设立垂直交通系统;通过电梯、自动扶梯和楼梯将地下可容纳 5400 辆汽车的 4 层停车场以及地铁出入口,和上部 3 层的商业文化娱乐设施联系起来。

3) 城市交通与商业功能并重

美国宾夕法尼亚费城市场东街位于费城宾州中心市政厅的东侧,地处市交通枢纽中心。其规划设计的基本观念是强调充分发挥城市交通功能与商业功能。在最终的规划中,步行商业街向上最高达 6 层,步行街北侧是公共汽车终点站、车库和铁路客站,南侧为购物中心及地铁系统,总规划面积为 27.9 万 m^2,其中零售商业占地 17.6700 万 m^2。

图 8-18 拉德芳斯四季商业中心

4)多种城市功能并重

美国伊利诺伊州中心(State of Illinois Center)地处芝加哥中心高层区,是一个集办公、商业、公众集会和交通于一体的多功能建筑。垂直贯穿整幢建筑的中庭将地面层与主入口广场连成一体,二层平面则与轻轨线相连接,中庭空间深入地下层。枢纽的综合开发打破了建筑与城市的界限,促使建筑的公共空间成为城市交通重要环节,整个设计将商业、办公与交通功能进行了整合。

8.5.2 按枢纽设计的空间形态与发展方向分类

1)枢纽设计的空间形态

枢纽综合体开发本质上是扩大城市空间容量、提高土地利用效率的一种有效手段。枢纽综合体开发主要有集约型和网络型两种扩容方式。枢纽设计在空间形态上的表现有3种:集约型,即以竖向的立体化开发为主;网络型,即以横向的网络化开发为主;以及竖向与横向共同发展的复合型。

(1)集约型综合体

集约型综合体是城市建筑在占有有限土地资源的前提下,形成的紧凑、高效、有序的功能组织模式。各种类型的建筑综合体的出现是在20世纪70年代后,它是集约化组织方式和设计观念的具体表现。

枢纽的集约型综合体是指枢纽与其他城市功能垂直叠加,形成建筑综合体。地上、地下的多种功能分布在不同层面上,相互之间采用垂直联系。此时,除了有地下步行系统以外,还可能有空中步行系统来补充。从设计角度来看,最大的变革就是将原先传统观念中集中在地面以及近地面层以公共性为主的功能元素和环境元素向地上、地下两级延伸与推展,从而实现功能集聚效应。其优点是充分发挥地铁交通促进地区高强度开发的能力,促进城市空间的集约化和土地的高效率利用。

例如,美国亚特兰大市的桃树中心(Peachtree Center)就其建筑本身而言,并无特别突出之处,但它自然地将旅馆、地下车站与快捷运输系统、购物中心、剧院和办公区联结为一体(图8-19)。近地面层以明确的空间系统串联起来,如行人天桥、广场、半地下广场以及如温室一般的室内中庭,桃树中心的成功之处正在于其整体的构架系统,完美地把各种城市功能集中在一幢大楼之中。

枢纽的集约型综合体模式是建立在联系系统、立体化的基础上,根据建筑综合体的各种职能的特性(如职能的关联性、公共性、可达性等)和要求,结合具体环境条件进行设计,这样能更充分地利用土地,使综合体各部分的联系更紧密,聚集效益更高(图8-20)。

图8-19　亚特兰大市桃树中心

图8-20　集约型综合体的设计模式

(2)网络型综合体

"网络"是依托枢纽的下部空间体系,在城市中心区、亚中心区或其他城市节点地区,以枢纽为生长点,以多条地下步行道连接周边公共建筑,构成网络型综合体,覆盖以枢纽为中心半径500~600m范围内的整个步行合理区(图8-21)。例如,日本的地铁枢纽大多采用这种形式,枢纽周围往往建成商业、服务、娱乐和会议中心,既促进了客运服务的多样化,又可靠多种经营来补贴客运。网络型综合体往往是在集聚型的基础上发展而来,其影响范围可以突破城市区段而扩展到整个城市。

网络型综合体可以通过地铁交通将其影响辐射到城市各地区,体现了城市空间的功能与结构全面向地下扩展,几乎可涵盖市中心的所有职能,如商业、文化娱乐、行政及金融贸易等,从而形成名副其实的地下城。这种各功能聚集点相互扩展,架构为一整体的发展,既能达到彼此带动发展的目的,又能合理分配与使用资源及能源。

(3)复合型综合体

复合型综合体是上述两种形式的有机叠加,是地铁综合体及城市开发十分充分的产物。日本东京的一些铁路站前综合区(如池袋站、新宿站等),就是一种点、线、面结合的方式。在实际开发过程中,复合型综合体开发较为普遍。

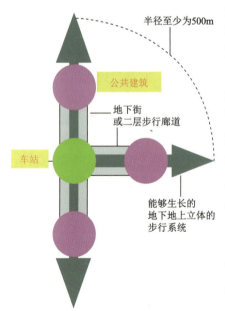

图8-21　网络型综合体的设计模式

2）枢纽的空间发展方向分类

综合开发的枢纽，在空间发展有向上和向下发展两个方向。因此，按照空间发展方向，分为上盖开发、地下开发和地上地下联合开发3种类型。

(1) 上盖开发

地铁停车场、车辆段上盖开发领域成功实例有港铁九龙湾车厂，其在检修库、运用库及停车库的上盖作了大规模物业开发，主要是高层商住楼及与之配套的道路停车场等，创造了较好的经济效益。

在我国早期工程实践中，北京地铁八通线四惠大平台开发项目是20世纪90年代在地铁上盖物业开发领域所开的先河。但由于地铁建设的工期紧，并不是完全的同步规划，当时对于地铁车辆段上面开发的物业类型还没有明确，就要先完成能够承载上面荷载的大平台，投资耗费相当大，外观效果也缺少统一处理，并且，地铁车辆段的采光通风等问题给地铁运营也带来比较大的费用增加。总体来说，北京地铁八通线四惠大平台开发项目是我国地铁建设非常有益的尝试，为之后的开发提供了宝贵经验。

地铁停车场一般都位于城市近郊，占有大量宝贵土地，地铁交通又带来开发的升值，其上盖物业开发，综合高效地利用土地必将成为地铁建设的趋势。

(2) 地下开发

日本地铁以地下步行网络和共同沟为代表的地下建设人流物流通道，形成地面高层地下多层局部垂直密度较高的城市据点，使土地资源、地铁资源得到了充分的利用。难波站位于日本大阪市境内[15]，沿路中心有阪神高速公路4号线，地下有一条铁路线和一条地铁线通过，形成了典型的交通立体化的格局。1971年，在交通改造的同时，建成了虹之町地下街，共3层，埋深为7.8m，面积为38000m²，长约800m；地下一层为商店和公共通道，二层为车站站厅，三层为铁路和地铁站台，没有停车场。虹之町地下街有3个连通口通向铁路车站，5个口通向地铁车站，8个口与附近地下室相连。地面上有出入口22个，每天吸引30万人进入地下街，其中41%是为了购物，其余为仅在地下通过的行人。地铁车站结合地下街进行综合开发的模式为改善交通运行效率、促进城市功能——商业、交通的交混起到了重要的作用。

(3) 地上地下联合开发

地上地下联合开发是上述两种形式的综合，对建筑方面的要求较高。

本章参考文献

[1] PUSHKAREV B S, ZUPAN J M. Public transportation and land use policy[M]. Indiana: University Microfilms International, 1977.

[2] CALTHORPE P. The next American metropolis: ecology, community and the American dream[M]. New York: Princeton Architectural Press, 1993.

[3] 陆化普. 基于TOD模式的城市交通规划理论研究[C].//中国工程院. 中国工程前沿研讨会——中国交通运输网络理论研究前沿论文集. 北京: 高等教育出版社, 2005.

[4] 周雁. 高铁枢纽地区城市公共空间一体化设计研究[D]. 合肥: 合肥工业大学, 2016.

[5] ATTOE W, LOGAN D. American urban architecture: catalysts in the design of cities[M]. Berkeley: University of California Press, 1989.

[6] 李林波,吴兵.出行者心理因素对公共交通发展的影响[J].重庆交通学院学报,2004(3):94-97.

[7] 廖邦固,徐建刚,宣国富,等.1947—2000年上海中心城区居住空间结构演变[J].地理学报,2008,63(2):195-206.

[8] 甘黎萍.铁路枢纽站交通集散规划研究——以济南新东站为例[J].交通与运输,2016,32(6):44-46.

[9] 王辑宪.国外城市土地利用与交通一体规划的方法与实践[J].国外城市规划,2001(1):5-9.

[10] 潘海啸,任春洋.轨道交通与城市中心体系的空间耦合[J].时代建筑,2009,109(5):19-21.

[11] MENG B Q. Modeling the capacity and level of service of urban transportation networks[J]. Transportation Research Part B:Methodological,2000,34(4):255-275.

[12] MENG Q,YANG H,WONG S C. A combined land-use and transportation model for work trips[J]. Environment & Planning B Planning & Design,2000,27(1):93-103.

[13] 邓喜平.对德国法兰克福机场经营管理之道的思考[J].经济问题探索,2007,204(1):87-88.

[14] 李明烨.由《拉德芳斯更新规划》解读当前法国的规划理念和方法[J].国际城市规划,2012,27(5):112-118.

[15] 彼得·波尔,周静.高速铁路车站周边地区城市开发管理:四个欧洲城市的经验研究[J].国际城市规划,2011,26(3):27-34.

第9章

现代客运枢纽交通组织设计方法

综合客运枢纽区域开发圈层由内向外划分为核心区、扩展区和影响区[1]。核心区内枢纽建筑主体以及为枢纽服务的集散交通设施,是进行枢纽交通组织设计的主要对象。本章首先介绍枢纽区域交通组织方法,研究客运枢纽综合开发空间形态,探讨多种交通方式的衔接模式及其适用场景,提出区域交通一体化组织设计原则;其次,从枢纽换乘交通功能、空间、流线和导向标志四个方面介绍枢纽换乘交通设计要素;再次,进一步聚焦乘客换乘流线设计方法,围绕网络、乘客个体和重要节点分别提出流线设计的原则和内容,并研究信息诱导系统设计方法;最后,以枢纽公共空间融合为载体,探索枢纽慢行设施形式以及相应设施设计方法。

9.1 枢纽区域交通组织

现代客运交通枢纽通常以1~2种交通方式为主导建设,并接入多种交通方式成为换乘节点,实现对出行者出行链的连接。因此,枢纽内各交通方式之间的衔接将直接影响枢纽的服务质量和乘客的出行效率。为了提升枢纽多方式客流的集疏运效能,现代客运交通枢纽的建设者需开展区域交通组织设计,即结合既有的地块和交通条件特征,确定各种衔接交通方式的场站等基础设施在枢纽区域内的布局。

9.1.1 客运枢纽综合开发空间形态

轨道车站尤其是高架车站的综合开发可以按照开发地块与车站、道路的关系进行分类,分为地块型、路侧型、路中型和隔路型四种模式。轨道高架车站的开发模式示意图如图9-1所示。

1)地块型综合开发

地块型综合开发是指车站从商业开发地块中穿过。其优点是车站与商业开发地块联系紧密,能够很好地沿垂直与水平方向进行综合开发,能够围绕站点进行商业、办公等的高强度开发。其缺点是车站横穿地块后对地块所带来的不利环境影响。上海11号线的马陆站是地块型综合开发的典型案例,如图9-2a)所示。

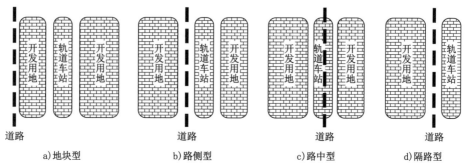

图9-1 轨道高架车站的综合开发模式示意图

2）路侧型综合开发

路侧型综合开发是指车站一侧与商业开发地块毗邻，另一侧与道路毗邻。其优点是车站与商业开发地块联系较紧密，但与道路另一侧的地块联系较弱，需要采用天桥等设施衔接；具有良好的横向和纵向拓展性。其缺点是横向拓展强度要低于地块型综合开发。上海11号线的安亭站是路侧型综合开发的典型案例，如图9-2b）所示。

3）路中型综合开发

路中型综合开发是指车站位于路幅较宽的道路中央分隔带上。其特征是车站与两侧地块联系不够紧密，需要通过大平台、地下通道、二层天桥和全立体化等方式连接，大平台和全立体化连接的商业开发形式与高架车站的紧密结合可以实现商业、办公等的较高强度开发。其缺点是对道路景观影响很大，且往往受到土地权属等问题的制约；地下通道和二层天桥连接方式，由于通道通行能力低等局限，往往开发强度较弱。上海11号线的嘉定新城站是路中型综合开发的典型案例，如图9-2c）所示。

a）马陆站

b）安亭站

c）嘉定新城站

图9-2 轨道高架车站的综合开发实例示意图

4）隔路型综合开发

隔路型综合开发是指车站一侧临河流、铁路等障碍物，另一侧临道路，与开发地块隔路的开发形式。由于道路的分割，地块与轨道交通的联系需要通过地下通道和天桥来实现，联系相对较弱，主要以居住功能为主进行开发。上海1号线的外环路站是隔路型综合开发的典型案例。

9.1.2 枢纽衔接交通布局模式

现代客运综合交通枢纽集成衔接轨道、公交、出租、私家车、铁路等多种交通方式，对城市内外的客流进行了高效整编与集散，从而形成快速、便捷、系统的多交通方式融合。根据衔接设施布局的原则,对于衔接设施的空间布局应从整体上进行考虑,不能只分别分析轨道交通与单一方式之间的布局方式。根据衔接设施的布置空间及其与枢纽站体的相对位置,空间布局模式可以分为平面式布局模式、立体式布局模式和复合式布局模式三种类型。

1) 平面式布局模式

平面式布局模式是指枢纽车站出入口、各种衔接交通设施均布置在一个平面上,一般是在地面层,各种运输方式以平面换乘为主,如图 9-3 所示。乘客出站后,通过站前广场等换乘各种交通方式。

在此布局模式下,枢纽内部各主体设施界面清晰,便于协调管理。公交车站、出租车上客区、非机动车停车场、机动车停车场平铺在地面层,交通方式的换乘距离较远、换乘时间长,易产生交通流线冲突,换乘舒适性差。但是,该模式下工程措施相对较少,实施较快,且二次改造相对容易。

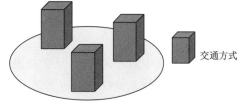

图 9-3 平面式客运枢纽布局模式

根据各衔接交通设施的布置位置及其与道路的相对关系,平面式布局模式又可以细分为集中式布局模型和分散式布局模型两种类型。

(1) 集中式布局模式

集中式布局是指将公交首末站、出租车上客区、非机动车停车场和机动车停车场等设施均集中布置在道路的一侧,通过轨道交通车站出口处的站前广场,实现乘客对各种方式的选择。道路在衔接交通设施的外围或轨道交通车站与衔接设施的中间通过,并通过出入通道与衔接设施联系。

上海地铁 1 号线和 5 号线的换乘车站和终点站莘庄站的南广场、6 号线的巨峰路站就是集中式布局模式的典型案例。如图 9-4 所示,各种衔接交通设施集中布置在轨道交通车站出入口的外面,可以采用平行于轨道车站的布置方式或者是垂直于轨道车站方向布置。

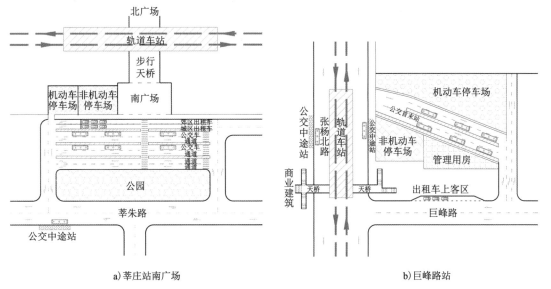

a) 莘庄站南广场　　　　　　　　　　　b) 巨峰路站

图 9-4 轨道枢纽车站衔接交通设施平面集中式布局模式示意图

总体上，集中式布局模式能够方便乘客的换乘选择，有利于各种衔接交通方式之间的换乘，促进枢纽客流的增长。但是，该模式要求有较大的占地面积，能够布置下各种交通设施。衔接交通设施的集中布置使得各种交通线路复杂，交织较多。同时，较大的占地面积一定程度上阻隔了轨道车站与衔接交通设施外围的联系，易出现人流与车流的冲突。因此，枢纽内的车行流线还应综合考虑外部接送、内部办公、后勤保障等不同需求并以公交优先为原则进行组织，主要流线应尽量避免迂回、交叉，进出流线宜分开。一方面，如何处理行人流与车流的关系，会直接影响枢纽的运营效果；另一方面，轨道交通或道路另一侧与衔接设施的换乘比较困难。

采用平面集中式布局模式，从提高设施空间效用的角度，主要应考虑以下几个方面：

①充分重视行人步行通道的设置，其宽度应满足高峰时期的通行要求，而且行人通道既要与各种衔接设施有良好衔接，也要与周边道路的行人系统衔接通畅。

②尽量避免穿越式行人通过衔接设施的功能区，应引导行人从两侧分流，否则容易造成严重的人车混乱，既影响行人的通行，也降低了衔接设施的供给效用。

③为减少集中式布局模式产生的交通冲突，可以将停车设施分块布置，中间布置行人通道连接公交车站，为行人提供连续路径的同时，也能够更好地规范交通秩序。需要注意的是，容量超过300辆车的停车区域宜设置独立连续的人行通道，不宜与机动车流线交叉，且人行通道净宽不宜小于1.2m。

④平行轨道车站布置衔接交通设施较垂直布置会产生更多的交通冲突点，但是占地比较狭长，换乘距离短，适用于轨道车站与道路之间用地宽度较小的情况。垂直布置则适用于道路位于衔接交通设施内侧，且能够组织回路的场地布置，以利于车辆的出入组织。

总体上，集中式布局模式适用于用地面积较大、客流量较大、以交通换乘为主且周边用地开发强度不大的枢纽车站。

(2)分散式布局模式

分散式布局是指公交首末站、中途站、出租车上客区、非机动车停车场、机动车停车场等分散布置在道路的四周，轨道交通车站不同方向的出入口分别与不同衔接设施连接。分散式布局模式下，轨道交通车站往往位于交叉口附近，轨道交通车站的出入口分别布置在交叉口的各个象限，从而到达衔接交通设施。衔接设施平面分散式布局模式示意图如图9-5所示。

例如，上海中山公园站为2号线、3号线的换乘站，与长宁路和凯旋路相交，公交首末站、中途站、出租车上客区、非机动车停车设施、机动车停车场分散在4个象限布置。

分散式布局模式能够将各种衔接交通设施布置在轨道车站的周边，各个设施之间客流冲突较少；同时，衔接交通设施车流的进出能够与道路交通流线一致，提高设施到达的方便性；轨道车站与周边建筑之间的联系可以更为紧密，有利于商业开发。但是衔接交通设施分散布置后，衔接交通之间的换乘比较困难，且分散布置往往没有专门的用地条件，设施的改造与规模的拓展比较困难；而且将增加衔接交通设施的管理难度，易造成交通秩序混乱；对于不熟悉的乘客，会增加寻找换乘衔接的难度。

采用平面式分散布局模式时，从提高设施空间效用的角度，应注意以下几个方面：

①分散布局模式往往会有多个出入口通道，因此在轨道车站内部应有明确的引导标志，标明各出入口的方向以及公交车站位置及线路等情况，减少乘客出站路径错误。

②衔接设施的出入口位置以及规模配置应尽量与该方向的到达客流量相适应,做到"右进右出",减少对衔接道路交通流的干扰。

③这种布置模式下,一般不会布置大规模的公交首末站等设施,主要适用于用地条件紧张,且换乘流量不大的枢纽车站。

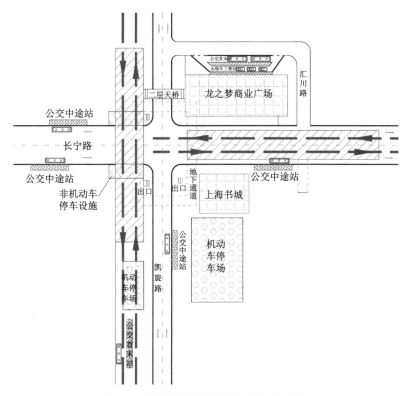

图9-5　衔接设施平面分散式布局模式示意图

2)立体式布局模式

立体式布局模式是指在轨道枢纽车站基地范围内,充分利用地上、地下多个不同层面的空间,将衔接设施分层布置,集中布置各衔接设施,实现乘客的垂直换乘。通常情况下,铁路客站、公路客站和城市公共交通场站均在一个建筑体内,各种方式的功能分布在各层,站内换乘交通流线以垂直交通为主,如图9-6所示。

立体式布局模式需要有专门的地下通道或高架匝道等设施,工程造价高,在综合交通枢纽中得

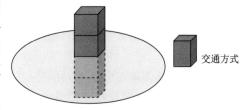

图9-6　立体式客运枢纽布局模式

到了广泛的应用。对于市内轨道枢纽车站,往往需要结合商业、办公等周边建筑体一起实施。图9-7为北京西直门综合交通枢纽剖面示意图。

在进行衔接交通设施布局时,由于车型及工程造价因素,对于地下车站,一般是将小汽车停车场放在地下二层,地下一层布置出租车上客区及步行通道系统,与地铁站厅层连接。乘客出站后可以直接乘坐出租车,或再下到地下二层取车。地面层则是布置公交车站,与地铁上盖

形成一个公共空间,提高车站的服务质量;非机动车停车设施可以根据情况布置在地面层或者下沉空间。

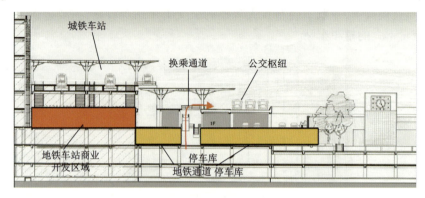

图 9-7　北京西直门综合交通枢纽剖面示意图

对于高架车站枢纽,往往将公交衔接设施布置在地面层。出租车可以布置在二层平台,小汽车可以布置在地下停车场,或者是综合开发的屋顶停车场等,从而实现立体化换乘与土地的集约利用。

立体式布局模式的优点包括:能够将各种衔接交通设施最大限度地集中布置在比较小的占地面积上,使各种交通方式紧密衔接,实现土地空间资源集约化利用;根据衔接交通方式特性分层布置,各种交通方式之间基本无交叉,能够有序组织,可靠性高;大部分乘客能够不出站就实现垂直换乘,换乘距离短,大大减少了乘客换乘时间,且具有较强的疏解能力。立体式布局模式的缺点包括:换乘组织相对复杂,对不同运输方式间的协调管理和各种流线的合理顺畅要求高;工程造价高,往往适用于较大的客流规模,适合配合上盖物业开发进行建设;需要处理好通风、环境污染、消防等方面的问题。

采用立体式布局模式时,从提高设施空间效用上,主要需注意以下几点:

①设置良好的交通指引标志,由于立体化空间的不可视性,尤其是在有站点综合开发时,必须有清晰的指引,才能避免乘客走错路,提高设施空间效用。

②处理好衔接交通设施上客区与停车区的关系,乘客的换乘是在上客区完成的,可以利用立体化布局的空间,适当进行上客区与停车区的分离。

③衔接交通设施除与轨道车站站厅之间一体化布置外,还应与周边的用地开发之间有良好的衔接。

④衔接交通设施布置在不同的分层,往往与周边道路会存在高差,需要处理好连接匝道的布置,最好结合周边综合开发建筑体内部的通道共享设计。

⑤在综合开发情况下,应重视轨道枢纽车站衔接交通设施与综合开发用地交通设施的共享设计,如将小汽车停车场布置在其他建筑体下方,但需设置良好的步行通道,且换乘距离要适应乘客的换乘需求。

3)混合式布局模式

混合式布局模式是指综合了平面式布局与立体式布局两种模式的特点,利用条件适当分层布局,但仍有部分设施存在一定交织的情况。混合式布局模式最大的特点是通过设置地下通道或二层天桥,直接连接了轨道交通车站与各衔接设施,消除了乘客换乘时人流与车流的冲突。通常情况下,铁路客站、公路客站和城市公共交通场站不在一个建筑体内,采用立体和平面相组合的形式进行布局,平面关系和垂直关系同时存在,乘客通过垂直和水平交通共同完成换乘过程,如图9-8所示。

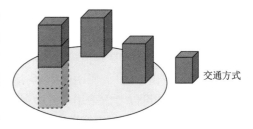

图9-8 混合式客运枢纽布局模式

混合式布局模式下,当轨道车站为地下车站时,往往将机动车停车场布置在地下一层,通过通道与轨道交通车站站厅层直接连接,同时通道能够分别与地面层的公交车站、非机动车停车设施、出租车上客区连接,如图9-9所示。

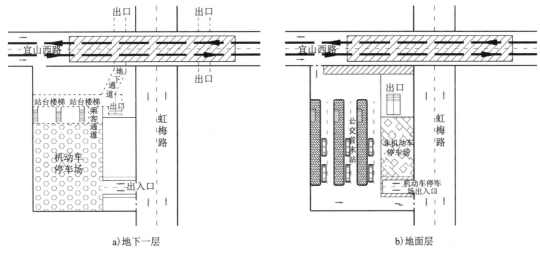

a) 地下一层　　b) 地面层

图9-9 上海虹梅路枢纽车站(9号线漕河泾开发区站)连接设施布局示意图

对于高架车站,则应设置地上二层天桥,与各公交站台、停车场等连接,如图9-10所示;而机动车停车场可根据情况建设立体停车库,以提高土地的利用效率。

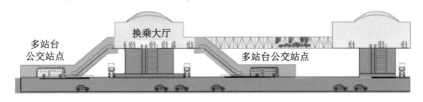

图9-10 北京四惠桥枢纽换乘剖面示意图

混合式布局模式的特点是,很好地解决了平面式布局模式下乘客人流与车流的冲突,同时不需要建设大规模的地下空间,工程造价相对较低,各交通设施能够合理进行分区,能够进行一定程度上的灵活调整,是枢纽车站衔接设施布局比较理想的模式。采用混合式布局模式进行衔接设施布局时,需要注意以下几个问题:

①设置地下通道或地上二层天桥时,由于乘客不清楚地面的交通状况,需要在地下通道或地上二层天桥设置相应的引导标志,标明公交线路的路线、票价、发车间隔等内容。最好能够设置告知开车时间的动态引导标志牌,方便乘客选择,避免乘客由于选择错误导致在地面穿插寻找。

②地下通道或地上二层天桥不仅要连接轨道交通车站与衔接设施,还要与周边的人行系统进行良好的衔接,避免周边乘客与衔接设施车流之间的冲突,提高衔接设施运行效率。通道或天桥与周边建筑体的良好衔接并形成网络,能够大大提高整个区域的活力与效率。

③地下通道由于通风、照明等因素,运营费用较高,且空间可能比较压抑,在乘客较少时容易产生不安全感,可以考虑采用半开敞通道与半下沉广场相结合的方式进行布置。

④在有明晰的客流组织线路时,可以采取适当的隔离设施,避免部分乘客走"捷径"而在衔接设施中横穿,影响交通组织秩序,降低运行效率。

9.1.3 区域交通的一体化组织原则

传统的一体化模式通常以一种交通方式的站房为中心,其他交通方式的站房或停车场布置在其周围,它们之间缺乏有效衔接,难以进行统一的管理且易造成资源的浪费。虽然多种交通方式都设置于同一块地,但仍然有换乘距离长、换乘舒适度差等缺点。由于多站房和周边多种相关辅助设施都在城市用地的二维平面上布置,其外部形象无法得到统一,并因其零散布置,无法形成城市的中心和门户。

现代客运综合交通枢纽的区域交通组织规划应该满足统筹融合、协同发展、功能完善、绿色共享、智慧便捷的战略目标导向;区域交通组织设计应符合交通顺畅、高效换乘、环境友好、绿色低碳、经济适用、安全发展的总体要求,符合一体化组织设计原则。最终实现与城市内部和外部交通的安全、畅通、高效衔接,保证枢纽内外交通系统的完整性、高效性。

根据现代客运综合交通枢纽的区域交通组织规划设计目的,提出如下的规划设计原则[1]:

(1)枢纽区域的交通组织应以一体化、集约化、人文化、复合化为导向,协调枢纽集群、枢纽城市、枢纽港站"三位一体"的总体布局。

(2)枢纽交通系统一体化设计应包含内部交通设施布置和交通组织、外部交通组织及枢纽与城市交通体系的衔接等内容。

(3)枢纽交通系统一体化设计应以主导交通方式和换乘量最大的交通方式为主导因素,其他交通方式与其协调布局。

(4)枢纽客流交通流线应避免与城市日常交通互相干扰,与枢纽综合开发产生的诱增交通适度分离。

(5)枢纽应进行交通影响评价和交通组织转向设计,一级、二级综合客运枢纽评价范围至少包括周边1.5km范围内主要集疏运通道,以保障枢纽内外交通系统的正常运行和衔接。枢纽交通组织设计应包括高峰期间应急出入口设计和应急交通组织方案设计内容。

(6)大城市及特大城市的一级、二级客运枢纽宜进行内部车流及人流仿真,交通组织复杂的出入口应进行车流仿真,枢纽交通系统设计应根据仿真结果进行优化。

(7)枢纽换乘区域应优先保证公交系统换乘,并优先布置公共汽(电)车、巡游出租车、网络预约出租车等专用停车场地,上客点应靠近主导交通方式的到达区。

(8)枢纽规划设计应遵循多种交通方式一体化布局的原则,城市轨道交通站、公交站点等宜与枢纽主导交通运输方式的站场临近布置。

(9)枢纽的绿地系统宜结合人行道和非机动车道布置,并与城市绿地系统形成一体化的整体;应以公共交通为导向,全面整合枢纽与城市交通体系。枢纽与城市轨道交通需一体化统筹规划,并留有发展余地。

(10)枢纽区域开发与规划应遵从圈层分布原则,依据国土空间规划确定各圈层功能定位和建设规模。其中枢纽圈层开发的核心区应优先考虑与枢纽进行功能与空间的融合,扩展区与影响区应尽量与周围城市开发相协调。

9.2 枢纽换乘交通设计要素

无论枢纽各交通方式以何种方式衔接布局,前序交通工具和后序交通工具之间乘客自主行走或借用辅助设施设备位移的换乘过程是难以避免的。因此,为了提高乘客换乘过程的安全性和效率,改善乘客的出行体验,除了从多种交通方式基础设施的角度开展枢纽区域交通组织设计以外,还需要从乘客的角度进行枢纽换乘交通设计。枢纽换乘交通设计要素包括换乘交通功能、换乘空间、流线和导向标志等,本节将对这些要素展开说明。

9.2.1 枢纽换乘交通功能

从宏观来说,现代客运交通枢纽具有交通功能、经济功能及环境功能[2]。对于乘客而言,枢纽的交通功能可分为换乘集散和转运服务两个方面。

1)面向交通网络的换乘集散

现代客运交通枢纽由于包含了多种对内和对外的多种交通方式,衔接了多条线路,因此枢纽为旅客提供了换乘和中转服务[3]。同时,为了实现旅客能够在枢纽中安全、快捷及方便换乘的目的,枢纽应提供良好的聚集和疏散功能[3]。

2)面向旅客出行的转运服务

为了实现现代客运交通枢纽中各组成部分的安全、高效运转,对枢纽中的各种场站、车辆等进行有效的组织管理十分必要,其中包括运力的合理分配和组织、客流的组织和引导等;旅客在枢纽中需要随时被告知出行相关的各种信息,包括换乘信息等其他服务信息。因此,转运服务功能的高效发挥能为乘客提供更舒适和便捷的出行体验。

9.2.2 换乘空间

交通枢纽的换乘空间是交通枢纽使用效率最集中的部分,它的每一个细节都与乘客的使用息息相关,是评价枢纽成功与否的关键标准之一。

在交通枢纽中,大部分乘客都需要从一种交通工具换乘到另一种交通工具。枢纽的换乘空间是一种动态的建筑空间,包括换乘广场(大厅)、换乘通道、楼梯、自动扶梯以及自动步道等设施,其以快速交通为特性,在设计上趋于简单化、流线化、快速化和自动化,是一个多方位、多功能、高效率的使用空间,极大地提高了空间的使用率和灵活性。

近年来,随着城市土地的高效利用和综合开发,现代客运交通枢纽也逐步发展成为商业、娱乐、服务、居住等活动的中心,并通过公共空间相互联系,形成了一个有机统一的整体。各部分之间的连接和交通组织,形成了枢纽的内部空间,并具有以下三个特点。

1) 交通方式综合化

枢纽换乘空间内有两种以上的不同交通方式在此换乘、组合,在不同交通各部分间建立一种相互依存、相互助益的能动关系,形成一个多功能、高效率的换乘系统,大大提高了换乘效率。另外,换乘功能间的相互交叠能够创造新的功能,并对原功能产生促进作用,从而使换乘功能具有更强的兼容性。

2) 空间功能复合化

枢纽地区高密度发展的要求决定了枢纽建设中多种功能的相对集中,使得联系这些功能的公共空间也必须满足多种功能之间的交叉使用。例如,在枢纽内作为交通空间的换乘大厅,也可作为枢纽建筑的中庭或商业展示的场所。此外,在功能复合化、多元化的基础上,枢纽在规划建设中还要根据自身特点、城市功能的需求来进行协调、理性布局,以达到资源的优化配置和空间换乘的高效运行。

3) 空间组织立体化

一般而言,交通线路的建设领先于枢纽的建设,而随着线路网络化的越来越完善,线路之间的交叉也越来越多,在枢纽呈现出多线换乘的局面。同时,交通一体化的建设决定了要在枢纽满足各交通方式之间的衔接和换乘。因此,在枢纽内部的换乘空间,多种交通方式及多条线路在枢纽内部的有效衔接显得越来越重要,并要求在对换乘空间的布局和交通组织合理设计的基础上,实现"零换乘"。枢纽各功能空间可以向着地下、地上多层次的发展,形成了地下、地面、地上竖向的立体化空间组织。

9.2.3 换乘流线

1) 流线的定义

根据已有的相关研究,流线的定义如下:

(1) 在客运综合交通枢纽内,由于各类人员、车辆、物品的集散活动,产生一定的流动过程和流动路线,通常称为流线[4]。

(2) 流线是人和物在建筑中流动的轨迹,对建筑平面及空间组合有决定性的影响[5]。

以上对流线的定义分别从"枢纽的交通流线"与"建筑设计与流线的关系"两个角度出发。客运综合交通枢纽的换乘流线存在于以客运站为换乘主体的综合交通枢纽中,可以看成是综合交通枢纽中某种物体在各种设施中运动所产生的轨迹,因此,流线是一个抽象的概念,并不实际存在于枢纽的建筑设施中。

2) 流线的描述方法

(1) 定性表示方法

① 流程图表示法[5]

流程图表示法能确切表示流线中的相关任务的先后顺序。典型地铁客运枢纽换乘流线流程示意图如图 9-11 所示。

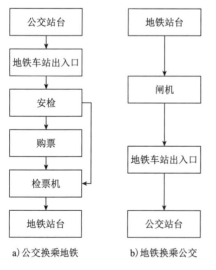

图 9-11 典型地铁客运枢纽换乘流线流程示意图

②组织图表示法[5]

组织图表示法是一种直观地表示流线所在位置的方法[6],如图 9-12 所示。

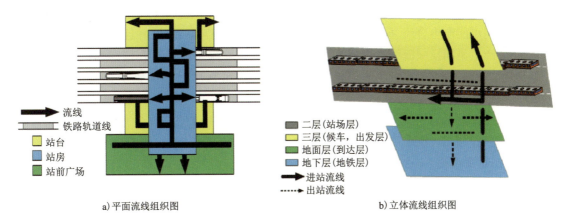

图 9-12　组织图表示法

(2) 定量表示方法

目前,国内外的学者很少应用定量方法对流线进行表示,对流线的定量表示可以利用道路交通流的参数,如流量、速度、密度等。

3) 流线的分类

现代综合客运交通枢纽的流线分类方式及构成见表 9-1。

表 9-1　现代综合客运交通枢纽的流线分类方式及构成[4-7]

分类方式	构成	说明
按照产生流线的实体分类	旅客流线、车辆流线、物品流线	部分分类中包含了信息流线
按照流线方向分类	输入流线(包括进站流线、聚集流线)	主要表现为实体在枢纽中的流动过程
	输出流线(包括出站流线、疏散流线)	
	内部流线(包括中转换乘流线)	
按照功能和结构的不同分类	进站流线、出站流线以及换乘流线	三种流线主要表现为功能不同,因此不相同

4) 流线的特点

现代综合客运交通枢纽的换乘流线具有如下主要特点:

(1) 涉及面广。由于流线贯穿综合交通枢纽的整体及各个组成部分,存在于换乘客流经过的各种交通方式及各种设施,因此其涉及面十分广泛[5]。

(2) 时空不均衡,换乘流量变化幅度大[7]。综合交通枢纽的功能定位决定了其复杂性,由于运力差异,各种交通方式之间的集散能力匹配相对困难。由于交通方式和路线到发时刻表的安排不同,且乘客的换乘与交通方式时刻表有很大的联系,因此每天的换乘客流量也随之产生极大的时间不稳定性,枢纽的各部分由于功能不同而呈现出设施客流密度的不同。

(3) 换乘形式多样,换乘多向。不同换乘流线连接不同的交通方式,由于现代客运综合交通枢纽包含多种交通方式,因此换乘流线较多,且各有特点,方向也不相同。

(4) 相互联系与制约。综合交通枢纽内换乘流线之间由于起点终点为各种交通方式的场站,设施之间可能产生合流、分流情况,设施与设施之间是相互联系的,并且由于枢纽的空间范围有限,会产生不同换乘流线共用相关设施的情况。如果流线设计不合理,乘客流动速度将受到影响,更恶劣的情况如产生客流拥挤等,会在一定程度上影响整个交通枢纽的正常运作[8]。

(5) 换乘流线为各种流线中最重要流线。以客运站为主体的综合交通枢纽中,换乘客流所占比例较高。因此,换乘流线在此类枢纽中显得极为重要,通畅、快捷的换乘流线是枢纽发挥其功能的重要途径。

9.2.4 换乘导向标志

1) 导向标志的定义

导向标志是枢纽交通系统的重要组成部分之一。导向标志系统包括指示标志、位置标志、图解标志和限制标志。具体而言,借助表示前后左右方向性图形来传递信息的标志,称为指示标志。使用说明语、图形符号来明确目的地具体位置的标志,称为位置标志。在距离目的地较远的情况下,通常用地图、图解等说明走行路线的标志,称为图解标志。根据现场的具体情况,在保障安全的基础上,告知人们必须遵守某些行为规则的标志,称为限制标志。这几种标志构成了整个导向标志系统,它们通过不同的信息内容、表现样式、空间位置,使人们快捷、便利地获取所处环境的导向信息。

2) 导向标志设置要求与特点

(1) 布设规则。枢纽换乘导向标志的设置应该能够准确反映枢纽乘客换乘流线的设计意图,从乘客步入枢纽空间时始,就应让乘客看到清晰、易懂的目的地换乘引导标志。枢纽内铁路车站、长途汽车站的出站口、售票厅、候车厅、集散大厅,城市轨道交通车站的站台、站厅,公交车站、出租车站和社会车辆停车场库,换乘广场(大厅)、地下通道、天桥、商业区等公共区域都应设换乘引导标志。换乘引导标志应连续设至目的地入口处,并在目的地入口处设置目的地确认标志。但根据运营组织方式及其场站空间布局的差别,各种交通方式的场内换乘引导标志的设置要求不尽相同。

(2) 布设位置。枢纽内换乘乘客对引导标志信息的依赖性很强,如果乘客所需信息突然在前进视线内中断,或者相邻两块引导标志间距超过乘客视线范围,乘客便会无所适从。相关的调查统计表明,信息链中断现象最容易出现在枢纽出入口、各建筑空间出入口以及乘客通道的交叉口、分岔口、转弯处和楼梯(自动扶梯、电梯)口等空间转换点。

为了避免信息链中断现象的发生,在各个空间转换点前后必须连续设置换乘引导标志。同一乘客流线上两个相邻标志之间的间距不能超过乘客的视线范围,否则应在两块标志之间重复设置相同信息的换乘引导标志。静态换乘标志应设置在乘客的视线范围内,位于该标志前通道内的相邻标志之间。例如,自动扶梯出口处的静态标志应设置在扶梯出口的正上方,以便扶梯上的乘客利用乘坐扶梯的这段时间来阅读标志引导信息。

9.3 换乘流线设计方法

9.3.1 换乘流线设计原则

现代客运综合交通枢纽的换乘流线设计指针对枢纽中具有换乘功能的流线进行设计,通过流线网络设计实现整体最优,通过网络个体设计实现局部最优,最终实现枢纽中建筑设计和交通换乘功能的完美结合,使乘客的换乘效率最大化。

对于不同的换乘流线设计范围,设计的原则大不相同。根据流线网络设计的目的,换乘流线网络设计的原则如下[9]:

(1)换乘流线主导。枢纽换乘区域布置应以乘客换乘流线为主导,优化空间布局,优先满足便捷换乘的需求。

(2)基于流量预测以主客流优先。枢纽内人行流线组织应以乘客换乘量预测为基础,遵循主客流优先、平均换乘距离最小的原则。

(3)避免相互交叉干扰。尽量减少流线之间的交叉,减少不同行人换乘流线之间的冲突和干扰,同时应避免枢纽客流流线与城市日常交通相互干扰。

(4)优先考虑铁路与大运量公共交通方式之间的换乘流线。流线网络设计应优先考虑公共交通方式,如铁路与城市中大容量的轨道交通方式、城市常规公交的换乘的流线应在所有流线中进行优先考虑。

(5)流线网络明确清晰。流线网络设计应注重流线之间的导向设施设置,明确清晰的导向信息可以使乘客在流线网络中对流线的选择更加容易、合理。

流线个体的设计原则如下:

(1)争取最短换乘距离。换乘距离过长,则舒适度下降,效率降低。因此,应尽可能减少换乘距离,缩短换乘时间。

(2)尽量满足特殊需求。流线设计应充分考虑各种特殊人群的换乘需求,为残障人士提供无障碍的服务设施,满足发生特殊事件时的客流疏散需求,包括突发事件情况下救援人员的需求及客流疏散需求等。

(3)满足高峰期的换乘需求。每条换乘流线中相关设施的通行能力应既适应高峰期间换乘客流量的需求,同时也不造成设施资源的过度浪费。

9.3.2 流线网络设计方法

现代客运综合交通枢纽内部的流线网络设计是针对构成流线网络的各种换乘组合设计。其主要设计方法总结如下[9]。

1)确定枢纽换乘流线的组织方式

(1)"管道化"方式

将客流按照不同目的、不同方向分流到不同通道内,每个通道内的客流具有同样的换乘目的、方向。该种客流组织方式适用于换乘方式较多且换乘空间布局立体化的综合交通枢纽,不仅可以很大程度地减少客流之间的交织和冲突,还可以减少标志标识的布设量及管理人员的人数,在保证客流及时高效疏散的前提下减少管理成本,提高服务质量[10]。

(2)"水库化"方式

将不同换乘目的、方向的客流合入同一个换乘大厅或站前广场,按不同换乘目的、方式分流到不同的换乘通道内,每一个通道内可以容纳双向客流。该种客流组织方式适用于换乘方式较少或换乘空间立体化不强的交通枢纽。这类交通枢纽的多种交通方式换乘线接口都处于同一平面,可以先将所有客流导入同一换乘大厅内,减少客流的瓶颈和拥挤情况的发生,再通过引导设施、引导人员等方式指引不同方向的客流有序行进。这种客流组织方式的空间利用率比较高,但在人员繁杂、高峰时段或换乘方式太多等情况下,其服务水平会有所降低,也会给乘客的换乘等活动带来不便[10]。

2)基于换乘客流重要度排序的流线设计方法[11]

铁路客运站综合交通枢纽中一般包含4种以上交通方式,各交通方式之间的换乘量要通过大量的基础数据和规划意图进行预测。在进行枢纽的流线设计前,应首先对各交通方式之间的换乘客流量进行预测,从对换乘功能发挥的角度来说,较大换乘客流量的流线在流线网络中的地位更重要,其设计应该优先于其他流线进行考虑。

按照换乘客流的重要程度排序,依次对换乘客流最重要的、次要的等换乘流线进行初步设计。在流线设计时,应充分考虑各种交通方式之间的换乘关系,将重要程度较高的换乘流线设计得最为合理,把主要通道留给大客流量方向,并尽量减少或避开主要瓶颈点[11];同时,注意减少其他流线对重要度高流线的交叉干扰。

3)流线相互错开式设计

在铁路客运站综合交通枢纽换乘流线网络中,由于换乘形式多样及方向多样,要合理设计不同方向换乘流线,处理好换乘流线与枢纽建筑平面之间的关系,一般可以采用以下三种设计方式来处理不同流线之间的关系。

(1)平面错开式

将进出枢纽的流线在平面上采取左-右、前-后等形式相互错开,更好地将不同方向的换乘流线分开,可减少流线之间的干扰,如图9-13所示。由于进出站的客流流线较多,流线在平面错开使得所需的枢纽建筑平面面积较大,增加了流线的走行距离和建设成本,同时影响了乘客在枢纽内部换乘的便捷性。当流线密集时,不可避免会产生相互交叉现象[7]。目前,国内很多中小型客运综合交通枢纽采取此类做法来组织客流流线。由于平面空间有限,该设计方法并不适用于大型客运综合交通枢纽。

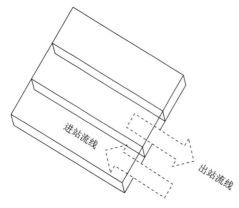

图9-13 流线平面错开式设计

(2)立体空间错开式

枢纽的立体化布局可以利用不同的楼层将进出流线进行错位分离,根据一般设计及枢纽布局惯例,进站流线一般布置于铁路客运站综合交通枢纽的建筑上层,出站流线布置在建筑下层,如图9-14所示。立体空间错开式的优点是进出枢纽的流线较易分离,乘客组织和管理比较容易,且充分利用了枢纽建筑的空间,换乘流线的步行距离缩短,流线设计更加合理。该设计方式适用于多层的一般客运枢纽[7]。

（3）混合错开式

由于大型客运综合交通枢纽中的换乘流线多样且复杂，并且具有多方向性，仅采用以上两种错开形式并不能合理地进行客流组织，流线将不可避免地产生交叉现象。因此，为了更加合理地设计流线网络，可以充分应用枢纽的平面和立体空间，进行混合错开式设计，如图 9-15 所示。大型铁路客运站综合交通枢纽常采用混合错开式设计方法[7]，成都东客站、武汉火车站、上海南站等大型客运综合交通枢纽采用的就是此种流线设计方法。

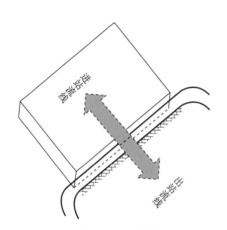
图 9-14　流线立体空间错开式设计

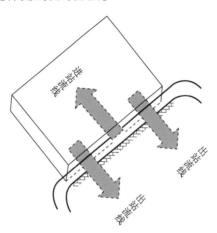
图 9-15　流线混合错开式设计

4）出入分离、避免异向冲突的换乘设施流线设计

铁路客运站综合交通枢纽内部行人高度集聚，研究表明，在接近设施通行能力时，行人交通流的交织会使设施通行能力急剧下降。交通枢纽内部应尽可能隔离不同目的的乘客，避免或减少行人流交织。铁路客运站综合交通枢纽的换乘大厅和站台的客流吞吐量大，人流交织十分明显，应对各个流线进行分析与设计，以保证通畅，避免交叉。因此，在空间上要求来自各个通道的接入口要醒目，易于被换乘乘客识别，而且尽量做到进出分离；同时，要有清晰、准确的视觉标识系统作为引导，必要时候设置人工服务台疏导需要帮助的乘客[11]。

9.3.3　流线个体设计方法

现代客运综合交通枢纽的流线个体设计即设计一条单一的换乘线路，其主要步骤如下。

1）确定换乘流线的起点、终点以及所有可以行走的路线

严格来说，客运综合交通枢纽中换乘流线的起点和终点为各种交通方式的运输工具与其场站的衔接点，但是也存在例外情况，具体分析见表 9-2。

表 9-2　不同换乘流线的起点、终点分析

换乘类型	换乘方向	起点	终点
铁路-城市轨道交通	正向	铁路站台	城市轨道交通站台
	反向	城市轨道交通站台	铁路站台

续上表

换乘类型	换乘方向	起点	终点
铁路-常规公交	正向	铁路站台	常规公交上客点
	反向	常规公交落客点	铁路站台
铁路-长途客车	正向	铁路站台	长途客车上客点或候车区
	反向	长途客车落客点或候车区	铁路站台
铁路-出租车	正向	铁路站台	出租车上客点
	反向	出租车落客点	铁路站台
铁路-社会车辆	正向	铁路站台	社会车辆落客点或停车场
	反向	停车场	铁路站台

在确定换乘流线的起点、终点后,将进一步确定所有可行走的路径。在设计某条换乘流线时,首先将该流线两端交通方式的起点、终点用直线进行连接,然后进行修正。修正是为避免连线经过不可行走的区域,采取折线或斜线的方式保证连接线上的设施为所有可行走的设施。当有多种设计方案时,应同时进行两种流线方案的设计。

2) 主要换乘任务分析

主要换乘任务是指旅客在枢纽站换乘时所必须完成的进出站、购票、安检、走行等任务。

3) 标出换乘流线的边界和两端交通方式场站的出入口位置

标出换乘流线的边界是指确定所有该条换乘流线经过的走行设施可布置的区域,包括换乘通道的边界线、楼梯或扶梯的布置区域的边界线等边界位置,以及标出换乘流线两端的交通方式场站的出入口位置。在各种交通方式的场站布局确定的情况下,出入口的位置基本上是确定的,在标出出入口位置的同时,应标记预留的变化空间,作为流线设计方案调整的依据。

4) 设备设施的特征分析

为实现主要换乘任务,应对所有换乘任务中的所有设施的服务类型、服务能力、服务效率等进行分析,尤其是排队服务设施。

5) 设计流线的基本样式

在以上步骤完成后,流线个体中的各种元素的相互关系、位置等已经基本上确定了,流线的基本形式已经形成。本步骤中重要的工作是将以上步骤中确定的换乘设施与流线边界、起(终)点交通方式的出入口进行整合设计,确定流线个体的多种设计方案。

6) 流线优化过程

流线优化过程指对形成的流线的基本样式进行优化,目的是对流线初步设计方案进行修正与优化,以达到最优设计。不同换乘流线的优化目标和侧重点不同,可以分别针对换乘任务和换乘流线的重要节点进行优化。换乘任务优化是指减少不必要的换乘任务,减少换乘流线的走行距离及走行时间;换乘重要节点优化是指更加合理地设计换乘流线中的各种设施,使流线更加顺畅。

7) 完成流线设计

现代客运综合交通枢纽中的每条流线都可以经过以上流程完成设计。

在流线个体设计的过程中,除了遵循上述流程外,还应注意以下三个关键的设计问题:

(1)售票设施的布置位置与规模。首先,在位置方面,应尽量设置在流线上,这样可增加旅客的便利性;尽量与楼梯、电梯口以及各种出入口保持距离,这样才能保证楼梯、电梯口以及出入口处的畅通。其次,在条件允许的情况下,为了防止客流对流现象出现,在不同方向的流线上可以设置不同的售票处。最后,在满足乘客购票需求的前提下,售票设施的数量应尽量地少,尤其要避免集中设置,防止客流在流线上大量集结,造成拥堵。

(2)关键通道的设置长度。关键通道的作用是对大量涌入的客流进行导流,根据行人步行速度的不同,将下一服务设施处的行人到达率降到合理的水平,目标是使其步行时间与服务时间之和最小。若采用不合理的通道长度,行人将在服务设施之前长时间等待,以致该区域的服务水平降低,行人的心理舒适程度明显下降,同时,将增加枢纽管理人员的管理难度。但较长的通道也会降低行人的换乘效率,使行人步行时间过长,尤其对弱势群体而言,因此应注意无障碍设施的同步设计与配合。

(3)省去不必要的换乘支任务。对于大型客运综合交通枢纽而言,可以设置铁路与地铁之间的换乘专用通道,专门服务于铁路换乘地铁的客流,从而省去地铁安检程序。由于铁路乘客的行李已在铁路发车站通过了安全检验,且乘客行李较多,安检的平均服务时间较长,若能省去安检环节,则铁路换乘地铁乘客的换乘时间将会明显缩短。

9.3.4 流线重要节点设计方法

流线重要节点设计是指对构成流线具有重要影响的节点进行设计,此层次设计需要注意连贯的空间衔接和均衡的客流分布两个方面。其中,连贯的空间衔接指各个枢纽设施空间不是单一孤立的单元,而是需要组成一个空间系统,形成整体效应,所以空间与空间之间的衔接也就变得尤为重要。均衡的客流分布体现在整个空间的密度应尽可能均衡,从而充分发挥枢纽的空间利用率;在乘客整个换乘路径中,所经过的设施服务能力与抵达客流的需求应相匹配,以减少瓶颈产生[11]。换乘流线的重要节点及设计要点见表9-3。

表9-3 换乘流线的重要节点及设计要点

重要节点	设计要点
排队设施及等待区域	(1)设置一些中央隔离带或标志; (2)设置专门管理人员,正确组织引导排队行人; (3)合理设置排队结构; (4)改善等待区条件; (5)提高排队设施的服务能力
广场	(1)确定单行、混行区域; (2)适时调整行人服务设施的状态; (3)根据不同流量及特殊情况调整换乘设施的服务时间
站厅	(1)将枢纽各换乘空间连成整体; (2)给予旅客足够的缓冲空间; (3)内部行人服务设施合理布置,减少行人流交叉; (4)确定单行和混行区域,避免行人绕远

续上表

重要节点	设计要点
通道	(1)行人流量与通行能力相匹配； (2)与两端连接设备的通行能力相匹配； (3)双向流线中间设置中央隔离带,减少对向冲撞； (4)多样化布局有利于消除旅客行走的心理不适感； (5)尽量减少立柱等物体,消除阻碍行进的设施； (6)满足残疾人、老年人等特殊人群需求
楼梯	(1)尽可能靠近集散大厅； (2)楼梯与自动扶梯并用,满足双向疏散要求； (3)起始端点预留充足的排队区域； (4)适当调整扶梯、直梯方向和速度
出入口	(1)总设计流量满足出入口客流需求； (2)与周边环境结合,易于识别； (3)满足特殊人群、特殊情况下(如火灾疏散等)的需求

9.3.5 流线信息引导系统设计方法

在现代客运交通枢纽中,由于流线十分复杂,不规范、不连续的标识系统将使行人在枢纽空间中迷失方向。因此,枢纽中信息引导系统的设计对于流线功能的发挥是十分重要的。

1)设置乘客服务中心

根据交通枢纽内换乘流线,在流量较大、流线种类复杂的位置应设置乘客服务中心或问询台、自助查询终端等设施设备,在流量高峰时段确保岗位有人值守或有设备可用。

2)建立动态电子信息提示系统

对于乘客聚集量较大的枢纽站厅、站台以及周边区域,应设置多种动态电子信息的发布系统,为乘客提供多种多样的枢纽运行状态、换乘服务、设施利用状态等信息[10]。

3)增加重要节点区域的交通标志指引和信息发布设施

(1)在主要集散区域应给予详细的信息说明,并包含枢纽主体结构各分区分布位置及走行线路,同时结合枢纽外部空间主要设施、建筑介绍出入口分布位置,进行实时诱导,以保证在较大空间区域使交通枢纽使用者对本枢纽有较为全面的认识,并提供主要走向的指引,减少行人的自主判断[7]。

(2)在通行空间较小的区域应该提供简单而明确的方向指引以及到达目的地仍需走行距离等相关信息,尽量避免行人绕行、停留,使行人迅速通过该区域。

(3)同一方向、同一目的地的指引标志应保证同样规格,而且应出现在相同位置,确保可识别性。对于存在安全隐患的区域应予以重点提醒和说明,以加强交通枢纽使用安全[11]。

4)设置位置适当、鲜明准确的标志

标志应设置在枢纽内的交通流线中,使旅客更方便容易地看到并做出决定,如出入口、楼梯等处所。标志应易于识别,保证行人在正常步速下,及时获得所需的指路信息。在综合交通枢纽中,由于其通常衔接了多条线路,对不同线路、进站和出站方向可以采用不同的颜色表示。

对于流线混乱的地方,可以采用彩铺地面对行人进行全程指引,也可利用指引标志[11]。

5)设置逐级导向的标志

在综合交通枢纽中,设置详细的、有层次的、逐级引导的导向标志,能够通过逐级引导实现对进站、出站和换乘旅客的逐级分流[10]。

6)特殊区域标志做特殊处理

铁路客运站综合交通枢纽中存在一些特殊区域,应考虑出现意外情况时相关标志的可靠性。意外情况如火灾将影响天花板上的标志发挥作用,水灾将影响地面标志发挥作用。因此,对特殊区域标志应做特殊处理,使其可靠性不受意外事故的影响[10-11]。

9.4 公共空间融合和慢行交通设计

9.4.1 公共空间融合设计

枢纽的公共空间定义为枢纽空间体系中,能够承载使用者(乘客或市民)的交通、生活服务、娱乐休闲类型活动的物质实体空间。因此,枢纽的公共空间具有开放性和功能复合性。

枢纽空间可以分为室内外硬性空间与软性空间。硬性空间包括交通要道、候车空间、广场集散空间、人流介入较多的空间;软性空间包括设施空间、绿化景观空间、人流不能进入或较少进入的空间。因此,枢纽空间的主要设计要素包括交通空间、商业服务空间、票务空间、候车空间、站台空间。公共空间中最常见的组织模式有线性并行结构、网状结构、放射结构和混合结构四种。

1)线性并行结构

线性并行结构的功能单元体相对独立地通过交通空间并联或串联在一起,形成顺序明确的空间体系,空间的自由性较弱、序列感明确、方向感明确,如图9-16a)所示。该结构主要应用于枢纽地区的通道、办公、沿街商业、站台、候车、票务等空间。

2)网状结构

网状结构的功能单元体之间通过各种类型的交通空间发生自由联系,形成处处可进、处处可出的多选择网状空间,并且功能单元体空间独立依然能够保持。该结构为行人提供了极多的路径选择和停留选择,其空间相似性强,易使人迷路,如图9-16b)所示。该结构主要应用于枢纽地区的商业空间。需要注意的是,商业应布置在客流集中的换乘区域,且不阻碍换乘通道的乘客流线;地下集中商业宜利用下沉广场等方式形成自然通风和天然采光,并结合地面广场设置出入口。

3)放射结构

放射结构中存在空间向心节点,其他空间与空间节点有直接空间联系。该结构使得空间有明确的中心,并且空间层次丰富,空间序列递进,空间具有一定的引导性,如图9-16c)所示。该结构主要应用于枢纽的集散大厅。

4)混合结构

在众多现实条件下,轨道交通枢纽公共空间常采用线性空间与网状空间混合、平面空间与竖向空间混合的空间结构。站台空间与其衔接空间采用线性空间能够提高通行效率,局部商业空间与候车空间采用网状空间能够避免空间单调乏味,如图 9-16d)。该结构主要应用于枢纽内各个空间的组合。

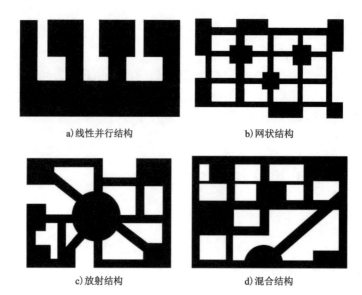

图 9-16 枢纽公共空间中最常见的组织模式

在交通建筑中,行走、驻足、小坐是各类公共空间中乘客的主要活动形式。为了给乘客以良好体验,公共空间应在采光、噪声、通风、景观、人文等方面综合考虑,为乘客提供一个愉悦而舒适的公共空间。水景空间配合喷泉与绿化容易形成空间视觉中心,再通过绿化的隔离能够在大型公共空间中分割出适合交谈的小型场地。空间支持物、信息牌或者雕塑等也能够在场地中形成中心,开放的绿地和广场能够为人们提供临时休憩场所。

9.4.2 慢行交通设计

在客运交通枢纽内部,步行是乘客最普遍和最重要的交通方式。乘客对步行交通空间的需求可以分为四个层次,即基本通行需求、安全需求、便捷需求和心情舒畅需求。为了满足上述需求,在设计换乘流线的同时,还应确定合适的步行设施形式,进而设计具体的步行设施配置和布局。

1) 枢纽步行设施形式

综合交通枢纽周边常见的步行设施形式包括地面步行道、地下通道和空中步行连廊三种形式。

（1）地面步行道

优点:①行人步行的舒适性较高,可以方便地到达地面公交站点、地面商铺等;②沿街首层店铺的商业价值得以保证。

缺点:①人车冲突严重,极易发生交通拥堵;②安全性较差。

（2）地下通道

地下通道可以结合地铁站、公交站点、停车场等设施一体化设置,一般为点状分布,适用于通勤的步行交通,覆盖范围有限,且投资大,建设周期长。

优点:①有利于保护城市形象;②达到人车分流的目标;③增强城市的总体防灾减灾能力。

缺点:①成本高,难度大;导向性以及标示性较差;②景观性及舒适性较差;③相较地面及地上空间而言,安全隐患较大。

(3)空中步行连廊

空中步行连廊通常由玻璃幕墙、栈道和天桥等组成。空中步行连廊可用于连接枢纽区域内高层建筑物之间的不同区域。根据连廊与建筑物和机动车道之间的关系,空中步行连廊可分为串联式连廊(图9-17)和并联式连廊(图9-18)。

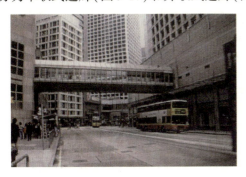
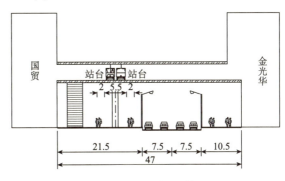

a) 串联式连廊外部视图　　　　　　　　　　b) 串联式连廊内部结构

图9-17　与高架车站串联式连廊(尺寸单位:m)

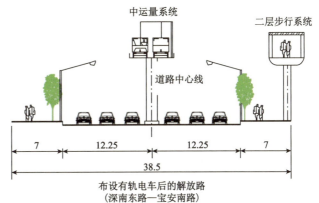

a) 并联式连廊外部视图　　　　　　　　　　b) 并联式连廊内部结构

图9-18　与高架车站并联式连廊(尺寸单位:m)

优点:①达到人车分流的目标;②创造良好的步行环境;③提高楼宇的商业价值。

缺点:①导致地面层的价值降低,容易产生"壁垒效应"。设置有空中连廊的区域限定了该片区行人流向,使得行人大部分活动倾向于与空中连廊相连接的楼宇,导致建筑首层无人问津,使得价值最高的首层店面商业使用率降低。②空中连廊切断了街道的连贯形象,影响了街道的原有尺度和比例。

2)枢纽步行设施

枢纽内部的步行设施主要包括通道类设施、楼梯类设施及站台类设施等。它们各自的功能不同,设计时的侧重点也不同[12]。

(1) 通道类设施

通道类设施主要包括通道和自动步行道。由于步行空间较为狭窄、行人较多,并且行人都有明确的步行目的地,所以一般步行的速度较快。经实测显示,行人在水平通道中的平均步行速度可达 $1.3m/s$[13],而在有坡度的通道中,平均步行速度为 $0.97m/s$[13]。

根据通道中是否存在对向行人流,可将通道分成单向行人流通道与对向行人流通道。单向行人流通道中行人的流向一致。一般情况下可能会因为不同行人个体之间的行走速度不同而发生超越现象,但是避让与碰撞等现象发生的概率很低。由于行人之间的冲突较少,因此单向行人通道运行效率较高,走行速度较快。

在同样宽度的空间里,乘客在双向或者多向混行时的步行速度要低于相同流量下单向行走时的速度。考虑到行人流量指标的观测比速度指标要容易得多,行人流量的变化趋势与速度的变化趋势相同,可以用行人流量的变化反映双向流通道中速度的变化。由 HCM2000(美国《道路通行能力手册》)[13]可知在设施条件相同的情况下,相比单向流时的行人流量,有对向流存在的情况下行人流量会下降15%。

枢纽内通道类型的选择应根据客流量的大小、经济状况、周边衔接交通方式布局情况综合考虑而确定。对于行人流线简单、客流量较少的枢纽可采用对向行人流通道的形式;对于行人流线复杂、客流量较大的枢纽,单向行人流通道可以快速地疏散行人,提供较大的通行能力。

(2) 楼梯类设施

楼梯类设施作为不同高差的位置区域之间的纽带辅助行人实现枢纽内不同高差功能区域的通达及转换。其主要的布设功能及布置位置包括枢纽进出站口、候乘大厅接进与导出、不同高差的通道衔接。

考虑到行人行走的舒适性,在高差较大的情况下,设置自动扶梯是必要的,这也是在特殊情况下疏散客流的主要方式。自动扶梯分急行区和站立区。急行区行人的行为特性与楼梯中的行人行为特性基本相同;站立区的行人在自动扶梯上相对扶梯静止不动,行人与扶梯之间基本没有相互作用,行人相对地面的前进速度为自动扶梯的运行速度。

(3) 站台类设施

站台类步行设施主要包括候乘站台、售票大厅等。站台类步行设施为乘客提供行走、排队等待、停驻的空间,与通道类设施相比,行人在此类设施中会有更多的时间处于停滞、徘徊或者排队的状态。

候乘站台是轨道类交通枢纽基础设施中最重要的组成部分。按照设施布置形式的不同,站台可划分为岛式站台和侧式站台。站台内的不同区域按照设施功能可分为乘降区与走行区。其中,走行区是乘客进出站台的步行通道;候乘区是乘客等待候车的空间区域,二者之间没有明显的界线。

在枢纽内诸多步行设施中,候乘站台内行人的行为特性是最为复杂的。侧式站台中乘降区行人流包括下车人流和上车人流,走行区包括进站客流和出站客流。不同行走方向的行人流之间容易形成冲突与交织;对于行人个体而言,会出现避让、碰撞、超越等复杂现象;对于行人流而言,会出现自动渠化现象。相比侧式站台上、下行线路的客流在不同站台上候车,岛式站台的不同方向客流汇聚在同一个站台,会存在上、下行路线进出站的4股客流同时冲突或交织现象,这导致岛式站台走行区的行人交织现象更为复杂。上、下行路线的乘客汇集于同一个站台,如果站台的容量能够满足要求,乘客能方便地在不同线路之间进行换乘。侧式站台上、下行路线的乘客处于不同的站台,不同线路之间的换乘则需要楼梯等其他设施的辅助才能完成。在站台形式的选择上,应主要考虑乘客的换乘需求,根据枢纽内客流的换乘量确定站台形式。

本章参考文献

[1] 中华人民共和国交通运输部.综合客运枢纽设计规范:JT/T 1453—2023[S].北京:人民交通出版社股份有限公司,2023.
[2] 程宇光.以交通枢纽改造为导向的城市设计整合[D].天津:天津大学,2007.
[3] 管亚丽,陈科,李海波.铁路客运站与城市轨道交通换乘衔接组织研究[J].城市公用事业,2010,24(5):5-7.
[4] 崔华伟,贾俊芳.铁路客运综合交通枢纽流线特点及组织研究[J].铁道运输与经济,2007(5):26-29.
[5] 唐子涵.综合客运枢纽站流线组织与分析[D].成都:西南交通大学,2010.
[6] 张帅.城市轨道交通枢纽内部空间交通流线设计初探[D].北京:北京交通大学,2011.
[7] 张素芳.大型客运站旅客流线优化模型与方法研究[D].北京:北京交通大学,2010.
[8] 丰伟.城市对外交通综合换乘枢纽系统关键问题理论研究[D].成都:西南交通大学,2010.
[9] 田苗.铁路客运站综合交通枢纽换乘流线设计研究[D].成都:西南交通大学,2012.
[10] 李得伟,韩宝明,张琦.基于动态博弈的行人交通微观仿真模型[J].系统仿真学报,2007(11):2590-2593.
[11] 陈艳艳,张广厚,史建港.拥挤行人交通系统规划及仿真[M].北京:人民交通出版社,2011.
[12] 平少华.城市步行交通空间人性化设计方法[D].哈尔滨:哈尔滨工业大学,2010.
[13] National Research Council 2000. Highway capacity manual 2000[M].Washington DC:Transportation Research Board,2000.
[14] 蔡博峰,朱松丽,于胜民,等.《IPCC 2006年国家温室气体清单指南2019修订版》解读[J].环境工程,2019,37(8):1-11.

第 10 章

现代客运交通枢纽规划设计综合评价方法

在综合客运枢纽的建设中,针对不同规划与设计方案,为决策者提供一个科学、公正、合理的推荐方案排序和方案优缺点评估是非常必要的。因此,应在明确评价对象的基础上,建立对照和衡量各个备选方案的统一尺度,即评价指标体系,并选用合适的评价方法对方案进行综合评价。本章首先从客运枢纽的选址、人流系统规划、车流系统规划和周边开发共四个角度明确客运枢纽规划设计综合评价的原则和层次;其次,围绕各角度拥有不同侧重的评价原则提出多个量化评价指标构成指标体系;最后,介绍综合评价的流程和适用于不同情景的多种常用评价分析方法。综合评价是决策分析的基础,是辅助决策的必备手段,也是方案实施后效果评估的途径。在客运枢纽建设前期,规划设计的综合评价将为方案的比选提供理论依据;在客运枢纽建设后期,综合评价可以协助发现规划设计方案的不足之处,为方案的优化指明方向,有利于消除枢纽在今后运营中存在的痛点。

10.1 客运枢纽规划设计综合评价原则与层次

综合客运枢纽作为城市交通体系的重要组成部分和城市客运整体化的关键环节,其主要功能是为城市对外交通和市内交通提供高效、安全、方便、舒适的衔接换乘,提高综合交通系统的整体服务水平,实现交通的可持续发展。本节首先针对选址综合评价、人流系统规划、车流系统规划以及客运枢纽周边开发总结评价原则,然后根据评价层次建立城市客运枢纽综合评价指标体系。

10.1.1 客运枢纽规划设计综合评价原则

为了全面、客观地对现代客运交通枢纽的规划设计方案进行评价,评价原则应综合考虑选址规划、人流系统规划设计、车流系统规划设计以及枢纽周边开发四个方面综合评价的具体内容。客运枢纽选址规划综合评价原则如图 10-1 所示。

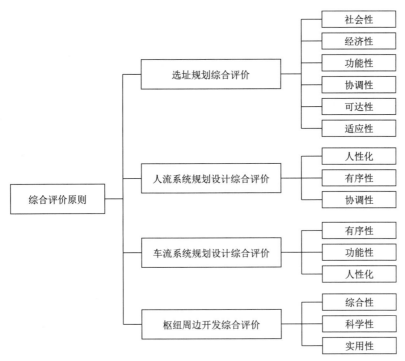

图 10-1 客运枢纽选址规划综合评价原则

1）选址规划综合评价

客运枢纽是一个具有多种功能体系的服务系统，在客运枢纽建设前，枢纽选址是首要问题，不仅会影响运输系统功能与效率的发挥、城市对外出行时间的节省和城市交通结构的合理化，而且会对城市空间形态、土地利用规划以及城市社会经济和环境的可持续发展产生较为深远的影响。客运枢纽选址规划综合评价应该遵循社会性、经济性、功能性、协调性、可达性、适应性的原则，具体如下：

（1）社会性原则，包括国家发展战略需求、地方政府满意、建设用地可得、当地居民满意、住宅区的安置与重新定位合理等。

（2）经济性原则，包括带动区域经济发展、提高运输市场竞争力、充分利用既有设施资源、提升城市区位价值、工程费用合理、投资成本的回收潜力大等。

（3）功能性原则，包括增强交通网运输能力、提高可达性、扩大载客范围区、车站作业能力满足需求、车站运营条件好、线路扩展条件好等。

（4）协调性原则，包括与既有线路和规划新线相协调、与城市规划相协调、与民用国防及其他公共基础设施相协调、综合交通换乘便捷等。

（5）可达性原则，包括各种交通方式的高效接驳，处理好城际交通和市内交通的关系，提高交通线路的连通性。

（6）适应性原则，包括提升城市景观价值、节约资源、保护环境等。

2）人流系统规划设计综合评价

乘客对客运枢纽的人流系统规划有着安全、可靠、快速、方便、舒适和愉悦的要求。因此，人流系统规划设计综合评价应该遵循人性化、有序性与协调性的原则，具体如下：

(1)人性化原则，即客运枢纽的基本功能是实现人在不同的交通方式以及不同的交通工具之间的移动，因此人性化原则是人流系统规划设计综合评价的根本原则。为此设计者必须从乘客的角度出发，将"以人为本"的理念体现于换乘设施规划设计的各环节之中。人性化原则主要体现在提高换乘速度、减少换乘障碍、改善换乘环境等方面，以提高换乘的便捷性、时效性、通畅性、舒适性。

(2)有序性原则，即强调枢纽内乘客和各种交通工具的有序流动，尽可能做到人车分离，减少车辆流线和乘客流线的冲突，减少车流对人流的冲击，以保证乘客的安全性。

(3)协调性原则，即在不同的职能管理部门之间进行协调，尽量减少因管理的不协调所造成的出行和换乘的不便。

3)车流系统规划设计综合评价

车流系统的合理规划可以提高旅客换乘的速度，并快速疏解枢纽的客流，以保证枢纽内各种交通方式运行的有序性。类似地，车流系统规划设计综合评价应该遵循组织有序性、功能性和人性化的原则，减少车流与其他交通方式的冲突点，周围车辆设施满足车辆需求，保障停车换乘乘客的舒适度。

4)枢纽周边开发综合评价

周边开发综合评价应该遵循综合性、科学性和实用性的原则。

(1)综合性原则，即应该从不同角度反映二者土地利用、交通网络的特征和状况，应具有层次分明、结构清晰、指标定义明确、计算方法简单等特点。

(2)科学性原则，即要求评价体系指标有理论根据，科学、合理、客观地在数量和质量以及空间和时间上充分反映枢纽对周边开发的影响。

(3)实用性原则，即对客运综合枢纽周边开发进行综合评价是为了分析其发展中存在的问题，更有效地指导实际工作。因此尽量选取便于日常统计的指标，便于直观、简洁、方便地获取。

10.1.2 客运枢纽规划设计综合评价层次

根据客运枢纽规划设计综合评价原则，选择"目标—准则—指标"的层次结构模式，建立城市客运枢纽综合评价指标体系。评价指标体系以评价原则为依据选择评价指标。

1)客运枢纽选址规划综合评价层次

客运枢纽选址规划综合评价层次如图 10-2 所示。

2)客运枢纽人流系统规划设计综合评价层次

客运枢纽人流系统规划设计综合评价层次如图 10-3 所示。

3)客运枢纽车流系统规划设计综合评价层次

客运枢纽车流系统规划设计综合评价层次如图 10-4 所示。

4)客运枢纽周边开发综合评价层次

客运枢纽周边开发综合评价层次如图 10-5 所示。

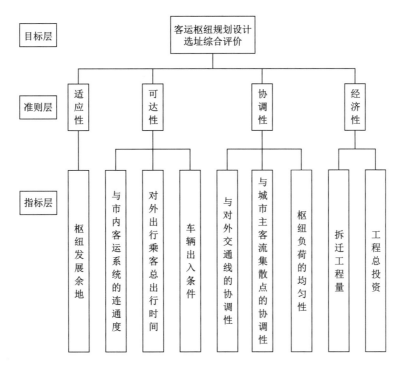

图 10-2 客运枢纽选址规划综合评价层次

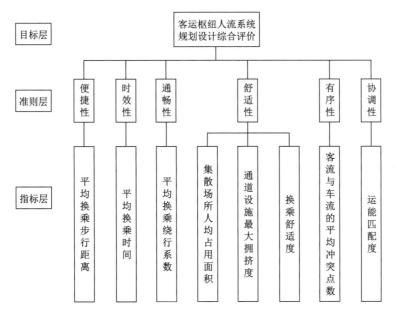

图 10-3 客运枢纽人流系统规划设计综合评价层次

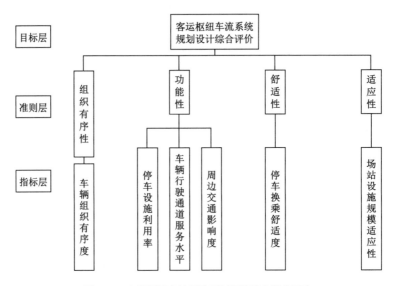

图 10-4　客运枢纽车流系统规划设计综合评价层次

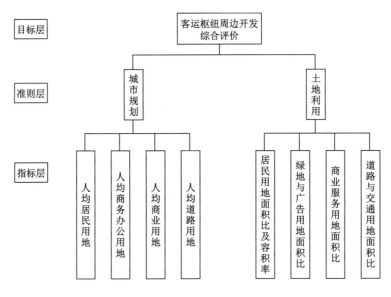

图 10-5　客运枢纽周边开发综合评价

10.2　客运枢纽规划设计综合评价指标

指标体系的建立是将度量对象和度量目标根据系统分析结果划分成若干部分,然后对各部分的目标逐步细化,直到每一部分都能用具体的统计指标来描述和实现。根据前文所述的评价原则,每种原则的实现有多种影响因素。本节主要介绍客运枢纽选址规划综合评价、人流系统规划设计综合评价、车流系统规划设计综合评价和周边开发综合评价等选取的评价指标含义及量化方法,由此对客运枢纽规划设计作出综合评价。

10.2.1 客运枢纽选址规划综合评价指标

常用的客运枢纽选址规划综合评价指标有枢纽发展余地、与市内客运系统的连通度、对外出行乘客总出行时间等。一般采用枢纽发展余地等指标来衡量枢纽选址的适应性,采用与市内客运系统的连通度、对外出行乘客总出行时间、车辆出入条件等指标来衡量选址的可达性,选用与对外交通线的协调性、与城市主客流集散点的协调性、枢纽负荷的均匀性等指标来评价选址的协调性,以及采用拆迁工程量、工程总投资等指标来评价选址的经济性。

1) 枢纽发展余地 A_1

该指标用于描述枢纽向规划用地以外扩展的可能性,是枢纽发展适应性的指标之一[1]。选址方案中枢纽 i 的发展余地 DL_i = 枢纽 i 的可扩展用地面积 DS_i ÷ 枢纽 i 的规划用地面积 PS_i,当 $DS_i > PS_i$ 时,可取 $DS_i = PS_i$。故定义 A_1 为

$$A_1 = \frac{\sum_{i=1}^{k} Q_i \times DL_i}{\sum_{i=1}^{k} Q_i} \tag{10-1}$$

式中:Q_i——选址方案中枢纽不同出行方式 i 的对外客运需求量,i 取 $1,2,\cdots,k$,表示某一布局方案包含的枢纽个数(铁路客运枢纽、长途客运枢纽)。

2) 与市内客运系统的连通度 A_2

该指标用于描述枢纽市内交通接驳对外交通的能力和便捷程度,是评价枢纽可达性的指标之一[1]。选址方案中枢纽 i 与市内客运系统的连通度 $CO_i = \alpha \times TX_i + BX_i$,其中,$TX_i$、$BX_i$ 分别为枢纽 i 衔接的轨道交通和常规公交的线路数,α 为轨道交通和公交间的换算系数。故定义 A_2 为

$$A_2 = \frac{\sum_{i=1}^{k} Q_i \times CO_i}{\sum_{i=1}^{k} Q_i} \tag{10-2}$$

式中符号意义同前。

3) 对外出行乘客总出行时间 A_3

该指标用于描述枢纽选址方案服务对外出行的效率,是评价枢纽可达性的指标之一[1]。该指标的量化方法如下:

$$A_3 = Z(w) \tag{10-3}$$

式中:$Z(w)$——对外出行乘客总出行时间。

4) 车辆出入条件 A_4

该指标用于描述车辆进出枢纽的方便程度,是评价枢纽可达性的指标之一[1]。选址方案中枢纽 i 的车辆出入条件为 $CR_i = \sum_{j=1}^{r_i} GR_{ij}$,其中,$r_i$ 为枢纽 i 连接的道路数;GR_{ij} 为枢纽 i 连接的第 j 条道路的等级系数,可按快速路为4、主干道为3、次干道为2、支路为1取值。故定义 A_4 为

$$A_4 = \frac{\sum_{i=1}^{k} Q_i \times CR_i}{\sum_{i=1}^{k} Q_i} \tag{10-4}$$

式中符号意义同前。

5) 与对外交通线的协调性 A_5

该指标反映了陆路枢纽(铁路客运枢纽、长途客运枢纽)选址与城市对外交通线的关系，也就是城市对外交通用地与区域交通网络的协调程度，是评价客运枢纽协调性的指标之一[1]。该指标的量化方法如下：

$$A_5 = \frac{\sum_{i=1}^{k_1} \left(Q_i \times \sum_{j=1}^{l_i} s_{ij} \right)}{\sum_{i=1}^{k_1} Q_i} \tag{10-5}$$

式中：k_1——选址方案中陆路枢纽的数量；

l_i——选址方案中枢纽 i 服务的对外交通线的个数；

s_{ij}——选址方案中枢纽 i 与其服务的对外交通线 j 的对外交通接口的最短距离；

其他符号意义同前。

6) 与城市主客流集散点的协调性 A_6

该指标主要反映客运站对城市主要集散点的覆盖程度，是评价客运枢纽协调性的指标之一[2]。用客运站与各集散点间的加权距离表示为

$$A_6 = \alpha_1 I_1 + \alpha_2 I_2 + \cdots + \alpha_K I_K \tag{10-6}$$

其中

$$\alpha_k = \frac{Q_k}{\sum_{k=1}^{K} Q_k} \tag{10-7}$$

式中：K——城市主要集散点的数量；

I_K——客运枢纽至第 K 个主要客流集散点的路径距离；

α_k、Q_k——第 k 个主要客流集散点的权重和客流集散量。

7) 枢纽负荷的均匀性 A_7

该指标反映了选址方案枢纽负荷度偏离平均负荷度的程度，是评价客运枢纽协调性的指标之一[1]。该指标的量化方法为

$$A_7 = \frac{1}{\overline{SA}} \times \sqrt{\frac{1}{k} \sum_{i=1}^{k} (SA_i - \overline{SA})^2} \tag{10-8}$$

式中：$\overline{SA}$——选址方案枢纽的平均负荷度；

其他符号意义同前。

8) 拆迁工程量 A_8

该指标可通过实地调查和计算拆迁建筑物的总面积来衡量，是评价综合客运枢纽选址的经济性指标之一[2]。

9) 工程总投资 A_9

该指标包括征地费、拆迁费、建设费以及线路改造费等，是评价综合客运枢纽选址的经济

性指标之一[2]。各费用的计算要充分考虑其时间价值,可通过投资估算获得。

10) 其他相关指标

除了上述指标之外,还有客运枢纽选址规划综合评价其他相关指标,见表10-1[3]。

表10-1 客运枢纽选址规划综合评价其他相关指标

一级指标 A	二级指标 B	三级指标 C	指标特性
外部条件 A_1	社会因素 B_1	土地可得性 C_1	定性
		国家政策一致性 C_2	定性
		地方政策一致性 C_3	定性
		当地居民满意度 C_4	定性
	自然因素 B_2	地形地质条件 C_5	定性
		生态环境影响 C_6	定性
		噪声干扰影响 C_7	定性
	协调因素 B_3	与城市规划协调 C_8	定性
		与城市交通协调 C_9	定性
		与市郊交通协调 C_{10}	定性
内部条件 A_2	经济因素 B_4	工程费用 C_{11}	定量
		运营费用 C_{12}	定量
	功能因素 B_5	旅客运输能力 C_{13}	定量
		旅客疏散能力 C_{14}	定量
		到发线接发车能力 C_{15}	定量
		线路扩张能力 C_{16}	定性
		车站咽喉交叉程度 C_{17}	定性
		应急能力 C_{18}	定性
	服务水平 B_6	旅客换乘方便度 C_{19}	定性
		与市中心距离 C_{20}	定量
		与邻站距离 C_{21}	定量

10.2.2 客运枢纽人流系统规划设计综合评价指标

常用的客运枢纽人流系统规划设计综合评价指标有平均换乘步行距离、平均换乘时间等。一般采用平均换乘时间指标衡量时效性,采用平均换乘步行距离指标衡量规划设计的便捷性,采用平均换乘绕行系数指标衡量通畅性,采用集散场所人均占用面积、通道设施最大拥挤度、换乘舒适度指标衡量舒适性,采用客流与车流的平均冲突点数指标衡量有序性以及采用运能匹配度指标衡量协调性。

1) 平均换乘时间 B_1

平均换乘时间指标可以用来描述换乘的时效性,也可以用来描述城市综合客运枢纽的换乘运行效率[1]。平均换乘时间是指乘客在客运方式之间或同种客运方式不同线路之间搭乘转换的全过程占用换乘设施的服务时间。其方式之间的换乘时间可以分解为两衔接方式的站内消耗时间和站外换乘步行时间,而线路之间的换乘不需要重新检票进出站。其换乘时间可以分解为站内步行时间、换乘通道内步行时间和换乘线路的候车时间。根据布莱顿(Bouladon)假设,步行距离和感到舒适的步行时间的函数关系为

$$T = K \times D^r \tag{10-9}$$

式中:T——换乘步行时间,min;

D——全部换乘步行距离,km;

K、r——系数。

考虑到城市综合客运枢纽的客流特征,可将布莱顿假设标定为

$$T = 40.77 \times D^{1.44} \tag{10-10}$$

则换乘时间表达式为

$$t = 40.77 \times D^{1.44} + t_q + t_w = 40.77 \times D^{1.44} + t_q + 0.5 \times I_e \tag{10-11}$$

式中:t_q——排队等待时间,min,包括集结方式的出站检票、疏散方式的买票和进站检票的排队等待时间;

t_w——换乘候车时间,min,可取疏散方式或线路平均发车间隔时间的一半;

I_e——疏散方式或线路的平均发车间隔时间,min。

因此,定义平均换乘时间的表达式为

$$B_1 = \frac{\sum_i \sum_j t_{ij} \times q_{ij}}{\sum_i \sum_j q_{ij}} \tag{10-12}$$

2)平均换乘步行距离 B_2

平均换乘步行距离指标可以用于描述换乘的便捷性[1]。考虑到人在水平面步行和竖向步行(上下楼)心理与体力消耗不同,应将水平步行距离和竖向步行距离分别对待,而一般情况下乘客能接受的最大步行距离为500m。假设枢纽内 i、j 两方式间换乘客流量为 q_{ij}(人次/h),两方式车站间水平步行距离为 H_{ij}(m),竖向步行距离为 V_{ij}(m),空间直线距离为 L_{ij}(m),则两者之间换乘步行距离 S_{ij}(m)为 $S_{ij} = H_{ij} + K \times V_{ij}$($K$ 为上下楼步行距离增大系数,上楼取 $K=4.0$,下楼取 $K=2.0$,若设置自动扶梯取 $K=1.0$),则

$$B_2 = \frac{\sum_i \sum_j S_{ij} \times q_{ij}}{\sum_i \sum_j q_{ij}} \tag{10-13}$$

式中符号意义同前。

3)平均换乘绕行系数 B_3

与平均换乘步行距离指标类似,平均换乘绕行系数指标也用于评价人流系统规划设计的便捷性[1],其表达式为

$$B_3 = \frac{\sum_i \sum_j (S_{ij} \times q_{ij} / L_{ij})}{\sum_i \sum_j q_{ij}} \tag{10-14}$$

式中符号意义同前。

4) 集散场所人均占用面积 B_4

该指标反映了换乘过程中乘客步行的自由度,是衡量枢纽换乘通畅性的重要指标[1]。其计算公式为

$$B_4 = \frac{\mathrm{hq}}{S_\mathrm{d}} \tag{10-15}$$

式中:hq——枢纽高峰时刻最大集散客流量;

S_d——枢纽集散场所总面积。

5) 通道设施最大拥挤度 B_5

该指标是衡量枢纽换乘通畅性的重要指标[1]。其计算公式为

$$B_5 = \max_i \left(\frac{\mathrm{aq}_i}{\mathrm{ac}_i} \right) \tag{10-16}$$

式中:aq_i——通道 i 的客流量;

ac_i——通道 i 的通行能力。

6) 客流与车流的平均冲突点数 B_6

该指标主要描述枢纽设计方案为乘客换乘所提供的安全保障,是评价客运枢纽人流系统规划设计安全性的指标之一[1]。设枢纽设计方案 i、j 两客运方式间换乘客流需平面穿越 N_{ij} 条机动车道才能完成,则客流与车流的平均冲突点数为

$$B_6 = \frac{\sum_i \sum_j N_{ij} \times q_{ij}}{\sum_i \sum_j q_{ij}} \tag{10-17}$$

式中:q_{ij}——交通方式 i 换乘交通方式 j 的客流量;

其他符号意义同前。

7) 换乘舒适度 B_7

换乘舒适度是指乘客从枢纽所提供的服务中获得的舒适、愉悦程度,反映了枢纽为乘客提供各项服务的水平。换乘舒适度指标可用候车座位及自动运送设施状况、导向标志设施状况、遮掩设施状况,以及附加服务设施状况(包括信息服务终端、通勤购物、交流等)来衡量[1]。其计算公式如下:

$$B_7 = \theta_1 \phi_1 + \theta_2 \phi_2 + \theta_3 \phi_3 + \theta_4 \phi_4 \tag{10-18}$$

式中:θ_1、θ_2、θ_3、θ_4——枢纽换乘舒适水平的权系数,且 $\theta_1 + \theta_2 + \theta_3 + \theta_4 = 1$,其值可通过 AHP 方法计算得到;

ϕ_1、ϕ_2、ϕ_3、ϕ_4——反映枢纽候车座位及自动运送设施状况、导向标志设施状况、遮掩设施状况、附加服务设施状况的评估值,可用已设设施占应设设施的百分比来量化。

8) 运能匹配度 B_8

运能匹配度是描述城市综合客运枢纽各衔接客运方式协调性的重要指标,可用对外客运方式密集到达期内接驳客运方式客流量与接驳运输能力的比值来衡量,是评价客运枢纽人流系统规划设计协同性的指标之一[1]。假设枢纽对外客运方式集合为 S_1,接驳客运方式集合为 S_2,则运能匹配度评价指标 B_8 的计算公式为

$$B_8 = \frac{\sum_{i \in S_1} \sum_{j \in S_2} q_i^0 \alpha_{ij}}{\sum_{j \in S_2} C_j \beta_j} = \frac{\sum_{i \in S_1} \sum_{j \in S_2} q_{ij}}{\sum_{j \in S_2} C_j \beta_j} \tag{10-19}$$

$$\beta_j = \frac{\sum_{i \in S_1} q_{ij}}{q_j^0} \tag{10-20}$$

式中：q_i^0——枢纽对外客运方式 $i(i \in S_1)$ 在密集到达期的落客量，人次/h；

α_{ij}——对外客运方式 $i(i \in S_1)$ 占换乘接驳客运方式 $j(j \in S_2)$ 的比例，%；

C_j——接驳客运方式 $j(j \in S_2)$ 的客运能力，人次/h；

β_j——对外客运方式换乘接驳客运方式 $j(j \in S_2)$ 的客流占接驳客运方式所有上客量的比例，%；

q_{ij}——对外客运方式 $i(i \in S_1)$ 换乘接驳客运方式 $j(j \in S_2)$ 的客流量。

10.2.3 客运枢纽车流系统规划设计综合评价指标

常用的客运枢纽车流系统规划设计综合评价指标有车辆组织有序度、停车设施利用率等。一般采用车辆组织有序度指标来衡量组织有序性，采用停车设施利用率、车辆行驶通道服务水平、周边交通影响度指标衡量功能性，采用停车换乘舒适度指标衡量舒适性以及采用场站设施规模适应性指标衡量适应性。

1）车辆组织有序度 C_1

车辆组织有序度可反映客运枢纽交通流的组织水平[4]。该指标可定义为

$$C_1 = \frac{P_c}{S} \tag{10-21}$$

式中：P_c——枢纽各种车流形成的冲突点个数；

S——枢纽的计算营业面积。

2）停车设施利用率 C_2

该指标反映客运枢纽内乘客停车换乘的方便程度，是一个停车需求饱和度指标[4]。该指标可定义为

$$C_2 = \frac{Q \gamma_b T}{P \beta} \tag{10-22}$$

式中：Q——高峰小时客运枢纽换乘客流量；

γ_b——采用停车换乘方式的客流所占比例；

P——客运枢纽内停车场的泊位数；

T——车辆平均停放时间；

β——换乘停放的车辆占停车总量的比例，由于自行车停车场的布设在城市客运枢纽中占的比例相对较小，因此，我们在评价停车设施利用率时可以对自行车的停车利用忽略不计。

3）车辆行驶通道服务水平 C_3

车辆在枢纽内行驶所需的设施主要是常规公交车、自行车、小汽车和出租车在枢纽内行驶所需要的道路设施。枢纽内车辆行驶通道服务水平可以用枢纽内道路交通量饱和度来计

算[5],其计算公式如下:

$$C_3 = \frac{\sum_i \frac{N_{vi}}{C_{ri}} \times N_{vi}}{\sum_i N_{vi}} \tag{10-23}$$

式中:N_{vi}——枢纽内第 i 条道路高峰小时交通量;
   C_{ri}——枢纽内第 i 条道路的设计通行能力。

4)周边交通影响程度 C_4

①路段影响度。

路段影响度指标可用于描述枢纽建成前后对路段 i 的影响程度,是对局部路段的影响情况[6]。该指标可定义为

$$I_{si} = \frac{V_{sip} - V_{sib}}{C_{si}} \tag{10-24}$$

式中:I_{si}——枢纽建成前后对路段 i 的影响度;
   V_{sip}——目标年枢纽建成后路段 i 上的高峰小时交通量;
   V_{sib}——目标年路段 i 上的背景高峰小时交通量,即在不考虑枢纽新增交通量的情况下,目标年路段 i 上的高峰小时交通量;
   C_{si}——路段 i 的设计通行能力。

②交叉口影响度。

定义枢纽产生的交通量对影响范围内第 i 个交叉口第 j 个进口道直行车的影响度如下:

$$I_{cijd} = \frac{V_{cijp} - V_{cijb}}{C_{cij}} \tag{10-25}$$

式中:I_{cijd}——枢纽建成前后对第 i 个交叉口中第 j 个进口道直行车的影响度;
   V_{cijp}——枢纽建成后第 i 个交叉口中第 j 个进口道直行车的高峰小时交通量;
   V_{cijb}——目标年第 i 个交叉口中第 j 个进口道直行车的背景高峰小时交通量,即不考虑客运枢纽新增交通量的目标年第 i 个交叉口中第 j 个进口道直行车的高峰小时交通量;
   C_{cij}——第 i 个交叉口中第 j 个进口道的设计通行能力。

据此,枢纽产生的交通量对第 i 个交叉口中第 j 个进口道左转车及右转车的影响度的计算公式如下:

$$I_{cijl} = \frac{V_{cijlp} - V_{cijlb}}{C_{cij}} \tag{10-26}$$

$$I_{cijr} = \frac{V_{cijrp} - V_{cijrb}}{C_{cij}} \tag{10-27}$$

则枢纽产生的交通量对第 i 个交叉口中第 j 个进口道的影响度的计算公式如下:

$$I_{cij} = \omega_{cijd} I_{cijd} + \omega_{cijl} I_{cijl} + \omega_{cijr} I_{cijr} \tag{10-28}$$

式中: I_{cij}——枢纽产生的交通量对第 i 个交叉口中第 j 个进口道的影响度;

ω_{cijd}、ω_{cijl}、ω_{cijr}——第 i 个交叉口中第 j 个进口道直行车、左转车、右转车的影响程度的权重,通常 $\omega_{cijl} > \omega_{cijr} > \omega_{cijd}$,即左转车对交叉口的影响要较右转车对交叉口的影响大,而右转车的影响要大于直行车的影响。

左转车与右转车可参照以下建议等效换算为直行车:1 辆左转车,对于左转专用车道相当于 1.5 辆直行车,对于左直或左直右混行车道相当于 3 辆直行车;1 辆右转车,对于右转专用车道相当于 1 辆直行车;对于直右或左直右混行车道相当于 1.2 辆直行车。

则枢纽产生的交通量对第 i 个交叉口的交通影响度的计算公式如下:

$$I_{ci} = \sum_{j=1}^{k} \frac{\dfrac{V_{cijb}}{V_{cij}}}{\sum_{j=1}^{k} \dfrac{V_{cijb}}{V_{cij}}} I_{cij} \tag{10-29}$$

式中:I_{ci}——枢纽产生的交通量对第 i 个交叉口的交通影响度;

V_{cijb}——第 i 个交叉口中第 j 个进口道的背景高峰小时交通量,即不考虑枢纽新增交通量的情况下,目标年第 i 个交叉口中第 j 个进口道的高峰小时交通量,即

$$V_{cij} = V_{cijd} + V_{cijl} + V_{cijr} \tag{10-30}$$

k——第 i 个交叉口进口道的个数。

在实际应用中,客运枢纽对交叉口的影响分析有时也采用饱和度、服务水平、排队长度、停车次数、平均延误等指标。若要分析枢纽对整个路网的影响,则需要求出多个路段或交叉口的影响度后,再求出其平均值。

③公交线网道路覆盖率。

客运枢纽对交通系统的影响包括一些指标的变化,即需要将枢纽运营后的指标与枢纽建成前的指标进行对比[7]。公交线网道路覆盖率是公交线网长度占城市道路长度的比值,其计算公式如下:

$$P_t = \frac{l_t}{l_r} \times 100\% \tag{10-31}$$

式中:P_t——公交线网道路覆盖率;

l_t——公交线网长度,即城市道路网上布有公共交通线路的城市道路中心线长度,km;

l_r——城市道路长度,即城市道路长度和与道路相通的桥梁、隧道的长度,按车行道中心线计算,km。

5)停车换乘舒适度 C_5

停车换乘系统的公共服务设施、引导指示设施数量、无障碍设施等设施情况均会影响枢纽的服务水平,因此停车换乘舒适度也是评价客运枢纽车流系统规划设计的指标之一[8]。具体指标计算方法与 10.2.2 中的指标 7(换乘舒适度 B_7)类似。

6)场站设施规模适应性 C_6

①常规公交首末站所需规模。

常规公交首末站规模的计算公式如下:

$$S_b = \sum_{i=1}^{k} b_i S_{标} \tag{10-32}$$

式中:S_b——公交首末站的面积;

k——首末站公交线路条数;

b——计算第 i 条公交线路的首末站面积时应考虑的公交车辆数,标台;

$S_{标}$——每标车在首末站中的占地面积。

②小汽车停车场所需规模。

小汽车停车场规模指在客运交通枢纽内小汽车停车换乘所需的停车场的面积,与小汽车停车换乘的客流量、小汽车的平均载客数、每辆车停靠所需的面积及停车场的周转率等相关[5],其计算公式如下:

$$S_{c} = \frac{N_{c}\bar{S}_{cp}}{P_{c}\lambda_{1}} \qquad (10\text{-}33)$$

式中:S_c——小汽车停车场的面积;

N_c——小汽车停车换乘客流量;

$\bar{S}_{cp}$——小汽车停车的平均占地面积;

P_c——小汽车车均载客数,人/车;

λ_1——小汽车停车场的周转率。

将对应小汽车的值(N_c、$\bar{S}_{cp}$、P_c、λ_1)换为自行车的值(N_{bi}、$\bar{S}_{bip}$、P_{bi}、λ_3)后,求出的面积就是自行车停车场所需规模。

③出租车临时停车区所需规模。

客运交通枢纽内出租车临时停车区主要为出租车停车候客服务,其规模确定的方法与小汽车停车场规模确定的方法相同,主要区别在于参数的选取上,特别是平均载客数和临时停车区的周转率指标[5]。出租车临时停车区规模的计算公式如下:

$$S_{ta} = \frac{N_{ta}\beta\bar{S}_{tap}}{P_{ta}\lambda_{2}} \qquad (10\text{-}34)$$

式中:S_{ta}——出租车临时停车区的面积;

N_{ta}——出租车停车换乘客流量;

β——达到枢纽的出租车进入临时停车区停车候客的比例,一般取值为 0.3~0.5;

$\bar{S}_{tap}$——出租车停车的平均占地面积;

P_{ta}——出租车车均载客数,人/车;

λ_2——出租车临时停车区的周转率,一般大于小汽车停车场的周转率 λ_1。

除此之外,现阶段客运枢纽车流规划设计综合评价还常使用仿真软件,如 Vissim 交通仿真软件。通过提取原始数据、输入原始数据、模拟仿真运行、输出数据,输出车流规划设计相关参数,为评价车流规划设计的合理性提供参考。

10.2.4 客运枢纽周边开发综合评价指标

客运枢纽周边开发情况主要反映了枢纽建设的社会成本和社会效益,其值可通过预测枢纽城市规划发展和对周边地区土地利用的影响两个方面来考察。常用评价指标有人均居民用地、居住用地面积比及容积率等。一般,采用人均居民用地、人均商务办公用地、人均商业用地、人均道路用地指标评价城市规划影响,采用居住用地面积比及容积率、绿地与广场用地面积比、商业服务用地面积比、道路与交通用地面积比指标评价土地利用影响。

1) 城市规划指标

客运枢纽的设置会改变周围用地类型及居民常住人口,这是客运枢纽对周边开发影响之一。

(1) 人均居住用地 D_1。

人均居住用地是指区域内居住用地面积除以常住人口数量[7],单位为 $m^2/人$。

(2) 人均商务办公用地 D_2。

人均商务办公用地是指区域内商务办公用地面积除以常住人口数量,单位为 $m^2/人$。

(3) 人均商业用地 D_3。

人均商业用地是指区域内商业用地面积除以常住人口数量,单位为 $m^2/人$。

(4) 人均道路用地 D_4。

人均道路用地是指区域内道路用地面积除以常住人口数量,单位为 $m^2/人$。

2) 土地利用指标

(1) 容积率 D_5。

容积率是指区域内地上总建筑面积与用地面积的比率,该指标是衡量建筑用地使用强度的一项重要指标,表明客运枢纽对周边建筑用地使用强度的影响。

(2) 绿地与广场用地面积比 D_6。

该指标为绿地与广场用地占区域总面积的比值。

(3) 商业服务用地面积比 D_7。

该指标为商业用地占区域总面积的比值。

(4) 道路与交通用地面积比 D_8。

该指标为道路与交通用地占区域总面积的比值。

3 个面积指标表明客运枢纽对土地利用的影响,通过对比枢纽建成前后的指标值,可以评价客运枢纽对周边开发影响的强度。

10.3 客运枢纽规划设计综合评价分析方法

城市综合客运枢纽规划设计综合评价是一项复杂而细致的工作。综合评价指标体系通常具有多层次结构,在确定评价目标的基础上,建立评价指标体系[9]。评价指标体系是评价目标的具体化,每项评价指标都应有评价标准和计算方法。本节主要介绍根据客运枢纽规划设计综合评价的流程,以及根据所构建的评价层次对客运枢纽规划设计进行综合评价时常用的评价分析方法与模型,包括层次分析(Aanlysis Hierarchy Process, AHP)法、模糊综合评价法、灰色关联理论综合评价法、BP 神经网络法等。

10.3.1 客运枢纽规划设计综合评价流程

在综合评价过程中,首先须确定综合评价方法,即根据各指标间的相互关系及其对总目标的贡献确定各项指标的合并计算方法;其次,根据各指标的重要性确定合并计算相应的权重系数值;最后,按选定的合并计算方法计算上层指标值。如评价指标体系中有多个层次,则逐层向上计算,直至得到第一层指标值为止,如图 10-6 所示。

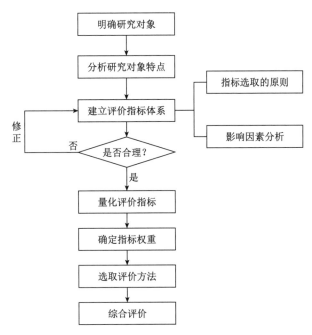

图 10-6 客运枢纽规划设计综合评价流程

10.3.2 客运枢纽规划设计综合评价方法

综合现有研究成果,Delphi 法、数据包络分析(Data Envelopment Analysis,DEA)法、因子分析法、AHP 法、模糊综合评价法、BP(Back Propagation)神经网络法六大类方法是综合客运枢纽服务功能评价最常用的定量方法[10],这些评价方法主要被用于综合客运枢纽的评价且侧重点各不相同。

1) Delphi 法

Delphi 法也称专家调查法,是指通过征询专家的意见,用问卷评价汇总、归纳,再匿名反馈给各专家,再次征求意见,再集中,再反馈,直至得到一致意见。其具体实施步骤以及数据分析处理方法如下[11]:

(1) 实施步骤

步骤 1:组成专家小组明确研究目标,根据项目研究所需要的知识范围,确定专家、专门人员。专家小组的规模可根据研究项目的深度、涉及领域的广度而定,一般在 8~20 人[12]。

步骤 2:向所有专家提出所要征询的问题以及相关要求,并附上该问题的所有背景资料,然后询问专家是否还需要其他补充材料,最后由专家作出书面答复。

步骤 3:专家组成员根据他们所收到的材料,结合自己的专业知识和工程经验,提出自己的意见,并阐明依据和理由。

步骤 4:将专家组成员的第一次评判意见进行归纳整理,再分发给各位专家,让专家比较自己同其他人的不同意见,从而决定是否要修改和调整自己的意见和判断。也可以把各位专家的意见加以整理,或邀请该领域内的其他专家加以评论,然后将意见分发给专家组的各位成员,供他们参考后进行修改。

步骤 5：专家根据第一轮意见征询结果及相关材料调整、修改自己的意见，并对修改作出相关解释。

步骤 6：按照上述步骤，逐轮收集意见并反馈给专家组成员，此过程通常要进行三四轮。需要注意的是，在反馈环节，只需将意见和支撑论据反馈给各位专家，不应出现专家的姓名。这一过程需要循环往复多次，直到每一位专家不再改变自己的意见为止。

(2) 数据统计分析

① 专家的积极系数。专家参与评审的积极系数可用专家咨询表的回收率（回收率 = 参与的专家数/全部专家数），该指标可以反映专家对研究的关心程度。

② 专家意见的集中程度。专家意见的集中程度用均数 M_j 和满分频率来表示。

a. 均数：

$$M_j = \frac{1}{m_j}\sum_{i=1}^{m} C_{ij} \quad (10\text{-}35)$$

式中：m_j——参加第 j 个指标评价的专家数；

C_{ij}——第 i 个专家对第 j 个指标的评分值；

M_j——取值越大，则对应的指标的重要性越高。

b. 满分频率：

$$K_j = \frac{r_j}{m_j} \quad (10\text{-}36)$$

式中：r_j——给满分的专家数；

K_j——M_j 的补充指标，K_j 越大，说明对给指标给满分的专家比例越大，该指标也越重要，取值为 0 ~ 1。

③ 专家意见的协调系数。采用变异系数 V_j 和协调系数 ω 来描述专家意见的协调程度。变异系数说明 m_j 个专家对第 j 个指标的协调程度；协调系数表示所有专家对 n 个指标的协调程度，越大说明专家意见协调程度越高。通过计算变异系数和协调系数可以判断专家对每项指标的评价是否存在较大分歧，或找出高度协调专家和持异端意见的专家。

a. 变异系数：

$$V_j = \frac{\delta_j}{\bar{x}_j} \quad (10\text{-}37)$$

式中：V_j——第 j 个指标的变异系数；

δ_j——第 j 个指标的标准差；

$\bar{x}_j$——第 j 个指标的均数。

变异系数描述了专家对第 j 个指标相对重要性的波动程度大小，即协调程度大小。V_j 越小，说明专家组成员的意见统一度越高。

b. 协调系数：

协调系数反映了不同专家评审意见的一致性，也是咨询结果可信程度的指标。首先，计算专家对第 j 个指标评价等级之和的算数平均数：

$$M_{sj} = \frac{1}{n}\sum_{i=1}^{n}S_j \quad (10\text{-}38)$$

$$S_j = \sum_{i=1}^{m_j}R_{ij}$$

式中：R_{ij}——第 i 个专家对第 j 个指标的评价等级；

S_j——第 j 个指标的等级之和，S_j 越大，表明该指标越受重视。

然后，计算协调系数：

$$w = \frac{\sum_{j=1}^{n}d_j^2}{\sum_{j=1}^{n}d_j^2(\max)} \quad (10\text{-}39)$$

式中：$\sum_{j=1}^{n}d_j^2 = \sum_{j=1}^{n}(S_j - M_{sj})$，$\sum_{j=1}^{n}d_j^2(\max) = \frac{m^2(n^3-n)}{12}$。

当专家对各指标没有给出相同评价时，协调系数计算公式如下：

$$w = \frac{12}{m^2(n^3-n)}\sum_{j=1}^{n}d_j^2 \quad (10\text{-}40)$$

协调系数的显著性检验使用 χ^2 检验。根据自由度和显著性水平，从 χ^2 值表中查得临界值 χ_α^2，如果 $\chi_R^2 > \chi_\alpha^2$，则可以认为协调系数经检验后有显著性，说明专家评估意见的协调性好，结果有参照价值。反之，如果 χ_R^2 值很小，则专家意见的非偶然协调概率大，在 95% 的置信度下，如果 $P > 0.05$，则可认为专家意见在非偶然协调方面将是置信度不足的协调，评估结论的可信度差，不具备参考价值。

④专家意见的权威程度。专家的权威性一般由两个因素决定：一是专家对于方案的决策依据，二是专家对问题的熟悉程度。专家的权威程度根据专家的自我评价进行估计。

a. 判断依据。用 C_α 表示判断影响程度系数。专家一般以"实践经验""理论分析""对国内外同行的了解""直觉"等指标作为判别依据，判断系数 $C_\alpha \leqslant 1$。当 $C_\alpha = 1$ 时，判断依据对专家的影响程度很大；当 $C_\alpha = 0.8$ 时，判断依据对专家判断的影响程度中等；当 $C_\alpha = 0.6$ 时，判断依据对专家的影响程度较小。判断依据见表 10-2。

表 10-2 判断依据

判断依据	量化值	判断依据	量化值
实践经验	0.8	对国内外同行的了解	0.4
理论分析	0.6	直觉	0.2

b. 熟悉程度。用 C_s 表示专家对问题熟悉程度系数，见表 10-3。

表 10-3 专家对问题的熟悉程度系数

熟悉程度	量化值	熟悉程度	量化值
非常熟悉	1	一般	0.4
很熟悉	0.8	不太熟悉	0.2
熟悉	0.6	不熟悉	0

c. 专家的权威程度。用 C_r 表示专家的权威程度系数,取判断系数和熟悉程度系数的算数平均值 $(C_\alpha + C_s)/2$。

Delphi 法的优点是操作简单,可利用专家的知识,易于处理;缺点是在实际应用中专家的证实性偏差[13](专家一旦在开始时形成了错误的观点或假设,在随后的决策过程中,往往只注意获取支持其原来观点或假设的信息,而忽略其他信息,从而使错误的观点、预期或假设持续),控制的方法还有待进一步深入研究。

2) DEA 法

DEA 法是美国著名运筹学家 A. Charnes[14] 和 W. W. Cooper[15] 等在"相对效率评价"概念基础上发展起来的一种新的系统分析方法,它主要是采用数学规划方法,利用观察到的有效样本数据,对决策单元(Decision Making Units,DMU)进行生产的有效性评价。DEA 法基于决策单元的输入、输出数据,通过建立数学规划模型来进行综合评价,这里的输入指标是负向指标,而输出指标是正向指标[16]。

假设有 n 个决策单元,每个决策单元 $\text{DMU}_j(j=1,2,\cdots,n)$ 都有 m 种输入和 s 种输出,分别用输入 x_j 和输出 y_j 表示。

$$x_j = (x_{1j}, x_{2j}, \cdots, x_{mj})^T, y_j = (y_{1j}, y_{2j}, \cdots, y_{sj})^T \tag{10-41}$$

其中, $x_{ij} > 0$ 表示第 j 个决策单元 DMU_j 的第 i 种类型输入的输入量; $y_{ij} > 0$ 为第 j 个决策单元的第 r 种类型的输出量; $i = 1, 2, \cdots, m; r = 1, 2, \cdots, s; j = 1, 2, \cdots, n$。

评价第 j 个决策单元(下标用 0 表示)规模有效性及技术有效性的 C^2R 模型为

$$\min \theta = V_D$$

$$\text{s.t.} \begin{cases} \sum_{j=1}^{n} \lambda_j x_j + s^- = \theta x_0 \\ \sum_{j=1}^{n} \lambda_j y_j - s^+ = y_0 \\ \lambda_j \geq 0, j = 1, 2, \cdots, n \\ s^- \geq 0, s^+ \geq 0 \end{cases} \tag{10-42}$$

第 j_0 个决策单元为 DEA(C^2R) 有效的充分必要条件是线性规划的最优值 $V_D = 1$,并且对于它的每个最优解 λ^*、s^{*-}、s^{*+}, θ 有 $s^{*-} = 0, s^{*+} = 0$。

DEA 法以相对效率为基础,按多指标输入和多指标输出,利用线性规划的方法求解最优值,对同类型单位相对有效性进行评价[17]。它有效的经济含义是除非增加一种或多种投入,或减少其他种类的产出,无法再增加任何产出;除非增加一种或多种投入,或减少其他种类的产出,无法再减少任何投入。DEA 法的应用步骤如图 10-7 所示。

DEA 法的优点是不需要事先假定输入与输出的函数关系而可以直接进行包络分析,利用观测到的有效样本数据,采用线性规划技术确定系统的有效前沿面,进而得到各决策单元的相对效率以及资源输入剩余和输出亏空等方面的信息。DEA 法的缺点是只表明评价单元的相对发展水平,无法表示出实际发展水平。

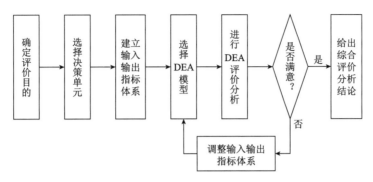

图 10-7　DEA 法的应用步骤

3) 因子分析法

在现实社会中许多领域研究往往需要对反映事物特征的多个变量进行大量观察,收集大量的数据以便进行分析寻找规律。在大多数情况下,许多变量之间存在一定的相关关系。因此,有可能用较少的综合指标分析存在于各变量中的各类信息,而综合指标之间彼此是不相关的,代表各类信息的综合指标称为因子。因子分析法就是用少数几个因子描述许多指标或因素之间的联系,以较少的几个因子反映原始资料的大部分信息的统计方法。其特征包括:①因子变量的数量少于原有指标变量的数量,对因子的分析能够减少分析的计算量。②因子变量不是对原有变量的取舍,而是根据原始变量信息进行重新组构,它能够反映原有变量的大部分信息。③因子变量之间不存在线性关系,对变量分析比较方便。④因子变量具有命名解释性,即该变量是对原有某些原始变量信息的综合反映。因子分析法的出发点是用较少的相互独立的因子变量代替原有变量的大部分信息,可以通过下面的数学模型来表示:

$$\begin{cases} x_1 = a_{11}F_1 + a_{12}F_2 + \cdots + a_{1m}F_m + a_1\varepsilon_1 \\ x_2 = a_{21}F_1 + a_{22}F_2 + \cdots + a_{2m}F_m + a_2\varepsilon_2 \\ \quad\quad\quad\quad\quad\quad\quad\vdots \\ x_p = a_{p1}F_1 + a_{p2}F_2 + \cdots + a_{pm}F_m + a_p\varepsilon_p \end{cases} \quad (10\text{-}43)$$

式中:$x_1, x_2, \cdots, x_p$——p 个原有变量,是均值为 0、标准差为 1 的标准化变量;

　　　$F_1, F_2, \cdots, F_m$——m 个因子变量,$m < p$,表示成矩阵形式为 $X = AF + a\varepsilon$,其中 F 为因子变量或公共因子,可以理解为在高维空间中互相垂直的 m 个坐标轴;

　　　A——因子载荷矩阵;

　　　a_{ij}——因子载荷,是第 i 个原有变量在第 j 个因子变量的负荷,a_{ij} 的绝对值越大,则公共因子 F_j 和原有变量 x_i 的关系越强;

　　　ε——特殊因子,表示原有变量不能被因子变量所解释的部分。

公共因子 F_j 的方差贡献定义为因子载荷矩阵 A 中第 j 列各元素的平方和:

$$S_j = \sum_{i=1}^{p} a_{ij}^2 \quad (10\text{-}44)$$

主成分分析通过坐标变换手段,将原有的 p 个相关变量 x_i 做线性变化,转化为另外一组不相关的变量 F_i,可以表示为

$$\begin{cases} F_1 = u_{11}x_1 + u_{21}x_2 + \cdots + u_{p1}x_p \\ F_2 = u_{12}x_1 + u_{22}x_2 + \cdots + u_{p2}x_p \\ \cdots \\ F_p = u_{1p}x_1 + u_{2p}x_2 + \cdots + u_{pp}x_p \end{cases} \quad (10\text{-}45)$$

式中：$u_{1k}^2 + u_{2k}^2 + \cdots + u_{pk}^2 = 1(k=1,2,3,\cdots,p)$；

$F_1, F_2, \cdots, F_p$——原有的第一、第二……第 p 个主成分。

其中 F_1 所在中方差的比例最大，综合原有的能力也越强，其余主成分所占的比例逐渐减少，也就是综合原有变量的能力依次减弱。

各个指标的因子模型为

$$\sum_{j=1}^{j} u_{pj} S_j \quad (10\text{-}46)$$

因子分析法是根据因素相关性大小将变量分组，使同一组变量相关性最大。因子分析法的优点为具有全面性、可比性、客观合理性；缺点是负荷符号交替，使得函数意义不明确，并需要大量的统计数据。

4) AHP 法

AHP 法是指将与决策相关的元素分解成目标、准则、方案等层次，在此基础之上进行定性和定量分析的决策方法。该方法是通过综合分析备选方案中的决策影响因素，提取筛选有效的相关指标构建层次分析指标体系，针对多层次结构的系统用相对量的比较，确定多个判断矩阵，取其特征根所对应的特征向量作为权重，最后综合出总权重，并进行排序得到评价结果。AHP 法的具体计算步骤如下[18]。

(1) 构造判断矩阵

建立递阶层次结构，确定上下层元素之间的隶属关系，可采用两两比较的方法，对重要性赋予一定的数值。采用 1~9 的比例标度。在评价指标两两比较的基础上，构造判断矩阵 A：

$$A = (a_{ij})_{n \times n} \quad (10\text{-}47)$$

式中：$a_{ij} > 0, a_{ij} = 1/a_{ji}(i \neq j)$；

$a_{ij} = 1(i=j)(i,j=1,2,\cdots,n)$。

(2) 指标权重的确定

构造出判断矩阵后，先解出其最大特征根 λ，再利用 $AW = \lambda W$ 解出 λ 所对应的特征向量 W，特征向量 W 经过标准化后，即为同一层次中相应指标对应于上一层次中某指标相对重要性的排序权值。

此外，也可以通过专家咨询法、三角模糊数法、信息熵法等方法[19]获取决策矩阵的权重。

(3) 一致性检验

根据判断矩阵求解权重向量时，要求矩阵具有一致性或偏离一致性的程度不能太大，否则算得的权重不能完全反映各指标之间相对重要性程度。因此，在求权重之前，必须对判断矩阵用 $CI = (\lambda - n)/(n-1)$ 进行一致性检验，n 为 A 的阶数。

不同阶数的判断矩阵，其 CI 值也不同，为度量不同阶数判断矩阵一致性的满意程度，以 CR 进行衡量。CR = CI/RI，其中 RI 为平均随机一致性指标。当随机一致性指标 CR < 0.10 时，认为判断矩阵的一致性是可以接受的，这时可利用上述求权重的方法；否则必须重新调整

判断矩阵,使之满足一致性检验要求。在计算出判断矩阵满足一致性条件后,以判断矩阵特征向量中各元素的值作为指标权重。

(4)综合评价

采用多指标进行现代交通客运枢纽综合评价时,由于各个指标值有不同的量纲和数量级,不能直接进行比较,通常都需对原始评价指标值进行规范化处理。假设 C_{ij} 是第 i 个方案的第 j 个评价指标集($i=1,2,\cdots,m;j=1,2,\cdots,n$),则对于效益型指标和成本型指标,可以分别采用下式进行规范化处理:

$$y_{ij} = \frac{c_{ij} - c_{i\min}}{c_{i\max} - c_{i\min}} \quad (10\text{-}48)$$

$$y_{ij} = \frac{c_{i\max} - c_{ij}}{c_{i\max} - c_{i\min}} \quad (10\text{-}49)$$

式中:y_{ij}——第 i 个方案第 j 个评价指标规范化处理后的指标值。

AHP法的优点在于建模速度快、求解过程简单,并有一定的适用性。AHP法的缺点是较大程度依赖评价者的经验,无法排除因主观因素的影响,造成评价结果的片面性。

5)模糊综合评价法

模糊综合评价法是以隶属度来描述模糊界限的[20]。其计算步骤是:首先明确研究目标,进而确定影响选址决策的相关因素论域 U,建立指标体系,确定指标权重,构建关系矩阵,计算模糊隶属度,最后进行模糊综合评价,实现将人的直觉确定为具体系数并将约束条件量化,进行数学解答[21]。

(1)构建评价指标体系

模糊综合评价的第一步就是根据具体情况建立评价指标体系的层次结构图,如图10-8所示。

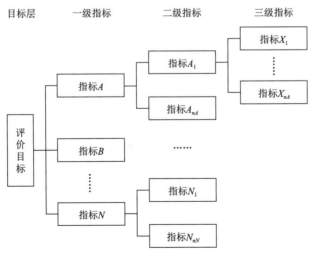

图10-8 评价体系层次结构

(2)确定评价指标体系的权重

确定各指标的权重是模糊综合评价法的关键步骤,本节以 AHP 法举例说明权重的确定方法。尽管 AHP 法中也选用了专家调查法,可能会具有一定的主观性,但是可以使用一致性检验进行判别,使权重的确定更加具有客观性,也更加符合实际情况。

设各级指标的权重都用百分数表示,且第一级指标中各指标的权重为 $W_i(i=1,2,\cdots,n,$ 其中 n 为一级指标个数)。一级指标的权重向量为

$$W = (W_1, W_2, \cdots, W_i, \cdots, W_n) \tag{10-50}$$

各一级指标所包含的二级指标权重向量为

$$W = (W_{i1}, W_{i2}, \cdots, W_{is}, \cdots, W_{im}) \tag{10-51}$$

式中:m——各一级指标所包含的二级指标个数,$s=1,2,\cdots,m$。

各二级指标所包含的三级指标权重向量为

$$W_{is} = (W_{is1}, W_{is2}, \cdots, W_{imq}) \tag{10-52}$$

式中:q——各二级指标所包含的三级指标个数。

(3)确定评价指标体系的权重,建立模糊综合评价因素集

将模糊综合评价因素集 X 作为一种划分,即把 X 分为 n 个因素子集 $X_1, X_2, \cdots, X_n$,并且满足以下条件:

$$X = X_1 \cup X_2 \cup \cdots \cup X_n \tag{10-53}$$

同时,对于任意的 $i \neq j(i,j=1,2,\cdots)$,均有 $X_i \cap X_j = \varnothing_n$,即对因素集 X 的划分既要把因素集的评价指标分配完,同时要确保任意一个评价指标仅存在于一个子因素集 X_i 中。

以 X_i 表示的第个子因素集又有个 k_i 评价指标,即

$$X_i = \{X_{i1}, X_{i2}, \cdots, X_{iki}\} \quad (i=1,2,\cdots,n) \tag{10-54}$$

由于每个 X_i 含有 k_i 个评价指标,于是因素集 X 共有 $\sum_{i=1}^{n} k_i$ 个评价指标。

(4)进行单因素评价,建立模糊关系矩阵

在构造了模糊子集后,需要从每个子因素集 X_i 上对评价目标进行量化,即确定评价目标对各模糊子集的隶属度,进而得到模糊关系矩阵 R:

$$R_i = \begin{pmatrix} & s_1 & s_2 & \cdots & s_m \\ x_{i1} & r_{11} & r_{12} & \cdots & r_{1m} \\ x_{i2} & r_{21} & r_{22} & \cdots & r_{2m} \\ & & \vdots & & \\ x_{ik_i} & r_{p1} & r_{p2} & \cdots & r_{pm} \end{pmatrix} \tag{10-55}$$

式中:s_i——第 i 个方案,$i=1,2,\cdots,m$;

r_{hj}——指标 X_{ih} 在方案 s_j 下的隶属度,隶属度可以分为定量指标和定性指标两类,采用的确定方法也不同。

①定量指标隶属度确定方法。

对于成本型评价因素可采用下式计算:

$$r = \begin{cases} 1 & (f(x) \leq \inf(f)) \\ \dfrac{\sup(f) - f(x)}{\sup(f) - \inf(f)} & (\inf(f) < f(x) < \sup(f)) \\ 0 & (f(x) \geq \sup(f)) \end{cases} \tag{10-56}$$

对于效益型评价因素可采用下式计算:

$$r = \begin{cases} 1 & (f(x) \geq \sup(f)) \\ \dfrac{f(x) - \inf(f)}{\sup(f) - \inf(f)} & (\inf(f) < f(x) < \sup(f)) \\ 0 & (f(x) \leq \inf(f)) \end{cases} \quad (10\text{-}57)$$

对于区间型评价因素可采用下式计算：

$$r = \begin{cases} 1 & (f(x) \in [a,b]) \\ \dfrac{f(x) - b}{\max\{a - \inf(f), \sup(f) - b\}} & (f(x) < a) \\ \dfrac{a - f(x)}{\max\{a - \inf(f), \sup(f) - b\}} & (f(x) > a) \end{cases} \quad (10\text{-}58)$$

式中：　$f(x)$——特征值；

　$\sup(f), \inf(f)$——对应于同一个指标的所有特征值的上下界，即同一指标特征值的最大值和最小值；

　$[a,b]$——区间型指标的适度区间。

②定性指标隶属度确定方法。

a. 建立定性化评语集 V，如 $V = (V_1, V_2, V_3, V_4, V_5) = (好，较好，一般，较差，差)$。

b. 对于某一定性评价指标 u，专家可以评价某一方案，构建隶属于 V 的隶属度 r_i。其中 $r_i = d_i/d$，d 表示参加评价的专家人数，d_i 指对评价指标 u 做出评价 V_i 的专家人数。由此便可确定出定性指标的模糊矩阵。

(5) 计算模糊评价结果向量

根据最末一级指标的隶属度和权重，逐级向上层计算，可得模糊评价结果向量 B。

定义 o 为合成算子，该合成算子的一般计算方法有 $M(\vee \wedge)$、$M(\cdot \oplus)$、$M(\cdot +)$、$M(\wedge \vee)$，从而

$$C_i = W_i o R_i \quad (i = 1, 2, \cdots, n) \quad (10\text{-}59)$$

计算出模糊评价集 C_i，并对其进行归一化处理，再将所有的 C_i 组成矩阵 R。R 即为评价目标（一级指标）的模糊矩阵。

$$R = \begin{pmatrix} C_1 \\ \vdots \\ C_i \\ \vdots \\ C_n \end{pmatrix} \quad (10\text{-}60)$$

最终的模糊综合评价结果向量 B 是利用合适的合成算子将一级指标权重 W 向量与模糊矩阵 R 进行运算所得到的模糊子集：

$$B = W o R = (w_i, w_2, \cdots, w_p) o \begin{pmatrix} C_1 \\ \vdots \\ C_i \\ \vdots \\ C_n \end{pmatrix} = (b_1, b_2, \cdots, b_n) \quad (10\text{-}61)$$

根据 $b_1, b_2, \cdots, b_n$ 的大小,即可评估各方案的优劣次序。

常用的模糊评价方法有模糊点值直接排序法、模糊优选模型法、模糊数排序法、多等级评语量化排序法、相似选择法、Fuzzy 聚类分析和多层次模糊综合评价等。模糊评价法的优点体现为以下两个方面:第一,避免了凭借经验进行评价的主观片面性。第二,通过模糊语义表达方式,实现定性指标定量化,使评价结果更科学。该方法的缺点在于模糊合成值富含评价信息,却因模糊识别时采用最大隶属原则,对评价指标体系中的各指标隶属等级以及识别结果等级产生影响,使评价信息综合性不强,增加了模糊识别的难度。

6)BP 神经网络法

BP 神经网络法是常用的模型分析方法之一。神经网络是一种按误差反向传播(简称"误差反传")训练的多层前馈网络。BP 神经网络法的基本思想是梯度下降法,利用梯度搜索技术,以期使网络的实际输出值和期望输出值的误差均方差最小。BP 神经网络法技术路线图如图 10-9 所示。BP 神经网络法评价效果的重要影响因素是学习样本量的大小。在客运枢纽综合评价研究中,虽然其备选方案样本量不能满足神经网络方法应用的学习样本量的需求,但在评价指标体系中,有大量的指标样本能够满足对样本量的基本要求。

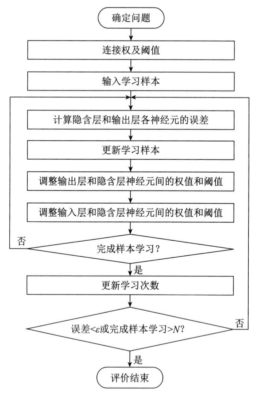

图 10-9　BP 神经网络法技术路线图

BP 神经网络法的评价原理与训练过程如下[22]。

(1)BP 神经网络法评价方法的原理

典型的单隐含层 BP 神经网络法结构模型如图 10-10 所示。各网络层相关变量定义如下。

输入层:输入向量 $A^k = (a^{1k}, a^{2k}, \cdots, a^{nk})$;

隐含层:输入向量 $S^k = (s^{1k}, s^{2k}, \cdots, s^{pk})$,输出向量 $B^k = (b^{1k}, b^{2k}, \cdots, b^{pk})$;

输出层:输入向量 $L^k = (l^{1k}, l^{2k}, \cdots, l^{qk})$,计算输出向量 $C^k = (c^{1k}, c^{2k}, \cdots, c^{qk})$,实际样本的期望输出向量 $Y^k = (y^{1k}, y^{2k}, \cdots, y^{qk})$;

输入层与中间层的连接权为 $\{W^{ij}, i=1,2,\cdots,n; j=1,2,\cdots,p\}$;

隐含层至输出层的连接权为 $\{V^{jt}, j=1,2,\cdots,p; t=1,2,\cdots,q\}$;

隐含层各神经元的阈值为 $\{U^j, j=1,2,\cdots,p\}$;

输出层各神经元的阈值为 $\{R^t, t=1,2,\cdots,q\}$。

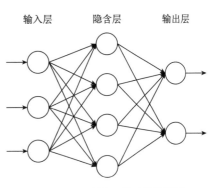

图 10-10　BP 神经网络法结构模型

Sigmoid 激活函数为 $f(x) = \dfrac{1}{1+e^{-ax}}(a>0, -\infty < x < \infty)$,其中 k 为样本量; n 为输入层神经元个数; p 为隐含层神经元个数; q 为输出层神经元个数。

输入向量 A^k 通过隐含层神经元作用于输出层神经元,经过激活函数 $f(x)$ 的非线性变换,得到计算输出向量 C^k。对于期望输出向量 Y^k,通过调节输入层与隐含层、隐含层与输出层的连接权值 W^{ij} 和 V^{jt},以及阈值 U^j 和 R^t,使得输出层的计算输出结果 C^k 与期望输出结果 Y^k 之间的误差沿梯度方向下降,最终输出向量 C^k 能够无限逼近 Y^k。

(2) BP 神经网络法的训练过程

步骤 1:初始化,给各连接权值 W^{ij} 和 V^{jt} 以及阈值 U^j 和 R^t 赋随机初始值,随机值在区间 $(-1,1)$ 服从均匀分布。

步骤 2:将样本 k 的输入 $A^k = (a^{1k}, a^{2k}, \cdots, a^{nk})$ 与输出 $Y^k = (y^{1k}, y^{2k}, \cdots, y^{qk})$ 提供给网络。

步骤 3:用 $A^k = (a^{1k}, a^{2k}, \cdots, a^{nk})$、$W^{ij}$ 和 U^j 计算隐含层各神经元的输入 S^k,然后将 $\{s^{jk}\}$ 带入 Sigmoid 函数计算隐含层各神经元的输出 $\{b^{jk}\}$:

$$s^{jk} = \sum_{i=1}^{n} W^{ij} \times a^i - U^j \quad (i=1,2,\cdots,n) \tag{10-62}$$

$$b^{jk} = f(s^{jk}) \quad (j=1,2,\cdots,p) \tag{10-63}$$

步骤 4:用 $\{b^{jk}\}$、V^{jt} 和 R^t 计算输出层神经元的输入向量 $\{l^{tk}\}$,然后将 $\{l^{tk}\}$ 带入输出层 Sigmoid 激活函数计算输出层各神经元的输出结果 $\{c^{tk}\}$:

$$l^{tk} = \sum_{j=1}^{p} V^{jt} \times b^j - R^t \quad (t=1,2,\cdots,q) \tag{10-64}$$

$$c^{tk} = f(l^{tk}) \quad (t=1,2,\cdots,q) \tag{10-65}$$

步骤 5:计算输出层各神经元的输出误差,即实际输出向量 $\{y^{tk}\}$ 与期望输出向量 $\{c^{tk}\}$ 之间的误差 $\{d^{tk}\}$:

$$d^{tk} = (y^{tk} - c^{tk}) c^{tk} (1 - c^{tk}) \tag{10-66}$$

步骤 6:用 V^{jt}、$\{d^{tk}\}$ 和 $\{b^{jk}\}$ 计算隐含层各神经元的输出误差 $\{e^{jk}\}$:

$$e^{tk} = \left(\sum_{t=1}^{q} d^{tk} \times V^{jt}\right) b^{jk}(1 - b^{jk}) \qquad (10\text{-}67)$$

步骤7:修正各连接权值及阈值,

$$V^{jt}_{(N+1)} = V^{jt}_{(N)} + \alpha \times d^{tk} \times b^{j} \qquad (10\text{-}68)$$

$$R^{t}_{(N+1)} = R^{t}_{(N)} + \alpha \times d^{tk} \qquad (10\text{-}69)$$

式中:N——迭代次数;
α——输出层学习率,$0 < \alpha < 1$。

$$W^{ij}_{(N+1)} = W^{ij}_{(N)} + \beta \times e^{jk} \times a^{ik} \qquad (10\text{-}70)$$

$$U^{j}_{(N+1)} = U^{j}_{(N)} + \beta \times e^{jk} \qquad (10\text{-}71)$$

式中:β——隐含层学习率,$0 < \beta < 1$。

步骤8:随机选取下一样本$(k+1)$,将其输入A^{k+1}与输出Y^{k+1}提供给网络,重复步骤3,直到训练集的所有样本均完成训练。

步骤9:重新从训练集的样本中随机抽取一组,并执行步骤3,直至网络全局误差小于预先设定的误差限(精确值),执行步骤10;如果迭代次数N超过设定的最大迭代次数,则说明当前网络没有收敛,停止训练;

步骤10:网络训练收敛,输出网络连接的各权值和阈值,训练完成。

BP神经网络法的优点是算法采用的定步长的梯度下降法以及极小化网络误差函数在结构上有利于对评价指标进行分析;缺点是大量指标样本构建难度较大,并且学习过程收敛速度较慢,在评价结果的精度上较难达到要求,故在枢纽选址过程中求解最优解时存在一定的局限性。

7)灰色关联理论综合评价

灰色关联分析提供了一种定量分析两因素之间相互关联程度的方法,其基本原理是国际著名学者邓聚龙教授提出的灰色系统理论。灰色系统是信息不完全确知的系统,即部分信息已知,部分信息未知的系统[23]。灰色关联度分析是灰色系统理论的一个重要组成部分,是一种分析系统中各因素关联程度的方法。灰色关联度评价方法是通过计算关联因素变量的数据序列和系统特征变量数据序列的灰色关联度,进行优势分析,得出评价结果。本文将在下一节中结合算例对灰色关联分析方法进行详细介绍。

灰色关联理论综合评价法的优点是决策过程规范,尽可能降低了人为因素对决策结果的影响;缺点是评价过程中,是通过与关联函数的相对距离来判断指标的优劣程度的,这种方法所得评价结果绝对值通常更适用于对多种方案的排序,但实际意义不够明确。

8)多种综合方法结合建模

除了以上方法的单独应用外,在客运枢纽规划设计综合评价中,更多地采用多种综合评价法结合建模的方法,如模糊神经网络(FNN)评价模型、AHP-模糊综合评价模型(FAHP)、AHP法与DEA法相结合的方法、构建指标后采用多指标决策分析方法(MCDA)进行评价。各综合评价方法优缺点对比见表10-4。

表10-4　各综合评价方法优缺点

方法	优点	缺点
Delphi法	操作简单	主观性强,难收敛
DEA法	不需事先假定输入与输出的函数关系	投影值与实际指标值存在差异
因子分析法	具有全面性、可比性、客观合理性	函数意义不明确,需要大量的统计数据
AHP法	建模速度快、求解过程简单	较大程度依赖评价者的经验
模糊综合评价法	通过模糊语义表达方式,实现定性指标定量化	评价信息综合性不强
BP神经网络法	有利于对评价指标进行分析进行学习	大量指标样本构建难度较大,学习过程收敛速度较慢
灰色关联理论	规范决策过程,降低人为因素对决策结果的影响	所得评价结果绝对值更适用于方案排序

10.3.3　客运枢纽规划综合评价计算分析步骤

本节以灰色关联理论分析方法为例,简述其计算分析步骤,并采用该方法对客运枢纽人流系统规划设计方案进行评价。

1) 灰色关联理论分析方法

(1) 评价指标选取与表示

为了进行近期、中期、远期和远景等规划年限枢纽布局(设计)方案的综合评价,需建立相应年限的评价指标体系。考虑到不同的规划年限对枢纽的功能要求和评价侧重点可能有所不同,因此,各规划年限可以选用不同的评价指标体系。

假设共有 n 个待评价和选择的方案,枢纽布局方案布局(设计)方案共分为 l 个规划年限,第 $k(k=1,2,\cdots,l)$ 个规划年限有 m_k 个评价指标,则方案 i 第 k 个规划年限的第 j 个评价指标可表示为 $r_{ij}(k)$ $(i=1,2,\cdots,n;j=1,2,\cdots,m_k;k=1,2,\cdots,l)$。

(2) 各规划年限的方案评价

根据各规划年限的评价指标,对各规划年限的评价方法如下。

① 评价指标的预处理

a. 指标类型的一致化。根据各规划年限的评价指标中既有极大型指标,又有极小型指标,既有居中型指标,又有区间型指标,则在评价之前必须对指标进行一致化处理,处理方法如下。

对于极大型指标 $r_{ij}(k)$,令:

$$x_{ij}(k) = r_{ij}(k) \tag{10-72}$$

对于极小型指标 $r_{ij}(k)$,令:

$$x_{ij}(k) = \frac{1}{r_{ij}(k)} \tag{10-73}$$

对于居中型指标 $r_{ij}(k)$,令:

$$x_{ij}(k) = \begin{cases} \dfrac{2[r_{ij}(k)-m(k)]}{M(k)-m(k)} & \left(m(k) \leq r_{ij}(k) \leq \dfrac{M(k)+m(k)}{2}\right) \\ \dfrac{2[M(k)-r_{ij}(k)]}{M(k)-m(k)} & \left(\dfrac{M(k)+m(k)}{2} \leq r_{ij}(k) \leq M(k)\right) \end{cases} \tag{10-74}$$

式中:$m(k)$——指标 $r_{ij}(k)$ 的一个允许下界;

$M(k)$——指标 $r_{ij}(k)$ 的一个允许上界。

对于区间型指标 $r_{ij}(k)$，令：

$$x_{ij}(k) = \begin{cases} 1.0 - \dfrac{q_1(k) - r_{ij}(k)}{\max\{q_1(k) - m(k), M(k) - q_2(k)\}} & (r_{ij}(k) < q_1(k)) \\ 1.0 & (r_{ij}(k) \in [q_1(k), q_2(k)]) \\ 1.0 - \dfrac{r_{ij}(k) - q_2(k)}{\max\{q_1(k) - m(k), M(k) - q_2(k)\}} & (r_{ij}(k) < q_1(k)) \end{cases} \quad (10\text{-}75)$$

式中：$[q_1(k), q_2(k)]$——指标 $r_{ij}(k)$ 的最佳稳定区间；

其他符号意义同前。

这样，即可将评判指标都转换为极大型指标。

b. 指标的无量纲化。由于分类指标意义、量纲不同，其指标计算值可能数量悬殊。为避免指标值量纲对评判结果的影响，使各指标具有可比性，还必须对指标计算值进行无量纲化，即

$$y_{ij}(k) = \frac{x_{ij}(k)}{x_{lj}(k)} \quad (10\text{-}76)$$

其中，$x_{lj}(k) \neq 0$ 且 l 为任意值，一般取 $x_{lj}(k) = \max x_{ij}(k)$。

这样，评判指标值就转换为无量纲数据，且 $y_{ij}(k) \in (0, 1)$。

②评价指标权重的确定

确定权重系数是综合评价中的核心问题之一。对于评价目标而言，权重系数是评价指标之间的相对重要程度的体现。灰色关联理论分析方法的指标权重是由灰色关联系数求得，详见下文。

③各规划年限方案的评价值

假设确定的第 k 个规划年限中第 j 个评价指标的权重系数为 $\mu_j(k)$，则方案 i 在第 k 个规划年限的评价值为

$$z_i(k) = \sum_{j=1}^{m_k} \mu_j(k) \times y_{ij}(k) \quad (i = 1, 2, \cdots, n; k = 1, 2, \cdots, l) \quad (10\text{-}77)$$

式中：$z_i(k)$——方案 i 在第 k 个规划年限的评价值；

其他符号意义同前。

④基于灰色关联分析的立体评价

由于方案在各规划年选用指标的数量可能不同，所以不同规划年之间的指标值不能直接进行线性加权比较。因此，采用灰色关联分析方法进行方案的立体综合评价。

a. 确定参考序列。每个指标均依次作为评价基准的参考序列 $Z_0 = [z_0(1), z_0(2), \cdots, z_0(l)]$，以求得所有指标的关联系数。第一次求解为第 1 列，第 2 次求解为第 2 列，$\cdots$，第 n 次求解为第 n 列。

b. 求关联系数。方案 i 在各规划年的评价值 $Z_i = [z_i(1), z_i(2), \cdots, z_i(l)]$ 与评价基准 $Z_0 = [z_0(1), z_0(2), \cdots, z_0(l)]$ 的差异程度用关联系数表示，则 $z_i(k)$ 与 $z_0(k)$ 的关联系数为

$$\xi(z_0(k), z_i(k)) = \frac{\min\limits_i \min\limits_j |z_0(k) - z_i(k)| + \rho \max\limits_i \max\limits_j |z_0(k) - z_i(k)|}{|z_0(k) - z_i(k)| + \rho \max\limits_i \max\limits_j |z_0(k) - z_i(k)|} \quad (10\text{-}78)$$

式中:$\xi(z_0(k), z_i(k))$——$z_0(k)$与$z_i(k)$的关联系数;
ρ——分辨系数,$\rho \in (0,1)$,ρ值越小,分辨能力越大,一般取$\rho = 0.5$;
其他符号意义同前。

由灰色关联系数可得灰色关联度v_i为

$$v_i = \frac{1}{n}\sum_{j=1}^{n}\xi(z_0(k), z_i(k)) \quad (10\text{-}79)$$

获得评价指标两两之间的相关性指标,可得关联性矩阵V为

$$V = (v_{ij})_{mn} \quad (10\text{-}80)$$

各指标权重ω_j为

$$w_j = \frac{\sum_{k=1}^{n}v_{kj}}{\sum_{j=1}^{n}\sum_{k=1}^{n}v_{kj}} \quad (10\text{-}81)$$

c.求关联度。考虑到各规划年限的相对重要程度是有差别的,所以在灰色关联度的计算中应按各规划年限的相对重要程度大小赋予相应的权重系数。

假设权向量为$w = (w_1, w_2, \cdots, w_l)$,则加权灰色关联度为

$$\gamma_i = \sum_{k=1}^{l}\xi(z_0(k), z_i(k)) \times w_k \quad (10\text{-}82)$$

式中:γ_i——方案i的加权灰色关联度;
其他符号意义同前。

灰色关联度γ_i越接近于1,表明方案i与评价基准的相似性越大,方案效果就越好。

d.求关联序。将灰色关联度$\gamma_i(i=1,2,\cdots,n)$按照从大到小的顺序排列,即可得到灰色关联序。按照灰色关联序对城市综合客运枢纽布局(设计)方案进行优劣排序,即可得到集各规划年限于一体的"立体"综合评价的最优方案。

2)算例分析

假设:目前需要对某综合客运枢纽的人流系统进行规划设计,专业部门通过规划设计提出3个方案,需要采用灰色关联综合评价比选得到最优方案。

已知:已构建评价层次(舒适性、协调性、便捷性和时效性)并选择出评价指标(集散场所人均换乘面积、运能匹配度、平均换乘距离和平均换乘时间),通过测量计算得到表10-5中的指标参数。

表10-5 方案评价层次与评价指标初始值

方案	舒适性 集散场所人均换乘面积 (m^2/人)	协调性 运能匹配度 (%)	便捷性 平均换乘距离 (m)	时效性 平均换乘时间 (min)
1	3.8	71	88	17
2	1.9	92	29	10
3	2.1	102	30	13

目标:采用灰色关联综合评价比选得到最优方案。

计算评价:

集散场所人均换乘面积是极大型指标,运能匹配度、平均换乘距离和平均换乘时间是极小型指标。采用式(10-72)和式(10-73)对指标进行归一化,采用式(10-76)无量纲处理后,根据式(10-78)和式(10-79)即可得到两两指标之间的关联度(表10-6),取 $\rho = 0.5$。

表10-6 方案评价指标关联度计算结果

指标	集散场所人均换乘面积 (m^2/人)	运能匹配度 (%)	平均换乘距离 (m)	平均换乘时间 (min)
集散场所人均换乘面积 (m^2/人)	1	0.751	0.394	0.486
运能匹配度(%)	0.751	1	0.602	0.757
平均换乘距离(m)	0.394	0.602	1	0.576
平均换乘时间(min)	0.486	0.757	0.576	1

根据所得的指标关联度,求得指标的权重值,见表10-7。

表10-7 方案评价指标权重值计算结果

指标	集散场所人均换乘面积 (m^2/人)	运能匹配度 (%)	平均换乘距离 (m)	平均换乘时间 (min)
指标权重	0.236	0.279	0.231	0.253

由指标权重采用公式计算得到方案综合评价值,见表10-8。

表10-8 各方案综合评价值

方案	舒适性 集散场所人均换乘面积 (m^2/人)	协调性 运能匹配度 (%)	便捷性 平均换乘距离 (m)	时效性 平均换乘时间 (min)	综合评价值
1	0.236	0.279	0.076	0.149	0.741
2	0.118	0.216	0.231	0.253	0.818
3	0.131	0.194	0.223	0.195	0.743

由以上3个方案的综合评价值可得:方案2最好,其次是方案3,最后是方案1。在计算指标权重的过程中,运能匹配度和平均换乘时间的指标权重值较大,是比较重要的指标。

该评价方法通过因素序列确定影响的主导因素,避免了主观因素的干扰,使得评价结果更客观、科学,有助于决策者选出最优的方案。

本章参考文献

[1] 崔叙. 城市综合客运枢纽规划与设计理论研究[D]. 上海:同济大学,2005.

[2] 潘玲巧,焦永兰,林志安. 基于集对分析的客运专线引入铁路枢纽客运站选址方案比选[J].

中国铁道科学,2009,30(3):125-129.
- [3] 徐斌,韩宝明,董霄.基于信息熵—灰色关联分析法的客运专线车站选址评价研究[J].铁道运输与经济,2011,33(6):90-94.
- [4] 宗婷.基于多种交通方式的客运枢纽交通组织研究[D].西安:长安大学,2008.
- [5] 段智.城市客运综合交通枢纽交通功能评价和方法研究[D].北京:北京交通大学,2007.
- [6] 刘庆涛.大型客运枢纽对城市交通的影响分析[D].西安:长安大学,2008.
- [7] 张思家.城市综合交通枢纽与邻接区协同规划评价指标体系研究[D].成都:西南交通大学,2016.
- [8] 王鑫.城市停车换乘设施规划问题研究[D].西安:长安大学,2009.
- [9] 耿美君.综合客运枢纽服务水平评价研究[D].长春:吉林大学,2009.
- [10] 郭丽丽,肖展欣.综合客运枢纽服务功能评价的研究综述[J].综合运输,2016,38(8):62-67.
- [11] 王春枝,斯琴.德尔菲法中的数据统计处理方法及其应用研究[J].内蒙古财经大学学报,2011,9(4):92-96.
- [12] 徐国祥.统计预测和决策和统计方法[M].上海:复旦大学出版社,1994.
- [13] 张冬梅,曾忠禄.德尔菲法技术预见的缺陷及导因分析:行为经济学分析视角[J].情报理论与实践,2009,32(8):24-27.
- [14] CHARNES A, NERALI L. Sensitivity analysis of the additive model in data envelopment analysis[J]. European Journal of Operational Research,1990,48(3):332 341.
- [15] CHARNES A, COOPER W W, RHODES E. Measuring the efficiency of decision making units[J]. European Journal of Operational Research,1978,2(6):429-444.
- [16] 曾珍香,顾培亮,张闽.DEA方法在可持续发展评价中的应用[J].系统工程理论与实践,2000,20(8):114-118.
- [17] 关昌余,王哲人.DEA方法在城市客运换乘枢纽评价中的应用研究[J].公路交通科技,2008,150(9):145-149.
- [18] 李凤玲,葛正义.基于AHP的轨道交通枢纽换乘综合评价[J].铁道运输与经济,2006,28(4):79-81.
- [19] 廖勇.基于三角模糊数的铁路客运站选址方案评价方法[J].中国铁道科学,2009,30(6):119-125.
- [20] 何霖,广晓平,李杨.基于熵权模糊物元分析的客运专线引入铁路枢纽的客运站选址方案研究[J].兰州交通大学学报,2010,29(4):126-129.
- [21] 任丽华.模糊综合评价法的数学建模方法简介[J].商场现代化,2006(20):8-9.
- [22] 陈君,李聪颖,丁光明.基于BP神经网络的高速公路交通安全评价[J].同济大学学报:自然科学版,2008,36(7):927-931.
- [23] 邓聚龙.灰色系统理论教程[M].武汉:华中理工大学出版社,1990.

第11章

现代客运交通枢纽投融资与运营管理可持续理论分析

现代客运交通枢纽的投融资与运营管理应该贯穿其整个生命周期,并以可持续发展理念为指导。本章结合我国国情,对现代客运交通枢纽的经济属性及其投融资模式进行了研究,探讨了枢纽运营管理体系,分析了枢纽的业务构成;针对枢纽的准公益性特性,提出了对枢纽补贴的方式与原则,从可持续发展的角度,提出了枢纽一体化开发的建议。现代客运交通枢纽投融资与运营管理能够满足人们对交通便捷换乘和综合服务的现实需求,在最大限度发挥综合交通枢纽公益性的基础上,实现城市发展战略与客运交通枢纽的可持续协同发展。

11.1 综合客运交通枢纽的生命周期

综合客运交通枢纽的发展是一个"生长过程",不论是规划、建设还是运营、管理都是难以分割的整体。综合客运交通枢纽的发展不能一叶而障目,局限于某个环节,应综合整个过程,形成系统观和全局观,投融资活动和成本-收益匹配也需要完整考虑周期内各种因素的影响,注重提高全生命周期的综合效益。

11.1.1 对生命周期的认识

过去,政府、企业、规划设计咨询机构等大多关注综合客运交通枢纽基础设施的建设环节,随着越来越多的设施建成并投入使用,大家开始关注运营管理。进入现代基础设施发展时期后,贯穿发展全过程生命周期(life cycle)的理论得到了更加广泛的认可和应用。

生命周期的概念引申自自然界中的生命体所经历的生、壮、老、死过程。早在1966年,美国哈佛大学教授雷蒙德·弗农(Raymond Vernon)就在《产品周期中的国际投资与国际贸易》[1]一文中首次提出了产品的生命周期理论,将生命周期的理念引入对经济社会事务的考虑。其后在政治、经济、环境、技术、社会等诸多领域,生命周期的理念都得以被广泛应用。

综合客运交通枢纽的生命周期是指综合客运交通枢纽从投资规划设计、建造到建成运营、发生损耗维护,直至最终报废的全过程。可以将综合客运交通枢纽理解为一个生命体,经历"从摇篮到坟墓"(cradle-to-grave)的过程,这也是综合客运交通枢纽发展演变的客观规律。综合客运交通枢纽的一个生命周期结束后,就需要设计建造新的综合客运交通枢纽,进入新一轮的生命周期。

为什么要关注综合客运交通枢纽的生命周期呢？这是因为综合客运交通枢纽实际上是一个非常复杂的系统，面临着功能需求日益多样化、设施日益复杂化、投资主体日益多元化等诸多挑战[2]。在枢纽的发展变化过程中，不同阶段是相互继承、相互联系又相互影响的。综合客运交通枢纽的可持续发展和经济高效投资，并不是单靠做好某个环节就能实现的，而是需要全面的、系统的考虑和精细的规划设计、周密的部署实施和长期的优化改进。在很多情况下，综合客运交通枢纽在规划设计的时候就要引入对后续运营管理的考虑。一些规划设计方案能够降低运营维护成本，但是可能会以拉长建设周期为实施代价，这也是值得考虑的，这就是生命周期价值观念的体现。以运营管理为导向的枢纽设计理念如图11-1所示。

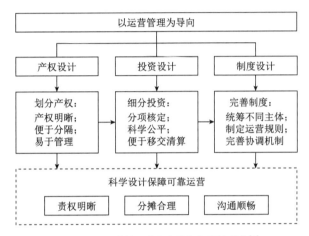

图11-1 以运营管理为导向的枢纽设计理念[2]

11.1.2 主要阶段和关注重点

按照先后顺序，我们可以将综合客运交通枢纽的生命周期划分为规划、设计、建设和运营四个阶段。比如在2013年，国家发展改革委出台的《促进综合交通枢纽发展的指导意见》就提出来要统筹枢纽建设经营，鼓励组建公司实体作为业主，根据综合交通枢纽规划，负责单体枢纽的设计、建设与运营管理。这些任务环节就是对枢纽生命周期发展阶段的认识理解。

1）规划阶段

规划阶段是综合客运交通枢纽发展的前期阶段，这个阶段是极其重要的，将会对后续各项工作产生长远影响。在枢纽的规划阶段，就要统筹各种运输方式之间、城市交通与对外交通之间、既有设施与新建设施之间的关系，做好衔接工作，并注重全局性、前瞻性和可操作性。同时在规划阶段，规划师经常会忽略或不重视前期策划和概念研究等工作，但这些工作实际上是直接服务于综合客运交通枢纽的发展初衷和发展需求的，如早期的思路构想是综合客运交通枢纽发展的源头，预可行性研究用于奠定项目研究意义和研究价值，概念规划有助于发散思维、凝聚创新等，需要予以高度重视。

2）设计阶段

设计阶段是综合客运交通枢纽在从蓝图走向落实的过程中所不可或缺的关键步骤，也是精准展现综合客运交通枢纽发展意图的重要抓手。综合客运交通枢纽的设计研究机构要在前期规划的基础上,牵头组织协调各个专业,实行总体设计、分项负责,设计中应集约布局各类场站设施,突出一体化衔接,有效承载多种服务功能,实现枢纽的便捷换乘、经济适用、规模适当。

3) 建设阶段

建设阶段是综合客运交通枢纽发展中最受工程人员重视的实施阶段,也是综合客运交通枢纽生命周期中的成长阶段。综合客运交通枢纽的建设要强调集中指挥、同步建设,统筹各种运输方式制定项目的开工时序、建设进度和交付时间,使各类设施同步运行,各类功能同步实现,对不能同步实施的应进行工程预留。

4) 运营阶段

运营阶段是综合客运交通枢纽生命周期中时间跨度最长的阶段,也是最考验其耐力和实效的阶段。综合客运交通枢纽的运营要创新管理模式,完善协调机制,培育专业化的枢纽运营管理企业,保障枢纽整体协调运营,提升运行效率、服务能力和经营效益。

11.2 经济属性及典型投融资模式

围绕综合客运交通枢纽基础设施的投融资,当前已经形成了一些成熟的模式,并不断完善创新。由于综合客运交通枢纽是重要的基础设施,资金投入巨大、产权利益纠葛、流程操作复杂,做好综合客运交通枢纽的投融资,关键在于协调其生命周期中的各类主体,以需求为导向,形成统一的利益共同体。

11.2.1 经济属性分析

现代客运交通枢纽的经济属性定位为准公共物品,主要观点如下[3-4]。

1) 准公共物品属性

现代客、货运交通枢纽都是公共使用或消费的物品,具有部分消费效用的不可分割性、有限的消费非竞争性、消费的可排他性、消费量的非均等性以及显著的外部性,因此属于准公共物品。

2) 客、货运枢纽的差异

(1) 公共属性差异

客运枢纽与货运枢纽除具有上述共性外,由于服务对象及服务特点不同,二者的公共性属性也有很大差异,主要表现在效用的不可分割性和消费的非均等性两个方面。客运枢纽具有显著的消费效用不可分割性以及较弱的消费非均等性,属于偏纯公共物品的准公共物品,具有较强的公益性。货运枢纽具有明显的消费效用可分割性和较强的消费非均等性,属于偏私人物品的准公共物品,具有更强的经营性和投资效益。

(2) 构成要素的经济属性差异

客、货运枢纽构成要素的经济属性存在着明显差异。客运枢纽的生产设施偏属公共物品,货运枢纽的生产设施偏属私人物品。

3) 商品性分析

商品性主要指投资项目的盈利前景,衡量公共设施的商品性主要有以下三项指标。

(1) 竞争力

客运枢纽的需求相对稳定,受经济周期波动的影响小,具有较为稳定的收入流和投资回报率,具备一定的竞争潜力。综合客运交通枢纽提供的基本服务都是直接面向社会大众的,服务具有长期性和普遍性,价格的形成和调整涉及整个社会的利益,因此,必须受到政府的严格监管,不能完全按照市场供求关系来定价。这决定了其利润率一般低于社会平均利润,竞争潜力必受到制约。

(2)成本回收能力

按照交通运输部颁布的标准规定的相应站级发送的旅客数量以及现行客运代理费的有关规定测算,客运枢纽虽然具有一定的成本回收能力,但是投资回收周期却较长。

(3)公益性义务

现代客运交通枢纽是重要的城市基础设施,是城市内外客流的大量往来、集散之地,因此也是城市文明的窗口。它的建设水准应服从于政府和社会目标,这决定了客运交通枢纽除满足消费者对其功能与服务水平的要求外,还需满足城市的功能定位。这就使现代客运交通枢纽通常被赋予一些公益特性,需要承担一定的社会公益性义务,企业的经济效益要服从于社会整体效益。

11.2.2 投资主体与角色

综合客运交通枢纽基础设施涵盖航空、港口、国铁、口岸、城市交通、物业开发等多种类型,不同设施、不同阶段交叉对应不同的投资主体,分属不同的部门,存在不同的利益诉求。

1)政府

包括我国在内的大多数国家的基础设施及公共服务都强调公益性,政府是基础设施发展主要的参与方,也是主要的投资方。坚持基础设施与公共服务项目的公益性,意味着政府需要持续投入资金——不仅新建项目需要政府出资,后期运营维护也需要持续投入。

建设阶段,政府需要确定综合客运交通枢纽项目建设资金的筹措方案,承担相应比例的项目资本金。按照2019年发布的《国务院关于加强固定资产投资项目资本金管理的通知》,投资项目资本金作为项目总投资中由投资者认缴的出资额,对投资项目来说必须是非债务性资金,项目法人不承担这部分资金的任何债务和利息。港口、沿海及内河航运项目,项目最低资本金比例为20%,机场项目最低资本金比例为25%,其他基础设施项目为20%。在政府财力有限的情况下,银行贷款是枢纽项目建设资金的重要来源。根据国内银行贷款评审的要求,对于以政府为投资主体的社会公益性项目,政府除提供自筹资金落实情况的有关材料外,还要进行财政承受能力和还贷可行性考察,必须进行收费权质押、土地出让金质押或土地质押等财政担保和质押担保。

运营阶段,政府需要制定相应的招商引资优惠政策和补偿政策。因为综合客运交通枢纽基础设施项目的直接经济效益往往不明显,不可能仅依靠运营收益收回投资及获得投资收益,往往需要政府用土地、税收、物业或其他权益以保障投资回报。

另外,根据我国相关管理规定,综合客运交通枢纽项目涉及利用外资的,还需要政府相关主管部门按照外资投资和外汇管理相关规定进行统筹管理。

2)企业

随着我国基础设施投融资体制向市场化方向转变,政府部门本身正从原来集项目的监管者、经营者双重角色于一身的状态中脱离出来,转向更侧重合作、监督和管理的角色。这就意味着企业是地方政府运作项目不可或缺的主体,需要在综合客运交通枢纽的项目投资中发挥主体作用,如以各地的城投、交投、铁投、建投等为代表,作为重要的投融资平台。

投融资平台企业往往承担综合客运交通枢纽项目的规划、投融资和资本运营等具体实操任务。投融资平台企业需通过采用多渠道、低成本融资方式,强化融资创新,广泛使用企业债券、短期融资券、中期票据、信托资金、保险资金、融资租赁等融资工具,满足综合客运交通枢纽建设和运营维护的资金需求。

3)社会资本

现在大量综合客运交通枢纽项目已经面向社会资本开放。但是,在外资领域还存在一些准入限制。比如,民用机场的建设、经营须由中方相对控股,外方不得参与建设、运营机场塔台。再如,国内水上运输公司须由中方控股。又如,公共航空运输公司须由中方控股,且一家外商及其关联企业投资比例不得超过25%,法定代表人须由中国籍公民担任[3]。

当前,社会资本拥有巨大存量,吸引更多社会资本进入,可以有效改善综合客运交通枢纽基础设施的投融资环境,降低政府财政负担压力,分担枢纽发展过程中的财务风险。一些有先进理念和经验的企业主体参与还有助于进一步规范建立现代企业制度,提高枢纽运行效益,激发交通运输及相关市场的活力。

11.2.3 典型投融资模式

综合客运交通枢纽的发展过程实际上就是将各类主体聚合在一起,平衡权责利益,高效合作,协调满足各方诉求的过程。落到具体的基础设施投融资模式上,主要分为政府投融资、政府和社会资本合作以及商业投融资三类[4]。

1)政府投融资

政府投融资模式实际上对应的是公共产品的公共生产模式,以政府信用为基础,由政府出资进行综合客运交通枢纽项目建设,建成后由交给相应的运输部门进行运营、管理和维护。资金来源主要有财政直接投资(又称"政府财政投资""政府经营")和政府债务融资(又称"政府债务融资为主,政府经营"),包括地方债、国债、政策性贷款、国外政府或国际金融组织贷款等。政府投融资模式也是我国以及全球多国针对基础设施投融资所采取的常用策略。

(1)财政直接投资

我国在传统的计划经济体制下,建设费用全部由政府承担,经营由国有企业(实际上是公共部门)垄断,依靠政府财政补贴来实现盈亏平衡,政府不提供或很少提供包括沿线土地开发权等矫正外部效应的政策支持。

这种投融资模式的主要优点:完全由政府财政投入,投资结构单一,操作成本低,运营后财务费用少。这种投融资模式的缺点:①政府财力往往无法满足枢纽发展的资金需要。②政府补贴长期存在,运营企业缺乏有效的激励机制,运营效率和服务水平较低。

(2)政府债务融资

为克服财政直接投资中政府财力不足对枢纽发展的制约,以政府债务融资为主,政府经营的投融资模式逐渐兴起。这种模式主要是由政府财政投入部分资金,其余资金则依托政府提供信用担保,由企业以银行贷款、发行债券等方式进行债务融资。

该模式的优点:筹措资金操作简便,资金充足、到位快,可以缓解枢纽建设投资对地方财政的压力。该模式的缺点:①融资成本高,巨额债务进一步加大了企业和政府的财务负担,尽管可以缓解政府的即期财政压力,但是政府必须提供持续的补贴,以保证运营的顺利进行。②投资主体单一,不利于运营服务质量和效率的提高。③不利于企业引入多元化的投资体制,无法从根本上减轻政府负担,但从满足国内当前地方经济发展对客运枢纽的迫切需要,缓解财政建设资金不足的方面来看,具有一定的积极作用。

2）政府和社会资本合作

政府和社会资本合作(Public-Private-Partnership,PPP)模式对应的是公共产品的混合生产模式,政府采取竞争性方式择优选择具有综合客运交通枢纽投资、运营管理能力的社会资本,双方按照平等协商原则订立合同,明确责权利关系,由社会资本提供设施建设与运输服务,政府依据绩效评价结果向社会资本支付相应对价,保证社会资本获得合理收益。政府和社会资本合作模式有利于充分发挥市场机制作用,提升公共服务的供给质量和效率,实现公共利益最大化,是近年来基础设施投融资领域比较推荐的形式。实现政府和社会资本合作模式的具体形式可以是多样化的,具体包括建设-经营-移交模式(BOT)、建造-拥有-运营-移交模式(BOOT)、租赁-运营-移交模式(LOT)、设计-建设-融资-运营-移交模式(DBFOT)、转让-运营-移交模式(TOT)、运营与维护合同模式(O&M)、政府购买服务模式等。

市场力量的参与有利于强化竞争,优化市场的要素配置关系,提高综合客运交通枢纽的发展质量。社会资本的引入也能缓解政府和国有企业的负债压力,提高企业的营运水平。但要注意到社会资本自身的逐利性。很多社会资本把目光瞄准综合客运交通枢纽,其目的是希望通过枢纽及周边的综合开发、房地产建设等获得更大的经济回报。因此,政府要平衡好各方关系,既要引导市场发挥其资源配置效率的优势,满足社会资本对于利益的正常诉求,也要杜绝不合理的暴利。政府不仅要专注于基本的公共产品和服务保障供给,还要通过合理的机制设计实现对社会公平的合理保障,做到对各类主体一视同仁、平等对待,让参与综合客运交通枢纽的各方实现共赢。

3）商业投融资

商业投融资模式对应的是公共产品的私人生产模式,由商业企业取代政府作为综合客运交通枢纽项目的投资主体,并且采用商业原则进行经营,负责项目的融资、建设、运营开发、投资回报与还本付息等。为使综合客运交通枢纽具有一定的盈利能力以吸引大型企业和财团的投资,政府通常会给予项目一定的特殊优惠政策,包括交通政策和土地利用政策等,或给予一定的补贴。这种模式是完全市场化的企业投融资行为,政府财政压力较小,资金使用效率和运营管理效率较高,但是问题是建设和运营服务标准难以统一,存在一定的社会风险,政府给予的优惠政策和财政补贴也不易把握。

11.2.4 投融资创新探索

除了上述三类主要的模式外,近年来我国综合客运交通枢纽基础设施在投融资方面还引入了一些新的金融工具,探索形成了一些创新性的做法。

1）枢纽专项债券

按照2020年财政部印发的《地方政府债券发行管理办法》,地方政府债券是指省、自治区、直辖市和经省级人民政府批准自办债券发行的、计划单列市人民政府(以下称"地方政府")发行的、约定一定期限内还本付息的政府债券。地方政府债券包括一般债券和专项债券。一般债券是为没有收益的公益性项目而发行的,主要是以一般公共预算收入作为还本付息资金来源的政府债券;专项债券是为有一定收益的公益性项目而发行的,是以公益性项目对应的政府性基金收入或专项收入作为还本付息资金来源的政府债券。

2020年《关于加快地方政府专项债券发行使用有关工作的通知》明确指出,专项债券重点用于国务院常务会议确定的交通基础设施、能源项目、农林水利、生态环保项目、民生服务、冷链物流设施、市政和产业园区基础设施等七大领域。综合客运交通枢纽基础设施是专项债券的重点支持对象。地方政府也根据各地发展需求,积极谋划发行了一批枢纽专项债券,如广东省政府2020年粤港澳大湾区交通基础设施专项债券、2020年深圳市(本级)机场专项债券、2020年四川省城乡基础设施建设专项债券(包括成都火车北站扩能改造配套枢纽工程项目)等。

2) 融资租赁

融资租赁又称金融租赁,指租赁的当事人约定,由出租人根据承租人的需求向第三方(供货人)购买承租人选定的设施设备,并在一个不间断的长期租赁期内,将该物件的使用权转让给承租人,通过收取租金的方式,收回全部或大部分投资。融资租赁集金融、贸易、服务于一体,具有独特的金融功能,在国际上是仅次于银行信贷的第二大融资方式[5]。融资租赁作为一种现代投融资方式,以其兼具融资和融物的独特功能,出租人不实际控制标的物、不参与承租企业的经营和管理,仅获取因提供资本而产生的风险报酬,为基础设施建设融资提供了一个全新的思路。

综合客运交通枢纽基础设施可以用以下三种方式开展融资租赁:一是直接融资租赁方式,指租赁公司自筹资金,购进设施设备提供给相关企业,缓解枢纽基础设施建设的资金压力。二是设备融资租赁方式,能够解决交通运输行业成本较高的大型设备融资的难题。三是售后回租方式,综合客运交通枢纽建设、运营企业可以把自己拥有的"有可预见的稳定收益的基础设施资产"作为固定资产出售给租赁公司,然后作为承租者将出售的基础设施向租赁公司回租使用,这样能够盘活存量资产,换取当期现金流入,改善企业的财务状况,取得的资金既可以用于运营期内的流动资金周转也可以投入新的基础设施建设[6]。

3) 基础设施资产证券化

基础设施资产证券化(Asset Backed Securitization,ABS)是以基础设施未来所产生的现金流为偿付支持,通过结构化设计进行信用增级,在此基础上发行资产支持证券的过程,是金融证券化的一种表现形式,即将银行贷款或其他资产转换成可在金融市场上流通的有价证券。对于枢纽建设而言,就是用已建成项目的收入作为支持,将项目建设的贷款项转换成可流通的有价证券,借助金融衍生工具,盘活资金存量,加速资金周转,提高资金使用效率。2018年,上海、深圳证券交易所专门发布了《基础设施类资产支持证券挂牌条件确认指南》,明确了基础设施类资产支持证券是指证券公司、基金管理公司子公司作为管理人,通过设立资产支持专项计划开展资产证券化业务,以燃气、供电、供水、供热、污水及垃圾处理等市政设施、公路、铁路、机场等交通设施、教育、健康养老等公共服务产生的收入为基础资产现金流来源所发行的资产支持证券。

综合客运交通枢纽基础设施具有未来稳定、可预期的现金流,利用资产证券化能够开辟新的投融资途径,扩大引资能力,特别有利于效益好、质量高的现代客运交通枢纽的发展。

4）基础设施领域不动产投资信托基金

基础设施领域不动产投资信托基金(Real Estate Investment Trusts, REITs)是国际通行的配置资产,也是 ABS 的一种形式,具有流动性较强、收益相对稳定、安全性较高等特点。REITs 的运作建立在资产所有权和经营权分离的基础上。REITs 使投资主体多元化,能够促使基础设施的经营方转换经营理念,改变管理模式,从而提高基础设施的运行管理效率。同时 REITs 作为权益型金融工具,并不属于债务,不会增加政府和企业的刚性支出。引入 REITs 还能够使政府提前收回基建资金,归还其他债务或补充其他投资项目的资本金,降低地方政府和国有企业的债务负担[7]。

通过 REITs 支持综合客运交通枢纽发展,在拓宽社会资本投资渠道、提升直接融资比重、提高基础设施运营管理效率、降低政府债务风险等方面都是有利的,还有助于在远期推动综合客运交通枢纽基础设施投融资市场化、规范化健康发展。2020 年中国证监会和国家发展改革委颁发了《关于推进基础设施领域不动产投资信托基金(REITs)试点相关工作的通知》,目前正在加快推动该领域的发展。

11.3 可持续化运营管理体系构建

11.3.1 枢纽业务构成分析

综合交通枢纽的业务主要可以分为专业化业务和共性化业务两大类[8]。专业化业务主要涉及交通方面的组织和管理,包括行车调度、客户服务、票务管理、专用设备维护等;共性化业务主要涉及物业开发部分的组织和管理,包括商业、办公、餐饮、娱乐等设施的运营和管理。专业化业务必须由具备枢纽运营管理经验的交通部门管理。共性化业务的市场化程度较高,可供选择的运营主体较多,既可以由交通部门统一管理,再将物业开发部分批租给民营企业或个人,也可以通过竞标,以特许经营的方式交由民营机构运营管理,政府起监管的作用。综合交通枢纽业务构成如图 11-2 所示。

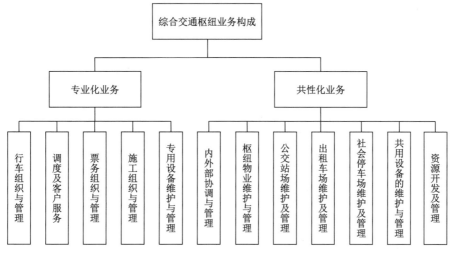

图 11-2 综合交通枢纽业务构成

11.3.2 管理模式与范围

综合交通枢纽涉及多种交通方式与多个运营主体,物理界限和接口关系复杂,在运营管理实践中可以采用以下三种管理模式[9]。

1)建运一体模式

综合换乘枢纽建成后继续由建设单位负责经营管理,建设单位直接作为枢纽的经营管理主体,成立专属的枢纽管理公司,统一经营管理。遵循有偿使用的原则,以租赁形式为长途汽车、公共汽车等不同使用单位提供场地,并提供清洁、检修、保安、营运信息发布、乘客服务等综合性服务。枢纽长途、公共汽车等专属区以有偿租用方式将场地提供给各运营企业,由运营企业负责其独立功能区的运营管理,同时各功能区接受枢纽管理公司物业、安保、信息化等部门的综合协调管理。对于枢纽内无法进行分割的非独立换乘区、公共停车场、社会广场等,由枢纽管理公司统一经营管理。枢纽的综合开发由枢纽管理公司负责,其收益用于弥补枢纽建设和经营的资金缺口。

2)建运分离模式

枢纽由建设单位建成后,全面移交各运营企业进行资产分割并各自独立经营。枢纽建成后,以无偿划转的方式整体移交给相关运营企业,由各使用单位自行管理、自负盈亏,各使用单位根据各自承接的资产份额承担相应的债权、债务。枢纽长途、公共汽车等专属区以审计确认的资产无偿划转给各运营企业独立经营管理,自负盈亏。对于枢纽内无法进行分割的非独立换乘区、公共停车场、社会广场等区域,由各使用单位分割资产份额并各自独立经营管理。

3)联合经营模式

枢纽建成后,以无偿划转的方式整体移交给由运营企业合资成立的枢纽管理公司统一管理,并承担全部债权、债务。枢纽长途、公共汽车等专属区由合资公司先整体承接枢纽后,再按功能划分,以承债式资产无偿划转给各运营企业独立经营管理,自负盈亏。同时,各功能区接受合资公司物业、安保、信息化等的协调管理。对于枢纽内无法进行分割的非独立换乘区、公共停车场、社会广场等,由合资公司统一经营管理。在枢纽的综合开发中,枢纽主体内的商业开发由合资公司负责经营管理,枢纽后期配套的综合开发由建设单位负责。

11.3.3 管理界面划分

枢纽运营管理界面划分的研究主要解决与枢纽管理相关的不同经营主体之间的管理范围与权限问题。综合交通枢纽管理界面的划分主要包括按物理划界和按管理便利性来划界两种方式。物理界面的划分可按自然建筑红线进行划界,明确双方管理范围,相关管理细则需在接口协调内容中进行明确,一般分为以站厅/站台层为界、以屏蔽门为界、以闸机为界等方案。以管理便利性划分是在自然建筑红线的划界不够清晰的情况下而延伸的另一种划界方法,需经过相关管理双方进行协商,对部分不能按红线进行划界的区域进行委托管理。

11.3.4 管理职能与组织机构

在确定枢纽管理模式及管理界面划分的基础上,具体研究枢纽运营企业的管理职能与组织机构组建。枢纽运营企业的管理职能主要包括日常的运营管理职能和应急状态下的职能两部分。

1)日常运营管理职能

日常运营管理职能主要包括站务管理、票务管理、行车管理、设备运营管理等常规职责,以及枢纽配套的商业经营管理、配套交通接驳设施的运营管理,甚至枢纽范围内的广告经营及其他增值服务管理等职责。

2)应急状态下的职能

应急状态下的职能应充分考虑综合枢纽应急状态下运营管理、组织协调、救援的复杂性,主要包括灾害状态下协助有关部门对枢纽和各线、站场进行统一指挥和协调,以及日常风险管理与控制、应急预案制定等职能。

在明确了枢纽的管理职能之后,可以建立与其相对应的组织机构。枢纽应以站务管理、资源开发、物业管理和综合办公室四个部门为核心,并在站务管理部门下设客流管理和接驳站场管理部门,发挥枢纽的统筹管理作用,物业管理部门下设公交站场、出租车场、社会停车场等部门,根据各个部门主要职能进一步明确各部门职责范围与具体分工,并从岗位职责、素质要求、配置数量等方面开展人力资源配置研究。

11.3.5 补贴机制

综合交通枢纽是一项建设和运营成本巨大、财务周期长的准公共项目工程,作为具有公益性质的产业,其社会效益远远大于经济效益。政府应提供灵活多样的补贴方式,以激励企业运营。在实践中,政府对综合交通枢纽运营企业的补贴方式主要有三种:第一种是直接补贴方式,即政府直接给予运营企业一定的财政性资助;第二种是优惠扶持政策,政府不直接补贴运营企业,而是采用差别定价政策,给予扶持和优惠政策;第三种是资源性补贴方式,政府给予土地开发等非主营业务的优惠政策,通过非主营业务的收入弥补主营业务的亏损。为了保证补贴的合理及到位,政府在制订和实施补贴计划时需要遵循如下基本原则。

1)正确区分政策性亏损和经营性亏损

综合交通枢纽运营企业的亏损一般分为政策性亏损与经营性亏损。凡因枢纽公益性功能造成的亏损都为政策性亏损,应由政府予以补贴;运营企业自身管理因素造成的亏损为经营性亏损,由运营企业自负。

2)普遍性与特殊性相结合

综合考虑影响综合交通枢纽运营的多种因素(包括当地经济发展水平、政府财力水平、行业经济政策等环境因素以及枢纽规模、枢纽区位、客流量大小、各枢纽可经营性资源的多少等内在客观因素),因地制宜地制定补贴政策。

3)以效率为导向,兼顾公平

制定综合交通枢纽运营专项补贴政策时,一方面要保证社会效益显著,国家应给予一定的补贴,以确保受资金约束而存在运营困境的枢纽运营企业具有正的社会外部经济效益;另一方面要限定补贴的范围,提高补贴效率,充分促进枢纽企业提高自身运营效率。

11.4 综合开发对枢纽建设的反哺

综合交通枢纽汇集了大量客流,关注综合客运交通枢纽不能局限于基础设施自身,还要把枢纽及周边地区的综合开发结合起来做统筹考虑,挖掘提升枢纽的价值。综合客运交通枢纽及周边地区是区位条件最好的空间,也是城市化开发极具价值的空间。综合客运交通枢纽及周边地区进行综合开发获得收益,既是对枢纽本身建设运营的反哺,也能更好地促进枢纽与城市的共同发展。利用这种先天的优势,提升枢纽周边地区的资源价值,从而反哺枢纽建设,对于突破枢纽投融资及建设运营的瓶颈,促进枢纽的可持续发展有着重要意义。

11.4.1 我国枢纽的发展历程

在过去很长的一段时间里,我国的客运交通枢纽主要专注于人员运输,功能单一,但随着现代基础设施的建设和城市的发展,枢纽与城市融合得越来越紧密。我国四代铁路车站的发展历程反映了我国交通枢纽开发从无到有,再到质量提升的飞跃。

1) 第一代铁路客站——满足基本运输功能

中华人民共和国成立初期,新建和改造了一大批铁路客站,如北京站、广州站、长沙站、韶山站、南京站等。当时铁路客运量不大,城市交通不发达,客站功能相对单一,流线布局比较程式化,车站与城市的关联性不强,基本上不考虑车站的开发。这个阶段以1959年建成的北京站为代表,车站围绕人员运输组织形成"铁路站场、旅客站房和交通广场"三要素模式。

2) 第二代铁路客站——优化自身组织布局

改革开放以后,铁路客站建设迎来新的发展机遇。1987年,在北京站建成28年后,出现了新的车站——上海站。上海站开创"南北开口、高架候车"的线上式车站模式,车站自身在缩短流线、节省用地的同时,空间变紧凑了,与城市衔接得更紧密了,两者的关联性在空间上明显增强。这一时期建设的客站也奠定了后续我国普通铁路网量大面广的基本布局。

3) 第三代铁路客站——集成多种交通方式

21世纪初期,我国高速铁路的建设全面铺开,催生了以高铁站为代表的现代化综合客运枢纽,如北京南站、武汉站、广州南站、上海虹桥站、深圳北站等。就交通运输功能而言,这些车站已经达到了较高的水平,多种交通方式零距离换乘、无缝衔接的综合交通理念也逐渐得以贯彻。比如,武汉站将铁路站场、旅客站房和交通广场三者立体叠合,将铁路和站台以多排并联桥梁的形式架空,在桥上建站房、在桥下设换乘交通,使桥梁与建筑融合,大幅缩减了旅客进出站和换乘的步行距离。

然而美中不足的是,发展到第三代铁路客站,我国的客运交通枢纽还是把注意力集中在交通运输本身上,虽然围绕车站做了规模宏大的站区规划,但是枢纽与城市脱离的现象仍然非十分普遍。

4) 第四代铁路客站——促进站城深度融合

新时期我国的交通发展把质量、效率摆在更加重要的位置,以人为本的理念得到进一步的贯彻落实。我国铁路客站的建设目标也发生了变化,从满足基本客运需求变为追求更高的服务质量。按照零距离换乘要求,同站规划建设以铁路客站为中心、衔接其他交通方式的综合交通体,形成配套便捷、站城融合的现代化交通枢纽。

围绕站城融合,下一代的车站不再强调独立的站房形象,车站可以是交通场站与城市界限的综合体,变成整合容纳各种城市功能的空间载体。通过综合开发,不仅要做到铁路客站自身运输服务的可持续发展,还要形成铁路+城市的"造血能力",提供"铁路+物业"的组合产品:车站在设计之初就要结合商业策划进行布局,增加对旅客的吸引力,同时充分挖掘车站及周边地区的土地价值,利用车站上盖开发、地下空间综合开发等形式实现车站与城市的无缝衔接。

11.4.2 我国枢纽的开发模式

目前,综合交通枢纽都具有"交通枢纽+商业中心+开放空间"的组合功能[10],现代客运交通枢纽根据实际需要将各种交通方式和辅助功能设施进行立体化布置。通常情况下,这种布局类型的交通枢纽集交通、商业、商务等多项功能于一体,并通过垂直或水平交通将各部分的功能紧密衔接,在将多种使用功能综合集成的同时节省了城市的土地资源。交通枢纽与商业地产的联合开发模式在美国、欧洲国家以及日本等诸多国家被普遍应用,且日趋成熟。例如,美国纽约中央火车站、荷兰乌得勒支站、日本新宿站形成了以轨道交通枢纽为核心,发散式布局商业服务的水平混合格局。日本福冈天神站等形成了上站下商的地下产业格局;柏林中央火车站、日本京都站形成了混合式立体布置的商业格局,空间分布具有高度的集中化、组织化、规模化特征。近年来,我国也开始重视综合交通枢纽的建设,香港、上海、北京、沈阳等各城市陆续规划、建设了一批高标准、现代化的客运交通枢纽并逐步投入使用,如香港的九龙枢纽站、上海的虹桥枢纽站、北京的西直门交通枢纽、沈阳的龙之梦枢纽站等。

11.4.3 利益平衡与价值转换

经过长期的发展和实践,就运输服务本身而言,综合客运交通枢纽经常面临"投入大于产出"的困境,存在盈利难的问题。作为综合交通运输体系的重要组成部分,综合客运交通枢纽是衔接多种运输方式、辐射一定区域的客流转运中心,对于提高交通运输的服务水平和整体效率具有重要作用。但是,综合客运交通枢纽与众多交通基础设施一样都具有较强的公共物品属性以及公益性质,从单体项目投资-回报的角度看,投资综合客运交通枢纽并不划算。但是从经济社会发展的宏观层面来看,投资综合客运交通枢纽又是划算的。因为综合客运交通枢纽的发展具有很强的正外部性,公共交通综合枢纽与现代服务业集聚区之间是相互补充、相互促进的关系,对提升空间供给质量和效率、优化产业布局、改善流通体系、缓解交通拥堵等都能发挥着重要作用。首先,城市公共交通综合枢纽是大量旅客进出城市的必经之路,多条交通线路在此交会,便捷的交通会吸引更多的旅客前往交通枢纽并享用各项服务,为投资商提供潜在的巨大商机,并刺激周边的土地价值。其次,购物、餐饮、地产、娱乐等项目的一体化开发在为人们提供各项优质服务的同时,也为公共交通综合枢纽本身提供了大量的客源,为交通枢纽的进一步建设提供了经济来源和保障,形成了良性循环。

就综合客运交通枢纽项目而言,由于投资巨大且运营维护成本很高,单靠运输服务收入很难收回成本。因此,世界上大部分综合客运交通枢纽项目都需要不同程度的政府支持,这些长远的财务负担会影响政府在社会其他方面的资源分配。要实现"综合客运交通枢纽外延效益内延化",将枢纽带来的外部溢出效益反哺建设和运营,形成可持续发展态势,综合客运交通枢纽的投融资就不能局限于基础设施,而要着眼于综合客运交通枢纽及周边用地的综合开发,特别是通过综合客运交通枢纽与城市、物业的融合发展,强调要素整合,充分利用枢纽的客流、物流、现金流和信息流等资源[11],创造更大的协同增值效益。

11.4.4 面向开发的设施分类

现代综合客运交通枢纽的设施是综合复杂的,也是多元多样的,不同类型的设施和要素聚集在一起赋予了枢纽综合开发的活力。但是综合客运交通枢纽及周边地区不同的设施开发情况不一致,因此开发方式也要有所区别。

上海虹桥综合交通枢纽在这方面的探索性工作很有借鉴意义。虹桥枢纽通过多角度开发枢纽内部资源,大范围吸引了社会各界投资,尝试土地开发经营,"以土地收益平衡建设费用,以商业设施收益平衡运营费用"的"双平衡"运作思路成功地解决了枢纽建设和运营的资金问题[12]。

虹桥枢纽针对枢纽内部设施,根据是否具有经营性和可拆分性的标准进行分类。可经营性分类根据设施运行是否存在收益,是否具备经营的可能,对枢纽设施进行区分,有收益能力,可以经营的,称为可经营性设施;其他不可以经营的则称为不可经营性设施。可拆分性分类根据设施的物理、功能和运行特点,对枢纽设施进行区分,对于物理上存在边界、具备独立功能、能够独立运行的设施称为可拆分的设施,其他的则称为不可拆分的设施[13]。

虹桥枢纽根据设施分类结果制定的不同开发策略,见表 11-1。

表 11-1　虹桥枢纽根据设施分类结果制定的不同开发策略[13]

类别	设施类型	设施	资金运作方式
A 类	不可经营、不可拆分的设施	人行通道、服务通道、共同沟、地铁通道、高架道路	公共投资者或政府投资、建设、运行管理,或捆绑到其他设施中进行投资开发
B 类	不可经营、可拆分的设施	地铁车站、磁悬浮车站、铁路车站	先由公共投资者或政府投资建设,再委托社会化、专业化管理;或通过补贴方式,交由社会投资者开发
C 类	可经营、不可拆分的设施	枢纽设施内的商业服务设施及部分物业	先由公共投资者或政府投资建设,再出售经营权;或捆绑到其他经营性设施中起进行投资开发
D 类	可经营、可拆分的设施	停车楼、酒店、办公、商务、休闲娱乐等设施	全部交由社会投资者开发
E 类	可供开发的土地	土地	把生地做成熟地,然后交由社会投资者开发

表 11-1 中,不可经营、不可拆分的设施是纯功能性的、无收益性的,由作为政府出资代表的申虹公司进行投资。

不可经营、可拆分的设施由申虹公司进行建设,然后委托相应的专业管理部门进行专业化的管理。

可经营、不可拆分的设施也由申虹公司进行投资,然后出售经营权。

可经营、可拆分的设施直接对外进行招商,交由社会投资者开发。

在这些设施里面,A类、B类两类不可经营的设施不具有经营性,没有收益;D类、F类两类可经营的设施开发收益主要用作平衡建成后的运行管理费用[13]。

虹桥枢纽同时针对周边地区,通过土地开发和配套设施建设来带动土地升值,形成可供开发土地的批租收益,用于平衡市政配套设施的投资和维护费用、平衡土地的拆迁费用、提供开发利益(偿还资本金、开发权益)等,形成城市建设与枢纽发展、土地经营良性互动的模式。

11.4.5 综合开发的关键要点

综合客运交通枢纽的综合开发不仅要实现投资成本-收益的平衡,还要从深层次实现枢纽与城市协同发展的价值再升华,让枢纽与城市形成共振,达到整体效益的最大化。要想实现这些目标,就要把握综合开发的几个关键要点。

1) 明确的责任主体

纵观国内外综合客运交通枢纽的成功开发案例,枢纽的建设运营开发一定要有明确的责任主体来统筹推动、部署落实。综合客运交通枢纽项目可以根据实际情况,组建枢纽项目公司,政府及相关投资平台代表政府参与枢纽项目公司投资,枢纽项目公司总体负责交通枢纽后期投资、建设、运营等所有的相关事宜[14]。同时,政府要把枢纽及周边地区的土地收储、一级开发、二级开发、物业经营等职能赋予项目公司,确保基础设施与片区开发的主体统一。香港铁路与香港特区政府签订的协议框架如图11-3所示。

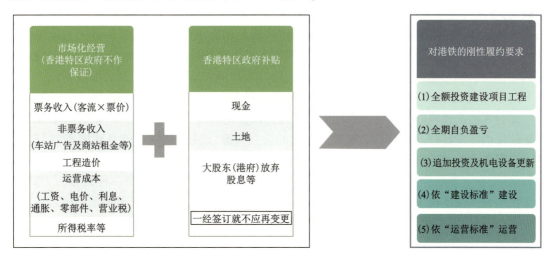

图11-3 香港铁路与香港特区政府签订的协议框架[15]

政府既要"授之以鱼",又要"授之以渔",转变过去负债型的投融资模式,绝不能包揽一切事务,遇到任何困难就让企业找政府的财政部门。在枢纽开发前期,政府可以与枢纽项目公司签订枢纽建设运营与开发协议,在政府给予先行注入资金作为资本金的前提下,明确投资范围、测算投资规模、启动投融资工作,通过系统审慎的财务评估确保枢纽项目公司能够得到合理的回报。当项目无法达到预期回报时,政府应主动加入补贴条款。除此之外,政府在一般情况下不应再向该项目给予补贴条款外的财务支持[15]。

枢纽项目公司要按市场化准则进行操作,当枢纽项目公司与政府签署协议及相关补贴条款后，就要自负盈亏、自行承担经营风险。这样可以促使枢纽项目公司提高运作效率、增强盈利和风险防范意识，吸纳吸引社会资本，确保综合客运交通枢纽的长期可持续发展。

2) 一体化的整合思维

综合客运交通枢纽的开发与一般项目的不同点在于，项目的参与方是多元的，服务对象是多元的，利益获取也是多元的，这既是综合客运交通枢纽开发的亮点所在，也是难点所在。日本民营铁路公司自第二次世界大战后便开始同步开发交通枢纽与其周围物业，主要益处在于使交通的物业开发实现同步规划建设，整体性和协同性强。

一体化的整合思维要贯穿综合客运交通枢纽开发的整个生命周期，在规划设计阶段就应以运营管理为导向，加强产权设计，尽可能明确不同业主的产权划分界面，以产权定投资，明确不同设施、不同业主投资规模，便于后续移交清算。对于公共空间，各方业主以协议形式明确各方的责权、费用分摊。

空间上尽量实现站城一体化开发，实现功能的整合布局。枢纽及周边地区的地块规划和建筑设计应提高人性化水平，满足不同特征、不同目的、不同方式出行乘客和城市居民的需求。加强垂直空间的复合功能，通过底层空间的商业化来吸引客源，上层设置娱乐、购物、商务、办公等功能，使得垂直方向上产生具有不同出行目的的客流，形成一体化的商业氛围。提供优质的公共空间，导入文化、生活元素，创造适宜工作和生活的城区环境。

3) 具备耐性、长期打磨

我国当前的综合客运交通枢纽开发正在演变成一项长期事业。考虑到枢纽项目的开发门槛较高，投入资金量大且开发周期长，对于适应了大刀阔斧的国内开发商来说，需要时间与耐心来进行运作。与过去以住宅开发为主体的地产开发相比，枢纽的开发要从重视土地增值转变为重视资产增值，后者需要长期的精细运营来支撑。尤其是对于经济比较发达、开发收益较多的一、二线城市，建设土地供应量总体紧缩，持有型物业在未来有着较大的增值空间。为长期利益考虑，枢纽的开发商应具备精耕细作的运营耐心和长期持有的投资决心。

综合客运交通枢纽的综合开发还要转变过去以住宅开发为核心的思维，把公共服务作为真正的价值配置杠杆，通过引入、配置高质量的公共资源，践行"建枢纽就是建城市"的理念，进一步聚集人气，实现枢纽地区的价值提升。

此外，在实现综合客运交通枢纽及周边地区融合的过程中，设施只是一种载体与工具，核心工作还要围绕运输组织和综合开发来不断完善和提高适应枢纽地区发展的治理体系与治理能力，建立健全相关政策法规和行业标准体系。

本章参考文献

[1] VERNON R A. International investment and international trade in the product cycle[J]. The International Executive,1966,8(4):16.

[2] 赵鹏林,刘永平.综合交通枢纽现状、困境及解决途径——以深圳市为例[J].城市交通,2016,14(3):54-60.

[3] 国家发展改革委,商务部.国家发展改革委、商务部发布2020年版外商投资准入负面清单[A/OL].(2020-06-24)[2022-12-10]. http://www.gov.cn/xinwen/2020-06/24/content_5521525.htm.

[4] 吴强.泰达滨海站交通枢纽配套市政工程投融资模式与创新[J].财经界,2015(30):181-182.
[5] 谭向东.基础设施融资租赁[M].北京:中信出版社,2011.
[6] 张工.北京城市轨道交通投融资理论与实践创新[M].北京:北京交通大学出版社,2012.
[7] 王艺军.中国基础设施公募REITs的重要现实意义[N].中国证券报,2020-12-22.
[8] 祝继常,贾永刚,程文毅.综合交通枢纽运营管理体系研究[J].综合运输,2012(8):59-63.
[9] 章玉,朱文,朱巧云,等.重庆综合换乘枢纽的运营管理模式探讨[J].重庆交通大学学报(社会科学版),2013,13(4):28-30.
[10] 李梓华,李继锐.公共交通综合枢纽投融资模式的研究[J].北方交通,2015(4):123-126.
[11] 毛建华,赵鹏林,景国胜,等.交通综合体投融资建设与管理——中国城市交通发展论坛第21次研讨会[J].城市交通,2019,17(3):118-126.
[12] 吴念祖.虹桥综合交通枢纽开发策划研究[M].上海:上海科学技术出版社,2009.
[13] 彭栋宇,陈建国.虹桥综合交通枢纽开发建设资金综合平衡研究[J].建筑经济,2010(11):113-118.
[14] 叶亚娟.城市综合交通枢纽的投融资模式研究[D].南昌:南昌大学,2014.
[15] 梁秉坚.复制"港铁模式"——推进内地城市化与轨道网建设的共赢良策[J].建筑技艺,2020,26(9):57-61.

下篇

PART THREE

案例篇

第 12 章

上海虹桥综合交通枢纽
——特大型空港、高铁与城市轨道交通客运枢纽

  虹桥综合交通枢纽(简称"虹桥枢纽")是城市交通建设的一大创新,它将航空、高速铁路、磁悬浮列车、地铁等多种交通方式结合在一起,是高速铁路、城际和城市轨道交通、公共汽车、出租车及航空港紧密衔接的国际一流的现代化大型综合交通枢纽,不管是汇集的交通方式的数量还是规模,在国际上都是前所未有的。

  虹桥枢纽从规划选址到国际开放枢纽,反映了综合交通枢纽既是国家发展的意志,也是地方城市承载国家功能的综合体现。虹桥枢纽选址上海市城市西部,毗邻江、浙两省,处于沪宁、沪杭两个交通主轴的交会点。在此处建设大型综合交通枢纽,将虹桥国际机场、京沪高速铁路、长江三角洲(简称"长三角")城际交通与城市内部的综合交通系统有机结合起来,加速推进长三角地区现代化综合运输体系的形成和完善,促使长三角区域交通一体化,从而达到促进长三角区域经济一体化、形成世界第六大城市群,成为我国参与世界经济的地区之一的目的。

  依靠虹桥枢纽规划的虹桥商务区面积由最初的 26.3km^2,扩展至 86.6km^2,再到目前的 151.4km^2,阐明了巨型综合交通客运枢纽是政府主导的发展过程,集中反映了上海从 4 个中心建设到 5 个中心建设的转变,体现了举国体制办大事,也体现了规划的真谛所在。

12.1 建设背景

12.1.1 建设契机

  虹桥枢纽的形成并不是偶然,它具有历史发展的必然性,是多个不谋而合的发展契机,是国家、上海共同努力,机场、铁路各方积极争取的结果。

  1)上海构筑多心开敞式空间模式的发展契机

  20 世纪 90 年代是上海经济发展的关键时期。在这 10 年里,上海市政府既要保证浦东新区开放开发的顺利进行,又要合理改造和发挥浦西的基础,推动浦西向更高层次发展,提出浦

东、浦西两翼齐飞,共同构筑21世纪上海走向世界的新格局、新主体。

《上海市城市总体规划(1999—2020年)》按照市政府要求提出上海都市区的空间结构要按照"主城南北拓展,新区两翼齐飞,南湾北岛保护"的趋势,形成"多心、双切线"的活力包容格局。重点推进主城区外东西两翼具有副城性质的两大战略地区的切向发展,其中城市西翼依托亚洲最大铁空枢纽虹桥枢纽,面向江浙两省高度市场经济的活力,建设嘉青松(虹)副城区,成为带动长三角持续创新发展的新空间引擎,与城市东翼共同提升上海面向世界、服务全国两个功能扇面的服务能力和水平。

2) 高速铁路主客站选址虹桥的发展契机

2000年,伴随着《上海市城市总体规划(1999—2020年)》的修编,上海铁路枢纽总图同步调整,其中提出将铁路枢纽客站调整为"四主三辅"的布置格局,将虹桥站作为4个主站之一。一方面,考虑到虹桥机场长4~5km的跑道用地阻隔了上海中心城与西边的部分联系,如果在七宝再建一个铁路车站,会延长这种阻隔,那样对上海向西发展是非常不利的。另一方面,上海西边与长三角江浙两省联系紧密,需要一个铁路主站提供服务,而磁浮"863计划"提出的七宝站移到虹桥机场西边,在城市空间结构和长三角服务功能上都满足要求。

2005年5月,上海市和铁道部研究论证并签署了《关于加快上海铁路建设有关问题的会议纪要》,确定"由部市共同推进虹桥站建设,努力将其建成高速铁路、城际和城市轨道交通、公共汽车、出租车及航空港紧密衔接的现代化客运中心"。

2006年1月,上海市规划局向上海市政府上报了虹桥枢纽地区的结构规划。这时虹桥枢纽的建设就基本确定了(图12-1)。

图12-1 上海铁路枢纽总图中虹桥站枢纽布局示意图[7]

3）虹桥机场立足上海服务长三角的发展契机

2004年初，由上海市发改委牵头，联合上海机场集团、上海基地航空公司等枢纽建设主体单位，会同国际专业咨询公司组成研究课题组，启动了《上海航空枢纽战略规划》的研究编制工作。上海机场集团站在实现民航强国国家战略目标和服务全国、服务区域发展的全局高度，以"超越航空，超越上海"的科学发展理念，提出了虹桥机场总体规划方案。此时的虹桥机场总体规划将1993年版规划的间距1700m的远距离跑道修编为365m的近距离跑道（图12-2），在原机场发展控制用地中释放出约8km²的土地，这为虹桥枢纽的设计建设提供了充足的空间。同时，京沪高速铁路和磁悬浮沪杭线也在进行站位选址工作，新修编的总体规划提出了新建的西航站楼与未来西侧综合交通枢纽的各种交通方式进行直接连接，从而形成一个多式联运的综合交通枢纽的规划设想。在此处建设大型综合交通枢纽，不仅可以实现土地资源、配套资源、环保资源的集约化，而且将大大缩短长三角经济圈的空间距离，使长三角地区的经济联系更加紧密，有利于长三角经济一体化，进一步增强上海的辐射功能，成为上海服务长三角的交通和经济纽带。

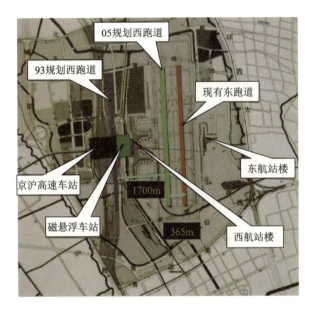

图12-2 虹桥机场总体规划修编提出西跑道东移后的枢纽布局示意图[2]

4）磁浮"863计划"提出建设磁悬浮虹桥枢纽站的建设契机

磁浮"863计划"把沪杭的枢纽放在虹桥机场西侧，同时考虑铁路触网经常会有电火花和电磁场，对跑道有一定影响，提出把高速铁路枢纽设施都移到虹桥地区及虹桥机场西侧。这样磁悬浮枢纽与虹桥机场、铁路外环线、高铁枢纽站就联系在一起了（图12-3）。

另外，为了加强长三角地区客流与浦东机场的联系，提出建设机场快线（现在看来是一个短板），即连接虹桥机场与浦东机场的磁悬浮快线。通过磁悬浮快线把到达虹桥枢纽的长三角旅客运到浦东机场，或者把到达浦东机场的旅客运到虹桥枢纽换乘铁路和磁悬浮去往长三角地区的其他城市。

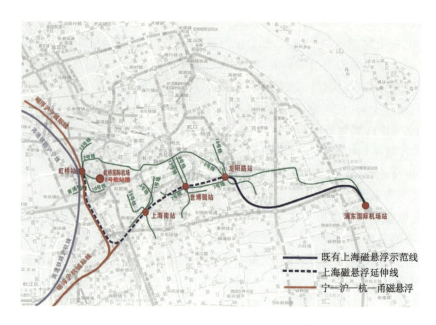

图 12-3 磁浮"863 计划"提出的机场快线方案

12.1.2 总体功能定位

起初,虹桥枢纽规划的总体功能包括虹桥机场、虹桥高铁站等。其中,虹桥机场部分是长三角主要枢纽机场,是上海国际航空枢纽的重要组成部分。虹桥高铁站部分是长三角主要高铁枢纽,是国家高铁网络的核心节点之一。上海市"十一五"规划将虹桥枢纽作为城市交通基础设施的重点建设项目,它既是 2010 年世博会城市交通问题解决提案的重点实施环节,也能在建成后带动城市综合开发,成为上海虹桥商务中心区建设的核心区域。虹桥枢纽建成之后,其功能可以概况为以下几个:

①虹桥枢纽以提升城市服务能级、服务长三角、服务长江流域、服务全国为目标。根据上海市经济发展战略布局,虹桥枢纽的建成和投入使用,串联起了上海、南京、杭州三大都市圈,以及沿线苏州、无锡、常州等经济较发达地区,并大大促进了沿江和长三角地区人员的有序流动和集聚,实现了长三角商贸、信息、资金以及人力资源的融合与对接,并逐步开发为一个重要的商务中心区,集商务、酒店、展览、会议、办公、零售、餐饮等于一体,成为上海和长三角地区经济增长的新引擎。

②虹桥枢纽作为国家铁路网络的核心枢纽,汇集国家"八横八纵"高铁网络的"二横二纵"通道,快速联通全国。2004 年国务院批复的《中长期铁路网规划》提出了国家四横四纵铁路大通道,2008 年和 2014 年国家发改委组织进行了修编调整。国家发改委、交通运输部和铁路总公司于 2016 年 7 月 13 日正式印发修订版的《中长期铁路网规划》,提出打造以沿海、京沪等"八纵"通道和陆桥、沿江等"八横"通道为主干,以城际铁路为补充的高速铁路网。其中直接与上海有关的铁路通道包括京沪通道、沿海通道以及沿江通道和沪昆通道等"二横二纵"通道。虹桥枢纽已经接入的沪宁高铁(沪宁高铁属于京沪通道和沪混通道的一部分)、未来计划接入的沪通高铁是沿江通道和沿海通道的一部分。虹桥枢纽通过京沪通道、沿海通道、沿江通

道、沪昆通道接入国家八横八纵大通道,实现全国范围内的大联通,相邻大中城市间 1~4h 交通圈、城市群内 0.5~2h 交通圈。

③虹桥枢纽作为综合型交通枢纽,采用多种方式综合设置,实现了内外交通紧密衔接、不同交通方式集中换乘,是集铁路、航空、长途等城市对外交通和轨道、公交、出租车、社会客车等城市交通于一体的综合型交通枢纽。虹桥枢纽既是上海对外交通枢纽,也是地方发展的交通枢纽,各种交通方式紧密衔接,城市内外交通集中换乘。

12.2 规划方案

12.2.1 设施总体布局规划

1) 虹桥枢纽功能平面布局

虹桥枢纽功能布局由东至西分别是虹桥机场 T2 航站楼、东交通中心、磁悬浮车站、高铁车站、西交通中心。虹桥枢纽总平面图如图 12-4 所示。

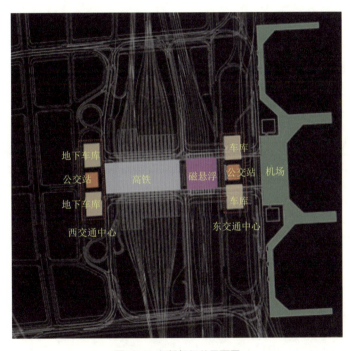

图 12-4 虹桥枢纽总平面图

虹桥 T2 航站楼以原虹桥机场为机场,新增一条近距离跑道和西航站楼,西航站楼采用两层式布局,有 45 个近机位,以国内点对点运营为主、国内至国内中转为辅的基本格局,同时承担通用航空运营的功能,并保留国际航班的备降能力。

磁悬浮虹桥站,车站为 10 线 10 台,站型为通过式,总建筑面积 16.7 万 m^2。该站是我国首个大型磁悬浮客运站,满足三大运营功能,与上海机场无缝衔接一体化运作,串起上海南站铁路枢纽,结合浦东航空枢纽、虹桥综合枢纽,共同建构市内枢纽网络。对外满足沪杭城际线的运营要求,并预留了北方延伸线的运营能力。

铁路虹桥站包括高铁和城际铁两部分,共30线16台,总建筑面积约24万 m²。建成后京沪高铁全程5h,沪宁城际全程1.5h,全面提升了连接长三角的速度。

轨道交通方面,共安排5条线,在枢纽设2个站,T2航站楼站主要为机场和磁悬浮服务,虹桥火车站主要为铁路和地区开发服务。T2航站楼站在东交通中心内,有2号线与10号线两条线路经过,虹桥火车站有5条线路经过。

东交通中心位于航站楼与磁悬浮之间,并为二者提供集中的换乘服务,总建筑面积30.9万 m²。东交通中心主体建筑由车库、换乘中心和商业开发三个部分组成。车库服务于磁悬浮站和西航站楼。换乘中心有地铁、常规地面公交、两个换乘大通道及12m迎客大厅。商业开发位于交通中心上海部,服务于整个交通枢纽。

西交通中心位于高铁站西侧,并为高铁提供专属的换乘服务,总建筑面积17.4万 m²,近期为高速铁路提供2888个停车位,远期提供3750个车位。

东西交通中心分别配置了高速长途客车站、城市公交车站、专用的社会停车设施及地铁车站等。

其他方面,各类公交线路40~60条,社会车辆、出租车、大客车等各类停车位要求在1万个以上。

2)虹桥枢纽功能纵向布局

虹桥枢纽功能从上到下共分为4层,分别为地上二层、地面层、地下一层、地下二层。虹桥枢纽纵向功能布局图如图12-5所示。

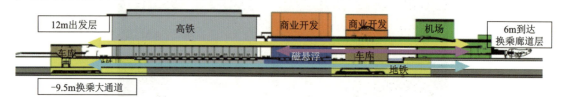

图12-5 虹桥枢纽功能纵向布局图

注:图中箭头为人行通道示意。

地上二层:包含铁路、磁悬浮进站厅、高架车道边、公共通廊层,相对高程17.3m。虹桥枢纽地上二层示意图如图12-6所示。

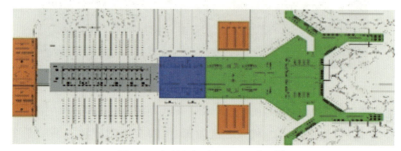

图12-6 虹桥枢纽地上二层示意图[4]

地面层:铁路、磁悬浮之间SN5路相对标高5.0m(推荐方案),铁路轨顶相对标高6.1m,站台相对标高7.35m;磁悬浮轨顶相对标高7.15m,站台相对标高7.9m。虹桥枢纽地面层示意图如图12-7所示。

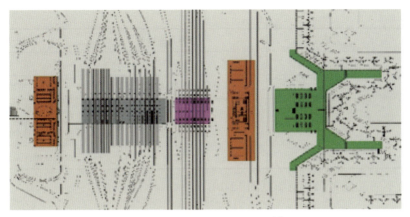

图 12-7 虹桥枢纽地面层示意图[4]

地下一层:铁路、磁悬浮出站通道、轨道交通站厅、公共通廊层,相对标高 −4.2m。虹桥枢纽地下一层示意图如图 12-8 所示。

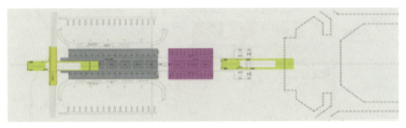

图 12-8 虹桥枢纽地下一层示意图[4]

地下二层:2 号线、10 号线、20 号线(青浦线)站台层,相对标高 −11.2m。虹桥枢纽地下二层示意图如图 12-9 所示。

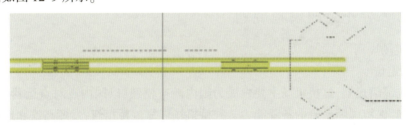

图 12-9 虹桥枢纽地下二层示意图[4]

虹桥枢纽交通功能细化见表 12-1。

表 12-1 虹桥枢纽交通功能细化

交通功能	交通方式	交通功能设施	服务对象
对外交通	航空	虹桥机场	国际、全国
	高速铁路	上海虹桥站	全国
	城际铁路	上海虹桥站	长三角
	磁悬浮交通	虹桥站	长三角
	高速长途客车	长途客运西站	长三角及周边地区

续上表

交通功能	交通方式	交通功能设施	服务对象
对内交通	轨道交通市域线	虹桥枢纽站	整个市域
	轨道交通市区线	虹桥火车站、虹桥机场站	主城区
	出租车、私家车		整个市域
	社会客车	东西交通中心	整个市域
	公交车		主城区及周边地区

虹桥综合枢纽功能布局示意图见图12-10。

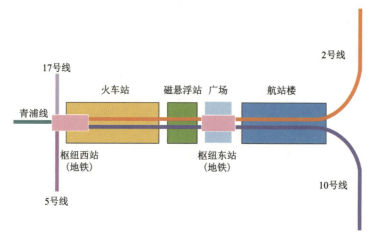

图12-10 虹桥综合枢纽功能布局示意图

12.2.2 对外交通设施规划

1) 虹桥机场规划

(1) 功能定位

根据民航部门规划,虹桥机场主要发展为国内航空枢纽,以国内点对点运营为主、国内至国内中转为辅,保留国际航班的备降能力。虹桥机场依靠虹桥枢纽,发挥高铁和地铁的协同优势,扩大机场服务范围至都市圈,增强区域服务能力。

(2) 设施规划

①虹桥机场规划设施包括两条间距365m的近距离跑道。其中,第一条跑道长3400m,宽57.6m;第二条跑道长3300m,宽60m。

②虹桥机场规划两个航站楼,其中1号航站楼建筑面积8.2万 m^2,设计旅客吞吐量1000万人次/年,服务国际航班和部分国内航班旅客;2号航站楼建筑面积36.3万 m^2,设计旅客吞吐量3000万人次/年,服务国内航班旅客。

(3) 航空客货吞吐量设计

根据《上海机场总体规划》,2020年,虹桥机场旅客吞吐量4000万人次/年,货邮吞吐量100万t/年,飞机起降量30万架次/年。在客源分布结构中,上海产生客源比重约2/3,长三角等外地通过航空到虹桥枢纽的约占1/3。

2）高铁虹桥站规划

（1）功能定位

根据《上海铁路客运系统总体布局》提出的上海铁路枢纽布局（图12-11），铁路虹桥站以高速铁路为主，兼顾城际轨道交通和部分普通铁路客运作业，主要办理京沪高速、沪杭客运专线大部分始发终到客车及全部通过客车，沪宁、沪杭城际轨道交通部分始发终到客车及全部通过客车。

图12-11 上海铁路枢纽布局[4]

注：图中4个蓝色圆圈从上至下分别为上海站（北部）、虹桥站（西部）、上海南站（南部）、上海东站（东部）。

（2）设施规划

上海虹桥站设高速和城际普速两个车场，规模为16台30线，站台为2个侧式站台和14个岛式站台，共30站台面。股道全部为到发线，其中高速场10台19线，城际普速场6台11线，高速场和综合场均拥有侧式站台各一个。每个站台的宽度超过15m，采用无柱雨篷技术，增加旅客上下车空间。

（3）规划吞吐量

根据《上海铁路枢纽总图规划》，虹桥站2020年设计旅客到发量1.2亿～1.4亿人次/年。在客源构成中，上海产生客源比重约占4/5，长三角等外地通过铁路到虹桥枢纽转换乘的客源比重约占1/5。

3）磁悬浮发展规划

（1）功能定位

根据国家磁悬浮交通工程技术研究中心编制的《长江三角洲地区城际高速磁浮交通网规划研究报告》，建议修建宁—沪—杭—甬磁悬浮铁路骨干网，设计运营速度450km/h。建成之后,它将是我国首个大型磁悬浮客运站。

(2)设施规划

磁悬浮虹桥站站场规模为10线10台,站型为通过式,建筑面积为16.7万 m^2。

(3)规划吞吐量

2020年沪杭磁悬浮年到发量为2000万人次,虹桥—浦东两场磁悬浮年到发量为1400万人次。

4)长途客运虹桥站规划

(1)功能定位

上海长途客运虹桥站主要作为虹桥机场、高速铁路的配套城际客车站(图12-12),服务于上海周边外省市及近远郊。

图12-12　上海长途客运虹桥站

(2)设施规划

发车能力为800班次/d。

(3)规划吞吐量

旅客到发量为1000万人次/年,主要覆盖江苏、浙江、安徽三省。

12.2.3　城市集疏运交通设施规划

1)道路集疏运规划

(1)道路车流量分析

虹桥枢纽产生的车流量包括枢纽内部各类城市公交、小客车车流量,长三角高速长途客车、小客车车流量,还包括枢纽周边车流量和过境车流量。根据虹桥枢纽集疏运方式规划,预测虹桥枢纽每日产生集散车流总量65万~75万 pcu/d,其中枢纽内(上海至枢纽)车流量为17.7万 pcu/d,长三角至枢纽车流量为3.8万 pcu/d,枢纽周边车流量为15万~20万 pcu/d,枢纽过境车流量为30万~35万 pcu/d,见表12-2。

表 12-2　虹桥枢纽道路车流量分析

交通方式	集散客流量（万人次/d）	进出总车流量（万 pcu/d）	备注
上海至枢纽	31	17.7	包括公交车、出租车、小客车；其中85%出租车空车回蓄车场候客,小客车含空车折返
长三角至枢纽	6.2	3.8	
枢纽周边	—	15~20	含客车和货车
枢纽过境	—	30~35	
合计	37.2	65~75	—

(2)"一纵三横"快速路体系

外围到发和过境叠加共 65 万~75 万车次,高峰约 6 万车次/h,外围车流速度可以高一些,通行能力按照 1500 车次/车道计算,则需要 40 条车道的快速路系统。按照东侧中心城,西侧西郊新城,南北长三角来划分,中心城方向需要 16 条车道,西部需要 8 条车道,南北需要 16 条车道。如果按照一条快速 8 车道计算,则东部需要 2 条 8 车道的快速路,西部需要 1 条 8 车道快速路;南北方向综合考虑到发和过境的比例,需要 1 条 8 车道的快速路,即外围需要新建"一纵三横"快速路体系(图 12-13)。

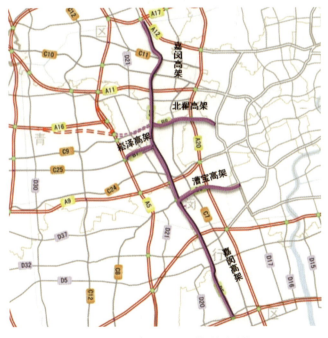

图 12-13　虹桥枢纽"一纵三横"快速路体系

一纵——嘉闵高架快速路。串联北横、中横、南横三个横向快速,同时串联沪宁高速、沪杭高速、沪渝高速、沪嘉高速等高速公路,是长三角通往枢纽的主要通道,也是过境交通的主要通道。

北横——北翟路快速路。向东与中心城联系,在中心城与中环、外环两条快速路相交,形成虹桥枢纽联系中心城北部重要集散道路。

南横——漕宝路快速路。向东与中心城联系,在中心城与中环、外环两条快速路相交,并连接浦东世博会地区,是虹桥枢纽连接中心城南部的主要通道。

中横——崧泽快速路。向西接青浦区,在西郊与 G15 沈海高速、郊环高速两条高速公路相接,有助于西郊嘉青松金地区进出虹桥枢纽,同时是长三角进出枢纽的辅助通道。

(3)快速路衔接系统

直接进出虹桥枢纽的车流约 20 万车次/d,高峰约 2 万车次/h。如果车道通行能力按照 1000 车次/h 计算,需要 20 条车道进出枢纽。其中,中心城方向需要 10 条车道,西部方向需要 4 条车道,其他方向需要 6 条车道。

枢纽与外围联系通过 4 条快速衔接道衔接。4 条快速衔接道包括崧泽高架、建虹高架、虹渝高架、虹翟高架,如图 12-14 所示。其中崧泽高架、建虹高架位于枢纽西侧,与嘉闵高架相连。虹渝高架和虹翟高架位于枢纽东侧,虹渝高架位于虹桥枢纽南部,联系沪渝高速—延安路,向东进入中心城;虹翟高架位于虹桥枢纽北部,联系北翟高架—北翟路,向东进入中心城。

图 12-14　虹桥枢纽内部高架衔接道路

注:绿色线路为互通立交。

2)轨道交通集疏运规划设计

(1)总体思路

虹桥枢纽轨道交通进出站客流达到 24 万人次/d,需要形成以虹桥枢纽为主要目的地,紧密联系全市域轨道交通网络的枢纽轨道交通集疏运系统。

(2)原轨道交通网络规划

虹桥枢纽位于上海西部,原轨道交通建设规划预留到虹桥机场的轨道交通为 2 号线。大范围为平行 2 号线的线路,自北向南分别为 17 号线、14 号线、13 号线、10 号线、9 号线、12 号线、1 号线。大范围垂直虹桥枢纽的南北向轨道交通为规划的 5 号线。很明显,在原轨道交通网络规划中,对以虹桥枢纽为目的地的考虑不够,平行线路虽多,但对虹桥枢纽服务不够。虹桥枢纽周边地区也缺乏轨道交通服务。

(3)规划形成"五线两站"的虹桥枢纽轨道网络

虹桥枢纽轨道线网规划如图 12-15 所示。

图 12-15　虹桥枢纽轨道线网规划

①调整规划区域轨道线路走向。将原规划 2 号线、10 号线延伸至虹桥枢纽西侧,服务虹桥枢纽。将南北向 17 号线,自虹桥枢纽拆分为 17 号线和 5 号线,分别向南和向北联系。这样就形成 3 横 2 纵的轨道网络,3 横中 2 号线、10 号线联系中心城,青浦线联系西郊。2 纵中 17 号线联系枢纽北部,5 号线联系枢纽南部。

②设置虹桥枢纽西站、虹桥枢纽东站两个车站。虹桥枢纽西站设在高速铁路站下面,服务高速铁路站客流;虹桥枢纽东站设在磁悬浮与机场下面,服务磁悬浮与机场客流。

虹桥枢纽轨道车站内部组织层次图和竖向图分别如图 12-16、图 12-17 所示。

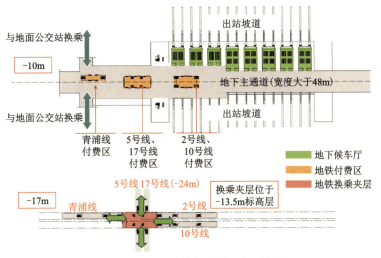

图 12-16　虹桥枢纽轨道车站内部组织(层次图)

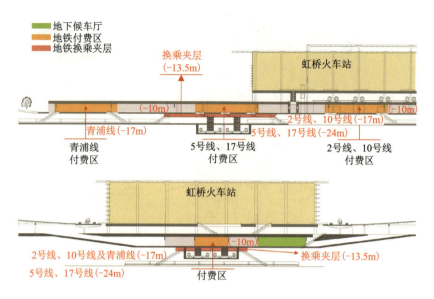

图 12-17 虹桥枢纽轨道车站内部组织(竖向图)

(4)轨道运能估计

虹桥枢纽高峰小时轨道客流需求为 10 万(上客量/d)×15%(高峰小时系数)= 1.5 万(上客量/h);5 条轨道线路运能为发车间隔(列/h)×编组(节)×载客能力(人/车厢)= 16.6 万/h;高峰时段枢纽轨道交通需求约占运能的 9%,与正常情况下起点站运能占用应控制在 30% 以内相比,能满足需要。

3)地面公交集疏运规划设计

(1)公交线路规模

公交线路规模既包括到达虹桥枢纽的公交线路规模,也包括到达虹桥枢纽轨道站点的公交线路规模。虹桥枢纽公交线路规模共 23~30 条线路。其中,虹桥枢纽公交线路规模 15~20 条线路。虹桥枢纽公交按照 6 万人次/d 集散规模进行设计规划控制。高峰小时系数取 15%,高峰载客 25~30 人次/车次,高峰班次为 5~8min。测算虹桥枢纽旅客需要 15~20 条公交线路。

虹桥枢纽轨道站接驳公交线路规模 8~10 条。虹桥枢纽周边开发,需要以虹桥枢纽为轨道与公交的换乘枢纽。根据对轨道交通的分析,以虹桥枢纽为换乘枢纽的客流约 7 万人次/d,高峰小时系数取 15%,高峰载客 35~40 人次/车次,高峰班次 4~5min,测算需要 8~10 条公交线路。

(2)公交线路安排

虹桥枢纽公交线路优先服务轨道不足的地区,包括轨道线网不能直达的对外交通枢纽,以及不能直达的城市或地区中心。其次,需要覆盖轨道服务空白地区,或远期有轨道但近期为轨道空白地区。此外,要加密中心城的联系。最后,要合理安排虹桥枢纽周边地区 3~5km 的服务线路。地面公交线路安排表见表 12-3。

表 12-3　地面公交线路安排表

区域	公交线路	主要方向
东交通广场	941 路	上海火车站,经停 1 号、2 号航站楼
	机场一线	浦东机场,经停 1 号、2 号航站楼
	夜宵 316 路	上海火车站
	枢纽 4 路	紫竹科学园区
	枢纽 9 路	嘉定西站
西交通广场	夜宵 320 路	外滩
	枢纽 1 路	上海南站
	枢纽 5 路	奉贤南桥汽车站
	枢纽 6 路	青浦汽车站
	枢纽 7 路	金山石化汽车站
	枢纽 8 路	金山朱泾汽车站
	枢纽 10 路	松江乐都路汽车站
1 号航站楼	T1—T2	航站楼间短驳线
	机场专线	城市航站楼
	806 路	卢浦大桥
	807 路	清涧新村
	925A	人民广场
	938 路	浦东杨家渡

(3) 公交场站安排

根据需要将公交线路安排在东、西两个交通中心,其中东交通中心主要服务市区线路,西交通中心主要服务市郊区线路。

4) 停车场规划设计

(1) 出租车蓄车场

虹桥枢纽共布设 4 个出租车蓄车场(TP),对应高铁 2 个,磁悬浮 1 个,机场 1 个。TP1 和 TP2 服务于高铁,规划设计蓄车泊位 2000 个,其中北侧 1050 个,南侧 950 个。TP3 服务于磁悬浮,规划设计蓄车泊位 600 个。TP4 服务于机场,规划设计蓄车泊位 1000 个。虹桥枢纽配套出租车蓄车设施分布示意图如图 12-18 所示。

(2) 社会客车停车场规划设计

虹桥枢纽共规划了 4 个社会客车停车库,分别布置在东、西交通中心(图 12-19)。东交通中心服务于磁悬浮和机场,停车库分为南、北两个,南、北停车库之间无法连通,设计小客车停车泊位 2782 个,大中客车泊位 268 个。西交通中心服务于高铁和长途,停车库分为南、北两个,南、北停车库之间是连通的,设计小客车停车泊位 4000 个,大中客车泊位 134 个。

图 12-18　虹桥枢纽配套出租车蓄车设施分布示意图[8]

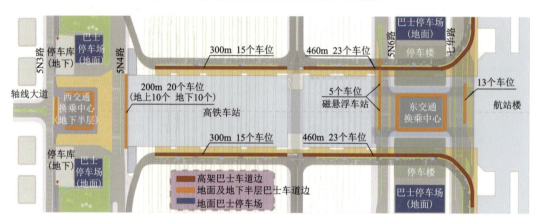

图 12-19　虹桥枢纽东、西交通中心停车设施分布

12.3　交通组织

12.3.1　枢纽内部交通组织

1) 换乘设施规划设计

换乘设计的定位突出功能性,把功能放在第一位,以人为本,突出人性化关怀;在布局上,基本原则是"近大远小、上轻下重",换乘流线以直接、短捷为宗旨,综合协调机场、磁悬浮、高铁各自到发流程。虹桥枢纽换乘设施示意图如图 12-20 所示。

(1) 水平上——五大功能模块

五大功能模块:由东至西分别是虹桥机场 T2 航站楼、东交通中心、磁悬浮车站、高铁站、西交通中心。东交通中心集地铁、公交和社会车库于一体,服务于机场与磁悬浮。西交通中心组织地铁、公交、长途和社会停车库,服务于高铁。

(2) 垂直上——五大功能层面

五大功能层面：从上到下分别为12m高架道路出发层、6m到达换乘廊道层、0m地面层、-9m地下换乘大通道层、-16m地铁轨道及站台层。

① 12m高架道路出发层是南北两条换乘大通道，东起航站楼办票大厅，西至高铁候车大厅，中间串起东交通中心、磁悬浮车站。通道外侧是二者的值机区域和候车厅，内侧是带状商业街区。

② 6m为到达换乘廊道层，机场和磁悬浮的到达层面均与东交通中心6m换乘中心由坡道和廊桥连接，到达旅客可由此换乘至东交通中心的公交与社会车库。

③ 0m为地面层，五大设施分别由七莘路、SN6路、SN5路、SN4路等4条南北向市政道路明确切分。机场的行李厅和迎客厅，高速、磁悬浮的轨道及

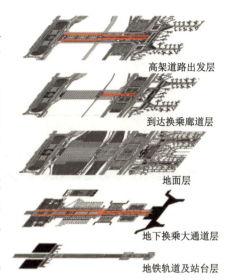

图12-20 虹桥枢纽换乘设施示意图
注：图中红色线为人行换乘通道。

站台，东交通中心的客车车站及停车区，西交通中心的地面广场及停车区均在该层。

④ -9m为地下换乘大通道层，两条换乘大通道东起航站楼地下交通厅，经东交通中心的地铁东站站厅，磁悬浮地下进站厅和出站通道，串起高铁、城际铁的进站厅和出站通道、地铁西站站厅，再经西交通中心客车西站，然后合二为一，继续向西，直至枢纽西部开发区的地下商业街。

⑤ -16m为地铁轨道及站台层。

2) 枢纽内部换乘交通组织

(1) 枢纽三大换乘层面

整个枢纽中，12m为高架道路出发层，6m为机场、磁悬浮段与东交通中心沟通的换乘廊道层面，0m为轨道及站台层，-9.5m为地下换乘大通道层，-16.5m为地铁站台层。其中，12m为高架道路出发层，6m为机场、磁悬浮段与东交通中心沟通的换乘廊道层，-9.5m为地下换乘大通道层，为枢纽换乘层。

(2) 枢纽大交通与轨道交通换乘

虹桥枢纽机场与轨道交通换乘如图12-21所示。机场到达旅客下机后，换乘地铁的至地铁东站(现T2航站楼站)的地下一层换乘大厅，换乘公交的至地面层东交通中心。机场出发旅客出站后，直接至地上三层机场出发层。

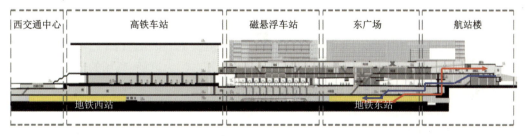

图12-21 虹桥枢纽机场与轨道交通换乘
注：图中红色线为地铁出站至机场流线，蓝色线为机场至地铁进站流线。

虹桥枢纽磁悬浮与轨道交通换乘如图 12-22 所示。磁悬浮到达旅客到站后,下至地下一层出站口出站,乘坐地铁的至地铁东站(现 T2 航站楼站)的换乘大厅,换乘公交的至地面层的东交通中心。磁悬浮出发旅客轨道到达后出站,直接至地上二层磁悬浮出发层。

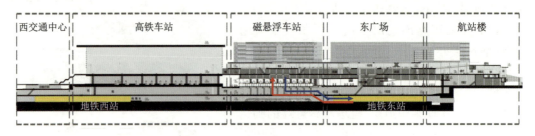

图 12-22　虹桥枢纽磁悬浮与轨道交通换乘

注:图中红色线为地铁出站至磁悬浮车站流线,蓝色线为磁悬浮车站至地铁进站流线。

虹桥枢纽高铁与轨道交通换乘如图 12-23 所示。高铁到达旅客到站后,下至地下一层出站口出站,乘坐地铁的至地铁西站(现虹桥火车站)的换乘大厅,换乘公交的至西交通中心。高铁出发旅客到达后出站,直接至地上二层面高铁出发层。

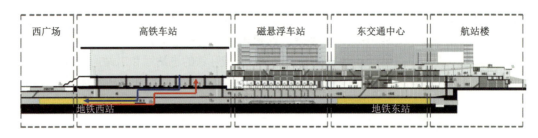

图 12-23　虹桥枢纽高铁与轨道交通换乘

注:图中红色线为地铁出站至高铁车站流线,蓝色线为高铁车站至地铁进站流线。

12.3.2　枢纽内外交通衔接组织

循环高架的设计主要遵循南进南出、北进北出、西进西出的交通组织原则,即考虑车辆进出枢纽通过同一节点的行驶需求与习惯进行设计,将循环高架分为南北两个循环圈;此外,为了均衡进出高铁、磁悬浮与机场的交通流量,又将循环高架分为高铁循环圈与磁悬浮、机场循环圈,由此共形成 4 个单向运行的高架循环圈。

1)与外围高速公路的衔接

虹桥枢纽主要通过青虹路、徐泾中路、七莘路的高架道路与外围快速路网的 4 个立交节点(即青虹路立交、徐泾中路立交、北翟路立交以及沪青平立交)直接相连(图 12-24)。每一条循环高架线路均有其特定的功能,且采用单向、分离的运行方式,为进场、离场的车辆提供快速通道,同时满足南进南出、北进北出、西进西出的交通组织要求。

2)与地面道路的衔接

虹桥枢纽主要通过匝道实现高架、地面道路、地道之间的连接,实现高架与停车库(楼)之间的直接连接以及增加了循环路运行的容错功能。

在核心区范围内,高铁西侧地面 SN3 路与 SN4 路形成单向循环道路,磁悬浮与航站楼之间 SN6 路与七莘路形成单向循环路,方便两处交通中心进出车流的交通组织(图 12-25)。

图 12-24　虹桥枢纽高架系统换乘节点布局示意图

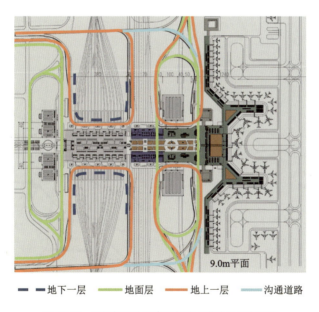

图 12-25　虹桥枢纽外围高架与地面道路组织布局图

12.3.3　枢纽外围交通组织

1)公共交通的外围交通组织

(1)与对外交通枢纽之间的联系

原规划利用虹桥枢纽磁悬浮快线(现为机场快线)联系虹桥枢纽、浦东国际机场旅客的专用高速线路。虹桥枢纽磁悬浮快线作为沪杭磁悬浮上海机场段的一部分,除了虹桥枢纽、浦东国际机场站外,在中心城设置铁路南站站、世博会站、龙阳路站等磁悬浮站,形成虹桥枢纽城市转乘中心,形成虹桥枢纽与中心城之间的高速公共客运通道。

(2) 与中心城直接的联系

利用轨道2号线、10号线串联中心城核心区,同时原规划利用南北向17号线和5号线(现为嘉闵线)串联14号线、13号线、9号线、12号线等形成中心城方向的平行通道。

(3) 与西部郊区的联系

利用青浦线(现为17号线)串联青浦城区,利用高速公路快速路(途经嘉定、松江、金山等西部郊区)串联服务西部郊区至枢纽。

2) 道路交通的组织设计

(1) 西部长三角及西郊地区至枢纽交通组织

主通道为G15沈海高速—崧泽高架,嘉闵高架—崧泽高架为枢纽的对外主进场路。嘉闵高架与沈海高速共同组成服务于虹桥枢纽至长三角及外围郊区的主要通道,其中西部以G15沈海高速为主,东部以嘉闵高架为主,如图12-26、图12-27所示。

图12-26 虹桥枢纽对外交通组织设计[1]
注:图中数字为各方向到达虹桥枢纽的交通量比例。

图12-27 虹桥枢纽对郊区交通组织设计[1]
注:图中数字为各方向到达虹桥枢纽的交通量比例。

(2) 中心城方向至枢纽交通组织

中心城中外环间形成北部以外环高架—北翟路为主,南部以外环高架—漕宝路为主的通道;中心城内中环间形成北部以中环—北翟路为主,南部以中环—漕宝路为主的通道;中心城内环以内以延安路高架为主通道,如图12-28所示。

图 12-28　虹桥枢纽对中心城交通组织设计[1]

12.4　综合开发

依托虹桥枢纽，周边形成了虹桥商务区。根据规划，虹桥商务区的建设目标是成为集商业金融、文化娱乐、教育科研、仓储物流等开发用地于一体的商务区，上海现代服务业的集聚区，上海国际贸易中心建设的新平台，面向国内外企业总部和贸易机构的汇集地，服务长三角地区、服务长江流域、服务全国的高端商务中心。

2008 年，虹桥商务区控制性详细规划启动编制，在虹桥枢纽周边导入商务功能，形成引领西部地区发展的增长极。此时的商务区面积为 26.3km²，包括虹桥枢纽及周边的商务核心区。2009 年，国家会展中心选址虹桥枢纽西侧。2011 年，虹桥枢纽周边的 4 个行政区借助虹桥枢纽的交通优势，形成东虹桥、西虹桥、南虹桥、北虹桥等与虹桥商务区共同发展。虹桥商务区扩容至 86.6km²，范围为东至外环路，南至 G50 沪渝高速，西至 G15 沈海高速，北至 G2 京沪高速。2018 年长三角区域一体化上升为国家战略，打造虹桥国际开放枢纽，进一步增强服务长三角、联通国际的枢纽功能，成为实施长三角一体化发展国家战略的重要举措。

2019 年 11 月，按照街镇整建制提升的原则，将长宁区新泾镇和程家桥街道（虹桥临空经济示范区）、闵行区华漕镇、嘉定区江桥镇、青浦区徐泾镇原未纳入虹桥商务区的部分共 64.8km² 全部作为虹桥商务区的拓展区，统筹进行规划建设管理和功能打造，实现虹桥商务区 151.4km² 整体协调发展，如图 12-29 所示。"大交通、大会展、大商务"是虹桥商务区的三大核心功能，交通功能是基础，会展功能起牵引作用，商务功能是主体。

2021 年 2 月 18 日，国家发改委批复了《虹桥国际开放枢纽建设总体方案》。根据该方案，虹桥国际开放枢纽将从上海市域拓展延伸至江浙两省，形成"一核两带"发展格局，虹桥商务区作为虹桥国际开放枢纽的核心，主要承担国际化中央商务区、国际贸易中心新平台和综合交通枢纽等功能。要求紧扣"一体化"和"高质量"两个关键，着力建设国际化中央商务区，着力构建国际贸易中心新平台，着力提高综合交通管理水平，着力提升服务长三角和联通国际的能力，以高水平协同开放引领长三角一体化发展。

图 12-29　虹桥商务区扩容后的功能布局示意图[14]

2023年1月3日,上海市市政府常务会议原则同意《上海虹桥国际中央商务区国土空间中近期规划》,提出以大科创赋能大交通、大会展、大商务,更好地提升产业高度,增加要素密度,拓展开放深度。

12.4.1　商务核心区

1)功能定位

商务核心区面积(不含会展综合体)为3.7 km²,位于规划区内,紧邻虹桥枢纽,其主体特征包括:具有现代商务功能,是虹桥商务区中部商务功能集聚的区域;以"智慧虹桥,低碳生活"为开发理念,是虹桥商务区最先启动的开发区域,也将建设成全国第一个低碳商务社区。

2)城市设计

商务核心区根据功能业态及交通条件,规划形成"两轴、一带、三组团"的布局结构。"两轴"是东西向的商业休闲景观轴和南北贯通的申长路商务功能发展轴。其中,商业休闲景观轴是中心轴线,主要的公共活动功能均沿此轴线布置。"一带"是指西侧的滨水休闲带。"三组团"是指与枢纽本体衔接的中心商业商务组团及南侧和北侧商务贸易主体。

3)开发规模

商务核心区主体功能为商务办公,配套功能包括零售商业、文化娱乐、体育休闲、高端会议、精品展示、餐饮、酒店等。商务核心区综合开发量见表12-4。

表 12-4　商务核心区综合开发量

用地性质	用地面积(km²)	开发规模(万 m²)
核心区一期	1.4	210
核心区二期	2.3	170
合计	3.7	380

根据土地使用规划,商务核心区为 3.7km²,总开发规模为 380 万 m²,其中核心区一期为 1.4km²,开发规模为 210 万 m²,核心区二期南北片区为 2.3km²,开发规模为 170 万 m²。

12.4.2 国家会展中心(上海)

1)功能定位

国家会展中心(上海)是商务部和上海市市政府合作共建的会展项目,立足上海、服务长三角、辐射全国,目标是建成世界上最具规模、最具水平、最具竞争力的国际一流会展综合体,成为服务对外开放基本国策和"一带一路"倡议、服务国家商务事业发展、服务上海市国际会展之都建设的重要平台。

2)城市设计

国家会展中心城市设计总建筑面积为 147 万 m²。其中,地上面积为 127 万 m²,集展览、会议、活动、商业、办公、酒店等多种业态于一体,是目前世界上最大的建筑单体和会展综合体。

国家会展中心(上海)由展览馆区、综合配套区、后勤保障区三部分组成。其中,展览馆区有效展览面积为 50 万 m²(室内展示面积为 40 万 m²,室外展场面积为 10 万 m²),是世界上展示规模最大的场馆;综合配套区使用面积约 30 万 m²,主要供会展项目管理机构、贸易促进机构、技术进出口交易中心、会议中心、培训机构等为展览服务的单位使用;后勤保障区使用面积约 20 万 m²,主要包括若干酒店和公寓楼,用于满足国内外重要客商、经济型消费者和管理人员的需要。

3)自 2018 年起成为中国国际进口博览会举办场馆

2017 年 5 月 14 日,习近平出席"一带一路"国际合作高峰论坛,宣布中国将从 2018 年起每年举办中国国际进口博览会,举办日期为 11 月 5 日到 10 日,举办地点为中国上海。

12.4.3 虹桥国际中央商务区

虹桥商务区进一步提升为虹桥国际中央商务区,构建"强核辐射、多心联动,四网融合、五片协同"的空间结构。其中核心区打造全球资源要素配置战略窗口,建设总部经济集聚区,建设开放联通的全球枢纽门户,充分挖掘人才、资金、商品、信息、技术等流量对区域发展的支撑作用,大力吸引跨国公司、央企国企和民营企业总部落地,提升资源配置效率和竞争力,着力打造一流的国际化营商环境。南虹桥打造高品质的世界级会客厅,打造面向长三角的国际化高端服务经济新门户,以国际化公共服务功能和多元高端融合的服务经济为主要特色,重点发展生物医药、国际商贸、国际文娱、数字经济、时尚新消费等产业。建设高品质国际社区,构建商务区城市形象新地标。东虹桥打造国际级临空商务新中心,建设强劲活跃的国家级临空经济示范区、数字经济转型标杆区及在线新经济创新高地,打造临空经济、数字经济、总部经济三大高地,提升生命健康、临空经济金融服务、人工智能等高端服务业水平。西虹桥打造国际贸易和数字枢纽新门户,打造上海国际会展之都核心承载区,建设"长三角数字干线"龙头,重点布局会展经济、贸易经济、数字创新经济、时尚新消费、高端物流等产业。快速推进城市更新,打造长三角国际品质生活区。北虹桥打造国际创新产业集聚区,建设虹桥商务区"大科创"功能主要承载地,培育数字新经济、生命新科技、低碳新能源、汽车新势力产业链创新融合生态集群。加快城区品质提升和功能转型,加快建设国际社区。

12.5 投融资及运营管理

12.5.1 虹桥枢纽投融资策略

虹桥枢纽的投融资策略为"让土地收益平衡开发投资,让商业性设施经常性收益平衡运行费用"。在虹桥枢纽功能设施策划中,枢纽区内除机场、磁悬浮车站、高铁车站和地铁车站以外,还有旅馆、东西两边的停车楼、与停车场结合的公共交通换乘中心以及一些配套设施、开发设施。按照可拆分、不可拆分、可经营、不可经营,可以把设施分为以下几类,形成虹桥枢纽设施的开发原则。

Ⅰ类设施是不可经营、不可拆分的设施,包括通道、共同沟、轨道通道、高架等,是纯功能性的,没有收益,提供一流的服务。Ⅰ类设施由公共投资者、政府或作为政府的出资代表来进行统一投资,或者捆绑到其他设施中进行投资开发。

Ⅱ类设施是不可经营、可拆分的设施。Ⅱ类设施主要是几大车站,由公共投资者、政府或作为政府的出资代表统一投资建设,然后委托专业化的管理企业管理,要求各专业管理企业提供一流的服务。

Ⅲ类设施是可经营、不可拆分的设施,主要包括枢纽内部的酒店、零售店、服务店、餐饮、出租的柜台等设施。Ⅲ类设施由公共投资者、政府或作为政府出资代表进行投资,然后出售经营权,或者捆绑到其他经营设施中一起进行开发。通过经营权的出售,用收益来平衡运行管理的费用。

Ⅳ类设施是可经营、可拆分的设施,典型的就是宾馆、停车楼,虽然是功能设施,也具有相当好的经营性。Ⅳ类设施可以进行招商,交由社会投资者开发,然后把这块的收益补贴前面的建设和运行管理的费用。

Ⅴ类设施。仅靠可经营、可拆分出来的设施的开发收益还不足以维持如此大设施的运行。因此,还有Ⅴ类设施。Ⅴ类设施是可供开发的土地,土地开发的收益可以弥补开发的投入,同时维持设施以后正常的运行。虹桥枢纽开发策略见表12-5。

表12-5 虹桥枢纽开发策略

设施分类	性质	开发原则	开发目标
Ⅰ类	不可经营、不可拆分	公共投资者或政府投资、建设、运营管理或捆绑到其他设施中进行投资开发	提供一流服务
Ⅱ类	不可经营、可拆分	先由公共投资者或政府投资建设,再委托社会化、专业化管理公司管理,或通过补贴方式,交由投资者开发	要求各专业管理者提供一流服务
Ⅲ类	可经营、不可拆分	先由公共投资者或政府投资建设,再出售经营权或捆绑到其他可经营性设施中一起进行投资开发	通过经营权的出售平衡运行管理费用
Ⅳ类	可经营、可拆分	全部交由社会投资者开发	平衡枢纽设施的投资、运行管理费用

续上表

设施分类	性质	开发原则	开发目标
V类	可供开发的土地	把生地做成熟地,全部交由投资者开发	通过土地批租,平衡市政配套设施的投资和维护费用,平衡土地(含铁路用地)拆迁费用,提升开发利益(偿还资本金、开发权益)

虹桥枢纽投资主体是上海申虹投资发展有限公司(简称"申虹公司"),它对Ⅰ类设施全部投资,对Ⅱ类设施进行土地和房屋的投资,对Ⅲ类设施进行土地和房屋的投资,对Ⅳ类设施只提供土地,并对土地(含Ⅳ类和Ⅴ类土地)进行市政配套。当然,虹桥枢纽地区的土地开发收益要返还各种开发权益。在整个虹桥枢纽地区 26.3 km² 范围内,地区内市政配套的投资、土地及动拆迁的投资和Ⅰ类设施、Ⅱ类设施、Ⅲ类设施的投资,需要Ⅳ类设施的开发收益和土地开发收益来平衡。而对于枢纽核心设施以外地区的运营维护,主要是七莘路以西开发地区市政公用设施的维护费用和适当的开发利益的实现,主要依赖Ⅳ类设施和Ⅴ类土地开发的收益。

12.5.2 虹桥枢纽运营管理机制

2006 年 3 月 24 日,上海市市政府召开会议,正式成立了虹桥枢纽项目指挥部,负责该项目的正式推进。2006 年 7 月,申虹公司正式成立,与枢纽指挥部"两块牌子、一套班子",全面负责虹桥枢纽(除基础内部外)的开发建设。枢纽建设总投资 700 亿元,共涉及 12 家投资主体,46 个工程项目,覆盖上海西部逾 26 km² 的土地。

申虹公司是经市政府批准组建的市级多元投资开发公司。自公司成立到 2010 年,作为代表市政府开发建设虹桥枢纽的唯一授权主体,作为"虹桥枢纽工程建设指挥部办公室"这一日常工作机构,公司承担着虹桥枢纽开发建设的总体组织协调、规划设计的系统集成、施工建设的全面管理、26 km² 的动拆迁、13 km² 的土地储备以及周边地区的规划发展之重任。2010 年 6 月,随着枢纽工程的基本建成,经市政府批准,公司功能从建设逐渐向投资开发转换,成为虹桥商务区主功能区土地前期开发的受委托实施主体、虹桥商务区主功能区城市基础设施建设的重要投资主体、虹桥商务区公共服务配套项目的投资建设主体。2012 年 2 月,申虹公司的职责是全力推进虹桥商务区主功能区 26.26 km² 内功能性开发和建设。申虹公司紧紧围绕商务区的开发建设,致力于商务区土地基础开发和管理、公共服务配套设施建设、商务区及枢纽运营服务这三大主业板块,努力成长为与商务区长远发展相适应的、具有一流水平的投资开发公司。

12.5.3 10 年规划建设及运营状况

1) 规划建设情况

虹桥枢纽已建成虹桥机场 T1、T2 两座航站楼,两条近距跑道,虹桥火车站 30 股道,16 站台,长途客运站 16 个发车位等对外交通设施。

虹桥枢纽配套的 2 号、10 号、17 号 3 条轨道线路,虹桥 2 号航站楼站、虹桥火车站站和虹桥 1 号航站楼站 3 个轨道站点已完成。配套的东、西交通中心已建设完成,共有 21 条线路,联系外滩、上海站、南站、浦东机场以及嘉、青、松、金、奉等新城。配套的快速路已经建成"一纵二横",漕宝路快速化正在建设当中。

2)虹桥枢纽总体运营状况

截至2019年,虹桥枢纽对外交通日均到发旅客50.9万人次,对内集散交通日均到发旅客64.7万人次,总日均到发旅客115.6万人次,较2011年增长1.2倍,最高峰日流量达145.6万人次。

2019年,虹桥枢纽对外交通客流中,铁路占比74%,机场占比24%,长途客运占比2%(图12-30)。城市集散交通客流中,轨道交通占比48%,公交车占比9%,社会车辆和出租车分别占比28%和15%(图12-31)。

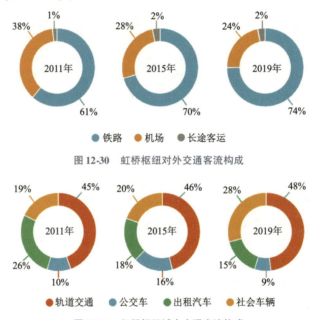

图12-30 虹桥枢纽对外交通客流构成

图12-31 虹桥枢纽城市交通客流构成

3)虹桥枢纽对外交通运营状况

(1)虹桥火车站

虹桥火车站2011年开通时日均到发客流14.8万人次,截至2019年,日均到发客流已达到37.6万人次,增长1.54倍,年均增速为11.6%。2011—2019年虹桥火车站客流变化如图12-32所示。

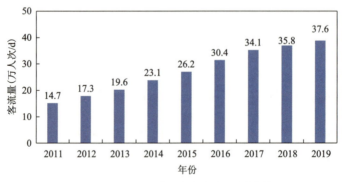

图12-32 2011—2019年虹桥火车站客流变化情况

(2)虹桥机场

2018年虹桥机场旅客吞吐量达到4263万人次,日均旅客吞吐量11.8万人次,2019年日均旅客吞吐量达到12.3万人次。2011—2019年虹桥枢纽航空客流变化情况如图12-33所示。

图12-33　2011—2019年虹桥枢纽航空客流变化情况

(3)长途客运站

长途客流在枢纽客流中的比例不高,仅为1%～2%,但从长途客运自身的发展来看,从2011年日均3000人次左右逐步上升至近10000人次,2018年长途客运客流量出现下降,日均客流量0.97万人次。2011—2019年虹桥枢纽长途客流变化情况如图12-34所示。

图12-34　2011—2019年虹桥枢纽长途客流变化情况

4)城市集散交通运营现状

(1)轨道交通

2018年3个轨道站点的进出站客流量上升到日均29.2万人次。3个轨道站点客流量中,虹桥火车站占比76%,日均23.4万人次。2014—2018年虹桥枢纽3个轨道站点客流情况如图12-35所示。

(2)地面公交

2017年前虹桥枢纽的地面公交客流量为日均7.3万人次,基本维持稳定,2018年下降到日均6.2万人次。2018年虹桥枢纽主要公交线路运营情况如图12-36所示。

图 12-35 2014—2018 年虹桥枢纽 3 个轨道站点客流情况

图 12-36 2018 年虹桥枢纽主要公交线路运营情况[11]

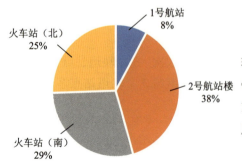

图 12-37 2018 年虹桥枢纽各出租车点发送量比例

(3) 出租车

2018 年枢纽出租车发送量增长至日均 2.8 万辆。机场出租车日均发送量基本稳定在 1.3 万辆，铁路南北发车量上升到 1.5 万辆，年均增长 6%~11%。虹桥枢纽各出租车点发送量比例如图 12-37 所示。

(4) 进出枢纽道路

2018 年进出枢纽高架车流量达日均 32.1 万 pcu，

高峰小时进出枢纽车流超 2 万辆次,24:00 后仍有上万辆车流进出枢纽。2018 年虹桥枢纽对外集散道路车流分布如图 12-38 所示。

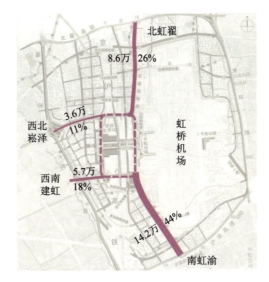

图 12-38　2018 年虹桥枢纽对外集散道路车流分布(单位:pcu/d)

(5)停车库

2018 年,各个小车车库的日均停车数持续增加,增至 4.1 万辆,其中东交通中心约占 45%,西交通中心约占 55%。2014—2018 年虹桥枢纽东西交通中心停车场日均停车数量如图 12-39 所示。

图 12-39　2014—2018 年虹桥枢纽东西交通中心停车场日均停车数量

12.5.4　存在的不足

1)深夜虹桥枢纽疏散能力薄弱

由于上海城市地铁与高铁、航空运营时间不匹配,22:48 地铁停运后,仍有高铁、飞机航班到达,尤以春运、节假日、恶劣天气期间深夜到达班次为多。除地铁 2 号线定点加开两班次外,深夜到达旅客主要依靠小汽车、出租车等个体机动交通离开枢纽,夜间旅客出租车疏散比例超过 40%,高峰时段出租车上客区周转效率低下,高铁旅客排队等候时间往往超过 1h。

2)各类停车设施严重不足

虹桥高铁站、T2 航站楼分别配套 2962 个、3835 个停车位,受过夜长时停车和网约车影响,停车库资源紧张,进出库道路资源有限,高峰时段进出库排队时长达半小时。东西交通中心过夜长时停车约 2500 辆,约占 35% 的停车资源(图 12-40);网约车接客频繁进出占用 25% 的停车资源,仅约 40% 停车资源为枢纽停车,高峰时段停车库基本饱和。

图 12-40　虹桥枢纽停车场停车情况

3)高峰时段地铁服务压力日益增加

服务虹桥高铁站的地铁不仅承担高铁客流集散,还兼顾服务商务核心区。2019 年日均进出客流量约 25 万人次,早晚通勤时段地铁压力日益增加。遇五一、国庆等节假日,枢纽常面临极端高峰客流,地铁站厅、高铁扶梯严重拥挤,安全风险突出。会展中心举行大型展览时,会展中心、虹桥枢纽、虹桥商务区 3 股交通流高峰叠加,地铁 2 号线串联会展中心、虹桥枢纽与中心城区,高峰运能不足现象非常突出。

4)市区出租车供应不足

郊区出租车受限不能进场排队接客,高峰时段或恶劣天气下,铁路排队超 1h(图 12-41),机场排队超 30min。机场 T1 航站楼国际旅客较多,出租车需求大,高峰缺车更为严重。

图 12-41　虹桥枢纽铁路出租车高峰排队情况

12.6 未来发展机遇及要求

12.6.1 承接国家发展战略机遇

1）2019年《长江三角洲区域一体化发展规划纲要》提出建设虹桥国际开放枢纽

2018年11月5日,习近平在首届中国国际进口博览会上宣布,支持长江三角洲区域一体化发展上升为国家战略。2019年12月1日,中共中央、国务院发布《长江三角洲区域一体化发展规划纲要》,提出打造虹桥国际开放枢纽,推动虹桥地区高端商务、会展、交通功能深度融合,建设中央商务区和国际贸易中心新平台,进一步增强服务长三角、联通国际的枢纽功能,全面提升虹桥枢纽管理水平,完善联通浦东机场和苏浙皖的轨道交通体系,优化拓展虹桥机场国际航运服务功能。

虹桥枢纽是上海构筑国内大循环、国内国际双循环的重要节点。虹桥枢纽及虹桥地区位于上海市西翼,将与上海中心城、自贸区新片区等串联构成市域东西向发展主轴。虹桥枢纽主要面向长三角、全国在大扇面上进行资源集聚、功能辐射、能量交换,在促进国内国际双循环中发挥引领带动作用。这要求虹桥枢纽所在的虹桥商务区强化国际定位,彰显开放优势,提升枢纽功能。虹桥商务区作为长三角一体化发展示范区的动力引擎,经过多年的发展,在服务长三角方面形成了较强的区域功能,在国际、区域总部集聚的同时,衍生了长三角国际贸易展示中心、长三角电商中心等一系列区域功能平台。在长三角一体化发展国家战略实施的背景下,需要进一步提升虹桥商务区的区域辐射功能。

2）2021年《虹桥国际开放枢纽建设总体方案》要求虹桥商务区作为虹桥国际开放枢纽的核心

2021年2月,国务院批复《虹桥国际开放枢纽建设总体方案》(简称《总体方案》),明确了虹桥国际开放枢纽建设的指导思想、发展目标、功能布局和主要任务。根据《总体方案》,虹桥国际开放枢纽将由上海市域拓展至苏浙两省,形成"一核两带"发展格局。"一核"是上海虹桥商务区,面积151.4km^2,跨长宁、闵行、青浦、嘉定四区。"两带"是以商务区为起点延伸的北向拓展带和南向拓展带。其中,北向拓展带包括虹桥—长宁—嘉定—昆山—太仓—相城—苏州工业园区,南向拓展带包括虹桥—闵行—松江—金山—平湖—南湖—海盐—海宁。

虹桥商务区作为虹桥国际开放枢纽的核心,主要承担国际化中央商务区、国际贸易中心新平台和综合交通枢纽等功能。要求紧扣"一体化"和"高质量"两个关键,着力建设国际化中央商务区,着力构建国际贸易中心新平台,着力提高综合交通管理水平,着力提升服务长三角和联通国际的能力,以高水平协同开放引领长三角一体化发展。

为更高水平、更高质量推进虹桥国际开放枢纽中央商务区建设,上海市人民政府印发《虹桥国际开放枢纽中央商务区"十四五"规划》,明确"十四五"期间,商务区服务长三角一体化发展和进博会两大国家战略,形成"一区五新"总体发展框架,即以一流的国际化中央商务区为承载主体,打造开放共享的国际贸易中心新平台、联通国际国内的综合交通新门户、全球高端要素配置的新通道、高品质的国际化新城区、引领区域协同发展的新引擎。

在交通方面,提出增强辐射功能,打造联通国际国内的综合交通新门户,主要有三个方面的任务。

(1) 加强区域对外交通枢纽功能

积极争取拓展虹桥机场国际航运服务功能试点。推进"智慧机场""精品机场"建设,打造机场5G+AI智慧枢纽。探索值机模式创新,加强交通出港联通,推进虹桥国际机场与苏州、嘉兴等地的"一站式"协同。提升与"北向拓展带"和"南向拓展带"交通联系的便利性。加强虹桥枢纽与苏浙周边枢纽的服务协同,加强与虹桥枢纽相连接的铁路建设,提升空铁联运服务辐射能级,提升城际服务功能。持续打造商务区与长三角主要城市2h轨道交通圈,提升沪宁、沪杭等方向的对外高速通行能力。

(2) 完善区域交通联系网络

①加强公共交通体系建设。加快建设机场联络线、嘉闵线、13号线西延伸和2号线西延伸等既定规划线路,开展25号线等线路规划研究。到"十四五"末,新增(含延长)3条轨道交通线路。推进枢纽西交通中心综合改造提升工程,优化道路交通组织和场站设施布局。适时推进中运量等高品质公交项目,加强核心区与拓展区之间的公共交通联系,研究集交通、观光等功能于一体的空轨设施规划布局。同步实施相关地区级公交换乘枢纽建设,优化商务区内部公交线路,加强与周边地区的公交联系,构建商务区内部多层次公共交通系统。倡导绿色出行,结合地下空间、二层连廊、绿道、景观河道岸线及桥梁等,打造全连通、人性化的慢行交通系统。持续完善交通枢纽和会展中心两翼的交通联系网络,做好进博会交通保障。推动完善国家会展中心(上海)配套停车场、货运轮候区建设。

②进一步完善商务区路网体系。结合外环线S20功能优化,推动商务区道路交通持续改善。推进跨吴淞江申长路—金园一路、申昆路—金运路以及天山西路辟通、临虹路、纪宏路等区对接道路项目建设,推动广虹路—泉口路、联虹路—新泾路、东航路—新潮路、空港八路—金浜路等东西向道路联通。推进G50沪渝高速公路改造,探索研究G15公路嘉金段提升通行能力。加快漕宝路快速通道建设。继续推进迎宾三路东延伸重大工程建设,开展迎宾三路西延伸规划研究,持续提升商务区周边交通集散功能。

(3) 持续提高枢纽综合管理水平

①加强枢纽运行保障。完善枢纽运行管理单位常态化联席会议机制,进一步巩固和提升公安、交通等各类枢纽服务保障部门的联勤联动。不断完善枢纽安检一体化管理机制和运行保障机制,提高枢纽通行效率。

②加强应急管理水平。不断完善枢纽应急保障体系及配套设施,持续提升虹桥枢纽应急保障水平,充分适应枢纽客流增长和功能提升的新形势。进一步完善应急管理预案体系和体制机制。依托商务区综合信息平台,加强商务区内神经元传感器布设,完善应急指挥响应、应急视频采集与监控、协调决策指挥、融合通信管理等专项系统建设,准确了解人、楼宇、高铁、飞机等要素主体信息,加强事先感知预判能力。加速与公安、交通、环保、水务、气象等部门数据共享,探索形成跨部门、跨区域的运行体系。

12.6.2 对虹桥枢纽提出更高要求

1) 虹桥枢纽服务长三角和联通国际的功能将更强

随着长三角一体化发展上升为国家战略,虹桥商务区是推进长三角一体化发展的重要区域之一,按照国家要求,打造成为虹桥国际开放枢纽、国际化中央商务区、国际贸易中心新平台,虹桥枢纽将面临新一轮的发展机遇。至 2018 年底,长三角铁路营业里程达到 10560km,其中高铁里程 4171km。2019 年长三角铁路建设将继续保持高位运行,将开通 6 条,开建包括沪通、沪湖在内的 4 条铁路新线,至 2022 年底,长三角铁路营业里程已达 13749.7km,其中高铁营业里程超过 6700km,运营铁路网覆盖"三省一市"范围内除舟山市以外所有的地级以上城市,如图 12-42 所示。

图 12-42　上海对外铁路网络示意图[1]

2)区域引领和统筹要求更高(从 TOD 走向 HOD)

国家战略的发展要求引发了枢纽交通网站格局的变化和开发区位与内涵的变化。商务区核心区、国家会展中心等功能区要求与虹桥枢纽形成更为便捷的联系。虹桥枢纽向西布置了虹桥商务区核心区和国家会展中心。商务核心区定位国际中央商务区、更多外企和企业总部聚集地(图 12-43),至 2019 年底,上海虹桥商务区注册法人单位已入驻的有 3 万多家,其中长三角企业占比达 42%,入驻的各类总部级企业共有 288 家。随着《虹桥国际开放枢纽建设总体方案》的批复,两年来,虹桥国际中央商务区累计吸引和培育总部类企业 500 多家,其中经市级认定的跨国公司总部企业 44 家、外资研发中心 11 家、民营企业总部 44 家、贸易型总部 13 家。未来,这个比例和数量还会更高。国家会展中心更是进口博览会的永久会址(图 12-44),是国际贸易中心新平台,它们都要求与虹桥枢纽在区域相互统筹,形成更为便捷的联系,凸显虹桥枢纽对外交通优势。

嘉青松等西部郊区发展要求加强与虹桥枢纽的快速联系。"大虹桥"的崛起将会推动上海西部增长极的形成,如图 12-45 所示,它将是继上海中心城区、上海浦东之后的第三个经济增长区域。在虹桥枢纽的带动下,上海西部增长极产业发展的起点将相对较高,要求与虹桥枢纽形成快速的联系。

图 12-43 虹桥核心区开发建设情况

图 12-44 国家会展中心开发建设情况

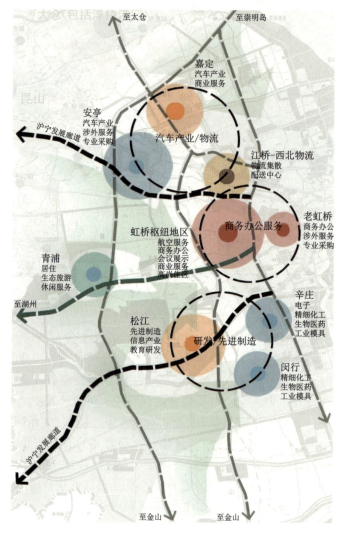

图 12-45 嘉青松与虹桥枢纽联动发展示意图[1]

3）城市保障服务要求更精细

（1）交通服务要求更精准，做到时间可控。虹桥枢纽高铁、机场等交通时效要求高。随着网络售票、自助安检、凭身份证等直接登机、上车的盛行，虹桥枢纽内部中转换乘要求交通服务一体化，信息更加精准，到离枢纽的交通追求更高质量的服务，从以前提前1~2h到达实现随到随走，从以前单一出行服务到实现商务、娱乐、购物、休闲、出行等一体化服务。

（2）交通模式更多样化，网约车、定制公交等凸显智慧出行个性化服务。随着智慧交通的发展，网约车、酒店客车、定制公交等各种新兴交通模式兴起，虹桥枢纽要为新兴交通提供空间，凸显个性化出行服务。

（3）机场联络线自虹桥枢纽至上海东站，线路长68.6km，设站9座。嘉闵线自嘉定北站至莘庄北站，线路长41.6km，设站15座。线路均属于近期建设线路，计划于2023年前后建成。机场线与嘉闵线为机场和铁路旅客及枢纽员工服务，直接引起枢纽4路、5路、9路、机场一线以及该通道上出租车、网约车和社会客车的客流向轨道方式转移。此外，机场线、嘉闵线（图12-46）、2号线、10号线、17号线共5条轨道线路在虹桥枢纽形成换乘站，增加虹桥枢纽的城市换乘客流。

图12-46　机场线、嘉闵线规划方案示意图[13]

北横通道是上海市内环内"三横三纵""井"字形通道的一部分，西起中环（北虹路），东至周家嘴路越江工程，全长约19.4km（图12-47）。北横通道可分流延安高架交通，提高中心城东西向交通的可靠性。北横通道开通后，将提升虹桥枢纽与中心城区的道路交通条件。

4）城市集散保障压力增大

（1）虹桥枢纽客流量将突破140万人次/d。随着江浙皖城际铁路网络的不断完善及沪通、沪湖通道建成通车，虹桥铁路到发客流规模将增至1.5亿人次/年（现状1.2亿人次/年）；虹桥机场旅客吞吐量将达到5000万人次/年（现状4360万人次/年），空铁联运功能将进一步强化。长途客运西站服务长三角周边无铁路县级城市功能更突出，客运量保持在200万~300万人次/年。机场线、嘉闵线的建设提升了虹桥枢纽南北向轨道交通服务，将虹桥机场至浦东机场的运行时间缩短至40min。未来虹桥枢纽仍将持续增加，按照每年增加5万人次/d，至2025年，将达140万人次/d，节假日极端高峰将达160万人次/d。

(2) 轨道站点疏散压力大。虹桥火车站既是铁路虹桥站的集散轨道站点,也是17号线、轨道2号线、10号线以及机场线、嘉闵线等5线换乘站点,还是周边商务核心区的主要集散站点,常态客流将增至30万~40万人次/d(现状22万人次/d)。虹桥火车站的站内设施固定,增能空间有限,内部换乘与进出站的交通组织压力增大。

(3) 停车场矛盾加剧。随着北横通道的建成和网约车的盛行,虹桥枢纽停车需求将进一步增加,预计2025年将有20%~25%的增量,增至5万~5.5万辆次/d,停车矛盾将加剧。此外,随着酒店客车、定制公交的兴起,大客车车位短缺严重。

(4) 虹翟、虹渝等枢纽衔接道路将拥堵。北横通道建成通车,外围集散道路能力增强,但连接外围集散道路至枢纽的衔接道路没有增加,在交通量集聚时,虹翟、虹渝等枢纽衔接道路将出现拥堵,既有铁路出发车道边拥堵将加剧。

图 12-47 北横通道与虹桥枢纽关系

本章参考文献

[1] 上海市城市规划设计研究院.上海虹桥综合交通枢纽规划与设计[R].上海:上海市城市规划设计研究院,2006.

[2] 吴念祖.图解虹桥综合交通枢纽:策划、规划、设计、研究[M].上海:上海科学技术出版社,2008.

[3] 吴念祖.虹桥综合交通枢纽开发策划研究[M].上海:上海科学技术出版社,2009.

[4] 上海市规划与自然资源局,上海市交通委员会.上海市综合客运交通枢纽布局规划[A/OL]. http://www.shanghai.gov.cn/nw2/nw2314/nw2315/nw4411/u21aw190929.html.

[5] 刘武君.建设虹桥枢纽服务区域经济——上海虹桥综合交通枢纽规划与运营[J].铁道经

济研究,2013(6):53-56.

[6] 吴念祖.虹桥综合交通枢纽旅客联运研究[M].上海:上海科学技术出版社,2010.

[7] 刘武君.综合交通枢纽规划[M].上海:上海科学技术出版社,2015.

[8] 上海市城市综合交通规划研究所.中国博览会综合体综合交通规划[R].上海:上海市城市综合交通规划研究所,2011.

[9] 上海市城乡建设和交通发展研究院.中国国际进口博览会交通保障方案[R].上海:上海市城乡建设和交通发展研究院,2018.

[10] 上海市虹桥枢纽交通中心.虹桥枢纽综合交通月报(2011—2019年)[R].上海:上海市虹桥枢纽交通中心,2011.

[11] 上海市城市规划设计研究院.上海虹桥商务区城市规划设计[R].上海:上海市城市规划设计研究院,2014.

[12] 上海市城乡建设和交通发展研究院.上海虹桥商务区综合交通规划[R].上海:上海市城乡建设和交通发展研究院,2017.

[13] 国家发展改革委.虹桥国际开放枢纽建设总体方案[A/OL].(2021-02-22)[2022-04-16]. https://www.ndrc.gov.cn/xxgk/zcfb/tz/202102/P020210224423624811401.pdf.

[14] 晏克非,于晓桦.典型高铁综合交通枢纽建设开发成功案例与启示[C]//辽宁省科学技术学会.区域经济发展与交通运输:第十八届海峡两岸都市交通学术研讨会论文集.沈阳:辽宁科学技术出版社,2010.

[15] 黎冬平,晏克非.基于站点综合开发的区域综合客运枢纽设计方法研究[C]//徐瑞华,滕靖.区域交通发展对策研究:2009年全国博士生学术论坛(交通运输工程学科)论文集.上海:同济大学出版社,2009.

第 13 章

南京南站综合交通枢纽
——坚持规划引导的特大型铁路综合客运枢纽

在蓬勃发展的高铁时代,我国特大型铁路综合客运枢纽已经进入第四代枢纽建设时期。然而在南京南站规划时,特大型铁路客运枢纽规划尚处于第二代枢纽向第三代枢纽的过渡阶段。在枢纽仅被赋予交通功能的时代,南京南站便采取了超前的规划思路,结合城市发展需求,以其作为城市南拓的支点,创新性地将各交通方式布局于大站房之下,形成了"紧凑布局、轨道主导、垂直换乘"的无缝换乘体系。从规划到建成的 20 年间,从原本的北线、小站房、平面式的方案到如今的格局,南京南站始终如一地按照规划理念推进工作,并对沿线用地进行了严格的控制。正是这种坚持规划为引导的方式使得城市发展与枢纽建设实现了双赢,也使南京南站成为我国在长期规划指导下控制选址选线及用地的少数成功案例之一。

13.1 建设背景

南京南站综合枢纽位于南京市主城区南部的雨花台区,距新街口核心区约 10km,与主城北部的南京站以及规划的南京北站共同构成三大城市铁路综合枢纽。南京南站于 2011 年建成,2019 年实际旅客发送量超过 5000 万人次,是国家铁路客运特等站。南京南站占地近 70 万 m^2,总建筑面积约 45.8 万 m^2,其中主站房面积达 28.15 万 m^2(图 13-1),总投资超过 300 亿元人民币。

南京南站衔接京沪高速铁路、沪汉蓉铁路、宁杭高速铁路、宁安城际铁路、沪宁沿江高速铁路等多条铁路干线,站场规模达到 3 场 15 台 28 线,其中包括京沪高速场 10 线、沪汉蓉宁杭场 12 线、宁安场 6 线,此外还新建了南沿江城际铁路并引入宁安场,具体情况如图 13-2 所示。除铁路客运站外,南京南站还集中了城市轨道交通、长途汽车、常规公交、出租车以及小汽车等多样化的交通方式,成为现代化综合性客运交通枢纽。该枢纽的建设对于提升南京城市功能与辐射力具有重要意义。

图13-1　南京南站主站房

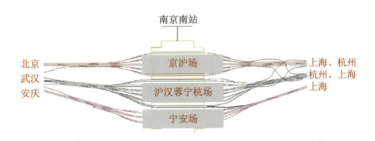

图13-2　南京南站枢纽引入铁路线路构成图

13.1.1　功能定位

1）国家层面——强化城市群间沟通联系的战略节点

京沪高铁促使南京成为长三角与京津冀城市群对接的锋线,沪汉蓉铁路促使南京成为长三角与中西部对接的门户,南京综合交通枢纽地位突出。作为京沪高铁的五大始发站之一,高速铁路的便捷性将为片区带来高端商务和旅游人群,有利于片区商务、商贸、旅游业的发展[2]。

2）长三角层面——促进沪苏浙皖一体化的重要引擎

在长三角层面,南京位于长三角"之"字形走廊的枢纽位置,京沪高铁的建设使南京直接对话上海,极大地促进了沪宁双边互动,大大加强了沪宁杭三角的弱边——宁杭的沟通与一体化发展,为长三角经济重心从沿海向内地的转移进一步创造了条件,并使南京成为承接转移的重要节点。

3）都市圈层面——提高南京都市圈竞争力的关键枢纽

南京南站综合交通枢纽的轨道接驳快线和长途车站将强化南京都市圈区域内部交通体系,加强都市圈对外联系,促进圈内交通网络一体化形成,并加强都市圈核心的辐射能力,从而加速都市圈经济一体化进程,提高南京都市圈整体竞争力。

4）市域层面——南京南拓的中心

在《南京市城市总体规划(2011—2020年)》中,南京市域范围规划为"中心城-新城-新市镇"的三级城镇体系。中心城区包括主城、江北新区、仙林副城和东山副城。南京规划在3个副城培育次区域中心,形成多核区域中心格局,城市职能向3个新市区扩散,从更大空间范围重新布局,向新市区转移。具体功能见表13-1。

表13-1　南京市区功能布局[3]

分区	功能
主城区	主城区是南京都市发展的核心,是南京都市圈和更大区域的中心。南京主城区辐射整个南京,主要发展以信息科技、金融商贸、文化旅游等综合服务功能为主的第三产业
江北新区	江北新区是南京服务和辐射安徽、苏北等地区的区域副中心。按照国家级新区的定位,江北新区实施相对独立发展策略,按照相当于主城同等水平的要求提升服务功能;鼓励发展高新技术产业和商贸物流、教育科研、旅游度假等第三产业
仙林副城	仙林副城是南京对接长三角,辐射南京都市圈东部地区的区域副中心,鼓励发展高新技术产业和科教研发、文化会展、商业商务等第三产业
东山副城	东山副城是承担主城综合功能扩散,辐射南京都市圈南部地区的区域副中心,鼓励发展高新技术产业和商贸商务、教育科研、休闲娱乐等第三产业

其中,主城区以第三产业为主,副城分别承担区域第三产业中心职能,并进一步强化金融、贸易、信息中心职能。江南主城原规划两个市级中心,分别分布于新街口和河西地区,因南站的开发建设形成三中心鼎足而立的格局,如图13-3所示。

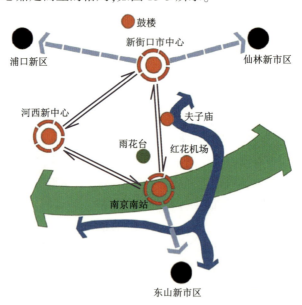

图13-3　南京市级中心分布

南京南站枢纽位于南京城市发展主要轴线上,且处于主城区与东山副城联系的空间节点上,同时更是二者的交通要塞。这使得南京南站片区不仅成了城市交通核心,更成了承接主城功能外溢,促进城市南拓以及职能重构的良好节点。

5)南京铁路枢纽层面——三大主要客站之一

南京南站是南京铁路枢纽总图确定的三大主站之一,也是客流规模最大的主站。三大客

站主要分工如下:

(1)南京南站主要办理京沪高铁、宁杭高铁、合宁铁路、宁安城际、南沿江城际高铁动车始发终到作业,京沪高铁及京沪高铁、合宁铁路—宁杭高铁、合宁铁路、宁安城际—沪宁城际、南沿江城际动车通过作业。

(2)南京站主要办理覆盖周边区域的短途动车及沪宁城际动车始发终到和通过作业、枢纽各方向普客始发终到和通过作业。

南京北站主要办理沪渝蓉沿江高铁、宁淮城际、宁蚌城际、宁启铁路动车始发终到作业,沪渝蓉沿江高铁及沪渝蓉沿江高铁—沪宁城际、宁淮城际、宁蚌城际—宁宣黄城际、宁杭高铁、合宁铁路—宁启铁路动车通过作业,枢纽普速客车始发终到及通过作业。

13.1.2 规划经历

1)选址选线为城市争取最大利益

京沪高铁南京段的规划工作始于1991年,规划初期存在"轮轨"和"磁悬浮"制式方面的不确定性,导致京沪高铁的前期工作进展较为缓慢。在进行京沪高铁南京段的选线工作时,初步确定两个方案(图13-4),即"北线方案"(从上元门地区过江,并设站于既有的南京站)和"南线方案"(从大胜关过江,并在现在的南京南站新设站点)[4]。

图13-4 南京南站北线方案及南线方案线路走向

(1)"北线方案"

"北线方案"(图13-5)的优势在于,新线与既有线的衔接方便,且路程更短能够节省造价。一方面,当时,南京城市中心位于南京市北部区域,且在清末修建的津浦铁路、沪宁铁路主要车站如浦口火车站、下关火车站等都位于南京城北部。另一方面,铁路的机务段和职工宿舍都在城北,该方案具有经济合理性、管理方便性及技术可行性。

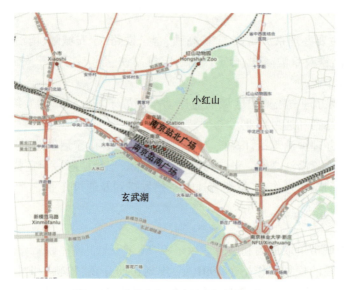

图 13-5 "北线方案"南京站空间布局示意图

由于"北线方案"从上元门过江时存在极小半径的曲线,将限制高铁列车的运行速度,且现状南京站的运能已接近饱和。同时,它所需接入的南京站已经不具备容纳新线的空间。南京站北靠小红山、南临玄武湖,用地十分局促。若需要对南京站进行改造,只有从北广场向北开挖小红山山体,将产生高昂的建设费用。

(2)"南线方案"

"南线方案"的优势在于,更加契合城市总体空间发展的重要需求。作为南京都市圈的核心城市,南京当时主城区面积狭小,老城区人口密度达到 3.24 万人/km^2,这甚至高于当时北京的平均人口密度。主城周围的浦口、仙林以及江宁有着充足的发展空间,因此在当时南京城区已具有了向外扩张的动因。"南线方案"能够拉伸南京的城市空间,南站可以作为主城区向南拓展、联系江宁区以及更南面溧水区的支点,在其周围建设新城,也有助于南京城市功能的转移。

同时,南京主城的重要拓展方向是向东向南发展,南面的场站也预留多年,建站条件较为理想,沿线拆迁量小,对城市干扰和环境影响小,建站位置地处主城和更南部的禄口机场之间,利于形成方便的"空铁联运"换乘及铁路与城市道路衔接条件。

当时,由于京沪高铁的实际建设工作尚未全面推进,南京段的南北选线工作处于搁置阶段。在此期间,南京已经做好了准备工作。从 1995 年起,南京根据这两个方案开始分别严格控制沿线用地建设,在南站周边地区预留了通道以及站房空地,其 $14km^2$ 的用地冻结了 15 年。这节约了大量拆迁成本、工程投资,土地升值发展潜能、城市结构和发展空间都大为受益[5]。

南京市政府在《南京市城市总体规划(1991—2010)》[6]中确定了南京"轴向发展、组团布局、多中心、开敞式空间"发展战略。经过 10 余年的快速发展,南京向南发展的趋势已经十分明显。因此,在 2003 年京沪高铁建设工作正式重启后,经过多轮协商,铁道部最终确定采用"南线方案"。

在确定线位方案后,由于沿线及站位已经预留了足够多的空地,高铁线路建设十分顺利。而之前"北线方案"所控制的用地则最后建设了沪宁城际线。这使得南京已建的铁路线网形成了由京沪、宁杭、合宁、宁安、沪宁以及仙宁联络线等线路组成的环形线网,能够让南京南站、南京站以及未来的南京北站的发车互相调节,充分发挥整个铁路系统的运能。

2)高架进站争取更多设施布局空间

2006 年,铁路枢纽仍然被大多数人认为是只承担铁路交通功能的车站,它与城市的衔接并没有受到特别的关注;若需要实现"零换乘",将各交通方式置于对行人友好的空间内,其站房规模以及配套设施的造价必然会成倍上涨。因此,初始方案仍然延续着当时铁路枢纽站与其他交通方式分散布置的思路,站房区域主要承担铁路客流的集散功能。

在建设站房时,初始方案铁路站台下方架空宽度仅有 156m,除了南京地铁 1 号线和 3 号线的换乘厅以及设备房和出站通道外,其余部分都用高填土方式封闭(图 13-6)。但是,采用高填土方式的铁路会造成对城市的分隔。由于南京市主城区存在明城墙,若是在外部再用环形铁路网人为制造一条分裂线,将主城区与江宁区分隔,就违背了"南线方案"的初衷。此外,初始方案采取平面换乘的方式,将长途、公交以及停车场等设施都分别布置于站房外部 4 个角上(图 13-7、图 13-8)。在采用此方案时,最短换乘距离达到了 300m,从长途汽车换乘高铁的步行距离将达到 1200m。对于该部分客流,如此长的换乘是难以接受的。

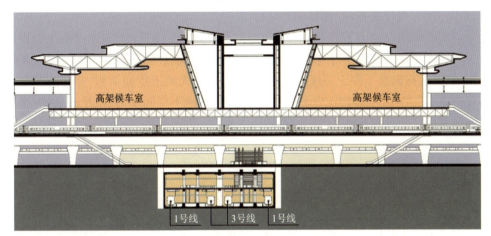

图 13-6　高填土方案

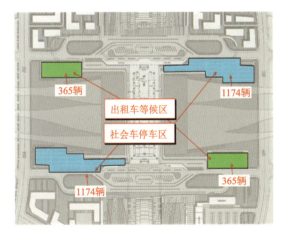

图 13-7　原方案停车场布局

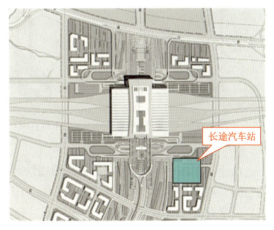

图 13-8　原方案长途汽车站布局

为了贯彻"零换乘"的理念,各方经过多轮协商,最终采取了现在的枢纽综合体式布局,将长途、公交与出租车、社会车大小车场引入枢纽体内部,将70%以上的客流采用公共交通疏解,并在国内大型枢纽中率先实现轨道交通"同向同台换乘",如图13-9所示。

图13-9　南京南站高架站场方案线下空间打开,各交通方式皆引入站房

3)地下空间开发促进枢纽"零换乘"

地下空间的利用也经历了若干争论。初始方案中地下空间只预留近6万m^2,分别给地铁1号线、3号线以及建造设备用房,多出来的面积则重新回填。而规划部门则根据未来的发展需求,结合铁路衔接以及下穿宁芜线的影响,提出应当扩大地下空间面积,并制订了多个地下空间布设方案(图13-10～图13-12)。其中,最大的方案地下空间多达24万m^2,为未来发展提供了交通换乘的空间,同时提供了商业服务[7]。

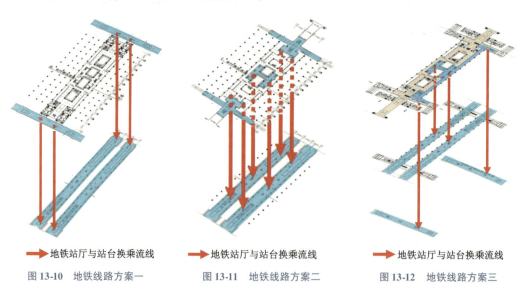

→ 地铁站厅与站台换乘流线　　→ 地铁站厅与站台换乘流线　　→ 地铁站厅与站台换乘流线

图13-10　地铁线路方案一　　图13-11　地铁线路方案二　　图13-12　地铁线路方案三

由于1号线、3号线承担了主要的地铁客流,初始方案也在地下二层预留了1号线、3号线的空间。在各比选方案中,这两条线的差别体现在是否同台换乘上。而影响地下空间布局的主要因素是S1、S3、6号线布设位置以及站台形式。在早期的方案中,由于期望南京南站南北广场均衡发展,将三线分列于南北两侧,然而南站主要的承接客流方向位于南站北侧,因此在

最终方案中形成了 S1 号线与 6 号线共轨直通,并与 S3 号线在一岛两侧式站台同台换乘的形式。

南京南站本身庞大的面积使得 1 号线、3 号线与设置于北侧的 S1、S3 以及 6 号线站台换乘距离较长,但地下一层在东西两侧同时包含了设备用房以及各类停车场,若同方案三一样开挖地下三层则会带来大量的费用,这使得三线的可选位置十分有限。现有的地铁换乘仍有遗憾,没有形成真正的"零换乘",但 1 号线、3 号线之间,S1、S3 以及 6 号线之间在枢纽内部的同台换乘仍然开创了当时的先例,充分体现了其设计理念的前瞻性。

13.2 规划方案

13.2.1 交通需求分析

南京南站枢纽的规模论证包括站场规模、站房规模、配套设施规模等多方面的分析,其中站场规模经多轮比较最终确定为 3 场 15 台 28 线,站房总建筑规模为 45.8 万 m² 含相关辅助功能,配套交通设施规模的论证从宏观预测、中观预测以及微观分析三个层面加以分析,如图 13-13 所示[3]。

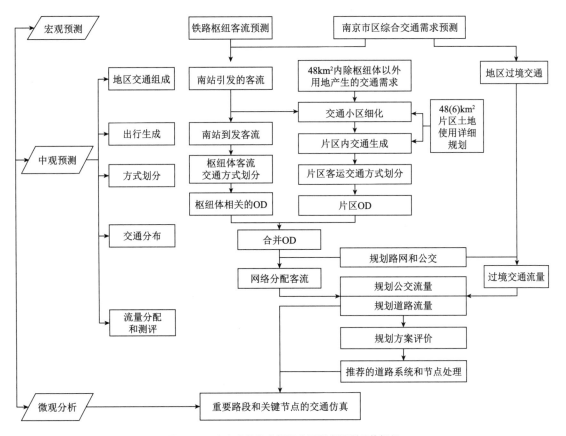

图 13-13 南京南站综合枢纽交通需求预测总体框架

通过分析得出早高峰小时是最敏感时段,所以选取了2030年早高峰小时交通需求进行预测研究。预测的3个组成部分(枢纽体本身、周边土地利用、过境交通量)都选取了早高峰小时作为评估的选取时段。根据预测,2030年枢纽高峰小时内的进出乘客总量为66328人次。

南京南站静态交通设施主要涉及社会车辆、出租车、公交车站。其中,社会车辆包含私人小汽车、单位车辆、社会大型客车及自行车。南京南站附属交通设施配置及占地需求小结见表13-2。

表13-2 南京南站附属交通设施配置及占地需求

交通方式	枢纽内长途客运站	枢纽外长途车场	城市公交	出租车	社会车辆	
					小汽车	大型车辆
车辆数(辆)	130~160	130~160	150~200	400~600	1200~1500	32
估算设施面积(hm^2)	约1.5	约3.5	1.8	1.3	4.5	0.27

13.2.2 枢纽主体设施规划方案

南京南站站房主体部分分为地面及地上共三层,地下两层(含地铁),其中地面层(±0.00m)为出站厅及换乘广场层,地上二层(12.40m)为站台层,地上三层(22.40m)为高架候车层[8],地下一层(-9.20m)为地铁站厅层及铁路设备用房,地下二层(-15.05m)为地铁站台层,如图13-14所示。

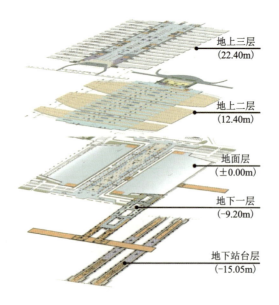

图13-14 南京南站站房布局

13.2.3 轨道设施规划方案

南京南站接入的城市轨道交通有已投运的南京地铁 1 号线、3 号线、S1 号线(机场线)、S3 号线(宁和线)和在建的南京地铁 6 号线共 5 条线路。这使得南京南站成为继上海地铁世纪大道站、深圳地铁车公庙站后我国第三个 4 线换乘地铁站,也是南京地铁最大的换乘枢纽。待 6 号线开通运营后,南京南站将成为我国第一个 5 线地铁换乘站。地铁南京南站有 4 个站台,分为 2 组,它们之间有换乘通道相连,共设 12 个出入口。核心区 800m 站点服务范围覆盖率约为 72%,枢纽主体轨道交通服务完善,在片区内部稍有不足,将由规划中连接南京北站的 18 号线进行补足,如图 13-15 所示。

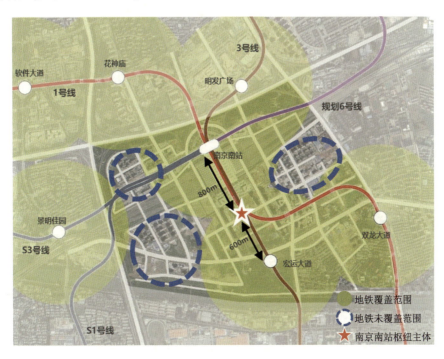

图 13-15　南京南站核心区轨道站点 800m 覆盖范围

地铁 1 号线和 3 号线站台位于地下二层,为同台换乘的双岛式站台。S1 号线(与在建的 6 号线共轨直通)和 S3 号线在一岛两侧式站台同台换乘,三线均位于地下一层站房北侧,与 1 号线、3 号线在地下围绕换乘广场呈"T"字形布局。5 条地铁线之间的换乘均在地下完成[3],如图 13-16、图 13-17 所示。

1 号线、3 号线为南京市轨道交通线网的南北骨干线路,1 号线连接主城与东山新市区,3 号线连接浦口新城区、主城区与上秦淮片区。在建的 6 号线同为南北向线路,其将实现南京主城区与仙林副城轴线组团的边界联系,并起到缓解市中心交通压力的作用。S1 号线则南起南站,一路南下连接禄口机场。S3 号线为东西向线路,东起南京南站,于大胜关过江连接江北。上述 5 条城轨线路将南站与主城区、河西、浦口、东山、仙林 5 个城市中心和副中心相连,使其成为南京的交通核心。

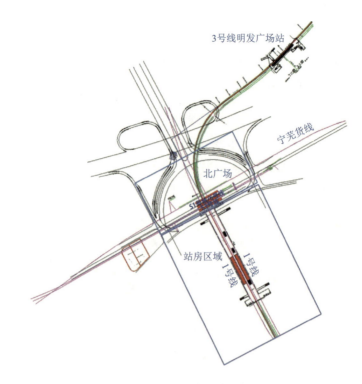

图 13-16　南京南站城轨线路及车站位置

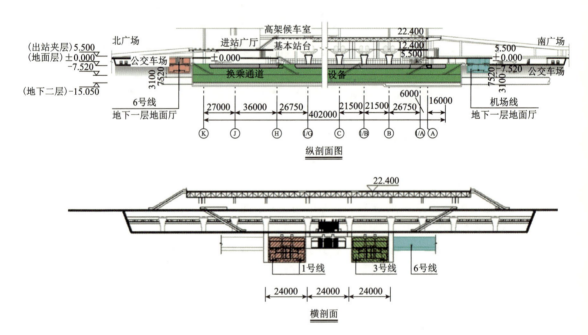

图 13-17　南京南站城轨线路方案剖面图（长度单位：mm；标高单位：m）

13.2.4 道路设施规划方案

如图13-18所示,南京南站枢纽核心区包括北至绕城公路、南至秦淮新河、东至宁溧路、西至机场高速,总面积约6km²的区域。南京南站外围区包括北至纬七路、南至胜太路、东至红花机场旧址——秦淮河一线、西至宁丹路,总面积约48km²,在此范围内需要考虑功能、交通、景观与规划设计范围相互协调。

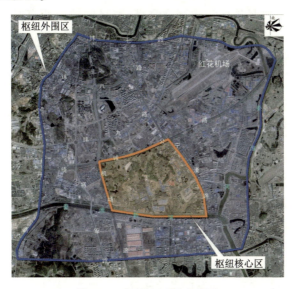

图13-18 枢纽核心区与外围区

南站核心区道路规划形成了"两纵两横"的地区井字形高快速路网和"四主六次"的地区干路网格局。南站核心区道路规划主要包括快速环线、高架联络道以及地面道路三个部分。它们共同组成了核心区的立体交通网络,如图13-19所示。

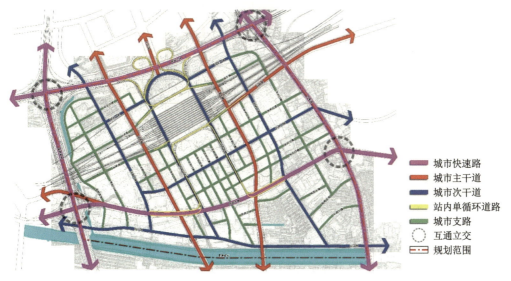

图13-19 南京南站核心区道路交通网络

1) 枢纽核心区快速环线

快速环线工程形成了"两横两纵"的井字形高快速路网,形成了包裹在南站核心区的四条边,如图13-19紫线所示。东西向的绕城公路和宏运大道主要承担东西向机动车快速集散功能,南北向的机场高速和宁溧路主要承担南站与主城及东山新市区的快速机动车交通联系,4条道路彼此的相交节点均为全互通立交设计。4条快速路共同构成南京南站及其周边开发区的机动车交通保护壳,是连接铁路站房前高架和外围高等级道路的主要通道,具有截流外围过境流量、满足地区集疏交通需求、减轻区域内部交通压力、均衡路网流量的重要功能。

2) 枢纽核心区高架联络道

枢纽核心区内的高架联络道主要包括北广场高架循环圈、南广场高架循环圈、高架落客平台、接地匝道以及地面循环道路,如图13-19中黄线所示。由于车站北部面对南京城区主要客流,站北高架在绕城公路上架设了双向定向匝道,匝道上跨绕城公路连接北广场落客平台。站南高架则从宏运大道起坡,采用双向交通组织方式,沿站东站西一路构建高架,接入站南落客高架。高架联络道与站前平台、南站地区路网均衔接,既能满足快速环线与南京南站"快进快出"的需求,又能满足车站交通快速集散与地面路网间的沟通需求。

3) 枢纽核心区地面道路

南京南站核心区采用"小街区、密路网"的规划理念,道路网密度为 $8.77km/km^2$。其中,快速路网密度 $1.63km/km^2$,主干路网密度 $0.88km/km^2$,次干路网密度 $2.32km/km^2$,支路网密度 $3.94km/km^2$。枢纽核心区路网形成了"四主六次"的高密度主次干道路体系。其中,"四主"为站西路、站东路、玉兰路和站前路四条主干路,"六次"为站西二路、站东二路、站北路、站前二路、站南一路和站南二路。南京南站主要地面道路如图13-20所示。

图 13-20　南京南站主要地面道路

南京南站核心区路网结构及功能定位见表 13-3。

表 13-3 南京南站核心区路网结构及功能定位

道路等级	道路名称	起讫路段	红线宽度（m）	功能定位
主干路	站东路	绕城公路—秦淮西路	60	承担站东地区与宁南新区、东山新市区的交通联系
	站西路	绕城公路—秦淮西路	50	承担站西地区与宁南新区、东山新市区的交通联系
	玉兰路	绕城公路—站北路	50	承担站北与宁南新区的交通联系，是重要的公交走廊
	站前路	站东路—宁溧路	50	承担南站与岔路口地区、红花机场的交通联系
次干路	站东二路	站北路东段—宏运大道以南	30	核心区内枢纽以东地块南北联系
	站西二路	站北西段路—宏运大道以南	20	核心区内枢纽以西地块南北联系
	站北路	站西路—站东路	35	重要的站区交通集散通道
	站南一路	站前一路西侧—宏运大道	40	宏运大道以西枢纽交通进站通道
	站南二路	站前一路东侧—宏运大道	40	宏运大道以东枢纽交通进站通道
	站前二路	站西路—宁溧路	35	承担南站与岔路口地区、红花机场的交通联系

由于南京南站的客流 70% 都通过公共交通进行疏解，南京南站枢纽核心区的立体交通网络基本能够满足南京南站的集散需求。

4）枢纽外围道路规划

南京南站枢纽的外围网道路规划针对现状路网总密度较低、级配不合理的情况，进行了线网加密，规划了"四纵三横"的快速路、"五纵四横"的主干路以及"六纵九横"的次干路共同组成的外围道路网，如图 13-21 所示。

南京南站的主要道路客流集中于南北方向，南站的建设及周边开发会加剧南北通道不足的情况。为实现区域交通和枢纽交通功能的协调，南站外围道路网对枢纽周边的重要通道功能进行了重新界定。绕城公路的中轴线以及与南站站房的紧密衔接使其成为疏解南站南北方向客流的核心道路，而调整措施也主要集中于绕城公路与跨绕城公路。为实现功能转换和通道提升，分别采取了增设立交、缩小立交间距、搬迁或取消收费站的措施，对原有高速公路用地范围、局部路段标高以及部分立交匝道形式进行了调整。

图 13-21　南京南站外围道路网

13.2.5　公交枢纽规划方案

南京南站南、北广场均设有公交站场。其中,北广场公交站面积 1.7 万 m^2,安排 18~20 条公交线路;南广场设公交、团体车辆停车场,公交车站场面积 8000m^2,安排 9~10 条公交线路,车站东西两侧都设有公交车行驶的专用疏解通道。

枢纽核心区内共规划中途站 50 个,分布于宁溧路、站东路、站西路、站前路、站前二路、宏运大道。如图 13-22 所示,常规公交线网密度为 3.5km/km^2,其 300m 公交停靠覆盖率达到了 70%,500m 覆盖率达到了 95%。

南站公交枢纽首末站大多数线路通往主城,这些线路大部分通过玉兰路进出,因此在玉兰路设置公交专用道,通过纬八路、纬九路将南站枢纽联系到公交专用道网络中;另外,连接枢纽内部微循环道路,充分发挥公交运能,迅速集散客流。外围区公交线路分布如图 13-23 所示。

图 13-22　公交场站规划方案

图 13-23　外围区公交线路分布

13.3　交通组织

南京南站综合枢纽的交通规划秉承"以人为本、公交优先、分区组织、立体换乘、分层布设"的原则，具体如下：

（1）以人为本是指进行机动车流交通组织规划的同时充分考虑步行、非机动车交通问题，做好针对弱势群体的无障碍设计、乘客步行空间设计以及枢纽的绿化、景观设计。

（2）公交优先是指将轨道交通、地面常规公交与高速铁路客运、公路客运视为换乘体系中的重要环节进行规划设计;利用高速铁路桥下空间布置公交首末站,在站前高架上预留公交落客点,同时设置公交专用道。

(3)分区组织是指实现不同性质交通流的时空分离,包括人车分离、机非分离、进出分离、动静分离、客货分离、枢纽内部交通和枢纽穿越交通的分离,以及公交车、长途车等大型车辆与出租车、社会车等小型车辆的适当分离。

(4)立体换乘是指以铁路、公路两大交通方式为基础,强化国铁内部以及国铁与公交、出租车等城市交通系统的换乘;在分层布设的基础上,充分利用站体南北两端的5.5m夹层,强化各交通方式间衔接换乘的便捷性。

(5)分层布设是指在设施布局规划过程中,充分利用地面层空间,尤其是高速铁路桥下空间,布置各类交通设施;同时结合地上多层高架,设置出租车、社会车、贵宾车落客区;地下空间主要供城市轨道交通使用。

13.3.1 枢纽站区交通组织

1)枢纽综合体流线

南京南站创造性地采用"上进下出"与"下进下出"相结合的立体流线模式,即在站房地上三层利用高架匝道进站、地面出站以及在地面层进站、地面层出站两种进出站方式,为旅客提供最便捷的乘车服务。

如图13-24所示,南京南站地上二、三层分别为铁路站台层和候车大厅,地面层为与城市交通进行换乘的楼层,采取了立体换乘的方法,车站南北落客平台分别位于12.40m标高和24.40m标高处。对于机动车送客客流,其从南北两侧高架落客后,进入候车大厅。对于通过其他方式到站的进站客流,可以在地面层通过电梯直接到达候车大厅层。对于铁路到达乘客,在站台层下车到地面层后,可以方便地通过布置在地面层的各种设施满足出行需求。这种方式将机动车客流和其他方式客流进行了立体隔离,保证了出行的高效和安全。

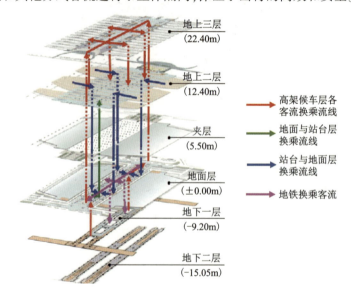

图13-24 南京南站综合枢纽立体换乘流线图

2) 地面层车辆流线

地面层是各类交通方式换乘的核心区域,如图13-25所示,地面层主要包含了地铁出入口、长途车、公交、出租车、大型社会车、旅游客车停车场。南京南站规划按照分区组织的原则进行车辆流线的设计,将不同类型的车辆分别设置于东西两侧,具体包括:

(1) 长途车。长途车从北面进入站区西路,经过站区西路内东侧道路进入长途车到发场。

(2) 社会车。社会车从南面进入站区东路,可从位于站区东路的匝道进入地下停车场,也可通过环岛进入位于地面高架层东北象限的地面停车场停车;社会车从北面可通过站区西路的匝道进入西侧地下停车场。

(3) 出租车。为铁路服务的出租车经站房南侧进入站区东路,通过环岛进入位于地面高架层东南象限的出租车场停车后载客驶离。为公路客运南站服务的出租车经南站北侧进入站区西路,从位于此路上的匝道进入地下出租车场后载客驶离。

(4) 大型社会车。大型社会车从南面进入站区东路,经过站区东路外侧道路进入大型社会车停车场。

(5) 旅游客车。旅游客车从南面进入站区东路,经过站区东路外侧道路进入旅游客车到发场。

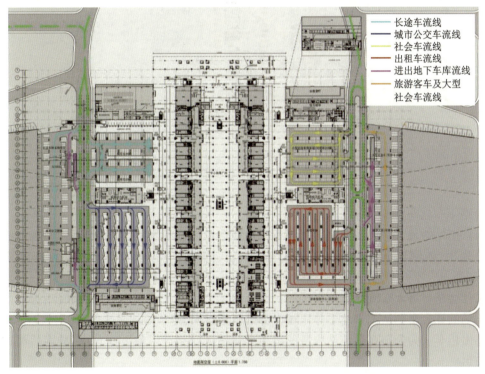

图 13-25　南京南站地面层车辆流线

3) 地面层客流流线

地面层客流流线如图13-26所示。旅客通过3条连通南北的人行换乘通道换乘各种交通设施,具体如下:

(1) 长途车到站旅客可通过西人行换乘通道向北换乘铁路及地铁,欲乘长途车离站旅客通过中央换乘广场与西人行换乘通道之间的联系通道在西换乘广场北侧换乘长途车。

（2）公交车到站旅客通过西人行换乘通道向南换乘铁路及地铁，欲乘公交车离站旅客通过中央换乘广场与西换乘广场的联系通道在西换乘广场南侧换乘公交车。

（3）社会车旅客通过东换乘广场北部换乘铁路及地铁。

（4）出租车旅客通过东换乘广场南部换乘铁路及地铁。

（5）需下地下一层停车场的旅客可从位于东西换乘通道上的楼扶梯下至地下一层。

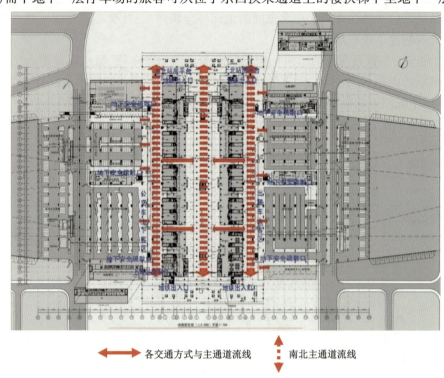

图 13-26　南京南站地面层客流流线

4）地下一层车流流线

南京南站的地下一层主要包括出租车以及社会车辆停车场，其东侧地下停车场流线方式为北进南出；西侧地下停车场流线方式为中间进，两端出。南京南站地下一层车辆流线如图 13-27 所示。不同车辆的流线分别如下：

①社会车。进入东侧地下停车场的社会车辆从北端进去停车后从南端驶出；进入西侧地下停车场的社会车辆从位于地下停车场中部的匝道进入，停车后从南端驶出。

②出租车。为公路客运南站服务的出租车从站区西路进入地下停车场，载客后通过北端匝道驶出。

5）地下一层客流流线

南京南站地下一层客流流线如图 13-28 所示（其中"上地面"表示地下一层到地面层的入口）。3 条连通南北地下广场的客流主流线分别为地铁站厅层、东西地下停车库安全通道，3 条主通道相互连通。3 条主通道间将设置 5 条联系通道，换乘旅客在地下一层可通过横向的联系通道方便到达地下车库与地铁站。

下篇/第13章 南京南站综合交通枢纽

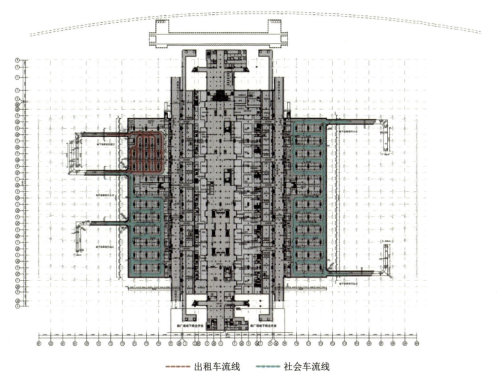

━━━ 出租车流线　━━━ 社会车流线

图 13-27　南京南站地下一层车辆流线

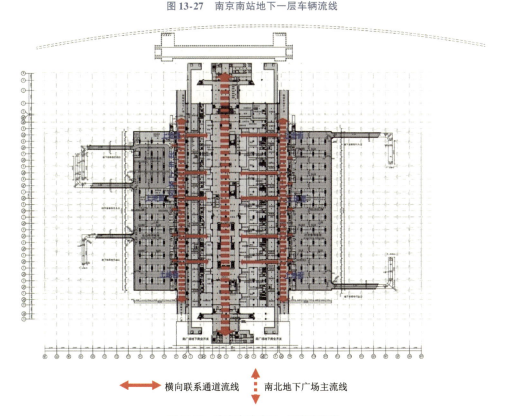

◀━▶ 横向联系通道流线　⇅ 南北地下广场主流线

图 13-28　南京南站地下一层客流流线

旅客可通过站厅中的楼扶梯到达地面层,也可经通道至东西安全通道通过楼扶梯至地面层。地下停车场人员经防烟前室进东西两侧安全通道再由楼扶梯或通道至换乘目的地。

南京南站的车辆流线及客流流线设计充分体现了"以人为本、公交优先、分区组织、立体换乘、分层布设"的原则,在将小汽车与其他交通方式、大型车辆与小型车辆、长途车与公交进行立体、平面分离之后,现在南京南站整个枢纽的旅客平均换乘步行距离在150m之内,10min之内步行可实现国铁、长途汽车与公交车、出租车、地铁、机场大巴的无缝换乘,极大地方便了乘客的出行[1]。

13.3.2 枢纽核心区交通组织

1) 枢纽核心区机动车交通组织

核心区机动车交通组织主要包括过境交通组织、枢纽交通组织和地区开发交通组织。枢纽核心区机动车交通组织遵循以下三个原则:①通过高等级道路快速疏散过境交通;②充分利用快速路系统快速集散车站到发交通,尽量减少车站交通和地区开发交通的冲突;③合理利用主次干路和支路系统有效分散地区开发生成的交通。枢纽核心区三种机动车交通组织如图13-29所示。

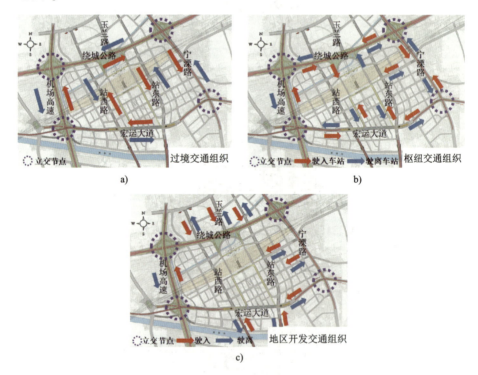

图13-29 枢纽核心区三种机动车交通组织

过境交通组织与枢纽交通组织大致相同,其中长距离过境交通主要通过4条快速路快速疏散,而地区开发交通组织则从枢纽东西两侧的站东路及站西路疏散。枢纽交通组织从南北两侧快速疏导至快速路中,避免与地区开发交通发生冲突。地区开发交通则充分利用枢纽核心区的密集主次支路系统实现机动车疏散。

2) 进出站前高架平台落客组织

南京南站采取"上进下出"的进出站流线,通过南北高架桥实现机动车乘客落客,如图 13-30 所示。北侧高架靠近主城区,为主要的客流方向,在该侧采用单向交通组织,明确进出交通,能够更好地组织客流。南侧高架采用双向交通组织方式,并在高架桥上设置交通岛以便车辆掉头,减少宏运大道上的无效交通流。为体现"公交优先"理念,南北两个高架均采用缓坡设计并设置公交落客站台,方便公交车辆上下高架和落客,使得公交乘客能够和小型车乘客同样无缝换乘铁路或长途车。

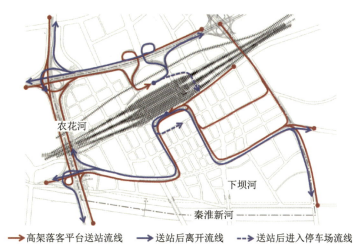

图 13-30 南京南站高架平台落客组织

3) 车站微循环系统

南京南站设有车站循环系统,以避免不同性质的车站交通在不同方向上的流线交叉。站区微循环为逆时针单向环线设计,串联枢纽配套交通设施,集中集散枢纽交通的同时还可以有效保证车站周边道路交通循环的单一性,减少车站到发交通和过境交通的干扰和冲突。车站微循环系统如图 13-31 所示。

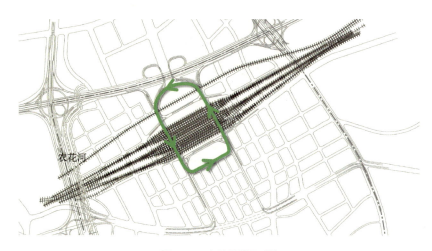

图 13-31 车站微循环系统

4)社会车进出停车场组织

社会车进出停车场主要利用微循环系统,通过单向流线保证交通组织的流畅。其两个主要出入口位于东西两侧,基本可以使用所有的联络通道系统,以满足机动性和可达性的双重要求。社会车进出停车场组织匝道实际实施方案如图13-32所示。

图13-32 社会车进出停车场组织匝道实际实施方案

5)长途车进出到发场及整备停车场组织

长途车进入到发场以及整备停车场也主要利用微循环系统进行单向交通组织,车辆行驶主要利用快速路与区域路网联络通道系统。长途车在进出快速路系统时考虑"南北兼顾",在南北广场均能有效使用快速路系统,如图13-33所示。

图13-33 长途车进出到发场及整备停车场组织

13.3.3 枢纽外围区交通组织

在南京都市发展区"三环十二射十六连"骨架快速路网中,中环绕城路环和两条连接线穿越枢纽外围区(两条连接线在外围区边缘切过)。因此,南京南站外围区处在一个高快速路集中区域,与都市发展区交通联系十分便捷。这使得外围区机动车流可以通过都市发展区内的高快速路系统在区域内的立交及进出匝道实现与整个都市发展区的联系,并通过都市发展区高快速路网联系到区域及整个都市圈公路网络中。

经过对现有路网的梳理,南京南站核心区与主城及东山新城区骨架网主要通过两横绕城路、宏运大道,两纵机场路、宁溧路4条快速路,以及纬八路、纬九路2条位于外围区北部的主干道构成。

外围区通过3个主要衔接界面进行对内对外的交通衔接,即绕城路界面、宁溧路界面、宏运大道界面,通过四个关键立交节点——花神庙立交、双龙街立交、宁溧路—宏运大道立交、机场路—宏运大道立交,实现了对外边界以及6km²核心规划区的衔接。

13.4 综合开发及投融资

13.4.1 综合开发

在地域特色的营造上,南京南站提出了"金陵门户、秦淮陆港"的特色定位,主要通过对风貌与视廊的控制来实现。首先,已建成的南京南站站房建筑采用了大量的传统建筑视觉元素。为了配合南京南站站房营造富有地方特色的门户空间,规划要求站前广场及周边建筑以现代风格为主,适当采用地方传统元素。其次,规划充分利用基地周边的山水资源与格局,通过对景观视廊的控制,保证在高架站房上可以北眺雨花台、南望秦淮新河,给旅客提供体验南京山水城市特色的机会。由此可见,规划在一定程度上避免了南京南站地区成为区域网络上毫无特色的"非地方"节点[9]。

通过对南京城市发展脉络的分析可知,南站地区正好位于南北向的城市发展主要轴线上。从古至今,该条城市轴线一直是南京城市发展的重要线索,起到承载历史、引领发展、统摄空间的作用。规划以该条城市轴线为基础,设计了一条从枢纽站房到秦淮新河风光带的中央景观轴,通过景观视线与步行交通的密切联系,从空间景观上进一步强化了城市主轴的发展脉络。中央景观轴向北与景观大道玉兰路相连,沟通雨花台风景区;向南与景观大道利源路相连,沟通百家湖与九龙湖。中央景观轴的设置,将在一定程度上引导南京南站客源转化成都市旅游、休闲人群,从而带动南京南部地区乃至整个城市的旅游业发展。

在空间尺度上,南京南站规划重视对轴线尺度的推敲,为避免出现大而无当的"政绩形象性空间",对国内外较为成功的轴线空间进行了尺度分析(表13-4)。以此为依据,结合我国国情和南京南站地区自身特点,反复推敲并确定了较合理的轴线空间尺度:站场南广场至宏运大道的轴线长度为800m,至秦淮新河的轴线长度为1500m,轴线长度较适合步行;中央轴线绿地宽80m,加上两侧道路宽度及建筑后退距离后,建筑之间的净宽在130m左右,两侧高层建筑的高度约100m;轴线的整体高宽比控制在1:1.3左右,从而获得了较好的景观视觉与活动体验效果。

表 13-4　轴线空间案例及南站地区中轴线尺度分析

城市轴线	轴线长度（m）	主要围合界面建筑高度（m）	两侧界面建筑间距（m）	轴线高宽比
名古屋城市中轴线	约1800	约80	约110	1:1.4
柏林波兹坦广场轴线	约600	约35	约80	1:2.3
巴黎拉德芳斯轴线	约1180	约40	约60	1:1.5
广州东站站前轴线	约750	约100	约230	1:2.3
南京河西CBD轴线	约1400	约80	约105	1:1.3
南京南站地区中轴线	约1500	约100	约130	1:1.3

从南京主城南部的整体空间景观进行考虑，规划在明故宫轴线南沿与中央景观轴的交会处设置了统筹全局的标志性超高层建筑，建筑高度要求不低于300m，这样在城市发展主轴线和明故宫轴线上都可以清晰地看到该地标建筑（图13-34）。

图 13-34　南站地区中央景观轴地标建筑

13.4.2　投融资

直至2008年，南京南站所有的规划设计工作才初步完成。由于京沪高铁的建设涉及铁路、建设、沿线各城市政府、地铁、长途、公交等部门，其中的磨合协商工作量非常大。南京南站现在的格局是长达10多年的工作才得以建立的，能够抵挡住城市发展的诱惑、始终预留车站以及线路周边的空地，并建立高架线路以及"零换乘"空间，这需要长远的眼光和十足的毅力。

现在看来，南京南站在选址与规划设计阶段均有超前的理念，对未来高铁车站的选址有较强的启示作用[10]：

首先，高铁车站选址需要结合城市规模、空间结构、枢纽总图等多种因素确定，特大城市、大城市一般为多中心结构，其车站也一般设有多个。位于城市外围的高铁车站可以带动新城、新区开发，成为重要参考因素，甚至形成城市新的发展中心，但也不宜过于远离城市中心。否则，"蛙跳"式的高铁车站和高铁新城往往难有充足的人气和理想的效益。

其次，高铁车站需与城市综合交通体系密切配合，形成功能完善的内外一体化交通网络。

为充分发挥高铁的高速度、高品质运输对城市和区域的带动作用,高铁车站需与城际铁路网、市域铁路网、高速公路网和城市轨道网、快速路网等相结合,形成换乘高效、集散快捷的辐射服务网络,扩大高铁的服务范围,最大限度地发挥高铁的优势和功能。

南京南站资金投入量大,而地方政府的铁路投资平台——南京铁路建设投资有限责任公司的自有资金极为有限,经营性用地的开发要通过逐步改善南京南站地区环境才能在后期显现出来。

为解决项目建设和资金平衡问题,必须通过土地资源市场化运作,积极推进融资渠道创新来实现项目的可操作性,并积极争取政府的政策支持。包含南京南站枢纽在内的京沪高铁有多个投资方,京沪高铁较为市场化。京沪高速铁路股份有限公司于2007年12月27日在北京正式组建,依据持股比例大小,股东依次是平安资产管理有限责任公司、全国社会保障基金理事会、上海申铁投资有限公司、江苏交通控股有限公司、北京市基础设施投资有限公司、天津城市基础设施建设投资集团有限公司、南京铁路建设投资有限责任公司(简称"铁投公司")、山东省高速公路集团有限公司、河北建设交通投资有限责任公司、安徽省投资集团有限责任公司。其中,铁投公司认缴65.3亿元,出资比例为5%。

地方配套设施,如周边道路、配套广场等,就更需要开拓更多的融资渠道。

(1)土地融资

根据南京市人民政府办公厅会议纪要2007第53号文,同意将南京南站规划控制区内除铁路用地和规划保留用地之外的剩余土地交由铁投公司进行收储开发和综合利用,所得收益用于充实铁投公司注册资本金和平衡南京南站项目投入。铁投公司会同市土地储备中心负责土地收储工作,按照"先国有土地后集体土地、逐块滚动收储"的原则组织实施。南京南站地区开发拟采用TOD模式,轨道交通先行,将轨道交通建设与周围土地开发结合起来,利用南站地区6km^2的土地资源进行储备和运作开发,所获收益作为政府资本金投入。根据南京南站地区控制性详细规划,可出让土地约2600亩(1亩约为667m^2)。

(2)南京市铁路建设发展专项资金

设立南京市铁路建设发展专项资金是解决南京市铁路发展资金问题的可行方式,不仅可缓解铁投公司资本金筹措压力,还可消除银行顾虑,为项目融资创造条件。根据宁政办发〔2007〕169号文《南京市铁路建设发展专项资金管理暂行办法》,铁路专项资金主要用于铁路项目的资本金和还本付息。铁路专项资金可根据需要为商业贷款、国家开发银行贷款、国债资金、发行铁路债券等提供融资条件。铁路专项资金的来源有铁投公司收储土地的收益,国家、部、省补助的专项资金,市财政预算安排的专项资金以及其他可纳入专户的资金。

(3)银行贷款

由于项目前期拆迁费用巨大,前期资金筹措要以借贷资金为主才能正式启动实施。

(4)股权融资

根据京沪高速铁路股份有限公司的组织构架以及线路未来所承担的运输任务分析,京沪高铁是中国目前最优质的铁路资产,上市融资的可能性很大。铁投公司以南京铁路沿线73km的拆迁费用入股京沪高铁,一旦项目上市成功,资产就会快速增值。

(5)充分利用南京南站自身的资源筹集资金

南京南站可采用市场化运作模式,填补、平衡建设资金不足的方案。南京南站可供利用的综合资源主要有现有土地资源的开发、车站及出入口广告位招租、车站内部分商铺招租或买断、地下管架(沟)、管线通道的出租、南京南站附属设施富余量的充分利用等。

(6)政策性资金

自 2008 年起 5 年内,对京沪高铁南京枢纽及相关城际铁路建设、宁芜铁路迁建等项目施工企业所缴纳的营业税,由铁投公司协调铁路各相关建设部门集中代扣代缴入市库,市留成财力 50% 用于弥补铁投公司资本金,50% 用于项目沿线所在区域基础设施建设。

13.5 现状运营及优化

13.5.1 现状运营情况及存在的问题

截至 2019 年,南京南站枢纽总客流已达到 5000 万人次,平均年增长约 20%,已突破规划客流预期。由于铁路的冲击,南京长途客运南站的客流量在经过刚建成的上升期后,客流近年来呈现下降趋势,从 2015 年的最高点 873 万人次降至 2018 年的 780 万人次。枢纽的主要集散方式为地铁、出租车和小汽车,其分担率分别为 52%、16% 和 15%。地面公交呈现缩减趋势,分担率仅为 2%。地铁南京南站日均进出站客流约 17 万人次,周末日均约为 21 万人次,已成为南京地铁仅次于新街口站的客流第二大车站。枢纽全日出租车发车量为 8000～10000 辆,载客约 2 万人,其中 73% 的客流驶往主城方向,27% 的客流驶往江宁方向。枢纽与小汽车主要通过南北落客平台对接,两个落客平台的日均车流量约为 4.5 万辆,与主城方向对接的北落客平台承担了其中的 67%,呈现拥挤的态势。枢纽周边的 7 个停车场共有 2367 个泊位,总量充裕,但使用率不均衡,图 13-35 中 P2～P4 的周转率较高,而 P5～P7 的日周转率较低,均不高过 2。

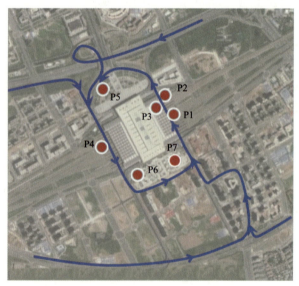

图 13-35 南京南站停车场分布图

注:P1 为大型客车停车场,P2～P7 为一般社会停车场。

南京南站现状运营情况总体达到预期水平，但仍存在一些问题。枢纽的主要客流方向来自北侧的主城区，这使得南北落客平台、出租车场和停车场的使用并不均衡。同时，由于规划路网尚未完全建设完毕，对外衔接道路部分未打通，支路网建成度偏低。特别是南侧的宏运大道快速化尚未完成，使得枢纽出现与周边地区通道不足的情况。

由于枢纽用地限制及技术施工的原因，地铁 1 号线、3 号线与 S1 号线、S3 号线的直线换乘距离约为 400m，这使得南京南站的两组地铁站台出现了换乘不便的问题。内部竖向不足，使得两组车站之间难以安装水平步梯，需使用未来的超薄步梯技术才能够实现。

新兴技术也对南京南站的运营提出了新的需求。由于规划时尚未出现网约车和广泛的租车服务，这些新兴的业态缺乏相配套的服务设施。同时，南京南站的交通标志系统也存在缺陷，枢纽外部缺乏动态实时诱导系统，这也在一定程度上导致了枢纽设施使用的不均衡。

13.5.2 优化措施

针对以上问题，南京南站也提出了相对应的措施。

1）南北落客平台不均衡、北落客平台拥挤问题相应措施

南北落客平台现状的不均衡使用一方面是客流方向不均衡导致的，另一方面是南北设施建设进度不均衡导致的。2020 年 4 月，博爱路局部贯通后，沟通南北广场的交通小循环已形成（图 13-36），能够更为便利地实现南北沟通。同时，直接对接南平台南侧的宏运大道快速化，以及宏运大道—双龙大道立交建设也进入近期建设计划，这能够起到分离过境、片区以及枢纽交通的作用，使南北落客平台均衡使用。

图 13-36　南京南站南北落客平台均衡道路改造

南京南站南广场支路系统尚不完善，仍然存在不少断头路，规划将加快南京南站支路的建设进度，完善南广场道路系统，实现南北广场微循环，如图 13-37 所示。

----未建成支路 ——快速路 ——南北高架

图 13-37　南京南站南广场支路系统建设

2）出租车蓄车空间优化问题相应措施

由于网约车的冲击，有大量出租车进入南京南站长时间等候接客，这使得出租车蓄车空间的容量严重不足，在明城大道、开明街、六朝路经常出现十分严重的排队现象，挤占道路资源。南京南站通过改用玉盘东街—民生路—金阳东街替代原本的东出租车场进场排队空间，减少进场车辆排队对南北广场商办地块东西向的交通阻隔，大大减少了出租车排队进站的情况。出租车进场排队空间调整如图 13-38 所示。

——北落客平台出租车进入东出租车场流线　——其他方向出租车进入东出租车场流线

图 13-38　出租车进场排队空间调整

3) 信息诱导系统缺失问题相应措施

南京南站对外通过增设 LED 标牌停车诱导系统（图 13-39），完善重要路口的实时诱导系统，引导用户均衡使用停车场以及南北落客平台。南京南站对内则细化枢纽内部指引标志系统，增设彩色引导线（图 13-40），区分高铁、长途客车到达后与其他交通方式的换乘流线。

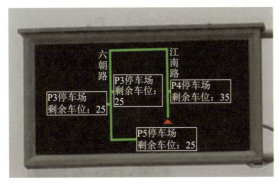

图 13-39　LED 标牌停车诱导系统

图 13-40　彩色引导线

13.6　经验总结

随着高铁时代的来临，高铁网络与枢纽的规划建设将在城市整体、枢纽地区等层面给相关城市带来重大而深远的影响。南京南站是亚洲规模最大的综合客运枢纽之一，站场规模达到 3 场 15 台 28 线，其枢纽核心区规划面积约 6km^2。如何通过规划整合枢纽交通价值与城市功能价值，充分利用高铁效应促进城市发展与结构优化，并打造特色彰显的门户空间，是枢纽地区规划面临的主要挑战。南京的规划主管部门和设计单位从 20 世纪 90 年代开始的选址坚持与用地预控，到 2007—2012 年的城市战略调整与地区综合规划，再到近期结束的城市设计与控规，20 多年的持续规划与设计坚守，使得南京南站地区成为城市与枢纽共赢发展的成功典范。

在战略研究阶段，南京市提出了优化主城南部空间打造南部新城与城南中心的战略，从而推动南京城市单中心格局向"金三角"多中心格局演化，并构筑了主城南部"轴连山水"的特色空间结构。在南站地区层面，确定了南京南站枢纽的发展目标和功能定位，制订了枢纽地区空间布局和土地利用规划方案，开展了综合交通规划、地下空间规划、配套设施规划、城市设计、控详规划等工作；在枢纽层面，提出了南京南站枢纽和枢纽地区的交通发展战略，制订了枢纽体和枢纽地区的综合交通布局规划方案和交通组织方案。

南京南站在促进枢纽与城市协同发展、推动主城南部空间格局优化、构筑高效的综合枢纽、塑造特色空间等方面的探索具有开创性，对全国综合客运枢纽规划建设具有示范意义。从南京南站的规划设计历程来看，我国高铁枢纽的规划设计有以下方面值得坚持：

（1）必须坚持前瞻性的科学选址与长期预控，确保城市与高铁战略意图的规划落地

以南京南站为例，结合南京城市总规与发展战略，综合考量国家级铁路枢纽布局、空铁两大枢纽便捷衔接、城市重点发展方向引导、城市空间结构优化等需求，选址在主城与江宁之间，

并与铁路部门多次协商,坚持选址,同时严格预控沿线土地,最终成为高铁枢纽按规划长期预控的通道与选址顺利实施的少数成功案例之一。规划坚守和预控的收获包括城市整体结构的优化、主城南部32km^{2}滞后区的发展、上百亿元的拆迁费用节约、南京南站功能的高效发挥、规划配套的从容应对。

（2）必须坚持枢纽支撑城市、城市推动枢纽的协调互动关系

高铁的速度优势与"同城效应"将增强沿线核心城市的集聚能力,尤其带来商务功能与创新产业的聚集。因此,从区域联动、强化城市竞争力和增强都市圈辐射能力的角度出发,依托南京南站枢纽,整合周边的雨花软件谷与机场智慧新城等片区,聚集发展现代服务业与创新产业,带动南京南部城区一体化发展,形成城南中心,从而推动城市单中心格局向"金三角"多中心格局演化,促进南京成为服务于"泛长三角"的区域中心。目前,采纳此空间战略的南京总规已获国务院批准,建设也已全面开展。南京南站地区正是城南的核心组成部分,主要承担枢纽交通集散与商务商贸服务的功能,其建设情况良好有序。

（3）枢纽设计要突出轨道主导、高效集散、无缝换乘,构筑一体化衔接系统

公共交通是枢纽与枢纽地区的主导交通方式,应承担70%~80%的枢纽到发交通和60%~70%的枢纽周边地块开发产生的客运交通。南京南站枢纽以5条城市轨道交通和4条高速快速路"双快"支持,高密度路网和高密度公交"双高"配置,确保了南京南站大型区域性枢纽的高效集散。南京南站枢纽充分利用高铁线下及地下空间,以分层布设、分区组织为原则,在国内大型枢纽中率先将高铁、地铁、长途、公交、出租车以及社会车等设施集中布置在枢纽体内,并实现轨道交通同向同台换乘,从而形成了以"紧凑布局、轨道主导、垂直换乘"为特色的无缝换乘体系。南京南站地区在全国高铁枢纽地区率先规划建设了"小街区、密路网",加上多元化公交体系、分区差别化的静态交通体系,有效应对了枢纽集散以及地区高强度开发所带来的双重交通压力。

（4）规划设计需要全过程多层次跟踪服务,促进大型枢纽地区规划与建设良性互动

在南京南站10余年的规划建设期间,由多家规划设计单位组成的工作团队采取了多专业合作、多部门协同、多规划整合的"全过程服务"的工作方法,统筹协调相关的数十项规划、设计与专题研究,并通过规划技术服务机制为规划管理部门及地区城建平台持续提供各种规划咨询与跟踪服务工作。

本章参考文献

[1] 南京市城市与交通规划设计研究院.南京南站规划设计回顾[R].南京:南京市城市与交通规划设计研究院,2018.

[2] 上海市政研究工程设计总院.南京南站综合枢纽道路集疏运系统[R].上海:上海市政研究工程设计总院,2009.

[3] 阿特金斯顾问有限公司,南京市交通规划研究所有限责任公司,东南大学城市规划研究设计院.铁路南京南站地区综合规划[R].南京:阿特金斯顾问有限公司,南京市交通规划研究所有限责任公司,东南大学城市规划研究设计院,2007.

[4] 南京市人民政府.南京市城市总体规划(1991—2010)[R].南京:南京市人民政府,2001.

[5] 南京市人民政府.南京市城市总体规划(2011—2020)[R].南京:南京市人民政府,2015.

[6] 南京市人民政府.南京市"十三五"枢纽经济发展规划[R].南京:南京市人民政府,2017.
[7] 季松,段进.高铁枢纽地区的规划设计应对策略——以南京南站为例[J].规划设计,2016,32(3):68-74.
[8] 中铁第四勘察设计院集团有限公司.南京南站配套市政工程实施方案[R].武汉:中铁第四勘察设计院集团有限公司,2019.
[9] 陈学民,杨志红,杨权.南京南站交通综合体规划与设计[J].建筑创作,2012(3):58-64.
[10] 邰俊成,杨涛.构筑高效、集约、人性化的大型铁路综合客运枢纽——以南京南站枢纽综合交通规划与设计研究为例[J].江苏城市规划,2011(3):11-15.

第 14 章

深圳前海综合交通枢纽
——城市新中心"站城一体化"标杆

深圳前海综合交通枢纽(简称"前海枢纽")位于深圳前海深港现代服务业合作区(简称"前海")核心片区,是集城际铁路、城市轨道交通、出入境口岸、常规公交、出租车等交通设施及商业、办公、酒店、公寓等业态于一体的城市综合体,是深圳市未来六大轨道交通枢纽之一。前海枢纽整合轨道交通、深港过境口岸及公交、出租车、社会车辆、旅游客车等交通接驳场站等多种功能,集约利用过境口岸、交通接驳场站等公共设施用地,通过立体步行通道直接连通周边建筑,通过立体交通与高端城市综合体无缝连接,将地面空间释放并还给城市,实现土地高度复合开发。

前海枢纽采用"站城一体化"的规划设计理念,遵循集约化枢纽布局、交通组织一体化的设计原则,整体化供应前海枢纽和上盖物业用地,并且利用创新技术手段,采取地下空间分层确权的开发模式,对大型综合交通枢纽具有一定的借鉴意义。

14.1 建设背景

前海枢纽位于前海桂湾片区北部,是深圳市未来六大轨道交通枢纽之一,是珠江三角洲(简称"珠三角")重要的城际交通枢纽、深港西部重要的过境口岸、前海的通勤中心,如图 14-1、图 14-2 所示。

前海枢纽由地下 5 条轨道线路(1 号线、5 号线、11 号线、穗莞深城际线及深港西部快轨)站点及地面交通接驳场站共同构成,包括远期口岸功能。项目上盖综合体部分由办公、酒店、公寓及大型购物中心组成[1]。前海枢纽秉承"站城一体化"规划设计理念,形成了前海片区地标和区域核心,充分发挥了轨道交通对前海经济发展和打造绿色环保的城市生活空间的带动作用。

为配合前海枢纽的规划设计,深圳市前海管理局加强规划管理,编制了《前海开发单元规划》;分层设立建设用地使用权,通过立体确权,厘清地下空间边界关系;整体供应前海枢纽和上盖物业用地,保障了前海枢纽建设品质、筹集轨道建设资金以及轨道交通设施的建设质量和进度。

图 14-1　前海枢纽区域位置图

图 14-2　前海枢纽区域位置图

自然资源部编制形成的《轨道交通地上地下空间综合开发利用节地模式推荐目录》指导全国有关城市学习借鉴相关节地技术和节地模式。其中，以"深圳市前海综合交通枢纽站城一体化开发模式"为代表的典型经验，在推动节约集约用地、提高土地利用效率并取得积极成效方面具有领先意义。深圳市规划国土发展研究中心编制了《前海交通枢纽综合规划》，德国GMP国际建筑设计有限公司、中国建筑科学研究院联合进行了方案设计，深圳市城市交通规划设计研究中心开展了交通影响评价，本案例在此基础上进行相关分析和总结。

14.2 选址及规模

14.2.1 枢纽选址

前海枢纽位于桂湾片区开发一单元中央位置，总用地面积约20km^2，如图14-3所示。

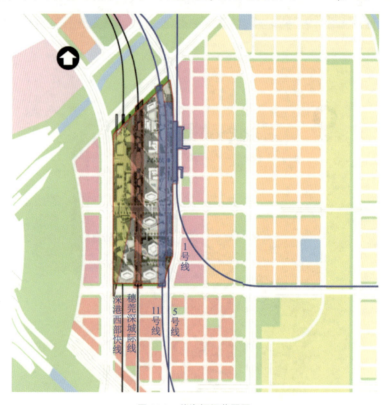

图14-3 前海枢纽范围图

14.2.2 客流规模

前海枢纽客流量主要构成为港深西部快轨客流、穗莞深城际线客流、城市轨道（1号线、5号线、11号线）客流以及地方客流。通过分别预测各条轨道线路的进出站客流、换乘客流，指导相应的车站、口岸、接驳设施的规模预测，前海枢纽全天客流总量结构如图14-4所示。

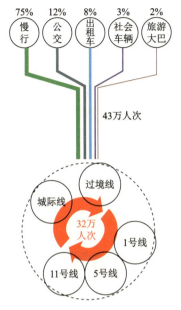

图 14-4　前海枢纽全天客流总量结构图[2]

根据《前海综合交通枢纽及上盖项目交通方案》最终预测结果,前海枢纽全天客流 75 万人次,其中换乘客流 32 万人次,集散客流 43 万人次。其高峰单向集散客流 5.0 万人次,换乘客流 3.7 万人次(站外换乘 3.0 万人次)[2]。

14.2.3　上盖物业规模

前海枢纽上盖项目建筑面积预估约 215.9 万 m^2(图 14-5),其中枢纽地下空间建筑面积 88.1 万 m^2,上盖物业建筑面积约 127.8 万 $m^{2[2]}$。受深圳机场航空限高影响,项目建筑限高为 300m。

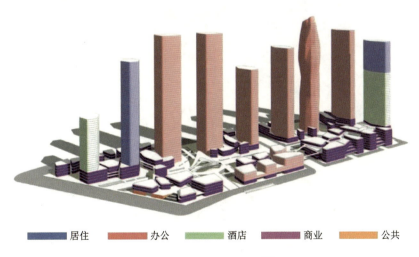

图 14-5　项目建筑布局图[2]

14.3 "站城一体化"设计理念

前海枢纽充分体现了"站城一体化"和构建国际范 CBD 的规划设计理念。如图 14-6 所示,轨道、交通接驳设施、上盖物业与周边街坊进行一体、复合、多功能、高效集约的规划设计,充分发挥枢纽的触媒效应和集聚效应,加强公共交通集散点与上盖物业开发的联动,提高枢纽周边地区土地能效,提高枢纽的集聚性、便利性、舒适性、高效性,从而构建以轨道交通为主、以公共交通为导向的国际范 CBD 新城区。枢纽设计重点体现在门户节点、公交优先、步行友好、低碳舒适等方面。

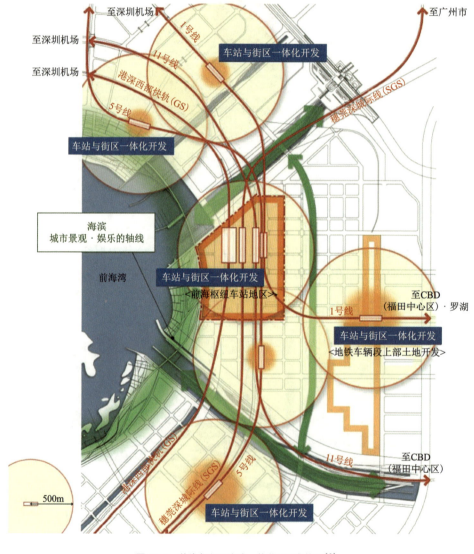

图 14-6 前海枢纽"站城一体化"开发构思[3]

14.3.1 门户节点

前海枢纽积极推动以车站为核心的"凝聚点"建设,充分发挥其枢纽的触媒作用(图14-7),积极引导相邻街区的开发与建设,营造公共空间与城市门户形象。

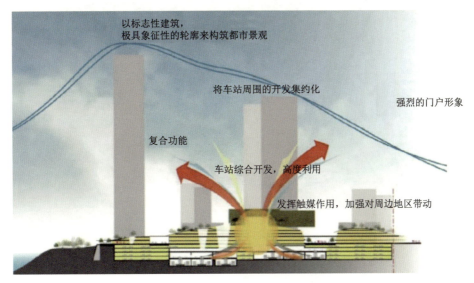

图14-7　前海枢纽强烈的门户形象与触媒效应[3]

14.3.2 公交优先

前海枢纽构建便于换乘、舒适、便利的车站空间,提高以轨道交通为导向的公交分担率至75%。枢纽与常规公交的换乘应得到加强,构建高效、便利的公共交通网络;确保步行环境不受机动车通行的影响,适度压缩枢纽上盖物业配建停车规模,在枢纽相邻街区配置适量的社会公共停车场,缓解车站周边的机动车交通负荷及交通堵塞,同时营造安全、舒适的步行环境。

14.3.3 步行友好

前海枢纽构建立体化复合的步行网络。在地下一层、地下二层、地面层、地上二层、地上三层等不同标高平面层构建富于变化的步行空间网络,并通过垂直交通加强不同标高平面层步行联系,打造立体、复合步行网络。将枢纽主要换乘人流动线在中央换乘大厅进行组织,并以此为中心设置多条连接相邻街区的地下公共步行通道,积极引导人流进入周边街坊,构建与地下商业空间为一体的地下步行网络。

14.3.4 低碳舒适

前海枢纽位于前海入海口的腹地,紧邻双界河水廊道和滨海演艺公园,具备打造世界级滨水城市的优越地理条件。如图14-8所示,片区东西向及南北向绿化廊道相互交错,有利于将城市主导风引入,降低城市热岛效应。

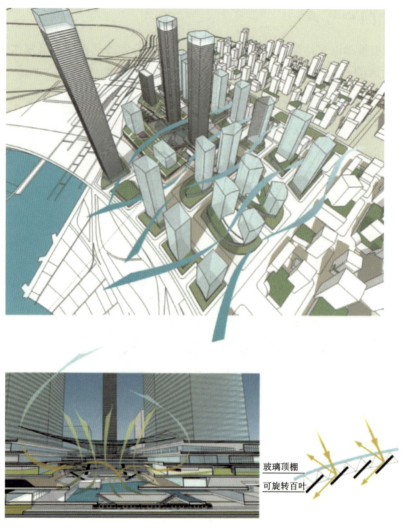

图 14-8　利用建筑布局、空间设计引入自然风,降低建筑能耗[3]

前海枢纽采用高科技手段和成熟节能环保设备,选用与环境相适应的建筑材料,以降低建筑总体环境负荷。中央换乘大厅的屋顶配置可旋转百叶及玻璃挡板,可控制透过屋顶的光线,营造舒适而宜人的内部空间。通过实现月台、换乘大厅和外部空间的连续,列车运行时能产生显著的拔风效应,以降低中央大厅空调能耗。

14.4　枢纽区详细设计

14.4.1　枢纽总体方案

前海枢纽避免了传统交通枢纽的巨型体量对城市空间的割裂,使高度复合的城市功能与便捷通达的交通枢纽无缝连接。前海枢纽采用"流水穿石"的水石之城设计理念,典雅对称的双子塔办公大厦形成公共枢纽广场的地标建筑,建筑立面形成水流盘旋而下的意向[1]。前海枢纽鸟瞰效果图如图14-9所示。

图14-9　前海枢纽鸟瞰效果图[1]

14.4.2　枢纽分层设计方案

前海枢纽地下共6层,其中地上3层为轨道及交通换乘区,地下3层为地下车库,设4900多个停车位。枢纽设置深港过境口岸及公交、出租车、社会车辆等交通接驳场站[2]。前海枢纽地下空间剖面图如图14-10所示。

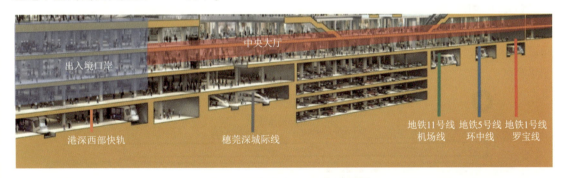

图14-10　前海枢纽地下空间剖面图[1]

1）地面层

除了塔楼物业以外,枢纽地面各交通设施情况如下:配套公交场站、东侧出租车场站。枢纽周边道路包括听海大道、临海大道、桂湾一路、桂湾三路、桂湾四路等外围主要道路。枢纽内部道路包括枢纽大街北段、五线谱北街。

2）地下一层、地下二层

如图14-11、图14-12所示,枢纽地下一层和地下二层布局有枢纽大厅及出入境口岸,其中1号线、5号线、11号线车站东侧地下一层为听海大道地下空间,与听海大道同步施工建设[4]。

图 14-11　前海枢纽地下一层平面图[4]

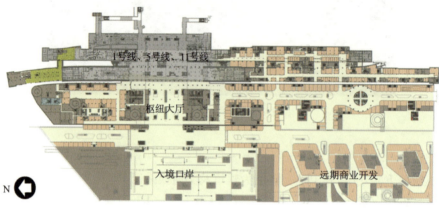

图 14-12　前海枢纽地下二层平面图[4]

3) 地下三层

前海枢纽地下三层平面图如图 14-13 所示。前海枢纽地下三层布局有深港快轨站厅、交通设施(枢纽地下停车场、前海地下道路一期工程与枢纽联系的北侧进出匝道、枢纽即停即走上落客区)。

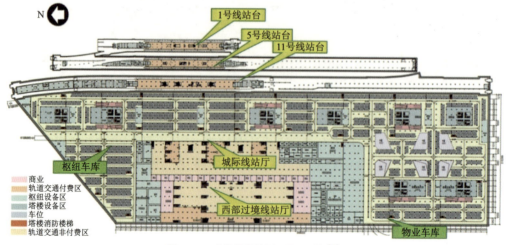

图 14-13　前海枢纽地下三层平面图[4]

4）地下四层至地下六层

如图 14-14 所示，枢纽地下四层为轨道站台层、地下道路及停车库。地下五层和地下六层则全部为停车库。

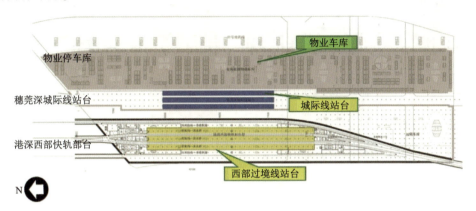

图 14-14　前海枢纽地下四层平面图[4]

5）土地使用分层确权

由于前海枢纽用地权属单位多，且用地权属存在随楼层变化的情况，为了更好地解决用地权属问题，避免今后产生不必要的用地权属纠纷，在桂湾片区一单元图则中，采用了分层进行空间控制的办法。

前海以三维地籍技术为核心的土地立体化管理模式也已纳入全国自贸区创新经验，在全国推广。前海制定了《三维产权体数据标准》，其是国内三维地籍领域的首个数据技术标准，为推动前海土地立体化利用奠定了坚实的技术基础。该标准构建了"数据标准-空间生成-管理系统-数据库"相互串联的三维土地管理体系；探索了多宗土地分层设定建设用地使用权，率先实现了三维空间精细化管理。此外，前海还制定了《深圳市前海深港现代服务业合作区立体复合开发用地管理若干规定试行》，理顺了土地出让、批后监管、空间利用等土地立体化管理的权利义务关系，优化了土地立体复合利用管理机制。

14.4.3　口岸设置

港深西部快轨站厅位于前海枢纽西侧地下三层，其进出站厅必须经由出入境口岸。口岸与过境线付费区是封闭直接联系的，只有口岸布局在过境线站台正上方，换乘距离才可能最小，且较为节约用地。因此，口岸设施布置在西部快轨站台层上方，其中出口岸位于枢纽地下一层，入境口岸位于枢纽地下二层[5]。

地铁→港深西部快轨：如图 14-15 所示，乘客于地下二层轨道 1 号线、5 号线、11 号线站厅南北两侧出站闸机检票出站，向西步行至换乘大厅，经换乘大厅楼扶梯上至枢纽地下一层，向西步行至出境大厅；在出境口岸大厅检验通关后，经口岸西侧楼扶梯至地下三层港深西部快轨站厅进站。

港深西部快轨→地铁：乘客由地下三层港深西部快轨站厅出站后，经口岸西侧楼扶梯至地下二层入境口岸；在入境口岸大厅检验通关后，向东经换乘大厅步行至 1 号线、5 号线、11 号线站厅检票进站[5]。

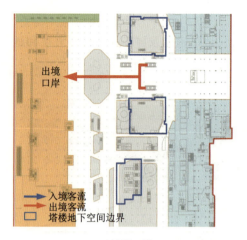
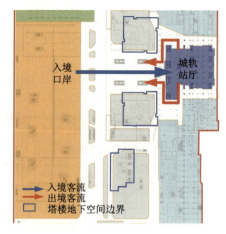

a) 地下一层　　　　　　　　　　　　b) 地下二层

图 14-15　港深西部快轨与 1 号线、5 号线、11 号线换乘人流组织图[5]

港深西部快轨→穗莞深城际线：如图 14-16 所示，乘客由地下三层港深西部快轨站厅出站后，经口岸西侧楼扶梯至地下二层入境口岸；在入境口岸大厅检验通关后，经换乘大厅楼扶梯直接下至枢纽地下三层穗莞深城际线站厅检票进站。

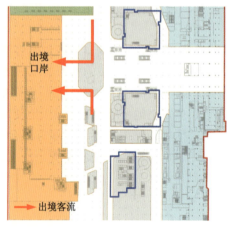
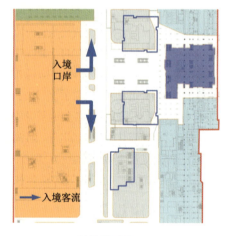

a) 地下三层　　　　　　　　　　　　b) 地下二层

图 14-16　港深西部快轨与穗莞深城际线换乘人流组织图[5]

穗莞深城际线→港深西部快轨：乘客由地下三层穗莞深城际线站厅出站后，经换乘大厅跨层扶梯直接上至地下一层，向西步行至出境口岸大厅；在出境口岸大厅检验通关后，经口岸西侧楼扶梯至地下三层港深西部快轨站厅检票进站。

14.4.4　人行设施设计方案

1）人行设施布局原则

前海枢纽规划中，人行设施布局实现了"三个分明"：

主次分明：枢纽换乘客流及集散人流为枢纽主要人流，应优先保障枢纽换乘通道及集散通道空间。

快慢分明:通过分析不同通道服务客流的出行特征,确定通道的设计理念;对于换乘客流、通勤客流等快速集散客流,优先提供便捷顺畅的人行通道;对于商业客流、休闲客流等中低速客流,优先提供舒适、有活力的人行通道。

远近分明:分析不同客流的发生吸引点,确定不同客流的人行路径,进而合理设置地块内部衔接及对外衔接的接口。

2)枢纽换乘人行方案

前海枢纽包含 5 条轨道线路:地铁 1 号线、5 号线、11 号线、穗莞深城际线,以及港深西部快轨。如图 14-17 所示,地铁 1 号线、5 号线、11 号线共用站厅,站厅位于枢纽东侧地下二层,利用站厅付费区可实现站内换乘;港深西部快轨站厅位于枢纽西侧地下三层,其出境口岸位于枢纽地下一层,入境口岸位于枢纽地下二层;穗莞深城际线站厅位于枢纽西侧地下三层[3]。

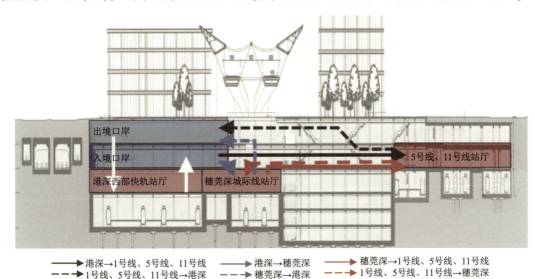

图 14-17　前海枢纽换乘人流组织图[2]

3)枢纽集散人行方案

(1)地下二层人行方案

枢纽地下二层为枢纽的主要客流集散层,地铁 1 号线、5 号线、11 号线、穗莞深城际线及港深西部快轨进出站客流大部分均由地下二层集散。

为实现轨道车站与前海枢纽各地块之间的快速联系,于地下二层设置两条南北通道,通道贯穿前海枢纽南北。其中西侧通道主要服务穗莞深城际线及港深西部快轨的进出站客流,东侧通道主要服务 1 号线、5 号线、11 号线进出站客流。

(2)地下一层人行方案

根据前海枢纽建筑方案,各塔楼主出入口均设于地下一层,因此地下一层步行系统主要功能为服务塔楼进出客流,应重点加强轨道站厅与各塔楼之间的联系。地下一层主要客流发生吸引点为出境口岸、西侧出租车场站落客区、各塔楼出入口以及与周边地块的预留接口。

(3)地上人行方案

根据枢纽空间布局可知,枢纽大部分通勤客流可由地下实现轨道车站与各建筑的联系,地上步行空间主要承担商业、休闲客流功能。

由于地面人车冲突较大，人行空间连续性欠佳，因此弱化地面过街功能，引导商业、休闲人流通过地上二层连廊进行联系。

4）与周边地块衔接方案

为提高枢纽周边片区的轨道服务水平，加强轨道车站与周边片区的步行联系，设置多层立体人行系统，实现枢纽与周边地块的无缝衔接（图 14-18～图 14-20）。具体步行接口设施情况见表 14-1。

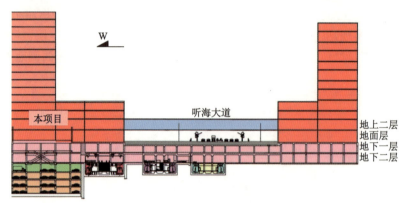

图 14-18　前海枢纽与东侧地块衔接方案[3]

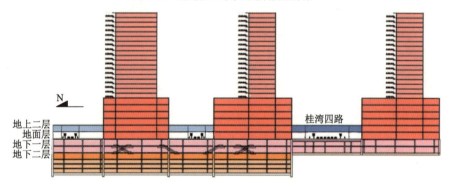

图 14-19　前海枢纽与南侧地块衔接方案[3]

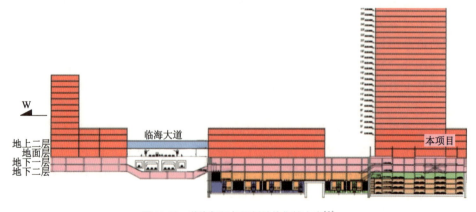

图 14-20　前海枢纽与西侧地块衔接方案[3]

表 14-1 前海枢纽与周边地块衔接接口情况[3]

位置	东侧地块	西侧地块	南侧地块	北侧地块
地下二层	5 处	预留 1 处	预留 2 处	—
地下一层	1 处	—	预留 2 处	—
地面层	通过地面人行斑马线过街			
二层连廊	预留 3 处	预留 2 处	预留 1 处	预留 1 处

14.5 枢纽核心区集散接驳设施设计

前海枢纽车行交通采用管道化组织。前海枢纽人流、车流组成极为复杂，其中人流包括换乘人流、通勤人流、商务人流、商业人流、休闲人流等，车流包括公交车流、出租车流、小汽车车流以及货运车流等。交通组织方面遵循管道化的设计原则，尽量避免各种人行、车行流线的交织，同时设置清晰的流线标志，加强流线的可识别性，降低乘客寻找目的地的难度。为提升前海枢纽整体服务水平，提高交通出行效率，应尽可能简化、净化枢纽周边车行交通，优先为枢纽交通提供便捷的集散通道。

14.5.1 枢纽交通需求分析

根据城市交通分区及模型预测，前海枢纽片区轨道出行分担率约为 75%，公交分担率约为 12%，小汽车分担率约为 10%，其他交通方式分担率为 3%。晚高峰时段小汽车产生量约为 2267pcu/h，其中发生量约为 1906pcu/h，吸引量约为 361pcu/h[3]。

根据前海枢纽特征、片区城市发展情况及道路交通规划情况可知，除辐射前海合作区内部外，前海枢纽对外交通需求主要方向如下：

①南山中心区方向。前海枢纽距离南山中心区约 3km，且高强度的商业、办公开发对南山居住区等片区存在较强的交通吸引，未来前海枢纽与南山中心区的联系将极为密切。

②宝安方向。前海片区作为前海湾区的核心，将与宝安共同发展为城市新的集结点，因此与宝安之间存在较强的交通联系，同时与宝安老中心住宅区的联系也较为紧密。

③蛇口方向。前海片区作为生产性服务中心，与蛇口港物流园区之间也存在较强的交通联系。

前海枢纽交通出行分布具体见表 14-2。

表 14-2 前海枢纽交通出行分布（单位：%）

项目	片区内部	相邻片区			外围片区							总计
		宝安中心	蛇口	南山	龙华	西北组团	福田	罗湖	布吉平湖	光明	龙岗盐田	
交通分布	13	22	19	26	4	6	4	2	2	1	1	100
小计	13	67			20							

14.5.2 内部道路设计方案

前海枢纽所处地块集枢纽、口岸、上盖物业于一体,构成较为复杂,综合考虑片区路网、枢纽接驳、上盖物业出行等因素,进行内部道路设计。

为保障枢纽广场的完整性、标志性,枢纽核心区域打造人车完全分离的步行空间,南北向道路在枢纽广场区域采用人行铺装,仅限突发情况下社会车辆通行。

前海枢纽采用小尺度路网格局以增强交通微循环能力,道路方案如图14-21所示。

图14-21 前海枢纽道路方案[5]

14.5.3 接驳场站设计方案

如图 14-22 所示,前海枢纽交通接驳场站布局采用"人车分离"和"枢纽交通与物业交通分离"的理念,使换乘人流、接驳人流、集散人流管道化,适当分离周边区域通过性交通,净化枢纽区域交通。

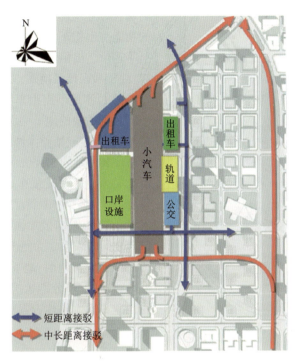

图 14-22 前海枢纽交通接驳场站布局[3]

1) 公交场站设计方案

前海枢纽地块于听海大道—桂湾三路路口西北侧配建一处公交场站。为了保障公交蓄车功能,前海枢纽于西侧远期地块地面层预留一处公交场站。公交场站需同时承担接驳枢纽及服务片区两部分功能。具体方案如图 14-23 所示。

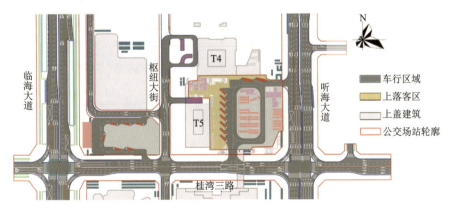

图 14-23 公交场站布局方案[5]

公交场站选址区域下方为已开通运营的1号线、5号线、11号线车站,同时选址区域紧邻枢纽上盖塔楼及裙房等建筑,公交场站范围内的风井、疏散楼梯、柱网等设施密切协调,确保公交场站的后期运营。

2)东侧出租车场站设计方案

前海枢纽于东北侧地面层配建一处出租车场站,承担接驳枢纽1号线、5号线、11号线车站的功能。出租车场站占地约3450m²,设置15个上落客位。出租车场站上落客区紧邻车站出入口,便于乘客接驳换乘,方案如图14-24所示。

3)西侧地下出租车场站设计方案

远期地块的地下一层、地下二层配建一处出租车场站,接驳穗莞深城际线及港深西部快轨的口岸。其占地约27160m²,地下一层为落客区,地下二层为上客区及蓄车区;场站设置24个落客位、24个上客位、50个蓄车位。上落客区紧邻出入境口岸布设,有效加强了出租车乘客与出入境口岸之间的联系。为便于出租车场站车流组织,场站分别设置地面、地下出入口与地面道路、地下道路联系,可分别承担近、远距离出租车车辆的快速集散。具体方案如图14-25所示。

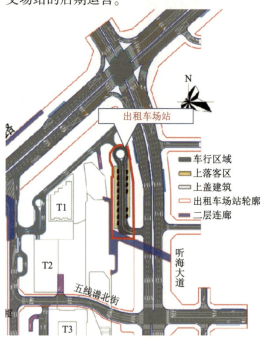

图14-24 东北侧出租车场站布局方案[5]

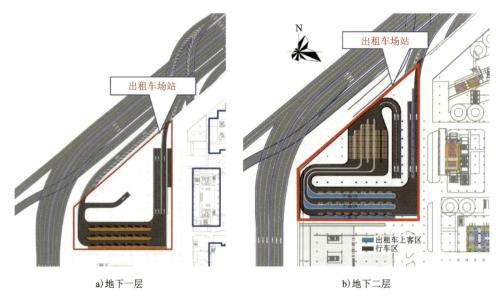

a)地下一层　　　　　　　　　　　b)地下二层

图14-25 西侧地下出租车场站布局方案[5]

14.5.4 停车设施设计

前海枢纽地下空间整体连通,地下停车空间相互连通。枢纽及上盖物业合计配建停车位规模为4900个,其中上盖物业配建4300个,枢纽配建600个。

1)停车布局及出入口方案

为便于枢纽停车场与枢纽人流集散层的衔接,将地下车库中紧邻枢纽的区域设置为枢纽停车场,即将地下三层作为枢纽停车场。枢纽停车进出组织与上盖物业停车进出组织采取相对分离的原则,枢纽与上盖物业分别采取不同路径组织进出车辆,保障枢纽运行效率。同时,为满足接送客车辆临时上落客需求,在地下三层设置即停即走临时上落客区,并于上落客区设置扶梯,与地下一层、地下二层换乘大厅直接联系,便于乘客接驳换乘轨道。

枢纽停车场与地下道路通过匝道直接联系(图14-26),枢纽接驳车辆优先利用地下道路进出,可实现与全市的快速衔接,尽可能提高枢纽接驳效率。同时,枢纽停车场与上盖物业停车场通过内部匝道连接,保障特殊与紧急情况下,枢纽接驳车辆可行驶至物业停车场,并可利用物业地面出入口集散。

2)上盖物业停车场布局及出入口方案

上盖物业停车场设置于地下四层至地下五层区域,结合塔楼、裙楼设置垂直电梯,与人行集散层直接联系,便于乘客与上盖建筑的衔接。为保障上盖物业车辆进出效率,前海枢纽各塔楼均设置了车辆出入口,所有出入口均设在城市支路上,同时与路口保持合理的间距。具体布局方案如图14-27、图14-28所示。

3)装卸货泊位

为满足日常卸货需求,前海枢纽共设置70个卸货位。由于前海枢纽地下一层、地下二层均为人行集散区域,地下三层至地下六层为车行区域,前海枢纽装卸货区设置于地下三层各塔楼附近,便于实现与各塔楼的快速联系。具体布局方案如图14-29所示。

为减少进出货车对地块交通效率的影响,枢纽及物业严格控制装卸货及垃圾清运时间,可结合业态装卸货及垃圾清运需求,限定集中时段进行装卸货及垃圾清运作业。为节约用地资源,前海枢纽地下卸货区及垃圾清运区货车仅限小型货车进出。

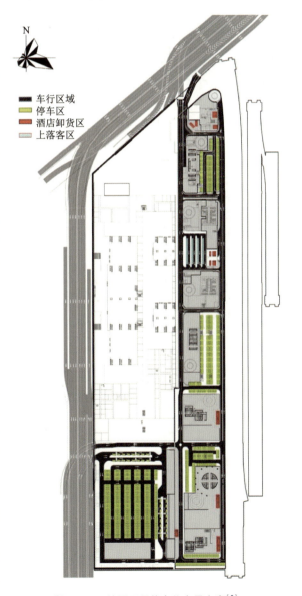

图14-26 地下三层停车位布局方案[5]

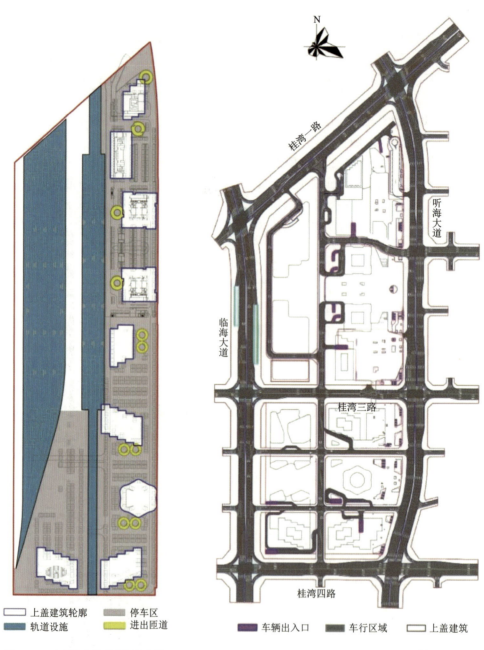

图 14-27　上盖物业停车布局方案[5]

图 14-28　前海枢纽出入口布局方案[5]

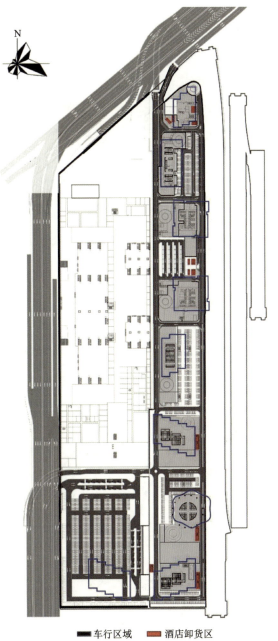

■ 车行区域　■ 酒店卸货区
图 14-29　装卸货区布局方案[5]

14.5.5　车行交通组织方案

1) 道路交通组织方案

深圳前海构建"一高、三快、八主、十一次"及地下道路组成的骨干路网体系,形成"六纵十七横"的"扇形 + 方格网"结构(图 14-30)。前海枢纽周边规划"三横三纵"的干线路网体系(图 14-31)。其中,月亮湾大道、滨海大道等城市快速路可实现前海枢纽与福田、罗湖等片区的快速联系,桂湾一路、桂湾四路、临海大道、梦海大道等主干路可实现前海枢纽与相邻组团的交通联系。

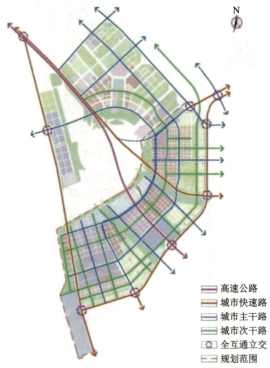

图 14-30　前海合作区规划路网布局图

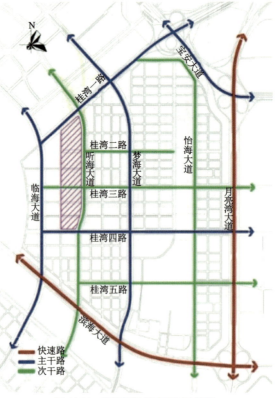

图 14-31　前海枢纽周边路网结构图

为减少疏港及过境交通影响,前海设置地下道路系统释放地面空间,缓解地面交通压力,提升前海片区道路交通环境。地下道路全长 4.6km,北接南坪快速路,南接兴海大道,主要承担三部分功能:一是承担前海地区的快速到发交通功能,二是承担前海各片区之间快速交通联系的功能,三是承担前海综合交通枢纽快速集散功能。

前海地下道路系统共设置 7 条地下匝道,与前海枢纽相接,其中 2 进 2 出共 4 条匝道衔接前海枢纽地下三层枢纽公共停车场,1 进 2 出共 3 条匝道衔接枢纽远期地下出租车场站。通过地下道路与枢纽的衔接,地下出租车场站可实现快速集散。同时接驳枢纽社会车辆可利用地下道路实现"南进南出、北进北出",有效减少枢纽对地面道路的交通压力。前海枢纽与地下道路衔接布局方案如图 14-32 所示。

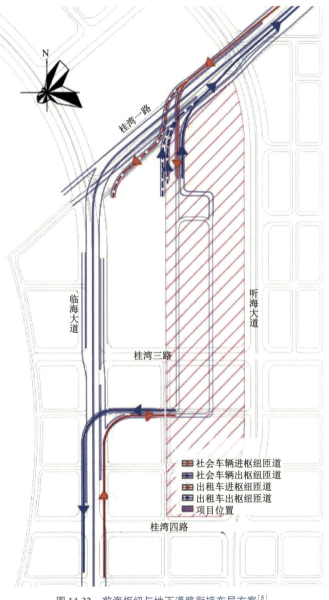

图 14-32　前海枢纽与地下道路衔接布局方案[5]

2)公交场站交通组织方案

近距离公交线路可通过听海大道、梦海大道、临海大道、桂湾三路等枢纽周边主次干路组织进出。远距离公交线路可通过听海大道、临海大道转滨海大道或南坪快速路组织进出,与宝安、西乡、福永、沙井等地区联系的公交线路主要通过听海大道、临海大道转宝安大道组织进出,与龙华、龙岗等地区联系的公交线路主要通过听海大道、临海大道转南坪快速路组织进出。前海枢纽公交场站公交线路组织流线如图 14-33 所示。

图 14-33 前海枢纽公交场站公交线路组织流线[5]

3)出租车场站组织方案

地下出租车场站分别设置地面、地下出入口与地面、地下道路联系。对于近距离出租车,可利用枢纽地面支路组织进出，并利用周边路网集散；对于远距离出租车，可通过地下匝道直接衔接地下道路，利用地下道路集散。

4）社会车辆组织方案

接驳枢纽社会停车场设置于地下三层，接驳需求以远距离车辆为主，车辆利用地下道路集散。前海枢纽社会车辆进出交通组织流线方案如图14-34所示。

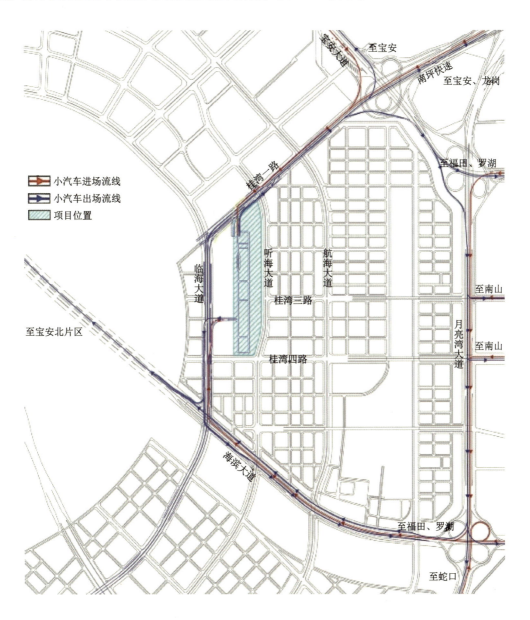

图 14-34　前海枢纽社会车辆进出交通组织流线方案[5]

上盖物业停车库主要设置于地下四层至地下六层，车辆主要利用相邻的地面车库出入口集散。前海枢纽物业停车库交通组织方案如图14-35所示。

图 14-35　前海枢纽物业停车库交通组织方案[5]

14.5.6　枢纽与周边步行联系

前海枢纽强化"轨道＋慢行",并促进枢纽与周边地区无缝衔接。根据客流分析可知,项目及周边地块大部分轨道交通出行需依靠前海枢纽,为实现枢纽与周边地块的无缝衔接,前海枢纽将人行需求作为首要考虑因素。

1) 地下空间联通

前海枢纽东侧听海大道地下空间已投入使用。听海大道地下空间与枢纽地下一层无缝衔接,枢纽东侧乘客既可通过听海大道侧的车站出入口直接进入地铁 1 号线、5 号线、11 号线区域,也可通过地下一层听海大道地下空间实现与 1 号线、5 号线、11 号线车站的衔接。出站乘客可利用 11 号线车站地下二层人行通道向南疏散,同时可利用通道沿线的楼梯出入口上至地面层,实现与南侧地块的联系。前海枢纽一至四期投入使用后与南侧地块联系方案如图 14-36 所示。

a) B1层

b) B2层

图 14-36　前海枢纽一至四期投入使用后与南侧地块联系方案[5]

2）过街天桥设施

前海枢纽远期未建成前,地铁 1 号线、5 号线、11 号线车站难以实现与西侧地块的地下直接连通。为加强与西侧地块的联系,同步建设枢纽地块与西侧地块联系的人行过街天桥。前海枢纽与周边地块联系方案如图 14-37 所示。

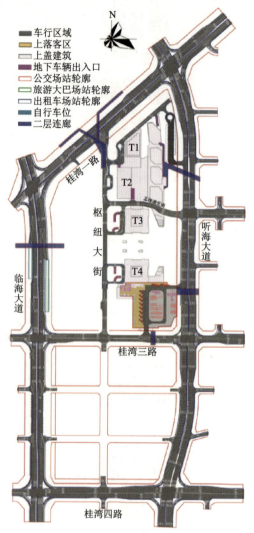

图 14-37　前海枢纽与周边地块联系方案[5]

14.6　分期建设与运营管理

14.6.1　分期建设

前海枢纽上盖项目分为五期开发建设：一期主要包含 T2 栋塔楼、北部商业村与五线谱北街,二期主要是 T4 栋塔楼,三期主要包含 T1 栋塔楼,四期主要包含 T3 栋塔楼、公交场站、枢纽广场、枢纽大街(北段)以及桂湾三路,其余建筑开发为五期项目。前海枢纽上盖项目分期示意图如图 14-38 所示。

图 14-38　前海枢纽上盖项目分期示意图

枢纽站内 5 条轨道线平行布局,前四期建成后能实现市域轨道线之间及轨道与公交、出租车之间便捷换乘。五期建设时不会对第一期建成部分造成很大影响。五期建成后将换乘大厅连通就能实现穗莞深城际线、港深西部快轨与 3 条地铁线、公交、出租车之间便捷换乘。

与枢纽密切相关的一期工程 4 栋塔楼首批开工[1]。当前前海枢纽的一期地铁 1 号线、5 号线、11 号线前海湾站已由深圳地铁公司运营。一期的地上部分 2021 年完工。二至四期处于方案设计阶段,五期用地的西侧地块已启动规划及概念设计国际竞赛,预计 2025—2030 年陆续完工。

14.6.2　运营管理

前海枢纽属于超大型的轨道 + 上盖综合体,枢纽与物业空间紧密相连,接口众多。基于其复杂性和客户多样化,设计时提出运管一体化,将部分商业纳入上盖物业一并考虑,考虑与现有具备国际化水准的物业管理公司合作,确保项目高品质的物业管理水平。

前海枢纽是人群高度集中的场所,相应地伴随着大量安全隐患。为此,前海枢纽将通过智慧化建设,进行精确、实时的人群预警,有效地监控当前人群分布态势,预测人群流动趋势,引导市民乘车、出行以及消费,从而切实解决人流密度大且高度集中时段难以管理的问题,提高城市公共安全管理和突发事件预测、预警和应急处理能力。

枢纽通过合理统筹、创新研究,打造卓越的智能停车系统。不仅通过硬件设施拓展停车的空间,而且进一步借助物联网技术打造智能停车系统整合片区内停车资源,提升枢纽智慧化服务水平。

此外,前海枢纽还将创新管理模式,充分挖掘"站城一体化"的交通资源、运管资源、商业资源,利用物联网、云计算、移动互联网等信息技术的集成应用,为片区人员提供安全、舒适、便利的现代化、智慧化生活及工作平台,并可嵌入多种专业服务,如政务、法务、商务等模块,具有极强的可扩展性及互联互通性,全方位满足各种服务需求,打造"智慧社区"。

14.7 投融资模式

前海枢纽于2013年签订土地使用权作价出资合同,前海枢纽及上盖总体耗资288亿元。深圳地铁集团有限公司(简称"深圳地铁")采用的是"代开发+BT(Build Transfer,建设移交)"的物业开发模式,即深圳地铁负责全部投资和承担全部市场风险,委托合作开发商进行开发和BT建设,利用专业开发商,提升物业售价和品质[6-7]。项目竣工后,根据事先签订的合同,将完工的项目移交给政府。政府按照合同约定总价或者项目完工后的评估总价分期偿还投资方的融资和建设费用。

为确保施工进度,地下工程需首先开工,又鉴于上盖物业的地下室结构顶板及以下部分与枢纽工程地下室结构顶板及以下部分的土建工程密不可分,政府将前海枢纽及上盖物业±0.00m标高的上下部分分开招标,先期开展了枢纽工程和地下室结构顶板及以下土建工程的整体融资与建设,后继开展了前海枢纽上盖项目(一期)的招标与建设。上盖物业与项目宗地内的枢纽工程将采用空间一体化设计、同步施工、统一经营和管理的模式进行开发建设。上盖物业属于物业开发企业投资范围,产权权益归投资人享有;枢纽工程属于政府投资,产权归政府享有。

根据《深圳市前海深港现代服务业合作区土地使用权作价出资合同书》以及相关宗地房地产权证,上盖物业的办公类物业的租售对象为符合产业导向和入区规定且注册地在前海深港现代服务业合作区的法人或机构,公寓类物业的租售对象为在合作区内工作的个人、上述法人或机构。深圳市前海管理局可以根据市场发展和产业需求情况,对权利人拟转让的物业行使优先回购权。

枢纽部分的经营和管理以政府确定(批复或会议纪要等)为准。宗地内的上盖物业和枢纽工程两者的地下室结构顶板及以下部分的土建工程费成本分摊原则暂定为:按各自地下室结构顶板及以下建筑面积占地下室结构顶板及以下总建筑面积的比例进行成本分摊(最终分摊比例按照深圳地铁或政府最终确定或批复的为准)[7]。

通过招标确定的合作开发商与深圳地铁按49:51的比例进行全项目投资,共同组建项目管理经营公司,并共同委托项目管理经营公司具体实施枢纽项目的开发、建设管理、销售和招商工作,且负责全部持有型物业的后续经营管理工作。销售型物业销售后按权益比例分配税后利润,合作开发商获得本项目持有型物业49%的开发权益,并获得相应收益,承担相应风险。[7]

14.8 经验总结

①城市新中心"站城一体化"标杆。前海枢纽将各类轨道、交通接驳设施、上盖物业与周边街坊进行一体、复合、多功能、高效集约的规划设计。配合枢纽的建设,实现车站与周边街区开发相结合的"站城一体化"开发建设,充分发挥枢纽的触媒效应和集聚效应,构建以公共交通为导向的城市新中心。

②高度复合集约的地下活力之城。前海枢纽地下空间开发总面积达到88.1万 m^2，对8个地块进行了地下一体化开发，通过地下可实现枢纽地铁互联互通，通过立体交通与高端城市综合体无缝连接，将地面空间释放并还给城市，实现用地的高度复合集约利用。

③围绕"轨道+慢行"的交通组织一体化。前海枢纽以强化"轨道+慢行"、简化净化车行交通、管道化交通组织、"站城一体化"设计为基本原则，制订交通设计方案，以中央换乘大厅为核心组织行人流线，形成十字形步行主轴；接驳设施围绕中央换乘大厅设置，有效加强枢纽与接驳设施之间的联系；车行交通组织优先满足枢纽交通需求，除了直接与地下道路相接的出口之外，其他出入口均设置在城市支路上，同时尽可能降低对周边道路的影响。

④远近交通、上下交通各行其道。前海枢纽车行及停车系统规划遵循分离设置、单独管理的原则。车库布局方面，将地下三层作为枢纽停车场，物业停车场设置于地下四层至地下五层。枢纽接驳车辆以远距离车辆为主，采用地下道路进行集散；上盖物业进出车辆利用地面出入口进行集散。人行交通方面，枢纽内部构建以地下一层、二层换乘大厅为核心的4条主要人行通道，串联轨道车站、公交场站、出租车场站及上盖物业，实现内部的高效换乘；同时，通过地下、地面和二层人行系统与周边建筑或地块连接。

⑤三维地籍为核心的土地立体化管理模式。深圳市前海管理局率先在全国创新探索土地立体化管理研究工作，在技术支持、理论研究等方面不断开拓创新，制定了三维地籍数据标准，建立了三维地籍管理平台系统，创新了立体复合开发空间的管理、供应模式，实现了从二维土地供应向三维空间供应的维度提升，提高了城市空间资源节约集约利用和精细化管理水平。前海枢纽对地下使用权空间进行分层控制，建立三维立体模型明确不同用地空间的范围，通过立体确权，厘清地下空间边界关系。

⑥各层规划相互衔接，互提条件。以《前海深港现代服务业合作区综合规划》《前海中心启动区城市设计》《深圳市轨道交通规划》为基础，编制《前海开发单元规划》，规划彼此间互提条件，相互协调，保证项目开发符合相关规定。

⑦整体供应前海枢纽和上盖物业用地。前海枢纽用地的地下枢纽以及上盖物业以作价出资方式整体供应给一个用地主体，实现枢纽与上盖物业的一体化设计与实施，有利于轨道交通"站城一体化"开发，充分发挥土地价值，保障项目建设品质；有利于充分利用轨道上盖空间，筹集轨道建设资金；有利于提高交通枢纽项目的建设效率，保障轨道交通设施的建设质量和进度。

本章参考文献

[1] 深圳地铁前海国际发展有限公司.前海综合枢纽及上盖物业项目介绍[R].深圳:深圳地铁前海国际发展有限公司,2016.

[2] 深圳市地铁集团有限公司.前海综合交通枢纽交通规划设计[R].深圳:深圳市地铁集团有限公司,2017.

[3] 深圳市国土发展研究中心.前海交通枢纽综合规划[R].深圳:深圳市国土发展研究中心,2011.

[4] 德国GMP国际建筑设计有限公司,中国建筑科学研究院.前海综合交通枢纽上盖项目一期总图报建方案[R].北京:德国GMP国际建筑设计有限公司,中国建筑科学研究

院,2016.

[5] 深圳市城市交通规划设计研究中心有限公司.深圳地铁前海湾综合交通枢纽上盖项目交通影响评价报告[R].深圳:深圳市城市交通规划设计研究中心有限公司,2019.

[6] 深圳市地铁集团有限公司.深圳地铁前海综合交通枢纽上盖物业(一期)合作开发及BT融资建设招标文件[R].深圳:深圳市地铁集团有限公司,2015.

[7] 深圳市地铁集团有限公司.深圳轨道交通投融资模式探索与实践[R].深圳:深圳市地铁集团有限公司,2013.

第 15 章

郑州东站综合交通枢纽

——交通引领城市新区发展的特大型铁路综合客运枢纽

郑州东站作为特大型铁路客运枢纽,自投入使用后成功带动了城市新区的迅速发展,郑州东站枢纽区已成为中原区域最具有人气的商务核心区,体现了枢纽与城市共生的发展理念,实现了枢纽驱动、站城融合的规划设想。本章结合郑州东站站城融合发展规划与实践,总结了枢纽区发展过程中的成功经验,包括与城市空间发展契合的规划选址、与高铁服务特征耦合的产业布局、枢纽建设与土地利用互动的站城融合、高效便捷的"站城一体"交通系统以及立体化空间互联互通。本章同时对发展过程中存在的问题进行了反思,认为枢纽建设应当由独立单一的交通综合体向开放融合的城市综合体转变,以提供一流服务为目标,长远化考虑枢纽配套设施。此外,郑州东站还存在轨道交通换乘不够便捷、空铁联运服务有待提升、枢纽配套转型不足等问题。本章总结的特大型铁路综合客运枢纽建设的经验与教训,可以为我国今后的客运枢纽建设提供有益参考。

15.1 建设背景

20 世纪 90 年代,经过改革开放 20 余年的发展,京津冀都市圈、长三角和珠三角城市群逐渐成为改革开放的先行区,中部地区发展相对落后。进入 21 世纪,国家确定了区域协调发展战略,为落实国家中部崛起的战略决策,在河南省经济社会发展第十个五年计划中,确定了以郑州为中心、周围 8 个城市共同构筑的中原城市群发展战略。此时,郑州市区人口已急剧增加至 256 万人,建成区面积却只有 $132km^2$,人口密度过大,但被陇海、京广铁路交叉分割,城市发展空间受阻。郑州作为中原城市群战略的中心城市和核心增长极,却存在着城市规模较小、实力较弱、首位度较低等问题,与近亿人口大省省会城市的地位和建设全国区域性中心城市的目标远不相适应。因此,郑州必须寻求新的发展空间。

当时,郑州市政治经济重心在城市东部,重要对外交通联系通道 107 辅道、连霍高速、京珠高速等从东部经过,重大城市基础设施在东部布局。考虑东部地区地势平坦且与开封联系更为紧密,又恰逢军用机场搬迁契机,河南省委省政府决定在郑州东部,中州大道(107 辅道)以东约 $150km^2$ 范围内开发建设郑东新区,如图 15-1 所示。

图 15-1 郑东新区规划范围

2001年底,按照"高起点、大手笔"的工作要求,郑州市开创性地采用国际征集的方式,邀请6家国际知名公司参与郑东新区总体规划方案设计。通过国际招标、专家评审、市民投票和立法确认等四个环节,最终确定了郑东新区发展的总体规划。

根据选定的方案,郑东新区采取组团开发的模式,布局5个功能组团:中央商务区(CBD)、商住物流区、龙湖区、龙子湖片区和科技物流园区,分别承担商务、办公、居住、产业和教育等不同功能。其中,CBD和龙湖副CBD两个环形区域通过南北运河连联通,构成了如意形城市形态。各个功能区既相对独立、各司其职,又互为支撑、密切联系,进而形成了有机联系的整体。

15.2 规划方案

15.2.1 选址方案比选

京广铁路和陇海铁路的"十字"交会让郑州一直处于全国铁路交通枢纽地位。按照《中长期铁路网规划(2004)》部署,京广客运专线和徐兰客运专线"一纵一横"在郑州交会,形成新的"十字架",郑州再次成为全国高速铁路的核心节点。"双十字"铁路架构仅靠郑州火车站一个客运站远远不能满足市场需求,2004年经过铁道部和河南省政府论证决定新建一个高铁客运站。

新高铁站的选址对城市未来的发展影响深远,既要考虑与城市内部交通的便捷联系,方便出行,又要考虑如何统筹好与城市空间结构、发展方向以及辐射城市群之间的关系。彼时,郑东新区规划建设已经启动,将新高铁站选在郑东新区,符合郑州市拉大城市框架、建设多中心城市、减轻老城区城市集聚发展压力的规划目标和郑州市总体规划的要求,与城市发展方向一致。选址在郑东新区也有利于高铁枢纽地区发挥其"承西启东"的作用,进一步加强郑东新区在郑州市域及中原城市群的中心区位[1]。

同时,考虑枢纽均衡布局,新郑州站将与已有的郑州站东西并立,形成既相对独立又相互沟通、分工明晰、能力协调的客运布局。综合考虑后,新郑州站初步选址在郑东新区,而后结合郑东新区自身的交通、产业等基础条件,也提出了两个选址方案。新郑州站(郑州东站)选址方案示意图如图15-2所示[2]。

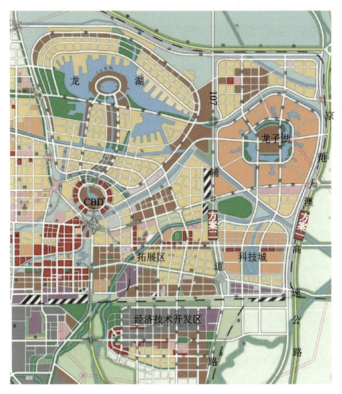

图15-2 新郑州站(郑州东站)选址方案示意图

方案一：临京港澳高速公路设置

综合分析该方案,存在三个方面的问题：

①京港澳高速线形非直线段,地块不规整,不利于高铁站及附属设施的设计。

②高铁站提出了双广场设置要求,东西向用地较宽,而京港澳高速公路两侧控制了生态廊道,用地上与郑州市对廊道控制要求相悖。

③京港澳高速公路位于城市四环线外,距离城市中心地带较远,对人流吸引及乘客服务不便。

方案二：临东三环路(107辅道)设置

该方案在交通条件及城市空间协调发展方面都具有较大的优势：

①靠近城市中心区,距离中心城区约5km,对客流吸引及服务具有优势。

②贴近城市重要发展区,与东西两侧城市发展区可以共享配套设施,实现资源集约利用。

③距离郑东新区核心CBD片区距离更近,能有效带动地区办公、会展等产业的发展。

④东三环路(107辅道)为城市快速环线,直接与客运站相连可担负其主要客流疏解功能,且东三环路道路线形较好,利于高铁站及附属设施的设计。

最终新郑州站选址在东三环(107辅道)和七里河南路交叉处,名为"郑州东站"。工程于2009年6月29日开工建设,2012年8月24日竣工,9月28日正式投入运营。

15.2.2 枢纽规模设定

1) 高铁客运量预测

如图15-3所示,首先,分析郑州区位,研究铁路客流未来发展趋势,预测未来规划年铁路郑州站的客流量;然后,通过对高铁功能、特性的分析来划分郑州东站和郑州站客流。

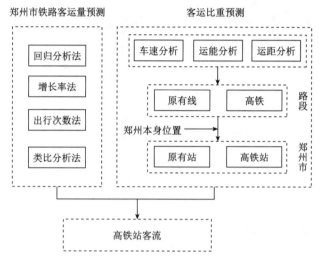

图15-3 高铁枢纽铁路客流量预测技术路线

根据预测,郑州市2020年铁路客运总量需求为6416万人次,日均17.58万人次;2030年铁路客运总量为11046万人次,日均30.26万人次。

对高铁车站分配比例分析,按照规划,新建郑州东站主要停靠高速列车和部分中速列车,原有郑州站承担原有线路列车和部分中速列车,预测得到郑州市旅客发送量随运距分布表,见表15-1[3]。

表15-1 预测郑州市旅客发送量随运距分布(单位:%)

运距(km)		0~100	101~500	501~1000	1001~2000	>2000	合计
郑州铁路客运距分布		35	46	15	3	1	100
两站之间客运分配	原有站	45	32	25	20	67	—
	高铁站	55	68	75	80	33	—
	小计	100	100	100	100	100	—
	原有站	15.75	14.72	3.75	0.6	0.67	35.49
	高铁站	19.25	31.28	11.25	2.4	0.33	64.51
	小计	35	46	15	3	1	100

由上述郑州市铁路客运运距分布得到,2030 年,新建郑州东站和郑州火车站铁路客运分布为 65∶35 左右。

最后,计算得出郑州东站铁路发送量,见表 15-2[3]。

表 15-2 新建郑州东站旅客发送量预测(单位:万人次)

年份	全年发送量	日均发送量
2020	3978	10.90
2030	7180	19.67

2)郑州东站站场规模

郑州东站铁路站线规模为 16 台 32 线。其中,西部设京广场股道 16 条(1 至 16 站台,含正线 2 条),中部设城际场股道 4 条(17 至 20 站台),东部设徐兰场股道 12 条(21 至 32 站台),并预留了郑渝、郑济高铁和中原城市群城际铁路到发线。途经郑州东站的主要线路有京广高速铁路、徐兰高速铁路、郑开城际铁路和郑机城际铁路,未来还将开通郑济和郑渝客运专线。

根据批复的《郑州铁路枢纽总图规划(2016—2030 年)》,郑州市将构建"四主三辅"的铁路客运系统,郑州站、郑州东站、郑州南站(现命名航空港站)与小李庄站(现命名郑州南站)共同构成了郑州 4 个主要的客运枢纽。远期 2040 年,郑州东站预计办理路网日始发动车 117 对、通过动车 355 对,办理城际始发动车 111 对、通过动车 53 对,是郑州铁路枢纽 4 个主要客运站中作业量最大的车站。

郑州东站站房的造型设计为"城市之门",如图 15-4 所示。该设计由"鼎"的形象引发灵感,正面造型如双鼎相连,建筑细部和室内设计运用了莲鹤方壶的纹饰,主题突出,内外呼应,协调统一,体现了青铜器的文化底蕴,整体犹如抽象雕塑,厚重沉稳,浑然一体,展示了河南作为中原文化代表的特征。

图 15-4 现状郑州东站站房

郑州东站总建筑面积 41.2 万 m²,其中站房总建筑面积约 15 万 m²,站台雨篷面积约 7.8 万 m²,地铁及桥下通道、停车场等建筑面积约 16.4 万 m²。郑州东站候车大厅占地面积 1.2 万 m²,自然采光,大厅的中央上方安装的是透明房顶。郑州东站设计高峰每小时旅客发送量为 7400 人,最高聚集人数为 5000 人。

15.3 枢纽集散交通系统规划

15.3.1 总体布局

郑州东站是以高速铁路为核心,集城际铁路、公路客运、城市轨道交通、常规公交、出租车及社会车辆等多种交通方式于一体的大型多功能综合交通换乘枢纽。为实现枢纽间的无缝衔接,在站房内配套地铁、公交车、长途汽车、出租车、社会车辆停车场等多种交通设施,实现各种交通方式快速转换。

如图 15-5 所示,郑州东站站房按 5 层布置,其中地上 3 层、地下 2 层。地上 3 层自上而下分别为高架进站层、站台层和地面出站层,与机场一样采用"高进低出"的进出站方式。郑州东站东广场是郑州东站综合交通枢纽整体工程建设的重要组成部分,东广场地面是花园景观,地下有 3 层建筑,其中地下一层是连接高铁站房、地铁、汽车站和公交场站的通道区。旅客从高铁站下车后,不出地面就可以通过地下一层商业通道前往东北角的汽车站和东南角的公交场站。同时,地下设有大型停车场,设置社会车辆停车位 1380 个。

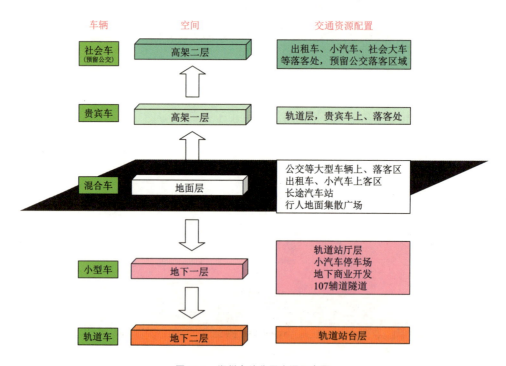

图 15-5 郑州东站分层交通示意图

在设施布局方面,为减少旅客换乘的步行距离,方案提出扩展铁路站场地面架空范围的思路:利用地面架空层,设东西广场通道、铁路出站厅、中转旅客候车厅、地铁进出口和相关服务设施等,就近组织旅客换乘交通系统,南北两侧提供公交车、长途汽车、出租车及社会车辆停车场,如图 15-6 所示。

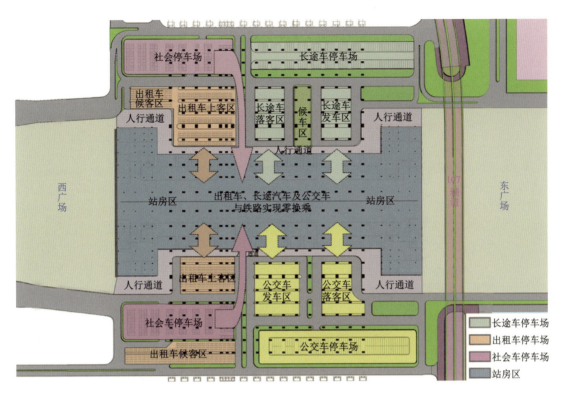

图 15-6 郑州东站长途汽车、出租车、社会车辆场站分布

15.3.2 枢纽市内集散客流需求预测

根据测算,郑州东综合交通枢纽市内客流集散预测值见表 15-3。

表 15-3 郑州东综合交通枢纽市内客流集散预测值(单位:万人次/d)

年份	集散方式	合计	客运人数		其他客流
			铁路	公路	
2020	内部转乘量	3.27	1.64	1.64	—
	市内交通集散量	21.35	16.35	0.71	4.30
	合计	24.62	17.99	2.35	4.30
2030	内部转乘量	5.90	2.95	2.95	—
	市内交通集散量	38.51	29.51	1.26	7.75
	合计	44.41	32.46	4.21	7.75

市内客运交通集散量根据图 15-7 所示思路预测。

根据郑州相关发展政策、相关区域路网和轨道线网的发展规划,预测规划年郑州东综合交通枢纽各出行方式平均日客流量预测值,见表 15-4。

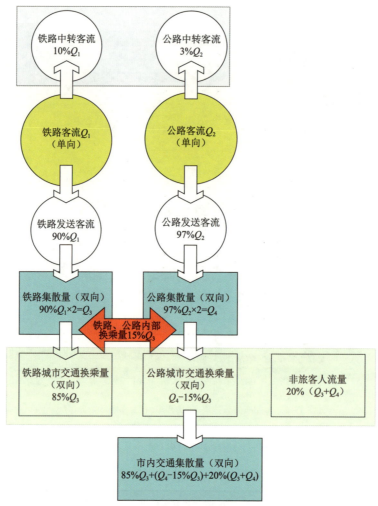

图 15-7 客流预测思路[3]

表 15-4 郑州东综合交通枢纽客流各出行方式平均日客流量预测值（双向）

年份	指标	常规公交	轨道交通	出租车	社会车辆	其他	合计
2020	比例（%）	45	18	18	15	4	100
	集散量（人次/d）	96087	38435	38435	32029	8541	213527
2030	比例（%）	39	30	15	14	2	100
	集散量（人次/d）	150192	115533	57766	53915	7702	385108

考虑到枢纽的交通流特性，高峰小时集散量按平均日客流量的 1/9 估算，得到表 15-5。

表 15-5 郑州东综合交通枢纽城市交通各出行方式高峰小时客流量预测值（双向）（单位：人次）

交通方式	常规公交	轨道交通	出租车	社会车辆	其他
2020 年	10676	4271	4271	3559	949
2030 年	16688	12837	6418	5991	856

计算得出各类交通方式的停车需求规模,见表15-6。

表15-6 郑州东综合交通枢纽停车需求规模测算

场站	需求规模(m^2)	说明
长途车场站	35000	约250个泊车位、40个发车位
常规公交首末站	23000~25000	约230个泊位
出租车停车规模	13000~15000	可供约500辆出租车停靠
社会车停车场	32000~35000	约1100个社会小车泊位、50个社会大车泊位

15.3.3 枢纽集散轨道交通规模及布局

根据批复的《郑州市城市轨道交通线网修编规划(2015—2050)》,郑州东站接入3条轨道线路,1号线、5号线和8号线在西广场形成"十"字换乘枢纽,如图15-8所示[4]。

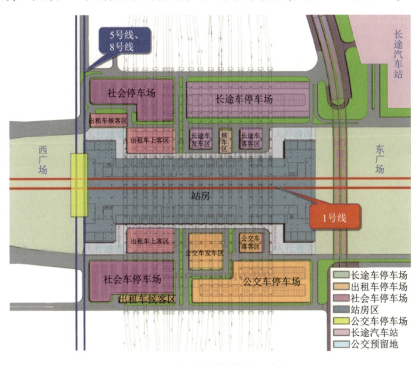

图15-8 郑州东站轨道线路示意图

15.3.4 枢纽配套公交场站

郑州东站设有1处公交首末站和1处停车场。

东三环路(107辅道)东侧公交首末站面积3.5km^2,承担多条公交线路的首末站功能,为到发高铁客运站的旅客提供换乘服务。该场站设置公交停车位181个,其中快速公交车位30个、常规公交车位151个,综合办公楼总建筑面积为约5万m^2。

公交停车场设置于铁路站房南侧,面积4.3hm^2,提供公交车停车位96个,承担常规公交和快速公交的停车保养以及核心枢纽地区的公交客流集散功能。

15.3.5 枢纽配套公路长途客运车站

郑州东站将铁路客站与公路客站整合为一体,在东广场北侧设置公路客运中心,如图15-9所示,预计2030年日发送旅客量为3.5万人次。公路客运中心包括公路客运站、公铁换乘区、郑州交通产业服务中心和郑州交通信息服务中心,总用地面积约20hm^2。站房北侧设置长途客运公铁换乘区,提供长途客运车辆停车位108个,对提高枢纽站的整体运营效率和服务质量等都具有重要的意义。

图15-9 郑州东站公交场站和长途客运场站分布图

15.3.6 枢纽配套出租车蓄车场

郑州东站出租车场站设置于站房南北两侧,如图15-10所示,用地面积为2.15hm^2,紧邻车站站房,主要承担高铁客运旅客通过出租车疏散的功能。

15.3.7 枢纽配套社会停车场

郑州东站社会停车场设置于站房南北两侧,如图15-11所示,用地面积为2.15hm^2,紧邻车站站房。北侧停车场提供256个社会停车位,南侧停车场提供274个社会停车位,共提供车位530个。

随着小汽车出行需求不断增加,郑州东站结合区域资源拓展社会停车场规模。如图15-12所示,除站房内2处停车场(P1、P3停车场),新增4处公共停车场,其中P5为新增网约车停车区域,P6停车场利用办公建筑剩余停车位设置(图15-13),主要提供过夜车辆停车服务。

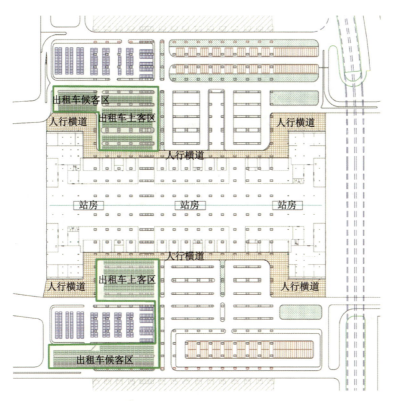

图 15-10　郑州东站出租车场站布局图

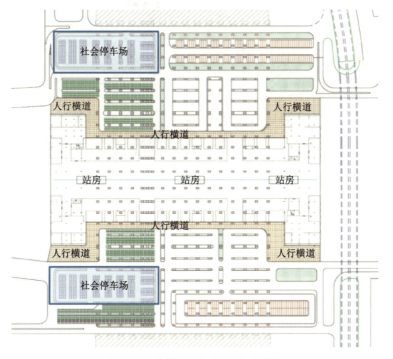

图 15-11　郑州东站社会停车场布局图

图 15-12 郑州东站及周边区域社会停车场分布情况

图 15-13 P6 停车场

15.3.8 枢纽交通流线组织

郑州东站站房是"房桥合一"结构的跨线铁路站房,采用"上进下出"的进出站方式,使客流在站房内互不干扰,通过流线设计实现不同类型车辆到达枢纽和离开枢纽井然有序。

1)客流组织流线

(1)站房北侧进出流线交通组织

站房北侧进出流线交通组织如图 15-14 所示[5]。

①快速通道。

进站:由金水路进入东风东路 L 匝道进入主线高架 J 线驶入站前平台。

出站：站前平台出发，经由 S 匝道驶入 107 辅道快速路系统。

②辅助通道。

进站：心怡路驶入回转匝道 K 线，汇入主线 J 后驶入站前平台。七里河 M 匝道驶入高架 J 线驶入站前平台。

出站：站前平台出发，经 R 匝道驶入站前地面道路系统，经由 O 匝道至七里河南路落地，由地面道路系统疏散。

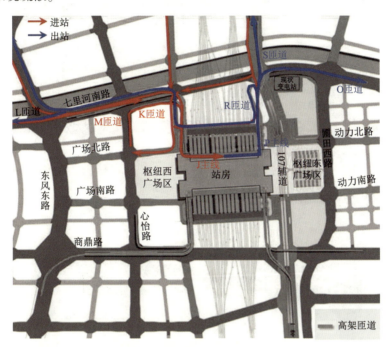

图 15-14　郑州东站北侧进出流线交通组织

(2)站房南侧进出站交通组织

站房南侧进出站交通组织如图 15-15 所示[5]。

①快速通道。

进站：由 107 辅道驶入 G 匝道汇入主线 A，至站前平台。

出站：站前平台出发，经由主线高架向西驶入东风东路，向南至陇海路疏散。

②辅助通道。

进站：由商鼎路地面道路进入 H 匝道，汇入主线 F 后驶入站前平台。

出站：站前平台出发，C 匝道至心怡路，D 匝道至商鼎路地面系统疏散。

2)出租车流线

北侧：出租车高架落客后，可从站房北侧的下桥匝道进入出租车上客区，上客后经由广场北路离开。

南侧：出租车高架落客后，可从下桥匝道和广场南路进入出租车上客区，上客后经由广场南路离开。

郑州东站出租车交流通线如图 15-16 所示[3]。

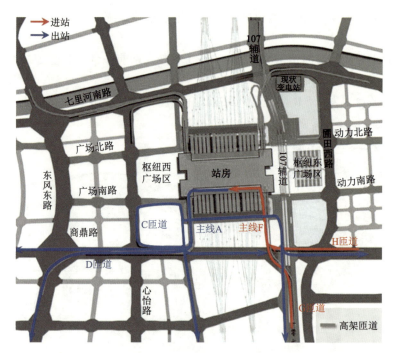

图 15-15　郑州东站南侧进出流线交通组织

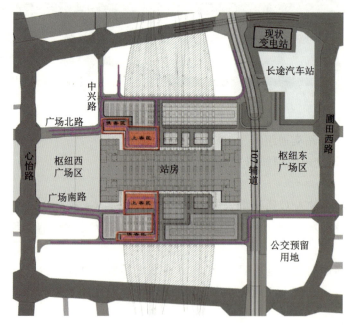

图 15-16　郑州东站出租车交通流线

3）常规公交流线

郑州东站的公交组织分为西区公交和东区公交，总体流向为西进西出，东进东出。公交车辆主要由地面东西两个方向进入，疏散方向为向南沿 107 辅道和向东沿动力南路方向。公交枢纽站内部公交车流线为逆时针方向绕行。郑州东站公交车交通流线如图 15-17 所示[3]。

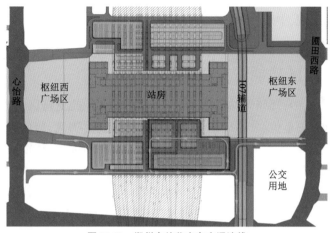

图 15-17　郑州东站公交车交通流线

4）社会车辆进出停车场流线

北侧：社会车辆高架落客后，可从站房北侧的下桥匝道进入社会停车场停车，或经由广场北路和 107 辅道直接离开。

南侧：社会车辆高架落客后，可从下桥匝道和广场南路进入社会停车场停车，或经由广场南路和 107 辅道直接离开。

此外，社会车辆也可以通过地面道路直接进入停车场。郑州东站社会车辆交通流线如图 15-18 所示。

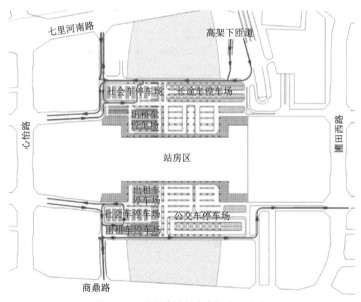

图 15-18　郑州东站社会车辆交通流线

15.4　枢纽区用地融合策略

郑州东站自选址完成后，区域充分重视高铁站点对新区发展的带动作用，积极考虑高铁站与周边区域的有机联系，借鉴国内外火车站枢纽地区发展的成功经验，主动调整周边区域空间结构及用地布局,从宏观、中观、微观多层次组织招标与设计,以确保城市功能定位的准确性及用地布局结构的合理性。

15.4.1 枢纽区功能定位调整

在最初的中标方案中,郑州东站以西片区作为城市 CBD 的支持区,即郑东新区拓展区进行规划,整个区域以机关单位、公益设施、现代服务业及批发、物流、居住等功能为主体。郑州东站以东片区规划为科技研究城,用地功能以文化教育、科研、居住为主,临近陇海铁路部分用地为相对集中的物流园区。

郑州东站选址确定后,考虑到高铁枢纽的便利性及高效性所带来的客流、物流及信息流,适宜发展商贸金融、休闲娱乐、办公酒店等相关的现代服务业,对高铁片区用地规划、功能布局进行重新调整,实现产业功能集聚效应。

将郑东新区拓展区及科技城园区及陇海铁路以北的部分仓储用地进行整合,划定中州大道—熊耳河—东风渠—东四环—陇海路围合的区域为郑州综合交通枢纽区,区域总面积为 35.05km²。以最大限度发挥交通枢纽功能、进一步巩固和提升郑州市的综合交通枢纽地位为目标,确定区域功能定位:国家重要的综合交通枢纽、国家重要的物流中心和郑州市城市副中心,以综合交通枢纽为核心,配套完善办公、会展、商贸、物流及居住等功能,与 CBD 地区共同构成城市副中心。郑州综合交通枢纽区规划范围如图 15-19 所示[2]。

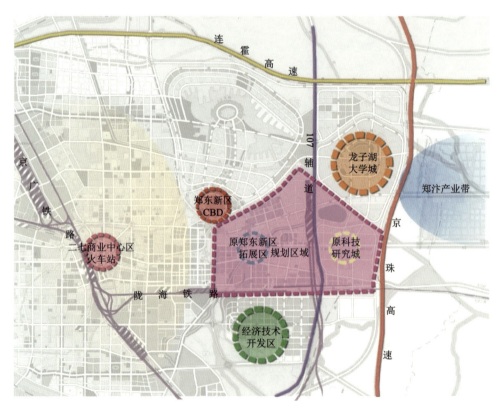

图 15-19　郑州综合交通枢纽区规划范围

15.4.2 枢纽区交通-产业-空间融合布局

高铁站的建设改变了城市空间结构,形成了新的城市中心。郑州东站周边土地开发基于"交通-产业-空间"站城融合发展的原则,对周边空间结构、产业布局和用地功能进行了优化调整。

1) 圈层式布局理念

Peter M. J. Pol 通过对高铁枢纽周边土地开发实际案例的大量研究,提出圈层结构模型。该模型将高铁站点的影响区域划分为3个圈层,分别为核心区、影响区、外围影响区[6]。其中核心区服务半径800m以内,采用高密度开发,距离高铁站点5~10min步行时间,布置交通、商务、商业、办公等城市功能;影响区半径约1500m,距离高铁站点10~15min步行时间,布置居住和公共服务用地混合功能,此区域开发强度递减;外围影响区在半径1500m外区域,布局为核心区功能起配套作用的功能区。这种模式要处理好高铁枢纽的中转人流与周边用地的到达人流之间的关系[7]。

2) 空间结构和产业布局优化

基于圈层式理念优化周边产业布局,总体构成"一心、四轴、八区"的空间结构,如图15-20所示。

图15-20 调整后的郑州综合交通枢纽区空间结构图

"一心":郑州东站、长途客运站以及配套的其他交通设施,形成交通功能核心。"四轴":中央景观轴——指东西向横贯站场枢纽与东部商贸中心的主轴线,是地区风貌景观绿轴,建筑形态形成对称布局;商务办公轴——指沿心怡路的南北向次轴线和沿金水东路的东西向次轴线,形成两条商务办公次轴线;商业物流轴线——指沿商都路的东西向商业物流轴线。"八区":1个枢纽核心区,适合发展与交通枢纽关系密切的商务、总部、研发等功能;1个商务办公区,金水东路两侧用地安排为商务办公用地,强化与郑东新区CBD的联系;2个商业物流区,建设郑州国家干线物流港,在商都路附近形成仓储物流片区;4个核心区的配套居住片区[2]。

15.4.3 枢纽核心区城市设计

枢纽核心区是受客站影响最大、与客站功能和空间联系最为紧密的地区,通过核心区城市设计,重点打造高品质的门户区景观及城市形态,如图15-21所示。在东风南路以东、明理路以西、七里河南路以南、商鼎路以北围合的面积为2.7km²的枢纽核心区,主要布置企业总部、高端商务、五星酒店、研发、会展等功能用地,地上建筑面积754.8万m²,地下建筑面积320.9万m²[8]。

图15-21 枢纽区核心区城市设计效果图

城市设计引入了流动体概念,象征核心区车站所代表的聚散分离以及来来往往人流波动的整体形象。流动体将中央区域与车站有效连接,形成连续的步行空间。

东西广场沿中央景观轴向外依次布局商业、商务用地,在车站东西两侧设置塔楼,与车站并列成为基地大型标志性建筑,位于东西轴东侧的螺旋塔楼高360m,是城市整体的地标性建筑,如图15-22所示。商务用地开发强度和建筑高度以城市流动体为界向南北两侧递增,用地容积率依次规划为0.2、5.0、6.0、8.0,如图15-23所示;建筑高度依次为10m、45m、100m、150m,基地建筑沿中轴线两侧呈中间低、两边高的凹形城市形态[8]。

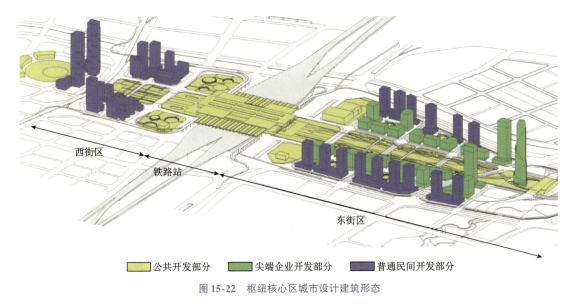

图 15-22　枢纽核心区城市设计建筑形态

图 15-23　枢纽核心区城市设计地块容积率

15.5　枢纽区立体空间开发

郑州东站在实现与高铁、城际铁路、地铁、公交车站点无缝对接的基础上，进行地上、地面以及地下空间的立体式开发，增加了地上和地下的垂直联系，实现了整体系统的连续性和高效性。

15.5.1　站区地下空间设计

为了有效利用郑州东站地下空间资源，统筹考虑郑州东站与地铁站点、长途汽车站和周边主要建筑的连通，将区域地下空间与交通枢纽和站前广场整合，结合周边建筑业态对地下空间功能区进行划分,规划预留联络通道[5]。

郑州东站东西广场下均设置地下交通及商业空间,功能区包括地下停车场、地下商业街、人行过街地道、轨道交通枢纽站及人防工程等。东西广场下的地下空间通过站房自有通道相联系,东广场地下空间向北延伸至相邻的长途汽车客运站地块,向东侧延伸至相邻地块;周边地下步行空间从南至北贯穿几个街区,横向延伸至东西侧两块相邻街区,如图15-24所示[8]。

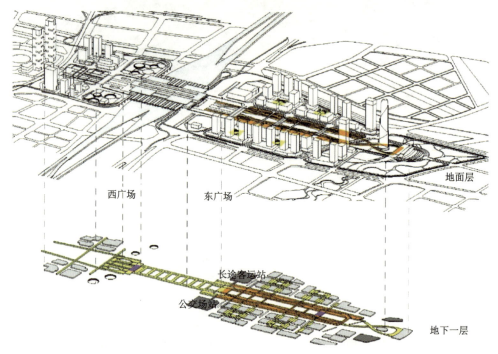

图15-24 郑州东站东西广场及核心区地下空间布局

15.5.2 枢纽核心区地下道路设计

为了实现土地的集约化利用,核心区采用了高强度的土地开发模式,在总用地面积135.5km² 内,规划总建筑面积达到263.9万 m²。为解决高强度开发带来的交通集散问题,核心区规划了连通各个公建、商业、商务地块的地下环路系统(图15-25),一方面实现区域停车资源共享,满足地下车库与周边市政路网之间的快速衔接,改善区域到发交通,缓解地面交通压力;另一方面,通过净化地面机动车,使路权更多让位于公共交通,打造一个生态化、舒适化的慢行交通环境。地下环路主环廊总长2.9km,共设置12个环路出入口,并通过3组街区隧道串联约6000个地下公共停车位。

15.5.3 枢纽核心区立体步行系统设计

东广场区域是郑州东站客流集散、对外交流和高端商务集聚的中心,区域建筑面积超过400万 m²,未来打造成为集综合交通枢纽、国际金融、高端商务、休闲娱乐于一体的综合性城市门户区。规划提出建立"步行友好、人车分离"的交通区、"绿色低碳出行"的示范区、"多维城市空间"的价值区和"未来城市名片"的门户区四大目标。

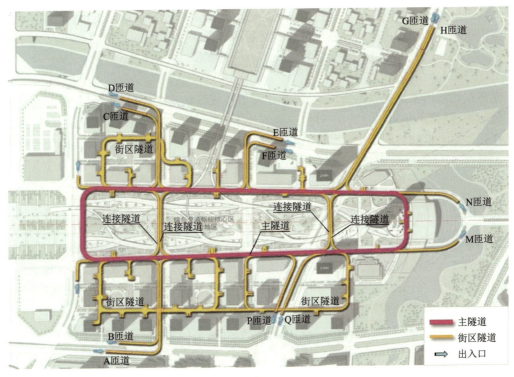

图 15-25　东广场核心区地下环路方案[9]

区域构建"南、北、东、中"4个区域的空中连廊系统,并结合人流分布特征,建设"地下为主、地上为辅、地面补充"的立体步行网络体系,构建"主通道、次通道、支通道、内部通道"4级步行网络结构,明确各级设施承担的功能和建设要求。最终规划形成3.6km地下步行通道、1.4km空中步行连廊和高达约10km/km²的地面人行通道密度[9]。建设形式包括地下过街通道、地下步行商业街、空中步行连廊、空中流动体、地铁连通道、内部开放通道等多种类型,如图15-26所示[8]。步行设施除满足行人通行功能外,还在关键节点处建设了观景台、表演区、休息区、商业区、展示区等以满足不同功能需求,提高了步行环境的品质和舒适度。规划方案连通约50个地块的地下、地上空间,规划的地下步行通道和空中步行连廊与各地块建筑方案也做好了融合设计。

图 15-26　东广场核心区地上流动体效果图

15.6　枢纽区交通系统构建

郑州城市发展因铁路受益,也受到铁路布局的制约。老城区被京广、陇海铁路分割,阻碍了城市各个组团的联络,加剧了老城区跨组团的交通压力。郑州东站确定选址方案后,积极吸收其他城市枢纽地区的发展经验,整合各项交通资源,着力构建高效的站城综合交通体系,夯实国家枢纽地位的同时构建通达各个区域的交通网络,减弱铁路站对城市的分割。

15.6.1 多层次轨道交通支撑

郑州东站以国家高速铁路为核心,同时开通了省域城际铁路,包括郑开城际、郑焦城际和机场城际等,强化了郑州东站的枢纽地位,并实现了郑州东站与机场、郑州南站(现航空港站)和郑州站等重大枢纽之间的串联,共同构成了辐射中原城市群的空铁联合体。郑州东站接入地铁1号线、5号线和8号线3条线路,通过城市轨道线网融合实现了与郑州市各个片区的紧密联系。

15.6.2 高架快速系统接入

郑州东站作为中原城市群发展的巨大引擎,快速通达的交通系统是枢纽服务的基本要素。通过充分研究区域道路资源,分析高铁站客流流向及通道,郑州东站区域集散体系理念得以确立:依托城市快速路网,高起点、高标准规划,构建"环形快速路+枢纽立交"的快速集散体系。枢纽交通流分析如图15-27所示。

图 15-27　枢纽交通流分析

①由郑州市区经金水路、商都路、陇海路进出枢纽的交通流。

②考虑郑汴一体化和郑州东部组团(如中牟组团)的客运需求,由开封、中牟等地经郑开大道、商都路进出枢纽的交通流。

③由新乡、焦作、许昌、漯河等周边城市经107辅道进出枢纽的交通流。

④由郑东新区内部经七里河南路或商鼎路进出枢纽的交通流。

⑤107辅道的过境交通流。

基于流线分析,在枢纽区构建两个层级的快速集散系统。

1) 高架匝道集散系统

郑州东站采用将进出站高架桥及匝道远引的方式,在站房南北两侧规划相对独立的"U"形单向高架匝道,直达站房三层,实现乘客从站房南北两侧"腰部"进站。如图15-28 所示,北侧匝道总体流向为"西进东出",南侧匝道总体流向为"东进西出",匝道总长7721m。这种立体分层的交通组织方式把进出站车流与站区地面车流完全分离,避免了进出站车流对广场周边区域地面交通的影响。

图15-28　郑州东站高架匝道系统[3,5]

2) 快速路网融合系统

枢纽区东临东三环快速路,北侧临近准快速路金水东路,南部临近规划快速路陇海路,郑州东站充分利用站域快速路资源,通过高架匝道与周边快速路直接相连,将高铁站的疏散系统融入郑州市"井+环"快速路系统,实现与整个郑州市快速路及高速路系统的畅联互通,形成对外交通快速集散的站域一级疏散通道。同时东三环快速化在枢纽核心区设置南北向长下穿隧道,实现枢纽集散交通与南北过境交通的分离。

15.6.3　周边市政道路配套

为完善枢纽周边道路、市政基础设施配套,《郑州综合交通枢纽及相关工程修建性详细规划》对区域道路横断面、重要道路及节点进行了详细规划,如图15-29 所示。

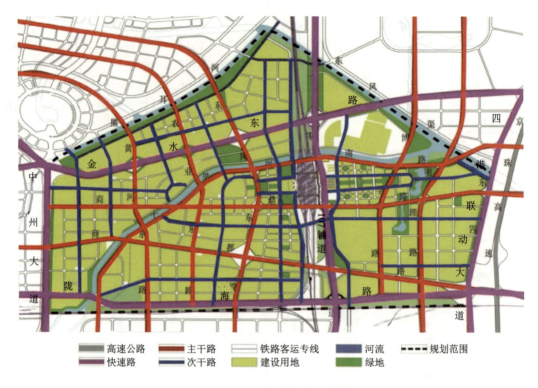

图 15-29 综合交通枢纽区道路系统图

1)构建"三横六纵"辅助对外集散通道

在合理组织枢纽核心区车流与人流的基础上,重点解决好核心区与外部道路交通系统快速衔接的问题,使每一个主要客流吸引源到达综合交通枢纽地区均有两条以上的主干道。主干路通行条件良好,与快速路系统有效衔接,构成了站域二级疏散通道,提高了区域路网系统的应变能力与抗风险能力。

2)打破空间割裂,保证路网贯通性

为了减弱高铁站对区域的分割,在东西向路网联通方面,郑州市提前与铁路部门签订道路交叉协议,预留道路穿越条件,穿越铁路的平均间距为 0.79km,保证了高等级道路的贯通性,最大限度减弱了铁路对城市空间的分割。

15.7 运营管理

15.7.1 客流量

2012 年 9 月,郑州东站仅有郑西高铁、京广高铁郑广段开通,2012 年 12 月,京广高铁全线开通。随着郑徐高铁投用,以及郑焦、郑开、机场城际线全部开通运营,郑州市"米"字形铁路逐渐成形,郑州枢纽作用愈加突出,客运量稳步增长。

1）节假日流量

2016年4月30日，郑州东站客流量4.7万人次。2017年4月2日，郑州东站旅客发送量为101538人次。2017年4月29日，郑州东站客流量9.7万人次。2018年6月16日，郑州东站发送旅客105560人次。2020年10月1日，郑州东站客运量达到18.6万人次。

2）春运期间流量

2017年春运40d郑州东站客运量217万人次，日均54250人次。2019年春运40d郑州东站累计发送旅客295万人次，2月23日（农历正月十九）达到春运发送旅客最高峰，单日发送旅客103957人次。春运期间，郑州东站日均发送旅客7.4万人次，日常开行旅客列车414趟，高峰时期日开行旅客列车达480趟，40d共计加开临客1457趟，累计发送旅客与2018年同期相比增长9.67%。2020年春运前7d，郑州东站运送旅客84.58万人次，同比上升68.0%，日均超过12万人次（同期郑州火车站运送旅客70.07万人次，同比上升13.6%）。

3）暑运期间流量

2017年两个月的暑运期间，郑州东站客流量412万人次，同比2016年暑运增加176万人次，增长42.7%，其中，2017年8月26日发送旅客7.7万人次。

15.7.2 换乘常规公交和城市轨道交通线路

截至2020年12月，停靠郑州东站的常规公交线路共有24条，其中包括3条夜间线路，这些线路大部分以郑州东站作为首末站。

途经郑州东站的地铁线路有郑州地铁1号线、5号线和8号线（表15-7）。其中，地铁1号线于2013年12月28日正式开通运营。乘客通过地铁1号线可前往郑州站、郑州东站；2019年5月20日，地铁5号线正式开通运营，在郑州东站可与地铁1号线换乘。2020年5月，地铁8号线开工建设。

表15-7 途经郑州东站的地铁线路概况

线路	始发站	终到站
郑州地铁1号线（运营中）	河南工业大学站	河南大学新区站
郑州地铁5号线（运营中）	环线，途经五一公园、海滩寺、黄河路、郑州东站、七里河、南五里堡等重要站点	
郑州地铁8号线（在建）	天健湖站	绿博园站

15.7.3 空铁联运特色服务

为提升机场城际线服务水平，2016年6月13日起，郑州东站新增8台自助值机系统，设备分布在3层候车厅内的A19、A20、B19、B20区域，如图15-30所示。去新郑机场乘坐飞机的旅客，持身份证或护照可在郑州东站候车厅利用候车时间先办理登机牌、自主选机舱座位等手续，再乘坐城际铁路去机场，节约了时间。

图 15-30　郑州东站增加登机牌自助打印服务

15.8　经验总结

郑州东站是集高速铁路、城际铁路、公路客运、地铁、城市公交、出租车及社会车辆等多种交通方式于一体,各种交通方式有机衔接、便捷换乘,国际先进、国内一流的大型现代化综合交通枢纽,是中国国家铁路网中建设规模宏大的多向通道交会枢纽站。它不仅是京广、徐兰两条高速铁路干线的"十字"交会枢纽站,发挥着承东启西、贯通南北的重要作用,今后还将引入郑州至重庆、郑州至济南、郑州至太原、郑州至合肥客运专线,并承担郑州城区至新郑机场、郑州至开封等多条城际铁路的客运功能,在中国国家铁路网和中原经济区综合交通网中具有强大集疏功能和重要的战略地位,使郑州从铁路干线的"双十字"中心走向高铁时代的"米"字形枢纽,利用高铁线路把发展潜力巨大的中部地区与经济最活跃的长三角、珠三角和环渤海地区更加紧密地联结在一起,巩固并提高了郑州作为全国交通枢纽的中心地位,有力地支撑了中部崛起,促进了区域协调发展。

目前,以郑州东站为核心的西广场区域标志性塔楼和体育公园均已基本建成,如图15-31所示,以双子塔为代表的商务写字楼入驻率高,人气活力十足。东广场地下交通环廊系统及人行通道基本建设完成。依托区域枢纽优势,高铁东广场的发展正式拉开大幕,高品质的项目不断落地,华润新时代广场、宝能郑州国际金贸中心、楷林中原总部基地等多个知名企业已经入驻(图15-32),为整个区域的蓬勃发展注入了强心剂。郑东新区的商务核心区实现了从CBD到枢纽区的提升。

15.8.1　成功经验

回顾郑州东站周边区域发展经验,高铁站点引入为城市发展提供了契机,通过交通枢纽与整个城市交通网络建设和土地利用的融合互动,引导区域产业布局和空间结构的优化,实现枢纽与城市协同发展,是郑州东站枢纽区域长远可持续发展的核心要点。

图 15-31 已建设完成的郑州东站西广场及标志塔楼

图 15-32 郑州东站东广场企业入驻情况[10]

1）契合城市发展战略的规划选址

郑州东站选址之时，正值郑州市城市化快速发展时期，郑东新区的建设是郑州构筑全国区域性中心城市、引领中原城市群发展的重要举措。新客运站选址在郑东新区，旨在以枢纽建设为契机，促进城市由单中心发展模式向多中心网络化空间结构转换，引导产业升级调整，支撑城市框架拓展，与城市发展方向一致，符合郑州市当时的总体发展战略。

2) 远近适宜的空间区位和场站规模预留

郑州东站选址在新城内,在区位上亦考虑了与中心城区的关联度,选择在距离老城约5km的位置,与中心城区的空间距离适宜,确保了初期能够共享中心城区的各项基础设施,保证了客运枢纽站服务的便利及客流的吸引力。同时场站规模和接入条件预留合理,满足了高铁客流快速增长的需求。

3) 枢纽建设与土地利用互动融合

高铁枢纽与城市土地利用之间存在着互馈关系,区域充分利用枢纽的触媒作用,配合高铁站的选址并结合郑东新区的发展优势,积极调整区域规划,准确定位区域功能,合理优化产业布局,大力发展与枢纽经济密切相关的产业,实现交通、产业、空间协同发展。枢纽周边区域充分发挥客站核心影响力,实行圈层化土地利用和功能布局,依据土地开发强度梯度递减原则提出控制要求。高铁枢纽已经与周边土地利用形成良性互动,周边区域陆续建成商务核心区、郑州自贸区、中原科技城以及科学谷等产业组团。铁路控制线以外的绿地全部建成高铁公园,降低了铁路对城市空间的割裂感。

4) 通过立体空间实现互联互通

铁路在不同程度上会对城市空间产生割裂作用,郑州东站探索以枢纽为核心的地下空间开发模式,通过互联互通的地下空间系统提升步行空间的连续性。同时东三环路的站前隧道方案消除了快速路穿越对慢行的影响,实现了东广场与站房的空间连续性,并在核心区组织空中廊道,丰富城市空间层次。枢纽区通过地上、地面、地下立体化步行网络将郑州东站与周边城市功能体有机缝合,有效提高了站域空间品质,改善了区域交通环境。

5) 高效"站城"交通系统支撑

区域交通以高效集疏、支撑发展、改善交通环境为主要目标,不遗余力地打造枢纽快速集疏交通体系,利用"远引式"高架进出站匝道系统,实现高铁站与整个高快速路系统的衔接。同时,交通集散系统剥离了枢纽交通与过境交通,通过提前预控下穿铁路通道,形成区域微循环,适度分离站城交通,进而减少了枢纽交通对周边区域的不利影响。

6) 一体化交通综合体建设

利用高架站房线下空间,形成集多种方式于一体的交通综合体,通过集约化、垂直化布置集散设施,尽可能减少旅客换乘距离,基本实现了枢纽内的"无缝换乘"。

7) 系统谋划、多方统筹协调

郑州东站枢纽建设需统筹国铁、规划、地铁、交通、建设等多个部门,统筹协调工作难度巨大,设计工作涉及4家单位,设计之初出现了方案的多次反复,只有开展多业主协同合作,统一平台、统一规划、统一设计、统一施工,才能保证各项建设的顺利开展。

15.8.2 不足与反思

作为特大型交通枢纽,郑州东站在交通枢纽服务和枢纽引领新区发展上都取得了一定的成绩,但随着时代发展,枢纽建设有了新的发展方向,枢纽服务被寄予更高的期望。党的十九大报告明确提出建立"交通强国"的战略要求,《交通强国建设纲要》提出,将打造"一流服务"作为战略发展路径,要求"构筑多层级、一体化的综合交通枢纽体系""推进出行服务快速化、便捷化"。以建设具有国际影响力的综合枢纽为目标,反思郑州东站从规划、建设到运营的整个过程,我们总结出在"交通强国"背景下,枢纽建设可以在以下几方面进行提升改善。

1) 由独立单一的交通综合体到开放融合的城市综合体

郑州东站虽然通过立体步行系统、预留跨铁路通道和站前下穿隧道等多种措施尽量减少车站对城市结构的分割,但是在空间尺度上,宏大的广场、多层的高架匝道仍然在一定程度上阻隔了车站与周边城市空间的联系,同时独立的站房不符合土地集约化开发的理念,如图 15-33 所示。郑州东站东西广场空间尺度达到了 500m 左右,旅客出站后感觉与城市功能区有明显割裂感,需要跨越 2 个街坊,步行 10min 以上才能享受城市服务功能,出行体验不佳。同时由于高铁高频次发车、准点率高等因素,即使春运期间,站前广场集聚人数也远低于广场规模。另外,由于广场周边交通管制、进出不便等因素,站前广场也难以转换为承担日常休闲、健身等功能的城市广场,造成功能浪费。

图 15-33 大尺度的站前广场对车站和城市空间造成分割

枢纽建设应当以快速换乘为基础,进行站房及物业开发的一体化设计。通过垂直开发,满足交通功能的同时集合办公、商业、文化、酒店等多方面的城市功能,将站房由单一的交通集散空间演变成交通空间、建筑空间、城市公共空间交互融合的场所,实现站与城在功能及空间上的一体化融合,提升枢纽服务水平,打造高效聚集的站区活力空间。

2) 枢纽建设应以提供一流服务为目标

①地铁换乘不够便捷。郑州东站引入 3 条城市轨道线路,形成了"十字"换乘枢纽,轨道站厅设置于西广场,东广场需通过 350m 的换乘通道进入轨道站厅,换乘距离过长。为进一步提升枢纽换乘效率,建议实施城市轨道与国铁之间的安检互认。

②交通枢纽之间缺乏轨道快线联系。原规划郑州东站的 3 条城市轨道线均为地铁普线,随着城市框架的拉大,时效性难以满足。新一轮轨道交通线网修编拟将郑开城际铁路改造为一条贯穿郑州都市区东西发展轴的市域快线,可与郑州站通过快线直接连通;通过与其余 2 条市域快线的换乘,郑州东站可与新郑机场、郑州南站(现航空港站)和小李庄站(现郑州南站)均实现快线连通,大大提升郑州东站对都市圈的辐射能力。

③空铁联运服务需进一步加强。随着机场城际线投入运营,高铁枢纽至机场虽然实现了

一线直达,但由于城际线发车间隔长,尚不能做到公交化运营,因此对客流的吸引力不足,无法最大限度实现枢纽联动效果。

3)枢纽配套需科学长远考虑

①枢纽核心区通勤客流轨道运力配置不足。郑州东站东西广场规划了高强度的商务开发业态,但是仅预留了地铁1号线的东风南路站及博学路站点。东西广场两个片区仅各自规划1线1站的轨道运力,无法满足客流需求,片区地铁通勤客流将与枢纽集散客流存在较大程度的汇集压力。

②枢纽配套服务设施可考虑功能转型。郑州东站规划时结合当时的出行方式需求对长途客运站预留了两处场地。随着高速铁路和城际铁路的建设以及小汽车的普及,公路客运下滑明显,铁路-公路换乘的客流急剧缩减,站房北侧原规划的长途客运站公铁换乘区进行了功能调整,主要为高铁转商务旅游进行定制化服务。站房东北侧的长途客运枢纽站客运量相比预期也有较大差距,存在空间资源利用率不高的问题。为动态适应交通方式转变,枢纽配套设施供给应与需求形成良性互动,可探讨富裕空间转换为区域急缺公共资源的可能性。

③规划调整实现高铁快递分拨中心功能。随着全国高铁网络的成型,利用高铁承担部分快递服务逐渐成为一种新兴物流方式。目前郑州南站(现航空港站)已经在高铁站旁边预留出专门的高铁分拨中心,既满足高铁自身物流需求,也可实现空铁联运服务。郑州东站原规划未考虑分拨中心用地,但考虑到汽车客运东站预留规模偏大,可考虑部分功能转移,同时东广场南侧预留的公交综合枢纽用地尚未建设,建议可考虑立体综合开发,也可满足高铁分拨中心的功能实现。

本章参考文献

[1] 周广荣.城市新区规划发展研究——以郑东新区规划建设为例[D].南京:南京理工大学,2012.

[2] 郑州市规划勘测设计研究院,郑州市郑东新区土地规划勘测中心.郑州综合交通枢纽(新郑州站)地区控制性详细规划[R].郑州:郑州市规划勘测设计研究院,2009.

[3] 东南大学.郑州市综合交通枢纽核心区交通工程及107国道方案设计[R].南京:东南大学,2009.

[4] 郑州市规划勘测设计研究院.郑州综合交通枢纽及相关工程修建性详细规划[R].郑州:郑州市规划勘测设计研究院,2009.

[5] 同济大学建筑设计研究院,郑州市规划勘测设计研究院.新郑州站(郑州东站)高架系统工程规划设计调整方案[R].上海:同济大学建筑设计研究院,2010.

[6] POL P. The economic impact of the high-speed train on urban regions[C/OL]. (2003-04-11)[2023-05-04]. https://citeseerx.ist.psu.edu/viewdoc/download;jsessionid=7522BB2CF938CCB3FF6E01066E6A60C7? doi=10.1.1.452.8267&rep=rep1&type=pdf.

[7] 熊薇,王帅.高铁枢纽影响下的周边地区空间布局模式研究[J].山西建筑,2018(1):31-32.

[8] 日本矶崎新青木工作室.郑东新区综合交通枢纽核心区城市设计[R].石家庄:日本矶崎新青木工作室,2012.

[9] 北京城建设计研究总院有限责任公司.郑州市郑东新区综合交通枢纽地下道路系统方案设计[R].北京:北京城建设计研究总院有限责任公司,2013.

[10] 郑州市规划勘测设计研究院.郑东新区综合交通枢纽东广场核心区步行系统规划[R].郑州:郑州市规划勘测设计研究院,2019.

第16章

深圳北站与福田站综合交通枢纽
——高度耦合城市中心体系的铁路综合交通枢纽

深圳北站和福田站枢纽是广深港客运专线上功能互补、密切相关的两大综合交通枢纽，两大枢纽的选址与城市中心体系高度耦合，枢纽建设有力支撑了龙华新城的开发建设和福田中心区的功能提升。两大枢纽均构建了以轨道交通为主体，以公交、出租车等多种交通方式为辅助的交通接驳体系。深圳北站枢纽采用平面"十"字结构和空间立体多层相结合的总体布局，实现旅客高效换乘和土地集约利用。福田枢纽是国内首座位于城市核心区的全地下铁路综合交通枢纽，高度契合了城际商务客流的出行需求特征；轨道交通是其接驳系统的绝对主体；围绕枢纽和轨道站点构建连续、舒适的地下步行系统，有效提升了城市功能与活力。在新时代以"站城一体化"理念反思两大枢纽，深圳北站枢纽的轨道换乘、步行联系和立体开发仍有待改善；福田枢纽地下空间开发滞后于枢纽建设运营制约了枢纽综合功能的发挥。这些也是未来枢纽规划建设需要重视的问题。

16.1 选址与功能定位

深圳北站和福田站是广深港客运专线在深圳市境内的两座车站。由于两座车站在选址、功能定位、车站规模等方面相辅相成，本章对以这两座高铁站为核心分别形成的深圳北站综合交通枢纽（简称"深圳北站枢纽"）与福田站综合交通枢纽（简称"福田枢纽"）一同介绍。

深圳北站枢纽位于深圳龙华原二线扩展区的中部地区，是广深港客运专线和厦深铁路在深圳境内的始发终到主客站，设11台20线，以发送对外长途旅客列车为主。深圳北站枢纽于2005年进行规划，2007年底动工，2011年底随着广深港客运专线（深圳北站以北段）建成通车而同步投入运营。深圳北站枢纽工程地方配套以铁路站房为核心，由东广场、西广场、地铁4号线、5号线、6号线深圳北站、长途汽车客运站、公交汽车场站、出租车场站、社会车停车场、周边市政道路及配套服务建筑组成（图16-1）。枢纽总用地面积42万m^2，其中，铁路站场用地约18万m^2，枢纽配套东西广场占地约24万m^2。东西广场一期工程用地面积约20万m^2（不含东广场纯商业开发地块配套建筑和西广场预留口岸海关用地），总建筑面积约为39万m^2。枢纽铁路客站工程投资约20亿元，枢纽地方配套工程总投资约为44亿元。

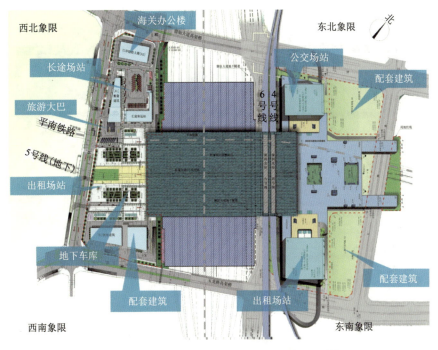

图 16-1 深圳北站枢纽初步设计方案总平面布局图[1]

福田站枢纽位于深圳市福田中心区(图 16-2),是广深港客运专线的辅助客运站,设 4 台 8 线,主要承担广州至深圳部分城际列车始发终到功能及广深港之间城际列车经停功能。福田枢纽于 2008 年 8 月 20 日正式开工;2011 年 6 月 28 日,枢纽中的地铁 2 号线、3 号线福田站开通运营;2015 年 12 月 30 日,广深港客运专线福田火车站正式开通运营;2016 年 6 月 28 日,地铁 11 号线福田站开通运营。以福田站为核心形成的福田枢纽采用全地下方式建设,枢纽总建筑面积约 27 万 m^2,其中铁路工程部分建筑面积约 14 万 m^2,地铁车站及配套道路接驳设施约 13 万 m^2。枢纽总投资约 70 亿元。其中,铁路工程部分投资约 39 亿元,地铁及配套部分投资约为 31 亿元。

深圳北站、福田站两个枢纽的顺利建设在行业内取得了良好的口碑,这与深圳市政府前瞻的发展眼光和主动的规划引领密不可分。处于改革开放前沿的深圳历来高度重视城市规划和交通规划工作,除了及时开展城市发展战略、城市总体规划、整体交通规划等宏观性、战略性规划外,在铁路、轨道等交通专项方面也开展了多项前瞻性的研究。例如,深圳市规划部门(伴随深圳市政府机构改革,曾先后调整为深圳市规划与国土资源局、深圳市规划局、深圳市规划和国土资源委员会,现为深圳市规划和自然资源局,下同)先后组织深圳市城市交通规划研究中心(后因改制先后更名为深圳市城市交通规划设计研究中心有限公司、深圳市城市交通规划设计研究中心股份有限公司)等单位开展了《深圳市铁路第二客运站交通规划》《国家铁路深圳地区布局规划》《国家铁路深圳新客站综合规划》《广深港客运专线龙华—皇岗段交通详细规划》和《深圳市福田站区综合规划》等一系列铁路相关规划研究,以积极的姿态承接国家铁路的规划布局,为深圳北站和福田站的规划选址、建设奠定了坚实基础。

图 16-2　福田枢纽实施方案总平面布局图[2]

16.1.1　深圳北站枢纽选址

深圳北站枢纽选址最早要追溯至 2002 年,深圳市城市总体规划提出建设深圳第二铁路客运站的战略构想。2002—2003 年,深圳市规划与国土资源局组织深圳市城市交通规划研究中心编制了《深圳市铁路第二客运站交通规划》,提出深圳是京广和沿海客运专线的最佳衔接点,建议将规划的京广客运专线延伸至深圳,新建深圳二客站作为京广客运专线延伸线(即广深港客运专线)和沿海客运专线的衔接点来锚固华南地区客运专线网,还基于当时深圳市城市建设现状及规划对深圳北站(当时称"二客站")选址进行了研究。

当时,《深圳市城市总体规划(1996—2010)》提出了"以特区为中心,以西、中、东 3 条放射发展轴为基本骨架,梯度推进的组团集合布局结构"。随着社会经济和人口的快速发展,城市建设步伐也逐步加快,处于第一圈层的特区可建设用地储备日益紧缺,处于过度开发的边缘,城市建设重点西移及向特区外转移成为历史发展趋势,第二圈层将成为未来城市空间拓展的重点区域。而从城市建设用地来看,特区内仅在前海,特区外在龙华二线拓展区、龙华新城北部和观澜南、坪山等地尚有较大规模的成片可建设用地可用于建设大型铁路客运枢纽。基于上述条件,按照"与城市发展策略相结合,布置于城市发展重点地区""与城市组团式布局相结合""与城市轨道交通有便捷的接驳条件,构筑综合交通枢纽""与城市干道网络系统有良好的衔接关系"的四大选址策略,结合深圳二客站用地初步需求,深圳市城市交通规划研究中心确定前海片区和龙华组团为两个区域选址方案,并在此基础上进一步提出前海、龙华、龙华北和观澜南4个具体选址方案(图16-3)。最终综合考虑人口覆盖、城市发展、线路长度、主要客流流向、城市轨道接驳条件、城市干道衔接条件、用地条件、周边用地开发条件等多种因素,龙华方案各方面相对较优,故作为二客站选址推荐方案。这就是现在深圳北站的最初来源。

图 16-3 深圳市二客站选址方案[3]

2004年,深圳市规划局组织深圳市城市交通规划研究中心开展《国家铁路深圳地区布局规划》研究,提出深圳客运铁路由南北向的广深港客运专线、广深铁路和东西向的厦深铁路(杭福深客运专线、东南沿海铁路的组成部分)及预留西延线共同构成"双十字"格局(图16-4),客运车站按照"两主一辅"布局,将新深圳站(现深圳北站)、深圳站定位为深圳铁路两个主要客运站,将布吉站(现深圳东站)定位为深圳铁路辅客站。该规划延续了龙华方案作为深圳北站选址的思路,并在此基础上对广深港客运专线和厦深铁路引入新深圳站的具体布置形式进行了多方案研究,包括车站南北向布置于新区大道西侧(竖摆方案);车站东西向布置于留仙大道南侧、新区大道东侧(横摆方案);广深港客运专线车站南北向布置于新区大道西侧,厦深铁路车站东西向布置于留仙大道南侧(横竖摆方案)等。

2005年3月,铁道部组织编制的《深圳铁路枢纽总图规划》通过专家评审会审查,将深圳市铁路客运"双十字"格局和"两主一辅"车站布局成果纳入了总图规划,明确深圳北站作为广深港客运专线和厦深铁路的交会点,是深圳铁路客运主枢纽之一。

2005—2007年,深圳市规划局组织编制《国家铁路深圳新客站综合规划》,同步开展国铁站房建筑概念设计国际竞标,从而稳定了深圳北站枢纽的选址和总体布局,明确了广深港客运专线和厦深铁路在龙华二线扩展区接入深圳北站,铁路采用竖摆方案,广深港客运专线南北向布置,厦深铁路从车站南端接入站台,整个车站呈南北方向梭形布置,如图16-5所示。

图 16-4　深圳铁路枢纽"双十字"布局方案图(2005 年)[4]

图 16-5　深圳北站铁路站台布置方案图[5]

16.1.2 福田枢纽选址

福田枢纽的规划选址起于 2005 年。在广深港客运专线建设之前,深圳市规划局已组织深圳市城市交通规划研究中心对广深港客运专线在深圳的设站问题进行了专题研究,当时就提出广深港客运专线在深圳北站以南的深圳中心区段再增设一座车站的构想,契机出现在广深港客运专线的开工典礼上。

2005 年 12 月 18 日,广深港客运专线开工典礼在深圳北站举行,当时深圳北站周边尚处于未开发状态。铁道部领导出席开工典礼时认为深圳北站选址偏离城市,应在市中心区就广深港客运专线的车站重新选址。

但从深圳市域来看,深圳北站位于龙华二线扩展区,距离深圳市福田中心区约 8km。根据当时的城市规划,龙华作为深圳中心区的延伸地带和后勤基地,未来将建设成为深圳市物流中心和交通枢纽,成为与中心区相配套的工业、商贸、仓储、房地产业协调发展的次中心区,成为深圳中北部区域性的行政、经济、文化中心。深圳北站的引入,将进一步强化龙华作为城市次中心的地位。深圳市城市规划布局为多中心组团式空间结构,龙华位于深圳市的几何中心和人口中心,在龙华设深圳北站可以很好地辐射整个市域范围。同时,深圳市规划局和深圳市城市交通规划研究中心通过技术论证认为,受用地条件限制和交通疏解制约,福田中心区内很难承受深圳北站等级的特大型车站。因此,深圳市认为,深圳北站作为铁路长途客运站的选址是合适的。

广深港客运专线在深圳境内已设深圳北站,是否有必要在市中心区增设车站?若设车站,则新增车站与深圳北站距离较近,两者之间如何分工?这成为当时争论的焦点。2005 年,深圳市规划局组织深圳市城市交通规划研究中心开展了《广深港客运专线龙华—皇岗段交通详细规划》,对广深港客运专线增设车站的必要性和选址方案进行了系统分析。

深圳市城市交通规划研究中心从国际经验、区位效应、时间效益三个方面分析了广深港客运专线在福田增设车站的必要性。一是从国际经验来看,高端铁路列车引入城市中心区是国际上铁路发达城市的共同特征,在城市中心区设站可以满足以商务客流为主的高端客流需求;二是从区位效应来看,广深港客运专线在福田中心区增设车站,可强化福田中心区与香港的联系,促进深港人员往来、信息交流、产业协同,也可强化深圳中心区对珠三角地区的辐射带动能力,进一步提升深圳中心区的地位,从而提升深圳在珠三角地区的地位;三是从时间效益来看,广深港客运专线在福田中心区增设车站,可缩短深港中心区商务客流的出行时间,显著提升深港之间城际客流的时间效益。因此,深圳市规划局和深圳市城市交通规划设计研究中心认为,在保留深圳北站的基础上,有必要在福田区增设较小规模的车站(后来的福田站),主要承担广深及深港之间的城际客流铁路出行服务。

在此基础上,深圳市规划局与深圳市城市交通规划研究中心对广深港客运专线深圳北站至深港边界段(简称"深港段")的线站位方案进行了系统全面的分析。围绕"线站位选址应有利于实现线路功能,促进城市发展""线站位选址要与城市现状及规划相结合""车站选址应方便利用城市轨道集散客流""线站工程基本可行"4 个基本原则,广深港客运专线深港段线站位方案研究了福田中心区方案、香蜜湖方案、彩电工业区方案、中心公园方案及皇岗口岸方案等五大类共计 10 个线站位方案(图 16-6)。

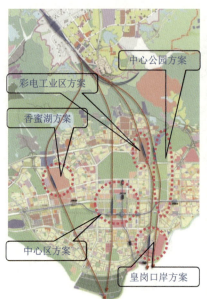 

图 16-6 广深港客运专线福田区车站选址比选方案[6]

经综合比选(表 16-1、表 16-2),广深港客运专线福田中心区设站方案在规划协调、实现线路功能、轨道接驳等方面都具有较大优势。在此基础上,深圳市规划局与深圳市城市交通规划研究中心进一步对福田中心区方案中的中轴线、益田路、水晶岛西侧、金田路、彩田路 5 个方案的设站施工条件、线路埋深、穿越建筑等工程条件进行比选,最终推荐采用中心区益田路设站方案。

表 16-1 广深港客运专线福田站线站位大类方案比选表

项目	中心区方案	香蜜湖方案	彩电工业区方案	中心公园方案	皇岗口岸方案
实现线路功能	好	差	一般	差	一般
规划协调	好	差	一般	差	一般
轨道接驳	好	差	一般	一般	一般
工程条件	一般	差	较好	较好	较好

表 16-2 广深港客运专线福田站中心区方案工程情况比选表

项目		中轴线	水晶岛西侧	益田路	金田路	彩田路
站位		埋深 46m,暗挖须设 2 条隧道,明挖须废弃在建工程,埋深过大,难以实施	埋深 42m,须拆除市民中心部分停车场(25m 宽)	埋深 28~30m,施工时阻断益田路、深南大道	埋深 28~30m,施工时阻断金田路、深南大道	埋深 28~30m,施工时阻断彩田路及深南大道
区间		梅林段埋深 25m,中心区埋深 35~45m,中心区南埋深 40m		梅林段埋深 25m,中心区埋深 25~30m,金田路方案在中心区南埋深达 40m		区间线路须穿越部分多层建筑

福田中心区是深圳市行政、文化、金融、商务中心,对实现深圳现代化国际性城市战略目标具有重要意义。深圳市政府在20世纪80—90年代就将福田中心区定位为深圳CBD,先后开展了福田中心区详细规划、城市设计(包括国际咨询),并建立了城市仿真系统,高起点规划中心区,致力于打造布局合理、形态优美、交通便利、公共空间完善的城市中心区,以产生巨大的吸引力和集聚力。广深港客运专线在福田中心区设站将极大地方便深圳中心区与香港中心区的联系(图16-7),有利于深港交流合作,同时将增强深圳中心区对珠三角地区的辐射能力。

图16-7 广深港客运专线福田站位置示意图[7]

鉴于深圳北站与福田站的选址能够很好地契合深圳市城市空间布局规划,也充分考虑了客流需求、空间条件、交通疏解、工程实施等因素,两个车站分别承担不同功能,这一建议很快得到深圳市政府和铁道部双方的认同。2006年8月23日,铁道部与深圳市政府签署《广深港客运专线深圳境内设站事宜备忘录》,明确广深港客运专线将在深圳市中心区增设一个地下车站——福田站。为与广深港客运专线福田站配套,深圳市政府决定以此为契机,统筹福田中心区城市轨道、公交、出租车及地下空间规划,建设福田枢纽,于是就有了现在的国内少见的全地下高铁综合交通枢纽。

16.1.3 深圳北站与福田站功能定位

广深港客运专线与京广客运专线贯通,承担长途客运及广深港之间的城际客运功能。根据前文介绍,深圳北站及福田站的功能定位如下:

深圳北站主要承担京广深港和厦深铁路长途客运功能,及广深之间的城际客运功能;主要办理湖南湖北方向、厦门方向的长途列车始发终到作业以及广深之间、广深港之间部分城际列车的经停作业。

福田站主要承担广深和深港之间以商务出行为主的城际客运功能;主要办理广深之间部分城际列车的始发终到作业、广深港之间部分城际列车的经停作业以及至香港的极少量长途列车经停作业。

16.2 规模论证

深圳北站和福田站两个枢纽的交通设施主要包括高铁车站、城市轨道车站、道路交通接驳场站等。其中，高铁车站规模直接影响交通接驳设施规模、枢纽占地规模等，是决定枢纽总体规模最重要的因素，主要由高铁站设计发送客流规模确定。城市轨道车站站台规模主要取决于轨道线路系统规模和枢纽客流规模。而公交场站、出租车场站、长途汽车站和社会停车场等道路交通接驳场站规模除了与接驳客流需求有关外，还与枢纽交通接驳组织思路、枢纽用地空间条件等因素密切相关。

考虑到高铁车站规模是决定枢纽总体规模最重要的因素，本案例着重介绍深圳北站和福田站两个枢纽高铁车站规模的论证过程，不介绍城市轨道和道路交通接驳场站设施规模论证情况。

16.2.1 深圳北站铁路车站规模分析

1）铁路客流规模

深圳北站铁路车站规模主要与车站发送旅客规模相关。深圳北站铁路发送客流分为发往内地客流和发往香港客流（原规划设计阶段称为"口岸客流"）两类（表16-3、表16-4）。其中，内地铁路客流以《深圳铁路枢纽总图规划》《广深港客运专线广州至深圳段初步设计（修改）》为依据；口岸客流是在《深圳铁路枢纽总图规划》对深圳北站总客流预测的基础上，依据当时深圳一线口岸流量调查数据，并参考香港有关预测结果综合确定的。

表16-3 深圳北站铁路旅客发送量预测表（单位：万人次/年）

年份	发送总客流	深圳发往香港客流	深圳发往内地客流
2020	4450	450	4000
2030	6000	800	5200

表16-4 未来年深港陆路口岸客流总量预测表（单位：万人次/d，双向）

年份	假设情形	罗湖口岸	皇岗地铁口岸	中心区口岸	新客站口岸	其他口岸	合计
2020	中心区设置口岸	24	24	12	12	8	80
	中心区不设口岸	24	24	0	20	12	80
2030	中心区设置口岸	30	30	15	15	10	100
	中心区不设口岸	30	30	0	25	15	100

2）铁路车站规模

按照内地铁路4000万人次/年及5200万人次/年两种发送规模，根据相关规范以及满载率要求，假设高低两种实载情形，得出内地铁路客流需要车站规模为11~13条到发线。口岸客流所需要车站规模采用横向对比方法,参照当时深圳站过境客流量(罗湖口岸的过境客流量为双向24万人次/d,高峰时期为双向35~40万人次/d)与车站规模(九广铁路车站规模为2台4线)关系进行估算,深港之间客流对深圳北站车站规模的需求为1~3条到发线。因此,根据客流需求推算深圳北站车站规模为14~16条到发线。

在上述基础上,按照铁路覆盖城市(深圳北站至每个省会城市开行至少1对列车)、香港方面铁路车站规模建议等角度对深圳北站车站规模进行校核,深圳北站车站规模远期需求为9台18线。考虑到铁路设施规模弹性预留、工程可行性等因素,最终深圳北站车站规模按照远期20股道进行设计。

16.2.2 福田站铁路车站规模分析

1) 铁路客流规模

福田站主要承担以深港客流为主的珠三角城际铁路客流,分为两类:

①深港客流:通过广深港客运专线来往于深圳与香港之间的客流。

②广深客流:广州方向及珠三角其他地区通过广深港客运专线来往于深圳市的城际客流。

基于深圳、香港、广州等城市规划、发展政策、联系通道等前提,《深圳市整体交通规划》预计2030年深港过境双向客流达到110万人次/d,其中轨道承担80万人次/d。而当时规划未来深港轨道口岸有4处:罗湖口岸、福田口岸、广深港客运专线口岸及西部前海湾枢纽口岸。其中,广深港客运专线过境客流量约占轨道过境总量的25%。2003年深港跨境客流中以深圳原特区为目的地约占60%,假设这一比例不变,推算广深港客运专线福田站承担深港城际单向客流约为6.0万人次/d。

《深圳市整体交通研究》预测2030年广深之间单向客流将达到60万人次/d,轨道方式约占60%。当时规划未来广深之间有3条轨道通道:既有广深铁路、穗莞深城际线及广深港客运专线。其中,广深港客运专线分担比率约占轨道方式的20%~25%。广深港客运专线广州方向客流以罗湖区、福田区为目的地的约占全线的40%。所以,2030年福田站承担的广深之间的客流总量单向达2.4万~3.6万人次/d。

综上,预测广深港客运专线福田站承担深港、广深之间的单向客流分别为6.0万人次/d、2.4万~3.6万人次/d,合计为8.4万~9.6万人次/d。

2) 铁路车站规模

广深港客运专线福田站的建设在给福田中心区发展带来发展机遇的同时,也将带来交通疏解、环境影响等挑战。其车站规模以及相关运营模式要慎重考虑,车站规模及布局方案应以不破坏中心区城市规划和不引发其他社会问题为基础。铁路部门和深圳市先后提出多个方案,经过多次沟通,最终确定福田枢纽火车站的车站规模集中在8股道车站、6股道车站和4股道车站3个方案上比选(图16-8)。

综合功能定位、用地条件及工程因素,深圳市与铁路部门经过多轮会谈,最终确定福田火车站采用8股道、2长岛2短岛式站台方案。

在明确福田站设置于益田路下并设4岛8线的情况下,由于高铁线路出福田站后向南至香港方向要下穿既有地铁1号线区间,导致车站埋深很深,为地下三层车站,建设过程中将形成一个逾1000m长、70m宽、30m深的深基坑,而基坑西侧就是成排的高层建筑,传统车站对称布置方案下的施工基坑距离最近的高层建筑基础仅10m,存在较大的施工风险。因此深圳市和铁路部门双方共同研究,创造性地提出将车站由对称布置改为非对称布置(图16-9),这样大大增加了福田站基坑与高层建筑之间的距离,使益田路选址方案具备施工可行性。

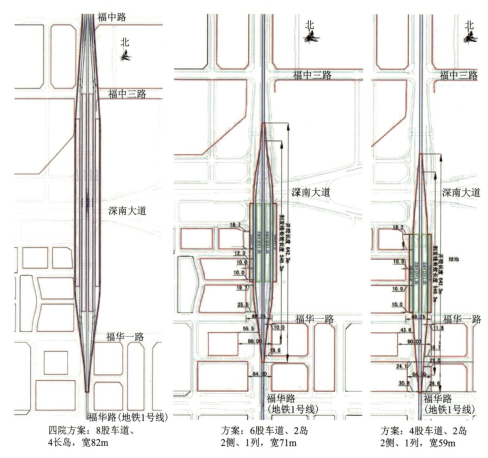

图16-8 福田火车站站台规模比选方案示意图[7]

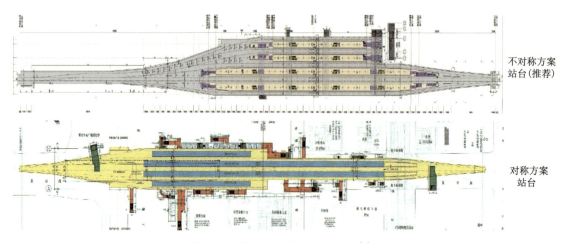

图16-9 福田火车站站台布局方案图[2]

16.3 交通接驳设施规模及布局

16.3.1 深圳北站交通接驳设施规模及布局

深圳北站枢纽是目前深圳市最重要的交通门户,是华南地区乃至全国重要的区域性铁路客运枢纽。枢纽以高铁车站为核心,城市配套交通接驳设施包括城市轨道交通车站,以及公交场站、出租车场站、社会停车场、长途汽车站等道路交通设施,并通过步行系统衔接各类交通设施。

1)枢纽接驳设施规模

(1)城市轨道交通

深圳北站枢纽接驳城市轨道交通包括轨道4号线、5号线、6号线,3条轨道线路各设置1个车站,站台规模与线路列车6A编组相匹配,有效站台长度均为140m。

(2)道路交通设施

深圳北站枢纽初步设计阶段各类接驳场站设计规模见表16-5。

表16-5 深圳北站枢纽初步设计阶段各类接驳场站设计规模

接驳方式	东广场	西广场
公交场站	90平台:落客位9个; 84平台:上客位12个,临时驻车位22个; 78平台:上落客位10个,临时驻车位21个	—
出租车场	90平台:落客位12个; 84平台:上客位12个,蓄车位140个; 78平台:上客位7个、落客位11个,蓄车位84个	地下一层:12个落客位、12个上客位、81个蓄车位
社会停车场	78平台地下:294个停车位	地下:1652个停车位
长途汽车站	—	4个落客车位、13个发车车位、16个驻车车位、1个备用车位
旅游客车场站	—	20个车位

在实际运营过程中,由于旅游客车接驳量少,交通管理部门将西广场旅游客车场站改造为临时公交场站,旅游客车场站调整至原预留口岸用地地块。此外,由于多种原因,交通管理部门将原西广场地下一层的出租车场改造成社会停车场和网约车上客区。

2）枢纽接驳设施布局

平面"十"字形结构布局与空间多层立体化布局相结合是深圳北站枢纽总体布局的显著特点。深圳北站枢纽以步行系统为核心组织水平及竖向交通,利用多个层面组织各种流线,实现便捷的综合换乘。枢纽以90m标高平台为人流集散主交通层,向上延伸为地铁4号线、6号线,向下延伸为国铁站台层与地铁5号线,再配以其他交通接驳设施,形成多层次立体化布局。

在平面上,枢纽利用铁路站房与90m标高平台主交通层形成的"十"字形结构,分别在东西广场4个象限布置公交车、出租车、长途汽车、小汽车等接驳设施。

深圳北站枢纽总体布局结构图如图16-10所示。

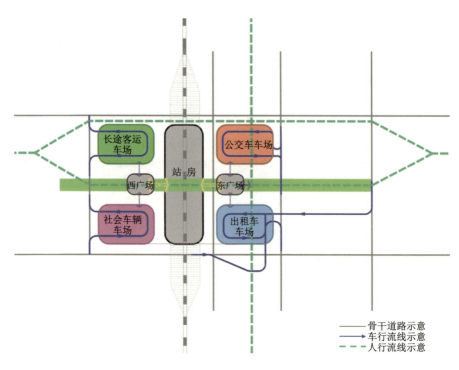

图16-10　深圳北站枢纽总体布局结构图[5]

鉴于地铁4号线、6号线采用高架敷设方式,为了减少高铁与地铁4号线、6号线的竖向换乘距离,深圳北站枢纽采用了"上进上出"(铁路进站厅、出站厅均位于站台上方)的组织模式。目前深圳北站枢纽仍是国内极少数采用"上进上出"组织形式的大型高铁站之一。

(1)枢纽平面布局

深圳北站枢纽位于4条道路围合区域内,国铁站房将枢纽分为东西两个广场。枢纽总平面从东到西由3个功能分区组成,分别是东广场、国铁站房和西广场。城市轨道5号线与平南铁路东西向以隧道形式下穿枢纽,平南铁路以货运为主,在枢纽内不设站;5号线区间下穿铁路站房,在东广场地下设站。4号线、6号线车站在枢纽范围内为南北向平行换乘高架站。

国铁站房与东西向人行平台相交形成"十"字象限,4个象限内分别布设公交车、出租车、长途汽车、社会车场站。原规划西北象限还预留了海关大楼建设用地,后因深圳北站不需要设置口岸设施,故未建设。其余空间设物业开发配套建筑。深圳北站枢纽总平面布局如图16-11所示。

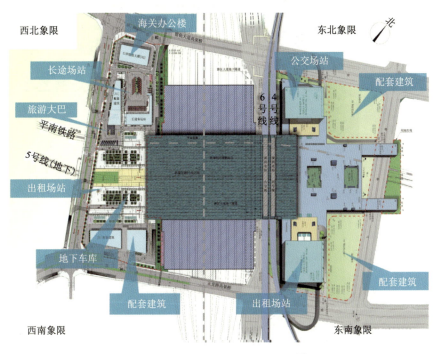

图16-11 深圳北站枢纽总平面布局图[1]

(2)枢纽竖向布局

深圳北站枢纽所在场地西高东低,铁路车站大致南北向纵贯中央,东广场设计地面标高为78m,西广场设计地面标高为90m。以国铁站厅层90m标高统一为东西广场主要人行的交通层。东广场交通设施竖向上共分六层布局,西广场交通设施竖向上共分四层布局。东西广场各层主要交通设施具体如下(图16-12):

东广场地上五层(108m):地铁4号线、6号线站台层;

东广场地上四层(100m):地铁4号线、6号线站厅层;

东广场地上三层(90m):铁路进出站广场、换乘层、公交场站落客区、出租车场站落客区;

东广场地上二层(84m):综合换乘大厅、公交场站上客区、出租车场站上客区及蓄车区;

东广场地面层(78m):综合换乘大厅、轨道5号线站厅、近距离公交场站上落客区、近距离出租车场站上落客区及蓄车区;

东广场地下一层:地铁5号线(轨面68.5m)及平南铁路货运线(轨面65.4m)。

西广场地面层(90m):铁路进出站广场、换乘层、长途车站及口岸联检大楼、枢纽配套开发建筑;

西广场地下一层(84m):南北两部分为社会车停车场,中间为出租车场站;

西广场地下二层(78m):社会车停车场；

西广场地下三层:地铁5号线(轨面68.5m)及平南铁路货运线(轨面65.4m)。

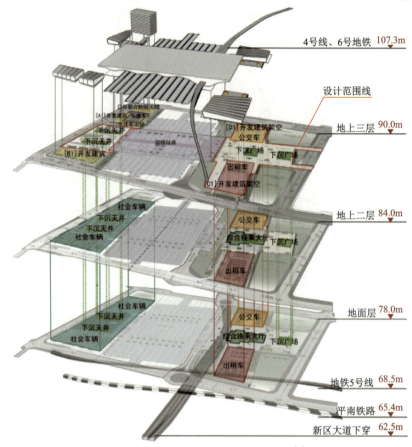

图16-12 深圳北站枢纽立体布局示意图[1]

3)城市轨道换乘方案

在深圳北站选址明确之后,《深圳市轨道交通规划》(2007版)也将城市轨道(地铁)4号线、5号线、6号线引入深圳北站。其中,4号线、5号线作为深圳轨道二期工程在深圳北站枢纽建设之前已经开始建设,6号线也列入深圳市轨道交通三期建设规划。其中,4号线、6号线为东南-西北走向,平行于新区大道和民塘路,在深圳北站枢纽高架布置于国铁站场东侧;5号线为东北-西南走向,平行于留仙大道和玉龙路,在深圳北站枢纽地下布置于国铁东广场地下一层,与地铁4号线、6号线垂直布置。

轨道4号线、5号线、6号线在枢纽片区的线路走向、敷设方式及轨道4号线、6号线换乘方案基本稳定,关键是处理轨道4号线、6号线与5号线的换乘空间。平面上4号线、6号线位于深圳北站站台以东约33.5m,与5号线为"T"形换乘。剖面上4号线、6号线站厅比高铁旅客进出站广场(地上三层)架高一层,在平台以下设置交通夹层(地上二层),同时为降低4号线、6号线与5号线的换乘高度,5号线采用地下浅埋敷设方式,站厅位于地面层,站台位于地下一层。轨道交通之间采用"4号线、6号线站台—4号线、6号线站厅—5号线站厅(地面层)—5号线站台"的换乘方式(图16-13~图16-15)。

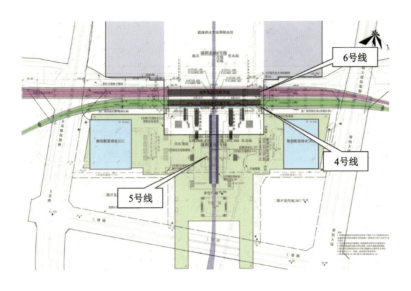

图 16-13　深圳北站城市轨道平面布局关系示意图[1]

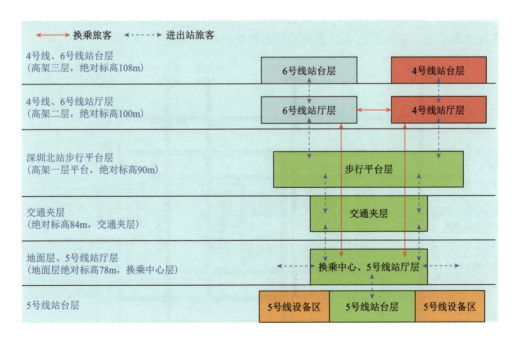

图 16-14　深圳北站城市轨道换乘竖向关系示意图[8]

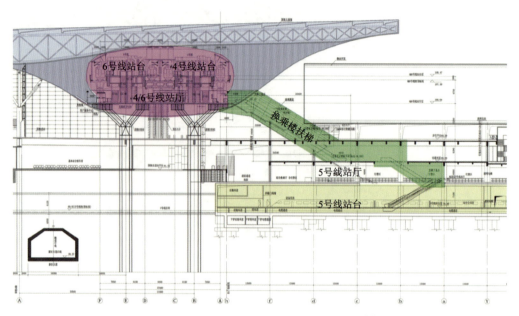

图 16-15 深圳北站城市轨道换乘空间剖面示意图[1]

4）枢纽对外交通组织

深圳北站交通区位良好，周边有留仙大道、玉龙路、新区大道、布龙路、梅龙路、西规划路（现为致远中路）、民塘路等主次干道，外围则有福龙路、南坪快速路、梅观高速和机荷高速等城市高快速路系统。深圳北站场站布局及交通组织结构图如图 16-16 所示。

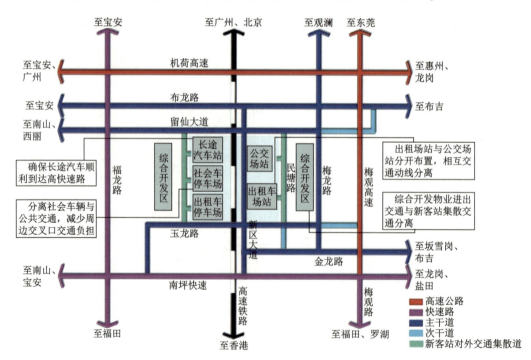

图 16-16 深圳北站场站布局及交通组织结构图[5]

民塘路、致远中路和新区大道为车站接驳交通的主要集散道路,而留仙大道和玉龙路是站区与城市快速路系统联系的主要通道,如图16-17所示。其中,东西方向的留仙大道、玉龙路以跨线桥的方式通过铁路站场,并分别设置与东广场连通的进出匝道,出租车专用匝道由玉龙路进出,公交车专用匝道由留仙大道进出。南北方向的致远中路、新区大道和民塘路分别服务西广场和东广场。其中,致远中路、民塘路分别与玉龙路、留仙大道相交,构成枢纽接驳交通的主要进出通道,新区大道从站房东侧的枢纽中部穿过,主要服务国铁基本站台贵宾车辆的进出和东广场地面层设施的交通接驳。

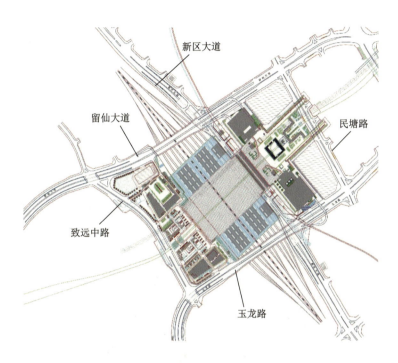

图 16-17　深圳北站枢纽及周边道路系统总体布局图[1]

深圳北站枢纽对外交通组织主要遵循枢纽集散交通与城市交通协调发展、不同交通方式相分离、避免道路流量过分集中、减少用地调整的思路,按照远近分离的原则规划枢纽对外交通组织。

深圳北站西广场主要为社会车辆、长途汽车的站前广场,其出入性交通主要通过留仙大道与玉龙路之间的致远中路进行集散;限制社会车辆进入深圳北站东侧综合开发区。

深圳北站东广场是以公共交通为中心的站前广场,其出入性交通主要通过民塘路集散。同时考虑到出租车辆的排队需要,设置玉龙路与出租车场站的直接联系匝道以及利用地形条件形成新区大道辅道与出租车场站的联系道路。

规划保留了新区大道、梅龙路以及布龙路等作为二线拓展区内主要道路的交通功能,同时减弱留仙大道与玉龙路作为二线拓展区对外交通功能,使得留仙大道与玉龙路作为深圳北站对外集散主要通道,并通过留仙大道与玉龙路分别连接福龙快速与南坪快速,实现与外围区域的快速联系,如图16-18所示。

图 16-18 深圳北站枢纽对外交通分析图[5]

16.3.2 福田枢纽交通接驳设施规模及布局

福田枢纽处于福田中心区,地理位置特殊,高铁客流以城际客流为主。基于上述特点,规划确立了以轨道交通接驳为主导,以道路交通接驳为辅的接驳策略,接驳交通方式包括城市轨道、常规公交、出租车和社会车。原规划在广深港客运专线福田站地下一层、地下二层还预留了设置口岸设施的空间,最终因"一地两检"政策在香港西九龙站顺利落实而未实施,这里不再介绍。

1）枢纽接驳设施规模

（1）城市轨道交通

福田枢纽接驳的城市轨道线路包括1号线、2号线、3号线、4号线、11号线和14号线（后未实施）。

在枢纽设计阶段，枢纽相关区段内轨道1号线、4号线为已经建成线路，2号线、3号线已经完成初步设计，11号线也为近期建设线路，14号线为远期规划线路。其中，轨道1号线、2号线、4号线列车采用6A车辆编组，车站站台有效长度均为140m；轨道3号线列车采用6B车辆编组，车站站台有效长度为118m；轨道11号线列车采用8A车辆编组，车站站台有效长度为186m。

（2）道路交通接驳设施

常规公交、出租车、小汽车等是福田枢纽的辅助接驳交通。综合考虑各种交通方式的覆盖区域、特点、预测客流量，初步设计阶段预测道路交通各类接驳设施规模，见表16-6。

表16-6 福田枢纽道路交通接驳设施预测规模

接驳方式		公交场站	出租车停靠站	小汽车停靠站
设施规模	深南大道段	10条线路	15车位	10车位
	益田路段		15车位	10车位

2）轨道设施总体布局

（1）轨道设施平面总体布局

在广深港客运专线福田站位置稳定，轨道1号线、4号线为既有建成线路的基础上，深圳市对轨道2号线、3号线、11号线、14号线在枢纽范围内的布局进行了深入研究。基于便捷接驳福田站的思路，福田站周边片区轨道最终形成了"两横三纵"的布局形式（图16-19）。

两横：沿深南大道地下敷设的轨道2号线、11号线，沿福华路地下敷设的轨道1号线。

三纵：沿民田路地下敷设的轨道3号线、沿益田路地下敷设的广深港客运专线、沿中轴线东侧地下布置的轨道4号线。

其中，枢纽核心区轨道设施包括广深港福田站及轨道2号线、3号线、11号线福田站。广深港福田站位于益田路福中三路与福华路之间，是枢纽最主要的轨道设施。轨道2号线、11号线平行布置于深南大道下方，车站位于民田路与益田路中间。其中2号线车站位于北侧，11号线车站位于南侧。轨道3号线福田站位于2号线、11号线福田站车站西侧并垂直布置。考虑到当时14号线为远期规划线路，规划边界条件及技术标准很不清晰，难以与枢纽同步实施，且预留难度非常大，因此规划将14号线车站与枢纽核心区拉开距离，放在益田路东侧，预留较大弹性。

此外，在枢纽核心区外围，分别有轨道1号线、3号线的换乘站购物公园站，轨道1号线、4号线的换乘站会展中心站，以及轨道2号线、4号线的换乘站市民中心站。

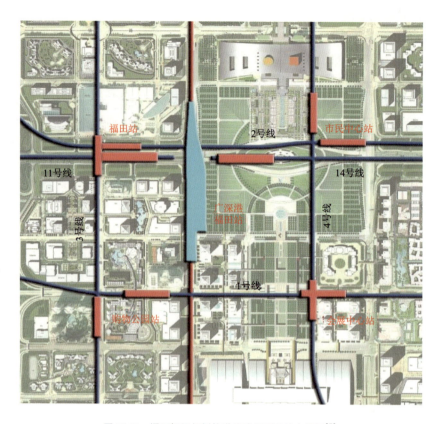

图 16-19　福田枢纽规划轨道线路平面总体布局图[7]

根据福田枢纽目前已建成运营的实际情况,除建设时序不同步、深南大道水晶岛地下空间开发未启动等导致轨道 14 号线车站没有按原规划实施外,其他轨道线路车站都按规划实施并投入运营。

(2)轨道设施竖向总体布局

福田枢纽核心区轨道设施在竖向上为地下 3 层布置(图 16-20、图 16-21)。各层主要交通设施如下。

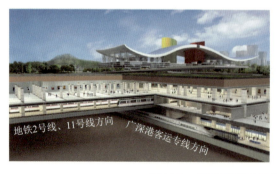

图 16-20　福田枢纽核心区轨道设施竖向布局示意图[7]

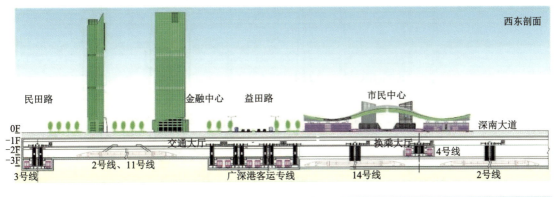

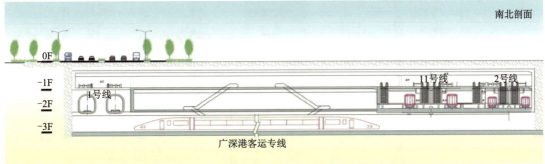

图 16-21　福田枢纽核心区轨道设施竖向布局剖面图[7]

地下一层:城市轨道 2 号线、3 号线、11 号线福田站站厅层,广深港客运专线福田站售票大厅和客流转换层,城市轨道车站与铁路车站之间的换乘空间。

地下二层:城市轨道 2 号线、11 号线站台层,广深港客运专线福田站进站候车厅与出站厅层。

地下三层:城市轨道 3 号线站台层,广深港客运专线福田站的站台层。

(3)枢纽轨道换乘人流组织

广深港客运专线福田站与周边城市轨道车站之间通过规划的地下一层连续的步行通道实现换乘。轨道 2 号线、11 号线在福田站内通过公共站厅付费区换乘;轨道 2 号线、11 号与 3 号线在福田站既可以通过站台换乘,也可以通过站厅付费区换乘,从而保证了城市轨道大客流换乘需求线路之间的便捷换乘(图 16-22、图 16-23)。

3)出入口布局及地下步行系统规划

步行系统是福田枢纽规划的一个重要内容。福田中心区规划有完善的立体步行系统,福田站综合规划也设计了便捷、舒适的步行网络融入中心区步行系统,使中心区客流方便进出车站。

福田枢纽核心区共设计了 32 个(组)出入口与周边交通接驳设施、城市物业开发建筑及公共空间联系,使枢纽客流可就近利用出入口快捷进入周边片区。

福田枢纽广深港客运专线福田站地下一层空间既是车站客流转换空间,也是福田中心区步行交通系统的重要组成部分。福田火车站地下一层的公共步行空间可以将深南大道北侧的市民广场及福华路地下一层的连城新天地商业街联系起来,实现交通枢纽、公共空间和地下商业的便捷联系,如图 16-24 所示。

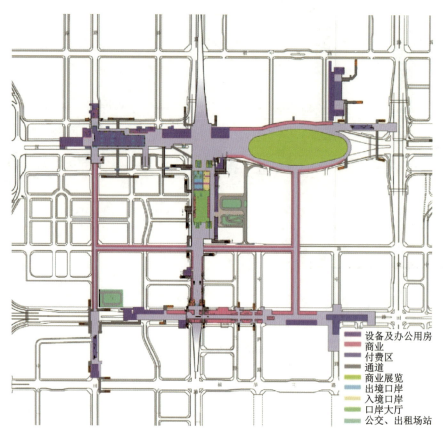

图 16-22 福田枢纽轨道交通平面换乘通道布局图[7]

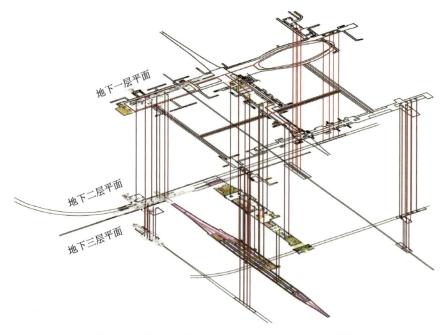

图 16-23 福田枢纽轨道交通立体换乘人流组织示意图[7]

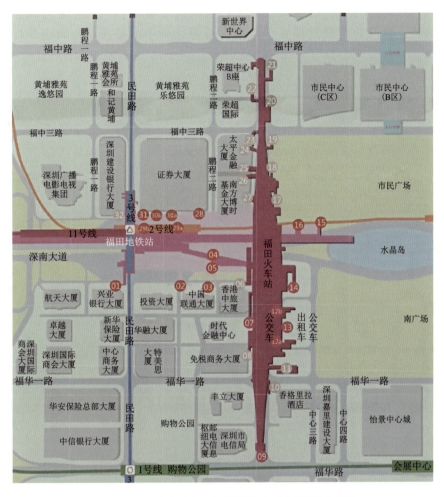

图 16-24 福田枢纽出入口布局及地下公共步行通道示意图

4）枢纽接驳设施布局及交通组织

（1）枢纽接驳设施布局

福田枢纽位于城市核心区，为避免高铁站的客流集散对城市核心区交通产生大的影响，规划确立了以轨道交通接驳为主体，以常规公交接驳为辅助，以出租车接驳为补充的交通接驳思路，不配备专门的社会停车场（配套设置有供枢纽内部使用的小汽车停车场，不对外开放）。各类接驳设施规模并未完全按照枢纽初步设计阶段预测值进行设计，而是结合规划理念和用地条件进行了适当调整。规划利用深南大道及益田路两侧绿化带，分离枢纽接驳公交与周边公交设施；围绕福田站布置常规公交、出租车场站，形成立体化的接驳换乘系统。

①公交接驳设施。福田枢纽公交接驳设施包括公交场站和公交停靠站两类（图16-25）。公交场站位于益田路与枢纽东下沉广场之间，公交停靠站位于深南大道两侧。

其中，公交场站主要接驳福田站高铁客流，为地面形式的公交首末站；设有10个锯齿形停靠位和 4 个落客位,服务 10 条公交线路。公交停靠站采用深港湾形式,设置 3 个停靠点,每个停靠点设 2 个停车位,主要服务于枢纽轨道 2 号线、3 号线、11 号线车站接驳及周边开发客流。公交旅客通过设置于深南大道绿化带中的楼扶梯与轨道站厅衔接换乘(图 16-26)。

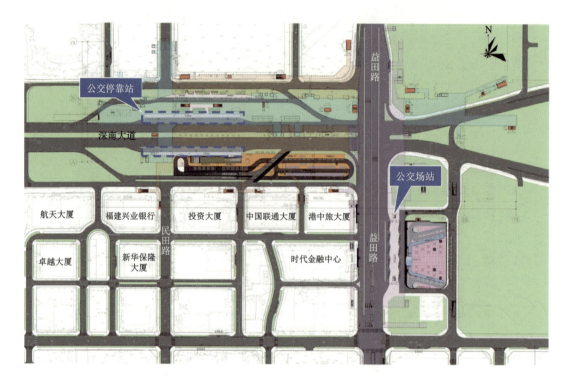

图 16-25　福田枢纽公交接驳设施位置布局图[9]

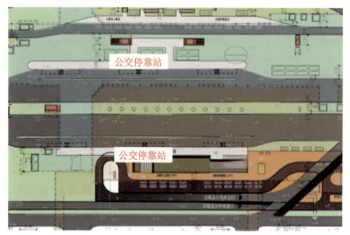 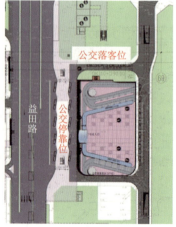

图 16-26　福田枢纽接驳公交场站方案布局图[9]

②出租车接驳设施。福田枢纽布置了3处出租车接驳设施(图16-27):两处分别位于深南大道南北两侧,另一处位于益田路东侧下沉广场。其中,深南大道北侧设置地面出租车即停即走停靠区。深南大道南侧下沉广场(-5m层)集中设置具有一定排队长度的开敞式出租车场站,主要接驳轨道11号线及高铁客流。在益田路东侧下沉广场设置地下出租车场站,上、落客位分别为12个,主要接驳高铁客流。

③小汽车接驳设施。为鼓励公交出行,福田枢纽未设置对公众开放的社会车停车场,仅利用深南大道南侧下沉空间设置少量停车位,作为枢纽内部工作人员停车场,如图16-27所示。旅客可利用周边的市民中心广场或深圳证券交易所地下停车场解决接驳枢纽停车需求。

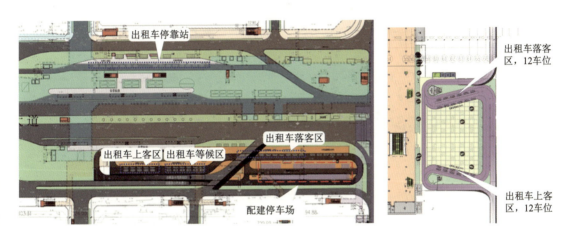

图 16-27　福田枢纽接驳出租车场站布局示意图[9]

(2)枢纽接驳设施交通组织

福田枢纽位于福田中心区,除直接服务福田区外,其对外客流方向主要为西部南山、东部罗湖和北部龙华3个方向。

轨道1号线、2号线、3号线、4号线均引入枢纽片区接驳广深港客运专线福田站,能够承担福田中心区与全市其他各片区的主要客运功能。

在道路交通接驳方面,枢纽与南山方向联系的主要道路为深南大道、滨河大道,枢纽与罗湖方向联系的主要道路为红荔路、深南大道、滨河大道,枢纽与龙华方向联系的主要道路为新洲路和彩田路。为了避免各种车辆过于集中在枢纽周边某一路段而产生交通混乱,同时充分利用周边的道路资源,规划将各种类型的接驳交通在枢纽外围进行分离,通过不同的路段汇聚到交通枢纽。枢纽核心区的道路接驳车辆主要依托深南大道、益田路地面辅路、枢纽东侧新建市政路进行组织。

根据路网结构和外围交通组织分析,深南大道南北两侧的公交、出租车场站的车辆进出利用深南大道进行组织。益田路东侧地下出租车场站的车辆由新建市政路进入,场站落客和上客后,再从该市政路驶离;益田路东侧地面公交首末站车辆利用益田路辅道及新建市政路进行疏散。福田枢纽交通接驳组织示意图如图16-28所示。

图 16-28　福田枢纽交通接驳组织示意图[9]

16.4　综合开发

城市大型交通枢纽是城市的重要组成部分,需从立体化和多功能化方面进行规划设计,增加枢纽的城市功能,与周边地区有机融合。深圳市在开展深圳北站和福田站两个枢纽交通规划设计时,也同步开展了枢纽周边土地利用规划调整或综合开发规划。

16.4.1　深圳北站枢纽综合开发

深圳市在枢纽综合规划阶段,结合深圳北站的交通特点和优势及其对站区周边土地综合开发的推动作用,对留仙大道、玉龙路、致远中路和梅陇路围合范围内约 3.8km² 的土地利用规划进行了调整,为该地区控制性详细规划编制提供参考。调整重点突出了枢纽周边土地利用的混合性及高效性,为最大限度发挥枢纽周边土地功能价值,营造顺畅、繁华、舒适的站区空间创造了条件。深圳北站综合开发以周边土地开发为主,以枢纽综合开发为辅。

1)周边综合开发规划

(1)规划原则

①土地集约化利用,发挥土地功能效益最大化。

②多样化城市功能聚集。

③与周边自然环境协调发展。

④形成以公共交通和步行环境为中心的地区空间。

⑤创造城市门户地区高品质空间景观。

（2）城市功能结构

根据枢纽地区的发展目标及综合功能定位,规划确定了以综合交通枢纽为地区中心,以东西方向步行大道景观发展轴、南北方向城市发展轴为城市骨架,以综合功能开发区、城市广场及生态绿化区为外围环状配套设施的布局结构形式,如图16-29所示。

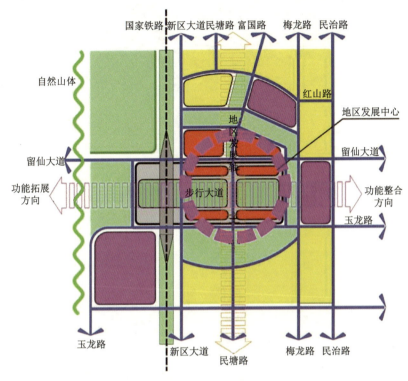

图16-29 深圳北站站区用地功能结构[6]

枢纽规划采用地区绿色枢纽、中央绿色走廊的空间结构,以自身枢纽为中心,东北两侧为城市综合商务办公配套区,西南两侧为城市绿地和自然山体绿化,形成商务办公(综合开发)-交通枢纽-公园绿地布局。

（3）土地利用规划调整建议

深圳北站周边土地利用规划调整总体策略是以区域性客运枢纽为依托,构建城市副中心。

①结合步行大道建设,确定以商务办公为主体的综合开发功能。枢纽周边地区的规模和功能按集约型城市和混合用途的概念进行设计,以人的步行范围界定地区规模,以工作、居住、休闲功能的复合为基本原则,如图16-30所示。

②在深圳北站周边形成商务公园,结合城市绿轴构建城市绿环,作为城市配套设施和公园绿地建设区。

2）枢纽综合开发

根据枢纽初步规划设计方案,枢纽综合开发分两期进行:

一期开发建筑包括A1、B1、C1、D1 4个建筑,分别位于枢纽站房4个象限内(图16-31),以配套商业为主,以配套办公和枢纽管理用房为辅,总建筑规模约8.2万 m^2(表16-7)。

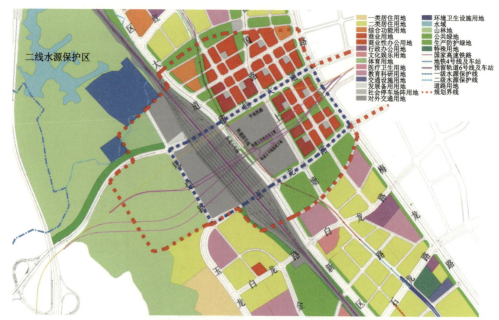

图 16-30　深圳北站站区土地利用调整建议图[5]

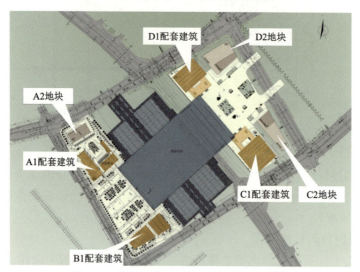

图 16-31　深圳北站枢纽综合开发地块示意图[1]

表 16-7　深圳北站枢纽一期开发建筑功能规模一览表

单体名称	使用性质	层数	建筑高度(m)	建筑面积(m²)
A1 配套建筑	配套商业	5	23	15835
B1-a 配套建筑	配套办公、管理	5	23	16348
B1-b 配套建筑	配套商业	5	23	16924
C1 配套建筑	配套商业	3	15	19119
D1 配套建筑	配套商业	3	15	13813
合计				82039

注：C1-配套建筑；D1-配套建筑，自90m广场层计算层数。

枢纽二期开发包括3个地块，其中A2地块为原规划预留的口岸大楼用地，至今仍处于待开发状态，临时作为旅游客车停车场使用；C2、D2两个地块为商业用地，后期已作为轨道交通建设融资地块，以作价出资方式出让给深圳地铁集团进行商业开发。

3）综合开发实施情况

至2022年底，枢纽东西广场的餐饮购物、酒店、商业休闲等主要为旅客服务的枢纽配套商业基本都投入运营；东广场C2、D2两个地块高层商业、商务办公楼基本完工，部分物业已投入运营。但枢纽周边范围的城市开发滞后于交通枢纽建设运营；仍存在部分未建设地块。深圳北站周边城市建设现状影像图如图16-32所示。

图16-32 深圳北站周边城市建设现状影像图

4）枢纽地区城市设计优化

随着粤港澳大湾区建设上升为国家战略、广深港高铁香港段开通以及深圳"中轴提升"战略的深入推进，深圳北站枢纽地区迎来了新的发展机遇。与此同时，枢纽地区也面临着严峻挑战，现状呈现"两高两低"的特点，即与深圳同类中心区相比，枢纽地区开发强度高、人口密度大、轨道站点覆盖率低、公共空间比率低，还面临着"多重身份"协调不足所造成的交通拥堵、空间割裂、配套不足等问题。

因此，深圳市龙华区人民政府联合市规划和自然资源局、市交通运输局、市轨道交通建设指挥部办公室于2019年底正式启动了深圳北站枢纽片区城市设计国际咨询工作，并于2021年底完成国际咨询整合深化成果。深圳北站枢纽地区高水平国际咨询及整合深化设计工作成果的出炉标志着北站片区规划建设进入崭新阶段。深圳北站片区将成为深圳新一代都市核心示范区、高质量发展的创新集成区，成为一站多彩魅力体验的都市核心目的地。这里将成为高品质建设的未来都市核心样板、先锋城市精神的活力共享新门户。深圳北站枢纽地区城市设计效果图如图16-33所示。

图 16-33　深圳北站枢纽地区城市设计效果图[10]

16.4.2　福田枢纽地下空间开发

福田枢纽位于福田中心区中部。福田中心区是深圳市商务、行政、文化中心。深圳市政府对福田中心区进行了高标准规划,枢纽周边用地功能布局基本稳定。

福田中心区以市民中心为核心,形成以南北功能景观联系轴和深南大道景观轴为"十字"轴的公共功能布局(图 16-34)。北片区为文化中心,南片区为以商务办公、酒店金融为主的CBD。原法定图则规划用地面积 6.18hm²(含莲花山公园),总建筑面积约 750 万 m²。

福田枢纽主体功能部分全部位于益田路与深南大道两条道路下方。为保持中心区持续活力,提高土地利用效率,节约土地资源,深圳市在开展福田枢纽交通规划的同时,也对福田枢纽站区地下空间进行了规划,以枢纽建设为契机,带动地下空间开发,实现城市精明增长。本案例着重介绍福田枢纽站区地下空间开发情况。

1)福田枢纽地下空间开发规划

鉴于福田中心区的城市功能定位及广深港客运专线福田站的门户形象作用,福田中心区地下空间规划构建了以展示、商业、文化等城市功能为核心,以"十字"加环形的交通骨架为平台,向周边居住、办公功能板块辐射的地下空间结构,如图 16-35 所示。地下空间主要功能为地面功能的延伸与拓展,包括交通、展示、商业、文化、办公、娱乐等。这些功能通过与以福田枢纽为核心的交通公共空间连接,形成联系紧密的互通格局。

在功能结构和空间结构的指引下,结合福田中心各片区的城市主导功能和人行交通组织,规划提出福田中心区地下空间开发的总平面概念方案(图 16-36)。

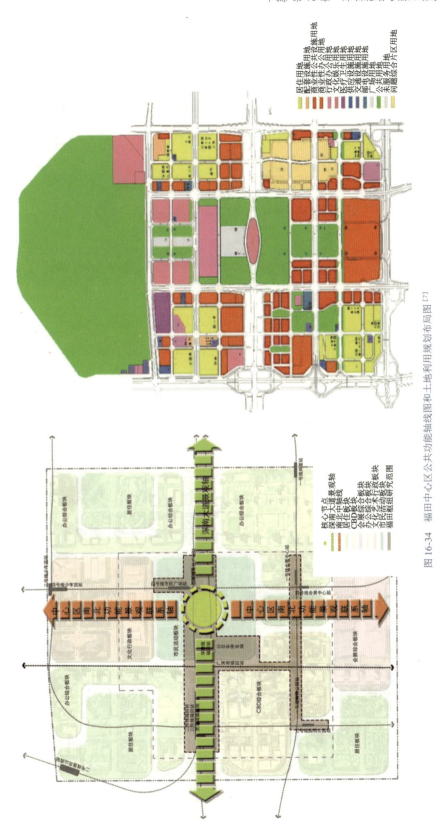

图 16-34 福田中心区公共功能轴线图和土地利用规划布局图[7]

现代客运交通枢纽规划设计理论与实践

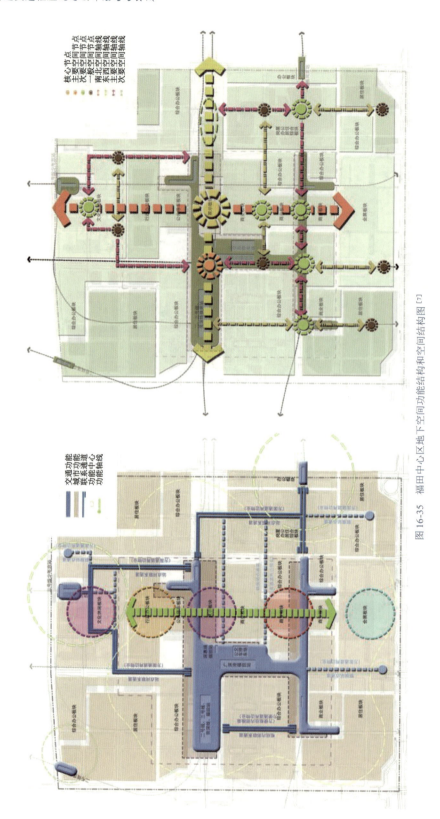

图 16-35 福田中心区地下空间功能结构和空间结构图 [7]

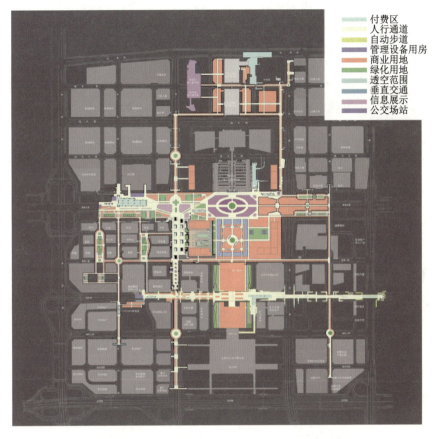

图 16-36　福田中心区地下空间开发总平面概念规划图[7]

福田枢纽站区地下空间功能分别为付费区、换乘空间、管理用房、综合信息服务中心、商业服务用房、展示区、公共交通停车场、出租车停靠站。交通功能是福田枢纽的基本功能，其他空间都是为交通功能提供保障的，或是承载由交通功能诱发的城市功能。

2）福田站区地下空间开发实施情况

在后期实施过程中，由于部分地下空间开发不同步，福田枢纽目前已实施的地下空间开发集中在枢纽地铁站厅南北配套建筑部分。

16.5　建设运营管理及服务咨询模式

16.5.1　枢纽建设投资及运营管理模式

深圳北站枢纽和福田枢纽都是集国家铁路、城市轨道、公交和出租车等交通系统于一体的综合客运枢纽，建设、投资和运营存在多个主体。两个枢纽铁路车站的建设主体是原铁道部，建设资金由原铁道部和深圳市政府共同出资；除铁路车站之外的枢纽配套工程由深圳市政府出资，委托深圳市地铁集团代建。

为了合理确定各主体在枢纽建设、投资过程中的分工边界,在枢纽初步设计阶段,深圳市政府组织设计单位对枢纽各部分界面及接口工程进行了详细设计。例如,深圳北站枢纽初步设计方案明确提出了各部分之间的分界线和设计接口(图16-37),包括东西广场与国铁分界线、轨道交通4号线、6号线车站与国铁分界线、城市道路与国铁分界线,以及相应的结构设计接口、建筑设计接口等。这不仅明确了各建设主体的设计实施范围、投资分摊比例,也为后续枢纽运营管理的责任边界确定奠定了基础。

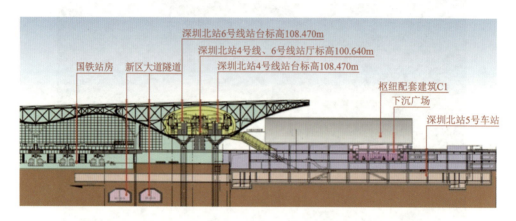

图16-37　深圳北站国铁与东广场、城市轨道4号线、6号线设计分界示意图[1]

在实际运营过程中,深圳北站枢纽运营管理主要涉及三大主体,包括中国铁路广州局集团有限公司(简称"广铁集团")、港铁轨道交通(深圳)有限公司(简称"港铁深圳")和深圳地铁集团。其中,广深港客运专线深圳北站车站范围由广铁集团负责运营,轨道4号线由于采用BOT模式由港铁深圳公司负责运营,轨道5号线、6号线由深圳地铁运营集团有限公司负责运营。枢纽配套的公交、出租车、长途汽车场站由相应的运营企业负责运营,但其场站都由深圳地铁物业管理发展有限公司统一负责管理;枢纽配套的小汽车停车场、东西广场及配套商业开发也都由深圳地铁物业管理发展有限公司下属的深圳北站交通枢纽运营管理中心统一负责管理。深圳地铁运营集团有限公司和深圳地铁物业管理发展有限公司都是深圳市地铁集团有限公司的下属企业。

福田枢纽运营管理主要涉及两大主体,包括广铁集团和深圳地铁集团。其中,广深港客运专线福田站车站由广铁集团负责运营管理;轨道2号线、3号线、11号线车站及设备区由深圳地铁运营集团有限公司负责运营管理,枢纽配套餐饮、商业及公共换乘通道由深圳地铁物业管理发展有限公司负责运营管理;枢纽配套公交、出租车接驳场站也由深圳地铁物业管理发展有限公司统一负责管理。

枢纽设计建设和运营阶段涉及多家主体单位,为统筹协调各方关系,在枢纽建设期,深圳市政府与原铁道部联合成立了深圳北站联合建设指挥部,统筹协调推进枢纽建设实施;在运营期,深圳市政府协调深圳地铁集团成立深圳北站交通枢纽运营管理中心,统筹枢纽各类城市公共设施管理,从而实现"一体化管理、专业化运营"的枢纽运营管理模式(图16-38)。福田枢纽建设和运营管理模式基本延续了深圳北站枢纽模式。

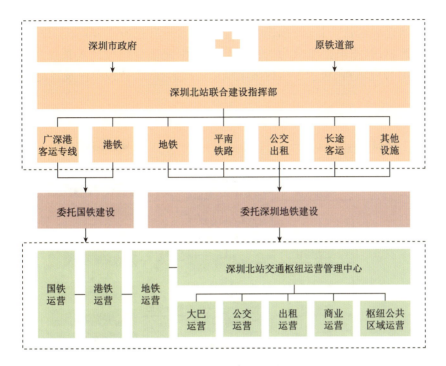

图 16-38　深圳北站枢纽建设运营管理模式架构图

16.5.2　枢纽规划设计建设服务咨询模式

无论是深圳北站枢纽,还是福田枢纽,或者深圳市其他综合交通枢纽,几乎都涉及铁路、城市轨道、道路交通、步行交通、物业开发等多方面内容,从枢纽选址、规划、设计到建设投入运营,前后历时几乎都需 10 年甚至更长时间,每个阶段又有不同的主体(政府部门或建设单位)牵头开展相关研究,如何保证规划目标和理念能够一以贯之地落实到设计实施方案之中,是枢纽规划设计建设过程要重视的问题。

在深圳市综合交通枢纽的规划、设计、建设、运营过程中,深圳市城市交通规划设计研究中心股份有限公司作为深圳市规划、交通等部门的技术支持单位,几乎参与了深圳市所有大型的综合交通枢纽规划设计工作,为枢纽规划设计提供了全过程技术咨询服务,从而保证了规划方案落地实施;并形成了一套相对成熟、与城市规划体系互动协调的枢纽交通规划设计工作体系(图 16-39)。

以福田枢纽为例,在深圳市政府各部门和深圳地铁的支持下,深圳市城市交通规划设计研究中心为枢纽的规划设计建设持续提供了近 10 年技术咨询服务。《广深港客运专线龙华—皇岗段交通详细规划》提供了福田枢纽选址的技术支持,《深圳市福田站区综合规划》明确了枢纽总体布局规划方案,《福田站综合交通枢纽项目建议书》推动了枢纽的立项建设,《福田站综合交通枢纽工程工可研及初步设计阶段交通设计》确保了综合规划方案的完善及落地,《福田站综合交通枢纽交通微观仿真评估》对枢纽外部交通组织方案的测试与评估支持政府科学决策。深圳市城市交通规划设计研究中心在各个阶段开展的各项研究为深圳市

487

政府决策枢纽选址、建设方案提供了强有力的支持,从而促成了与城市高度融合、换乘高效便捷的福田枢纽建成运营。目前,福田枢纽整体投入运营已有7年时间,作为国内少有的全地下高铁客运枢纽,福田枢纽成为国内综合交通枢纽规划建设的典范工程,其规划设计方案获得行业的普遍认可,吸引了国内多个城市的政府部门、建设单位及咨询单位前来考察和交流。

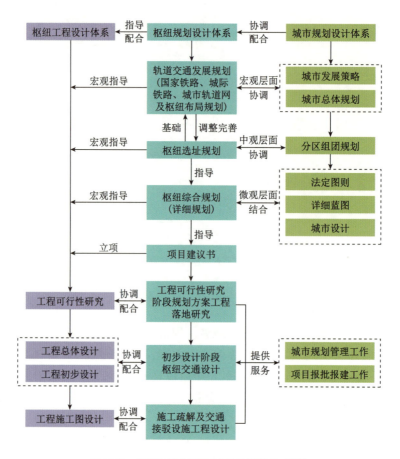

图16-39 深圳市综合枢纽交通规划设计体系[11]

深圳市政府部门与技术咨询单位的良好合作及互动的工作方式,以及咨询单位持续跟踪提供技术服务的模式,已作为综合交通枢纽规划建设的一个重要经验予以推广。

16.6 经验总结

16.6.1 深圳北站枢纽规划建设总结与反思

深圳北站枢纽自前期选址研究至今已有近20年时间,站在历史的角度回顾深圳北站枢纽选址规划设计建设,既存在许多值得推广的经验,也有需要反思的问题。

1)经验总结

(1)大型综合枢纽需兼具交通功能和城市功能

城市大型综合客运枢纽是城市的重要组成部分,开展枢纽规划设计应注重周边用地及上盖物业一体化开发。深圳北站枢纽在规划设计过程中对枢纽周边用地开发进行了一体化规划,目前深圳北站东广场前的商业开发已建成投入运营。总体来看,在当时的时代背景下,深圳北站枢纽在规划设计阶段已经充分考虑了与城市功能的融合(图16-40)。

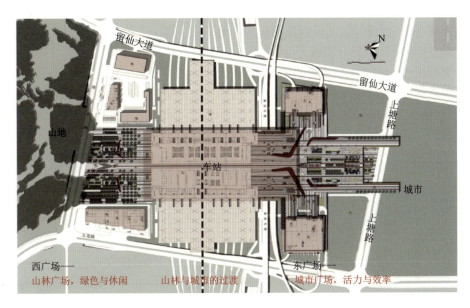

图16-40 深圳北枢纽与城市空间衔接关系示意图[1]

(2)地方政府提前介入铁路枢纽选址,建立全过程咨询工作模式,确保规划落地

深圳市政府提前开展铁路枢纽总体布局及枢纽选址研究,提出合理化建议并协调铁路部门纳入铁路枢纽总体规划,稳定铁路枢纽总体布局以及枢纽选址。在具体枢纽规划设计阶段,政府委托研究机构全程参与,规划指导工程设计,是深圳北站枢纽规划设计工作形成的一种重要方法。这样可以确保铁路枢纽选址符合城市规划要求,功能布局设计符合交通规划理念。

深圳市于2004年与铁路部门同步开展国家铁路在深圳的布局规划研究,依托深圳市城市交通规划设计研究中心等技术咨询机构,对相关线路和枢纽在深圳的布局开展详细研究,并将研究成果协调落实到铁路总图规划之中。此后,深圳市规划部门主导枢纽总体布局、综合规划,并在工程可行性研究和初步设计阶段设置交通规划专题,由深圳市城市交通规划设计研究中心全程参与,协调各层面各系统规划关系;配合指导城市用地规划和交通规划调整,确保规划意图落地。

(3)枢纽功能与选址应与城市中心体系相协调,与客流需求相适应

深圳北站和福田站的功能和选址布局在建设之前经历了长时间的技术论证和行政协调。以深圳市规划局为代表的地方政府部门和以深圳市城市交通规划设计研究中心为代表的技术咨询机构开展了大量的分析论证,其中非常重要的一个理念就是枢纽功能与选址布局应与城

市中心体系和客流需求相适应。深圳北站作为广深港客运专线的主枢纽,主要承担全市对外高铁长途出行服务,其选址靠近城市几何中心和人口中心位置;福田站作为广深港客运专线的辅助枢纽,重点服务广州、深圳和香港三个城市主中心之间的商务客流,选址位于福田中心区。

(4)枢纽应充分利用立体空间紧凑布局,减少平面占地规模

大型综合客运枢纽通常占地面积大,一方面需占用较多土地资源,另一方面各类接驳设施分散布局导致换乘距离较远。深圳北站枢纽充分结合西高东低的地势特点,通过纵向5层立体布置实现紧凑型布局,确保高铁出站口至主要设施的步行距离在100m以内。这样既可以减少乘客换乘平面走行距离,又可以集约利用土地。

(5)枢纽工程设计应划分工程界面,明确各方责任

综合交通枢纽存在多个投资建设主体,工程设计阶段应根据工程实际情况及工期要求,经多方业主协商划分工程界面,从而确定各主体的投资责任、权力、风险分担及效益分配的基础。例如,深圳北站枢纽东广场屋盖和"Y"形柱作为枢纽公共部分,由铁路部门和地方政府共同投资;枢纽配套的地铁与市政设施由地方政府投资,如图16-41所示。

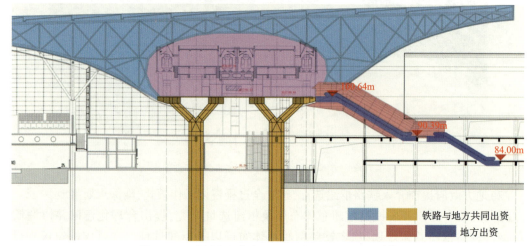

图16-41 深圳北枢纽东广场屋盖投资界面划分示意图[1]

2)不足反思

(1)枢纽城市轨道交通之间换乘不够便捷

大型高铁枢纽通常既是城市内外交通转换的重要节点,也是城市内部多条轨道线路的换乘站。如何兼顾城市轨道接驳高铁的便捷性与城市轨道之间换乘的便捷性,是综合交通枢纽规划设计的一个难点。

深圳北站枢纽既是深圳主要的铁路始发终到站,也是城市轨道4号线、5号线、6号线的换乘站。从深圳北站枢纽运营情况来看,轨道4号线、6号线与5号线之间的换乘量大且换乘相当不方便。一方面,轨道4号线是深圳中轴上联系原特区内外最重要的纵向轨道线路,本线客流非常大;而位于深圳二圈层东西向的轨道5号线乘客进入市中心区的大部分客流都要在深圳北站换乘4号线,导致5号线换乘4号线的客流量大且相对集中,在高峰期轨道4号线本线客流本已非常大的情况下,经常出现换乘客流旅客不能尽快上车的现象,降低了乘客换乘服务水平。另一方面,由于当时的客观原因,轨道4号线、6号线在深圳北

站枢纽采用高架形式,而轨道5号线采用地下形式,两者站台垂直高度相差接近40m,平面换乘距离和竖向换乘高度均较大,高峰时段轨道4号线5号线换乘时间通常需10min以上,极端情况下还需采取限流措施。2020年8月深圳轨道6号线、10号线开通运营后分流了轨道4号线部分客流,使轨道5号线换乘4号线、6号线压力有所缓解。

深圳北站枢纽城市轨道换乘不便的问题,引发了我们对综合交通枢纽规划设计及城市轨道线网布局规划的思考,即在满足城市轨道接驳综合客运枢纽便捷性的同时,能否将综合交通枢纽与城市轨道网络重要换乘节点分离。

(2)枢纽东西广场人行交通联系不够便捷

深圳北站枢纽东西广场之间相距300m,无法通过站厅实现步行联系,只能在站房南北两侧另设人行联络通道。原规划方案在铁路站房南北两侧均设置人行通道,但当时铁道部出于铁路运营安全考虑并不同意。后来经过反复协调,仅在站房北侧设置了一条人行通道(图16-42),这在一定程度上解决了枢纽东西广场人行交通联系问题。但总体来看,两个广场之间的联系仍然不够便捷,特别是从A2出口、B2出口出站的乘客需要到对面广场时,通过站房北侧人行联络通道需要绕行较远距离。

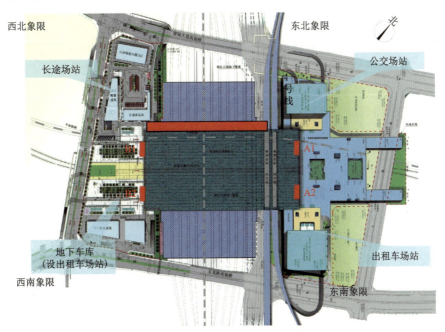

图16-42 深圳北站枢纽站房北侧人行联络通道示意图

在以人为本的理念越来越深入人心的发展趋势下,综合交通枢纽规划设计应更加重视人行交通的便捷性。建议将步行便捷性作为枢纽规划设计的优先考虑因素。

(3)站城一体开发不够集约紧凑

受当时管理体制、开发理念等因素的制约,深圳北站枢纽综合开发主要体现在枢纽周边土地商业开发上,枢纽用地与城市开发用地之间依然存在明显的分界。与国际发达城市枢纽立体开发、紧凑布局的特征相比,深圳北站枢纽站城一体开发(图16-43)仍然显得不够紧凑,土地利用集约化程度不高。

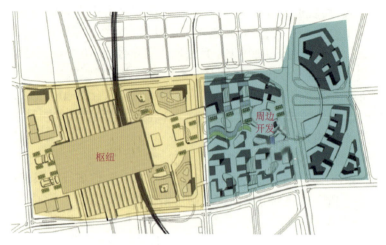

图 16-43 深圳北站枢纽与周边城市开发用地示意图[1]

16.6.2 福田枢纽规划建设总结与反思

福田枢纽自前期选址研究至今已有 20 年时间,从 2015 年 12 月 30 日开通至今也有 7 年多时间。各方对枢纽评价总体较好,但受当时一些客观因素影响,福田枢纽也存在不够完美的地方。

1)经验总结

福田枢纽在枢纽选址、接驳系统、地下空间三个方面的规划经验可以为国内其他枢纽提供参考。

(1)高铁车站选址要与城市土地利用及客流需求相结合,城际车站宜引入城市中心区

在当时的发展背景下,国内铁路建设史上在城市核心区建设全地下高铁站尚无先例,在国际上也较为罕见。福田枢纽创新性地将高速铁路引入中心区并设置地下车站,是国内第一个将高速铁路引入城市核心区并全地下设置的高铁站,能够更好地服务城际商务客流。事实证明,福田站的选址提高了福田中心区的可达性,符合广深港三地商务旅客出行的需求,对促进广深港三地中心区联系、提升福田中心区在深圳市和珠三角地区的地位具有重要意义。

(2)城市中心区铁路车站客流集散难度大,应建立以轨道交通为主体的高效接驳系统

在道路交通繁忙的城市中心区设置火车站,其客流集散给城市交通带来较大压力。为了避免高铁客流集散对福田中心区道路交通带来巨大压力,福田站规划之初就确立了以轨道交通为主体、以常规公交为辅助、以出租车为补充的高效接驳系统,不设置对外开放的社会车停车场。预计轨道交通接驳比例将占枢纽机动化交通接驳比例的 80%以上。以轨道交通为主体的枢纽接驳规划理念和具体措施确保了福田中心区的道路交通不受福田站高铁客流集散交通的明显影响,在城市高峰时段能够保持正常运转。

(3)以枢纽为中心构建步行交通系统,利用连续的地下空间组织城市空间与功能

福田枢纽在规划阶段就考虑了与周边轨道车站之间便捷的地下步行联系,同步开展了交通规划和地下空间开发规划。从实施情况来看,福田枢纽与周边轨道 1 号线、4 号线会展中心

站,1号线、3号线购物公园站,2号线、4号线市民中心站的地下步行通道,以及枢纽与周边建筑衔接的出入口大部分得以实施,形成了比较完整的地下步行系统,保障了福田枢纽片区地下步行交通的连续性和舒适性。福田枢纽地下一层的餐饮、零售商业也陆续营业,为枢纽客流和周边人员提供了配套的生活服务,丰富了枢纽功能。围绕枢纽规划建设连续舒适的地下步行系统来组织城市空间与功能,是未来城市地下交通枢纽规划建设的趋势。

2)不足反思

(1)枢纽布局仍然不够紧凑

福田枢纽作为国内少有的全地下综合交通枢纽,铁路与城市轨道交通之间的换乘相对其他综合交通枢纽已经相当便捷。尽管如此,城市轨道2号线、3号线、11号线车站与高铁福田站站厅之间的平面换乘距离仍然达200～300m,枢纽布局依然不够紧凑。

究其原因主要有两个:一是福田枢纽轨道2号线、11号线车站位于深南大道下方,如果车站东移进一步靠近高铁车站,则11号线终点站折返线需布置在深南大道水晶岛路面下方。由于深南大道是深圳市东西向最重要的一条城市主干道和景观大道,紧邻市民中心的水晶岛景观路面当时刚改造不久,再次开挖会带来较大的社会影响。另一方面,深南大道水晶岛地下空间开发方案一直没有纳入实施计划,如果将城市轨道车站设施布置在水晶岛下方,会限制未来水晶岛地下空间开发的发展弹性。综合上述各种因素,在福田枢纽最终实施方案中,城市轨道车站与高铁站之间的换乘距离相对较远。

(2)地下空间开发与枢纽运营不同步

在福田枢纽规划阶段,深圳市规划部门组织咨询单位对福田枢纽交通布局及周边地下空间开发进行了同步规划并提出了分期实施建议。然而,在实施阶段,福田枢纽及紧邻的地下步行通道逐步建成投入运营,但水晶岛和市民中心公园地下空间开发一直没有付诸实施。枢纽地下空间开发相对枢纽交通设施运营有所滞后,且高铁车站范围内也缺少配套商业,从而导致枢纽开通初期的人气未达预期目标。

16.6.3 综合交通枢纽建设运营管理模式的思考

我国高铁技术经过近20年的高速发展,以高铁车站为核心的综合交通枢纽在规划、设计和建设方面也积累了丰富的经验。如今,随着人民生活习惯的变化,对出行服务品质要求的提高,以及大数据、互联网、智能化等新技术的广泛应用,铁路综合交通枢纽的规划建设理念和运营管理模式也需要不断革新,以适应市民需求和时代潮流。

一是枢纽规划建设向站城一体方向发展。市民对交通出行的多样化需求将越来越普遍。未来综合枢纽内除布置交通设施外,还需布置商业、娱乐、公共服务等设施,满足乘客多样化的需求。此外,土地资源紧缺是大城市普遍面临的问题,为高效利用国土空间资源,有必要充分利用枢纽地上地下立体空间,实现枢纽站城一体综合开发。

二是枢纽运营管理向简约化、智能化方向发展。目前我国铁路旅客乘车需进行实名验证、人物安检、车票查验等多个程序,实名验证和安检成为限制旅客进站效率的重要环节。尽管短期内国内铁路车站还难以取消实名验证和安检环节,但随着大数据、互联网、人脸识别等新技术、新手段的广泛应用,预计未来铁路车站(包括地铁车站)进站查验环节有望逐步简化,或者采用更高效的智能化手段,这将显著提高综合枢纽的运营管理效率。

本章参考文献

[1] 深圳市地铁有限公司,北京城建设计研究总院有限责任公司.深圳市深圳北站综合交通枢纽配套工程初步设计[R].北京:北京城建设计研究总院有限责任公司,2008.

[2] 深圳市地铁三号线投资有限公司,中铁第四勘察设计院集团有限公司.深圳市福田站综合交通枢纽工程初步设计[R].武汉:中铁第四勘察设计院集团有限公司,2009.

[3] 深圳市规划与国土资源局,深圳市城市交通规划研究中心.深圳市铁路第二客运站交通规划[R].深圳:深圳市规划与国土资源局,深圳市城市交通规划研究中心,2003.

[4] 深圳市规划局,深圳市城市交通规划研究中心.国家铁路深圳地区布局规划[R].深圳:深圳市规划局,深圳市城市交通规划研究中心,2006.

[5] 深圳市规划局,深圳市城市规划设计研究院,深圳市城市交通规划研究中心.国家铁路深圳新客站综合规划[R].深圳:深圳市规划局,深圳市城市规划设计研究院,深圳市城市交通规划研究中心,2007.

[6] 深圳市规划局,深圳市城市交通规划研究中心.广深港客运专线龙华—皇岗段交通详细规划[R].深圳:深圳市规划局,深圳市城市交通规划研究中心,2007.

[7] 深圳市规划局,深圳市城市规划设计研究院,深圳市城市交通规划研究中心.深圳市福田站区综合规划[R].深圳:深圳市规划局,深圳市城市规划设计研究院,深圳市城市交通规划研究中心,2008.

[8] 北京城建设计研究总院有限责任公司,深圳市城市交通规划设计研究中心有限公司.深圳市深圳北站交通枢纽工程工可研及初步设计阶段交通设计[R].深圳:深圳市城市交通规划设计研究中心有限公司,2012.

[9] 中铁第四勘察设计院集团有限公司,深圳市城市交通规划设计研究中心有限公司.福田站综合交通枢纽工可研及初步设计阶段交通设计[R].深圳:深圳市城市交通规划设计研究中心有限公司,2011.

[10] 深圳市龙华区政府.深圳北站枢纽地区城市设计国际咨询整合深化成果出炉[EB/OL].(2020-12-28)[2022-02-19].http://www.szlhq.gov.cn/bmxxgk/zdqyjstjzx/dtxx_124551/gzdt_124552/content/post_9483046.html.

[11] 张晓春,林群,李锋,等.创新与提升——深圳城市交通规划设计实践(1996—2016)[M].上海:同济大学出版社,2016.

第 17 章

长沙大河西综合交通枢纽

——零距离换乘的现代化公路综合客运枢纽

  长沙大河西综合交通枢纽位于湘江新区核心区域,是区域交通门户和标志性建筑。枢纽基于"站城一体化"的综合理念,将原有的汽车西站、公交枢纽、轨道车站及道路立交的分散布局,通过整体规划,构建了以交通为主导的枢纽综合体。该项目采用了交通规划引领建筑方案的理念和市场化商业上盖立体开发与运营的模式,优化了交通设施布局,实现了各种交通方式的高效整合;统筹了周边环境与内部地块,保障了枢纽核心功能,为枢纽综合开发的整体提升提供了基础。项目融合了交通枢纽与商业综合开发功能,总投资约 30 亿元,实现了财务平衡和整体建设效益的最大化,搭建了多家主体共建平台整合各方资源,为市场化建设运营提供了借鉴。

17.1 建设背景

17.1.1 枢纽区位

  2007 年 12 月 14 日,国务院批准长沙、株洲、湘潭城市群为全国资源节约型和环境友好型社会建设综合配套改革实验区。2014 年 6 月 9 日,长沙大河西先导区更名为"湘江新区"。湖南湘江新区是"两型社会"综合配套改革的示范区、高新产业的集聚区、城乡统筹的样板区、生态宜居的新城区和支撑发展的增长极。

  长沙大河西综合交通枢纽(图 17-1)位于湘江新区,东临西二环,北靠枫林三路,西侧为玉兰路,南向为燕航路,中间游园东路将枢纽分为南北两部分,总面积约 14.5hm^2。

17.1.2 原长沙西站场地特征

  枢纽用地北部地块为长沙汽车西站原址,是长途客运站,地块西侧为汽车西站的停车场,东侧为公交车首末站;南部地块为游园东路南侧的公交枢纽站场,于 2008 年开工建设,2009 年底交付使用,场地改造前实景如图 17-2 所示。

  汽车西站是国家一级甲等汽车站,是长沙市公路运输主枢纽汽车客运站之一。汽车西站 1995 年 1 月投入运营,在改造之前的 2008 年拥有总客运车辆 950 辆,线路数 202 条;日平均发车班次1600次,平均日发送旅客2.4万人;"十一黄金周"节假日高峰日发车班次2400次,日发送旅客6.5万人。

图17-1 大河西综合交通枢纽基地位置图

图17-2 大河西综合交通枢纽场地改造前实景图

汽车西站始发常规公交线路11条,中巴线路5条,另有3条途经线路;高峰小时驶入的公交车流量173辆/h,客流量4000~4200人/h;驶出的公交车流量184辆/h,客流量4900~5200人/h。

17.1.3 原长沙西站存在的问题

1)客运需求旺盛与站场供应的矛盾突出

公路客运在"十一黄金周"高峰日发送客运量达6.5万人,客流需求旺盛,而现状公路客运、公交车均布置在游园东路以北约5万m²的用地范围内,且南边的游园东路尚未建成通车,车辆出入口受到限制,已有站场规模不能满足旅客出行需求。

2)整体交通组织与换乘衔接不畅

整体交通组织混乱,车流、人流混杂,没有系统的换乘组织管理,尤其是公交车乘客换乘客运车辆,公交乘客落客点到换乘目的地的冲突点多,且没有明确的客流通道,导致现状汽车西站换乘衔接不畅。

3）交通秩序混乱与交通管理不善

公交中巴发车流与客流之间没有相应的组织管理，相互影响严重；长途客运、短途客运车流缺乏组织管理，导致相互干扰；玉兰路与枫林路下穿通道上多种车流混杂，尤其是左转和掉头车流，且人车相互影响较大；客运主入口多种车流、人流混杂，导致运营效率低下。

4）西站迫切需要一体化交通整合方案

改造前的汽车西站的规模在高峰时已经难以满足客运需求，同时南边的公交枢纽地块正在建设施工。根据规划，西站枢纽用地范围内还计划设置轨道2号线车站，东北角还有西二环—枫林路的互通立交，这些因素与西站的交通改造都有着密切的关系。对各种设施进行整合成为关注的焦点，西站迫切需要对各种交通设施进行一体化的规划设计，形成高效的客运综合枢纽。

17.2 选址方案

长沙大河西综合交通枢纽自2008年9月开始筹划至2015年5月综合枢纽场站交付使用，经历了长达7年的演变过程，其选址和规划建设主要经历了三个阶段。

17.2.1 分散发展阶段

长沙大河西综合交通枢纽用地被游园东路分割成南北两部分。其中北面用地为原汽车西站用地，占地约6.3hm^2；南面用地为公交枢纽用地，面积约5.5hm^2。

汽车西站定位为一级公路客运站，由于现状已难以满足客运发展需求，汽车站房临西侧玉兰路的布置与周边用地开发的协调性较差，拟进行原址改造（图17-3）。

图17-3 大河西综合交通枢纽原址分散改造方案图

公交枢纽站场于2008年开工建设，2009年底交付使用，总体为立体停车楼形式。同时，在基地最北侧枫南路上规划轨道交通2号线地铁站。在地块的东北角预留了西二环苜蓿叶式立交用地。

总体上来看，原布局方案存在各功能用地布局分散、功能缺乏互动、用地集约性差等问题，且受西二环立交控制影响,集散交通全部通过玉兰路组织,导致交通组织不畅,承载力不足。

17.2.2 整合规划设计阶段

2008年9月,湖南龙骧交通发展集团(简称"龙骧集团")重新启动汽车西站交通改造方案研究[1]。在研究过程中,研究团队认为原分散布局方案存在土地利用效率低、各种方式之间缺乏有效衔接等问题,尤其是地铁线路布设在基地的最北侧,与常规公交枢纽缺乏换乘,不符合"两型"社会对于枢纽的发展要求,因此提出要结合周边地块整合各种交通设施,形成综合交通枢纽的方案。

2008年12月,项目整合了汽车西站、公交枢纽、轨道车站、西二环立交方案以及站场综合开发布局的汽车西站综合枢纽交通总体规划方案,获得了各部门及专家的一致认可,通过了专家评审,之后通过了市政府常务会议,获长沙市政府批复。

2009年5月,在交通总体规划方案的基础上,项目调整为大河西综合交通枢纽,并启动了建筑方案设计(图17-4)。至此,长沙西站综合交通枢纽从单一的公路客运站改造项目,演变为"站城一体"的综合交通枢纽项目。

图17-4 大河西综合交通枢纽整合规划方案图

17.2.3 建设实施阶段

2009年12月,长沙市组建长沙综合交通枢纽建设投资运营平台,整合了公路客运、轨道交通、公交、商业开发等多方主体,参与长沙市枢纽站场规划,负责融资建设、运营管理,正式启动了枢纽项目的建设工作。

2012年11月,大河西综合交通枢纽主体工程开工建设。

2013年11月,完成了大河西综合交通枢纽地下室工程建设。

2015年4月,完成了大河西综合交通枢纽交通站场建设;5月,完成了大河西综合交通枢纽站场交付使用试运行;9月,完成了大河西综合交通枢纽配套商业区建设;10月,大河西综合交通枢纽配套商业区试营业。

17.3 规模论证

17.3.1 枢纽功能定位

大河西综合交通枢纽集中了公路客运、常规公交、出租车、小汽车等交通方式,规划了轨道交通2号线。依据城市发展规划和综合交通体系规划,大河西综合交通枢纽功能定位为:一是长株潭"两型"实验先导区、体现资源节约和环境友好的综合交通运输体系和复合型枢纽的重要节点;二是长株潭综合交通运输体系构建的重要支撑;三是依托打造综合交通枢纽,促进与带动先导区起步区周边地区综合开发,实施"网络型、枢纽型、功能型"的城市总体规划发展战略的示范工程[2]。其具体功能包括:

①长沙市内交通多种方式聚集的综合客运枢纽。根据交通需求分析,到2021年,日均综合换乘量将超过25万人,客运发送量达到8万人。本项目将成为长沙综合换乘量最大的公路客运枢纽站及内外交通集散枢纽,是国家公路运输复合型枢纽的重要组成部分(客运一级站),也是市内多条公交线路首末站的集运中心、地铁2号线的枢纽车站和市内其他交通方式的接驳点、城市出行方式重要的中转港。

②长沙大河西先导区现代服务核心的重要组成部分。根据长沙市大河西先导区空间发展战略规划,该枢纽位于"一心"即现代服务核心区域,处于大河西先导区的东西向交通走廊,是重要的城市功能节点。

③长沙大河西先导区最便捷的商务活动中心。该枢纽位于先导区起步区的滨江新城与梅溪湖片的连接线的中轴位置,周边区域缺乏大型综合性商业配套,旺盛的客流需求将推动枢纽周边的开发与旧城更新,借鉴TOD建设理念,打造大河西区域性商务、商业中心,完善城市功能配套,提升城市品位。

17.3.2 枢纽需求规模

大河西综合交通枢纽的客流预测包括汽车西站的公路客运、常规公交、轨道交通、出租车、小汽车等需求,预测2020年综合开发下的客运量情况表见表17-1。

表17-1 2020年大河西综合交通枢纽综合开发下的客运量情况表(单位:人次/h)

高峰小时	公路客运	市内交通				
		公交	轨道	出租车	小汽车	小计
到达量	4288	7406	1949	780	1169	11304
发送量	5044	9575	2520	808	1512	14415
集散量	9331	16982	4469	1788	2681	25920

由于公路客运的集散量是通过市内交通方式完成的,而市内交通除完成公路客运的集散量外,还需完成综合开发客运量及周边客运量。因此,西站枢纽的集散量为市内交通之和,预测高峰小时集散量约为26000人次/h。按高峰小时系数10%~12%计算,综合开发下,西站

客运枢纽基地 2020 年的总集散量将达到 21 万～26 万人次/d。由此测算各设施的规模需求，见表 17-2。

表 17-2 大河西综合交通枢纽远期交通设施规模需求汇总表

年限	公路客运		公共交通	出租车
	发车位(个)	停车位(个)	线路位数(条)	上客区/落客区(辆/h)
2020 年	45	360	19	600
2030 年(控制规模)	60	480	—	—

注:1. 社会停车场需根据用地性质及开发强度确定其配建停车泊位数量；
2. 出租车的需求规模为上落客的车道边通行能力；
3. 考虑远期 2030 年西站枢纽的发展控制规模,总体规划方案应适当预留集散交通设施的发展余地。

17.4 规划方案

17.4.1 交通总体规划思路

大河西综合交通枢纽交通总体规划遵循的基本原则为:多点衔接、到发分离、内外分层、单向循环、综合开发、资源共享[3]。

基于客运西站一体化设计和综合开发思路,总体方案为两层立体布局设计(图 17-5)。在满足交通功能的基础上,西二环—枫林路立交改为左转匝道——由 2 个首蓿叶式匝道和 2 个迂回式匝道组合而成的全互通式立体交叉形式;对原汽车西站重新进行规划设计,游园东路以北用地西边(临玉兰路一侧)以及西北角可作为综合开发用地;游园东路以北用地东边(临西二环一侧)以及东北角规划为汽车西站站房用地,中间合围区域建设二层汽车西站停车楼；从西二环—枫林路立交西南角的右转匝道上分流出一条匝道,在汽车西站站房前建设二层高架桥,并与二层的站房相衔接,设置上客区及落客平台；连接到二层公路客运停车场以及南边的公交停车楼,并设置下匝道与西二环连接。

17.4.2 地面层总体布局

1) 公路客运

地面层的公路客运设置发车位 49 个,停车位 164 个,通过站内的上下匝道与二层的客运高架桥连接,同时在南侧设置客运车的紧急/备用出入口；根据用地条件,东北角设置了约 9000m² 的站前广场,满足乘客的集散需求。

2) 常规公共交通

常规公共交通除应满足规划年日常需求外,还应有所富余,以应对节假日的高峰客流。在南侧的公交枢纽用地位置设置 16 条公交线路,考虑西站用地范围内的用地开发需求。在游园东侧北侧设置公交首末站,共增加 6 条公交线路的首发停车位,在远景年也可根据实际情况改造为双层发车位,设置为 12 条公交线路的首发停车位。常规公交的到发都是在地面层；同时在枫林路和西二环辅道上设置公交停靠站,满足途经公交的停靠需求。

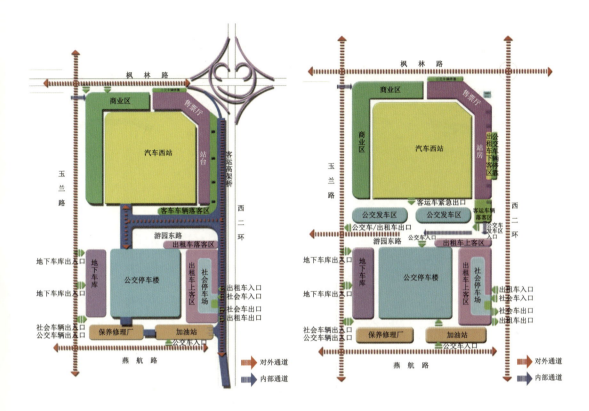

图 17-5　大河西综合交通枢纽布局思路（地上二层与地面层）

3）轨道车站出入口

轨道交通 2 号线车站设置在西站用地地块内，为了避免与西站用地内的建筑产生冲突，轨道线在游园东路北 50m 范围内；车站分别在西二环辅道、游园东路和玉兰路上设置出入口，分别满足公路客运站房、常规公交、玉兰路商业开发客流需求。

4）出租车

在公路客运站房前的枫林路和西二环辅道上设置出租车和社会车辆的落客区，车辆即停即走；分别设置了 7 个和 9 个停车位，通行能力可达 750 辆/h。出租车的上客区规模较规划年的客流需求有所富余，可以应对节假日的客流的高峰期。

5）社会车辆

社会车辆的停车场，除在南边公交用地上建设的东西两侧停车场外，随着客运西站用地商业的开发，可根据用地的开发强度建设地下停车场，满足社会车辆停车需求，并与南侧公交停车楼的地下停车库的社会停车场连通。

6）非机动车

客运西站的非机动车停车位可利用基地东侧道路高架桥下的空间以及北侧的人行道的绿化空间，根据实际情况设置。

大河西综合交通枢纽总体方案平面设计图（地面层）如图 17-6 所示。

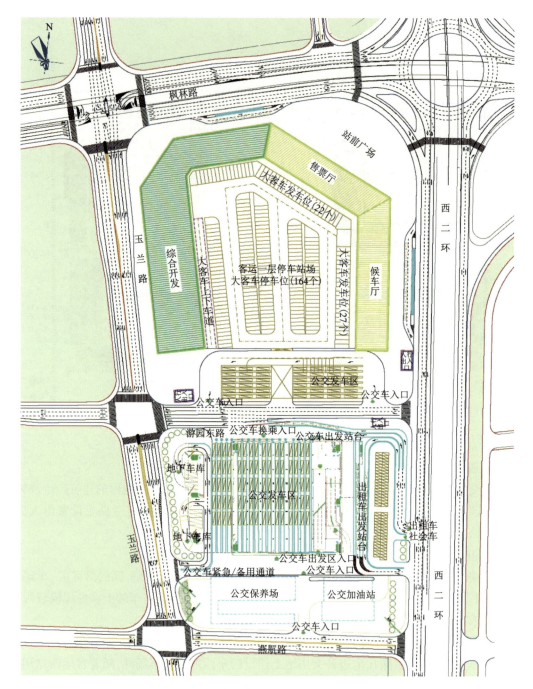

图 17-6 大河西综合交通枢纽总体方案平面设计图(地面层)

17.4.3 二层总体布局

1)西二环—枫林路互通立交

总体方案的西二环—枫林路的立交采用的是左转匝道—由 2 个苜蓿叶式匝道(东→南、南→西)和 2 个迂回式匝道(北→东、西→北)组合而成的互通式立体交叉。

2) 枢纽二层高架系统

枢纽采用"高接高、快接快"的方式,将西二环的高架车行道与基地二层无缝衔接,进而形成了完整的枢纽二层高架车行系统,满足枢纽的快速集散要求,同时分流地面交通。具体方案是由西二环—枫林路互通立交西南角的右转匝道(西→南)向上引出一条专用匝道,连接到客运站房的落客区,继而在游园东路上层与汽车西站二层停车连接,同时与南侧地块的公交停车楼连接,满足共享利用的要求;在公交停车楼南侧设置通往西二环的匝道,实现枢纽二层车行体系的系统闭环。

客运西站的落客区采用2车道设置:内侧车道为客运车落客车道,外侧车道为超车车道。根据高架桥的长度,在东侧设置了7个落客车位,在南侧设置了9个落客车位。在有超车车道设置的情况下,平均落客时间为3min,通行能力可达到300辆/h。

在客运高架桥的落客区内侧设置乘客集散平台,宽度为15m,面积约4000m^2,并通过扶梯与地面层连接,扶梯的开口与轨道车站的出入口、候车厅以及公交首末站衔接。

3) 汽车西站停车楼

汽车西站停车楼设在综合体的一、二层,在基地西侧设置上下匝道,采用2车道,满足客运车辆的上下使用和调度要求。根据实际需求,方案均采用大型车辆的设计标准。同时,规划的二层高架车行系统将基地南北两个地块紧密相连,二层车行系统不仅与汽车西站相接,还与南侧的公交停车楼连接,公交停车楼将共享作为公交车辆和客运车辆的停车位。

公路客运共有停车位363个,其中二层199个,一层164个;有发车位100个,其中二层51个,一层49个。

公路客运场站的设计充分保障了发车位的数量,以满足节假日高峰时客车周转率高、发车位需求高的使用需求,在平时可作为停车位使用;在停车位不足时,客运高架桥与南边地块的公交停车楼连接,利用公交停车楼作为公路客运的备用停车站场。

4) 加油站与保养厂

考虑到消防安全及占地等因素,在南侧的公交车加油站和保养厂的用地上,建设共两层的加油站和保养厂,二层满足客运车辆,地面层满足公交车辆的加油与维修及保养需求。二层通过客运高架桥与公交停车楼和公路客运停车场连接。

大河西综合交通枢纽总体方案平面设计图(高架层)如图17-7所示。

17.4.4 方案评价分析

下面从方案设计的适应性、换乘的方便性、道路交通协调性三个方面进行总体评价分析:

①站场的适应性。总体方案规划设置公路客运的发车位100个,停车位363个。发车位能很好地满足总体规划方案需求,通过与南侧公交停车楼的共享利用,可很好地满足公路客运停车需求。规划设置了公交首发线路站位22个,出租车上客车位27个,并综合考虑了轨道车站的布局,能够很好地满足远期客运需求。

②换乘的方便性。从各种交通方式换乘的方便性来分析,公路客运落客区在客运高架桥二层,垂直范围内即为公交港湾式停车站、轨道车站出入口,在南侧为公交车出发区、出租车的上客区,公路客运、常规公交、轨道交通、出租车等集中重要的交通方式均在不超过200m的范围内进行组织,乘客换乘方便,且交通流顺畅,无直接的正面交会与冲突。

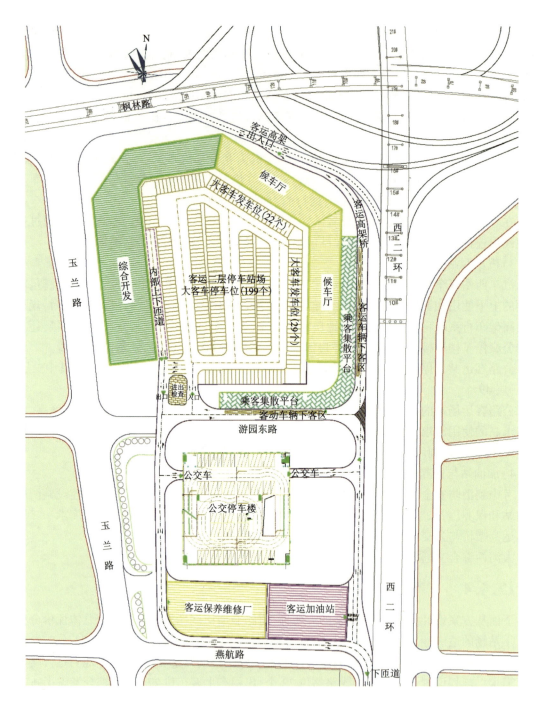

图 17-7 大河西综合交通枢纽总体方案平面设计图（高架层）

③道路交通的协调性。客运西站高架桥与西二环立交进行了一体化的设计,公路客运车辆的进站和出站均从该高架桥上,在空间上与市内交通进行了分离;公路客运的交通组织进出流线都是通过道路条件较好的主干道进行组织的,减少了周边次干道和支路的交通

流量,公路客运能实现快速进站和出站。而对于地面层,主要集中了市内交通流,包括公交、出租车和轨道交通客流,交通冲突点大大减少,同时交通组织相对简化,通过西站周边次干道和支路,能够与周边的客流进行一体化的交通组织,与周边道路交通具有很好的协调性和适应性。

17.5 交通设计

17.5.1 西二环—枫林路立交方案

西二环—枫林路立交为苜蓿叶式互通立交(图17-8),在西南角控制用地为1.75万m^2,占游园东路—玉兰路—枫林路—西二环围合8万m^2面积的21.8%,在很大程度上限制了客运西站的发展空间。因此,在保证西二环立交互通功能的基础上,选择合适的立交形式,增加西站枢纽的用地空间,是实现枢纽综合功能的基础条件[4]。

图17-8 西二环—枫林路立交规划用地全苜蓿叶立交形式

结合功能需求,明确由北向东的左转匝道不采用苜蓿叶式,而是采用迂回式匝道(图17-9)。根据用地条件限制,确定选用左转匝道——由2个苜蓿叶式匝道和2个迂回式匝道组合而成的全互通式立体交叉形式。其中,由东向南、由南向西的匝道采用苜蓿叶式,由北向东、由西向北的匝道采用迂回式,右转匝道采用定向式。西二环设计车速80km/h,双向6车道;枫林路高架桥设计车速60km/h,双向4车道。

图17-9中两个迂回式匝道的相对位置为:由北向东的左转匝道从西二环北边右侧车道接出,然后分叉从枫林路下穿过,再横跨西二环,最后与右转匝道汇合接入枫林路东边右侧车道;

由西向北的左转匝道从枫林路西边右侧车道接出,然后横跨西二环与枫林路,最后接入西二环北边右侧车道。

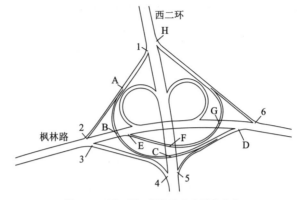

图 17-9　西二环—枫林路立交优化方案

立交相关控制点的桥梁结构高度及计算净空见表 17-3。其中,匝道结构高度取值为 1.6m,主线结构高度取值为 2.0m。

表 17-3　立交控制点的结构高度和净空

控制点	结构高度(m)	净空(m)	控制点	结构高度(m)	净空(m)
1	1.6	5.82	6	1.6	3.86
2	1.6	11.02	B	2.0	5.5
3	1.6	11.02	C	1.6	5.5
4	1.6	3.96	F	1.6	5.5
5	1.6	3.96	G	1.6	5.5

立交转向匝道设计坡度计算见表 17-4。其中,右转匝道设计速度为 45km/h,圆曲线半径取值为 75m;左转匝道设计速度为 30km/h,圆曲线半径最小为 50m。

表 17-4　相关匝道坡度计算表

匝道线路	长度(m)	高程差(m)	坡度	匝道线路	长度(m)	高程差(m)	坡度
1—2	327.5877	0.769	0.23%	C—D	113.3485	5.150	4.54%
3—4	267.6459	3.918	1.46%	E—F	112.896	0.279	0.25%
5—6	248.8342	6.634	2.67%	F—G	126.2107	7.256	5.75%
A—B	133.2117	3.149	2.36%	G—H	257.1194	12.896	5.02%
B—C	140.8934	8.082	5.74%				

该立交方案右转车辆从右侧驶出后直接从相交道路的右侧驶入,一般不设跨线构造物,其特点是形式简单、行程短、车速指标较高、行车安全;右转匝道半径取 75m。左转的苜蓿叶式匝

道为两车道,左转车辆驶过正线跨线构造物,然后向右回转270°实现左转,特点是右进右出、行车安全、造价低;迂回式匝道为单车道,左转车辆从行车道右侧右转驶出,在匝道上左转到相交道路右转匝道,从左侧并入,特点是占地少。首蓿叶式匝道半径取52m,回旋线参数取30m;迂回式匝道圆曲线半径均大于50m,主体部分为缓和曲线,最小长度取30m。

从西二环立交优化方案的优化选型和关键参数计算结果来看,均能保障主线净空高度5.5m、辅道净空高度4m,可满足设计车型要求;同时,平曲线和纵坡均符合规范要求,保障了本枢纽车站节地东扩与立交工程实施的可行性。

该立交方案的主要特点有:

①从用地面积上讲,优化后的立交方案占西站区域用地约5600m^2,较原控制规划用地节省了约7500m^2的用地,为西站的改造提供了可能。

②从通行能力上讲,左转匝道与原控制规划方案的设计速度均为30km/h,单车道与两车道可能的通行能力为1500pcu/h,而西二环(单向两车道)通行能力为3600pcu/h,枫林路(单向三车道)通行能力为5400pcu/h,可以满足车辆左转需求。

③为处理好迂回匝道与右转匝道汇合时的车流交织问题,增加了交织段汇合的车道数,解决了交织拥堵问题。

17.5.2 轨道2号线车站站位方案

1) 原规划轨道2号线车站

原规划轨道2号线车站设在枫林路下,位于汽车西站北侧,在枫林路南侧设置2个出入口,在枫林路北侧设置1个出入口,如图17-10所示。

图17-10　原规划轨道车站与出入口(汽车西站北侧)

原规划方案下,轨道线性较流畅,但轨道车站与公路客运的落客区距离200~350m,同时距离常规公交枢纽350m,且人流在玉兰路上的往返交通冲突大。从服务范围来看,轨道2号线车站站位方案增加了对枫林路北面的服务,以500m步行距离的覆盖范围计算,除客运西站用地外,覆盖范围内各种用地面积为:居住用地19.5万 m²,办公用地8.3万 m²,市政公用设施4.3万 m²,商业用地8.2万 m²,仓储用地0.4万 m²。

2)轨道2号线车站的优化方案

根据轨道交通线网规划,轨道2号线在枫林路南200m左右,在麓景路向南转弯走龙王港路。结合客运西站的站房可能布局,轨道2号线车站站位方案将轨道车站调整至汽车西站的南侧、公交枢纽北侧,即中间游园东路线位通道,在游园东路、西二环辅道、玉兰路上均可设置出入口(图17-11)。

图17-11 调整后的轨道车站与出入口(汽车西站地块内)

该方案下,公路客运站房和落客区可布置在东侧和游园东路上,在50m范围内与轨道车站出入口衔接;同时轨道车站出入口可设在停车楼前的游园东路上,与南侧的公交枢纽实现零距离换乘。该方案以500m步行距离计算车站的覆盖范围,除客运西站用地外,还有居住用地22.4万 m²、办公用地6.5万 m²、市政公用设施4.3万 m²、商业用地8.4万 m²。

对比分析两种站位的500m覆盖范围(表17-5、图17-12),设在西站地块内的站位覆盖的用地面积(除西站基地)与设在枫林路的站位基本相近,而对南侧新开发的居住用地覆盖范围更大。而站位设在西站用地内,与该站位的主要服务对象——西站枢纽的换乘更为方便,更能满足客流的换乘需求。

表17-5 两种轨道站位500m辐射用地统计表(单位:万 m²)

用地类型	居住	办公	市政公用设施	商业	仓储	合计
枫林路站位	19.5	8.3	4.3	8.2	0.4	40.7
西站地块内站位	22.4	6.5	4.3	8.4	0.0	41.6

○ 枫林路站位500m辐射范围　　○ 西站内站位500m辐射范围

图 17-12　两种轨道站位 500m 辐射用地范围

因此,从对周边的服务范围来看,优化后的车站与原规划基本相当,但调整后的车站居于汽车西站和公交枢纽之间,实现了交通客流的便捷换乘,也为上盖综合开发的功能布局提供了公共交通支撑。

17.5.3　交通组织流线规划

交通组织方案的总体原则是将公路客运与市内交通流在空间上分离。公路客运通过二层客运高架桥"上进上出",市内交通通过地面层"下进下出",实现了公路客运与市内交通在空间上的完全分离。

交通组织在竖向布局上分为三个层次:

①高架层。将公路客运车辆上落客、进出站布置在高架层上,利用枫林路高架和西二环高架导入和导出。

②地面层。将与城市交通结合紧密的公交车上落客、进出站布置在地面层。

③地下层。结合地下空间,将社会车、出租车上落客、进出站布置在地下一层,将这两部分进出站人流引导到地下一层,并引导至公路客运、轨道交通、城市公交各交通区。

17.5.4　高架系统调整

基于河西交通枢纽内部地铁 2 号线的调整,将西部和南部的高架桥进行局部修改。取消南向行驶的高架,共减少 320m 长高架桥,降低了高架桥对燕航路的影响,同时增加了高架二层跨二环西路的掉头定向匝道,使得交通组织更为合理、顺畅,如图 17-13 所示。

17.5.5　车行流线

长短途车辆由枫林路驶入高架平台落客,进入备班楼备班;长短途车辆由备班楼驶入高架平台发车、驶出,并进入西二环;公交车辆由地面层进入公交总站落客、上客、出站。大河西综合交通枢纽换乘组织流线如图 17-14 所示。

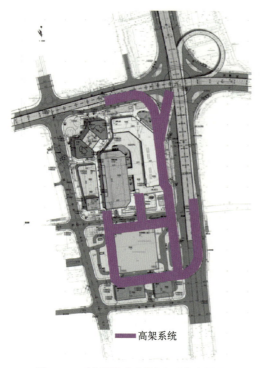

图17-13　大河西综合交通枢纽高架布局图

图17-14　大河西综合交通枢纽换乘组织流线

17.5.6　行人流线

各交通方式之间换乘距离均不超过100m，步行时间5min之内，实现"零换乘"的目标。通过游园东路高架、地面、地下三层垂直转换系统，实现高架层为公路客运、地面层为常规公交、地下层为地铁、出租车和社会车的高效集约转换。大河西综合交通枢纽乘客换乘组织流线如图17-15所示。

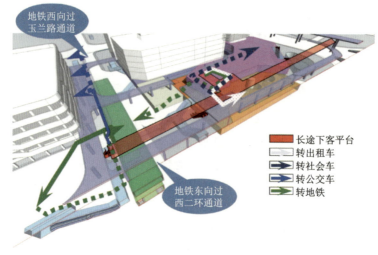

图17-15　大河西综合交通枢纽乘客换乘组织流线

注：实线为地面/室外，虚线为地下/室内。

17.6 综合开发

17.6.1 枢纽建筑总体方案

项目总建筑面积(含城市交通枢纽设施)38.7万 m^2。汽车北站区域总建筑面积31万 m^2，包括换乘大楼、备班楼、场内高架、停车场、写字楼及商业裙楼等。其中交通部分设施总建筑面积约17万 m^2，商业部分开发面积约14万 m^2，满足并高于国家一级客运站场的全部指标。项目总投资约30亿元。大河西综合交通枢纽实施方案总平面图如图17-16所示。

图17-16　大河西综合交通枢纽实施方案总平面图

在实施方案中,高架互通立交受拆迁等情况影响,采用分阶段实施方式。综合开发区域将西部商业区进行了适当的优化,将以前的综合楼、信息中心两栋楼调整为3栋5A精装写字楼,如图17-17所示。

a)效果图

b)现状图

图17-17 大河西综合交通枢纽建筑效果和现状图

17.6.2 枢纽配套商业建筑方案

大河西综合交通枢纽主体工程的建筑形状为方形,其虚实结合的立面组织形式与南部已建成的公交楼形成呼应,塑造了一个富有动感的现代化交通建筑。3栋塔楼以有序的竖向线条和虚实变化的处理手法与公交楼的横向线条形成对比,使得平面的空间利用更为合理,流线更加清晰高效。

商业部分以集中商业与商业街相结合的方式布置于地块西部,在强调良好商业氛围的同时又与东部嘈杂的交通人流相隔,保证其舒适性。

17.7 运营管理

17.7.1 投资建设模式

本项目采用了政府主导、企业化投资开发、企业化运营管理的模式。

本项目由政府主导确定了交通规划方案、投资主体、市政配套、资产的委托管理、站务运营主体、行业监督和管理。项目资本金、土地、征地拆迁等一切按照市场规则进行,项目规划设计、建设标准、投资规模、设备设施选型配置、招标采购、项目建设管理等均由企业依法自主决策,政府财政不投资、不担保、无划拨。

17.7.2 资金筹措模式

本项目成立了长沙综合交通枢纽建设投资有限公司,资本金由企业股东单位出资2.5亿元,企业临时拆借资金2亿元;政府负责市政配套建设投资约2.5亿元,以及提供土地出让金等规费减免约1亿元和交通运输部枢纽站场建设补贴0.5亿元;银行提供信贷10亿元;商业开发销售回款12亿元~15亿元。

以上各项合计27亿~30亿元(不含市政配套部分),覆盖了项目全部投资需要。其中信贷资金按照10~12年还本付息,运营期依靠持有的商业物业以及枢纽站场经营利润还本付息。

17.7.3 运营管理模式

项目建成后,商业和交通的运营完全实行自负盈亏的企业独立核算模式,由经营团队对投资人负责,实行董事会领导下的总经理负责制。

具体运营管理分为交通、物业、商业三个部分。交通部分按照交通运输部倡导实行的站运分离站场管理模式,站场由投资人持有并自主经营,包括对客运站场管理业务专业外包;由枢纽提供统一的大物业管理,以各个运营主体运营空间为界,界内由各家自行负责消防、安全与环境卫生,公共区域由枢纽公司提供24小时全天候保安、保洁、巡更等服务,提供全天候停车场运营服务,提供全天候能源供应服务;商业部分销售与持有部分按照商业运行规则进行运营和管理。

17.7.4 模式特征分析

相对于传统建设模式,本项目的投资建设运营模式的特征主要有:

①财政不投资。没有投资预算压力,没有运营期长期财政包袱,融资政策和手段更加灵活。

②建运合一。建设目标与运营需求结合紧密,可以在规划设计时让运营单位提前参与,将运营管理的需求充分纳入设计,避免竣工交付后运营单位二次改造,造成投资浪费。

③投资主体与运营主体合一。投资人对造价管控责任明确,有利于控制工程总投资。

④公益项目与商业项目综合开发相结合。利用商业开发收益解决建设资金问题,利用商

业运营收益解决融资还本付息,项目可以依托正常经营管理实现可持续发展。

⑤规划一次到位。将交通的有效客流与商业的空间布局、人流货流动线进行充分对接,对商业各业态空间规模、设计荷载、消防要求、排烟排污、通道等进行整体规划,充分满足商业运营条件,有利于招商以及商家的运营,使经营效益得到保障。

⑥运输能力强。大河西综合交通枢纽的建设等级满足并高于国家一级客运站场的全部指标;设计运能日均发送乘客5.8万人次,日均换乘25万人次,日实际发送能力可达7.8万人次。

17.8 经验总结

大河西综合交通枢纽主要特征及启示如下。

1)采用交通引领建筑和商业开发的工作模式,保障了枢纽的核心功能

大河西综合交通枢纽周边用地紧张,被二环西路、枫林路高架等环绕,总体空间局促,交通先天条件并不好,这也导致之前汽车西站和公交枢纽交通组织混杂,效率低下,甚至提出过外迁的方案。以交通规划为龙头,既从宏观层面为枢纽发展确定了远期规模目标,又梳理了与周边交通体系的关系,保障了核心的交通枢纽的能力,形成了客流集聚高地,也为商业综合开发提供了基础。

2)统筹周边环境与内部地块一体化交通规划设计,为枢纽整体提升提供基础

大河西综合交通枢纽交通总体规划抓住了影响枢纽方案的两个主要因素:一是西二环—枫林路立交用地,成为制约枢纽发展空间的关键,通过优化立交用地为汽车西站主体建筑从西面玉兰路调整到东面的西二环提供了条件,也为玉兰路沿线的商业综合体建设提供了可能;二是轨道2号线车站从整个地块最北侧调整到了地块中间,位于汽车西站和公交枢纽中间的游园东路上,打造成了以地铁为主导的公交优先换乘模式,实现了局促空间下的大客流集散。同时,结合公路客运高架平台的建设,分离了长途客车,保障了各种交通方式的有序组织。

3)融合交通枢纽与商业综合开发功能,实现整体建设效益的最大化

大河西综合交通枢纽集交通换乘中心、创新创业中心、商业购物中心、文化娱乐中心、信息处理中心、智能交通示范中心于一体,成为长沙大河西核心区地标性综合交通枢纽。一方面通过交通总体规划、建筑方案设计、项目商业开发等阶段,在政府支持下解决了用地性质、站场过渡组织等多个问题,有序实现了交通功能与商业开发功能的融合;另一方面,在城市规划上,避免了周边用地的同质化竞争,进一步落实了枢纽的功能定位,实现了整体效益的最大化。

4)整合各方利益主体资源,利用市场化建设运营模式确保项目实施

大河西综合交通枢纽总投资约30亿元,且涉及公路客运、公交、地铁等多家业主主体,财务平衡成为项目实施的关键因素。政府通过整合各方利益主体成立了枢纽建设投资公司,统筹项目的投融资、建设、运营管理,通过市场化的手段实现了财政基本不投资,通过商业开发效益弥补建设投资,商业运营收益弥补运营成本,实现了枢纽的可持续建设运营,兼顾了项目的公益性与商业性。这些是本项目顺利实施的关键因素。

本章参考文献

[1] 同济大学.长沙市客运西站综合枢纽交通总体规划方案[R].上海:同济大学,2008.
[2] 长沙综合交通枢纽建设投资有限公司.长沙大河西交通枢纽项目[R].长沙:长沙综合交通枢纽建设投资有限公司,2018.
[3] 谭倩.长沙大河西综合交通枢纽总体设计分析[J].黑龙江交通科技,2018,41(11):225-227.
[4] 长沙市规划设计院有限责任公司.长沙大河西综合交通枢纽工程[R].长沙:长沙市规划设计院有限责任公司,2010.

第18章

香港西九龙综合交通枢纽
——与城市融为一体的地下铁路综合客运枢纽

香港西九龙站为广深港高速铁路的终点站,也是香港的综合客运交通枢纽之一。西九龙(综合)交通枢纽(简称"西九龙枢纽")地区以强化交通枢纽地区的城市功能为目标,综合考虑与周边九龙站、柯士甸站、西九文化区及城市建成区的协调关系;规划滨海观山景观点、周边绿色空间分布,采用相对较低的建筑高度,从而凸显山脊轮廓,通过屋顶绿化串联北部绿色空间与滨海西九文化区,打造市民日常生活空间,创造"多面向"的联系通道;以多模式交通快捷集散为目标规划交通系统,包括轨道交通、常规公交、步行系统等;独特的"轨道+物业"的"港铁模式"、外部效益内延的"全生命周期"管理模式实现了轨道交通外部效益的最大化。石克全先生及多个团队在该枢纽的规划设计及建设方面作出了不懈努力,本书编者在其提供资料的基础上进行了分析研究。

18.1 建设背景

广深港客运专线是一条连接广州、深圳和香港的跨界高速铁路,也是中国"四纵四横"客运专线中,京广高速铁路至深圳、香港的延伸线。广深港客运专线除了贯通香港与珠三角外,对香港与国家高铁网沿线各大城市的融合促进也起到了重大作用[1]。通过广深港客运专线,香港与国家高铁网沿线多个主要城市相连接,到北京的行车时间约为8h,到上海约6h,到广州约1h。西九龙枢纽在粤港澳大湾区铁路网中的位置如图18-1所示。快捷的交通网络对三地未来在经济、社会等各方面的合作发展意义重大。

2019年2月18日,中共中央、国务院印发了《粤港澳大湾区发展规划纲要》[2],提出在粤港澳大湾区构建极点带动、轴带支撑网络化空间格局;加快基础设施互联互通,畅通对外联系通道,提升内部联通水平。广深港客运专线和西九龙枢纽的建设具有以下积极意义:

一是有利于实现大湾区主要城市间1h通达。广深港客运专线将香港融入大湾区城际快速交通网络,从而完善大湾区铁路骨干网络,加强港澳和珠江两岸内地城市的联系。

二是有利于创新通关模式。通过在西九龙枢纽实现的"一地两检"的创新通关模式,更好地发挥广深港高速铁路的快速联系作用,减少通关时间。进一步加强港澳与内地的交通联系,提升了粤港澳口岸通关能力和通关便利化水平,促进人员、物资高效便捷流动。

三是形成了现代化交通枢纽规划建设的典范。西九龙枢纽按照零距离换乘、无缝化衔接的目标,形成了标杆式的枢纽建设典范,有利于提升枢纽建设水平;推进了大湾区城际客运公交化运营,有利于"一票式"联程和"一卡通"服务的推广。

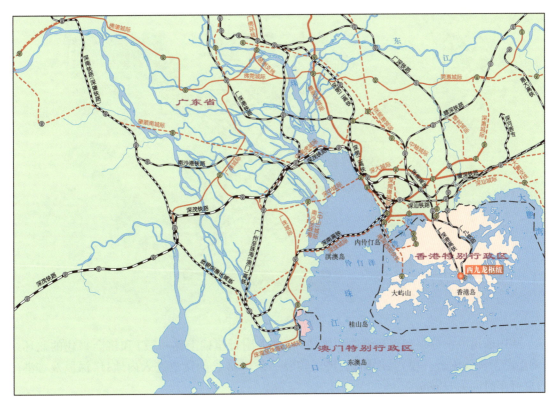

图 18-1　西九龙枢纽在粤港澳大湾区铁路网中的位置

18.2　选址及规模

18.2.1　广深港客专线位规划

广深港客运专线的建设分为内地段(广深段)和香港段。广深港高速铁路全长 142km,其中内地段为 116km,香港段为 26km,车站包括西九龙、福田、深圳北(龙华)、虎门及广州南(石壁),按"统一规划、分段实施"的原则,分别由两地的建设单位各自筹资、设计和建造。以深圳河为界,内地段由铁道部和广东省政府合资建设,香港段则由香港特区政府出资,并委托港铁公司(MTR)负责设计和建设。

1)共用或者专用通道方案

在选择香港高铁走线时,香港特区政府和港铁公司考虑了轨道线路的技术要求、行车运作、安全、地质、土地需求、对小区影响及与内地段的接驳等,研究多个不同的方案。港铁公司进行了项目的环境影响评估,详尽评估在施工及未来运营期间,香港高铁对沿线各种资源、生态、土地、空气、景观的影响[3]。

由香港边境禁区前往西九龙的路线曾经有两个方案:共用通道方案及专用通道方案。两者均计划在落马洲附近接驳广深段,如图18-2所示。2008年4月,香港特区政府决定以西九龙总站作为终点站,路线采用全隧道的独立通道方案。

图18-2 广深港高铁香港段线路比选图

共用通道方案分别和现有港铁西铁线(西九龙附近至锦上路一段)和将会兴建的北环线(锦上路至洲头附近一段)共用路轨,再以转驳一条3km长的隧道进入内地;广深段及香港段的总行车时间为60min。

专用通道方案为兴建一条全新的铁路轨道,直接由西九龙总区接驳至广深段;兴建成本比共用通道方案多出47%。在考虑了环境影响、实施难易等各方面的因素后,采用了全线地下隧道方案。

2)最终走线方案

广深港客运专线香港段全长26km,南始西九龙枢纽,北上至深圳黄岗连接内地段。香港高铁全线采用双洞地下隧道设计建造,不设中途站。

香港段线路走线为连续的长隧道,因此需要在西九龙枢纽与深圳福田站的中段设紧急救援站,用于事故逃生疏散及作为紧急救援的地面入口。同时,地面设置了列车停放处,供列车停放、维护和检修使用。救援站与列车停放处设在同一地点,可以共享设施,包括办公楼、供电、控制和消防等,以减少占地面积。另外,全线地下隧道需要在地面设置通风楼[3]。通风楼的设置遵循"一列火车"原则,即任何时间内,两个通风口之间的行车隧道只可有一列火车行驶,以确保万一隧道内发生火灾所产生的烟雾不会影响隧道内其他列车。香港段线路共设置了8座通风楼,间距为2~6km不等。这些通风楼也作为隧道发生紧急事故时的辅助消防救援通道。

18.2.2 西九龙枢纽选址

在枢纽选址方面,香港特区政府和港铁公司曾考虑和评估过不同的方案,包括新界北部的洲头或者西九龙,其中西九龙在交通接驳、对环境影响及对香港岛及九龙等香港市区的吸引力等方面较好,而兴建于洲头成本较低,对荃湾和新界的乘客有比较大的吸引力[3]。

香港特区政府和港铁公司最终选取了以西九龙为枢纽的方案,该地毗邻3条现有铁路线和多条公路干线,分别是港铁机场快线、东涌线和西铁线(图18-3);有超过30条专营公交及专线小巴线路服务;可让高铁乘客方便快捷地换乘各种交通模式,往来于珠三角各城市、香港国际机场和香港各大商业、旅游和住宅区;枢纽与规划中的西九文化区融合,未来将发展为一个重要的商业中心[4]。西九龙枢纽至香港各区交通时间如图18-4所示。

图 18-3 西九龙枢纽附近的轨道站点

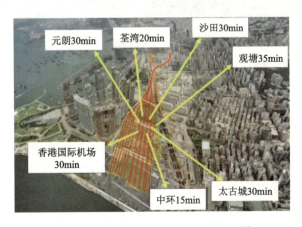

图 18-4 西九龙枢纽至香港各区交通时间[5]

18.2.3　枢纽规模与占地

西九龙枢纽是广深港高铁设在香港的唯一站点,预计日均旅客输送量约为 20 万人次。西九龙枢纽占地 11hm^2,总建筑面积约为 43 万 m^2,铁路设 15 座站台、6 条短途线路、9 条长途线路[5];上盖物业 6 栋,建筑面积 29 万 m$^{2[6]}$。用地分为北区、中区和南区。北区为公交枢纽;中区包含所有重要功能,枢纽功能布局在 B1 至 B4,包含停车库和上落客区;南区为地下空间 B1 至 B4,是停车和上落客区的伸延[7]。

车站的整体布局和风格按国际机场标准设计、建造,设有出入境大堂和口岸查验设施。西九龙枢纽最底层为月台区,分别供往来于香港与广州、深圳之间的城际列车和香港与国家高铁网沿线各大主要城市之间的长途列车停靠。

18.3　枢纽站区详细规划设计

18.3.1　站区建筑设计理念

香港西九龙站坐落于维多利亚港旁,紧邻未来的西九文化区,其设计理念是打造具有归属感的新地标,拥有鲜明的城市公共元素,如图 18-5、图 18-6 所示。这座集时尚、环保、功能性和建筑美感于一身的高铁站,堪称赴港游客不可错过的新兴"打卡圣地"。

图 18-5　西九龙枢纽建筑设计概念图[8]

图 18-6　西九龙枢纽鸟瞰效果图[8]

西九龙枢纽的规划和设计充分考虑了市民、乘客和行人的需要。考虑枢纽的功能和公众效益等因素后,最终采用了地下车站的设计,以便腾出最大的地面空间作为公众可使用的绿化休憩用地,同时有助于改善空气质量。整个西九龙枢纽是"绿色车站",采用一系列的节能减排措施。虽然车站的总体建筑下沉至地下,却通过充分利用天然采光使人不觉得身处地下。屋顶的采光玻璃采用双层架构,采光的同时亦能减少热量传入车站,将自然光线带入建筑内部,甚至让人们从车站的下层也可以看到外面的城市景色。设计以多组扶手电梯和升降机将各楼层按出境、入境人流路径连接,为乘客提供最高效率、最直接的行走路线,使乘客可以用最短的时间直达目的楼层[8],如图 18-7、图 18-8 所示。

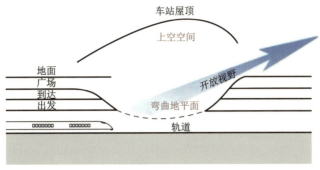

图 18-7　西九龙枢纽地下车站视角[8]

图 18-8　西九龙枢纽车站地下实景

18.3.2　站区各层平面设置

西九龙枢纽分 7 层设置：L2 和 L1 层为空中走廊和观景台，空中走廊分别与柯士甸站和九龙站无缝衔接；G 层主要为绿化空间、广场和商业，其西侧有少量公共交通和旅游客车上落客区[9]；B1 层为售票厅与验票区，其西侧和南侧为地下市政道路（连翔道和柯士甸道），出租车和小汽车在该层的西南角上落客；B2 层为到达层，包括出入境查验和出闸口验票，该层还设有出租车和社会车辆停车库，另有地下步行通道连接柯士甸地铁站；B3 层为出发层，包括出入境查验；B4 层为站台层，岛式站台两侧用玻璃墙分隔。旅客需要出示与印在车票上的姓名和号码相符合的身份证明文件进行实名车票验证，并使用有效旅游证件办理通关手续，如果旅客无证到港将会面临 3000 港元的罚款。

各类交通设施出入口相互分离，车辆各行其道，在枢纽内部的车流和人流均按照管道化组织运行，互不干扰。西九龙枢纽体各层功能如图 18-9~图 18-14 所示。

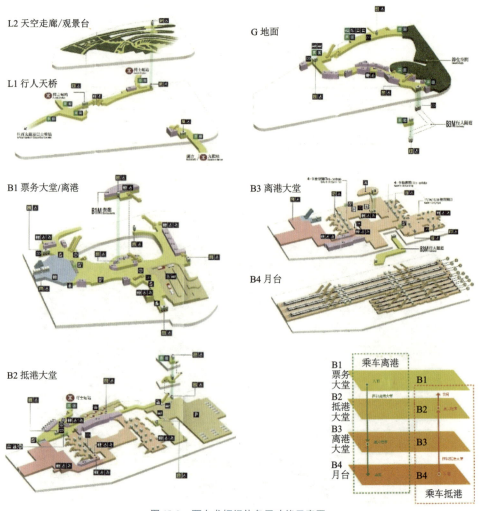

图 18-9　西九龙枢纽体各层功能示意图

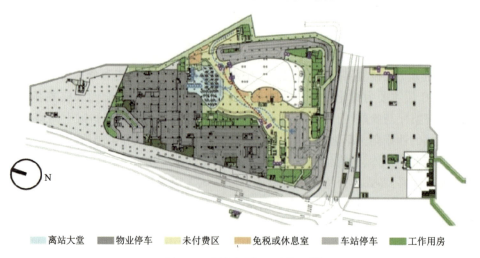

图 18-10　西九龙枢纽 B1 层平面[6]

图 18-11 西九龙枢纽B2层平面[7]

图18-12 西九龙枢纽B3层平面[7]

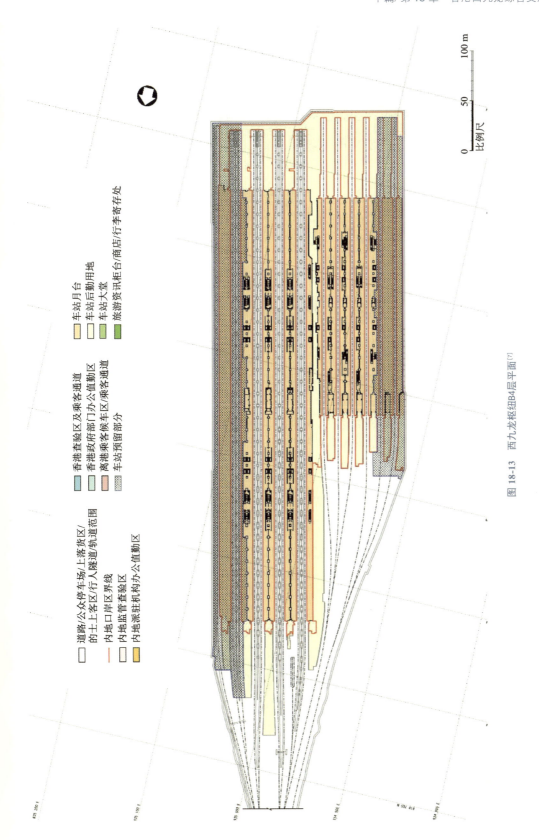

图 18-13 西九龙枢纽B4层平面[7]

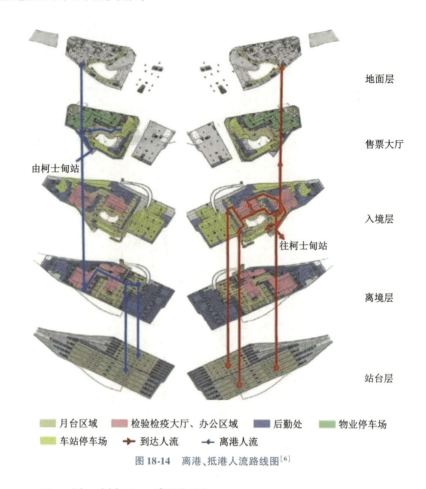

图 18-14　离港、抵港人流路线图[6]

18.3.3 "一地两检"口岸设置

西九龙枢纽设置"一地两检"口岸,由内地和港方分别按照各自法律,对往来内地和香港特区的出入境人员及其随身物品和行李进行出入境边防、海关等出入境监管。西九龙站口岸分为香港口岸区和内地口岸区。香港口岸区由香港特区政府依据特区法律设立和管辖,实行过境限制区管理。内地口岸区由内地根据双方合作安排和内地法律设立和管辖,实行口岸管理制度[10]。西九龙站 B2 入境层、西九龙站 B3 离境层、口岸区分界线分别如图 18-15～图 18-17 所示。

内地口岸区的范围为西九龙站地下二、三层的划定区域,地下四层月台区域及有关连接通道,包括内地监管查验区、办公备勤区、离港乘客候车区、车站月台和连接通道及电梯。在香港特区境内的广深港高铁营运中的列车车厢(包括行驶中、停留中和上下乘客期间)亦视作在内地口岸区范围之内。除上述纳入内地口岸区范围的场地和高铁列车车厢,广深港高铁香港段的所有其他营运范围及设施(包括石岗列车停放处、路轨及行车隧道)均不属于内地口岸区范围。

内地和香港建立了联络协调与应急处理机制。建立口岸协商联络机制,加强在通关协调、联合打私、治安消防、反恐防暴等各个方面的沟通与合作,确保内地口岸区安全、顺畅、高效运行和对其有效监管。建立应急处理机制,共同编制应急预案,以协助内地处理内地口岸区运行中可能出现的突发、紧急事件,包括突发公共卫生事件、重大水电供应事故、恐怖袭击、消防事故、严重暴力事件、危险化学品或爆炸品事件、传染病疫情、核生化事件、动植物疫病疫情、列车运行异常等。建立联络员制度,进行沟通并定期安排联合演练;为协助处理突发、紧急事件,经内地派驻机构请求并授权,香港特区有关人员可在内地口岸区协助进行相关活动,并享有如在香港特区法律及内地法律享有的保障和豁免[10]。

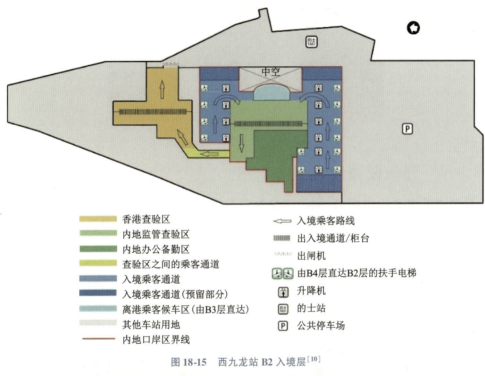

图 18-15　西九龙站 B2 入境层[10]

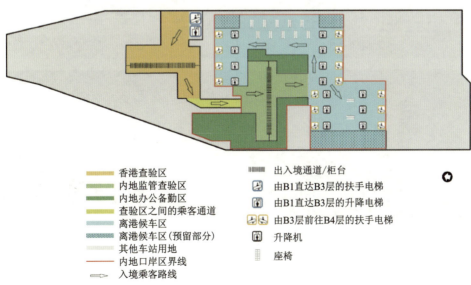

图 18-16　西九龙站 B3 离境层[10]

图 18-17　口岸区分界线

18.3.4　建筑限高与容积率

综合考虑滨海观山景观点、周边绿色空间分布，枢纽采用相对较低的建筑高度，最高 115m，总体容积率约为 5.0，以凸显山脊轮廓，通过屋顶绿化串联北部绿色空间与滨海西九文化区，创造"多面向"的联系通道。建筑高度如图 18-18 所示。

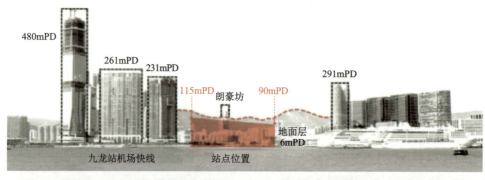

图 18-18　建筑高度[8]

18.3.5　绿化与公共空间设计

建筑外侧的地面层朝入口向下弯曲，而上方的屋顶结构指向天空，由此打造出一个 45m

挑高的空间,将聚焦点集中于南立面,望向香港中环的天际线和太平山顶及远处。这种设计鼓励并引导人们登上车站的屋顶(图 18-19),置身于郁郁葱葱的树木和灌木丛,欣赏全新的景观,并与城市建立新的联系。旅客若前往位于天台的休闲通道漫步,还可以将维多利亚港两岸的优美景致尽收眼底。

图 18-19　车站屋顶公共空间

18.4　枢纽核心区集散接驳设施规划

18.4.1　主要接驳方式

西九龙枢纽集散交通及接驳设施体现了集约化、多模式、智能化的特征,接驳模式以公共交通为主体,其中轨道接驳客流量约占 50%,各类地面公交车[香港惯称"巴士",含大型客车(大巴)、小型客车(小巴)和旅游客车(旅游巴士)等]客流量约占 12%,出租车和私家车接驳客流量约占 33%,步行接驳客流量约占 5%[6],如图 18-20 所示。

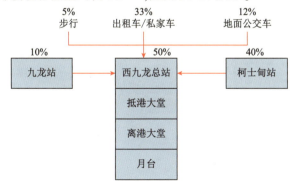

图 18-20　西九龙枢纽接驳方式比例[6]

18.4.2 私家车接驳

出租车和小汽车落客区设在 B1 层,上客区设在 B2 层。在 B1 和 B2 层设置小汽车停车场,泊位约有 500 个,小汽车停车场内部设有少量的上客泊位[6]。地面层枢纽巴士上落客区、出租车小汽车上落客区、地面出入口规划如图 18-21 ~ 图 18-23 所示。

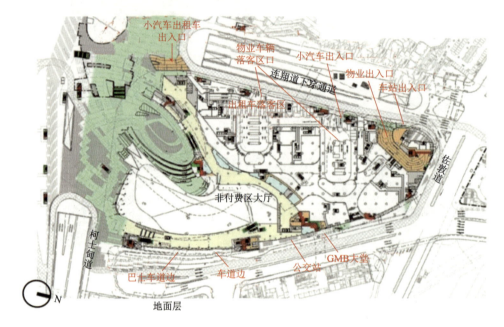

图 18-21　地面层枢纽巴士上落客区、出租车小汽车上落客区地面出入口规划[6]

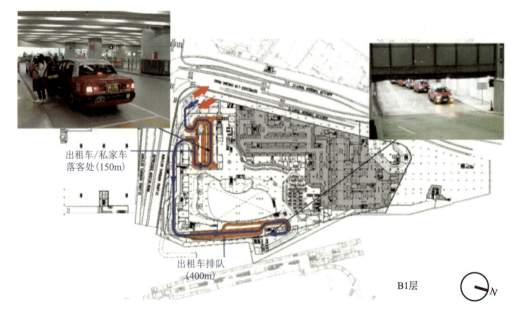

图 18-22　B1 层出租车及小汽车落客区及流线设计[6]

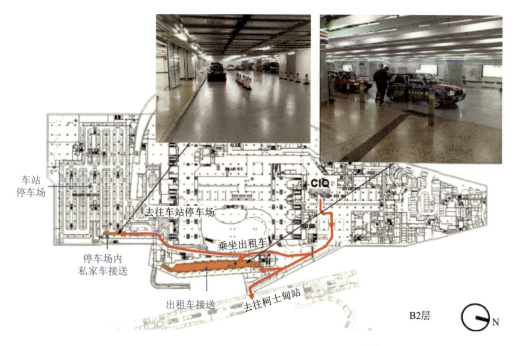

图 18-23 B2 层出租车及小汽车上客区及流线设计[6]

18.4.3 公共交通接驳

轨道交通:西九龙站内未直接设置轨道交通线路,但可与西侧九龙站的机场快线和东涌线,以及东侧西铁线衔接换乘。其中九龙站还设置了机场城市航站楼,可实现值机和行李托运功能。

地面公共交通场站:枢纽配置巴士总站一处,占地面积 2.5 万 m^2,位于西九龙站北侧,共设置 11 条线路的到发站台,并留有 30 辆巴士的蓄车区。西九龙站与巴士总站之间设置了连廊和天桥实现连通。巴士上落客区设在 G 层西侧。由于调度运营等问题,该上落客区目前很少使用,乘客需步行约 350m 前往北侧的巴士总站[9]。

专营巴士服务:西九龙站一带已建立了相当完善的公共交通服务网络(图 18-24),包括九龙站公共交通交会处、佐敦渡华路临时巴士总站、广东道及佐敦道一带共 40 多条专营巴士路线提供往返全港各区的巴士服务[9]。配合西九龙站(包括巴士总站及其他公共交通设施)的启用,香港运输署安排优化现有专营巴士服务,需要增设落客点和加密班次,并开办 3 条特快新专营巴士路线:①金钟站(西)巴士总站—西九龙站巴士总站;②观塘站公共交通交会处—西九龙站巴士总站;③上水巴士总站—西九龙站巴士总站。

专线小巴服务:对部分行经西九龙站附近的专线小巴线增设落客点,方便乘客往来该站。

非专营巴士服务:位于西九龙站外近汇翔道的新连接路将设非专营巴士上落客区,而西九龙站巴士总站附近设置 30 个非专营巴士停泊位,满足非专营巴士营运需要。

图 18-24　西九龙站点附近的公共交通服务设施[9]

18.4.4　慢行交通接驳

西九龙枢纽联系周边建筑的有 6 条行人天桥、2 条隧道[6],提供便捷、舒适的行人接驳,除了方便周边小区行人的通行外,还方便高铁旅客往来九龙站换乘机场快线、东涌线或至柯士甸站换乘西铁线。行人天桥为封闭式并设置了通风冷气系统、自动步道等,提供凉爽便捷的步行环境。在有高差的平台之间,其步行道采用缓坡的形式来处理,方便携带行李的旅客,如图 18-25 ~ 图 18-29 所示。

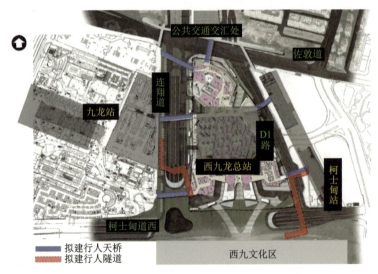

图 18-25　西九龙站与周边建筑慢行接驳设施布局[5]

图 18-26　西九龙站与周边建筑二层连廊

图 18-27　有顶棚的二层连廊

图 18-28　设有自动步道的二层连廊

图 18-29　采用缓坡的步行道

18.5　枢纽周边交通规划

西九龙站周边道路在立体上分为 3 个层次,即快速过境性的通道(地下二层)、一般穿越性主干道(地下一层)、枢纽疏解性的地面道路,如图 18-30 所示。西九龙站通过立体化设置地下道路系统,有效地将人、车分流[11],极大提升了地区价值。

■ 地面层　■ B1层道路　■ B2层道路
图 18-30　西九龙站周边下穿道路分层布局[6]

18.5.1 快速过境性的通道

西九龙站位于从香港国际机场至尖沙咀商业区的必经之路上,由于九龙填海工程因环保原因搁置,西九龙至尖沙咀的沿海隧道无法实施,周边道路承担着较多过境交通的功能。连翔道衔接西九龙公路立交,并向东通过柯士甸道进行疏解。因此,西北—东南过境交通需要重点考虑。规划将西北—东南的过境车流改为局部下穿,设置专用匝道满足转向需求,以减少地面交通流,提高路口通行效率,如图 18-31 所示。

图 18-31　西九龙枢纽周边过境交通及下穿通道设置图

18.5.2 一般穿越性主干道

连翔道和柯士甸道均为服务于西九文化区的干道,需保障该区域路网的连续性。为保证西九龙站站前广场与西九文化区的地面步行通道连通,将连翔道和柯士甸道也做了下穿处理并在负一层设置信号灯交叉口,如图 18-32 所示。下穿道路的上方空间将成为一个低噪声、绿色、舒适的无障碍步行广场,以供市民休憩、活动,并融入未来的西九文化区。

图 18-32　西九龙枢纽周边主干路及下穿通道设置图

18.5.3　疏解性的地面道路

西九龙枢纽的枢纽车辆及上盖物业车辆通过地面大半径掉头通道及周边的地面道路疏解，为此形成了环绕枢纽的地面道路系统，满足枢纽地块的到发性交通组织需求，如图18-33所示。

图18-33　西九龙站疏解地面道路系统[6]

18.6　枢纽综合开发规划

18.6.1　西九龙枢纽地区规划

西九龙站西侧的九龙站于1998年建成，配合启德机场搬迁投入使用，是香港机场快线及东涌线的换乘站。赤鱲角机场位于香港市区以西约25km，因此，设置九龙站的目的是将机场的功能重新搬回城市，提升香港的国际竞争力。九龙站开启了香港垂直城市的建设，地下一层和地下二层分别是机场快线和东涌线的站台，地面层设置了城市航站楼，可在市区直接办理值机和行李托运；地上一层是圆方商场，地上二层以上是漾日居、擎天半岛、君临天下、凯旋门、天玺、环球贸易广场等地产开发项目。

西九龙站东侧的柯士甸站于2009年8月投入使用，车站位于已拆卸的佐敦道码头，服务西南九龙一带。在西九龙站未建成前，虽然柯士甸站十分接近西面的九龙站，但是并不能实现东涌线与西铁线的直接换乘，乘客需要进出一次付费区才能实现换乘。柯士甸设有行人天桥连接佐敦道行人天桥、九龙站、西九龙站及其上盖物业，以及佐敦道行人隧道。

西九龙枢纽地区在规划上强调可持续性、可扩展性、可建造性和可维护性的总体目标,综合考虑与周边九龙站(已建成,约13.5hm²)、柯士甸站(已建成,约6hm²)、西九文化区(在建,约36hm²)及城市建成区的协调关系,如图18-34所示。设计过程中整合了交通工程、岩土工程、智慧城市、地下空间规划、环境工程、能源工程等多类专项内容。

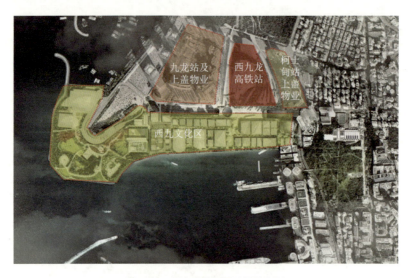

图18-34　西九龙枢纽周边用地规划

18.6.2　西九龙枢纽上盖物业

西九龙枢纽在规划时体现了寸土寸金、高度集聚、集约节约和高强度开发的特点。西九龙枢纽充分利用自身的地理优势,结合商务办公和零售业态,使西九龙成为交通枢纽,同时成为人们的商务、购物、休闲、娱乐的目的地,如图18-35所示。

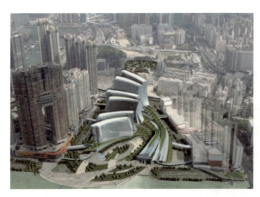 

图18-35　西九龙枢纽及上盖物业

在上盖物业开发时,营运中的高铁枢纽底层布满轨道,很难再允许任何桩基础施工,因此,枢纽的地基荷载需根据相关政府部门的规划,按上盖物业的楼高荷载要求作出预留。同时,车站的规划也需为未来的物业所产生的车流、人流和停车要求做出预留,并将上盖物业与车站的交通分离,使两者既能满足各自的交通需求,而又互不干扰,如图18-36所示。

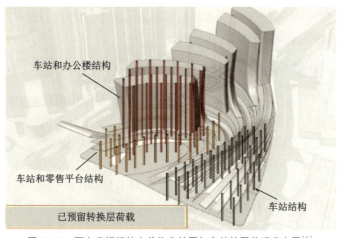

图 18-36　西九龙枢纽的上盖物业柱网与车站柱网关系分布图[6]

18.7　投资发展模式分析

18.7.1　广深港客运专线投融资模式介绍

广深港客运专线的香港段总投资 873 亿港元,采用新的服务经营权模式。在此模式下,政府拥有铁路资产,支付项目的工程费用,并承担建造风险。港铁公司则受政府委托,负责管理项目的各个方面,包括铁路的设计、建造、测试和通车试行。建成后,港铁公司则可获批服务经营权来营运系统,并向政府提交服务经营费,费用多少则取决于铁路营运收益。广深港客运专线香港段建成后,香港特区政府以 1000 港元的象征价格将 50 年期的营运高铁香港段所需土地归属权益及运营权益授予九广铁路公司(简称"九铁公司"),由九铁公司与港铁公司对接,通过《服务经营权补充协议》将经营权授予港铁。港铁公司是实际的开发运营执行者。鉴于港铁公司、九铁公司均没有高铁营运经验,难以作出长期业务预测,港铁公司与九铁公司经过协商,将既有合作框架中的服务经营权年期缩短为 10 年以降低风险,港铁公司需向九铁公司缴纳经营权费用,关于延期事宜留作日后商讨[12]。西九龙高铁站场综合发展区开发的规划协作与权益统筹模式如图 18-37 所示。

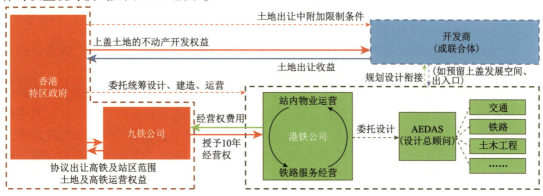

图 18-37　西九龙高铁站场综合发展区开发的规划协作与权益统筹模式[12]

对于后续上盖开发，香港特区政府地政总署通过土地拍卖程序，根据土地性质、配套设施水平，在地契上附加特别限制条款引入开发商。

18.7.2 广深港客运专线建设管理模式

为实现项目的全生命周期管理，西九龙站项目采用了一体化项目集群管理模式，以工程建设、运营增值为目标进行了全过程工程咨询。由港铁公司委托英国凯达建筑设计事务所（AEDAS）作为站场规划及建筑设计总顾问，负责交通、铁路、土木工程等专业间的协作。主要的协助专业包括 MAUNSELL——建设组织、AECOM——规划设计、AEDAS——建筑设计、MEINHAROT——机电工程顾问、MVA——交通规划、VURO HAPPOLD——结构设计、EDAW——景观设计、MOTT——工程顾问。诸多团队组成联合体，共同编制了西九龙枢纽地区总体设计方案，并于2009年11月通过了香港规划署审定。该项目通过整合多专业技术资源，提出系统性解决方案和机制，制订了总体计划和分年度计划，自上而下地推动工程项目有序实施。

引入工程技术接口管理控制体系（DRR），衔接枢纽基建与政府部门、建设主体与部门、项目与项目，对接各专业领域、标段间技术接口。轨道交通的技术接口所涉及的专业性相对较强，除了规划管理类之外，还包括土建结构和机电设备类。规划管理类包括城市规划、交通规划以及环境保护和工期策划等，土建结构类主要包括地质条件、轨道、路基以及车辆段等，机电设备类主要包括车辆、主变电所、变电所、接触网等。

项目全程建立了基于 BIM（Building Information Modeling，建筑信息模型）的信息化管理系统，实现规划设计-招投标-施工建造-工程移交-运营维护全流程系统化管理。对规划、建筑、结构、机电等各个专业系统的空间信息进行共用共享，提高了各方对从规划设计到施工验收运维的全流程的把控力。

18.7.3 "港铁模式"带来的效益

广深港客运专线的开通使得从广州到香港九龙区的时间从原来的2h缩短为1h，深圳福田到香港九龙的时间从45min缩短至14min。不仅如此，西九龙站优越的地理位置和设计使得接驳地铁九龙站、柯士甸站和机场专线的时间也大大缩短，有效地减少了内地与香港之间的距离感，对构建"粤港澳都市圈"有着重要的意义。除此之外，西九龙枢纽周边片区规划遵循了高度聚集、高度集约和高强度的原则，使得西九龙不仅具备了交通枢纽的属性，也具备居住、办公、商户、购物、休闲娱乐等多种业态的属性。这样的设计使得出行者的各种出行目的都可以在西九龙站步行范围内得到满足，大大节约了通勤出行时间。

高铁的建设与运营会提高区域可达性，进而诱发沿线地区客流出行效益。广深港高铁和西九龙枢纽开通以来，日均客流量达5万人次，峰值客流量达8万人次。

港铁公司前期参与规划阶段，并通过规划轨道与物业地块融合设计，最大化地利用车站的人流培育商业价值，创造土地增值条件。西九龙枢纽综合体上盖物业达到109万 m^2。其中包括擎天半岛、漾日居、凯旋门、君临天下等18座高端超高层住宅，面积达49万 m^2；建筑面积9.3万 m^2 的高端商场园方商场；23.5万 m^2 的公寓式酒店天玺和26.2万 m^2 的办公写字楼环球贸易广场。其中，新鸿基竞标价高达422亿港元，是香港"史上最贵地王"。2020年，中国平安人寿保险股份有限公司斥资100多亿港元准备与新鸿基共同打造平安香港总部大楼项目。国内外知名企业的争相入驻体现了西九龙枢纽给周边片区带来的土地价值提升效益。

18.8 经验总结

18.8.1 特征总结

西九龙枢纽的规划设计集中体现了4个特征：

①将高铁站和周边景观、公共空间等融为一体，形成极具特色的地标性综合体。在建筑设计上结合了通往山海的视觉通廊，最大限度考虑了旅客的空间体验；通过空间设计手法，利用屋顶绿化、空中花园等方式结合高铁站与上盖物业，形成连贯的、开放的公共空间；通过空中连廊、地下通道、公共步道、垂直交通设施等，使高铁站向周边物业延展开来，形成了无缝衔接的步行系统。

②体现了寸土寸金、高度集聚、集约节约、高强度开发的特征。因所处的区位价值较高，西九龙枢纽体现了高度集约的特点。作为一个建设在高铁轨道线上方的综合体，西九龙枢纽在规划初始就考虑了上盖物业的桩基础预留、物业开发的车辆出入、商业空间的布局等；充分利用了地下空间，建立地下车行通道疏解过境、周边地块的交通，从而将地面道路净化给枢纽使用；在口岸通关方面，提出了"一地两检"的创新通关方式，极大地方便了旅客。

③交通接驳体系多模式、快捷化、智能化。西九龙枢纽在城市轨道、候机楼之外，也充分考虑了多种接驳方式以及多种类型的定制小巴、出租车、非专用巴士等的服务设施布局；从枢纽快捷集散的角度对周边路网进行立体化改造，并以人的活动为出发点组织各类上、落客车道边系统及车辆流线。

④通过"港铁模式"将资金流可持续化，打造全生命周期的项目管理模式。港铁公司全过程参与规划设计，并通过规划轨道与物业地块融合设计，最大化地利用车站的人流培育商业价值，创造更有利的土地增值条件。

18.8.2 可借鉴之处

西九龙枢纽作为城市中心型交通枢纽，可借鉴之处有以下几个方面：

一是作为高品质综合交通枢纽的规划选址应位于城市中心位置，支撑城市发展；由于区位受限，无法承担大量小汽车交通，因此采用公共交通优先的接驳模式是必然选择，故该类型的枢纽选址需要具有良好的公共交通接驳条件。

二是强化交通组织和公共服务，打造"最后一公里"高品质的交通接驳与公共服务体系。合理布局公共开放空间及公交配套设施。以公交发展为核心，重视公交便利、步行和自行车友好条件预留，有序组织不同性质交通的垂直方向分层和水平分区，强化轨道交通站点与车辆便利的交通衔接、车站与周边舒适的步行网络，保持城市界面的连续性，减少噪声和其他污染。同时，加强枢纽上盖及周边存量土地开发过程中高品质公共服务体系支撑。

三是兼顾人流、车流的内外交通一体化，满足枢纽交通及城市开发功能交通组织需求；物业交通出入口与接驳交通出入口应采用相互分离的原则，避免二者交通混行；按照承担的接驳量从主到次分别设计各类型交通流线。建立多层面的行人交通系统，在立体空间实现物业和枢纽交通的人行系统的分离;规划具有延续性的步行空间以及构建高通达性的步行连廊系统,与周边建筑步行空间无缝对接。

四是在利益统筹、实施落地方面,研究和探索适应站城一体化的长效开发运营机制。在规划层面、产权关系上探索研究枢纽中公共与私人产权弹性划分政策,集约高效利用土地,使轨道交通外部效益内部化,合理平衡各方利益,保障站城一体化目标有序实现。同时,引入优秀的投资运营企业,利用有限的资源为城市提供更好的服务,实现枢纽建设和运营的良性循环,实现复合式交通枢纽的可持续发展。

18.8.3 可吸取的教训

广深港客运专线和西九龙枢纽的规划建设和运营过程也反映出一些问题,可吸取的教训如下:

①对建设成本预估不足。广深港高铁香港段预估造价为 669 亿港元,实际造价约为 873 亿港元,再超支的费用由港铁公司承担。

②西九龙站前期勘探密度严重不足,而片区地底线缆和管道过于复杂,产生了许多施工上的困难,导致设计更改、工期延误和超支。

③铁路建设供应链管理有待优化。广深港高铁香港段采用全隧道模式,共包含 10 节隧道,涉及复杂的地形特征和不同的隧道挖掘技术。而港铁公司将 10 节隧道分配给 8 家不同的承建商,导致每家承建商只负责 2~3km,大大增加了项目工程的成本,最终导致超支。

④西九龙站内较多的商业开发混淆了行人主流线。在站厅的地下层布局了较多的商业设施,过多的指示标牌和商铺招牌混淆行人视线。同时商业店铺的流线与旅客进出高铁的主流线存在干扰交织现象。

⑤西九龙站高峰时刻旅客集散空间略显局促。高峰时段部分售票点、取票点等地,旅客排队并高度集聚,造成拥挤。

本章参考文献

[1] 卢佩莹,王波.从区域一体化看融合交通——以粤港澳大湾区和港深广高铁线为例[J].地理科学进展,2018,37(12):1623-1632.

[2] 中共中央,国务院.粤港澳大湾区发展规划纲要[M].北京:人民出版社,2019.

[3] 林世雄.香港高铁的规划与建设[C/OL].(2011-06-28)[2023-05-04].http://chkri.hk/seminar/2%20Hong%20Kong%20High%20Speed%20Rail%20(Hong%20Kong%20Section)%20Design%20and%20Construction.pdf.

[4] 香港西九文化区管理局.西九文化区与邻近地区的融合和连接[R].香港:香港西九文化区管理局,2015.

[5] 香港立法会交通事务委员会.广深港高速铁路香港段西九龙总站的选址和配套[EB/OL].(2009-11-16)[2023-05-04].https://www.legco.gov.hk/yr09-10/chinese/panels/tp/tp_rdp/papers/tp_rdp1022cb1-389-1-c.pdf.

[6] 香港地铁.广深港客运专线西九龙枢纽设计简介[R].香港:香港地铁,2010.

[7] 香港路政署.广深港高铁西九龙站图则[R].香港:香港路政署,2018.

[8] AEDAS. Express Rail Link West Kowloon Terminus, Hong Kong[R]. Hong Kong：AEDAS, 2008.
[9] 香港运输署. 广深港高铁西九龙站的本地公共交通服务安排[EB/OL]. (2018-11-16)[2023-05-04]. https：//max.book118.com/html/2018/1103/8064054075001131.shtm.
[10] 广东省人民政府, 香港特别行政区政府. 内地与香港特别行政区关于在广深港高铁西九龙站设立口岸实施"一地两检"的合作安排[EB/OL]. (2017-11-29)[2023-05-04]. https：//www.hmo.gov.cn/xwzx/zwyw/201712/t20171229_1670.html.
[11] 香港运输署, 弘达交通顾问有限公司. 西九龙填海发展区交通研究[R]. 香港：香港运输署, 弘达交通顾问有限公司, 2008.
[12] 徐颖, 肖锐琴, 张为师. 中心城区铁路站场综合开发的探索与实践——以香港西九龙站和重庆沙坪坝站为例[J]. 现代城市研究, 2021(9)：63-70.
[13] TANG B, CHIANG Y, BALDWIN A, et al. Study of the integrated rail-property development model in Hong Kong[R]. Hong Kong：The Hong Kong Polytechnic University, 2004.

第 19 章

北京大兴国际机场综合交通枢纽

——基于"凤凰展翅"空港构建综合、绿色、安全、智能的立体化现代化交通系统案例

北京大兴国际机场是首都重大的标志性工程,是推动京津冀协同发展的骨干工程,从2014年12月开工建设到2019年9月正式建成投运仅用时4年8个月,创造了世界工程建设史上的一大奇迹,充分展现了中国工程建筑的雄厚实力,充分体现了中国精神和中国力量。

北京大兴国际机场综合交通枢纽(简称"大兴枢纽")基于"凤凰展翅"空港,打造平安机场、绿色机场、智慧机场、人文机场,以其独特的造型设计、精湛的施工工艺、便捷的交通组织、先进的技术应用,构建综合、绿色、安全、智能的立体化、现代化交通系统,不仅在机场内部实现了公路、轨道交通、高速铁路、城际铁路等多种交通运输方式的立体换乘、无缝衔接,而且在外部配套建设了"五纵两横"的交通网络,正成长为国际航空枢纽建设运营新标杆、世界一流便捷高效新国门、京津冀协同发展新引擎。

19.1 建设背景

19.1.1 北京民航事业发展

北京是中国航空事业的发祥地,在大兴国际机场之前,北京曾拥有过3个民航机场,包括南苑机场、西郊机场和首都机场。

其中,首都机场作为中国第一国门,是中华人民共和国成立以来兴建的第一个大型民用机场。1953年12月3日经政务院批准,北京修建了一座与首都的政治、经济、文化、外交发展相适应的民航专用机场,周恩来总理亲自为首都机场选址,定在当时的北京市顺义县(今顺义区)天竺镇,距天安门广场直线距离约25km。1954年新建首都机场工程项目正式启动,经过3年多时间的建设,于1958年建成并投入使用。

随着民航事业的快速发展,从1974年起首都机场先后历经了10多次大规模改建,最终形成目前3座大型旅客航站楼、3条跑道的格局,年旅客吞吐能力扩容至8000万~1亿人次。凭

借得天独厚的地理位置、方便快捷的中转流程、紧密高效的协同合作,首都机场成为连接亚、欧、美三大航空市场最便捷的航空枢纽。截至 2019 年底,在首都机场运营商业航班的航空公司有 93 家,国内(含港澳台地区)航空公司 31 家,国外航空公司 62 家,通航 65 个国家及地区的 294 个航点,其中包括国际航点 133 个。

与此同时,首都机场航班量和旅客量快速增长,2018—2019 年,北京首都国际机场年旅客吞吐量连续突破 1 亿人次,连续 10 年位列全球第 2 名,成为仅次于亚特兰大国际机场的全球第二大国际航空枢纽机场。

19.1.2 大兴国际机场建设机遇

改革开放以来,我国民航运输业务持续快速增长,尤其是 2004 年以后,我国成为世界上民航客货邮运输量增长率最高的国家之一。北京是我国的政治、文化、科技创新中心,也是国际交往中心,是世界闻名的古都和现代化国际城市。但首都地区航空运输供需不平衡问题十分突出,2000—2010 年首都机场旅客吞吐量年均增长 13%,货邮吞吐量年均增长 10.8%,起降架次年均增长 10.9%。

随着首都国际机场进入超负荷运转状态,"国门不畅"成为制约首都发展的重要问题。根据 2003 年《国家发改委关于北京首都国际机场扩建工程项目建议书的批复》,计划到 2015 年,实现首都机场可以满足年旅客吞吐量 7600 万人次的目标。然而,2010 年首都机场的旅客吞吐量就达到了 7400 万人次,数量接近饱和。尽管存在旺盛的潜在需求,但是受设施条件限制,航班时刻增加受到严格控制,每天有数百个航班申请不能得到满足。首都机场 2012 年以来吞吐量增速一直在低位徘徊,远低于全国 11% 的平均增速,也不及广州白云机场和上海浦东机场,如图 19-1 所示。巨大的客流压得首都机场不堪重负,准点率连续下降,2017 年仅为 52.84%。除了空域资源有限导致航班延误频发,繁忙的机场还给周边地面交通带来了很大压力。

图 19-1　2009—2018 年北上广主要机场吞吐量及增长情况

据测算(不考虑疫情影响),北京地区航空客运需求 2020 年为 1.4 亿人次,2025 年为 1.7 亿人次,2030 年将达到 2 亿人次。尽管首都国际机场附近还留有建设第 4 个航站楼的空间,但是首都机场跑道容量受限的问题难以解决。在过去 20 年里,新机场一直有预案,随着首都机场越来越满,这个预案的价值也越来越大[1]。

建设大兴国际机场也符合世界民航发展规律,全球世界级城市大多是"一市两场"或"一市多场"布局,大兴国际机场建成投运使北京迈入世界先进行列,在设施规模、保障能力、发展质量等方面,将可比肩伦敦、纽约、东京、巴黎等世界级城市。

19.2 选址方案

19.2.1 早期规划

1993年,北京市编制《北京市城市总体规划(1994—2004)》,提出在北京市周边兴建中型机场,规划通州张家湾与大兴庞各庄两处中型机场场址,并征得了中国民用航空总局(现为中国民用航空局)同意。但由于当时首都机场尚能满足航空运力,新机场选址并没有急于确定。

2001年7月北京申奥成功,为满足奥运会保障需要,中国民用航空总局启动首都机场三期扩建与新建北京第二机场的对比研究,同步开展选址工作,经过多方面比选论证,认为扩建首都机场更为合理可行,并确定北京大兴南各庄、河北固安后西丈、彭村、东红寺等4个场址作为预选场址。

19.2.2 场址选择

2008年3月由国家发展改革委牵头,会同总参、民航局、空军、海军以及北京市、天津市、河北省政府等部门,成立北京新机场选址工作协调小组,重新启动机场选址工作,通过多番论证比选,确定以大兴场址为北京新机场推荐场址[2]。

2012年11月国务院通过《有关建设北京新机场的请示报告》,并于12月下发《国务院、中央军委关于同意建设北京新机场的批复》(国函〔2012〕217号文)。

场址选为北京大兴有五个主要优势:

①空域条件较优,选址工作的空域规划符合首都国际机场、天津滨海机场和北京新机场的整体发展要求,三大主要运行空域应无交叉、重叠,各自相对独立。

②离主要客源近,省时省钱。新机场规划年吞吐量为8000万人次,其中80%以上旅客来自北京。大兴场址距天安门48km,固安场址距天安门64km,从大兴到北京城区,单程可减少时间约12min,年节约汽车燃油约15万t,符合航空客户对时间的要求,也能提高城市运行效率,节约社会成本。

③周边基础设施条件好,公共服务体系完善,高速公路发达,可实现与北京城区和首都机场快速连接。

④处于大兴新城、亦庄、廊坊和固安这几个城镇组团的中心,区位优势明显。国务院发展研究中心的研究表明,新机场选址大兴,临空经济对区域GDP(国内生产总值)贡献远期约为2800亿元,其中对北京贡献1600亿元,对河北贡献1200亿元。若落户固安,对区域GDP贡献远期约为1800亿元,其中对北京、河北两地各贡献900亿元。因此,从实现对区域经济作用最大化的角度考虑,选址大兴都要优于固安。

⑤与首都机场属同一行政区,便于管理。

19.3 建设方案与实施

按照北京新机场工程可行性研究报告[4],建设北京新机场可以满足北京地区航空运输需求,增强我国民航国际竞争力,促进北京南北城区均衡发展和京津冀协同发展,以及更好地服务全国对外开放。新机场的一期工程按 2025 年旅客吞吐量 7200 万人次、货邮吞吐量 200 万 t、飞机起降量 62 万架次的目标设计,飞行区等级指标为 4F。

19.3.1 建设方案

1)机场工程

机场主要建设呈"三纵一横"布局的 4 条跑道,其中,东跑道长 3400m、宽 60m,西 1 跑道、北跑道长 3800m、宽 60m,西 2 跑道长 3800m、宽 45m,东跑道距西 1 跑道 2380m,西 1 跑道距西 2 跑道 760m,相应设置 8 条平行滑行道以及联络道系统,跑道设置 2 套Ⅲ类仪表着陆系统和灯光系统、5 套Ⅰ类仪表着陆系统和灯光系统。建设 150 个机位的客机坪、24 个机位的货机坪、14 个机位的维修机坪。

机场建设 70 万 m^2 的航站楼,主楼、指廊分别满足 7200 万人次和 4500 万人次使用需求,同时建设 7.5 万 m^2 的货运站、3.5 万 m^2 的货运综合配套用房、7.4 万 m^2 的海关监管仓库。同步建设空防安保训练中心、综合管理用房、旅客过夜用房等辅助生产生活设施,以及场内综合交通、供水、供电、制冷、供热、供气、信息通信、消防救援、雨污水污物、绿化等配套设施和场外生活保障基地。

2)空管工程

在本场建设 2 座空管塔台、6.7 万 m^2 的空管业务用房,以及航管、监视、导航、通信、气象等设施设备。在北京市顺义区李桥镇建设北京终端管制中心,包括 3.6 万 m^2 的管制中心用房、3 万 m^2 的管制训练用房以及相关设施设备。

3)供油工程

场区内建设 8 个 2 万 m^2 的航空煤油储罐及 1.3 万 m^2 的配套业务用房、38.1km 机坪加油管线、3 万 m^2 的综合生产调度中心、2 座航空加油站等。场外配套建设京津第二输油管线及泵站等设施。

4)航空公司基地工程

中国南方航空集团公司(简称"南航")、中国东方航空集团公司(含中国联合航空有限公司,简称"东航")、中国航空集团公司(含北京航空有限责任公司,简称"国航")、中国邮政集团公司等进驻机场设置基地。

19.3.2 组织实施

大兴国际机场由首都机场集团公司、中国民用航空华北地区空中交通管理局、首都机场集团公司和中国航空油料集团公司组建的合资公司分别作为机场工程、空管工程和供油工程的项目法人，负责各自项目的组织实施与管理。

整个机场建设历时54个月，1600多个日夜。从2014年12月开工建设，一期工程主要建设"三纵一横"4条跑道、70万 m^2 的航站楼（图19-2）、268个机位的站坪以及相关配套设施。2018年12月，飞行区4条跑道全面贯通，飞行校验工作于2019年2月完成，如图19-3所示。

图19-2　建设中的北京大兴国际机场

图19-3　竣工时的北京大兴国际机场

其中，航站区工程于2015年1月启动设计工作，2015年9月26日正式开工。实施方案设计、初步设计、施工图设计由北京市建筑设计研究院有限公司（BIAD）和中国民航机场建设集团（CACC）作为主体设计单位共同完成，设计周期为2015年1月至2017年4月，历时两年零四个月[5]。

机场建设以"精品、样板、平安、廉洁"4个工程为目标，通过精心组织、科学管理、精细施工、协同推进，高质量如期圆满完成了工程建设任务。大兴国际机场设计组织架构如图19-4所示。

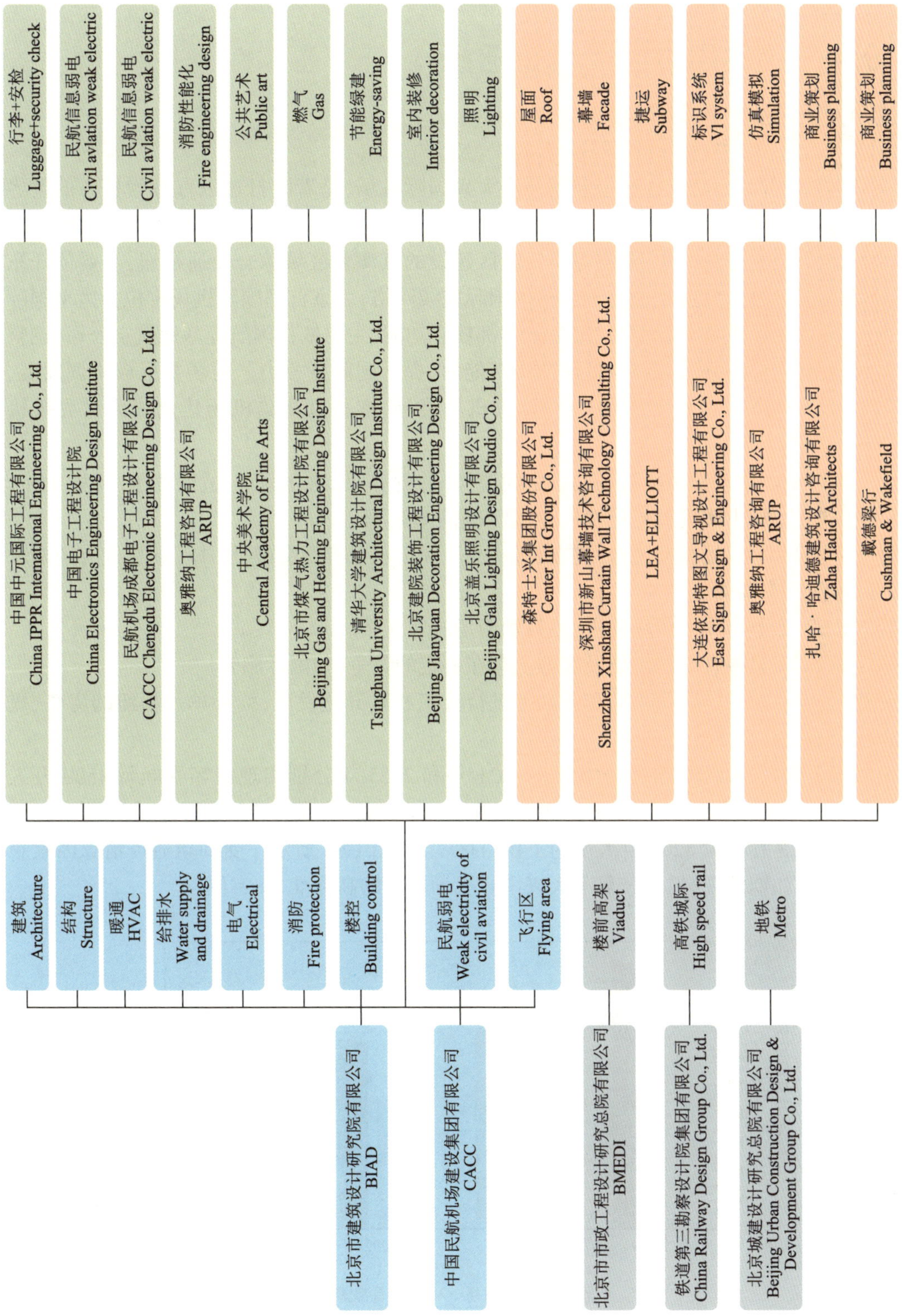

下篇/第19章 北京大兴国际机场综合交通枢纽

大兴国际机场设计组织架构

北京市建筑设计研究院有限公司 BIAD
- 建筑 Architecture
  - 中国中元国际工程有限公司 China IPPR International Engineering Co., Ltd.
    - 行李+安检 Luggage-security check
  - 中国电子工程设计院 China Electronics Engineering Design Institute
    - 民航信息弱电 Civil aviation weak electric
  - 民航机场成都电子工程设计有限公司 CACC Chengdu Electronic Engineering Design Co., Ltd.
    - 民航信息弱电 Civil aviation weak electric
  - 奥雅纳工程咨询有限公司 ARUP
    - 消防性能化 Fire engineering design
  - 中央美术学院 Central Academy of Fine Arts
    - 公共艺术 Public art
  - 北京市煤气热力工程设计院有限公司 Beijing Gas and Heating Engineering Design Institute
    - 燃气 Gas
  - 清华大学建筑设计研究院有限公司 Tsinghua University Architectural Design Institute Co., Ltd.
    - 节能绿建 Energy-saving
  - 北京建院装饰工程设计有限公司 Beijing Jianyuan Decoration Engineering Design Co., Ltd.
    - 室内装修 Interior decoration
  - 北京盖乐照明设计有限公司 Beijing Gala Lighting Design Studio Co., Ltd.
    - 照明 Lighting
- 结构 Structure
- 暖通 HVAC
- 给排水 Water supply and drainage
- 电气 Electrical
- 消防 Fire protection
- 楼控 Building control

中国民航机场建设集团有限公司 CACC
- 民航弱电 Weak electricity of civil aviation
- 飞行区 Flying area
  - 森特士兴集团股份有限公司 Center Int Group Co., Ltd.
    - 屋面 Roof
  - 深圳市新山幕墙技术咨询有限公司 Shenzhen Xinshan Curtain Wall Technology Consulting Co., Ltd.
    - 幕墙 Facade
  - LEA+ELLIOTT
    - 捷运 Subway
  - 大连依斯特图文号视工程设计有限公司 East Sign Design & Engineering Co., Ltd.
    - 标识系统 VI system
  - 奥雅纳工程咨询有限公司 ARUP
    - 仿真模拟 Simulation
  - 扎哈·哈迪德建筑设计咨询有限公司 Zaha Hadid Architects
    - 商业策划 Business planning
  - 戴德梁行 Cushman & Wakefield
    - 商业策划 Business planning

北京市市政工程设计研究总院有限公司 BMEDI
- 楼前高架 Viaduct

铁道第三勘察设计院集团有限公司 China Railway Design Group Co., Ltd.
- 高铁城际 High speed rail

北京城建设计发展集团股份有限公司 Beijing Urban Construction Design & Development Group Co., Ltd.
- 地铁 Metro

图19-4 大兴国际机场设计组织架构[5]

547

19.4 "凤凰展翅"航空枢纽

19.4.1 功能定位

在京津冀中部核心功能区布局建设北京大兴国际机场,是着眼打造以首都为核心的世界级城市群的重大部署。按照北京"一市两场"的定位目标,大兴国际机场定位为大型国际航空枢纽、国家发展的一个新动力源、支撑雄安新区建设的京津冀区域综合交通枢纽,主要依托东航、南航等主基地公司打造功能完善的国内国际航线网络;北京首都国际机场定位为大型国际航空枢纽、亚太地区重要复合枢纽、服务于首都核心功能,主要依托国航等基地航空公司,调整优化航线网络结构,增强国际航空枢纽的中转能力,提升国际竞争力。两场要形成协调发展、适度竞争、具有国际一流竞争力的"双枢纽"机场格局,推动京津冀机场建设成为世界级机场群[6]。

大兴国际机场和首都国际机场两场之间遵循"并驾齐驱、独立运营、适度竞争、优势互补"的方针,在同一目标下实现差异化发展,打造双轮驱动标杆。

并驾齐驱:两大机场相互配合,均在总量、品质和贡献上有所突破,形成了前所未有的两个大型国际枢纽并存局面。

独立运营:业务运作上两场独立,不鼓励两场旅客互转。

适度竞争:在某些特定的市场及客群上存在一定的竞争,如国际旅客。

优势互补:在客户、航线、品质和贡献上进行分工和差异化发展,弥补单一枢纽的劣势,提升综合竞争力。

按照原定规划,大兴国际机场争取在2021年和2025年分别实现旅客吞吐量4500万人次、7200万人次的建设投运目标,北京首都国际机场在2020年至2025年通过"提质增效"改造计划,实现旅客吞吐量8200万人次的工作目标[6],如图19-5所示。受到新冠疫情等因素影响,上述目标未如期实现,但仍彰显了大兴国际机场发展的高标准、高定位。

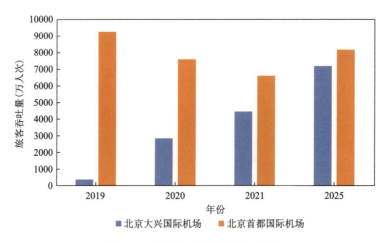

图 19-5 北京"一市两场"客流量目标

19.4.2 总体布局

北京大兴国际机场用地 2698.1 万 m^2。

1) 航站楼

总建筑面积为 78 万 m^2,南北长 996m,东西宽 1144m,中央大厅顶点高程 50m。

2) 飞行区

面积 1853.2 万 m^2,飞行区指标 4F。民航站坪设 223 个机位,其中 76 个是近机位,147 个是远机位。分机位等级来看,C 类机位 122 个、D 类机位 4 个、E 类机位 77 个、F 类机位 20 个。有跑道 4 条,平滑道数量 13 条,其中东一、北一和西一跑道宽 60m,分别长 3400m、3800m 和 3800m,西二跑道长 3800m,宽 45m,如图 19-6 所示。

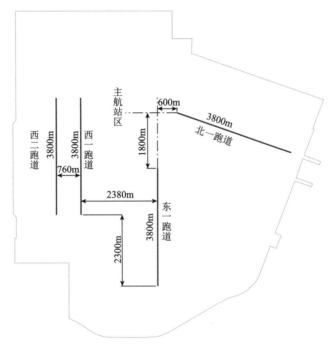

图 19-6 本期工程跑道名称及构型

为衔接好规划和运行,大兴国际机场在建设过程中就与华北空管局反复论证并共同规划,采用了打破常规、国内首创的交叉跑道构型。增加侧向跑道主要用于起飞,飞机拉起之后,既可以轻松地飞往上海方向,如果空域许可,也可以向东直飞大连和日韩方向,为未来的航班流分布找到了一个捷径,同时不会对主用的平行跑道造成太大干扰[7]。

3) 航空货站

面积为 33.5 万 m^2,有 3 个国际货站、3 个国内货站,年处理能力 200 万 t。

4) 空管设施

包括大兴国际机场空管和北京终端管制中心,总建筑面积 13.3 万 m^2。其中大兴国际机场空管面积 6.7 万 m^2,包括东塔台(74m)及附属楼、西塔台(70m)、空管核心工作区(4.8 万 m^2)。

5)供油工程

主要包括场外供油管道工程、场内供油工程和地面加油工程,总建设规模约 30 万 m^2。

6)航空公司工程

主要包括南航工程、东航工程,其中南航工程总建设规模 108.69 万 m^2,东航工程总建设规模 116.98 万 $m^{2[8]}$。

大兴国际机场总体平面布局图如图 19-7 所示。

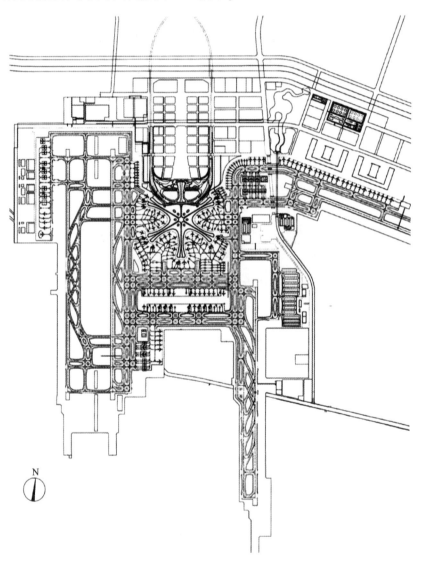

图 19-7 大兴国际机场总体平面布局图

19.4.3 航站楼主体

北京大兴国际机场以航站楼为核心,高度整合多种交通方式,形成了现代化的大型综合交通枢纽。

1)设计方案

2011年,大兴国际机场航站楼举行国际概念设计竞赛,包括诺曼·福斯特建筑事务所、北京市建筑设计研究院有限公司、上海华东建筑设计研究院、美国HOK建筑事务所、法国巴黎机场工程公司、扎哈·哈迪德建筑事务所、英国罗杰斯建筑事务所等在内的7个设计联合体给出竞标方案。其中,法国巴黎机场国际工程公司(ADPI)以"凤凰"为寓意,采取五指廊的航站楼与综合交通枢纽无缝对接的概念设计方案脱颖而出,方案的效果图如图19-8所示。这个方案不仅在5条指廊长达4km的延展面摆下了79个近机位,还有效控制了指廊长度,把旅客安检后的最远步行距离控制在600m内,步行时间压缩在8min内,效率优于世界其他同等规模机场,航站楼核心区设置集中中转区,中转流程更加便捷,机场最短中转衔接时间位于世界前列。

图19-8 法国巴黎机场工程公司设计方案

在ADPI方案基础上,大兴国际机场航站楼设计得到扎哈·哈迪德建筑事务所支持,他们对方案进行了优化完善,最终由北京市建筑设计研究院联合体等作为设计总承包单位完成后续设计,形成了落地方案。

2)功能布局

北京大兴国际机场地上地下一共7层。

轨道交通在航站楼地下二层设站,地下一层是广场式的换乘中心,可以换乘高铁、地铁、城铁等,其中包括京雄城际铁路和廊涿城际铁路。

地上一层是国际到达层;二层是国内到达层;三层是国内自助层,快速通关;四层是国际出发和国内托运行李层;五层是观光休息层。

大兴国际机场航站楼楼层平面图和剖面透视图如图19-9所示。

3)典型特点

北京大兴国际机场以打造成为国际一流的平安机场、绿色机场、智慧机场、人文机场为发展目标。

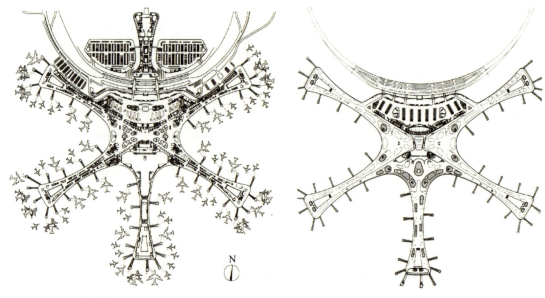

a) 航站楼2层平面图（到达层之一）　　　　b) 航站楼4层平面图（出发层之一）

c) 航站楼楼层剖面透视图

图 19-9　大兴国际机场航站楼楼层平面图[9]和剖面透视图[10]

（1）以旅客为中心，高度紧凑和精巧的航站楼设计构型

"以旅客为中心"六个字的背后是从抵达航站楼到飞机腾空而起之间，每一个步骤的方便、快捷和舒适。庞杂而繁复的设计方案，不单单是钢筋混凝土的组合，还有咫尺和方寸间的匠心与关怀。大兴国际机场航站楼形如展翅的凤凰，是五指廊的造型，造型以旅客为中心，使旅客从航站楼中心步行到达任何一个登机口，所需的时间不超过8min。这个数据在世界上其他同等规模的大型机场航站楼中称得上翘楚。比如，北京首都机场T3航站楼的最远登机口约1200m，还需借助旅客捷运系统。再如，荷兰阿姆斯特丹国际机场的最远登机口也有约700m。

航空出行中几乎所有人都愿意走廊桥，冬不冷夏不晒，也能快速登机，对于大型集中式航站楼来说,既要有足够的外边轮廓长度来接驳大量飞机和车辆,又要尽可能缩短旅客步行距离,才能保障高效率的运行和高品质的服务,两者形成了构型设计的一对矛盾。大兴国际机场的航站楼之所以设计成五指廊的放射状构型,就是希望能有更多的近机位,因为空侧的周长决定了近机位的数量。

大兴国际机场航站楼的放射状构型有效地控制了航站楼的指廊长度,楼内的分区运行模式又进一步缩短了旅客的步行距离,既避免了本期建设运营内部捷运系统,又实现了出行的高效便捷。大兴国际机场航站楼设有70多个近机位,可以满足年旅客量4500万人次的需要,而从航站楼的中心点走到最远的近机位只有600m。

为了便于旅客明晰自己的方位并快速找到登机口,中心放射的多指廊构型除指向性强之外,还分别采用不同的座椅颜色和标志牌,并通过对登机口进行不同的编号来实现区分。考虑到东航、南航是大兴国际机场的主基地航空公司,分别位于航站楼的东西两侧,航站楼采用"二元式布局",即国内分东西两区运行,搭乘某家航空公司的旅客可以直接前往该航空公司所在的候机区,不走冤枉路,实际上进一步缩短了步行距离。

可切换机位——双层登机的机位,可以根据旅客流量在国内、国际之间实现切换的设置,将带来最好的乘机舒适感。指廊端部双层候机楼板以及双层等级廊桥的设计方便了旅客登机,特别是对于一些国际航班的国内段来说,如果停靠在同一个机位,旅客可以去原有的机位登机,方便又易于识别[11]。

(2)绿色、低碳、智慧发展的生动践行者

北京大兴国际机场以建设"绿色、智慧"机场为目标,为中国机场未来发展指明了方向。

大兴国际机场是名副其实的绿色机场。大兴国际机场新能源车占比达75%,76个近机位全部安装辅助动力装置(Accelerated Processing Unit, APU)替代设施设备。《绿色航站楼标准》成为首部向"一带一路"共建国家和地区推荐的民航工程建设标准。航站区设计荣获绿色建筑三星级和节能建筑3A级认证。航站楼头顶圆形玻璃穹顶直径80m,周围分布着8个巨大的"C"形柱,撑起整个航站楼的楼顶。"C"形柱周围有很多气泡窗,主要用来采光。"C"形柱彼此间距200m,所形成的最大空间可以放下一个水立方,为旅客提供最大化的通透公共空间。站在航站楼中心,旅客视线没有任何阻挡,机场各个方位一目了然,甚至可以目测步行距离。

机场屋顶的8000多块玻璃都是双层的,中间安装了统一东西向排列的遮阳网,这样的设计能最大限度地利用自然光线,同时有遮阳的效果。由此,实现室内自然光采光面积超过60%,如图19-10所示。

大兴国际机场致力于打造节能高效、低碳环保的绿色机场,从"资源节约、环境友好、高效运行、人性化服务"四个方面提出了54项绿色建设指标。采用"海绵机场"理念,对场内水资源收集、处理和回收利用等统一规划,综合采取"渗、滞、蓄、净、用、排"等措施,实现雨水科学利用。推行可持续发展的模式,最大限度减少对环境的影响。大兴国际机场航站楼比同等规模的航站楼能耗减少20%,每年碳排放可以降低2.2万t,相当于植树百万棵所产生的效果。根据推算,全向跑道构型相较全平行构型年节约燃油约1.85万t,减少碳排放约5.88万t。在建筑节能、噪声与土地相容性规划等指标上大兴国际机场均达到国际、国内先进水平[12]。

图 19-10　大兴国际机场开阔透亮的中庭空间

大兴国际机场也是名副其实的智慧机场。世纪工程、科技担当,大兴国际机场积极推进新科技的运用,以打造全球超大型智慧机场标杆为目标,广泛应用了各项智慧型新技术。大兴国际机场在规划时就明确了实现"Airport3.0 智慧型机场"的运行管理理念的建设目标,以云计算、大数据、物联网等平台为基础,构建数据信息枢纽,搭建旅客服务、航班生产、空侧运行、综合交通、货运信息、安全、商业、能源、环境信息管理等九大业务平台,为机场各个业务单元和利益相关方提供实时、共享、统一、透明的应用服务。大兴国际机场通过与空管、航空公司、联检单位、政府监管部门、专业公司以及其他驻场单位等合作伙伴的信息共享、协同决策、流程整合,显著提升了机场运行效率、旅客服务水平以及安全保障水平,形成了完整的机场服务价值链。

大兴国际机场重点建设了 19 个平台的 68 个系统,实现了对机场全区域、全业务领域的覆盖和支撑。大兴国际机场统一的运行信息数据平台纳入各相关单位的系统数据信息,并整合大数据分析等技术,全面掌握航班运行状态与地面保障各环节信息,实现信息精准掌握、运行智能决策,提升机场总体的运行效率。在大兴国际机场指挥中心二层,有一个近百平方米的大屏幕,每个驻场单位在此联席办公。根据需要,68 个系统的信息都可以在这个屏幕上实时显示,便于信息共享和共同决策。同时,大兴国际机场弱电信息部还建设了统一的云计算平台,其中"私有云"为机场所有信息系统营造云计算环境,"社区云"为集团成员企业和其他驻场单位提供云服务,集约化利用资源。

旅客服务运行平台、综合交通管理平台等能让旅客切实直观地感受到智慧机场带来的便捷与高效。这些平台整合旅客需要的服务信息,使得旅客能够通过网站、手机 App、微信、呼叫中心等多种渠道获得一致的信息和服务。它们和大兴国际机场覆盖率分别达 86%、76% 的自助值机设备(图 19-11)、自助托运设备以及人脸识别等智能新技术一起,大大提升了旅客的通行效率以及乘机体验。

大兴国际机场建成以来,积极实践"无纸化出行",打通值机、安检、边检、登机四个关键环节,使乘客能够通过简单的生物识别在每个机场触点识别自己,实现全流程自助、无纸化通行,让出行更便捷、更环保,在机场、航空公司和政府之间建立了一个真正可互操作的协调系统。

图 19-11　无人值守自助值机

"无纸化出行"是通过 One ID 技术实现的,在无感环境下实现端对端高效安全的旅行体验。旅客从购票到登机,通过识别唯一标识,在无证件条件下,高效、便捷、安全地完成身份核对、行程信息提取、购票、值机、行李交运、安检、登机等多个环节的操作,如图 19-12 所示。通过深化 One ID 设计,旅客在家就可以完成刷脸身份验证,到机场后,即使忘了带身份证,没有办理登机凭证,也可以全程刷脸完成所有登机环节。2019 年大兴国际机场开通伊始就获得了国际航空运输协会(IATA)"便捷旅行"项目最高认证——白金标识及"2019 年度场外值机最佳支持机场"奖项。

1.登记,减少20%等待时间　　2.行包托运,减少20%等待时间　　3.预安检,增强VIP旅客体验

4.安检,从30s缩短至5s　　5.查航班信息,从120s缩短至3s　　6.登机,提升40%效率

图 19-12　One ID 机场应用场景与流程体验优化

大兴国际机场还全面采用 RFID(射频识别技术)行李追踪系统,通过 RFID 行李牌,使旅客可实时掌握行李状态,实现行李全流程跟踪管理。旅客通过手机 App 实时掌握行李状态,能够有效缓解等待行李的焦虑感。

(3)独特的国内混流、国际分流流线组织

与现在新建的很多大型机场不同,大兴国际机场航站楼采用国内旅客进出港混流设计。无论是出发的旅客还是到达的旅客,候机还是抵达,都能同步享受到丰富的商业资源和公共服务设施资源,到达旅客可以共享出发的餐饮商业区。国内分流设计让两个区域合二为一,节约了8%的建筑面积,还显著提升了机场服务设施使用效率,同时节省了航空公司人力投入。考虑到混流模式下将会出现的客流集中问题,机场内部扩大了通行宽度,设置了双向自动步道。在人流最复杂的中心区,通过流线的科学规划和方便的引导设计引导旅客快速找到自己的步行路线。

在国际流程上,由于有海关、边检等程序,出境、入境不同的客流在安全等级上有差异,需要分开,因此国际出发和国际到达采用分流模式,分开不同的通道引流,流程简洁明了。

对于中转旅客来说,大兴国际机场的中转手续集中办理区让中转流程变得更加便捷。这一区域设在航站楼二层,位于国内混流流程与国际到达流程的中间位置。作为国际转国内、国际转国际、国内转国际这3个中转流程的汇集地,集中中转区实现了边检、海关等中转流程设施在同一个现场办公,便利旅客的同时也方便了相关部门的资源调配。据测算,大兴国际机场将实现国内转国内30min、国际转国际45min、国内转国际60min、国际转国内60min,机场最短中转衔接时间位于世界前列,为打造国际航空枢纽增加了筹码[11]。

(4)全球首个"双进双出"航站楼和"双层出发、单层到达"车道边布局

①北京大兴国际机场是世界上首个拥有两个抵达层和两个出发层的航站楼。

航站楼方面,1F至4F分别是国际到达层、国内到达层、国内出发层、国际出发层,具体流程组织示意图如图19-13~图19-16所示。

②"双层出发、单层到达"车道边布局。

航站楼外连接高速公路和机场的双层桥,分别对应航站楼3F层、4F层——国际出发走上层,国内出发两层均可。大兴国际机场车道边与航站楼内侧的衔接如图19-17所示。

a. 四层车道边。

航站楼四层是国内(包括港澳台地区)、国际出发层,外侧布置的车道边结构为2+3+4模式,停靠对象主要是大中型客车、小型客车,功能是通行和临时落客。

内缘2条车道:通行大中型客车,靠近航站楼侧车道落客,另一车道行车。

中缘3条车道:通行小型客车,靠近航站楼侧1条车道落客,另外2条车道行车。

外缘4条车道:通行小型客车,靠近航站楼侧2条车道落客,另外2条车道行车。

b. 三层车道边。

航站楼三层是国内出发层,外侧布置的车道边结构为3+3模式,停靠对象主要是小型客车,功能是通行、临时落客。

内缘3条车道:通行小型客车,靠近航站楼侧1条车道落客,另外2条车道行车,同时在东西两侧设置高端旅客专用落客区。

外缘3条车道:通行小型客车,靠近航站楼侧1条车道落客,另外2条车道行车。

c. 一层车道边。

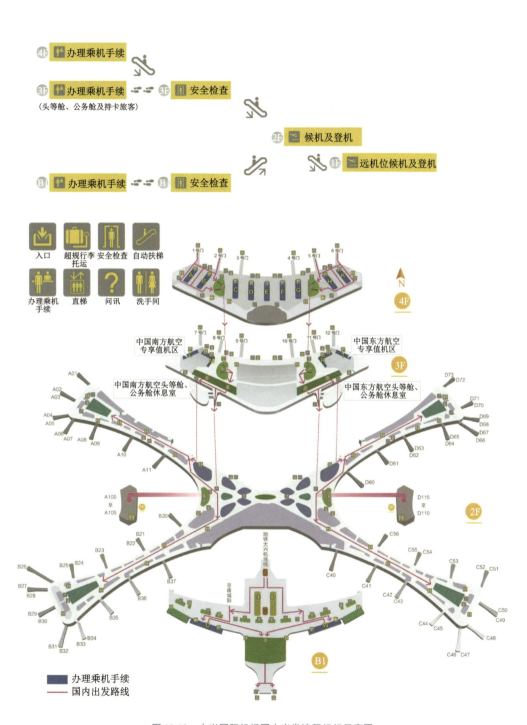

图 19-13 大兴国际机场国内出发流程组织示意图

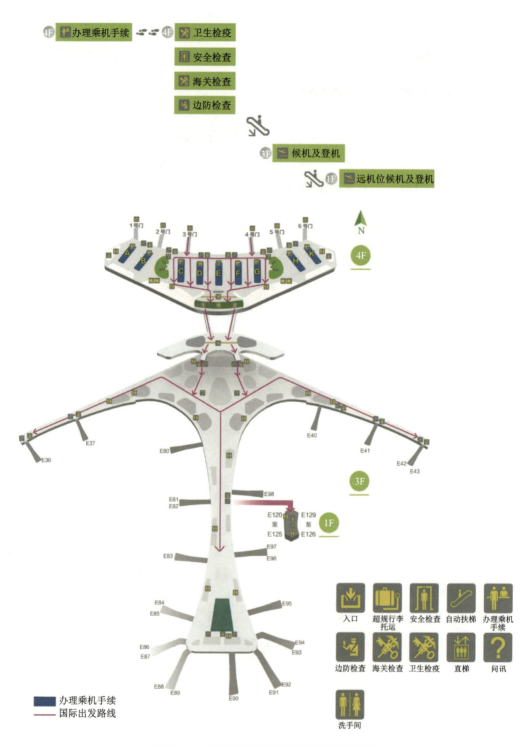

图 19-14　大兴国际机场国际出发流程组织示意图

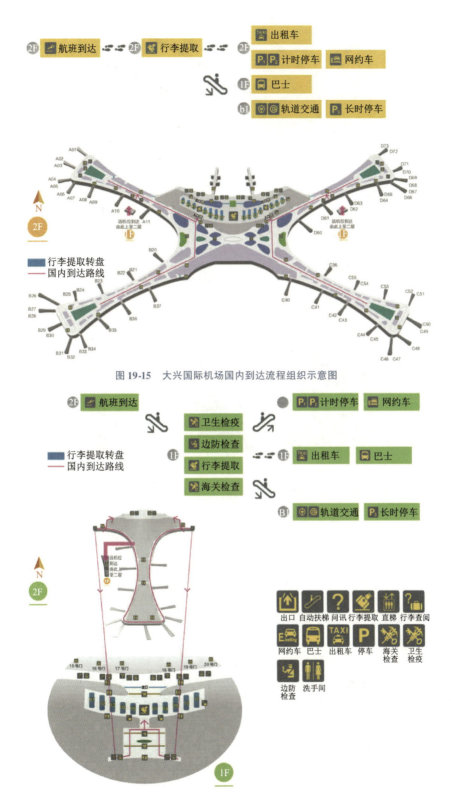

图 19-15 大兴国际机场国内到达流程组织示意图

图 19-16 大兴国际机场国际到达流程组织示意图

图 19-17 大兴国际机场车道边与航站楼内侧的衔接

航站楼一层是国际到达层,外侧布置的车道边结构为 2+4+2 模式,停靠对象主要是备案车辆、出租车和社会车辆。其中备案车辆主要包括 VIP、CIP(重要商务人士)、机场巴士、公交、团体巴士、机组班车、酒店车、航站楼工作车(包括送货车辆和垃圾转运车辆等,不含员工车)和警务车等,所有备案车辆均停放于内缘道内侧 4 个停车场。

内缘 2 条车道:通行备案车辆,原则上只通行不上落客。

中缘 4 条车道:通行出租车,靠近航站楼 2 条车道上客,另外 2 条车道行车。

外缘(快速接机通道):共 2 条车道,通行社会车辆。

其中,小客车出港流程如下:车辆从地面道路经 Z2 匝道,进入进场高架或从高速进入进场高架→车辆进入三层、四层楼前高架→停车落客→车辆通过离场高架离场或经 Z3 匝道下高架至地面道路离场。车辆从高速进入进场高架,进入停车楼或从地面道路进入停车楼→停车落客→车辆在停车楼停放,或通过地面道路离场,或经停车楼匝道上高架离场。具体流线如图 19-18 所示。

小客车进港流程如下:车辆从地面道路或从进场高架进入停车楼闸机入口→车辆进入停车楼迎客或进入快速接机通道迎客→旅客上车后通过地面道路离场,或经停车楼匝道上高架离场。旅客经二层连廊前往停车楼→取车→通过地面道路离场,或经停车楼匝道上高架离场。具体流线如图 19-19、图 19-20 所示。

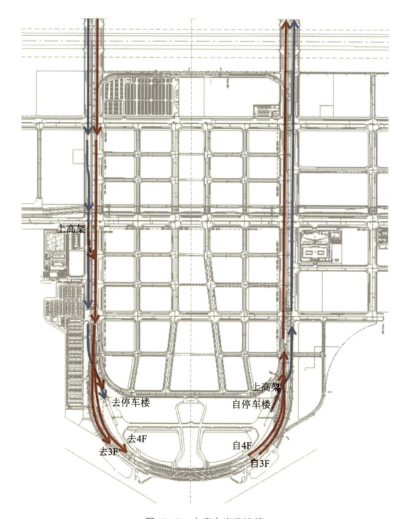

图 19-18 小客车出港流线
注：红色流线代表高架流线，蓝色流线代表地面流线。

(5) 全球首次实现 350km 时速高铁下穿的航站楼

大兴国际机场在建设时就同步预留了多种轨道交通的接入条件。航站楼下方规划包括京雄城际铁路、地铁大兴国际机场线、廊涿城际、S6 线等在内的多条轨道线路在此通过，形成多样化的轨道交通联系组织，如图 19-21 所示。特别是随着大兴国际机场同步建设开通的京雄城际铁路作为高速铁路在地下沿南北纵向穿越航站楼时的最高时速达到 350km，这种穿越和速度设计是全球机场的首次突破。

高铁大兴国际机场站位于航站楼正下方，为全地下车站，通过站厅层可直达机场值机大厅，实现零换乘，与枢纽各种交通方式无缝衔接。大兴国际机场站的车场规模为 2 台 6 线，拥有岛式站台 2 座，正线 2 条，上下行到发线各 2 条，建筑面积 11.5 万 m^2，可同时容纳 1300 名旅客候车。

目前出发旅客经由京雄城际大兴国际机场站出站值机，在地下一层南北区出站，通过换乘通廊向上进入航站楼。到达旅客通过大兴国际机场站进站换乘京雄城际可以由地面航站区进入地下一层换乘通廊，通过开放式进站口进站检票进入地下二层站台乘车[13]。

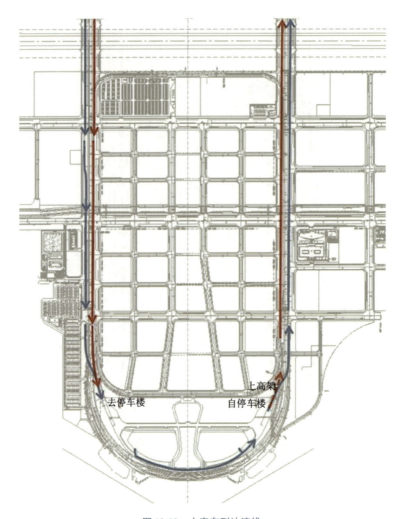

图 19-19　小客车到达流线

注：红色流线代表高架流线，蓝色流线代表地面流线。

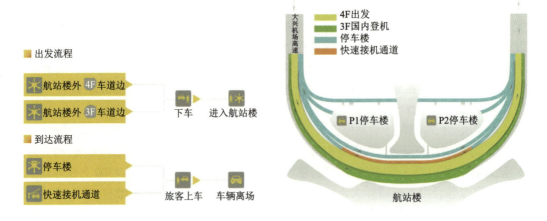

图 19-20　大兴国际机场航站楼自驾停车组织示意图

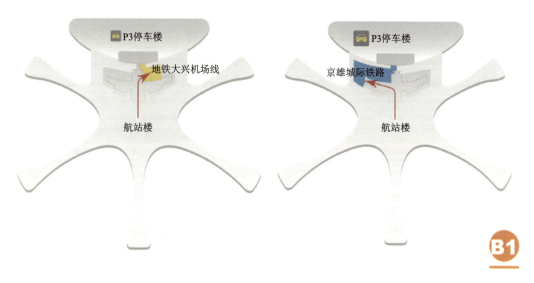

图 19-21　大兴国际机场地下层轨道交通平面布局组织

19.5　立体化现代化综合交通系统

首都经济高质量发展以及京津冀逐渐形成优势互补、相互促进的区域经济格局,需要高质量的交通支撑,机场加地面交通组合编织形成的空地网络越发重要。

大兴国际机场在建设时便有了较为系统的规划,远期可满足 1 亿人次的发展需求。围绕机场枢纽配套建设了现代化的立体交通体系,不仅在机场内部实现了公路、轨道交通、高速铁路、城际铁路等不同交通方式的立体换乘、无缝衔接,而且在外部配套建设了"五纵两横"的交通网络。目前,大兴机场高速、轨道交通新机场线、京雄城际铁路等已同步开通。

19.5.1　"五纵两横"主骨架

"五纵"指北京大兴国际机场连接北京市中心的快速轨道(轨道交通大兴国际机场线)、北京至雄安城际铁路(京雄城际)、京开高速北京六环至黄垡桥段(扩建)、京台高速北京五环至市界段、北京城区经新机场至霸州高速公路(大兴国际机场高速)。

"两横"指大兴国际机场北线高速、廊涿城际(城际铁路联络线一期)。

1)北京大兴机场客流特征

根据相关研究,在大兴国际机场的客流中,海淀和朝阳贡献了约43.4%的北京市域客流,相比首都机场50.7%的占比有所下降。2021 年,城市轨道、城际铁路、大客车、小汽车(出租车、网约车)分担比例约为 37%、1.5%、7% 和 54.5%,大兴机场线在草桥可换乘 10 号线、19 号线,旅客分担率已达到37%,后续还将随着线路延伸继续增长,预计公共交通分担比例有望达到50%,甚至以上,将高于首都机场(21%)、上海虹桥机场(43%)、巴黎戴高乐机场(31%)、伦敦希斯罗机场(30%)等机场。对此,大兴国际机场与北京轨道运营公司还达成协议,下一步将全面提升服务水平,常态化延长运营时间,满足早晚航班旅客出行需求。

2）轨道交通大兴国际机场线

已建成的轨道交通大兴国际机场线是国内首条运行速度160km/h，具备机场线属性的市域快线，能够19min从北京城区的草桥站到机场，如图19-22所示。线路应用并优化全自动驾驶，采用AC25kV供电方式的市域D型车，列车可自动唤醒、自检、休眠，实现正线、车辆段全自动运行[14]。

到主客源地的时间测算如下：					
车站	停站时间(min)	间距(m)	120~140km/h	140km/h	160km/h
草桥	2				
		12107	7min23s	7min7s	6min56s
磁各庄	1				
		25861	13min22s	12min46s	11min43s
北航站楼	2				
		4036	2min55s	2min41s	2min33s
南航站楼	2				
草桥—北航站楼		37968	21min45s	20min53s	19min39s
草桥—南航站楼		42004	26min40s	25min34s	24min12s
金融街客源地至机场		—	30min36s	29min42s	28min30s
中关村客源地至机场		—	38min12s	37min54s	36min43s
分析结论：系统速度140km/h以上基本可以满足半小时通达的时间目标					

图19-22 轨道交通大兴国际机场线车辆选型速度目标值分析

正在建设的大兴国际机场线二期工程将北延至丽泽金融商务中心区。通过在草桥站与轨道交通10号线、19号线换乘，在丽泽站与16号线、14号线、11号线（规划）、丽金线（规划）换乘，从机场出发经一次换乘即可到达北京中心城区大部分重点功能区。未来机场还将预留多条轨道交通线，满足远期发展需求。

3）高速铁路京雄城际铁路

2019年，京雄城际北京至大兴国际机场段已先期开通，2020年，京雄城际实现全线贯通。京雄城际铁路的站点有北京西站（可换乘地铁7号线和9号线）、北京大兴站、大兴国际机场站、固安东站、霸州北站和雄安站。

京雄城际铁路自北京西站引出，经过既有京九铁路至李营站，接入新建高速铁路线路，向南途经北京大兴区、河北省廊坊市、霸州市至雄安新区，最高设计时速350km。旅客从北京西站乘坐高铁，最快28min抵达大兴国际机场，从雄安新区出发则最快19min可达。

城际铁路方面正在推进大兴国际机场与首都国际机场联络线等规划建设，建成后可实现两个机场快速连接（45min），同时连接北京城市副中心（35min）、北京环球度假区、亦庄等重点区域。

4）北京大兴国际机场高速公路

北京大兴国际机场高速公路于2019年7月1日正式通车，是连接北京市中心城区和大兴国际机场的重要道路，被称为"新国门第一路"。机场高速起点位于北京大兴区南五环小白楼桥，终点位于廊坊市广阳区大兴国际机场北航站楼北围界，全长约27km，双向8

车道,设计时速 100~120km。通车后从北京南五环到达大兴国际机场路程约为 27km,所需时间 20min 左右;从首都机场前往北京大兴国际机场,行车距离约 80km,开车用时 70 多分钟。

机场高速由北京市基础设施投资有限公司负责投资建设,采用"三线共构""四线共位""五线共廊"的基础设施通道共建共享模式:"三线共构"段总长 7.9km,高度近 30m,分为上中下 3 层,上层为新机场高速,中层为新机场轨道线,下层为一级道路团河路;三条线路同时与地下综合管廊"四线共位";与西侧京雄城际铁路"五线共廊"。北京大兴国际机场高速、京雄城际铁路、轨道交通新机场线并走廊效果图如图 19-23 所示。这种建设形式大幅优化了项目建设布局,使土地得到集约节约利用,节约土地约 600 余亩,在国内属于首例。

图 19-23　北京大兴国际机场高速、京雄城际铁路、轨道交通新机场线并走廊效果图

未来机场高速将向两端延伸,北侧方向将延至市区的南四环,南侧将作为京德高速组成部分,通过大兴南北航站楼联络线串联固安、霸州、永清等地,直达山东省德州市。

19.5.2 机场巴士与出租车

1)市内巴士和省际巴士

为更好地服务旅客出行,北京大兴国际机场目前开通了前往北京站、北京西站、通州、房山、首都机场等地区的 10+2(夜间班车)条机场巴士市内线路,这些线路主要经大兴国际机场高速通达北京市区,如图 19-24 所示。

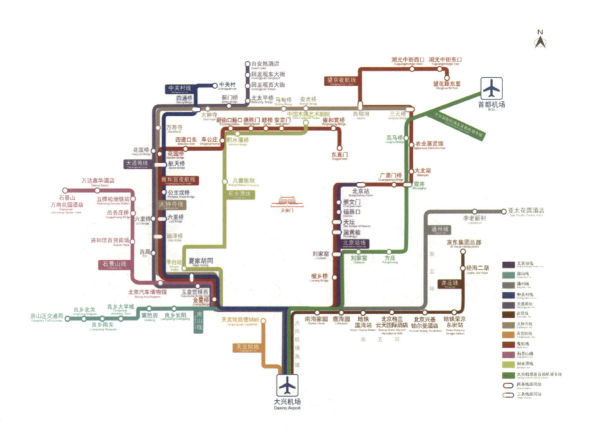

图 19-24　大兴国际机场北京市区方向巴士路线图(北京大兴机场通往市区方向)

此外,为了最大限度地满足京津冀旅客往返需求,北京大兴国际机场还筹备开通机场到固安、廊坊、保定、沧州、张家口、涿州、唐山和天津等周边地区的多条省际线路。

乘坐市内巴士的旅客在航站楼一层东侧市内巴士候车区上落客,乘坐省际巴士的旅客在航站楼一层西侧省际巴士候车区上落客,如图 19-25 所示。

2)巡游出租车和网约出租车

大兴国际机场的出租车运营组织考虑了乘客乘坐巡游出租车和网约出租车的需求,在空间上予以分开布置。其中巡游出租车上客区位于航站楼一层车道边,西侧和东侧区域为北京方向候车区,中间为河北方向候车区,如图 19-26 所示。

网约出租车的会客点位于 P1 停车楼 1M 层(夹层),乘客可通过航站楼二层西侧连廊步行至 P1 停车楼后,乘电梯下至 1M 层网约车迎客区上车,如图 19-27 所示。

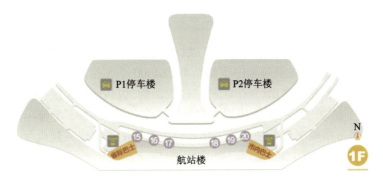

图 19-25　大兴国际机场航站楼一层机场巴士候车区布局图

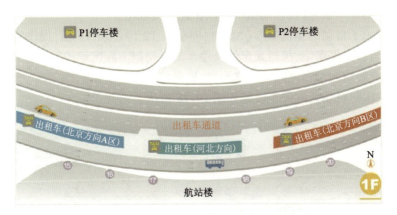

图 19-26　大兴国际机场巡游出租车上客点布局图

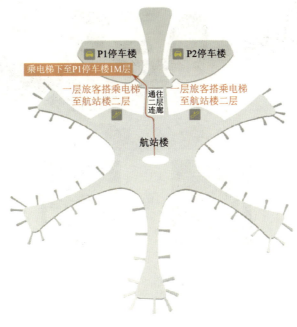

图 19-27　大兴国际机场网约出租车上客点布局图

19.5.3 自驾停车和汽车租赁

大兴国际机场设置停车楼 1 处，停车场 5 处（包括远端停车场、近端蓄车场、内部交通场站停车场、航站楼前停车场、中央景观轴停车场），共约 4800 个车位。

其中，停车楼主要服务旅客出行，位于航站楼正北侧，包括地上 3 层（2F、1M、1F）和地下 1 层（B1），设有小型车位、中巴车位、无障碍车位和家庭车位等共 4238 个停车位，含 630 个充电车位。停车后，旅客可搭乘电梯前往地下一层和地上三层的连廊步入候机厅，其中最近的车位与值机区域步行距离约只有 128m。

为满足旅客不同停车需求，停车楼做了 3 个分区，并为连续停车 8h 以上的旅客提供长时停车优惠。P1 和 P2 停车楼为计时停车区，P3 为长时停车区，P1 停车楼 1M 层为专门服务网约车和租车平台的停车服务区，自驾租车可以在此直接取车。

停车楼还引入了自动泊车机器人（AGV），安装在 P2 停车楼 1F 层，提供近 150 个机器人车位，设置 4 个机器人停车站，机器人车位及停车站可根据实际流量进行调整及分配。智能停车启用后，能够有效减少车辆之间的停靠距离，提高停车空间使用效率 30%，极大地提升旅客停车体验。大兴国际机场智能停车设施如图 19-28 所示。

图 19-28 大兴国际机场智能停车设施

大兴国际机场 4 层停车场分布图如图 19-29 所示。

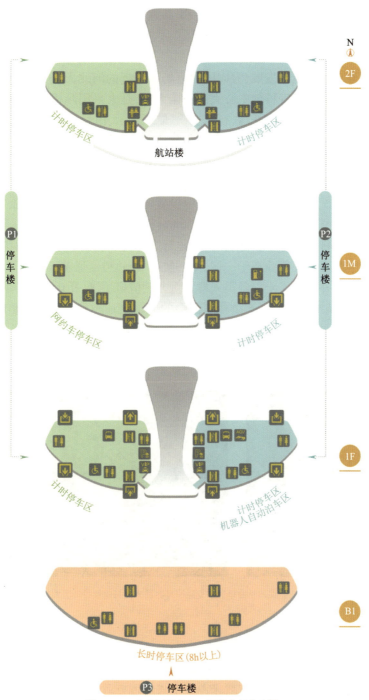

图 19-29　大兴国际机场 4 层停车场分布图

19.5.4　城市航站楼

1）草桥城市航站楼

大兴国际机场草桥城市航站楼位于北京市区大兴国际机场线草桥站，实现航空服务功能的延伸,可为旅客提供航班信息咨询、值机手续办理及行李托运(利用机场快线提供行李转运)等相关服务。

2)固安城市航站楼

为更好地服务京津冀地区发展,大兴国际机场在邻近的河北固安设置了城市航站楼。该航站楼位于河北省廊坊市固安科创中心大厦一楼大厅,是大兴国际机场首座跨省市的异地航站楼,集城市会客厅式值机、行李托运、行李安检、航班显示、信息咨询、机场巴士运输等功能于一体,为旅客提供便捷服务,致力于打造京津冀空地联运标杆。

3)丽泽城市航站楼

未来随着轨道交通大兴国际机场线向北延伸,大兴国际机场还将在北京的重要功能区——首都金融改革试验区暨丽泽金融商务区设置城市航站楼。建成后,旅客在丽泽金融商务区内即可完成值机、行李托运等手续,仅需20min便可轻装到达机场。

丽泽城市航站楼将整合综合服务功能,深化行李分拣、物流运输等应用场景建设,集高端办公、酒店及商业、配套会展等业态于一体,促进航站楼、轨道交通基础设施与城市功能有机结合,为城乡居民、国内外商旅人士等各类人群提供办理值机手续、托运行李等服务。

未来,丽泽城市航站楼将成为5条轨道交会的城市交通枢纽,其中地铁14号线、16号线已于2021年底通车,丽金线正在研究选址方案,新机场线、11号线丽泽商务区站正与丽泽城市航站楼项目同步推进建设,如图19-30所示。未来城市航站楼将与大兴国际机场、北京西站、北京南站、丰台火车站形成轨道直连,成为"轨道上的京津冀"的重要节点[15]。

图19-30 丽泽城市航站楼轨道交通线路布局方案与建筑设计方案效果图

19.6 投融资概况

大兴国际机场的投资建设资金主要来源于中央及地方政府财政资金、民航发展基金、银行贷款等,同时在运用多元化投建运模式方面进行了诸多探索和实践,包括债券融资、依托上市企业融资、开展政府和社会资本合作PPP等。

19.6.1 预算安排

机场工程预算安排投资799.8亿元,资本金占总投资的50%。其中,民航局安排民航发展基金180亿元,首都机场集团公司安排自有资金60亿元,积极吸引社会资本参与,不足部分由国家发改委和财政部按同比例安排中央预算内投资和国有资本经营预算资金解决,资本金以外投资由首都机场集团公司通过银行贷款等多元化渠道融资解决。

空管工程投资41.6亿元,由民航局安排民航发展基金解决。

供油工程机场场区内项目投资22亿元,资本金按35%的比例安排,由首都机场集团公司和中国航空油料集团公司组建的合资公司安排自有资金投入,资本金以外投资由该合资公司利用银行贷款解决。

除此之外,机场建设外部配套工程(包括机场轨道和机场高速等)资金由北京市、河北省统筹安排解决。

19.6.2 模式创新

1)航站楼部分——经营设施拆分

大兴国际机场将可经营、不可拆分的设施和可经营、可拆分的设施做了切分,积极引入社会资本进入。比如,北京新机场综合服务楼项目是枢纽设施内的商业服务设施及部分物业,机场集团采用法人为主投资建设,专业化公司辅助建设,并由机场集团向专业化公司出售经营权。再如,北京新机场停车楼项目也采取了与综合服务楼相同的处理方式。楼前酒店(旅客过夜用房项目),则通过划分建设和运营两个阶段,采用了BT+OT模式[16]。

2)机场轨道交通——全面引入社会资本

轨道交通大兴国际机场线采用PPP的形式,项目2016年11月1日开工,2019年6月15日试运行,总投资293亿元,合作期分为建设期和运营期,其中建设期35个月,运营期30年。该项目在原有轨道交通领域PPP模式的"设备+运营"合作范围基础上,加入了土建施工部分,解决了土建与设备、建设与运营的衔接问题,是国内PPP在轨道交通领域的第一次真正完整应用。

在社会化引资规模和比例上,轨道交通大兴国际机场线近174亿元的引资规模中社会资本占比超过一半,是目前北京市轨道交通领域合作范围最广、绩效产出最全面的PPP项目。在社会资本的选择上,该项目由北京市轨道交通建设管理有限公司("建管公司")、中国铁建(601186)股份有限公司("中国铁建")等8家单位组成联合体,"建筑集团+运营企业"的社会资本组合模式兼顾了建设和运营,极大地促进了不同参与主体在不同阶段发挥各自的能力与优势,为项目全生命周期的绩效产出保驾护航。最后在补贴计价上,该项目在国内轨道交通领域首次尝试了车公里服务费方式,并设置了动态绩效考核方案,同时研究形成了一套与之相适应的调价机制,合理保障了政企双方的权益,消除了"明股实债"、固定收益、保底承诺等潜在问题,使得项目的回报率也得以保证[17]。

19.7 经验总结

大兴国际机场综合交通枢纽基于"凤凰展翅"空港构建,枢纽主体航站楼本身就是一座挑战世界建造难度的超级工程。其以独特的造型设计、精湛的施工工艺、便捷的交通组织、先进的技术应用创造了40余个国际、国内第一,包括国内唯一的"三纵一横"全向构型跑道设计的飞行区,世界上最大的中央放射的五指廊构型单体航站楼,全球首座"双进双出"式航站楼,全球首座高铁下穿的航站楼等。

同时,大兴国际机场综合交通枢纽着力构建"运行顺畅、组织高效"的集疏运体系,提升运行效率和管理水平,充分发挥辐射带动作用,构建"综合、绿色、安全、智能"的立体化、现代化交通系统。其不仅是航站楼和跑道等构成的运输场地,也是连接航空、铁路、公路等的综合交通枢纽,还是由航空港、产业及城市等共同构成的城市单元,更是推动区域发展的重要引擎,对提升我国民航国际竞争力、更好地服务全国对外开放、推动京津冀协同发展具有重要意义。

大兴国际机场综合交通枢纽带来的丰富内涵不仅体现在交通领域。以北京新机场建设为标志,我国民航业进入与国家经济社会发展方向和要求高度契合的新阶段。未来,大兴国际机场志在成为世界最大空港。这座服务国家战略、瞄准世界一流、融入百年民航发展的现代化机场全面展现了我国民航自主创新的最新成果、最高水平,将成为引领中国综合交通发展的新枢纽、驱动京津冀协同发展的新引擎、国家发展的新动力源。

本章参考文献

[1] 许冰清,陈锐.如何理解作为超级机场的大兴机场[EB/OL].(2019-09-27)[2022-10-15].https://www.sohu.com/a/343734235_465303.

[2] 佚名.从规划到设计,揭秘大兴国际机场![EB/OL].(2019-09-26)[2022-10-15].https://www.sohu.com/a/343477841_661759.

[3] 北京国寰天地环境技术发展中心有限公司.北京新机场环境影响报告书[R].北京:北京国寰天地环境技术发展中心有限公司,2014.

[4] 国家发展改革委.国家发展改革委关于北京新机场工程可行性研究报告的批复[A/OL].(2014-12-15)[2020-07-21].https://www.ndrc.gov.cn/xxgk/zcfb/tz/201412/t20141215_963694.html?code=&state=123.

[5] 刘琮.北京大兴国际机场设计组织管理概述[J].建筑实践,2019(10):48-57.

[6] 中国民航局.北京大兴国际机场转场投运及"一市两场"航班时刻资源配置方案[EB/OL].(2018-12-28)[2020-11-12].http://www.caac.gov.cn/XXGK/XXGK/ZFGW/201905/t20190524_196374.html.

[7] 李海燕.溯源北京大兴国际机场的选址规划[N].中国民航,2019-07-04.

[8] 中国民用航空局.中国民用机场百科[M].[出版地:出版者不详],2019.

[9] 王晓群,张宇轩.复杂工程的设计优化与实现——访大兴机场航站区总建筑师王晓群[J].建筑实践,2019(10):40-47.

[10] 北京市建筑设计研究院有限公司.北京大兴国际机场航站楼[J].世界建筑,2020(6):56-61.

[11] 冯霜晴.细数大兴机场这些小细节,暖暖的很贴心[N].中国民航,2019-07-29.

[12] 沈健.引领世界机场建设 打造全球空港标杆北京大兴国际机场奋斗者初心和使命的实践[J].中国航班,2019(16):13-14,36.

[13] 王晓群.从首都机场到大兴机场看航站楼建筑的十年发展[J].世界建筑,2020(6):50-55,144.

[14] 姜传治.北京轨道交通新机场线车辆供电专题研究[EB/OL].(2017-08-29)[2022-11-07].

https://mp.weixin.qq.com/s/Oz-QqCckFXW1baMGxYWr-A.

[15] 国家发展改革委.北京市轨道交通第二期建设规划调整方案[A/OL].(2015-09-14)[2022-09-12].https://www.ndrc.gov.cn/fggz/zcssfz/zcgh/201509/t20150929_1145698.html.

[16] 刘亚伟.我国民用机场建设的融资策略研究——以北京新机场建设为例[D].北京:对外经济贸易大学,2016.

[17] 杜丽娟.北京新机场线即将正式签约,"大PPP模式"打破明股实债[N].中国经营报,2017-07-22.

第20章

重庆沙坪坝高铁综合客运枢纽
——全国首个特大城市核心商圈高铁枢纽站城融合TOD开发案例

20.1 建设背景

20.1.1 枢纽概述

重庆沙坪坝高铁综合客运枢纽(简称"沙坪坝枢纽")位于沙坪坝区商业中心区(三峡广场商圈),是集高铁、市域(郊)铁路、城市轨道、公交、出租车、小汽车等多种交通方式于一体的综合客运枢纽,也是集商业、办公、酒店等多业态上盖物业开发于一体的TOD商业综合体。项目总用地面积为10.1万 m^2,上盖广场作为地面层,地下共8层,地上布局有高铁站房、商业裙楼和6栋办公塔楼。项目总建筑面积为75万 m^2,其中,高铁枢纽建筑面积约27万 m^2,主要包括高铁站房(约2万 m^2)以及地下一至八层(约25万 m^2);上盖物业开发建筑面积约48万 m^2,主要包括商业裙楼(约21万 m^2)和6栋办公塔楼(约27万 m^2)[1]。

沙坪坝枢纽由既有的沙坪坝火车站更新改造而成,是全国首个特大城市核心商圈高铁枢纽站城融合TOD开发的成功案例。沙坪坝火车站始建于1979年,是当时重庆市铁路主站之一,2000年左右火车站功能逐渐弱化。2008年,国家发展改革委员会等部门印发《中长期铁路网规划》,提出建设成渝客运专线(成渝高铁建设初期被命名为成渝客运专线,以下统一称为成渝高铁),重庆市于2009年启动选线工作。以成渝高铁选线为契机,结合铁路快速发展和三峡广场商圈提档升级的双重需求,成渝高铁被引入沙坪坝火车站。2010年3月,铁道部与重庆市政府联合审批了沙坪坝枢纽工程,2012年12月正式启动改造。2018年1月沙坪坝高铁站开通运营[17],2020年12月TOD商业综合体开业[13],至此,沙坪坝枢纽全面建成,如图20-1~图20-3所示。

2009—2020年,沙坪坝枢纽历经选址、方案、建设、施工、建成的整个阶段,围绕枢纽规划建设过程中各阶段的不同需求,开展了10余个交通规划设计与研究项目[2-12]。10年实践形成的全过程、动态化的规划工作方法在后期重庆西站、重庆东站等大型交通枢纽的规划建设过程中得到了广泛应用。

图 20-1 沙坪坝火车站改造前照片

图 20-2 沙坪坝枢纽建成初期照片

图 20-3 沙坪坝枢纽全面建成后照片

20.1.2 枢纽选址

成渝高铁接入重庆枢纽主要有两个选址方案:一是接入重庆北站;二是接入沙坪坝站、菜园坝站,由两站共同服务重庆中心城区,终点站设于菜园坝站。

基于以下几个基本条件,成渝高铁客运站最终选址于沙坪坝站和菜园坝站。

①沙坪坝站位于重庆三峡广场核心商圈,地理位置优越,与城际铁路客流特征十分契合;菜园坝站距离重庆主商圈解放碑地区仅约 3km。

②重庆北站是铁路枢纽系统的新建客运站,初期仅建成南广场区域,运营渝利、遂渝、渝怀等线路,已建站场趋于饱和;当时北广场未启动建设,其运营还需建设大量配套交通设施。随着场站建设的完成,渝万城际线路引入,北站仍需其他场站分担运营组织功能。总体来讲,重庆北站线路运营组织压力较大。

③从交通条件来看,沙坪坝站和菜园坝站均处于城市中心地区,道路和公共交通集散条件相对成熟,且规划有轨道交通服务,其中沙坪坝站规划有 4 条轨道线路,菜园坝站有 2 条轨道线路。

④从城市发展需求来看,沙坪坝商圈亟须结合铁路更新的契机,对整个商圈区域提档升

级、拓展城市空间、改变城市面貌;菜园坝站地区也存在同样的需求。

20.1.3 区域交通特征概况

枢纽综合交通规划不仅要满足枢纽本身交通集散的需求,还需综合分析所在区域的交通、用地等基础设施条件,在有限的空间范围内兼顾优化商圈本身存在的交通问题。枢纽区域交通特征分析见表20-1。

表20-1 枢纽区域交通特征分析

序号	主要交通特征	相关说明
1	地面道路交通受限	商圈区域路网结构单一,交通组织为"一环七射",车道以双向4车道为主; 区域交通拥堵成为常态,高峰时段车速在18km/h以下
2	铁路两侧联系难	1.5km长的东西向铁路走廊范围内仅有1条双向4车道道路进行南北向联系
3	商圈公共设施场地匮乏	商圈环道各断面平均有60条以上公交线路运行; 环道沿线有大量公交停靠站和始发线路; 区域唯一的公交站场将随着火车站的改造而拆迁; 商圈区域停车位严重缺乏
4	交通优化的空间资源有限	交通优化空间集中在车站站场区、综合改造区和既有道路空间范围内
5	规划有较好的轨道交通资源	初期规划已有3条轨道进行集散服务; 后期规划增加了市域(郊)铁路

20.2 规模论证

20.2.1 铁路客流预测

根据沙坪坝枢纽工程可行性研究报告的运量预测,成渝高铁在重庆中心城区的客流将由沙坪坝站和菜园坝站共同分担。沙坪坝站近期、远期年旅客发送量分别为1016万人次和1270万人次,远期日均发送量可达到40000人次,高峰小时发送量为4000人次;菜园坝站铁路远期年旅客发送量为2433万人次,远期日均发送量达到80000人次,高峰小时发送量为8000人次。沙坪坝站与菜园坝站客流分担比为1:2。

20.2.2 高铁站规模

1)铁路站场

沙坪坝站设到发线7条(含正线),车站采用3台7线布置,设安全线2条,站内通信站1处,场坪50m×40m,高铁站台位于地下二层。为减少拆迁,基本站台和岛式站台错开布置,设8m宽基本站台一座,设11.5m宽岛式中间站台两座,长度均为450m,高度为1.25m。由于运营初期菜园坝站不开通,沙坪坝站考虑过渡工程连通4条到发线办理动车立折作业。铁路站场平面示意图如图20-4所示。

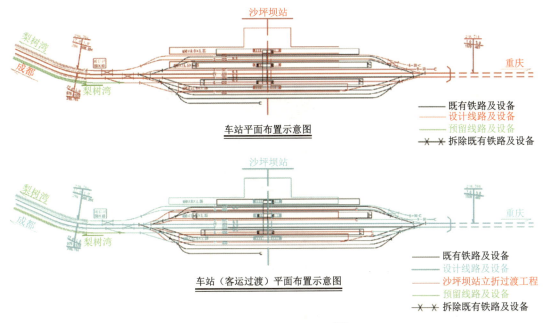

图 20-4 铁路站场平面示意图[18]

2）铁路站房

站房结合车站上盖广场做高架上跨式布局，总建筑面积 20408.07m²。沙坪坝高铁站房剖面图（东侧视角）如图 20-5 所示。

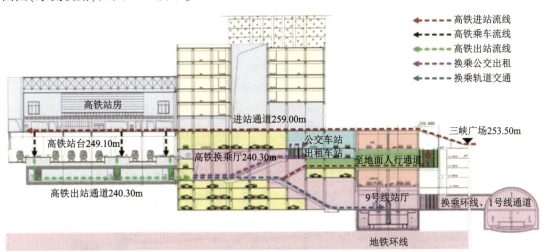

图 20-5 沙坪坝高铁站房剖面图（东侧视角）

站前广场结合上盖广场布置，作为旅客进出站集散区域。

旅客进出站采用"上进下出"组织模式。进站通道、候车厅位于地上一层；出站通道位于地下四层，设置换乘大厅与地铁换乘厅、公交车站、出租车站、地下停车库连通。

3）换乘空间

枢纽充分利用地形条件和地下空间，打造多种交通方式间便捷换乘的立体综合换乘枢纽，包括高铁出站厅(兼做换乘厅)、轨道站台、站厅及换乘通道、公交车站、出租车站和地下停车系统。

综合换乘枢纽布置于地下八层至地下一层,其疏散出口可至上盖广场,总建筑面积约为25万 m^2,如图20-6所示。

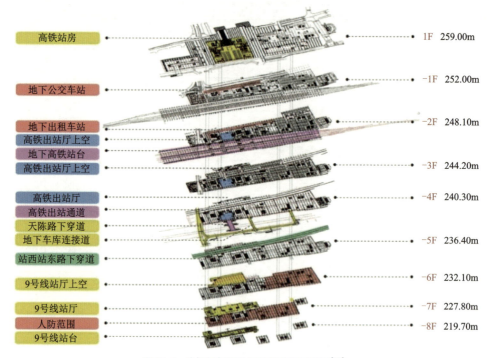

图20-6 沙坪坝枢纽地下建筑布局示意图[19]

20.2.3 上盖物业开发规模

上盖物业开发建筑规模为48万 m^2,从西向东分别是:A馆商业裙楼,5层,建筑面积37690m^2;1号办公楼,40层,建筑面积69445m^2;2号办公楼,40层,建筑面积70238m^2;3号办公/酒店综合楼,33层,建筑面积40300m^2;4号办公楼,38层,建筑面积46716m^2;5号办公楼,25层,建筑面积30210m^2;B馆商业裙楼,7层,建筑面积173031m^2;6号办公楼,布置于东连接道以东,28层,建筑面积14135m^2。沙坪坝枢纽地上建筑布局示意图如图20-7所示。

图20-7 沙坪坝枢纽地上建筑布局示意图[19]

20.2.4 换乘需求矩阵

根据沙坪坝枢纽功能布置和周边业态开发,基于出行链分析,沙坪坝枢纽交通体系包含两部分:枢纽交通和综合体交通;两大主要出行目的:换乘、购物(办公);六种出行方式:铁路、轨道、公交、出租车、小汽车、步行;两个主要方向:进和出;共计 72 条交通流线、72 个 OD 对。沙坪坝枢纽出行链分析如图 20-8 所示,交通流线构成如图 20-9 所示。

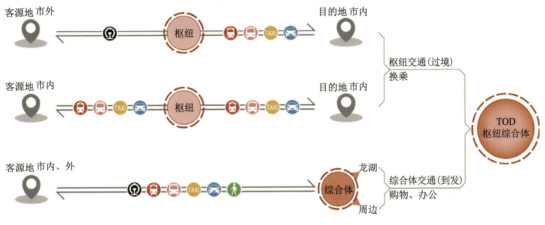

图 20-8 沙坪坝枢纽出行链分析

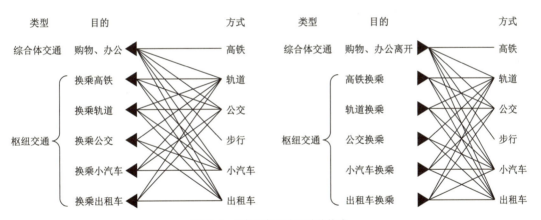

图 20-9 沙坪坝枢纽交通流线构成

枢纽交通指的是以铁路、轨道为主的 5 种交通方式之间的换乘,综合体交通指的是上盖和周边开发生成的购物、办公、通勤客群的到发交通。

枢纽交通中,铁路与市内交通方式之间的换乘量由铁路旅客发送量按照各市内交通的换乘比例分配得到,发送量及换乘比例数据来源于工程可行性研究报告,其中铁路与步行(上盖)之间的客流量在铁路旅客发送量的基础上,考虑诱增系数,参考日本新干线等调查数据计算得到。轨道与市内交通方式之间的换乘量由轨道站上落客量、换乘量以及市内各交通方式的接驳比例分配得到,轨道站上落客量及换乘量数据来源于 3 条轨道线的工程可行性研究报告,接驳比例借鉴类似项目经验。其他市内交通方式(公交、出租车、小汽车)之间的换乘比例及换乘量基于居民出行特征(来源于《2016 年重庆市主城区交通发展年度报告》),并借鉴类似项目经验计算得到。

综合体交通中,基于区域综合交通发展、设施布局规划和居民出行特征,确定了TOD开发周边800m辐射范围内产生、吸引客流在枢纽内部的分布量,并按照不同交通方式的分担率,将该部分客流量分配于各种交通方式,得到表20-2中前9行、前9列的数据。同理,将73万m^2体量的上盖物业开发产生、吸引的客流按照交通方式的分担率,分配到各种交通方式上,得到第10行、第10列的数据。

表20-2 沙坪坝枢纽综合体晚高峰小时换乘需求矩阵(单位:人次/h)

D(终点)	O(起点)									
	铁路	轨道1号线	轨道9号线	轨道环线	公交	出租车	小汽车	步行(周边)	步行(上盖)	合计
铁路	—	678	605	1208	1001	402	506	474	1106	5981
轨道1号线	678	—	6851	6299	894	196	109	981	942	16949
轨道9号线	605	2358	—	2623	798	175	97	876	841	8375
轨道环线	1208	8187	3639	—	1594	350	194	1749	1679	18600
公交	1001	657	587	1171	—	72	66	414	2273	6242
出租车	402	144	129	257	53	—	17	43	632	1678
小汽车	506	80	72	143	49	7	—	67	2027	2950
步行(周边)	474	721	644	1286	305	25	48	—	4237	7740
步行(上盖)	1332	1160	1036	2068	2738	760	2444	5002	—	16540
合计	6207	13985	13563	15055	7432	1987	3482	9607	13737	85055

预测分析数据表明,高峰时段枢纽客流量达到8.5万人次,其中客流量最大的交通方式为城市轨道。公共交通(轨道+公交)方式出行约占总出行量的70%,实现了前期规划目标。

20.3 枢纽区域综合交通规划设计

20.3.1 打造城市空间与功能的"站城一体化"

通过建设高铁站上盖平台及10多座人行天桥和地下通道向周边辐射,将高铁站与北侧三峡广场、南侧居住区与沙坪公园等区域衔接成整体敞开空间,并结合TOD商业综合体的开发增加完善城市功能,将高铁站由单纯的火车站转变为城市新中心。沙坪坝核心区由以居住为主的功能拓展为高端商业商务复合功能,商圈则由低档商圈提档升级为高品质商圈,实现了城市空间与功能上的"站城一体化",如图20-10、图20-11所示。

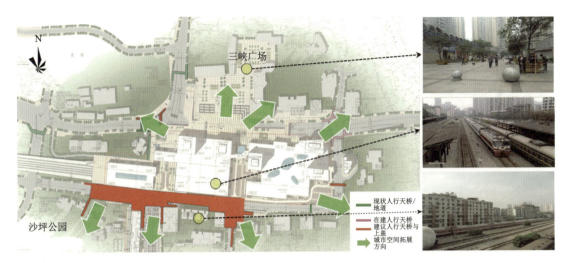

图 20-10　城市空间"站城一体化"示意图

图 20-11　沙坪坝枢纽区域城市夜景效果[20]

20.3.2　打造道路交通规划的"站城一体化"

充分利用地下空间资源和高差优势,通过增设地下过境通道、穿越铁路连接道等措施,构建立体交通网络,打造枢纽集散道路系统的同时,优化城市路网结构,实现了道路交通"站城一体化",如图 20-12～图 20-16 所示。

一是在商圈环道站东路设置下穿通道,分流环道东西向过境交通流,形成区域性东西向结构性通道。

二是充分利用铁路地下空间,下沉南北向天陈路,保障南北向结构性道路通道畅通。

三是加强火车站东西两侧次支路网的连通,以分流环道、小龙坎正街和小龙坎转盘等路段与节点的交通压力。

四是优化火车站南侧站南路及其沿线节点,贯通火车站南侧东西向路网系统。

图 20-12　枢纽区域原规划路网

图 20-13　枢纽区域优化调整后规划路网

图 20-14　枢纽进入通道方案图

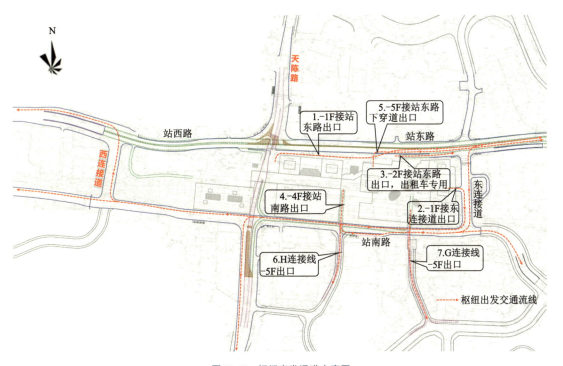

图 20-15　枢纽出发通道方案图

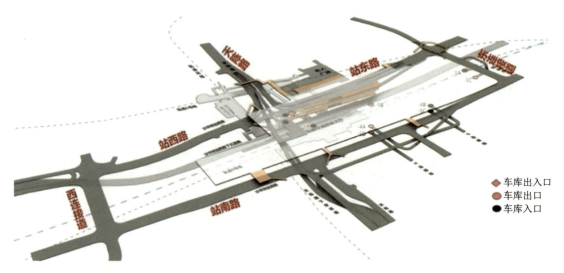

图 20-16　枢纽区域优化调整后规划路网立体效果示意图

20.3.3　打造公共交通的"站城一体化"

枢纽区域规划布局有 3 条轨道交通线路(已建成),高铁站距离轨道站点最远平面距离仅 270m,同时后期规划增加了市域(郊)铁路(在建)。枢纽区域轨道交通布局如图 20-17 所示。

图 20-17　枢纽区域轨道交通布局示意图[4]

结合区域轨道交通、地面公交和枢纽建筑方案设计,规划形成两个立体换乘空间和两层平面换乘系统,实现了公共交通"站城一体化",如图 20-18、图 20-19 所示。

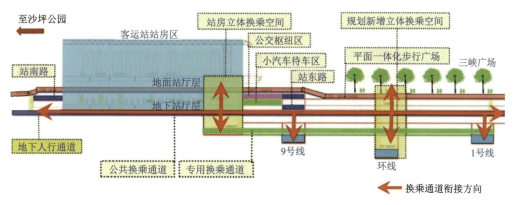

图 20-18　枢纽公共交通换乘系统剖面示意图

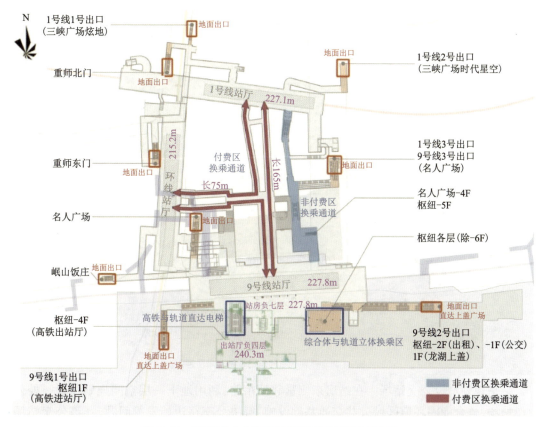

图 20-19　枢纽铁轨公共换乘通道和专用换乘通道示意图

一是为加强铁路与轨道之间、轨道与轨道之间的换乘联系,在三峡广场规划新增一处立体换乘通道,结合站房区域立体换乘空间,共同形成两处地上、地下贯通的立体换乘系统。

二是结合枢纽出站厅层构建集铁路、轨道、公交、步行等多种方式换乘功能于一体的公共换乘通道,并于枢纽地下七层构建铁路与轨道专用换乘通道,实现铁轨无缝衔接。

铁轨公共换乘通道:位于地下四层,即地下站厅层,设置南北向公共换乘通道,并向南延伸至居住区、沙坪公园等区域,满足铁路、轨道、公交、小汽车、步行等各种交通方式、各方向之间的交通集散需求。

铁轨专用换乘通道：为了实现铁路客流向轨道交通的快速集散，结合轨道9号线站厅层，即火车站地下七层，设置铁路与3条轨道之间的专用换乘通道，铁轨换乘仅需3~5min，既提高了铁路与轨道之间、轨道与轨道之间的换乘效率，又简化了交通组织流线，减少了对地面交通的干扰。

20.3.4 打造交通设施的"站城一体化"

结合沙坪坝枢纽地下空间布局，规划增设公交站场和综合配置停车设施，实现了交通设施"站城一体化"，如图20-20所示。

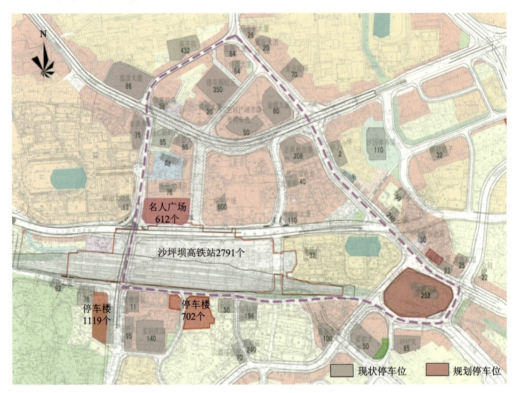

图 20-20 枢纽区域停车场设施布局示意图

一是规划增设公交站场。在站房东侧紧邻站东路，利用地下一层空间规划设置一处公交枢纽站场，整合商圈环道区域公共交通基础设施，解决公交路边始发等问题。（该公交站场规划设想后期未能落实，高铁站区域只设置了大型公交停靠站和两条始发公交线路；商圈区域公交站场问题由于现状用地协调难度大仍待解决。）

二是综合配置停车设施。基于项目公共交通导向属性、基地丰富的轨道资源以及商业布局需要，其配建的停车位数量较一般性规划指标做了适度压缩，应配建停车位4229个，后期将地下一层、地下二层停车空间调整为地下商业，实际配建停车位数量为2791个。加强项目枢纽与北侧名人广场、华宇广场的车库连通，同时，在南侧相邻地块新建两个社会公共停车场（交委停车楼1119个停车位、渝富停车楼702个停车位），综合服务枢纽及商圈区域的停车需求。

20.4 枢纽内部交通规划设计

20.4.1 各层交通设施布局

地上一层及地下一层至地下八层各层建筑平面如图 20-21~图 20-33 所示。地上一层为高铁进站层,除了商业裙楼和办公塔楼以外,布局有上盖广场、高铁站房进站厅、候车厅以及东侧集散道,并在东侧集散道上设置 1 个车库出口。

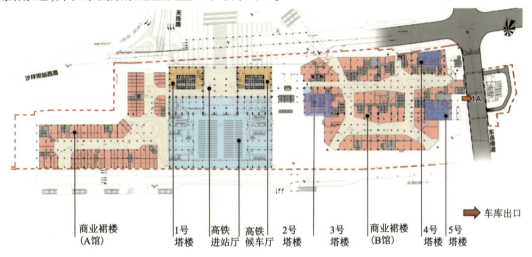

图 20-21 沙坪坝枢纽一层平面布局

结合上盖广场布局 8 座人行天桥与人行地下通道,共同构建"站城一体化"、通达各向的立体步行系统,如图 20-22 所示。

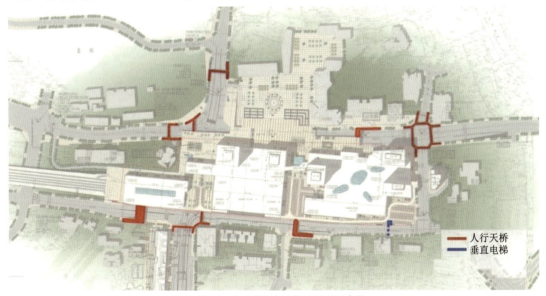

图 20-22 上盖广场与人行天桥平面布局

地下一层主要布局公交车站、小汽车即停即走区、地下商业、成都铁路局专用停车位以及站东路,并在站东路上设置1个车库入口、1个地下一层车库专用出入口、1个出租车入口(通往地下二层)、1个出租车出口,如图20-23所示。

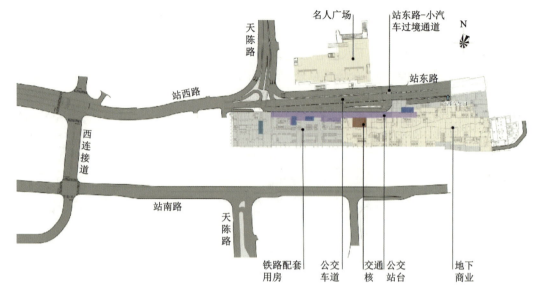

图 20-23　沙坪坝枢纽地下一层平面布局

公交车站位于站东路中间和南侧车道,设8站台,含24个上落客位,采用平行式停车,运营线路26条。公交车落客后,乘客通过站台区域楼扶梯可到达枢纽一层至地下七层。中间车道公交站后端设置一处小汽车即停即走区,服务沙坪坝枢纽小汽车即停即走需求,如图20-24所示。

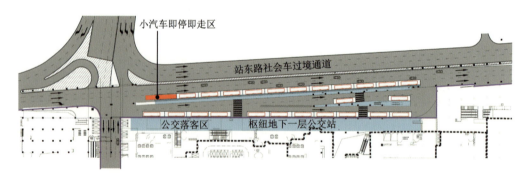

图 20-24　地下一层公交车站平面布局示意

地下二层为高铁站台层,主要布局高铁站台、出租车站及其进出通道、地下商业以及连接华宇广场的人行地下通道,如图20-25所示。

出租车站采用平行式停车,上客区车位24个、落客区车位32个。出租车落客后,乘客通过站台区域楼扶梯可到达枢纽一层至地下七层,如图20-26所示。

地下三层主要布局停车库、连接华宇广场的车行通道、连接名人广场的车行通道和人行通道,如图20-27所示。

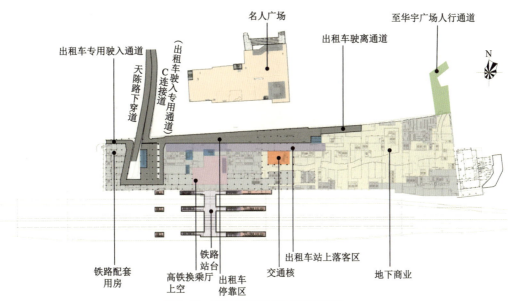

图 20-25　沙坪坝枢纽地下二层平面布局

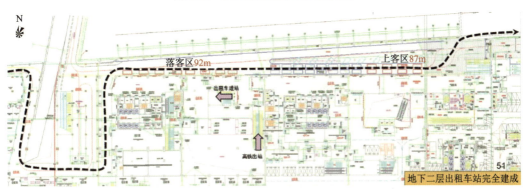

图 20-26　地下二层出租车站平面布局示意

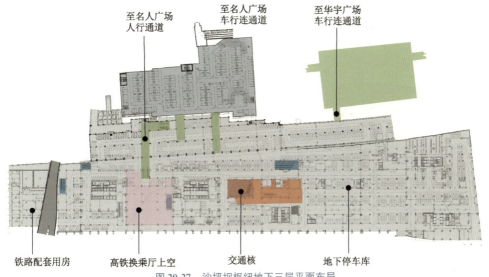

图 20-27　沙坪坝枢纽地下三层平面布局

地下四层为高铁出站层，主要布局高铁出站厅、换乘大厅、停车库、天陈路下穿道及车库连接道，并设置1个车库入口、1个车库出口，如图20-28所示。

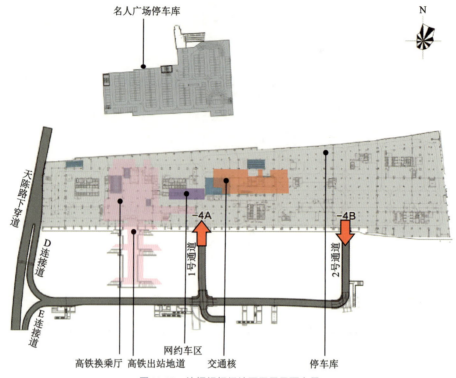

图20-28　沙坪坝枢纽地下四层平面布局

地下五层主要布局停车库、G连接道、H连接道以及站东路下穿道，并在G、H连接道上分别设置1个车库入口、1个车库出口，在站东路下穿道上设置1对车库出入口，如图20-29所示。

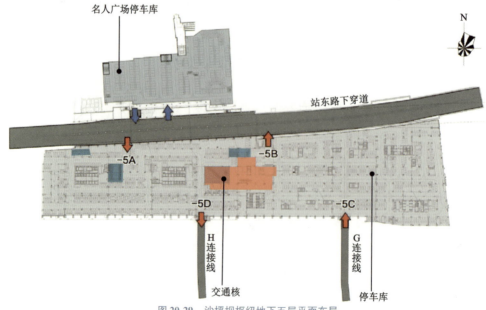

图20-29　沙坪坝枢纽地下五层平面布局

地下六层主要布局停车库,如图 20-30 所示。

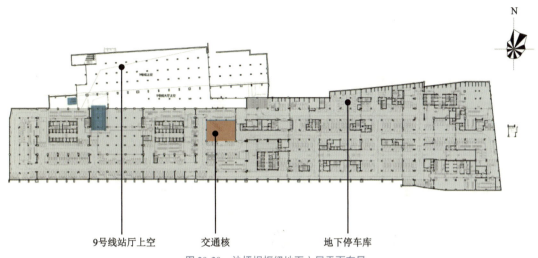

图 20-30　沙坪坝枢纽地下六层平面布局

地下七层为轨道 9 号线站厅(换乘厅)层,主要布局轨道 9 号线站厅,轨道 9 号线、环线、1 号线 3 线换乘厅以及停车库,如图 20-31 所示。

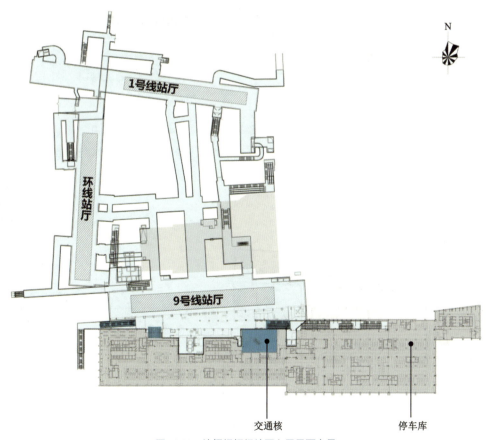

图 20-31　沙坪坝枢纽地下七层平面布局

沙坪坝枢纽轨道站厅、换乘厅及轨道出入口平面布局示意图如图20-32所示。轨道9号线站厅位于枢纽地下七层，标高227.8m。轨道1号站厅标高226.0m。轨道环线站厅标高215.2m。3条轨道线呈"T"形"零交叉"换乘，共计12个出入口，其中，有4个出入口与高铁直接衔接。

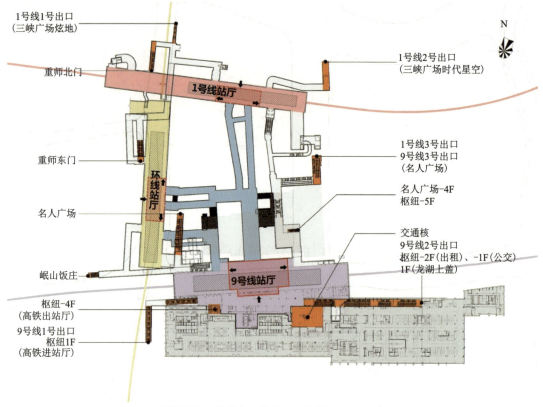

图20-32　沙坪坝枢纽轨道站厅、换乘厅及轨道出入口平面布局示意图

地下八层为轨道9号线站台层，主要布局轨道9号线站台、1~4号塔楼嵌固结构，如图20-33所示。

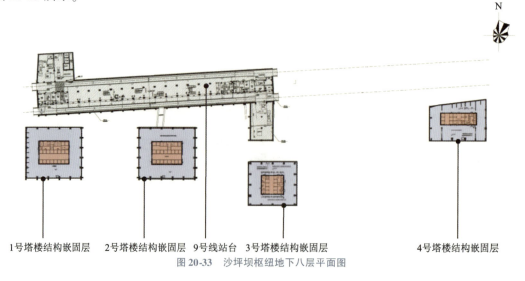

图20-33　沙坪坝枢纽地下八层平面图

20.4.2 交通核空间布局

沙坪坝枢纽场地最窄处纵深47m,而东西向长达600m,受到中间高铁车站的分隔形成东西两个部分。为实现垂直交通与水平交通便捷、高效转换以及商业洄游与展示功能,在场地中心位置设置了交通核,兼顾交通与商业联络双重功能。水平方向上,交通核位于东西商业与高铁站衔接部位;垂直方向上,由地上的实空间与地下七层至地上二层的虚空间两部分构成,地上悬浮了一个长80m、宽37m的椭圆形空间(搭载面向北侧站前广场及周边城市展示的信息屏),地下的虚空间高45m、宽20m,它将自然光和自然风引入地下,同时可以让人感受换乘人群的熙熙攘攘,营造舒适而热闹的换乘空间。沙坪坝枢纽交通核平面布局如图20-34所示。

图 20-34 沙坪坝枢纽交通核平面布局[19]

交通组织方面:水平方向上,以交通核为中心,布置商业的洄游流线,并在各流线远端布置最有吸引力的商业节点;垂直方向上,通过4部大吨位高速电梯及2部连续扶梯,将地下七、八层的轨道,地下四层的高铁,地下二层的出租车站,地下一层的公交车站高效串联,直达地面层,提升轨道、高铁等交通设施与综合体的衔接效率,增加综合体各层、各区域客流的可达性。沙坪坝枢纽交通核剖面布局如图20-35所示,交通核交通组织流线如图20-36所示。

此外,交通核本身并不局限于换乘或站城联系的流线承载体,而是作为高密度TOD项目中营造舒适公共空间的装置。沙坪坝枢纽交通核实景如图20-37所示。

图 20-35　沙坪坝枢纽交通核剖面效果图

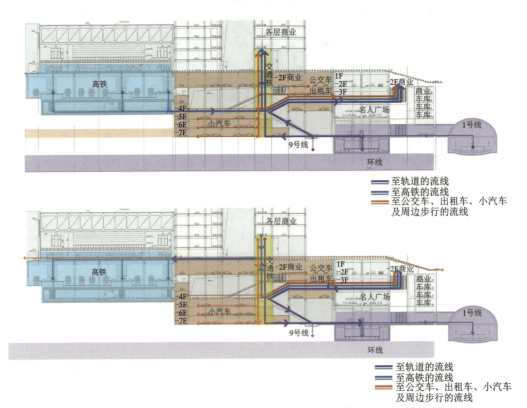

图 20-36　沙坪坝枢纽交通核交通组织流线

图 20-37　沙坪坝枢纽交通核实景

20.4.3　交通组织设计方案

1）交通组织原则

沙坪坝枢纽在规划时始终坚持公交优先的原则,所有公共交通都占据了最好的位置。旅客从高铁出站大厅出站后便可换乘各条轨道和公交线路,非常便捷。同时为了改善旅客的乘车环境,候车区与枢纽建筑融为一体,通过空调、通风设备等,尽可能地提高旅客使用公共交通的舒适度。

针对客流量最大的交通方式——轨道,将人行通道分别接入高铁枢纽和商业综合体,通道适度分离,建立"快行与慢享"交通组织流线,避免流线之间的相互干扰,如图20-38、图20-39所示。

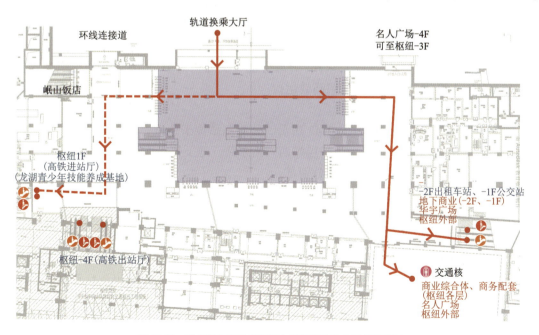

图 20-38　沙坪坝枢纽轨道客流交通组织流线分析(平面图)

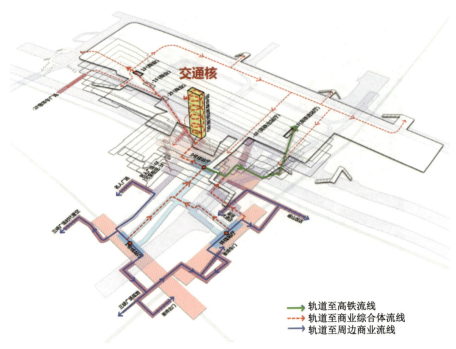

图 20-39 沙坪坝枢纽轨道客流交通组织流线分析(透视图)

对于公交、出租车、小汽车等车行交通设施,则采用高铁枢纽和商业综合体共用形式,因此,高铁枢纽和商业综合体的车辆集散流线相同。

2)流线设计

通过深入的 OD 出行分析,枢纽的主要交通流线包括车辆集散流线(公交、出租车、小汽车等车辆进出枢纽的流线)、人行集散流线(枢纽周边区域人流进出枢纽的步行流线)、人行换乘流线(主要包括铁路旅客与轨道、公交、出租车、小汽车、步行之间的换乘流线,轨道客流与公交、出租车、步行之间的换乘流线),采用"分层分散+交通核集中"的立体交通组织模式实现各目的、各方式、各方向人车交通组织高效运行。

(1)车辆集散流线

车辆集散流线如图 20-40~图 20-42 所示。公交车站位于地下一层站东路。出租车站位于枢纽地下二层,其进出口位于地下一层站西—站东路。地下停车库位于地下一层、地下三层至地下七层,共设置 9 个车库出入口,分别是:

①位于一层东侧集散道上的出口 1A(右出)。

②位于地下一层站东路上的进口 -1A(右进+直进)以及地下一层车库专用出入口 -1B(右进+直进、右出)。

③位于地下四层连接道上的进口 -4A(直进)、出口 -4B(直出)。

④位于地下五层站东路下穿道上的进口 -5A(右进)、出口 -5B(右出),G 连接道上的进口 -5C(直进)、H 连接道上的出口 -5D(直出)。

(2)人行集散流线

枢纽周边区域人流进出枢纽的步行流线如图 20-43、图 20-44 所示。依托由上盖广场、人行天桥以及地下二层至华宇广场、地下三层至名人广场人行地下通道构成的立体步行系统,提高枢纽与北侧商圈、南侧居住区、沙坪公园、西侧高校、东侧小龙坎广场的步行可达性、便捷性,实现人流高效集散。

图 20-40　沙坪坝枢纽车库出入口分布

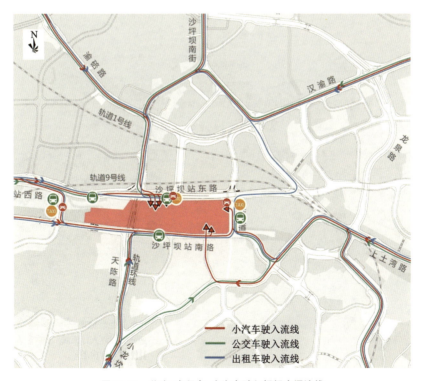

图 20-41　公交、出租车、小汽车驶入枢纽交通流线

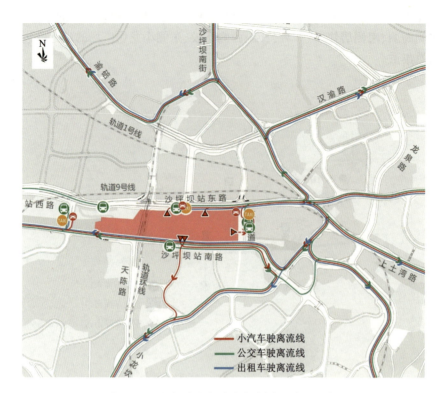

图 20-42 公交、出租车、小汽车驶离枢纽交通流线

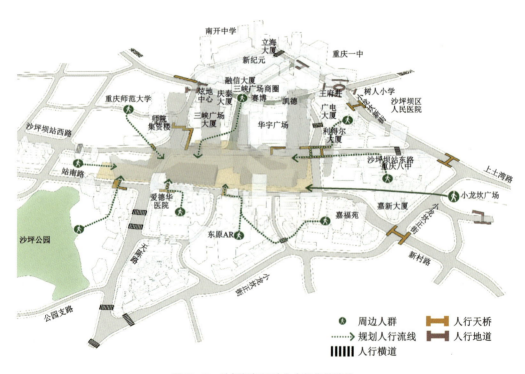

图 20-43 沙坪坝枢纽地上人行集散流线

— 至高铁的流线 　— 至轨道的流线 　— 至公交、出租、小汽车及周边步行的流线

图 20-44　周边区域人流进出枢纽的步行流线（剖面图）

（3）人行换乘流线

①高铁与轨道、公交、出租车、小汽车、步行之间的换乘。高铁出站后可选择的换乘方式主要为轨道、公交、出租车、小汽车和步行。高铁出站旅客由地下四层高铁出站通道进换乘厅，在换乘厅换乘各交通系统。换乘厅主要交通组织如下：

换乘厅往北设楼扶梯，向下接地下七层轨道 9 号线站厅和轨道换乘厅；

换乘厅往北设楼扶梯至地下二层出租车站、地下一层公交车站；

换乘厅往东、往西设楼扶梯和通道至地下各层停车库，最终达到上盖广场；

换乘厅往北设楼扶梯经名人广场直通三峡广场。

反方向，其他交通方式客流进入高铁站房的流线为：

轨道客流经轨道站厅西侧楼扶梯提升至上盖广场，或经轨道站其他出入口通道提升至上盖广场，进入高铁站房；

公交车和出租车分别在站东路公交车站（地下一层）和出租车停靠站（地下二层）落客，通过站台楼扶梯提升至上盖广场，进入高铁站房；

小汽车进入地下停车库后经车库内垂直电梯、交通核等提升至广场，进入高铁站房进或进入地下一层即停即走区落客提升至上盖广场，进入高铁站房；

周边步行交通从三峡广场、天陈路、小龙坎、沙坪坝公园等方向至上盖广场，进入高铁站房。

②轨道与公交、出租车、步行（至商业综合体及周边区域）之间的换乘。轨道出站后选择的换乘方式主要为公交、出租车、步行（至商业综合体及周边区域）。轨道客流经地下七层轨道站厅出站后，在铁轨换乘空间内选择不同路径与各交通系统换乘。铁轨换乘厅主要交通组织如下：

换乘厅往西设楼扶梯向上接上盖广场、高铁进站厅；

换乘厅往东设楼扶梯至地下二层出租车站、地下一层公交车站、上盖广场（进而步行至周边区域）；

换乘厅往南接交通核，可达商业综合体各层。

反向亦然。

20.5 开发模式与运行机制

20.5.1 "部市合作、地方主导"——打破体制障碍

1) 坚持"理念共识、行动共识、经验共识"是前提

由于站区铁路用地低效、旧城用地空间局促、山城地形条件特殊,重庆市必须尽一切可能在铁路车站红线内进行充分的枢纽和商业 TOD 开发,无其他选择。对枢纽核心区进行整体上盖物业开发是解决铁路客站建设与城市矛盾的方法之一。在成渝高铁前期工作阶段,重庆市即提出对沙坪坝高铁站场进行上盖开发的构想,并积极探索高铁枢纽 TOD 发展模式,争取原铁道部等多部委支持,优化再造项目审批流程,保障项目高效落地。

2) 坚持"部市合作、政企合作、市区合作"是基础

2010 年,铁道部与重庆市政府联合批复部市共建沙坪坝枢纽改造工程,并制订高铁站上盖开发方案,随即重庆市政府确定由重庆城市交通开发投资(集团)有限公司(简称"交开投")承担项目建设。为更好地统筹项目建设,重庆交开投确定成立重庆城市综合交通枢纽开发投资有限公司(简称"枢纽公司",是重庆城市综合交通枢纽(集团)有限公司下属企业)为项目业主,全权负责项目事宜。2012 年,重庆交开投与成都铁路局签署了关键性的《关于部市共建沙坪坝铁路枢纽综合改造项目有关事项的协议》,确定由枢纽公司作为整个 TOD 项目的开发主体,明确了路、地双方的权责利关系。铁路方将铁路站场、站房委托地方代建,实现了铁路站场、站房与地方配套交通枢纽、物业开发的一体化建设管理。这是国内第一次打破体制障碍,由城市主导对国铁车站实行真正规模化 TOD 开发的案例。

枢纽公司作为城市国企、市政府的代理人和整个项目的核心开发主体,联合中国铁路总公司、成都铁路局、重庆市政府、市级平台公司以及沙坪坝区政府等多方利益主体合作开发,如图 20-45 所示。为取得各方合作共赢,重庆市按市场价对路方土地资源以及设施设备进行价值评估,确保铁路资产保值增值。结合高铁、轨道、公交等交通功能,植入商业商务、文化休闲等城市功能,带动区域产业升级和周边土地价值提升。

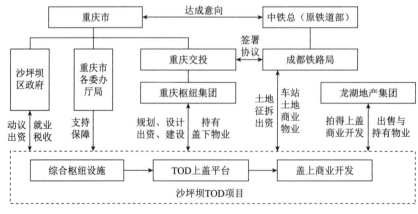

图 20-45 沙坪坝枢纽 TOD 项目各主体关系示意[21]

20.5.2 "复合用地、分层出让"——实现政策突破

为推进项目实施,重庆市先行先试项目"多规合一",统筹城市总体规划、详细规划、土地利用规划、铁路规划等多项规划。重庆市通过对控制性详细规划的修编,改变周边土地的使用性质,变"铁路H21用地"为"特殊的复合用地类型H21+B1+B2(铁路+商业商务)",明确该用地为枢纽设施与其他可经营性设施混合使用,实现了公交站场、公共停车场、居住等类型用地兼容商业商务、文化、娱乐等设施。重庆市依照法定程序,适当提高了枢纽用地的规划容积率。

重庆市优先围绕铁路交通,保证铁路安全的情况下进行开发是各方共识和前提要求,铁路与规划管理等部门就物业开发位置、交通停车位等出让方案具体指标反复协商并达成设计共识。其中用地性质、空间形态、立面形式、结构形式等均为强制性指标(表20-3),土地出让条件函明确了枢纽周边物业管理方式及相互之间的关系,保证了周边商业街区、公共建筑等空间作为连接通道能够得到充分利用,以满足到发乘客接驳换乘及周边居民生活、工作和游玩等的需要,并尽可能实现了连接通道的全天候开放使用要求。

表20-3 沙坪坝枢纽TOD项目建设用地规划设计条件[22]

强制性	用地性质	H21+B1+B2
	建设用地总面积	不得大于50万 m^2(沙坪坝盖上物业地块开发总规模按48万 m^2 考虑,铁路站场建筑规模按2万 m^2 考虑)
	停车位	停车位配建指标按《重庆市城市规划管理技术规定》执行
	城市空间形态	该用地涉及特别管控区,应按《重庆市主城区城市空间形态规划管理办法》执行;需进行国际方案征集;需按相关规定提交三维仿真电子模型;需进行外立面样墙现场确认;社会投资的文化体育、商业等公共建筑或100m以上的超高层建筑需要优先采用钢结构;需开展交通影响评价
	绿地率、建筑密度等指标	指标以最终审定的方案为准
其他条件	商业及配套规模	盖下B1、B2层商业建筑总规模不大于4.2万 m^2,涉及公交、长途、轨道等市政公共配套设施的建筑规模根据方案确定; D11-1/04、D11-2/04盖下需配置为盖上物业使用的专属设备设施用房和停车位等配套
	停车位	D6-6/03应配建不少于1110个自走式停车位,D9-1/04、D10-2/04地块提供不少于702个停车位(其中不少于320个社会公共停车位,不少于382个商业商务设施配建停车位,与D11-1/04地块同步建设、同步验收、同步投用)
	交通换乘	地块地下空间要充分考虑铁路与公交、长途、轨道、出租车、社会车辆等交通之间的换乘,预留足够空间
	地下人行通道	综合枢纽地下二层规划人行通廊连接华宇广场和三峡广场。需注意地下一层、地下二层的通行能力,确保通道符合规范,保持通道畅通
	轨道保护	轨道保护需满足《重庆市轨道交通条例》等相关法律法规的要求,若需要在轨道保护范围内布置建构筑物需征求市轨道办意见。轨道区间及车站平面及正向设计以最终审定的方案为准

续上表

其他条件	铁路保护	铁路保护按《重庆市城市轨道管理技术规定》留出安全保护区域。涉及的铁路保护事宜需满足《铁路运输保护条例》等相关法规、规范要求
	排水	设计流域排水,需在项目方案中预留通道
	限制机动车开口路段	道路交叉口路缘石半径的切点向主干路方向延伸70m,向次干路方向延伸50m,向支路方向延伸30m,为限制机动车开口路段

TOD开发涉及多个主体,通过盖上盖下分层来界定混合用地的空间权属,是一种超前的土地政策实践,有利于推动铁路土地复合开发。土地出让一改传统土地平面出让模式,将空间权属分为盖上盖下两个部分,实施分层出让。盖下交通市政基础设施由市级平台公司通过划拨方式取得土地进行建设,盖上商业商务空间由开发企业通过公开"招拍挂"方式取得土地进行开发。

20.5.3 "规划设计实施三统一"——建立协同机制

沙坪坝枢纽TOD项目涵盖多个区域、多元主体、多项功能,项目在启动之初便确立了"三统一"原则,由市级平台公司统一代行业主职责,统筹负责项目规划、设计、建设,充分吸纳各方意见,除了委托铁路设计单位以外,还委托重庆市交通规划研究院等地方设计院开展了全过程规划设计咨询工作,赋予地方设计院一定的规划设计话语权,为枢纽的交通设计提供了很多便利和优化建议;各产权单位按照划分的投资界面分别承担相应投资,共同委托一家施工单位总承包实施,避免了多个施工单位在同一场地施工的矛盾。

1) 规划设计协同机制

项目策划阶段:通过"高铁+上盖物业"开发模式,除了设计单位还综合全国10多家知名策划公司的开发理念,优化上盖物业概念性方案,最大限度地集约利用城市土地,平衡项目资金,并将优化意见反馈给设计单位进行修改完善。

规划设计阶段:作为全国铁路站场首例上盖做综合交通枢纽和城市综合体的项目,国内没有相关经验和规范可以借鉴,加之涉及中国铁路总公司和上盖物业开发商,在规划设计方面,需要反复多次进行沟通研究,以满足铁路运行管理和上盖物业开发要求。为确保在有限的空间内合理实现枢纽功能并兼顾上盖物业开发需要,同时处理好因暂未确定开发商而带来的相关问题,项目在规划设计时,委托国内外顶尖设计团队并多次咨询国内外专家的意见,还广泛征求欲参与项目开发商的意见,不断优化完善后确定最终方案。

2) 建设时序统筹机制

盖下铁路先建,盖上物业后建。盖板上下的结构部分紧密相关,但其设计方案更多以"铁路安全"为基本条件,优先保障铁路站房和设施建设,落实铁路安全的基本规范,对未来上盖物业更多采取"定位置、定建筑量"的方式。

3) "协同报批、联合审批"审查模式

在方案审查过程中,创新性地采用协同报批、联合审批方式,克服缺少车站上盖等相关标准,和路、地双方互相要求以对方审查作为己方审查前置条件的死循环状态。路、地双方在确定的合作大框架下,就涉铁审查形成了协同报批的模式,即各自空间内的设计各自审查,涉及重叠空间的,则采用联合审批方式。具体操作模式为由项目甲方(枢纽集团)将设计内容向地方政府和铁路部门分别报、联合批,如市里发文、铁路局会签,或铁路局发文、市里会签。对于施工图,路、地各自截面内的设计内容分别审批,交叉重叠部分,本着"实施主体由谁管辖,则由谁先批"的原则,如铁路站场的地下空间部分,市里对空间结构审批,铁路设备安装由铁路部门审批。

20.5.4 "平衡路、地投资收益"——探索融资方式

沙坪坝项目本着"铁路优先,互利共赢,公众受益"的原则,主要是路、地双方通过土地资产、货币补偿等方式平衡投资收益。

沙坪坝上盖地块的出让和开发独立运作,不直接挂钩铁路方面,市政府通过土地收益来平衡前期对站场的开发投资。地方政府投资83亿元(不含上盖物业开发部分),直接收益为土地二级拍卖费用34亿元,与此同时毗邻的三峡广场商圈扩容一倍以上,城市形象与经济活力大幅提升,被铁路隔离的城市空间得以缝合,铁路以南用地价值大幅提升,区域步行、道路、停车场等交通设施得到了改善。经初步测算,上盖商业运营年均社会零售总额50亿元以上,年均综合税收6亿元以上。

在沙坪坝枢纽TOD开发中,站场面积由6353.0m^{2}增加为1.4万m^2,铁路部门针对项目占用的划拨性质铁路用地8.8万m^2,通过置换获得了距新建重庆西客站1.5km的2块共21万m^2(149亩)净地,出让给成都局集团公司用于综合开发(商住出让土地),以及价值超过10亿元的4万m^{2}办公及5600多m^{2}的商业建筑。

20.6 经验总结

20.6.1 实施效果

沙坪坝枢纽是国内首例特大城市核心商圈高铁上盖TOD,是中国铁路总公司与重庆市部市合作示范项目,也是自然资源部和中国铁路总公司土地节约集约利用示范项目。从最初策划规划到全面建成落地历时10年,实现了从铁路客站到城市"客厅"的跨越,从老旧商圈到城市新中心的"质"的提升,具体成效如下。

1)打造一个样板,建成国内首个高铁枢纽站城融合TOD开发项目

2020年底,该项目建成投入使用,成为全国首个高铁站与城市综合体统一开发建设的案例。历经10年实践形成的全过程、动态化的规划工作方法已在重庆西站、重庆东站等大型交通枢纽的规划建设中得到应用,同时将进一步指导重庆市现状、在建以及即将建设的城市轨道沿线98个站场的TOD综合规划和开发。

2)联动一片区域,服务成渝地区双城经济圈一体化发展

沙坪坝枢纽日均开行高铁列车对数由开通之初的10对逐步增至目前的16对,承担了30%的成渝两地对开高铁量,构建起成渝双城"点对点1小时高铁通勤圈",缩短了成渝地区双城经济圈的时空距离,带动了沿线城市化发展,使双城生活变成同城生活。

3）完善一域功能，实现城市综合品质提升共享共赢

以项目为中心，及时开展周边区域的城市更新和品质提升，建设游客集散、公共停车等各项配套设施，提档升级传统商圈，加快"四网融合"轨道建设以及骨架路网和城市道路改造优化，形成开放便捷、配套完善的"生活街区"，助推区域经济发展，使沙坪坝核心区焕发生机与活力。现状已开通城市轨道线路3条（1号线、环线、9号线），在建1条（27号线），运营公交线路26条，高铁与其他交通方式的换乘时间基本保持在3min以内。高铁上盖广场与三峡广场、小龙坎广场、沙坪公园相连，核心商圈面积从0.27km^2扩大到0.74km^2，扩大近3倍，引入绿地面积达20hm^2。商业综合体自2020年12月30日开业首月吸引客流量300万人，新增就业岗位超过1万个[14-16]。

4）绘就一张蓝图，体现规划自我完善与持续更新

2009—2019年，历时10年，围绕沙坪坝枢纽开展了一系列交通规划研究工作，共计10余个专题，涵盖宏观战略、中观规划、微观设计3个层面。2009年，选线选址阶段，开展了城际铁路与城市规划区关系分析、成渝城际铁路选线研究工作；2010—2017年，方案规划设计、建设阶段，围绕高铁枢纽方案和商业综合体方案的不同需求，陆续开展了沙坪坝火车站枢纽交通规划设计、沙坪坝火车站枢纽施工期间交通组织、沙坪坝高铁站开通初期交通预评估、沙坪坝高铁站开通初期客运承载力分析、沙坪坝高铁站开通初期交通组织规划、沙坪坝高铁站开通初期指示诱导标志系统规划、沙坪坝高铁枢纽综合体TOD交通规划研究等工作；2018—2019年，在运营阶段（高铁枢纽开通后及商业综合体开业前），分别开展了沙坪坝高铁站开通运行后交通后评估和金沙天街开业时周边路网交通组织及指示诱导系统规划工作。全过程、动态化的规划工作历程，实现了规划的自我完善与持续更新，有效指引了整个项目建设。

20.6.2 规划设计再思考

立体红线、立体产权和一体化规划、设计、建设、运营管理的结合是实现TOD发展的关键因素。沙坪坝枢纽TOD项目做了相应的探索和实践。反观整个项目历程，针对遗留难点进行规划、设计、建设、运营管理策略的再思考，可为后续其他类似枢纽的TOD规划设计与开发实践提供经验参考和借鉴。

1）厘清一体化交通衔接体系中的"轻重缓急"

本项目以公共交通为导向，基于丰富的轨道资源以及开发商在地下一层、地下二层局部新增商业开发需求，配建的停车位数量较一般性规划指标做了较大幅度的折减，这是市场反向对规划部门提需求博弈后的结果，非主动管理行为，为其他类似枢纽停车配建的规划管理作出了试点示范。另外，从停车配建未折减的客运枢纽（如重庆机场、北站、西站等）的实际运行来看，严格按照规定配建的停车库高峰时期车位利用率并不高。因此，基于项目TOD属性、轨道资源以及市场需求，按照绿色发展理念，从鼓励轨道出行、减少道路承载压力的角度出发，对高铁枢纽、轨道换乘枢纽的停车配建做适当折减，未尝不是一种有益的探索实践。

除了车库配建车位，方案规划布局3处小汽车即停即走区，目前仅设置一处小汽车即停即走区（站东路下穿道邻近公交车站末端），用于高铁和上盖物业开发部分临时上落客，后续应加强小汽车即停即走区规划设计与实施。

本项目定位为高铁车站，但其实在各种交通方式中，客流量最大的为城市轨道。高铁换乘

轨道流线由地下四层专门设置的单向扶梯运送至地下七层,相对便捷;但是轨道换乘高铁流线则需要从地下七层通过轨道换乘大厅西南角的楼扶梯逐步升至一层广场层,安检后进入高铁站,相对不便。此外,轨道与高铁之间未实现安检互信。

2) 解决好一、二级联动开发问题

沙坪坝枢纽TOD项目由于需要上盖形成后再通过"招拍挂"方式进行土地出让,而在此之前就需要将上盖物业开发的基础及其地下结构施工完成。这就要求在设计时考虑物业开发的方案,而此时物业开发商并不能确定,不同开发商的战略和需求并不一致,给物业开发方案的制订带来了较大困难,也很难确定盖下工程结构条件,铁路往往会因建设工期、运营安全等无法实现综合开发。在本项目的推进过程中,此因素对项目设计进度和商业开发土地"招拍挂"工作造成了很大影响。

因此,在分层出让空间的操作过程中,应创新土地出让方式,尽早确定上盖空间开发商,解决好一、二级联动开发问题。

3) 综合开发产权空间及物业界面、运营费用的切分仍是难题

沙坪坝枢纽的公共运营费用分担机制尚需优化,即在综合开发收益反哺运营、综合开发产权空间界面的切分等方面仍存在改善空间。例如,沙坪坝枢纽建成运营后,涉及5个运营主体:一是三峡商圈办——沙坪坝片区的公共空间,二是重庆枢纽集团物业管理公司——公交车场、地下公共停车场车库、附属商业,三是中国铁路成都局集团有限公司——铁路站房,四是重庆轨道集团——轨道交通车站付费区及付费区外换乘厅,五是房地产开发公司——上盖物业部分。在这些明确的空间外,还需要重点关注重叠的公共空间。

本章参考文献

[1] 重庆城市综合交通枢纽(集团)有限公司.全国首例高铁上盖作城市空间利用项目——沙坪坝铁路综合交通枢纽项目[EB/OL].(2020-01-01)[2022-04-17].http://cqjtsn.com/hub/shapingba.

[2] 重庆市交通规划研究所.城际铁路与城市规划区关系分析[R].重庆:重庆市交通规划研究所,2009.

[3] 重庆市交通规划研究所.成渝城际铁路选线研究[R].重庆:重庆市交通规划研究所,2009.

[4] 重庆市交通规划研究所.沙坪坝火车站枢纽交通规划设计[R].重庆:重庆市交通规划研究所,2009.

[5] 重庆市交通规划研究院,林同棪国际工程咨询(中国)有限公司.沙坪坝高铁枢纽TOD交通规划与实践[R].重庆:重庆市交通规划研究院,2019.

[6] 重庆市交通规划研究所.沙坪坝火车站枢纽施工期间交通组织[R].重庆:重庆市交通规划研究所,2010.

[7] 重庆市交通规划研究院.沙坪坝高铁站开通初期交通组织规划[R].重庆:重庆市交通规划研究院,2017.

[8] 重庆市交通规划研究院.沙坪坝高铁站开通初期交通预评估[R].重庆:重庆市交通规划研究院,2017.

[9] 重庆市交通规划研究院.沙坪坝高铁站开通初期客运承载能力分析[R].重庆:重庆市交通规划研究院,2017.

[10] 重庆市交通规划研究院.沙坪坝高铁站开通运行后交通后评估[R].重庆:重庆市交通规划研究院,2019.

[11] 重庆市交通规划研究院.金沙天街开业时周边路网交通组织及指示诱导系统规划[R].重庆:重庆市交通规划研究院,2019.

[12] 重庆市交通规划研究院.沙坪坝高铁站开通初期指示诱导标志系统规划[R].重庆:重庆市交通规划研究院,2017.

[13] 唐小堞.全国首个高铁商圈开业,高铁穿楼景观来了[N].重庆商报,2020-12-31.

[14] 重庆市沙坪坝区人民政府.金沙天街开业首月销售额超过2亿元,吸引客流300万人[EB/OL].(2020-02-02)[2020-04-13].http://www.cqspb.gov.cn/ztzl_235/yshj/ysdt/ysdt_117414/202102/t20210203_8863786_wap.html.

[15] 王梓涵.是交通枢纽站,也是商业综合体,沙坪坝站成为全国首例商圈高铁TOD[N].重庆晨报,2018-10-15.

[16] 赵童,张亚飞,刘玉珮.沙坪坝火车站打造成全国第一个商圈高铁TOD[N].重庆日报,2019-09-09.

[17] 韩振,于宏通.沙坪坝铁路综合枢纽主体工程完工,突破平移布局模式[N].重庆日报,2018-09-18.

[18] 中铁二院工程集团有限责任公司重庆分公司.重庆市沙坪坝铁路枢纽综合改造工程可行性研究(修编)[R].重庆:中铁二院工程集团有限责任公司重庆分公司,2012.

[19] 中铁二院工程集团有限责任公司重庆分公司.重庆市沙坪坝铁路枢纽综合交通枢纽工程建筑方案设计(枢纽改造部分)[R].重庆:中铁二院工程集团有限责任公司重庆分公司,2020.

[20] 株式会社日建设计.重庆龙湖沙坪坝高铁上盖综合体项目建筑方案设计[R].大阪:株式会社日建设计,2017.

[21] 荣朝和,朱丹.重庆沙坪坝站改造实现综合开发对铁路TOD的启示[J].北京交通大学学报(社会科学版),2022,21(1):75-85.

[22] 徐颖,肖锐琴,张为师.中心城区铁路站场综合开发的探索与实践——以香港西九龙站和重庆沙坪坝站为例[J].现代城市研究,2021(9):63-70.